ロバート・P・マージェス

山根崇邦＋前田 健＋泉 卓也 訳

知財の正義

Justifying
Intellectual
Property

ROBERT P. MERGES

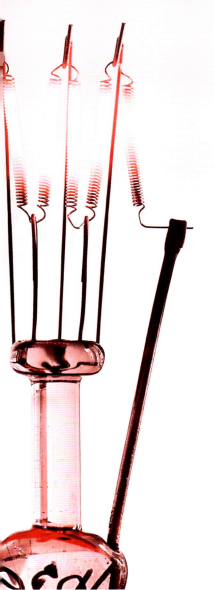

勁草書房

この本は私にそっくりだ．
ちょっと長くて，ちょっと冗長で，
そしてそのすべてを私の家族である
ジョー，ロビー，ジェームスに捧げる点で．

This book is much like me:
A bit long, a bit wordy,
And totally dedicated to my family:
Jo, Robbie, and James

JUSTIFYING INTELLECTUAL PROPERTY
by Robert P. Merges
Copyright © 2011 by the President and Fellows of Harvard College
All rights reserved
Japanese translation published by arrangement with
Harvard University Press through The English Agency (Japan) Ltd.

日本語版への序文

　こうして本書 JUSTIFYING INTELLECTUAL PROPERTY の日本語版に序文を書くことは，私にとって大変光栄なことである．とりわけ，私の元教え子である特許庁の本間友孝氏に労をとっていただいたことや，特許庁の杉浦淳氏（現大阪工業大学知的財産研究科教授）をリーダーとする本書の翻訳プロジェクトチームのメンバーにご尽力いただいたことは嬉しい限りである．彼らの励ましがなければ，そして，このプロジェクトに献身的に取り組まれた訳者による勤勉かつ入念な仕事がなければ，本訳書が生まれることはなかったであろう．

　翻訳チームの中でも，山根崇邦同志社大学准教授（2016-2018 年カリフォルニア大学バークレー校客員研究員），前田健神戸大学准教授，特許庁泉卓也氏（現 NEDO シリコンバレー事務所）の 3 氏には格段のご尽力をいただいた．また，島並良神戸大学教授には本訳書の解説をご執筆いただいた．どんな著者であれ，このような多大な努力の恩恵を受けることができる者は，謙虚な感謝の気持ちを抱かずにはいられない．訳者の仕事は孤独な作業となりうる．しかし，こうした努力がなければ，多くの作品はその著者の母国語の壁に閉じ込められたままとなってしまうだろう．本書の訳者は，皆さんが読めるようにこの作品を言葉の壁から解き放ってくれた．私は，そして読者の皆さんもそうであることを願うが，彼らの努力と忍耐に謝意を表したいと思う．私の謝意が無条件のものであることは間違いない．訳者が膨大な時間をかけて一心に努力してくださったことは私にとって大変名誉なことであり，言葉では表現できないほど感謝している．

　本書は，なぜ社会が知的財産権制度を採用し維持すべきなのかという問題に対する，妥当で説得力ある根拠を提供しようとする試みである．こうした根拠こそ，私が「正当化する（justify）」という言葉によって意味するものである．正当化とは単に説明することではない．それは深い根源にまで遡って説明することである．「正当化」とは，なぜあるものが正当であるのか，つまりなぜそ

れが妥当かつ必要なものであるのかを明らかにすることなのである．

　しかし本書はまた，知的財産権を制度として今よりもうまく機能させようとする試みでもある．それは知的財産法の雑多な側面を整理すること，つまりそれらをきれいに整然としたものにする試みである．文書の行末が不揃いででこぼこになっている場合に植字工が行末の並びをきれいにまっすぐに直すことを，英語では「行末をそろえる（justify）」というが，"Justifying Intellectual Property"という本書のタイトルにもこうした意味が込められている．つまり私は，知的財産権をより秩序だった，より一貫したものにしたいのである．

　本書を執筆した後，私は世界各国からやってきた学生に対して本書を用いて授業を行う機会があった．その中には日本人の学生もいた．あるとき，本書の第6章を読んだ日本人の学生が授業終了後に私のところにやってきて，そこに示された「比例性原理」という考え方は彼にとって非常になじみがあると話してくれた．というのも，そこで私が議論している基本的な問題は，日本の有名な判例にも見られるものであるからだという．その判例とは，宇奈月温泉事件（大審院昭和10年10月5日判決民集14巻1965頁）のことである．日本の法学部生の間では，「権利濫用」法理を確立した最重要判例の1つとしてこの事件を学ぶことが何世代にもわたって慣例となっている．一方，米国には，権利濫用（abuse of rights）と呼ばれるような特定の法理は存在しない．しかし，それと非常によく似たルールは数多く存在する．したがって私は，宇奈月温泉事件のみならず，これらのルールも含めて「比例性」の例として説明するだろう．宇奈月温泉事件において土地の購入者は，その購入した土地に，湯元の貴重なお湯を宇奈月温泉に供給するための引湯管が通っていることを巧みに利用しようとした．その土地自体は「本来的に」特に利用価値のないものであったが，そこに通っている引湯管がその土地を価値あるものにしていた．介入を求められた裁判所は，土地の購入者が宇奈月温泉に対し（引湯管を強制的に撤去して）温泉を閉鎖させる旨の脅しをかけることはできないと判示した．私の解釈では，本件においては，温泉の閉鎖を可能にする「脅しの価値」が土地の購入価格に比して「不釣り合い」であったということになる．多くの場合，同様のことは知的財産権が関わるケースにおいても当てはまる．

　「比例性」のような一般的原理は，（たとえば日本から米国まで）地理的な空間をこえて適用することが可能なだけでなく，私見によれば，時間をこえて適用することも可能なものである．技術はますます急速に発展し，知的財産法に対

して未曾有の難題を突きつけているようにみえるけれども，知的財産法の基本原理は引き続き妥当するだろう．たとえば，「IoT」（Internet of Things, モノのインターネット）は，多数のデバイスをインターネットに接続し，それによって世界中の無数のプロセスやシステムをより高度な情報処理能力に基づいて管理しうる可能性を提供する．しかしながら，つながりという面で劇的な変化が生じたにもかかわらず，依然として高度の技能をもった発明者――つまり職業的創作者――がこれらのシステムを設計し調整しなければならないことに変わりはない．そうである以上，彼らには，他の分野の発明者や創作者と同様に知的財産権の保護を求める正当な資格がある．換言すれば，高度に複雑な相互接続によりきわめて多数のデバイスの相互運用が可能になったとしても，そうした可能性の実現を背後で支えているのは人間の設計者の叡知なのである．したがって，この場合の設計者は，人間の手がより明確に，より直接的に見える場合と比べても，何ら劣ることなく知的財産権の保護に値するのである．

　同じことが人工知能（AI）システムについてもいえる．近時，コンピュータコードを自動的に作成する人工知能プログラムをめぐって，「著作者」とみなしうるかどうかが議論されている．私は本書の中でこの問題について全く触れていないけれども，本書全体の要旨および力点からは上記の点につき否定的な考えを導くことができる．知的財産権は人びとを対象とするものである．つまりそれは，本質的には個々の職業的創作者に対して与えられる権利の集合である．私が理解するところでは，いかなるシステムであれ，いかなるプログラムであれ，それ自体が知的財産権の保護を受けるに値するということはない．なぜなら，知的財産権は人びとに報い，励ますことを目的とするからである．したがって，本書で議論される原理の多くは，ロックの人間の労働論であれ，カントの自律論であれ，あるいは尊厳性原理はその典型であるが，政府や社会に対する人文主義的な見方に根ざしたものとなっている．それらの大きな目的は人間の繁栄を促進することである．機械そのものを「著作者」とダイレクトに認めることは，この目的に適わない．それゆえ，私が考えるところでは，機械それ自体は知的財産権の保護を生みだす要素ではない．ある人物が自動的にコードを作成するプログラムを開発した場合，当然のことながらこの人物は，そのプログラムに対する知的財産権を主張することができる．しかし，この人物のプログラムによって生みだされるコードは，せいぜい当該プログラムの発明者の「メタ創作物」にすぎない．したがって，プログラムそれ自体は，功績を

主張すること，つまり知的財産権を受けるに値すると主張することはできない．権利は人びとを対象とするものだからである．

　これらの例が示すように，基本的な法概念には普遍的な側面がある．つまりそれらは，知的財産の場面のみならず不動産の場面にも適用されるし，日本のみならず米国にも適用されるし，単純な技術のみならずIoTや人工知能にも適用されるのである．私は，知的財産分野をよりよいものにしていくうえで，こうした普遍的な原理がどのように私たちの役に立つのかということを，本書を通じて読者の皆さんにご理解いただけることを願っている．ぜひ本書を味わっていただき，そこから何かを学びとっていただければと思う．そして，もし読者の皆さんがそうすることができたのなら，どうかたゆまぬ努力をつづけた訳者に感謝の意を表していただきたい．

カリフォルニア大学バークレー校教授
ロバート・P・マージェス

訳者はしがき

　本書は，ROBERT P. MERGES, JUSTIFYING INTELLECTUAL PROPERTY（Harvard University Press, 2011）の全訳である．直訳すれば『知的財産権の正当化』というタイトルの書籍である．本書が，哲学的思想を基礎として，知的財産制度の普遍的原理を明らかにしようとするものであることに鑑みて，邦題は『知財の正義』とした．

　著者のロバート・マージェス教授は，1959年にアメリカ合衆国ニューヨーク州アルバニーで生まれた．1981年にカーネギー・メロン大学（B.S.）を卒業後，シリコンバレーのソフトウェア企業に就職し，1年ほどテクニカルライターとして働いた．1982年にイェール大学ロースクールに進学し，1985年にJ.D.の学位を取得．1年ほどシリコンバレーの法律事務所に勤務したのち，今度はコロンビア大学ロースクールに進学．経済学者リチャード・ネルソン教授のリサーチ・アシスタントを務めながら，1988年にLL.M.およびJ.S.D.の学位を取得した．その後，ボストン大学ロースクール准教授，教授を経て，1995年にカリフォルニア大学バークレー校ロースクール教授に就任．現在は，同校のウィルソン・ソンシーニ・グッドリッチ＆ロサーティ記念講座教授を務めている．

　マージェス教授はこれまでに多数の論文やケースブック等を執筆しているが，単行本としてモノグラフを執筆するのは本書が初めてである．「はじめに」によれば，本書が執筆されたのは教授が40代の後半から50代の初めにかけての時期である．それまでのマージェス教授は，知的財産法分野における〈法と経済学〉学派の泰斗として名を馳せていた．*Commercial Success and Patent Standards: Economic Perspectives on Innovation*, 76 Cal. L. Rev. 803（1988）; *On the Complex Economics of Patent Scope*, 90 Colum. L. Rev. 839（1990）（with Richard R. Nelson）; *Uncertainty and the Standard of Patentability*, 7 High Tech. L. J. 1（1992）という3本の論文で鮮烈な学界デビューを飾り，33歳という若

さで教授昇進を果たして以降，40代の半ばにいたるまで，主に組織の経済学の観点から知的財産制度を分析する論文を次々に発表して学界をリードしてきた．そんなマージェス教授が，本書ではこれまでとは違った姿を見せている．マージェス教授にどのような心境の変化があったのか．「序章」で語られる真実の告白には心揺さぶられるものがある．本書の詳しい内容については巻末の島並良教授による解説をご参照いただきたい．

本書はその論争的な内容から多くの反響を呼んだ．当然ながらその中には本書に対する批判も含まれる．本書の刊行後，マージェス教授がそれらの批判に応える形で執筆した論文として，*The Relationship Between Foundations and Principles in IP Law*, 9 San Diego L. Rev. 957（2012）; *Foundations and Principles Redux: A Reply to Professor Blankfein-Tabachnick*, 101 Cal. L. Rev. 1361（2013）; *Against Utilitarian Fundamentalism*, 90 St. John's L. Rev. 681（2016）; *Philosophical Foundations of IP Law: The Law and Economics Paradigm*, in RESEARCH HANDBOOK ON THE ECONOMICS OF INTELLECTUAL PROPERTY LAW: VOL I–THEORY（Peter S. Menell & Ben Depoorter eds., Edward Elgar Publishing, forthcoming 2017）がある．最初の2本は，本書の議論を敷衍し，補完するものであり，本書の内容を理解するうえで重要な著作といえる．また，後の2本は，スタンフォード大学のマーク・レムリー教授への反論であり，学界を代表する論者間の論争として大きな注目を集めている．本書の内容に興味をもたれた方は，ぜひこれらの著作も手にとっていただきたい．

次に，本訳書の誕生経緯について触れておこう．本書の翻訳プロジェクトはもともと特許庁内で進められていた．2011年の暮れ頃から特許庁の杉浦淳審査長（当時．現大阪工業大学知的財産研究科教授）を中心に，高倉成男明治大学法科大学院教授のご指導を仰ぎつつ，特許庁内外の有志の方々が本書の翻訳作業を進められ，2013年5月頃には仮訳を完成された（本翻訳プロジェクトにご尽力された方々のお名前は末尾に掲載させていただいた）．その後，このプロジェクトに神戸大学の島並教授と前田健准教授，それに私が加わることになった．そして，杉浦審査長（当時）をはじめとする関係者の皆様のご判断により，本書の翻訳は，特許庁内の翻訳作業の中核を担っておられた泉卓也審査官（当時．現NEDOシリコンバレー事務所次長），前田准教授，私の3名で，引き続き行うことになった．

翻訳にあたっては，まず，分担を決めて作業を進めた．泉審査官（当時）がはじめに，第1章，第5章，第6章，第9章を，前田准教授が第7章，第8章，第10章を，そして私が日本語版への序文，第2章，第3章，第4章を担当した．翻訳作業においては，正確な翻訳に努めると同時に，論理展開の厳密さを損なわない範囲で，できるだけ日本語として自然で読みやすい訳文の作成を心がけた．定訳がある場合にはそれに従い，既存の邦訳本が出ている場合にはそれを参照した．訳語に悩む場合や争いがある場合には，マージェス教授に意味を確認して，訳語を確定するように努めた．たとえば，"where there is enough, and as good left in common for others"というロックのフレーズに関しては，"as good"を「善きもの」と訳すのか「たっぷりと」と訳すのかをめぐって論争がある．マージェス教授に確認したところ，前者の意味で使っているということであったので，本訳書では「善きもの」とした．

　担当章の翻訳の草稿ができあがってからは，全章の草稿を持ち寄って互いに点検しあい，少しでもわかりにくい箇所があればマークし，コメントや訳文案を記入して担当者に返却するという作業を繰り返した．こうした共訳者間での推敲作業に1年以上もの月日を費やしたが，このような作業を通じて，誤訳の箇所を減らすとともに，文体や訳語について統一を図ることができたのではないかと考えている．今はただ，協働の産物としての本訳書が少しでも読みやすいものとなっていることを，そして，ひとりでも多くの人に読んでいただけることを願うばかりである．

　本訳書の完成までには多くの方々のお世話になった．著者のマージェス教授には，日本語版への序文をご執筆いただいたうえ，本書の内容に関する多数の質問にも迅速にご回答いただいた．また，マージェス教授に日本語版への序文の執筆をお願いするにあたっては，本間友孝JETRO北京事務所知的財産権部部長のお力をお借りした．杉浦審査長（当時）や齊藤真由美審判官をはじめとする特許庁の翻訳プロジェクトチームの方々には，本書の仮訳や参考資料を見せていただくなどのご配慮を賜るとともに，翻訳の草稿に対しても数多くの有益なコメントを頂戴した．島並教授には，本書の解説をご執筆いただくとともに，訳語や訳文の表現に関して貴重なご助言を賜った．さらに，一橋大学の森村進教授には，翻訳の草稿に目を通していただき，法哲学の専門用語や文献等に関して貴重なご教示を賜った．お力添えをいただいたすべての皆様に，厚く御礼を申し上げる．

最後に，本訳書の企画段階から刊行にいたるまで，なかなか予定どおりに進まない作業の進展を辛抱強く見守ってくださった勁草書房の鈴木クニエ氏に，心より感謝申し上げたい．

2017 年 3 月

訳者を代表して
山根崇邦

　特許庁内の翻訳プロジェクトにご尽力された方々は，以下のとおりである．
　小山隆史（外務省経済局知的財産室室長，弁護士），森友宏（アペリオ国際特許事務所代表弁理士），杉浦淳（大阪工業大学知的財産研究科教授），齊藤真由美（審判部第 21 部門上級審判官），古屋野浩志（審査第一部アミューズメント上席総括審査官），福田聡（内閣府知的財産戦略推進事務局参事官），本間友孝（日本貿易振興機構（JETRO）北京事務所知的財産権部部長），北川創（審査第一部分析診断上席審査官），道祖土新吾（審査第一部事務機器上席審査官），泉卓也（国立研究開発法人新エネルギー・産業技術総合開発機構（NEDO）シリコンバレー事務所次長），小川亮（審判部第 2 部門審判官（併：審判企画室課長補佐）），大塚裕一（山口大学大学院技術経営研究科准教授），櫻井健太（独立行政法人工業所有権情報・研修館（INPIT）知財情報部部長代理（情報提供担当）），奥田雄介（独立行政法人工業所有権情報・研修館（INPIT）知財戦略部部長代理（営業秘密管理担当）），相田元（審査第三部プラスチック工学審査官），藤脇沙絵（審査第一部アミューズメント審査官），佐々木祐（審査第一部ナノ物理審査官），右田純生（総務部情報技術統括室（特許庁 PMO）機械化専門官），寺田祥子（審査第一部調整課審査評価管理班（品質管理室）審査評価管理係係長）．

※所属等は平成 29 年 3 月時点
※杉浦審査長（当時）以下，特許庁関係者は入庁年次順

はじめに

　数年前，私は，本書の執筆に取りかかり始めたことを，高名で経験豊富なバークレーの同僚であるジェシー・チョッパーに話した．私の構想を少し聞いた後，「わかった．思いっきりスイングをしてみるということだね」と彼は言ってくれた．私は今プロジェクト全体を振り返りながら——この「はじめに」は読者の目に最初に触れるが，最後に書かれるという永遠の矛盾を抱えている——彼が正しかったことがよくわかる．それまでの私は，ケースブックの改訂作業に中断されながらも，ローレビューに掲載される論文を定期的に執筆し，他の論文等とともに掲載される「短い論考」もときどき書いていた．しかし本書に取り組むことで，私がはまり込んでいたこのような学者のリズムを崩さなければならないくらい忙しくなっていた．私は，もっと大きく，より確かなものに挑戦したかった．たとえるなら，ダッグアウトに戻り，もっと大きなバットを持ち，思い切ってフルスイングをしたかった．本書は，このような運命的で，非常に馬鹿げた決意によって生まれたのである．

　こうして私は，専門の知的財産分野の困難な問題に切り込もうと意気込み，大きな一歩を踏み出した．近年，知的財産の分野では，「知的財産はデジタル時代にはもはや必要ない」，「知的財産分野はこじつけの根拠と中途半端な理論が脈絡なく絡み合ったものである」，「知的財産は，それが何であれ，真の財産とはいえない」といった多くの非難が浴びせられている．私はこのような非難から知的財産権を擁護したかった．ただし，私がしたかったことは，現在の知的財産法の体系をそのまま維持するような単なる擁護ではなく，それ以上のことである．創作的な人びとを尊重し，彼らに報いるように創作物を保護するというこの法分野の主たる目的はこれまでも達成されてきたと私は考えているが，私がしたかったことは，この法分野の輪郭を整え，体系をていねいに整理することで，これまで以上にこの主たる目的に資する方法があることを示すことである．そういうわけで，本書のタイトルには2つの意味がある．私はさまざまな批判から知的財産権を擁護するという意味で知的財産権を正当化（justify）

したいと考えているが，それと同時に，乱れてしまった知的財産の法体系を真っ直ぐに並べ直したり，まとめたり，体系立てることにより，その輪郭や並びを，もう少し整然としたものに（justify）したいとも考えている．

　この目的を達成するためのプランを教えよう．私は主として次の3つのことを話すつもりである．第1に，歴史上の哲学者（ロック，カント）から比較的最近の哲学者（ジョン・ロールズ，ロバート・ノージック，ジェレミー・ウォルドロン）にいたるまでの卓越した哲学者たちの考えを提示する．第2に，主として知的財産の細部を念頭におきながら，これらの考えを詳しく検討する．第3に，ますますデジタル化・ネットワーク化が進行する世界における財産権の未来を理解するにあたり，これらの考えがどのように役立つかを論じる．

　本書の完成には当初計画していた以上に時間がかかったし，思ったよりも困難であった．しかし同時に，この仕事を「楽しい」以外の言葉で表現することは難しい．ただ，普通の意味での「楽しい」ではない．家族よりも数時間早く起き，コーヒーを入れ，難解なテキストが言わんとしていることを理解するのに，ただただ苦悩した．また，複雑に絡まった難問を前にして自分の考えが全くまとまらないことにも頭を悩ませた．最も苦労したことは，自分の考えから言葉と文章をつむぎだし，理論整然と伝わるように，それらをまとめることであった．この挑戦は，春の洪水で荒れ狂う川を，自分を支えてくれる踏み石が川底にいくつかあるかもしれないという漠然とした期待だけを頼りに渡ろうとするようなものであった．このように言うと，良識ある人ならたいていは自主的に断念するような話に聞こえたかもしれないが，その認識はきっと正しい．しかし私にとっては，この挑戦はたまらなく魅力的であった．

　私は，知的財産法の分野を巡りながら，さまざまな見解や理論と出会った．そして，それらを詳細に検討するにつれ，特に以下の3つが重要と思われた．第1に，カントの所有に関する構想である．この構想は，所有者の行動の自由とコミュニティにおける他者の利益とのバランスを図るものであり（また，ジョン・ロールズが提唱した分配的正義の理念にも適合するものである），知的財産権の公平かつ理論的な研究に適している．第2に，知的財産理論における「中層的原理」の重要性である．この中層的原理は，深く根ざした信念に対応する基盤層とさまざまな原則と事実からなる詳細層の中間に位置する．第3に，労力や価値に比例した報酬の概念である．この概念は，知的財産法の多くの原則からなる駆動機構を動かす強力なメインエンジンとして機能する．私はこの3

番目の概念を比例性原理と呼ぶこととする．そしてこれこそが，たった今述べた中層的原理の典型例である．

　ここで，これらの原理について一言述べておくべきだろう．私たちがこれまで社会で学んできたことの1つは，ある人の信念が強固で誠実であっても，その信念を他者に押しつける資格はないということである．序論で要点を述べ，第Ⅰ部で明らかにしていくが，私は，財産権に関する哲学書に，探し求めていた知的財産法における確固たる規範的根拠を見出した（序論では，この規範的基盤が，とりわけ伝統的な法と経済学の枠組みのなかで行われた分析的研究のほとんどと完全に整合することについても説明する）．私はこれらの哲学書に知的財産に関する確固たる足場を見出したと思っているが，読者はこれに同意しないかもしれない．この規範的根拠のせいで，読者はがっかりし，うんざりし，関心を完全に失ってしまうかもしれない．それでは，何をすべきなのか．他の人の心に染みついた感情や考えに根ざした知的財産法の哲学的基盤の発見や構築の余地を残しつつ，私がまとめた基盤を説得的に伝えるにはどのような方法が最適だろうか．この論点をこのように言い換えたところ，その答えは明らかであった．政治的多元主義を深く考察した文献，特にジョン・ロールズの研究や，現代の法哲学者のなかではとりわけジュールズ・コールマンの研究に見られる考えを援用するだけでよかった．必要なものは，多様な根本的概念の上位に位置し，それらを束ねる一連の考え方や表現方法である．中層で議論することで，究極的な信念が正面から衝突することを回避しつつ，特定の事案や個々の事実類型を一般化することができる．中層的原理があっても，意見の不一致を完全に避けられるわけではないし，中層的原理が完全にそれに取って代わるわけでもでもないし，そうなるべきでもない．むしろ中層的原理は，意見の不一致を受け容れ，生産的な意見交換と問題解決——最終的にはここにたどり着くと私は信じている——を促進するフォーラムを作りだすのである．

　知的財産の分野に，安心して議論や対話ができる空間を残しておくことが重要である．なぜなら，あまりにも多くの論点が未解決のまま残されているからである．知的財産の基盤が最終的に何になったとしても，現代の経済活動において知的財産がきわめて重要な役割を果たしていることは，私にはかなり明らかだと思われる．人びとが自らの創作能力を発揮することで生計を立てられるのは知的財産権のおかげである．この「労働の財産化」のおかげで，作曲家，音楽家，小説家，発明者は，自らの創作物を活用し，自分の労力を市場性のあ

る資産に変えることができるのである．このことは単に収入を増やすだけでなく，自由を手に入れることでもある．創作力のある人は，自分が望むときに，望む場所で，望む人と仕事をすることができ，自分の作品の複製物を販売することでお金を稼ぐことができる．さらに創作者は，創作物に対する権利を得ることで，それがどのように読まれ，演奏され，使用されるかについて，そしてそれをどのように組み合わせ，どのように上市するかについて，コントロールすることができる．知的財産権のこれらの特長が，古くから哲学者（特にカントとヘーゲル）が財産権に関連づけてきた「自律」という抽象的な価値が，日常の世界において具現化したものである．本書の後半では，ハリー・ポッターの著者であるJ・K・ローリングに関する事例研究を取り上げ，これらの恩恵を説明する．

　簡単に言えば，知的財産権のおかげで，創作作業はより多くの人にとってさらに有望な職業になる．この基本的な事実は，知的財産を引き続き研究することの意義を物語っている．たとえ知的財産権の所有に大企業が影響を与えることが多いとしても，知的財産のおかげで，より多くの創作者が自分の創作物を所有できる．知的財産権に関連する言葉は，所有することでコントロールと尊厳が授けられるというメッセージを伴っている．労働者は賃金を得るが，知的財産権者はロイヤリティを受け取るのである．このロイヤリティという言葉には，創作活動の社会的な位置づけに対する重要なメッセージがこめられている．そしてこの言葉は，この種の活動に付随する価値──知的財産権を唯一の根拠として具体化された価値──をうまく表現している．

　執筆作業は孤独な仕事となりやすい．しかし，私にとって幸いなことに，学者たちは社交的な仲間である．そして私たちは，社交的でなければならない．話し相手がいなければ，つまり，自分のお気に入りの考えに異議を唱えたり，自分の意見に反対したりする人がいなければ，自分の考えが大きく広がることはほとんどないだろう．私は，長年にわたり，たくさんの仲間と一緒に自分のアイディアを議論し，発展させてきた．彼らにはとても感謝している．ここで挙げさせていただいた方々はほんの一部であって，決して包括的なリストとは言えないことに留意してほしい（もしあなたの名前を忘れてしまったとすれば，私の不遜さと記憶の悪さをお詫びする）．

　哲学的文献については，バークレーの同僚であるクリス・クッツが非常に貴

重な情報を提供してくれた．哲学に関する参考文献について異なる方向に興味を向けてくれたUCLAロースクールのスティーブン・マンザーとカードーゾ・ロースクールのジャスティン・ヒューズの2人にも感謝したい．最後に，元同僚のジェレミー・ウォルドロンに敬意を表したい．本書を読めば明らかなように，彼の学術的貢献は私の考え方に非常に大きな影響を与えた．コロンビア大学のケント・グリナワルト，エール大学のロバート・エリクソン，シカゴ大学のリチャード・エプスタインにも感謝したい．それぞれの時期，それぞれの方法で指導・支援をくださったこの3人の経験豊かな学者は，私の思索にきわめて重要な人たちであることがよくわかった．ハーバード大学のヘンリー・スミスとエール大学／アリゾナ大学のキャロル・ローズにも感謝したい．2人は，長年にわたって，私の研究成果を見てくれるとても身近で協力的な読者でいてくれた．アダム・スミスに関連する哲学的な問題についての有益な情報を提供してくれた，サミュエル・フライシャッカーにも感謝したい．

　カードーゾ・ロースクール，キースウェスタン・ロースクール，コロンビア・ロースクール，ヒューストン大学ロースクール，バージニア大学ロースクールにおけるワークショップの主催者と参加した教授たちに感謝したい．これらのすべての大学で，本書において発展させた考えのいくつかを最初に披露し，意見を聞かせていただいた．最後に，本書の各章に関連した多くの発表に耳を傾けてくれたバークレーの同僚たちに感謝する．特に，ロバート・バール（知的財産を愛好する仲間であり，何より熱烈なレッドソックスファンである），エイミー・カプチンスキー，ピーター・メネル，パム・サミュエルソン，ターラ・サイード，スザンヌ・スコッチマー，モリー・ヴァン・ハウエリングに感謝したい．彼らは「バークレー・ロー＆テクノロジー研究センター（Berkeley Center for Law and Technology）」における私の友人であり同僚である——彼らは一緒になってすべての学識経験者が欲しいと願う最先端の学術拠点を形成している．私を何かと助けてくれた他のバークレーの同僚たちには，ロースクールのボブ・バーリング，ジェシー・チョッパー，ヤン・フェッター，エリック・タリー，故フィル・フリッキー，経済・経営学部のリッチ・ギルバート，デイヴィッド・モーリー，カール・シャピロがいる．クリス・エドレー学部長と前任のハーマ・ヒル・ケイには，本書に取り組むための時間と場所を与えてくれたことに特に感謝を申し上げたい．そして，例年支給される夏の研究費もとても大切であったことを念のために述べておく．バークレー以外の人びとでは，ダ

ン・バーク，レベッカ・アイゼンバーグ，マーク・レムリー，ジョン・ダフィー，ロシェル・ドレフュス，スチュー・グラハム，アシシュ・アローラ，リチャード・ネルソン，ハル・エドガー，ジェーン・ギンズバーグ，アダム・モゾフ，ジョー・ミラー，マーク・ジャニス，ダグ・リヒトマン，ディートマル・ハーホフ，モーリーン・オルーク，アンドレア・オットリーニ，ジュゼッペ・マツィオッティ，シュンメイ・シュン，グレイム・ディンウッディ（オックスフォード大学の学監であって熱狂的なペイトリオッツファンである）の名前を特に記しておきたい．知的財産分野の体系書を著したきわめて優れた4人，ドン・チザム，ポール・ゴールドスタイン，トム・マッカーシー，デイヴィッド・ニンマーにも大いに感謝する．彼らの専門的意見と友情は，長年にわたり貴重なものであった．長い間，私の考えに影響を与えてきた多くの裁判官と政府職員を忘れたくない．そのなかでも首席級（だじゃれを狙った）なのが，連邦巡回区控訴裁判所のランドール・レーダー首席判事であり，さらにリチャード・ポズナー判事，故ジャイルズ・リッチ判事，リチャード・リン判事，ロナルド・ホワイト判事である．また，長年開催されている連邦司法センターの「知財短期集中講座」（活力みなぎる同僚であり，「バークレー・ロー＆テクノロジー研究センター」の共同設立者のピーター・メネルが立案している）への参加に際してバークレーを訪れた多くの裁判官も忘れられない．

　ここ数年にわたり，誠意をもって支えてくれた研究アシスタント，スーザン・デ・ガラン，アミット・アガーワル，ランガッシュ・スダルシャン，アナ・ペンティアードにも感謝する．彼らなしには，知的財産分野で大量に膨れ上がる二次文献のすべてを収集・選別することはできなかっただろう．このような感謝の気持ちは，究極的には，それ以前にお世話になった多くの研究アシスタント，たとえば，ジェフ・クーン，イネス・ゴンサレス，セレステ・ヤングにも捧げられるし，ボストン大学における私の最初の研究アシスタントであるロブ・コバート，ジョー・カート，ロブ・リーダス，ブレット・ソコルやその他の多くの方々にも捧げられる．また，クリス・スウェイン，デイヴィッド・グラディ，ルイーズ・リーによる日々のかけがえのない支援にとても感謝している．高い能力と専門性で，私の大雑把な手書きの絵を美しいイラストにしてくれた，ブリタニー・エリーズ・サーモンにも感謝の意を表したい．

　バークレー・ロースクールの2009年卒業生であり，すべての章にわたって助けてくれたベン・ピーターセン（しかも，彼の仕事の開始が遅れたことは計り

知れない恩恵をもたらした）とハーバード大学出版のエリザベス・ノールの２人からの支援は特筆に値する．彼女が３年以上前に私のオフィスを立ち寄ったとき，彼女はほとんど何も知らず，無邪気に「何かおもしろいことに取り組んでいますか」と尋ねてきた．

　知的財産ビジネスと投資の専門企業であるオビディアングループ社（この会社の顧客を通じて，知的財産権の現実的価値をいつも痛感させられた）の共同設立者，同僚，友人である，アレックス・コーエン，スティーブン・ホロウィッツ，リサ・マックフォール，CEOのジョー・シイノ，新人のサティア・パーテル，そしてシェリ・シイノとエミリー・リービットには，物質的な支援はいうまでもないが，さまざまな面で精神的に支えてくれたことを大きな声で伝えたい．

　すべての人，とりわけ学者は，頭脳労働以外の活動に時間を使うことが必要である．このような活動における支援として，メアリー・リン・トービン牧師を含むデービスコミュニティー教会のすべての友人，DCC賛美歌楽団の演奏家の仲間（特に，音楽監督であるデービット・デフナー），ジョン・ハナン，スターバックス土曜朝会仲間（発起人はトム・ニューカムとティム・マスターソン）のティム・ムーニィに感謝している．もちろん，私が長年指導・監督してきたすべての子どもたち，とりわけ2007年から2009年にかけて指導したデービス・リトルリーグ・カブスと2009年のフラッグフットボールのペイトリオッツ（このチームは優勝した）の子どもたち，指導仲間である「ヒッチパス」のトム・ホールとケビン・バンフィルにも感謝している．

　最後に，私の家族である，ジョー，ロビー，ジェームス，両親，兄弟のブルース，ポール，マットに感謝したい．「謝辞」とは，本来私が感謝すべきたくさんの恩義に取り囲まれた痩せた葦のようなものである．それは，パイロットが操縦の際に空気の助けに感謝するようなものだ．彼らは私が暮らす環境そのものであり，私の行動を意義づける存在であり，私らしくいさせてくれる支柱であり土台であると言った方が適当である．彼らには単純な謝辞では表現できないところで深く感謝している．特に，妻のジョーには深く感謝している．難解な専門用語とわかりにくい余談であふれた本書のような本を，何と言われようと書きつづける男と結婚生活をつづけていることを想像してほしい．もっと言えば，彼女は想像の世界にとどまることを許されない．つまり，実際に暮らさなければならないのである．そのことに私は感謝しきりであり，大いに驚いてもいる．

知財の正義

目　次

日本語版への序文　i
訳者はしがき　v

はじめに　ix

第1章　**序論——本書のテーマ** ……………………… 1

I　基盤

第2章　**ロック** ……………………… 38

第3章　**カント** ……………………… 89

第4章　**分配的正義と知的財産権** ……………………… 134

II　原 理

第5章　**知的財産法の中層的原理** ……………………… 182

第6章　**比例性原理** ………………………………………… 207

III　諸 問 題

第7章　**職業的創作者，企業所有，取引費用** ……… 248

第8章　**デジタル時代の財産権** ………………………… 297

第9章　**開発途上諸国の特許と医薬品** ………………… 338

第10章　**結論**——財産権の未来 ……………………… 359

原注　389
解説　島並　良　473
索引　479

凡　例
- 訳注を〔　〕で示した．また，引用文中の原著者による補足は［　］で示した．
- 本書の引用文献に既訳がある場合は既訳を参考にした．ただし，本書にあわせて適宜訳語等を修正した．参考にした既訳は，原注においてその出典を記載（引用文献に併記）した．

第1章 序　論——本書のテーマ
Introduction: Main Themes

　今日の知的財産法は，メキシコシティや上海のような，無秩序で不規則に拡大する開発途上国の巨大都市のようである．建設用クレーンがいたるところでうなりをあげている．旧市街の中心地——この分野のかつての中核——は，今では新しいビルに囲まれ，その周辺には新しい街ができ，さらに遠くの郊外にまで都市化の波が広がっている．長い間，この街を歩き回り，その様子を見てきた古顔の住人として，こうした成長に対する思いが実に複雑であることに気づかされる．私はこの歴史ある街に放たれた力強い，新しいエネルギーに驚愕し，それがもたらした繁栄に少なからぬ喜びを感じているが，それと同時に，まぎれもない不安も感じている．ときに古い街並みやたたずまいを無視した新しい成長は，混乱を引き起こし，そのせいで私たちは軽いめまい——慣れ親しんだ土地で迷子になるような感覚——を覚えるのである．刺激的な時代であることは確かだ．しかし同時に，混乱の時代でもある．

　本書のミッションは，私がよく見知った街のあちこちで調査と再開発を行うことである．このミッションは，一面では考古学の発掘作業のようなものである．つまり，この慣れ親しんだ街の起源をたどることで，なぜこの街が誕生したのか，どこに街の中心が置かれていたのか，もともとの街の輪郭はどのようなものであったのかを再認識しようとするものである．また，このミッションは，地図作りのための調査という一面もあり，ニューヨークの地下鉄マップのような高度に概念的な都市景観マップ——幹線が端整な線で描かれ，主な特徴が色で塗り分けられた，素晴らしい近代的グラフィックデザインの1つ——を作製するようなものでもある．要するに，喧騒をかきわけ，新しい建造物の間を縫って進み，この地域の形状と輪郭をくっきりさせる幹線道路や大通りの位置を特定することである．そして，本書の最終ミッションは都市計画の実践である．そこでは，これらのすべての新たな成長を体系化し，望ましい方向へと

導くために，歴史という名の深い井戸から汲み上げられた原理とガイドラインを提示する．私の最終目的は，成長を止めることでも，その成長の特徴をあますさず詳細に書き留めることでもない．旧市街の外側に見られる新たな成長の1つひとつを気に留めながら，歴史的な核心から得られる基本的なテーマやモチーフを注意深く抽出し，焼きなおし，発展させることが私の目的である．街が成長しても，その本質は保たれていてほしいと私は思う．

　前述した考古学的なミッションとは，基盤の探索である．すべての法制度は社会慣行から生じており，時間をかけて形作られているが，歴史的起源の探索は本書のほんの一部を占めるにすぎない．私が行う考古学的考察の大部分は，次のような概念的なものである．財産権の客体を無体物へと拡張するにあたり，何が最も適当な正当化理由であるのか，そして，その正当化理由はこの分野にどのような奥行きと広がりを与えるのか．言い換えれば，私が調査している「都市景観」に活気を与え，生き生きとさせてきた概念様式ないし法形成上の基本概念は何であるのかという問いである．本書の第Ⅰ部を執筆したきっかけは，これらの疑問であって，魅力的な（しかし私の目的にはほとんど関係ない）歴史上の出来事を，（最初にこの法律ができて，その後にこの判例が登場したといった形で）順に並べたてることではない．

　知的財産法は，法による規律を通じて人びとの行動からの社会的便益の合計を最大化しようとするものである，というのが現在の主流の考え方である．ここには，功利主義の伝統的な定式——最大多数の最大幸福——が，報酬の観点から表現されている．つまり，報酬が付与されなければ創作されることがなかった，創作されるにしてもすぐには創作されなかった，あるいは創作されるにしても高品質の仕上がりとはならなかったと考えられる作品を生みだした創作者に対して，社会は市場価格を超える報酬を付与しているのである．この報酬付与の仕組みから得られる利益（新しい作品の創作という利益）は，社会的損失（典型的には，この創作物を具体化した物が限界費用を上回る価格で販売された場合に生じる消費者の厚生の損失）と比較衡量される．このモデルによれば，知的財産政策とは，この両者を天秤にかけて，正しいバランスを見出すことにある．少なくとも概念的な次元では，このプロセスは特に複雑ではない．費用と便益の合計を予測し，天秤がぴったりと正しい目盛で——社会に多大なコストをかけずに新しい創作物の量と質を最大化する目盛で——釣り合うような妥当な政策を考えるだけならたやすい．

このプロセス自体は単純だが，それを実行することは決してやさしくない．実際には，全く不可能と思われるほど複雑である．費用と便益を見積もり，時間をかけてそのモデルを作り，反実仮想の下で何が起こるか（たとえば，著作権保護のない状況でどれだけ多くの小説やポップスが創作されるか，そしてそのような状況から誰が便益を得るのかなど）を予測することは，いずれも気が遠くなるほど複雑な作業である．そしてこの複雑さこそが，功利主義理論に課せられた最大の課題である．関係するすべての変数を測定ないし見積もることが実際には非常に困難であるということは，功利主義に基づく計画はいずれも，せいぜい野心的なものにすぎず，実行可能なものではないということを意味している．完全な社会主義経済を設計する場合と同様に，功利主義に基づく計画にこうした計算の複雑さが伴うため，はたして功利主義哲学は，この分野の実行可能な基盤としてふさわしいのか，という大きな疑問が投げかけられるのである．

　私はこれまでの研究から，私たちの現在の手段では，特許権で保護される発明，著作権で保護される著作物，商標権で保護される商標の「最適数」を特定することは決してできないだろうと確信するにいたった．考古学者に扮してこの分野の功利主義の基盤を探し求めても，いつも徒労に終わる．努力したけれども，知的財産法がないよりもあった方が人びとの状況が改善することを示す検証可能なデータに基づいて，現行の知的財産制度を正当化することは私には全くできない[1]．私は，効用の最大化を，知的財産制度の第一次的な原理として用いることはできないと考えるにいたった．要するに，効用の最大化は，最も深いレベルにおける知的財産の本質ではないのである．

　これこそが，私が長年にわたり避けてきた真実である．そのために私は，ある時は比較的目立たない手を使い（たとえば，決定的ではない都合のよいデータを過大評価して知的財産法は必要かつ効率的であると結論づけ，決定的ではない都合の悪いデータを過小評価し），またある時はもっとあからさまな手を使ったりもした（データを完全に無視したり，あるいはよりしっかりしたデータがすぐにでも手に入るふりをしたりした）．だが，努力したものの，決して避けることができない次のような真実があった．それは，腹立たしいくらいに決定的なデータが存在しないことである．私の意見では，それらのデータは，知的財産保護を正当化するうえでかなりしっかりとした論拠にはなるが，しかし，ゆるぎないほど強固で，完璧な論拠とはならない．たとえるなら，それらは，厳格な社会科学者たちからなる公平な陪審に，自信をもって訴えることができるほど確か

な論拠ではないのである．

　しかし，実証的な証拠に対して大いに疑問を抱きながらも，知的財産法が必要かつ重要であるという私の信念は強まる一方であった．どうやら私と同じ思いの人はたくさんいるようだ．数えきれないほど多くの裁判官が，判決文を書き起こすにあたり，知的財産保護の存在意義は公共の利益に寄与する点にあるという，おなじみの「舞台セット」を登場させる．そこでしばしば引用されるのが，トーマス・ジェファーソンがわずかな時間に書き留めた決まり文句である．しかしながら，功利主義的な決まり文句は判決文の冒頭だけで終わり，その後は詳細な原則が述べられる．この詳細な原則には，多くの場合，功利を超えたもっと根本的な何かがまぎれもなく刻印されている――そして，判決文の末尾では，そうした根本的な何かの真の目的と正当性が明らかにされる．つまり裁判所は，知的財産権は権利であるとして判決文を締めくくる場合が多いのである．もちろん，裁判所である以上，裁判所に課せられた重要な職務の遂行に忙殺され，こうした変化の重要性に気がつかないのも致し方ないことである．しかし本書では，この変化に注目していきたい．そして間違いなく，社会的効用から基本的権利への視点の移行は，本質的に重要な変化である．というのも，私たちが，ジョン・ロールズ，ジェレミー・ウォルドロン，さらには彼らより前の思想家（特にイマヌエル・カント）から学んだように，権利の本質とは，社会的効用のみを理由として権利を犠牲にすることは許されないとするものだからである．ウォルドロンは「単なる利益」と真の権利とを巧みに区別するにあたって，この点に言及している．私が気づいたのは，知的財産分野では，功利主義的な説明がさかんに用いられているにもかかわらず，裁判所は多くの場合，（少なくとも黙示的には）知的財産権を完全かつ本当の意味での権利として理解しているということである．そして，少なくとも私にとってそれ以上に意外なのは，私自身もそうした裁判所の理解を支持するようになったことである．

前置き――知的財産は「本当に」財産なのか

　私は本書で，財産法には基本的な論理が存在すること，そしてそれが有体物だけでなく無体物にも適用されることを論じる．この点については，さまざまな方面から多くの異論があるので，最初に，私が最も説得的だと考える論拠を述べておいた方がよいだろう．

まず，「財産」の定義を狭く捉えた場合には，説得的な論拠を見出せなかったことを認めざるをえない．財産という概念は，現在もそして将来も，絶えずその起源との関係で拘束を受けるものであるところ，（英米法の伝統では）財産は土地に代表される物質的な有体物と関わりながら形成されてきた起源があるため，そこから離れて発展できないと主張する人がいる．このように考える人は，そこに知的財産をうまく移植することなどできないと思うだろう．彼らからすれば，財産という概念には，ある種の歴史的で本質主義的な特質が含まれているのであって，そのような特質を，無体物にも適用可能なように変質させることなどできるはずがないというわけである．財産の概念を無体物に適用するというのは，本来，北国に育つはずのモミの木を南国に植えるようなもの，あるいは湿地に生息するシダを砂漠に植えるようなものである．それはどうしたってうまくいくはずがない．他方で，財産の概念を適応させようとすると，つまり骨の折れる品種改良に取り組み，無体物にも適合するような財産の概念を生みだそうとすると，今の財産の概念に若干の変形を加えるだけでは収まらないだろう．そのような取り組みは，根本的に異なった新しいものを生みだすだろうし，それは完全な新品種と言えるだろう．そして，それをいかに呼ぼうとも，財産と呼ぶことはできないだろう（この主張を裏づける1つの辞書的な手がかりとして，英語では土地という財産のみが「真の」財産（"real" property）と呼ばれていることを挙げることができる）．こうした主張に賛同する人たちにとって，知的財産とはいわば長年続いているアナロジー，つまり永続的な比喩であると考えるのが最もふさわしい．要するに知的財産は，財産の基本的な構成を一部借用しているものの，財産という基本的な法的カテゴリから現実に真に派生した概念ではないというわけである．

　私はこの考えに賛成できない．私は財産をこのような歴史的で本質主義的な見方で捉えようとは思わない．私にとって，財産とは広くてゆったりとした概念である．そこにはたしかにはっきりとした（そして魅力的な）歴史があるが，その起源が制限や限界を意味しているわけではない．財産という概念がこれまで適用されてきた対象が非常に広いことから，この法分野には高い拡張性と広範な適用可能性があるように私には思われる．土地，道具，木，鉱物，水，フラクショナル・オーナーシップ（fractional ownership claims），金銭支払義務だけではなく，他にも非常に多くのものが財産という広い概念に包含される．財産という概念は，その長い歴史のなかで，状況に応じて姿を変えながら適応し，

ある領域から別の領域へと常に躍動する特性を見せてきた．財産の特性の一部はその初期の歴史によって形成されているが，この歴史に基づく財産は，硬直的な制限を伴うものではない．基本的に適応性と柔軟性にあふれる概念的用語であり，この概念的用語こそがどんな新しい客体や状況にも見事に適応しうる財産という概念の下地になっていると私は信じている．この概念的用語は，法的な行為者と当該行為者にとってかけがえのない貴重な物との関係を構築するのに非常に効果的である．一方で，財産はその歴史を通じて強固な概念であることも証明してきた．というのも，財産は自ら，日々成長し普及する話し言葉のように，新しい状況を貪欲に吸収し，大胆な変化を遂げる力があることを示しつつも，その基本構造を規定する中核原理に対しては常に忠実でありつづけてきたからである．

　私有財産制度の最も重要な中核原理とは，個々の資産に対する支配を個人に割り当てるというものである．これにより所有者と資産の間に1対1の対応関係が形成される[2]．私は本書で，他のほとんどの資産と同様に，この1対1の対応関係が無形資産を扱う最もよい方法であると論じている．私の考えでは，財産を適切で魅力的にしているのは，個人による支配というこの説得力ある論理である．それは，対象となる資産の性質とはほとんど関係がない．このため私は，知的財産制度は，無形資産を管理するための制度として，申し分なく説得的であり望ましいとさえ考えている．分散して支配および調整を行うという論理——すなわち個人所有の論理——は，伝統的な財産法が対象とする有形資産やその他の客体に対して大いに説得的であるのと全く同様に，無形資産に対しても説得的であると私には思われる．

　知的財産法の財産モデルに対しては，財産権の取引費用が高い点に焦点を当てた別の批判も多く見られる．こうした批判では，本質主義的な議論は強調されていない．その主張はむしろ，財産権を無体物に割り当てた場合の帰結，とりわけそこで生じる取引上の障害や悪夢のような莫大な費用に向けられている．この基本的な批判にはさまざまなバリエーションがあるが，ほとんどに共通するのは次のような点である．すなわち，知的財産権は，一部の対象に関しては理に適っているかもしれないし，かつては理に適っていたかもしれないが，大量のデータを高速処理する技術が急速な進化を遂げる情報化経済では，大きな摩擦「抵抗」になっている，という批判である．

　この批判——私はわずかに共感を覚えるのであるが——については，本書で

も何度か取り上げる．本書における私の基本的な主張は，高い取引費用を根拠として，知的財産法のリフォームの必要性を指摘することはできても，知的財産法そのものを廃止すべきだという主張を正当化することはできないというものである．私には，こうした廃止論を強調する批判者よりも，自信をもって言えることがある．それは，経済活動を営む者には取引の難しい局面を「乗り切る」能力があるということ，また，取引上の問題があったとしても，やはり個人による資産の所有を保障することが最も望ましい出発点だということである．結局，私は「取引悲観論者」から何かを学ぼうとはするものの，彼らの議論の進め方に賛同しようとは思わない．

知的財産法における中層的原理の1つとしての効率性

　上述のとおり知的財産を「権利」として扱ったことから，私が経済効率性の議論を完全に排除する「自然法」の視点を知的財産に採用しようとしているとの印象を与えたかもしれないが，そうではない．知的財産法から効率性の論点をなくすべきと提案しているわけではないことを，ここで明らかにさせてほしい．そのような提案をすれば，莫大な量の有用な学術研究——そのなかには私自身の研究も含まれている！——を，削除ファイルの履歴レポジトリへと追いやることになるだろう．ポイントは，効率性は二次的な目標——つまり「中層的原理」——であると理解することである．根本原理については，この序論の後半で議論するが，ここでは少し時間をとって，効率性などの中層的原理と真に根本的な概念との違いについて説明しておこう．

　効率性はあらゆる法分野において重要な目標であり，知的財産もその例外ではない．この重要な原理の刻印は知的財産法のいたるところに見られる．実際，知的財産という名の法律実務には，効率性原理を参照することなしにはうまく説明できない側面がたくさんある．しかしながら，前述したように，効率性は知的財産法を構成するさまざまな実務にあまねく影響を与えているものの，知的財産法の根本原理，つまり規範原理としては適当でない．なぜなら，効率性では知的財産の世界における多くの特徴を説明できないからである（著作者人格権はその一例である）．そして，試みてはいるものの，法と経済学の学者が，効率性を基礎として（あるいは功利主義的に），この分野を正当化する根拠を確立することに成功したことは一度もない．ある日突然，知的財産が保護されな

くなると，社会的厚生の全体的なレベルが低下するということを示す，確固たる証拠はない．たしかに，知的財産権が全体として経済にプラスになっているという考えを支持する兆候らしきデータはたくさんある．しかし，科学者はもちろん，厳格な社会科学者を基準に考えたとしても，明白であると認めることができるような証拠は存在しないのである．高名な経済学者であるフリッツ・マハルプが米国上院のために作成した研究報告書の結論は有名である．それは，もし私たちが知的財産権を全く新たに創設するのであれば，その創設が社会にとって望ましいかどうかを明確に述べることはできないが，もし私たちがすでに知的財産権をもっているのであれば，それを廃止するというのも賢明ではない，というものであった．マハルプの研究以来，個々の実務や原則に結実した英知を説明するために，この分野では数多くの実証的研究がなされた．しかし，マハルプの基本的な結論を否定するに十分な証拠を示すことができた者は1人もいない．私個人としては，効率性に対する自らの関心（そして信念）に駆り立てられ，効率性に基づいた知的財産分野全体の根拠づけや正当化を試みてきた．そのような試みは失敗したが，この失敗によって新たな方向性に気づいたことが，本書執筆のきっかけである．

　パブリックドメインの保存と最大化という，多くの人が（通常は暗に）提案してきた別の原理についても，知的財産分野の基盤を構築しうるものとは考えない．研究者らは，さまざまな表題の下，これを重要なテーマとして活発に取り上げてきた．たとえば，ある研究者によれば，知的財産法が情報の世界において果たす役割は，環境法が自然界において果たす役割と同一である，つまり強欲な私有化から可能な限り多くのものを守ることがその任務であるというわけである．環境法では，これを管理責任の原則（stewardship principle）と呼ぶ．素晴らしくも限りある自然の恵みを，私益のために専有しようとする者から守るのが私たちの義務であるという考え方である．環境法における環境保護主義者の方針の背後にあるのはこの概念である．知的財産法では，この概念は私の言う「非専有性原理」に対応する．この原理によれば，パブリックドメインの情報やアイディアは，持ち去られたり，私有化されたりしてはならない．これは，この分野をまとめ，この分野の体系化に役立つ2つ目の中層的原理である．

　非専有性は知的財産制度の重要な目的であると信じているが，第一次的な原理としては強固さが全く足りない．この点で，非専有性は功利主義と同じ欠点を抱えている．知的財産制度のさまざまな原則，ルール，慣習化した実務を注

意深くみれば，非専有性原理が機能している証拠をたくさん見出すことができるだろう．そしてたしかに，多くの実際的な目的のために，非専有性原理を重要なテーマとして活発に取り上げていくことには価値がある．しかし，効率性に関してまさにそうであったように，非専有性という概念は，この分野の規範的な基盤としては機能しない．その理由は単純である．非専有性という概念では，この分野全体にわたってはっきりと見られる重要な実務と価値観を説明できないからである．たとえば，（誰が最初かという基準で権利に値する者を決める）優先順位を確定するルールについては，パブリックドメインという概念では説明がつかない．商標法や特許法における優先順位をめぐる競争では，通常，権利の取得を競い合う者のうちの1人が財産権を首尾よく手に入れるという結果になるが，パブリックドメインの最大化を重視する方針は，そのような競争とはほとんど関係がない．知的財産権が侵害された場合の救済や賠償を規律するルールについても同様である．ここでの中心的な問題は，権利者が被る損害をいかに算定するかであって，そこに非専有性という概念が入り込む余地はない．非専有性という概念がルールに影響を与えている場合であっても，そのルールに関係する唯一の原理ではない場合が多い．たとえばこれに該当するのが，著作権や特許権の保護を受けるにはどの程度の創作性や創造的なひらめきが必要か，ということに関するルールである．非専有性という概念はたしかにこれらの要件の正当化根拠の一部をなすが，そのほかにも，知的財産権は創作物が果たす貢献に比例したものでなければならないという考え方に由来する部分もある．これは私が「比例性原理」と呼ぶ概念であり，私見では知的財産法の中心に位置するものである．比例性は，おそらく中層的原理のなかでも最も重要な原理であって，これについては，本書第Ⅱ部第6章で詳しく論じることにする．比例性のような補完的な概念を必要とするという事実は，非専有性という概念それ自体が，この分野における概念的な重みのすべてを支えられるほど確固たる原理ではないということの決定的な証拠である．

　当初私は，効率性原理と非専有性原理が知的財産分野の基層に位置する根本原理であると思っていたが，実はそれらは中層に位置する原理であることを，今では明確に理解している．このように考えているのは私だけではない．碩学の法哲学者ジュールズ・コールマンは，『原理の実践（The Practice of Principle）』[3]という著書の序論で同じ道をたどっている．知的財産法の中核をなす4つの中層概念について論じた本書第Ⅱ部では，私はコールマンの用語を使用

した．コールマンと同様に，これらの中層的原理がきわめて重要な機能を果たすと私は信じている．それらは，知的財産制度における多種多様な個々の原則，ルール，慣習を1つにまとめる．振り返ってみれば，これらの原理の検討から知的財産法の再考を始めようとしたことは驚くことではない．というのはこれらの原理は，結合組織のようにこの分野の不可欠な要素を構成しているからである．そして実際，コールマンにとってそうであったように，こうした中層的原理の下層にさらに規範的な基盤層を考える必要があると気づいたのは，私がこれらの原理を完全に理解するとともに，それらの限界についても完全に受け容れたからである．

話は根本的な基盤に及んだが，その紹介の前に，中層的原理の全体的な説明を終わらせておく必要がある．すでに説明した①効率性と②非専有性のほかに，私はさらに2つの中層的原理の存在を明らかにした．それが，③（すでに簡単に触れた）比例性と④尊厳性の各原理である．

知的財産法のいたるところに，創作者自身の貢献が反映されるように創作者の財産権を調整しようとする力が存在する．これが比例性原理である．この原理は，（功利主義的にも説明できるが），ロックの思想の影響を明らかに受けている．そのことは，ロックの思想を知的財産に適用する法学者ジャスティン・ヒューズの研究がとりわけよく示している．この原理の中心をなすのは基本的な公正性である．すなわち，財産権の範囲はその権利の基礎をなす貢献の大きさと釣り合ったものでなければならないという考えである．比例性は，著作権における侵害と救済の問題から，特許要件，商標法のさまざまな原則にいたるまで，あらゆる種類の知的財産のルールに現れる．最も顕著なのは，創作者が，実際の貢献度に全く見合わない不釣り合いな価値の権利を主張する場合である．この場合，知的財産法は，貢献度に見合わない権利をなんとしてでも認めまいとする．著作権法においては，著作権で保護されたほんの小さな断片が，利益の見込める大規模な市場の鍵を握る可能性がある．テレビゲーム機の「ロックアウトコード」がよい例である．そのようなコードの著作権をもつことは，事実上，そのゲーム機と互換性のあるゲームの市場を支配する権利をもつことを意味するといっても過言ではない．いくつかの条件が揃えば，こうした排他的支配力の合理性が認められる場合もありうる．しかし，いくつかの重要な判例によれば，単に著作権で保護されたコードを有するというだけでは，そのような支配力の合理性は認められない[4]．同様の原理は特許のルールでも機能して

おり，市場の形成や発展にさほど貢献しなかった創作者には，大きな市場に対する有効な支配力は認められない．機会主義的な特許権者は，しばしば，他者の先駆的成果に乗じてひと儲けしようと，巧妙な戦略を立てて好調な市場に漕ぎ出そうとする．しかし，そのような特許権者は必ずと言っていいほど強い向かい風にあうことになる．遅かれ早かれ，裁判官や立法者が，特許制度の本質的な目的と整合しないことを理由に，そのような特許権者の不公正な戦略に反対するようになるからである．第6章では，簡単なたとえ話と図——橋のたとえ話——を用いながら，こうした事例において比例性の原理がどのように機能するのかについて説明する．

　知的財産法における4つ目の中層的原理は，尊厳性の原理である．これは，知的財産権によって保護される作品には，多くの場合，創作者個人の特徴や性質が反映され，かつ，それがはっきりと表れており，それゆえ，創作物の一部の側面については特別に保護することが正当化される，という考え方である．この尊厳性原理の最も顕著な例が，いわゆる著作者人格権である．著作者人格権に基づけば，ある作品の創作者は，その作品の他の権利の売却または譲渡後であっても，なお保護されることになる．尊厳の利益は，個々の創作者と作品を結びつけ，法的権利の譲渡という正式な行為によっても断ち切ることができない目に見えない糸のようなものとして考えることができる．歴史的な理由から，この原理は，他の地域よりもヨーロッパ大陸の知的財産法制度において大きな発展を遂げているが，米国の知的財産法でも，尊厳性原理に相当するものを見出せるし（それほど明瞭でないときがあるかもしれないが），（私を含め）多くの者が尊厳性原理にもっと注目すべきだと感じている．

基盤の多元主義，つまり「下層における空間的な余裕」について

　ここまで，中層に位置する概念の全体像について説明してきたが，ここからはさらに深く掘り下げて，下層に位置する知的財産分野の概念的な基盤について論じることにしたい．しかしその前に，本題からはしばし外れることになるが，基盤と中層的原理の関係について，ここで少し述べておきたい．

　長年の研究の結果，基盤について私なりの理解にたどり着いたが，私はそれが絶対的に正しいとは思っていない．第II部で説明する義務論的な基盤は，この分野の正当性を基礎づける唯一の妥当な根拠ではない．すでに述べたよう

に，（私の意見ではあるが）最新のデータは，功利主義に基づく知的財産制度の正当化に対して確固たる根拠を提供しうるほどの水準には達していないが，かなりいいところまではきている．今後さらにデータが集まれば，このバランスが変わり，私だけでなく，もしかするとほかの人たちも，知的財産の分野では基本的に正味の社会的効用だけが重要なのだ，あるいは，この分野の存在は，功利主義的権利か義務論的権利か，いずれかの基本的価値観によって正当化されるのだ，と確信するようになるかもしれない．しかし，ここで1つの疑問が生じる．もしも，地下深くに横たわる基層が変化しうるとするならば——つまり，私たちが新しい知識に基づいて，ある日突然，「基盤」を別のものに変えてしまったとするならば——，知的財産分野に対する私たちの考えにどのような影響が生じるのだろうか．

　その答えは，運用レベルではその影響はそれほど大きくない，というものである．なぜなら，知的財産制度は，前述した中層的原理に基づいて運用されているからである．効率性，非専有性，比例性，尊厳性といった基本原理は，知的財産分野の概念上の背骨ともいうべきものであるが，それらは，さらに深い場所で行われている，知的財産保護の概念的正当化とはほとんど関係がない．いくつかの限界事例を除けば，知的財産制度の日々の運用において，これらの中層的原理がこの制度の根幹に直接作用すること，つまり実際にこの制度にきわめて大きな影響を及ぼすことはほとんどないのである．

　それでは，理論レベルではどうだろうか．ある基盤を別の基盤に変更した場合，私たちの知的財産分野の理解にどのような影響があるだろうか．この問いには，アナロジーを用いて答えよう．ジョン・ロールズは，『政治的リベラリズム』[5]のなかで，多元主義という概念について丹念に分析し，これを再構築するという偉業を成し遂げた．ロールズによれば，人びとの根本的信念が多様であり，ときにそれらが相互に一致しないとしても，リベラルな民主制においては，そこから「重なり合うコンセンサス（overlapping consensus）」が導き出され，そうした「重なり合うコンセンサス」に基づいたある種の「公共空間（public space）」が必要とされることになる．リベラルな諸制度を適切に構築することで，各市民は，自らの最も奥深くにある信念（たとえば，根本的な価値観や信仰など）を固く守りつづけることができると同時に，自分と同じように強い信念をもっているが，必ずしも信念が一致しない他者とも共通の理解を図ることができる[6]．言い換えれば，リベラルな民主制では，それぞれの市民が確

固たる個人的な信念をもちながら，自分の信念と反対の信念を自分と同様に強く抱いている他者とともに市民社会に参加することができる[7]．そして，ロールズによれば，真に実効的なコンセンサスには，運用レベルで機能する合意だけではなく，ロールズが「公共的理性（public reason）」[8]と呼ぶものの一部に対応する，共通の道徳的コミットメントも含まれる．この道徳的コミットメントは，各人の最も奥深くにある根本的な信念とは区別された，一定レベルの「公衆道徳に関する言説（public moral discourse）」である．ロールズによれば，重なり合うコンセンサスには，それが確固たるものであろうとすれば——新たな問題や状況に十分に適応できる程度に柔軟であろうとすれば——先述のようなレベルの道徳的合意が含まれていなければならない[9]．

私も自らの知的財産理論において，こうした基盤の多元主義を唱えている．今後，知的財産の保護が正味の社会的効果をもたらすことを示すより強力な証拠が出てくれば，私はそれを受け容れる用意がある．いつの日か，功利主義的な論拠がゆるぎないほど強固になれば，義務論的権利を退けて，この分野における基盤の座を占めるようになるかもしれない．しかしそれまでは，基盤について多元主義の立場をとることが有益である．というのも，そうした立場をとることで，功利主義に基づく説明を信じて疑わない人たちとも，義務論的権利に固執する人たちとも，さらには他の基盤を支持する人たちとも有意義な関係を維持できるからである．そして，このような共通の空間，つまり私たちが相互に関わり合える場を提供してくれるのが，中層的原理である．それは楽譜のようなものである．たとえ合奏という音楽の共同作業に対する根源的動機や究極的意義について意見が一致しない場合でも，楽譜があれば，皆で一緒に演奏ができる．同じように，中層的原理のおかげで，私たちは知的財産制度の究極的な意義に関する問いに寛容でいられる．私の理論における概念的な階層構造には，風通しのよい，広々としたグランドフロアがある．つまり下層部分には空間的な余裕があるのだ．

それでは，それが何であれ，いかなる基盤理論も適切ではなく，必要もないという立場の人びと——本書で議論する中層的原理こそが，知的財産法が目指しうる，そして目指すべき最も深い理論レベルであると主張するような人びと——の意見についてはどう考えるべきだろうか．彼らは，私が論じている4つの中層的原理（または，それに代わるものとして彼らが提示する原理）がこの分野を体系化する適切な原理として立ち現れるようになった理由を考えるかもしれ

ない．その際に，より根源的なメタ原理の影響で，これらの中層的原理が浮かび上がり，その相対的な重要性が高まったとは考えられないだろうか．ある分野において中層的原理が立ち現れるようになった理由を理解し，その限界や他の中層的原理との関係を認識すること自体が，こうした中層的原理よりも深い場所に，この分野の体系化に影響を与えるより根源的な力が存在することを物語っていると言えるかもしれない．

　しかし，筋金入りの基盤不要論者であれば，もちろんこうした提案も一蹴する可能性がある．私の友人や，法と経済学のコミュニティで私とともに歩んできた同僚の多くはこのように考えるかもしれないので，彼らに向けて少しだけ説明をしておきたい．

　ここで1つのたとえ話をしよう．あなたと私はともに科学者であり，長い間熱心に，同じ専攻分野，同じ研究室で仕事をしてきた昔からの友人であるとしよう．突然私は，自然はどこからきたのか，自然はなぜ今のような姿になったのかという疑問に悩まされた．私は書物を読みあさり，万物の背後から世界を動かす目に見えないある種の知性や何らかの超越的な力が存在しているとの結論にいたった．私の疑問は消え，私は再び元の研究室に戻ってあなたとともに研究を再開した．私はこれまでどおり，日々の研究を続けているものの，研究活動の全体について以前よりもいくぶん落ちついていられる．大きな疑問に対して自分が納得できる根拠を見出したのだから．

　私が本書第Ⅰ部で展開している規範的な根拠論には，まさにこのような意図がある——つまり，それは，知的財産分野の基盤に関するさまざまな疑問を解消し，私を前進させてくれるものなのである．何もカントやロックがいかなる意味でも神聖な存在だなどと言うつもりはない．単に，先のたとえ話で登場した科学者にとって宗教的・神学的な書物が果たしたのと同じ役割を，私にとってカントやロックが果たしていると言いたいのである．彼らは，私の専門分野の伝統的な守備範囲にはみられない根拠を私に教えてくれた．そのおかげで私は，基盤に関するさまざまな疑問を解決し，自らの専門の「範囲内」における研究に再び自信をもって取り組むことができるようになったのである．

　重要な点は，本書，特に第Ⅰ部が，効率性の視点からなされたこれまでの私の研究を台無しにしたり，詳細な原則とルール，および，それらを取り巻く慣習を分析することへの私の信念を弱めたりするとは考えてほしくないということである．ほとんどの場合において，この新しい規範的な根拠は，正しい政策

に関する私の見解に全く影響を与えない．もちろん，この規範的な根拠が，どちらとも決めかねる事例の解決に役立つ場合はあるだろうし，私がこの根拠に基づいて，際どい事例や限界事例で所有者や権利者側に軍配を上げるという場合もおそらくはあるだろう．しかし，ほとんどの場合，この規範的な根拠は，単にこの分野の枠組みを構築する際に役立つにすぎない．この根拠は，私たちがこれまでいつも行ってきた従来の研究に，より強固な基盤を与えてくれる．ただ，あなたは基盤など必要ないと思うかもしれない．知的財産制度は，これまでに明らかになっている以上に，より根源的な目的や正当化根拠など必要としていないのかもしれない．しかし，ここで私が言いたいことは，要するにこうした見方は私にとってもはや十分でないということである．それゆえ，私は深く掘り下げて研究したのであり，その成果が本書の第Ⅰ部である．私の考えに共感していただけるかどうかにかかわらず，安心していただきたいのは，正しい政策や知的財産分野を運用する最善の方法に関する私の見解は，ほとんどの部分で全く変わっていないということである．

　基盤の話に戻ろう．すでに述べたように，効率性も非専有性も知的財産法の基盤概念ではない．しかし，そうであるとしたら，いったいどのような概念が最も根本的な概念としてふさわしいのであろうか．第1に，知的財産は財産である．そんなことは自明だと思われるかもしれないが（現に，この分野の名称として用いられているではないか），知的財産法学界の現状を考慮すると，自明ではない．知的財産法学界は激動の真っ只中にある．この激動の原因は，デジタル技術をはじめとする技術革新が生じたこと，そして，そうした革新技術の領域に知的財産法が急速に拡大したことにある．たとえば，遺伝子の所有，インターネット・ドメインネーム，デジタル音楽の「サンプリング」，オープンソース・ソフトウェアなどがその代表例である．こうした技術革新が知的財産法にさまざまな課題を突きつけているという記事が，大衆紙の紙面を賑わせてきた．このような急激な変化や拡大は学界にも衝撃を与え，知的財産は真の財産ではない，あるいは少なくとも財産という概念は今では知的財産分野の中心に位置していないと考える研究者が数多くみられるようになった．実際，多くの素晴らしい学者（ローレンス・レッシグ，マーク・レムリー，ティム・ウー，同僚のピーター・メネル）は，知的財産の財産的側面に疑問を呈している．彼らの疑問によって私は背中を押され，この論点について真剣に考察した．彼らの

おかげで，安易すぎる答えから距離を置きつつ，知的財産分野の起源を遡ることができたのである．この安易すぎる答えとは，（私にとって）魅力的だが過度に単純化された，リチャード・エプスタイン（と彼に先立つロバート・ノージック）を連想させる古典的リバタリアンの財産に対する見方である．知的財産にとって「夜警国家」こそが理想だと思いたいのだが，現実にはそうはいかないと理解している．私がレッシグやレムリーをはじめとする研究者からはっきりと教わったことは，明確な財産権を付与することだけが政府に期待される役割であって，後は政府の干渉を認めないとする考え方は，知的財産分野の政策としては最適とはいえないということである．私にとって，これは議論の出発点としては申し分ないのだが，話はこれで終わりとはならない．政府は，最初に権利を付与する際の状況だけではなく，それ以降も監視しなければならない．政府は，財産権が付与後にどのように集積され，活用されているか，また，特定の状況における財産権の利用によってどのような影響——経済的かつ社会的な影響——が生じるかについて，最新の状況を把握しつづけなければならない．財産権は，（他のすべての権利と同様に）私人が国家権力を利用して他の市民に対抗することを可能にするものであるから，こうした国家権力の利用を取り巻く状況はたえず法制度と関係し，たえず法制度が関心を寄せるところとなる．それゆえ，知的財産権は，権利付与された時点で，政府の関心対象から外れるわけではない．政府の関心は，財産権者が他者を支配・排除する権利を行使しうる長期間にわたって継続する．権利の取得と専有の開始は，知的財産権に対する政府の責務を書き記した協奏曲の第1楽章にすぎず，フィナーレではないのである．知的財産を財産として扱うことは，財産権が活用される環境や条件——「付与後」の状況——に関心を払うことと全く矛盾しないと私は思うし，このような扱いによって分配の問題に注目することが必然的に求められるとも考える．財産と呼んだからといって，私の考察対象が取得や付与という最初の行為に限定されるわけではない（そのように考える人はいるだろうが）．各個人や法人がどの程度の財産を保有し，その財産をどのように利用しているのかについて関心を払うことも，財産所管機関の役割に含まれる．これらのことは決して，知的財産が真に財産であるというシンプルな考えと齟齬をきたすものではない[10]．

　本書の執筆のきっかけとして重要な2つ目の点は，知的財産が真に財産であるとすれば，財産の哲学的な取り扱いに関する文献にガイダンスを見つけるべ

きだと気づいたことである．ジェレミー・ウォルドロンの『私有財産権』[11]，スティーブン・マンザーの『財産の理論』[12]のような著書は，そこで引用されているさまざまな著作——ロック，カント，ロールズの著書——とともに，すべてが格好の検討対象であった．これらの著作はいずれも，知的財産をほとんど扱っていない（扱っているとしても，非常に簡単に触れられているだけである）にもかかわらず，それらすべての文献から，財産に関する最も重要な諸原理の基礎となる優れた考え方を手にすることができた．こうした著作を読んだおかげで，この不可欠な社会制度の根拠となっている原理に立ち戻ることができた．さらに重要なことは，それらの著作のおかげで，「権利を明確に定義さえしておけば，後は市場が解決してくれる」といった安易な見方——先述したリバタリアンの見方——から距離を置いたということである．リバタリアンとは対照的に，これらの著者はみな，財産権とはいったい何であるのかについて，はるかに豊かで，複雑で，時に困惑させるような理解を示している．彼らは最初に財産取得の正当性について力説しているが，それと同程度に，財産権の主張（ほとんどの場合，他者の要求，つまり「第三者の主張」に基づいている）に対する制限と例外についても力説していることに気がついた．そして，それらのおかげで，真にリベラルな財産の概念を形成する2つの関連する考え方に立ち返ることもできた．1つは，財産は公正な社会に不可欠ということであり，もう1つは，財産には重要な制限と制約が課せられるということである[13]．本書の執筆にあたっての私の望みは，これらの基本的な言説を知的財産の文脈に移し替えること——つまり，知的財産法のリベラルな理論をあますところなく叙述すること——である．この理論の基盤をなす構成要素には，ロックやカントなどの思想家が述べるように，個人の財産権を第一義的な権利として保障することやこの権利と利害が衝突する第三者の利益を尊重すること，それに，ジョン・ロールズの哲学に由来する，個人の財産権がもたらす構造的な困難に対処するための再分配政策を受け容れることが含まれる．知的財産権のリベラルな理論が常に念頭に置いているのは，財産とは政府から特別に与えられたもの（grant）だということである．つまり財産とは，社会制度に支えられた個人の権利——個人的ではあるが利己的ではない権利——を体系化したものなのである．

　それゆえ，私の目的は，社会的な実務や制度，効率性や比例性などの中層的原理，ロック，カント，ロールズの根本的概念を，1つの首尾一貫した知的財

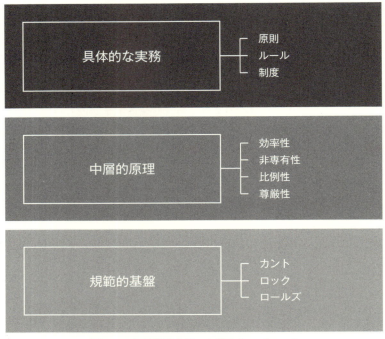

図 1-1　知的財産分野への概念的アプローチ

産分野の理論にまとめることである．図 1-1 は，本書を通して説明する知的財産分野への概念的アプローチの要約であり，これから登場する地形の鳥瞰図である．

　それでは，私が第一次的な原理と呼んでいるものは，いったいどのようなものなのか．できるだけ簡潔に述べると，①ロックの専有理論，②カントの（リベラルな）個人主義，③ロールズの財産の分配効果への関心である．私はこれらの原理を，第Ⅰ部の第 2 章から第 4 章で説明する．ここでは，さしあたり，今後の議論のうち，これらの概念間の関係を理解するうえで助けとなりうるものをいくつか取り上げ，特記しておきたい．

　ジョン・ロックの専有理論は，カントの自律理論とは対照的に，知的財産分野における伝統的な「最重要原理」の 1 つである（もちろん，私が共著者に名を連ねる知的財産法のケースブックやテキストにおいても，ロックの『統治二論』の引用から始まる）．ただし私は，知的財産の論文でよくなされる議論より，もう

少し深くまでロックを掘り下げて検討したいと考えている．ここでは，この点について簡単に要旨を紹介するにとどめ，詳細は第2章に委ねることにしたい．

　まず，ロックの専有に関する有名な「労働理論」から検討を始めよう．私は，ロックが労働と自然物の「混合」という比喩にもっぱら依拠しているという通説に疑問を抱いている．私には，労働と物を混合するというよりむしろ，労働を物に加えるという方が，ロックが言わんとしたことをより適切に説明しているように思われる．このように労働の付加を強調することで，2つの重要な目的を果たすことができる．1つは理論的なものであり，もう1つはより実際的なものである．理論面では，労働の付加を強調することで，論者たちが批判してきた混合の強調に起因するいくつかの問題が緩和される．これらの問題のわかりやすい例は，海にトマトジュースを注いだ人は，その海の所有権を主張できるのかどうかを問う，ロバート・ノージックの有名なたとえ話である．労働と物を混合する話では，私たちの関心が，混合の際に必要とされる労働から，混合される物に移ってしまう．ノージックのたとえ話でいえば，トマトジュースを海に注ぐという労力からトマトジュースそのものへと関心が移ってしまうのである[14]．ノージックのたとえ話は，わずかな量のトマトジュースと膨大な量の海水を暗に比較している点で，背理法的な議論といえる．しかし，トマトジュースを海に注いだからといって，いったいどうして海の所有権を正当化することができるのだろうか．ロックが議論しようとした対象，すなわち，費やされる労力という財産権の根拠に立ち返るとき，このばかばかしさは解消される．本当のところは，わずかな量の新しい物質が膨大な量の既存の物質に影響を及ぼすというスコラ哲学的論法によって，広範な財産権の主張を正当化しようとすることにロックの関心はなかった．彼は「加えられた物」とすでに存在する物の相対的な重量や体積など一顧だにしなかった．労働が加えられた対象物について，ロックは何も語らなかった．彼は労働に関心があった．つまり，労力を費やすことがどのようにして正当な財産権の主張につながるのか，に関心があったのである．労力を検討の対象とした彼は，当然ながら，労働の末に生まれる財産権の主張の範囲を制限した．ロックの主たるテーマである労働それ自体から絶対に目をそらさない限り，ノージックの混合物に関する形而上学的議論に接しても迷子にならないですむ．どれだけの量の労働が関係したのか．そして，そうした労働によって既存の物はどのように変化し，あるいは影響を受けたのか．もし私たちがこれらの問いから目を逸らさなければ，ばかげた仮

説に惑わされることなく，ロックの精神を守ることができる．

　より実際的にも，労働の付加を強調する方が，はるかに知的財産権の文脈に沿っている．新しい創作物を生みだした人は，何らかの新しいものを既存のものに加えたことではなく，労働により既存のものを変化させたことを根拠として財産権を主張する．発明者，文筆家，作曲家などの創作者は，先行技術や文化に対してジュースのような物理的な物を加えるのではなく，労力を加えるのであり，これに基づいて財産権を主張するのである．したがって，専有する権利および当該権利と知的財産法の関係を理解するうえで，労働や労力に重きを置いた新しいアプローチの方がはるかに効果的である．

　専有に関するロックの当時の説明に立ち返った後，ロックの研究のその他の側面を探究する．この探究は，専有が第三者にもたらす影響の取り扱い——専有によって影響を受ける第三者の利益をロックはどのように扱っていたのか——から始まる．知的財産研究者の間で共有されている従来の見解とは異なり，私は（他の学者，特にジェレミー・ウォルドロンに従って），ロックの専有理論はきわめて社会的で平等主義的な要素を備えていると考えている．このようなより平等主義的なロックの思想には，知的財産法の適切な範囲について私たちが学ぶべき重要な教訓が含まれていると私は信じている．それゆえ，第2章では，ロックの思想のこれらの側面に多くの紙幅を割いた．

　知的財産法の基本的な基盤とは，個人の自律と自由である．これらはイマヌエル・カントから発展してきた概念であり，それゆえ，カント哲学は，ロックとともに，基盤という最下層に位置づけられると言ってもいいだろう．正直にいうと，本書の執筆に着手したとき，カントにはそれほど注目していなかった．しかし，知的財産理論の観点からカントの著作を読んでみると，驚くことばかりだった．もちろん，認識論に関する彼の基礎的な著作のことは知っていたし，——他の人たちと同じように——（定言命法などの）カントの独創的な倫理論についてもちょっとした知識はあった．けれども，所有権に関するカントの文献を読むことで，それまではきわめて漠然としか認識していなかった興味深い多くの考えに気づいた．財産権と個人の意志，個人の選択，個人の自由との関係，経験的事実というより概念としての占有の重要性，政府（あるいは市民社会）の形成が財産権の創設に続くという（ロックのような）考えではなく前者が後者に先行するという考え，そして何よりも，哲学に対するカントらしい概念的なアプローチによって開かれる素晴らしい展望——これらは，本書を執筆

しはじめた頃はゆっくりと，その後は次から次へとものすごいスピードで私に打ち寄せた．何より，カントの有名な先験的な概念が知的財産法の課題と輪郭に見事に適合することを発見し，私は驚嘆した．これまで，主に法と経済学の伝統のなかで米国知的財産法の教育を受けてきたので，慣れ親しんだ英米の経験主義的で功利主義的な観点から知的財産法を考えることが当たり前になっていた．これに代わる，示唆あふれる考え方を見つけたことは，私にとって喜びであり，驚きでもあった．長年，知的財産分野のさまざまな疑問に悩まされ困惑させられてきたが，カントの概念的アプローチ——経験的事実と社会的実践より，むしろ注意深く作り上げられた義務論的な真実に基づくアプローチ——は，その多くの疑問に対して素晴らしい手がかりと洞察を与えてくれた．逆説的だが，この概念的なアプローチが，実際の制度と社会的慣習を理解するうえできわめて有用であること——概念の存在が現実の理解にとって大きな助けとなること——もわかった[15]．知的財産法に関する伝統的な功利主義的説明にずっと満足できなかった理由に，少しずつ気がついた．私の専攻分野の基盤であると思っていたものは，少なくとも現状では，私の大きな期待に応えられないものであった．この分野の構造を支えるためには，もっと根本的な何かが必要だった．まさにその基盤を与えてくれたのは，個人の自律と各人の価値観を重視するカントであった．さらに，カントの思考様式も同じように重要である．振り返れば，この最も観念的な学者とこの最も観念的な法分野である知的財産法とがうまく調和することは，明らかだったはずである（よく知られているように，ジョセフ・ストーリーは，18世紀初頭に，知的財産法のことを「法の形而上学」と呼んでいた）．しかし，少なくとも私にとっては，それは明らかではなかった．カントと知的財産法に関する第3章をお読みいただければ，哲学に対するカントのアプローチと知的財産分野の中核をなす根本的な問題との「相性のよさ」に賛同していただけるものと期待している．ここではさしあたり，カントの考えのいくつかに少し触れることで，その概要をお示しすることにしたい．

　カントは創造性について複雑な考えをもっており，これは知的財産法の構造と見事に軌を一にする．彼はいくつかの根源的な概念——個人，個人の意志，対象への意志の拡張ないし投影——から始める．カントにとって，自分の外にあるもの（すなわち対象）を造形し，コントロールしたいという欲求は，人間の強い衝動である．外部の対象に関わる計画では，人が一定の期間にわたってその対象を造形したり，コントロールしたりすることが必要である．それゆえ

人間の自由は，このような方法で対象と関わることができる能力（つまり，時間をかけて対象をコントロールしたり，造形したりできる能力）にある程度依存することになる．一部の対象については，継続して物理的に保持することでこれを達成できるかもしれないが，この方策には明らかな限界がある．ある対象は大きすぎたり，硬すぎたりして保持できなかったりする．一般に，長きにわたって対象に働きかける自由を促進するにあたっては，物理的な保持をこえた，もっとしっかりとした占有の形態の方が効果的であろう．このより広い占有の概念が，人間の自由にとって非常に重要であるとカントは信じている．そして，実際にとても重要であるので，このような占有の概念は公式な法制度の創設，ひいては市民社会自体の創設を後押しする推進力となる．カントにとって，法的な所有は人間の自由の中核をなす．自由，所有，公式な法，そして市民社会というこの流れこそ，カントの法的・政治的哲学において重要な役割を果たす概念的発展なのである．

　現代における知的財産権の理論形成は，カントの思想体系からは大きくかけ離れている．だからこそ，カントに触れることがとても有益なのである．今日の研究者は，個人の自由や，個人が自由であるために必要な私的所有を，知的財産法の主な目的とは考えていない．ほとんどの研究者にとって，知的財産法は完全に帰結主義的であり，正味の社会的厚生という究極の目的を実現するための手段なのである．しかしカントは，見事な包丁さばきでこうした帰結重視に切り込んでいく．彼は，集団の利益や功利主義的バランスといった曖昧な概念を排除し，それに代わるものとして，個人の自律という鮮明で明瞭な概念を提示する．その結果，権利としての知的財産だけではなく，個人という起点から外側に向かうときにたどり着く第三者の利益という側面ないし要素に対しても，これまで以上に冷静に関心を向けることになる．カントの思想に基づけば，第三者の利益と個人の権利をきわめて効果的に区別できる．そして，この区別こそが，知的財産法，とりわけ発展段階にある現在の知的財産法を正確に理解するうえでは不可欠と思われる．カントの思想を浸透させることは，知的財産の利用者や消費者の権利を過度に強調する最近の傾向を是正することに役立つと期待されるが，この点については，第III部で改めて述べる．

　しかしながら，カント的な権利論の観点から知的財産権を捉え直すことには，概念レベルでこの分野のバランスを再調整する以上の意味がある．すなわち，そのような再定位によって，いくつかの直接的な政策上の効果がもたらされる．

最も重要と思われる例を挙げるなら，自律に関心を向けることは，法のヒエラルヒーのなかで，創作者の権利を最も重要な権利として位置づけるだけではなく，職業的創作者の労働条件と経済的見通しというきわめて現実的な側面に関心を向けることをも意味するのである．このテーマに関する詳しい説明は第7章まで待たなければならないが，基本的な議論については，第3章のカントの所有論において紹介する．自律を認めることは，概念の価値序列のなかで，一定の法的権利を最上位に位置づけることにとどまらない．自律を意味あるものとするためには，自律にいわば金銭的価値がなければならないからである．つまり，いくばくかの金銭が個人の懐に入らなければ，自律は意味をなさないのである．もし創作活動に携わる人びとが，自らの創作物をコントロールできず，対価を得られる見通しがほとんどないとすれば，創作する自由はほとんどなく，自らの運命を切り開くことも事実上できないだろう．ここで思い起こさなければならないことは，自律とは「自己統治」，すなわち，自らの計画や意図にしたがって自らの人生の舵取りができる能力を意味するということである．自らの創造力の産物に対する財産権なしには，このようなことを持続的に行える見込みはほとんどない．財産権によってコントロールの権限と対価の見通しが与えられるのである．この2つが，カントの抽象的な自律の概念の現実的な側面である．

　それゆえ，カントの考えにしたがえば，自律は所有を権利とみなすことから始まる．知的財産ないし所有一般について，このような（「権利とみなす」という）表現を用いると，リバタリアンの熱弁が始まったかのように聞こえるかもしれない．読者のなかにはこの思想に詳しい人もいるだろう．リバタリアンの世界では，財産権は他の基本的権利と同等の権利であると主張される．そして，財産権がいかに他の権利よりも惨めな立場に置かれているかが，（しばしば，「古典的自由主義」の基本的な教えを受け継いだ創成期の者たちが苦労の末に切り開いた道を，現代の政府がいかに見失っているかを指摘する長大な叙述とともに）説かれるのである．さらに，犯人（悪魔の「福祉国家」というレッテルが貼られた再分配指向の現代政府）が特定され，非難が浴びせられ，さらには本来のあるべき姿に回帰するために——たとえていえば，明確に定義された権限を有するものの，権限の範囲としては最小限の監視権限しか有しない，バンタム級の監視役に回帰するために——，餓死寸前になるほどの急激な減量が命じられるのである．

この種のプログラムが何であろうと，カントの思想の基盤とは整合しないと私は考える．なぜなら，カントは所有を権利とみなすとともに，所有の名に値するすべての権利は基本的なものと考えていたが，政府の役割について，最初に権利を付与したり承認したりするだけでそれ以降は関与しないという限定的なものであるとは全く考えていなかったからである．カントの正義の普遍的原理は，それとは全く反対の方向を向いている．この原理は，カントの法哲学において正義の基本的な定義として機能する．この原理によれば，行為（所有権の主張を含む）は，「その人の選択意志の自由が，すべての人の自由と普遍的法則に従って両立」[16]するときにのみ，公正ないし正当である．そして，財産取得の実際的な見込みと保有財産の実際の分配状況への反論として，所有権を主張する自由らしきものが理論的にみて平等であれば十分であると論じたところで，「すべての人の自由」に配慮すべきという追求からは容易に逃れられない．カントはこの安易なリバタリアンの方向性をきっぱりと拒絶し，その代わりに第三者の利益に深く真剣に取り組むことを求める．個人による所有権の主張を深いレベルで尊重すると同時に，そうした主張が他人の生命や資産に実際に及ぼす影響にも留意するという，カントが市民社会に要求する事項は，避けては通れない難題である．カントの徹底的な平等主義は，所有に関する法的ルールが市民社会のすべての構成員の自由を最大化することを要求している．

この2つの要求は厳しい組み合わせである．なぜなら，両者を同時に満たそうにも，それらはほとんど矛盾したことを述べているように思われるからである．所有制度に関して首尾一貫した原理を確立するために，これらの相反する要求についての調整のあり方を詳細に決定しようとすれば，かなり実質的な作業が必要となるだろう．しかし残念なことに，カントはそうすることが適当であるとは考えていなかった．所有をめぐる具体的な問題について何度か散発的に触れた箇所がある（そのなかには，文学的所有権についての興味深いが簡潔な一節が含まれる）[17]以外，カントの著作には専有者の権利と第三者の利益のバランスの取り方についての詳しい説明はない．

幸運にも，私たちはそれにふさわしい思想体系を容易に手にすることができる．それがジョン・ロックの財産権理論，特にロックの但し書きやその他の専有に対する制限である．個人の所有権を認めるにあたっては，それが第三者にもたらす影響を和らげなければならないというカントの考えの図式は，元をたどれば，第2章で先行して論じるロックの原理と結びつくことは明らかである．

このように，カントの研究はロックの研究とうまく調和し，第2章と第3章とは，互いに相まって，知的財産法の規範的基盤についての一貫した説明を構成することになる．

　もっとも，この説明は包括的というにはほど遠い．特に個人の専有行為を正当化し，こうした行為への制約を原理的に説明するだけでは，知的財産制度が社会全体に与える影響の包括的な考察としては十分ではない．このような包括的で制度横断的な視点に立つためには，財産と分配的正義に関する20世紀の哲学の研究成果が必要であった．そしてそれは，必然的にジョン・ロールズの研究成果を参照する必要性を意味した．第4章では，ロールズが提示する公正な社会の構想を知的財産保護の問題に適用して検討を行う．そこでの主たる問題は，社会全体の資源の分配に与える効果に照らして，個人への知的財産権の付与は正当化しうるのかというものである．つまり，鍵となるのは，（ロールズによれば）天賦の才を授かるべくして授かった者など存在せず，その才能を発展させ，活用するためには，たいていの場合，社会的資源が必要であるとするならば，個人の才能と努力が生みだした創作物に対して特権を与えることは公正といえるのか，という問題である．

　私は，この問題を検討するにあたって，懸命に才能を発展させ活用する行為は，正当な権利主張の根拠に値する（それゆえ，私の理解では，知的財産権への正当な権利主張の根拠にも値する）と説得的に論じている学者の研究に手がかりを求めた．しかし同時に私は，大いに個人的な行為であっても，それはあまねく見られる社会的影響を受けたものであるから，社会も自発的な個人の行為の成果物に対して正当な利益――同等の権利ではないとしても――を有するというロールズの根本にある考えにも同意する．知的財産権においては，この社会的利益は，権利が発生してから消滅するまでの間の，3つの異なる段階で顕在化する．第1に，最も一般的であるが，第三者の利益は知的財産権というパン生地のなかで「ともに焼き上げられ」，知的財産権が付与された瞬間からその構成要素となる．権利の存続期間の制限や知的財産の利用者に認められる積極的な権利がその例である．第2に，知的財産権が付与されると，国家は正当にこの権利の監視を行う．特に裁判所は，権利付与後にさまざまな条件が重なり合い，権利者に不釣合いな影響力を与えるようになった場合に介入する．利用者の抗弁や法的救済の制限は，この作用が現れた代表例である．この点は第6章（比例性原理）で詳しく説明する．

社会の利益が知的財産の全体像に登場する第3の段階は，創作物が活用され，収入を得た後である．これまでと同様にロールズの理論に基づけば，社会には個人の創作物から生まれる収入のいくらかを請求する権利があることになる．このことは，現実には，知的財産権で保護された個人の創作物の売上に対して国家が課税することには十分な正当性があることを意味する．この構造の中核には，創造的な人びとによるユニークな貢献と国家による個人の自律の承認とを特徴とするカント哲学が存在するが，その周囲にはロールズ哲学の特徴も存在する．このバランスのとれた概念について，私は，すべての創作者に権利として帰属する「報いられるべき中核（deserving core）」と，各創作物に対する社会の利益を表現する「社会的な周辺部（social periphery）」とからなる図式を用いて説明する．

　個人の財産に国家による制限および課税が付随するというこの考え方は，何も今に始まったことではない．実際，西欧の社会経済制度を構成する最も典型的な要素のうちの2つを組み合わせたにすぎない．私がこのアプローチを強調するもっぱらの理由は，知的財産の理論家がしばしばこの点を見落としていると思うからである．ほとんどの理論家は，個人と社会との適切なバランスに関する議論をすべて知的財産法の領域のみで展開しようとする．それはまるで，どんな知的財産法上の原則や論争も，すべて適切なバランスをとるために調整されなければならないとでも言うかのようである．分配の不均衡を是正するために租税という一般的な制度を利用できること，それゆえ，知的財産法の1つひとつの原則を全体的な分配的正義が最適化されるように設計された精密な制度として設計する必要はないことに気づくことは，救いとなるに違いない．ロールズの考え方を取り入れたより体系的な見方によって，私たちは，知的財産の個々のルールは完全にバランスが取れていなければならないという，非生産的で，しばしば見解の対立を生じさせる思考の罠から逃れることができる．ロールズのアプローチは，この過度に内部完結主義的な見方から私たちを解放してくれ，この理由からだけでも受け容れられるべきである．

　私はまず，現代の知的財産の都市景観の骨格となる構成要素である中層的原理を描くことから始めた．次に，隠されていた知的財産法の基盤，つまり，カントとロック，そしてロールズに由来するこの分野の形成基盤となる概念を掘り起こした（ただし，他の基盤も考えられるという注意書きつきであるが）．そこ

で次に，第III部で取り上げるテーマに進むことにしよう．第III部では，知的財産法の外観と特色を形成する詳細な制度とルールのいくつかを概観する．その狙いは2つある．1つは，個々の財産権（第I部で説明される基盤的根拠に基づき個人に付与され，第II部で明らかにされる原理にしたがい裁判所を通じて適用・行使される権利）が大企業によって所有され，大企業の管理下に集約され1つにまとめられる場合に生じる，いくつかの一般的かつ構造的な懸念について説明することである．もう1つは，知的財産法をめぐる今日の議論において論争の的になっている2つの重要なテーマ，つまりデジタル創作物と医薬品特許について考察することである．

　このように現状の評価を行った後，第III部では知的財産法の将来についても論じる．第10章では，ここ15年ほどの間に見られるようになった知的財産に対する重要な批判——新しい技術に関連した実質的な批判もあれば，純粋に概念的な批判もある——を取り上げる．そして，これらの批判のいくつかの側面に反論することでこの分野を擁護するとともに，新しい技術の登場や概念的な挑戦を踏まえても，知的財産権は依然として理に適っていることを論じる．同時に，これらの批判のいくつかの側面は，財産権を基礎とするこの分野の伝統を補うサプリメントとしても有用である．このサプリメントは，社会で長期にわたりうまく機能してきた財産権の基本的な論理と整合し，かつそれを補完する新しい付加物であり，私が有用な新機軸として推進するものである．

　知的財産の専門家が近年突きつけてきた実質的な批判はさまざまな問題に関係する．最も頻繁に批判の対象となっているのは，デジタル創作物に対する著作権保護と医薬品に関する特許の2つである．第III部では，第I部の概念と第II部の原理を拡張・適用しながら，これらのテーマに取り組む．私の目的は，これらの概念と原理は，役に立たない絵空事や不毛な分類学上のラベルなどではなく，現代の政策議論において現実に実りある成果をもたらしうるものであることを示すことである．

　しかしながら，第I部と第II部の基礎的な概念を適用する前に，その前段階の重要な論点——企業化の問題と呼べるかもしれない論点——を取り上げなければならない．本書ですでに述べた原理と概念は，ほとんどの場合において，たった1人の創作者役とその聴衆からなるお決まりのシナリオの視点から説明される．これらの原理を批判する人びとは，知的財産権で保護される創作物を「生産する」産業界の現実の姿がこうしたシナリオとは大きく異なっている点

をしばしば指摘してきた．つまり現実には，非常に大きなチームの構成員が一緒に働き，それぞれの構成員の寄与はより大きな創作物のほんのわずかな部分でしかなく，多くの場合，その創作物は大企業によって所有され，しばしば他の同様の創作物とともに大きなポートフォリオを形成している．その最たる例は，著作権で保護された映画を制作するウォルト・ディズニー社や，特許発明を生みだす大手製薬会社や半導体メーカーかもしれない．

　企業が知的財産権を所有しているという現実――さらには，孤高の創作者という理想との著しいギャップ――は，知的財産権を批判する文献において必ずやり玉に挙げられる事項である．実際，ある有名な批判によれば，たった1人の英雄が創作活動を行うという美化された創作者観は啓蒙時代後期に作られた神話であり，今日では，そのような美しい話は，皮肉なことに大企業の利益向上のために大企業自身が語り継いでいるにすぎない．この強い論調の議論が正しいかは別として，ロックとカントの思想から派生した知的財産権の根本原理の背景として必ず登場するお決まりの個人創作者と，大企業が「知的財産生産工場」と化している現実との間には，根本的な乖離がある．そして，批判者のなかには，この乖離が致命的であると言う人もいる．そのような人たちにとっては，この乖離は基盤的原理が知的財産政策にほとんど影響を与えないことの証拠である．

　第7章（職業的創作者，企業所有，取引費用）では，これらの異論について詳しく検討し，それらを退ける．私の主張は主に次の2点に集約される．まず，小規模創作者などもはや存在しないという話は誇張にすぎるということを指摘する．なぜなら，個人創作者は今も文化と商業に対して重要な貢献を続けているからである．さらに重要なことは，視野をもう少し広げてみれば，小さなチーム――小規模の新興企業の場合が多い――で働く個人創作者が，現代の知的財産主導型の創作活動においてきわめて重要な役割を果たしている点である．換言すれば，私の第1の主張の狙いは，要するに，いまや創作活動は大企業に集中しているという批判の基本的な前提を論破することである．

　ただし私は，第2の主張において，一部の業界では，大企業が大半の知的財産を保有していることを認める．そうすると論点は，大企業が知的財産権を保有するときでも，知的財産保護の背後にある基盤的原理が依然として説得力を有するか否かというものになる．個人の労力に報いるとともに個人の自律を促すことを基礎とする知的財産法は，知的財産権の所有者が個人から大企業へと

移り変わる場合でも，その正当性を維持できるのだろうか．これに対する私の答えは，条件つきではあるが，維持できるというものである．まず私は，雇用主たる会社は個人創作者にとって誠実な代理人などという存在ではなく，それゆえ，知的財産を所有する大企業は理想的な「創作者の集合体（creator collectives）」ではないことを認識することから始める．その結果，知的財産権の正当性はいくぶん薄れることになる．また次のようにも言える．すなわち重要なことは，知的財産の所有者たる会社が，職業的創作者の創作活動上の利益と経営陣の事業上の目標との調整役を担っているということを，法制度が認識している点である．このことは，知的財産法がその基盤的原理に忠実でありつづけるのであれば，法的ルールが，所有者たる会社を犠牲にしてでも，個人創作者を優遇しなければならない場合もあることを意味する．2つの例を挙げよう．

1つ目は，長期間継続する著作権ライセンス——典型的には，小規模または独立した創作者が大企業を相手に締結するライセンス——を規律するルールである．たとえば，自己の小説の「映画化権」のライセンスを与えた小説家が，その後，この「映画化権」には，かかる小説を原作にした映画のインタラクティブDVDを製作する権利まで含まれると解釈されるべきではない，と主張したとしよう．裁判所はこのような事案の解決に苦労してきた．あるときは，最初のライセンスを広く解釈して最初のライセンシーに有利な判断を下し，またあるときは正反対に，小説の著作権者に有利な判決を下した．私は，このようなライセンスの解釈にあたっては，個人創作者——今回の例では小説家——に有利な判断を制度的に行うべきだとする提案に賛成する．ライセンスの許諾範囲を狭く解釈するルール——それゆえ，このような状況に置かれた小規模創作者に，予見できなかった新技術に対応する新たなライセンス交渉の機会を別途与えることで，小規模創作者に制度的に有利な判断を下すルール——は，知的財産法の基盤的原理と最もうまく調和する．

　小規模創作者と著作者の保有者たる大企業との関係にかかる2つ目の法的論点は「退職のルール」に関連するものである．この退職のルールとは，従業員が大企業を辞め，新しい事業を開始することがどの程度容易であるかを規律する原則と法的ルールのことである．新しい事業を始めるにあたって知的資産は要となる場合が多いため，会社を辞めた元従業員が，特定の技術やアイディアを武器にしようとすると，元の雇用主がそうした技術やアイディアに対して所有権を主張することがある．私は大企業に所有権を主張する論理があることは

認めるが[18]，従業者の「退職」に関するリベラルなルールの重要性も同時に理解している．そのため，大企業による知的財産権の行使を慎重に精査して，大企業が新興企業の正当な設立を阻害するために権利を行使することを防がなければならない．このような知的財産権の濫用は，知的財産制度の基盤となってこの制度を形成している原理（労力，自律など）を真っ向から否定するものである．

次に，大企業による知的財産の所有の問題をとりあえず受け容れたうえで，この種の議論をより説得的な形にした主張について検討するが，私はこれも退ける．その主張とは，創作者は大企業の組織のなかの単純労働者にすぎないし，知的財産法の発展は完全に大企業の利益で決められてきたため，現状では知的財産は個人創作者の利益から完全に乖離してしまったというものである．これは単純に誤っている．知的財産権者である大企業は創作者の完全な代理人ではないが，今日では大企業が多くの職業的創作者に仕事場を与えているのも事実である．このため，このような大企業の利益は，たいていの場合，雇用している職業的創作者の利益と少なくともおおまかには一致している．そういうわけで私は，大企業を常に批判する人の見解よりも，もっと幅のある見解——知的財産を創造する人の利益と多くの知的財産を保有する大企業の利益がときに対立することを認めると同時に，大企業は雇用者として，またあるときには職業的創作者の擁護者として，重要な役割を果たすことも認める見解——を支持する．そして私は次の3点を主張する．第1に，企業による知的財産の所有は個々の職業的創作者を支援するエコシステムの重要な要素だという点である．第2に，知的財産に関するルールが漸進的に変化していくことは，一部のケースでは理に適っているという点である．そして第3に，新規参入が可能であり，ある種の産業ダイナミズムが生きている限り，産業の構造が個人創作者に嫌悪感を抱かせるからといって，知的財産法の基本的な前提が妥当しなくなっていると考えるに足る理由はないという点である．

知的財産を基礎とする産業の構造に関するこれらの一般的な考察を終えると，続く第8章と第9章では，特に知的財産集約型の2つの産業（デジタル・エンターテイメントおよびメディア業界（第8章）と医薬品業界（第9章））の現状とその直面する問題について論じる．そこで私が意図していることは単純である．本書の前半で明らかにした基本原理を，現代の困難な問題に適用すること——

いわば，その理論の力を試すこと——である．その過程で，私はこの分野の基盤的原理とこれらの重要な産業が抱える主要な難題とを関連づける方法を提案する．ここで徹底して意識していることは，知的財産法の基本的な構成要素を形成する手段と原理を用いて現代的な問題に取り組むことであり，この分野の財産権の基盤に忠実でありつづけることによって新しい問題に立ち向かうことである．

　デジタル著作権に関していえば，第Ⅰ部の概念と第Ⅱ部の原理から2つの重要な洞察が得られる．1つには，矯正手段を提供してくれる．これらの概念や原理を用いることで，現代の議論のなかで私たちの関心がふらふらと向かったところ（要するにインターネットとデジタル化一般の革命的な性質）から，元の場所へと私たちの関心を連れ戻してくれる．財産権とは功績のあった創作者に付与される権利であるという論理に基づけば，インターネットをあるがままの姿で理解することが，より容易となる．つまりインターネットとは，主として創作物をその享受者に伝達する手段に関する革命だということである．そして，このように理解すると，ありがちな罠にはまることを避けやすくなる．その罠とは，インターネットという革命的な配信技術に目を奪われるあまり，伝統的に知的財産権の恩恵を受ける者として考えられてきたデジタル作品の創作者ではなく，配信技術自体を私たちの関心と政策論議の中心に据えてしまうことである．

　それはまるで，標準的な自動車保有者であっても時速500マイルで走行できる革命的な新型自動車エンジンを社会が生みだしたかのようである．その後，法制度の目的は，できるだけ多くの人ができるだけ速く走ることを可能にすることであるべきだと主張する学者のグループが登場し，この目標の実現を妨げるものには，それが何であれ「アンチ・テクノロジー」のレッテルが貼られる．そこでは，歩行者や自転車に乗る人たちの安全，古い街並みや歴史的景観への配慮など，全く問題にされない．「規制」や「技術による管理」といったレトリックがローレビューの紙面を埋めている．そしてそこには，新技術に逆らって突き進む考えは，どんなものであれ時代に逆行し，時代遅れで反動的であるとする前提が潜んでいる．このような新しい高速性能の技術に起因する潜在的な弊害を軽減するルールを主張すれば，ただちに批判にさらされることになる．

　残念なことに，まさにこのような技術至上主義（technocentric）のアプローチが，いまや知的財産法を支配している．私は，学者はインターネットに関す

る高揚感に過度にとらわれるべきではないと主張する．むしろ私たちは，この分野の構造を規定し，この分野を形成してきた基本的な考えに忠実でありつづける必要がある．デジタル時代の学者は「インターネットはすべてを変える」と説いてきた．実際，創作物を人びとに伝達する方法は大きく変化し，取得した創作物を使ってできる事柄も大きく変化した．しかし，新たな配信技術によっても変わることがなかった1つの重要な事実がある．それは，創作物を生みだすには，依然として労力と（多くの場合には）個人の意志ないし人格の投影を必要としているという事実である．労力と個性が知的財産の本質なのであるから，創作物に対して財産権を認めることは，インターネット時代においても，依然として理に適っているのである．

　この本質的な継続性に気づかない者は，創作物に関するゆるぎない真実を見落としている．技術至上主義の論調で書かれた書籍や記事を少し読めば，この点は明らかになる．ローレンス・レッシグの『CODE VERSION 2.0』[19]，ジェシカ・リットマンの『デジタル著作権』[20]，そして多くの類似の著作は，創作物を伝達する技術のこととなると，インターネットが存在する以前とそれ以後との間には急激な不連続性があると繰り返し強調する．彼らによれば，こうした変化の原動力は，知的財産分野の存在意義を解釈する際の支柱としても機能するという．その基本的な考えは単純である．創作物を広める技術が劇的に変化したのだから，この分野に関する私たちの考え方も劇的に変わらなければならないというのである．これこそが，技術至上主義（technocentrism）という表現で私が言わんとしていることである．

　この技術至上主義は現代の知的財産法への2つの批判につながっている．1つは，バランスの喪失論とでも呼びうる批判である．この批判を展開する学者は，既存の法は，明示的にはほとんど語られないものの，創作者と消費者がなしうることについての暗黙の前提を基礎として制定されたという考え方から議論を始める．そして，こうした前提はいまや時代遅れであり，特に現代の創作者は自らの作品の利用について従来よりもはるかに大きな支配力を有しているため，法は意図せずしてバランスを喪失してしまったというのである．この考察の背景にあるのは，法制度の実際の影響とは，「紙の上の法」とその法の適用を取り巻く技術水準といった現実世界の制約および条件との組み合わせであるという考え方（法曹界における古い考え方）である．技術至上主義にたつ学者によれば，紙の上の法は多くの場合変わっていないにもかかわらず，法がもた

らす実際の効果ないし事実上の影響は劇的に変化したと主張する．そうした例としてよく問題にされるのが，雑誌記事のような文書の流通である．インターネットが登場する以前の時代には，人びとはお金を払わなくても，書店やニューススタンドで気軽に雑誌を手にとって，しばし立ち読みができた．図書館の基本的な存在意義は，個々の印刷された作品を誰もが容易に手にとれるようにすることであった．今日では，デジタル版の雑誌の所有者は——そしてここが重要であるが——理論的には，雑誌にさっと目を通す場合であれ，隅から隅まで読む場合であれ，誰かが雑誌を利用するたびに，そのすべての利用状況を監視し，課金することができる[21]．それゆえ，多くの学者は，複製を禁止する現行法を条文の文言どおりに適用すれば，今日の著作権の所有者は事実上，昔よりもはるかに多く，はるかに強力な財産権をもつことになるというのである．

　このバランスの喪失論の背後にある前提は正しい．現実世界の環境は，法的ルールがもつ実際の効果の決定に重要な役割を果たす．しかし，その適用の仕方に問題がある．この考えを推進する学者は，そう考えるにもかかわらず徹底できていない．いまや日常的に創作物がデジタル化され，物理的・技術的な環境は変化してしまったが，ビジネスの現実もまた変容したという事実を見落としている．したがって，デジタル時代の到来によってはるかに厳しい技術的制限を創作物に加えることができるようになったが，同時に，創作物に関するあらゆる種類の無料サンプリングと再利用を許容することが著作権者にとってはるかに重要になったのである．著作権者によるこうした寛容を決定づけるものは市場である．利用者はこのような自由を欲しており，著作権者が自らの作品の市場を開拓し，成長させようと思うのであれば，利用者にそのような自由を与えなければならない．

　第9章では，開発途上地域で病気に苦しんでいる人びとを助けることができる医薬品の特許をめぐる複雑な問題を考察する．この問題は，製薬企業の権利と貧困層の倫理的主張がぶつかる典型的な対立である．第Ⅰ部と第Ⅱ部で詳しく説明した考えをうまく使って，この論点をめぐる双方の主張を整理することができる．ロックとカントは，財産権は製薬企業の研究努力への適切な報酬としてふさわしいという基本的な立場を支持するけれども，この論点との関係で実際に前面に出てくるのは，この2人の財産権理論に由来する制限的な原理と制約である．たとえば，ロックの慈愛の但し書きはこの問題に直結する．この但し書きの下では，自らの生存が他者の支配下にある資源へのアクセスに依

存しているとき，その者はその資源への正当な財産権を有する．それゆえ，ロックの慈愛の概念を適用すると，真に生命の危機に瀕している貧困層は救命用医薬品へのアクセスに対して強い請求権を有する，という結論にいたる．同様に，カントの普遍的原理も同じ結論を導く．医薬品特許が貧困層に与えるこのような影響は，彼らの自律が極端に制限されていることを示しており，したがって，特許権者は譲歩しなければならない．

　しかしながら，困窮者のアクセス権には重要な限界が存在する．製薬企業の特許権を長期間にわたって著しく制限することで，製薬産業の研究計画の実現に向けた長期的な遂行能力が脅かされるかもしれない．そして将来世代が，その結果の影響を被るかもしれない．ロールズが「公正な貯蓄原理（Principle of Fair Saving）」と呼ぶところの，一般に世代間の衡平の問題として知られている原理に基づけば，将来世代の厚生を脅かすほどに今日の資源を再分配することは誤っていることになる．医薬品特許の事例において，この原理は，ロックとカントの原理をそのまま適用して導かれるアクセス権には制限が必要であるということを意味する．

　第10章では，本書における主要な議論の総括を行う．その最も重要な点は，財産権は依然として理に適っているということである．個々の所有者と個々の資産との1対1の対応関係は，現代でも依然として重要かつ注目に値する社会制度である．創作物の真価を認め，真に法的な権利を付与することでそれに報いるべきだという議論には，依然として説得力がある．こうした議論に基礎をおくことで，創作物は，これまでのような時間給の労働としてではなく，可能な限り，独立した経済的資産としてみなされることになる．職業的創作者を育成するということは，個人や小さなチームによる所有を奨励するだけでなく，1人ひとりの職業的創作者を育て支えるエコシステムにおいて重要な位置を占める大企業を活気づけることも意味するのである．

　同時に，第10章では，知的財産権が真の権利であるべきだということは，それだけでは，知的財産権が絶対的な権利でなければならないということを意味するものではないという点を再度指摘する．ロックやカント，そして第5章の中層的原理（主として非専有性と比例性）が示唆する，専有に対する内在的制限に加えて，社会は，知的財産権で保護された創作物から得られる収益に対して課税する権利も有している．第4章で説明するように，これこそが，知的財

産権で保護された個々の創作物に対する社会の貢献と利益を認めつつ，知的財産権を制度として維持するための最も効果的な方法の1つなのである．

　消費者や利用者の要求を受け容れる方法は，何も財産権を制限することや，知的財産権で保護された創作物に課税することに限られない．第7章と第8章で説明するように，私は，権利者自らが強制力を伴う形で公衆に権利を開放することができる，権利放棄という簡便な手法の活用に加えて，知的財産の利用許諾やライセンスを安価かつ簡単に行うことができるメカニズムを構築することが望ましいと思う．これまで長年，インセンティブ vs. アクセス，創作者・権利者 vs. 消費者・利用者という形で議論が行われてきたけれども，私は，上述した組み合わせこそが適当であると考えている．効率的な取引メカニズムの構築に資源が投入されれば，権利者は引き続き権利を享受することができる一方で，消費者や利用者も利用したい創作物にアクセスすることが可能となる．このようなメカニズムが構築されれば，知的財産権で保護された創作物と同じか，ほぼ同程度に，権利自体も取引経路を円滑に流通するようになるだろう．膨大な数の知的財産権が存在している世界において，創作物の市場を機能させるためには，その創作物を対象とする権利のための市場（前述の市場とは別ものではあるが，相互に関連する市場）も必要となってくること，そして知的財産政策は，こうした二次的市場の創設をも促進するものでなければならないということを，私たちは理解しなければならない．

　さらに私は，権利放棄のための簡便で強制力を伴うメカニズムも必要だと考える——このメカニズムがあれば，強制力を伴う形で，自らの創作物を公衆に開放することが可能となり，それによって，知的財産権ひいては財産権一般の中核をなす伝統的な排除する権利（排他権）と同一の広がりをもつ「排除しない権利（right to include）」を実現することができるのである．

I 基盤
part one Foundations

第 2 章　ロック
Locke

　その人物がもつ影響力の大きさを考えると，財産権に関する本格的な議論をなそうとする場合，まずはジョン・ロックの著作を取り上げるのがよいだろう．ただし，1つの章で論じることのできる内容には限りがあるので，私が重視する点を最初に明らかにしておく必要があろう．

　本章では，ロックの思想のうち，知的財産法の規範的基盤を理解するのに直接有益な側面のみを取り上げる．そうしたテーマに限ってもすでにたくさんの先行研究があり，私が本章でできるのは，それらを要約する程度のことである．ロックの思想を1つの国にたとえるなら，その国全体をゆっくり案内してくれる頼りがいのあるガイドはいくらでも存在する．しかし，私が今回のロックを巡る旅に費やせる時間は非常に限られているし，財産権に関するロックの著作に関しても，そこで取り上げられているテーマが多岐にわたる点はもちろんのこと，その議論の内容自体も，多くは私が関心をもっている問題とほとんど関連を有しないものである．そのためここでは，全体像をごく簡単に眺めた後は，ロックの思想という1つの国のなかで，私たちが議論しているテーマにとって特に重要な地域だけをゆっくり巡ることにしたい．かくして今回の旅は，現代の知的財産権にも通ずる財産権の規範理論を理解することがその最終目的地である点をたえず踏まえながら，そうした目的を達成するのに必要な数カ所のみを巡るものとなるだろう．

　そこでまず，ごく簡単に，そもそもなぜロックが財産権の取得に関する問題に取り組んだのかを確認することから始めよう．そうした動機を理解したのちに，ロックの財産権の理論の核心へと進んでいくことにしたい．その核心とはすなわち，ロックが原始的な共有状態（「自然状態」とも呼ばれる）について述べ，財産権の正当化根拠としての労働について論じた有名な一節である．そのなかでも，本章で特に重視して検討するのは，ロックの理論の中核をなす概念，

すなわち，「見つけだした物」に労働を加えることがなぜ財産権の主張の根拠となりうるのか，権利を獲得するにはどのような種類の労働がどの程度必要なのか，財産権に対する制約および制限にはどのようなものがあるか——これにはもちろん，3つのロック的「但し書き」（Lockean "provisos"）が含まれる——といった問題である．知的財産権を専門とするかどうかにかかわらず，多くの研究者が，そのロックに関する論文のなかでロック的但し書きについて触れているが，ほとんどの場合，彼らが取り上げる但し書きは，1つか，あるいはせいぜい2つにすぎない（通常は，腐敗と十分性の但し書きの2つである）．しかし，これから明らかにするように，第3の但し書き，すなわちロックの慈愛の但し書きには，これまでほとんど見過ごされてきた，知的財産分野への重要な示唆が含まれている．それゆえ，ロックの専有理論の基本的な理解に加えて，これら3つの但し書きについても詳しく検討を行うことで，従来よりも立体的なロックの姿——つまりこれまで言われてきたような紋切り型のリバタリアンとしてのロック像ではなく，より実像に即した姿——を手にすることができる[1]．こうして私たちが蘇らせるのは，従来よりも平等主義的で，真にリベラルな財産権の理論を支持するにふさわしい哲学者としてのロック像である．そして，この真にリベラルな財産権の理論こそが，本書第III部で述べるように，今日の知的財産権の分野において求められているものなのである．

ロックと知的財産権の「相性のよさ」

　ロックの思想の全体像を明らかにすることが有益かどうかは，ロックの財産権の理論と知的財産権との「相性のよさ」次第である[2]．かなりの数の研究者が両者の相性はよくないと主張している．しかし，私はそうは思わない．私の考えでは，ロックの理論の適用対象としてみた場合，知的財産権は特に相性がよいとまではいえないとしても，他の財産権と同程度には相性がよいといえる．その理由は3つある．第1に，「自然状態」から専有が生じる過程に焦点をあてるロックの理論は，現代版の「はじまりの物語（origin story）」にぴったりだからである．たしかに，無主の荒野の探索は今も行われており，各地のフロンティアで新たな財産権が見られるのも間違いないことであるが（最も有名な例として，財産権を専門とする経済学者リー・アルストン，ゲイリー・リーベキャップらが明らかにした，アマゾン川流域における新たな財産権がある）[3]，地球上の

大部分の土地に関していえば,たいていの場合,かなり以前から所有者が確定している.所有者のいない素材であるとか,一般に共有されている素材を元にして新たな専有が行われるという現象は,今日では多くの場合,有形資産の世界よりも知的財産の世界において見られる.たしかに,著作物や発明のなかには重要な先行創作物が存在する場合もあるが,ほとんどの知的財産権は新たに主張される財産権であって,知的財産法が派生的著作物や「改良発明」と定義するものではない.少なくとも今日の先進国では,共有地の森で人がリンゴやどんぐりを採集するというロックが想定した状況は,実際には,物的財産の世界よりも知的財産の世界でよく見られる光景となっている.そのうえ,従来の説明とは逆に[4],知的コモンズは縮小しておらず,むしろ拡大しているのである.私たち人類が生みだす知的創作物が増えれば増えるほど,人類の可能性はますます広がっていく.科学研究のキャッチフレーズを使うなら,この活動領域は,私たちに「無限のフロンティア」をもたらしてくれるものである[5].創作者が利用する情報がパブリックドメインに豊富に蓄積されている状態は,共有資源の領域が広範に存在しているというロックの構想にぴったりと当てはまる.換言すれば,ロックの理論の出発点となる条件は,多くの知的創作物において満たされている.それゆえ,ロックの理論は知的財産分野で特に有効に機能すると考えられるのである[6].

　しかし,ロックの理論が知的財産にふさわしい理由はこれだけではない.より深いレベルでロックの論理は,物的財産の対象だけでなく,知的成果物にも適用できるのである.その基本的な理由はさしあたり次の2点である.1つは,労働によって財産権が生じる基盤となる背景素材の存在が「予め想定されていること」が,知的財産の世界の場合には非常に明白だからである.いわゆるパブリックドメインは,知的財産権の定義がなされる際の重要かつ広範な背景をなす.もし両者の間にいくつかの単純な類似性が認められるならば(後述の「ロックの共有概念とパブリックドメイン」の節を参照),ロックのいう自然状態とパブリックドメインが対称をなすことは誰の目にも明らかである.こうして,自然状態から取り出した物に対して財産権が発生するのと同様の論理が,パブリックドメインの状態から取り出した物に対して知的財産権を主張する場合にも踏襲されるのである.

　もう1つは,よく知られているように,ロックにとって,労働が財産権の正当化および制限にきわめて重要な役割を果たしているからである.この点にお

いても，ロックの理論は知的財産権の世界と強い類似性を有している．知的財産法のよく知られた原則によれば，「単なる」労働（ないし勤勉な作業）をなしたというだけでは，知的財産権の保護を認めるのに必ずしも十分ではない．けれども，しばしば指摘されるように，重要な創作物の作成には多大な労力が必要となることが見込まれ，それらの創作物が知的財産法の中核をなしているのである．物的な財産権を確立するうえで労働は重要であるが，知的財産権の世界における労働の重要性は，物的な場合よりもはるかに大きく，しかも際立っている．それゆえ，ロックの理論は他の理論以上に知的財産権にふさわしいということができる．

最後に，ロックが，自らの人生を振り返る手紙のなかで，自らの仕事を労働と評している点も理由として挙げられるかもしれない．いわく，私は「地面を少しばかりきれいにし，知識へと続く道に落ちているゴミを取り除くために下働きとして雇われたのである」[7]．ここでロックが言わんとしていることは簡単である．ロックは研究や著作活動に要求される仕事の価値を認め，このような仕事の最終成果物であるのだから，労働を根拠として財産権を主張することに正当性が認められると暗に示しているのである．地面をきれいにしてゴミを取り除くという行為は，専有に関するロックの議論において財産権の主張を正当化する根拠とされた肉体労働にほかならない[8]．どんぐりやリンゴを採集する行為は，こうした行為とそれほど異なるものではない．つまり身をかがめて集める行為も，概念的にみれば，地面をきれいにし，ごみを取り除く行為にたとえられたロックの著作活動のイメージと相通ずる．もし著作活動が面倒な仕事にたとえられるとすれば，当然のことながらそれは，現実の面倒な仕事に対して与えられるのと同じ結果を与えられるべき根拠となる．つまり，（そうした著作活動の産物に対する）財産権の主張が正当なものとして認められるべきだと考えられるのである．

ロックの専有理論

自然状態と原始的共有

ロックは財産権についての議論を，神がこの大地を人類に与えたという，当時の人びとの間で事実上共通の認識となっていた見解を認めることから始めて

いる．ロックはこれにつづけて，神はこの贈り物を人びとの共有物として与えたとも述べている[9]．万物の起源が神であることは当時の常識であった．そして，神は，この大地を各人に細切れに分け与えたのではなく，人類に共有のものとして与えたのである．「［大地とそれが生みだす産物］に対して，何人も他人を排除する私的な支配権を本来的にもちえない」[10]．この出発点から，ロックが自らに課した基本的な責務が明らかになる．つまり，神が人類に共有物として与えた贈り物から，個人の財産権がどのようにして生じることになるのかについて説明をすることであった[11]．

　個人による専有を理解するためには，神が贈り物をした目的を理解しなければならない．大地とそれが生みだす産物はすべて，「人間の生存を維持し快適にするために与えられた」[12]のである．つまり，人類は生存し，繁栄しなければならないというのが神の命令であり，大地とそこに存在するものはすべてこの目的を達成するための手段として与えられたというわけである．この世界という神からの偉大な贈り物を利用するためには，人は物をつかみ取り，それを消費しなければならない．つまり，人は原始的な共有状態から物を取り出して専有しなければならないのである．「それらが，何かに利用される前には，あるいは，誰か特定の人にとって有益なものになるに先立って，何らかの方法でそれらを専有する手段が必ずやあるに違いない」[13]．ロックによれば，共有者全員の同意に基づいて原始取得を行うことは実現不可能であるため，個人による専有が必要となる．神の命令を実現する唯一の方法が，事前に他の全員から許可を得ることなく個人が資源を支配することを認めることなのである．さらにロックは，個人による専有を擁護するために，似たようなロジックに基づいて，非神学的つまり帰結主義的な議論も展開している[14]．どちらの議論も，個人による専有が正しく適切であるという結論を支持する[15]．このようにしてロックは，私有財産制度の基盤——つまり個人と個々の経済的資源との1対1の対応関係——を確立するのである[16]．しかし，神の命令の履行と財産権の制度との間にはどのような関連があるのだろうか．なぜ専有という行為から，私たちが財産権と呼んでいる具体的な所有制度がもたらされるのであろうか．こうした問いに答えるためにロックは，働き，つまり労働という概念を持ちだすのである．

　たとえ，大地と，すべての下級の被造物とが万人の共有物であるとしても，

> 人は誰でも，自分自身の身体に対する固有権（プロパティ）をもつ．これについては，本人以外の誰もいかなる権利ももたない．彼の身体の労働と手の働きとは，彼に固有のものであると言ってよい．したがって，自然が供給し，自然が残しておいたものから彼が取り出すものは何であれ，彼はそれに自分の労働を混合し，それに彼自身のものである何ものかを加えたのであって，そのことにより，それを彼自身の所有物とするのである．それは自然が設定した状態から彼によって取り出されたものであるから，それには，彼の労働によって，他人の共有権を排除する何かが付加されたことになる．[17]

　上記の引用において注目すべきは次の2点である．1つは，ロックが，（神の意志または存在の表れとしての）自然が大地を人類の共有物として「残した」あるいは「設定した」と述べている点である．専有が生じるには，このような共有の状態から「取り出す」行為が必要となる．もう1つは，人が共有の状態からある物を取り出す方法とは，それに労働を加えたり，働きかけを行ったりする行為——つまり労力を費やす行為——であるという点である．別の言い方をすれば，共有はデフォルトの状態にすぎず，労力を費やすことでこのデフォルトの状態が変更され，個人による専有が生じるのである．

　ではなぜ労力なのか．ロックはその答えを，上記の引用に続く『統治二論』後篇第27節の後半部分で明らかにしている．いわく，「というのは，この労働は労働した人間の疑いえない所有物であって，少なくとも，共有物として他人にも十分な善きものが残されている場合には，ひとたび労働が付け加えられたものに対する権利を，彼以外の誰ももつことはできないからである」．人は「疑いなく」自分自身の労働を所有し，さらに言うならば，人は自分自身の労働が「付加された」り，あるいは「混合された」りしたものに関してもすべて所有する．それゆえ，こうした（自分自身の身体に対する所有権から派生する）自分自身の労働に対する所有権の自明性こそが，専有の正当性を確立するうえでの確固たる根拠となるのである．

　以上をまとめると，次のようになる．資源は共有の状態に置かれている．人は自分自身の身体，そしてそれによって生みだされる労働を所有する．共有地において見つけだした資源に自分自身の労働を付加したり，混合したりすると，それによって財産権が発生し，その資源の所有者として正当な主張をなすこと

ができるのである．ロックは『統治二論』後篇において，こうした一連の論理をさらに拡張し，政府は，人民が各個人の専有を正当化する前国家的な権利に基づいて共同で設立したという主張を展開した．それゆえ，この後篇の全体が王権神授説の打破を意図した内容となっている．神はこの大地をアダムとイブに与えたのではなく，したがって現在の君主が相続によって承継したのでもない．神は大地を全人類に与えたのであって，その一部は，労働によって各個人の財産権の対象となるのである．

ロックの共有概念とパブリックドメイン

ロックが提示する原始的共有の概念は，知的財産権におけるパブリックドメインの概念によく適合する．このことは直観的に明らかであるが，専門的観点から批判がありうることを考慮すると，より綿密に擁護する必要がある．そこで以下では，まず直観的にわかる点を説明し，その後，専門的な論点について論じることにしよう．

ロックの構想において，財産権は2つの明白な事実から生じる．自然状態では天然資源はすべての人に平等に与えられる[18]．各個人は，自然状態の全体に対して部分的共同保有権（undivided partial interest）と財産権の研究者が呼ぶ権利を有している．しかし，こうした資源を利用して何か有益なことをなそうと思えば，たとえばそれを集めるとか，食べるというように，人は何らかの形でそれらを自己の支配下に置かなければならない．ある資源を利用するには各人がその正当な所有者（全人類）から許可を得なければならないとすれば，その人は飢死してしまうだろう[19]．自然状態では，こうした許可を得るためのメカニズムは存在しない[20]．集団の単位で同意を得るのは不可能であることと，人は餓死するためにこの自然状態に置かれたわけではないことを示す神の命令とが相まって，個人による専有がただちに導かれるのである．

本章で私が論じようとしているのは，土地や収穫といった有体物の場合と同じように，知的財産に対する財産権の主張も，労働に基づいて正当化できるということである．しかし，知的財産権の場合，自然状態に相当するものとは何であろうか．言い換えれば，誰も財産権を主張していない手つかずのままの状態にある天然資源と同じ役割を果たすものとは何であろうか．さらにいえば，知的財産権の世界において未開の荒野に等しい状態で存在し，労働による専有が可能と思われるものとは何であろうか．その答えがパブリックドメインであ

る．

　今日の知的財産法理論では，ほぼすべての新しい知的創作物は，パブリックドメイン——すなわち個人としての創作者に先立って存在し，その周りに存在する，所有者のいない無数の共有素材の宝庫——を利用して創作されたという考え方が常識となっている．実際，現代の知的財産法理論は，パブリックドメインの役割を非常に高く評価しており，その結果，パブリックドメインに属するものを新しい創作物に変えるために必要となる個人の労働の価値を過小評価している．一方，ロックとカントは，財産権の基礎について，常に個人の労力と個人による所有に立ち返って考える．したがって，ロックとカントの理論は，パブリックドメインの重視に偏った状況を修正する貴重な手段を提供してくれる．私は何も，パブリックドメインが不要であるとか，人は真空状態つまり無から作品を生みだすなどと言うつもりはない（皮肉でもなんでもなく，私はパブリックドメインの価値を認めているし，それを葬り去るつもりなどない）．だが，次のことだけは言っておきたい．それは，個人の労働が付加されることで，パブリックドメインに属する当初の素材が，唯一無二の創作物に生まれ変わるということである．それゆえ，知的財産にとってパブリックドメインは，ロックの財産権理論における自然状態と同じ役割を果たす．パブリックドメインは，創作者の周りに存在する原素材，つまり誰のものでもない豊富な資源を提供するのである．

　ロックの理論に基づいて知的財産権を正当化することに対しては専門家から異論が唱えられており，これについてはもう少し後で論じることにする．もっとも，次の2つの異論は重要なので，ここで先に取り上げておく必要がある．1つ目は，ロックの自然状態が有体物で構成されるのに対し，パブリックドメインは，そのほとんどが知的なもの——たとえば物語，発明，絵画，エッセイなど，人間の創作性が具体化されたもの——で構成されることに基づく異論である．よく知られているように，これらの知的な対象物は，複数の者が同時に利用できる点で有体物と異なっている．経済学者によれば，知的な対象物には「非競合的な」性質がある．すなわち，リンゴやどんぐりの場合には，あなたが使用すると私はもはやそれらを使用できなくなるのに対し，物語のアイディアに関しては，あなたが利用したとしても私は同じアイディアをあなたと同時に利用できるのである．2つ目は，神が自然状態をすべての人が利用できるように与えたというロックの主張に関する異論である．最初に誰かが労働を行っ

て財産権を主張しない限り，自然状態は誰の所有にもかからず，かつ誰かによって所有されたこともないものである．ところが，パブリックドメインはこれとは異なる．パブリックドメインを構成する素材の中には，個人の労働の成果として生みだされ，誰かによって所有されていたが，権利の消滅や存続期間の満了によってパブリックドメインに属するようになった素材も含まれるからである．また，全く新しく，しかも誰の所有にもかからない資源を利用するのではなく，パブリックドメインに属する何かを見つけた人物が，他人が創作した（そして所有していた）ものを利用して別の何かを創作し，のちに財産権を主張する場合もある．これは大きな相違ではないかと考えるのである．

　まず，第1の異論を取り上げよう．たしかに非競合的な財について，財産権は必要ないとの主張は魅力的である．たとえば私が物語を書いたとしよう．多くの人が同時に，互いに邪魔することなく，その物語を読むことができる．この点で，物語はリンゴやどんぐりとは違う．物語などは容易に共有できるので，社会は個人による財産権の主張を禁止して，すべての者が同時に利用できるようにすべきだと言われるのも自然なことである[21]．

　知的財産法学者は，まさにこのような考え方に基づいて，知的財産法は「人工的な稀少性」を創りだすと主張している．このフレーズが示唆するのは，情報は本来，人から人へと自由に妨げなく伝わっていくべきだということである．こうした観点から，他者による情報利用の排除を目的とする知的財産権を認めることは，情報交換の自然な流れを停滞させることにしかならないというのである．

　この点については指摘すべきことが多々ある．知的財産法にとって非競合性が有する意味を精査するには，ロックの但し書きを本格的に検討することが必要となるが，そうした検討作業はひとまず脇に置いておこう[22]．岸から船出したばかりの現時点では，情報の非競合性を知的財産権の政策における最も重要な指針と捉える人たちに対して，シンプルかつ直観的な批判を提示するにとどめておく方が無難であろう．肝要なことは，情報交換の速度だけが知的財産権の世界における唯一の重要な問題ではないということである．新しい情報の創造も同じく重要な問題なのである．新規性やオリジナリティも同様である．このように，知的財産権の役割は，情報がいかに早く伝播するかだけにとどまらない．情報の性質，とりわけ社会全体をかけめぐる情報の大きな流れに対して，新たな，そして時にはたぐいまれな貢献を付け加えるように促すこともま

た知的財産権の重要な役割なのである．

　では，このことは自然状態やパブリックドメインとどのように関連するのだろうか．原作者が，自らの置かれた環境で見つけた素材を元にして創作を行う場合に立ち返って考えてみよう．自ら創作した作品をその利用を求めるすべての人びとと共有しなければならないとすれば，元の素材を書き直したり，別の形に作りかえたり，あるいは改良したりすることにわざわざ労力を費やしたりする者はほとんどいなくなるだろう．ロックの理論ならば，どんぐりやリンゴがたくさんなっている場所を偶然見つけた人物がそれらをすべて自分のものにできることが事実だとしても，自然のままのどんぐりやリンゴが，採集されていなければそれほど有用ではないこともまた事実である．ロックの記述に暗に示されている考え方は，自然の産物が人類の目的に役立つためには，選別され，整理され，収集されなければならないということである．要するに，人が見つけたものを生存と繁栄に役立つようにするためには，労働が必要となるのである．

　ここで，「非競合性が何よりも重要」という理論の問題点が明らかとなる．知的財産法に関してこの理論を盲信する人たちは，自分たちの周りに何斤ものパンがあることに気づくと，それを増やし，薄く切り分け，できるだけ多くの人に分配するにはどうすればいいかということばかり考える．これに対し，ロックのアプローチは，古い童話ではおなじみの問いかけをする．「でも，次は誰がパンを焼いてくれるの？」と．今では共有が非常に簡単に行えるようになったために──一生分の作品も瞬時にアップロードしたり，電子メールで送付できるようになった──，最初に何かを創作することにどれほどの労力が必要かを私たちは見失いつつある．しかし，創作物の世界も実はロックのリンゴやどんぐりの世界と変わらない．それは，選別したり選択したり，採集したり収集したり，再加工したり再形成したり，拡張したり創造したりするには労力が必要だという点である．自然状態やパブリックドメインには資源が豊富に無作為に散在しているが，それは出発点にすぎない．そこは労働がはじまる場所なのである．そして，こうした労働に財産権で報いることで次の2つの目的を達成している．1つは費やされた労力を称えることであり，もう1つはさらなる労力の投入を促すことである．ロックが自然状態における人類に妥当すると考えたこの理は，今日のパブリックドメインという広大な未整理領域の出現を経験した人類にも，同じく妥当する．情報の共有は容易であるが，新規で有用な

情報を創造することは依然として難しい．それゆえ，財産権が今なお意味をもつのである．

財産権と人類の繁栄，これこそが鍵となる関係である．ロックの理論は，専有対象となる物の性質——それが競合的な有体物なのか，あるいは非競合的な無体物なのか——についてあまり触れていない反面，個人の専有による人類の繁栄については詳しく言及している．この点をリチャード・アッシュクラフトは次のように述べる．

> 自然状態の第1段階——神が人類を創りだした原始的状態——では，財産権が自然主義的かつ道徳的な表現で定義されている．つまりそこにおいて最も重要な概念とは個人の身体の自由であり，労働であり，使用であり，生存する権利であり，そして神の意志という自然法である．……[しかし，]第1段階の道徳的な特徴が，貨幣の発明など，自然状態の第2段階を特徴づける歴史的発展によってあっという間に消えてしまったと考えるのは誤りである．……なぜならすでに見たように，明らかにロックは，生存するという自然法上の権利が，最も進歩した，あるいは最も文明化した社会においても強制力をもつ道徳上の主張として維持されると信じていたからである．[23]

私は，知的財産権が人類の繁栄を促進すると信じているので，たとえ知的創作物が非競合的な財を利用し，それによって構成されているとしても，知的財産権はロックの理論に完全に適合すると考えている[24]．

次に第2の異論を取り上げよう．ロックの理論によれば自然状態にあるすべてのものは神によって与えられたのに対し，パブリックドメインに属するのは，ほとんどが人によって作りだされたものである．神から与えられ，自然状態で見つけだしたものに労働を加えるのと，かつて権利の対象とされ，その権利が消滅したものに労働を加え，もって個人の権利を正当化するのとでは，話が異なる．こうした違いから，パブリックドメインと自然状態とを完全に同視することに疑問を呈することができるかもしれない．

しかしこの場合も，おそらくそうした疑問は杞憂だろう．かつて知的財産権の保護を受けていた素材と，ロックのいう自然状態における所有者のいない資源とはほとんど同じ地位にある．そのいずれもが共有状態を構成している．自

然状態と同じくパブリックドメインは誰もが利用できる．パブリックドメインに対する権利を他の人よりも優先的に主張できる者はいない．パブリックドメインから何かを取り出し，それに何がしかの労力を加えなければ，それに対し誰も財産権を主張できないのである．他人よりも優先的に権利を主張できる者が存在せず，しかも誰もがそれに労力を費やすことができるために，パブリックドメインは完全に平等主義的な資源である．結局のところ，資源を万人に利用できるようにしたのは誰か，神（天然資源の場合）なのか，それとも人（知的創作物の場合）なのかは重要ではない．重要なのは，資源が誰にも所有されていない状態で，万人に利用可能なものとして存在し，それを何か別のものに変えるために労力を費やす人物が現れるのを待っているということである．

パブリックドメインから取り去る行為

　以上のように，自然状態とパブリックドメインとはきわめて類似しているといえる．それでもなお，ロックの「原始的専有」理論が関連するのは，共有地から有体物を取り去る行為（removal）が経済活動の基盤を形成しているような状況，すなわち，原始的な発展段階のみに限られると解釈することも不可能ではない[25]．そこで，次の話題に移る前に，まずこの主張について検討する必要がある．私たちが証明しなければならないのは，自然状態での専有を正当化するためにロックが採用した基本概念が，情報や知的財産権が富や商業の重要な一部を構成する現代経済における創作物にも適用可能であるということである．ロックの理論に関していえば，取り去るという行為の概念を検討することが必要であろう．自然状態で専有を実現する手段は，有体物を物理的に取り去る行為である．しかし，アイディアの世界では，創作物に関して，これに直接相当する手段は存在しない．情報の非競合性ゆえに，ほとんどの場合，情報を物理的に取り去ることは不可能だからである[26]．ではこのような場合に，共有状態から取り去るという行為は何を意味するのだろうか．

　大雑把にいえば，それは，有体物の場合と同じ意味をもつ．私たちが取り去るという行為を，文字どおり物質的な何かとしてではなく，必要な取り決めや共通の認識——自然における事実ではなく，社会的事実——から生じた何かとして理解するなら，創作物に関してロックの考え方は十分に適用可能である．たしかに，そのような適用にあたって，ロックの著作中の一部の記載について，やや技巧的な読み方をする必要があるのは事実である．しかしそれは大した苦

労ではなく，それによって私たちは，知的財産権の分野におけるパブリックドメインが，自然状態における有体物の共有物に等しいという結論に達することができるのである[27]．

　ロックの説明によれば，労力の行使，すなわち専有行為によって，創作サイクルの全体から物が取り去られる．ロックは，自然界の一定の特徴，なかでも特定の有体物に対して行われる労働がその有体物を変化させるという特徴を拠りどころとして，合意に基づく正式な政府の設立に先立つ（そしてある意味，その設立を必要とする）自然法上の財産権の主張を正当化する．取り去る行為を自然主義的というよりもむしろ社会的な合意に関する問題として捉えるとすれば，ロックの帰結は否定されるように思われるかもしれない．つまり，情報財を取り去る行為を，自然的な事実ではなく社会的な合意と見るならば，ある種の政府または先行する合意がすでに存在していることを含意することになる．しかし，それはそう思われるにすぎない．まず，ロックの自然状態には，見過ごされがちであるが，合意としての側面がある．すなわち，自然法の概念は，政府の設立以前に人びとの間で時を超えて適用される，ある種の先行合意として解釈できる．たとえそうだとしても，知的財産権にはより緻密な政治構造が必要である．言うまでもなく知的財産権とは，自然状態で生じる可能性の低い制度のように思われる．それでもなお，ロックの原始的専有に関する議論は知的財産権にも適用できる．これは，自然状態が人類学的および歴史的説明にとどまらないからである．そもそもそれは，個人の財産権が正当化される場合や共通の政府が結果として生じる法律上の権利を認めざるをえない場合に，特定の根本的真実を引き出すために利用された仮説としての状態である．こうした真実は，市民社会が成立した後に必ず生じる知的財産権の譲渡にも十分に適用できる．たしかに，パブリックドメインの利用は有体物を物理的に取り去る行為をもたらさない．しかし，それによって，知的創作物がロックの概念の外延の外へ持ちだされるわけではない．重要なのは，財産権の基本原理が存在すること，そしてこうした原理は，現実の政府が制定する具体的なルールに勝る――概念的に優先する――ということである[28]．資源が有する物としての性質ではなく，こうした原理に対する共通認識が，ロックが仮説として主張する自然状態にとってきわめて重要なのである[29]．

　自然状態におけるどんぐりの採集に関する話も，パブリックドメインに属する有名な小説の構想や技術の一部から別のものを作ることに関する話も，基本

的な論理は同じである．すなわち，自然状態で見つけだしたものは，その状態に変化を加えて，別のものにしなければならない．こうしてどんぐりやリンゴを採集し，区分けして整理することは，そのどんぐりやリンゴを他人が利用できなくなることを意味する．人類の繁栄を促すために行われる財産権の付与は，必ずこの結果をもたらす．

　知的財産権を批判する人たちは，情報は違う——誰かが情報を利用しても，他人がその情報を共有できなくなるわけではない——と主張する．しかし，情報の利用によって，他人が繁栄できる可能性が阻害されるのであれば，情報の利用はロック的パラダイムとは相容れない．もしも私が誰かの創作物を複製した場合，たとえ，その創作者が自分で作った複製物を引き続き利用できるとしても，創作者は損害を被るおそれがある．私が情報を利用しても，所有者からその情報を取り上げたといえないかもしれないが，所有者の儲けをその懐から取り上げる可能性はある．さらに，情報の利用によって，他人が繁栄できる可能性——その人が，自らの労働によって改良したものを利用する権利——が阻害されるのであれば，そうした行為は決して許されない．これこそが，ロックの主張の鍵となる点である．つまり労働（すなわち専有）と人類の繁栄との関係こそが，ロックの理論の核心なのである．ロックの財産権の理論は，苦心して我が物にした有体物の利用を阻害してはならないと説く理論ではない．それは，個人による専有がなぜ人類の生存と繁栄に貢献するのかに関する理論である．ロックは，有形資産と無形資産の違いを問題視していない．なぜならそうした違いはさして重要ではないからである．最も重視されているのは，人類の繁栄という究極の目的に照らして，個人による財産権の主張が正当化される条件である．もしも私が，誰かが労力を費やして作りだした作品を利用し，その結果，その人物に損害をもたらし，その人物が繁栄できる可能性を阻害するのであれば，私はその人物の財産を侵害したことになるだろう．私が利用した後に，その人物に何かが残されたかどうかに関係なく，これは真実である．その人物が作りだした作品の特徴は，あまり問題視されない．重要なのは，その人物が労力を費やしてその作品を完成させたこと，そしてそうした労力を根拠にその人物が自らの作品に対して正当に主張できる権利を，私がそれを利用することによって阻害したことである．やはりこの場合も重要なのは，問題となっている資産の性質——競合的なものか否か——ではない．私の利用が，他人の繁栄する可能性，たとえば，労働によって何がしかの利益を得る可能性を阻害

するかどうかが重要なのである．このことは，競合的な有体物と同じく非競合的なもの，すなわち知的財産権で保護されているものにも妥当する．

労働の中心性

以上のとおり，生存と繁栄の必要性が自然から物を取り去る行為を正当化するのであるが，では，特定の資源に対する個人の財産権の主張——具体的で個別的な財産権——を正当化するものは何であろうか．排他的な占有権や利用権など各種権利の束から構成される具体的な財産権において，なぜ取り去る行為が必要とされるのだろうか．換言すれば，人類の繁栄を促進するうえで，私たちが財産権と呼ぶもろもろの特性を備えた制度が必要となるのはなぜだろうか．こうした問いに対して，ロックは労働がその答えであるとする．

ロックの理論によれば，財産権の根拠は，所有者のいないものを見出し，それに労働を付け加えたところに求められる．ロックの主張にとって，これらはきわめて重要な役割を果たす．そのため，労働および所有者のいないものに労働を適用することに関するロックの見解を，少し時間をかけて正確に把握しておきたい．これは，のちに知的財産権に特有の問題にロックの概念を適用する際の根拠となる．

従来から，財産権の取得に関するロックの理論は，「労働理論」という短い名前で呼ばれている．彼の基本的な主張によれば，人は，自らの労働によって——リンゴとどんぐりの場合は採集という行為によって，また土地の場合はそこを整地するという行為によって——，自然状態から財産を正当に取得できる．こうした具体例はロックの理論に対するさまざまな問いを提起する．たしかに，リンゴとどんぐりの有名なたとえ話だけを読めば，ロックの主張が理論のレベルに達しているのかと疑問を抱く者がいても不思議ではない．しかし，ロックの『統治二論』後篇には，ちりばめられたたとえ話よりもはるかに重要なことが書かれている．その主なものは重要な問いに対する答えである．本章に関連する問いとしては次のようなものがある．何かに労力を費やすことで，なぜ，それに対する財産権の主張が正当化されるのか．財産権の十分な根拠として，ロックはどのような類の労働を想定していたのか．そして，財産権が正当化されるためには，どの程度の労働量が必要なのか．こうした問いに対する答えがわかれば，ロックの理論を知的財産権に適用することが可能なのか（またどの程度適用可能なのか）という問題に対する議論の基盤を得られるだろう．

「混合」という比喩

　ロックの考える財産権においては，労働が，見つけだしたものと結びつく必要がある．ロックはさまざまな表現を用いて，この結びつきの性質を明らかにしている．財産権に関する章の最初の部分で，彼は，自然の中から見つけだしたものに「自分の労働を混合」するとき，人はそれを自らの所有物とすると述べる[30]．別の箇所では，見つけだしたものに労働が「加えられる」あるいは「付け加えられる」とも表現している．表現の差こそあれ，ロックの基本的な主張は明確で，しかも常に変わることがない．しかし，混合という比喩は，ロック研究者の間で深刻な誤解を生んでいる．これは，知的財産権の場合に特に顕著である．なぜなら，混合という概念——特にそれに対する批判——は，知的財産権へのロックの財産権の理論の適用に対する批判の手段としてしばしば使われているからである．したがって，私自身の目的を達成するには，混合という比喩について論じ，それに基づく批判を論破することが不可欠となる．

　私が最初に思いつく批判とは，ロバート・ノージックの有名な「トマトジュース」の仮説である．ノージックの簡単なたとえ話では，ある人が缶入りのトマトジュースを海にそそぐ．それにより，明らかに自らが所有するもの（トマトジュース）を，自然状態で見つけだしたもの（海）に混ぜ合わせたという理由で，海全体の財産権を主張する．ジェレミー・ウォルドロンのたとえ話はこれと少し違っていて，ある人物がセメントの入った平たい長方形の容器にダイヤモンドの指輪を入れる．いずれの話でも，混合されたことを根拠に財産権を主張するとあまりにばかばかしい結果となるために，ロックの理論の限界が明らかとなり，その理論の否定や修正の必要性が示唆される[31]．ロックの理論の問題点は，混合を根拠にした財産権の主張の捉えどころのなさに起因するといわれる．したがって，労働それ自体は，財産権の主張の根拠としては不十分ないし少なくともきわめて曖昧であるといえよう．ロックの理論は具体性に欠けるというノージックやウォルドロンの指摘に異論はないが，混合という比喩に対する彼らの批判には賛成できない．私は，労働には，彼らが指摘するよりも，財産権の付与の根拠となりうるきわめて明確な資格があると考えている．

　ノージックとウォルドロンのたとえ話は同じ構造からなる．いずれも明確で外部の干渉を受けないものを所有する1人の人物が登場する．ノージックの場合はトマトジュース，そしてウォルドロンの場合は指輪の財産権が想定されている．このすでに所有者がいるものが，話の冒頭で，所有者のいないもの——

海や平たい長方形の容器に入ったセメント——に混ぜ合わされる．次に，所有者がいるものをそうでないものに混ぜ合わせると財産権ができあがるという，ロックの有名なレシピのとおりに調理したところ，とんでもない料理が完成したとの結果をまことしやかに提示する．そしてそれを根拠に，ロックの理論全体の構造の信頼性に疑問を投げかけるのである．

　私は，ノージックやウォルドロンのたとえ話には多くの問題点があると考えている．そこで，ここからは，そうした問題点について論じることにしたい．簡単に言うと，私の主張は次のとおりである．①ノージックとウォルドロンのたとえ話は，すでに所有者がいるものとして，ごくありふれたもの（トマトジュースや指輪）を措定するのに対し，ロックは，労働を，すでに所有者が特定されているきわめて特殊なものとして，言い換えるなら，所有者のいない資源と結びつくことで財産権の理論の根拠となりうる唯一のものとしてみなしている．②ノージックとウォルドロンのたとえ話は，個人による財産権の主張の限界を定めることの難しさを指摘しているが，これはロックの理論に固有の欠陥というよりも，むしろ彼らが労働（すなわち，ほかの資源に付加された場合に，より明確な財産権の境界，ないし少なくとも費やされた労力の程度で決まる財産権の主張の限界を暗示するもの）から注意をそらしたことの結果である．③そして，ノージックとウォルドロンのたとえ話で想定されている混合とは，空想的な思考実験であって，ロックが用いた現実的な例からはかけ離れている．労働に基づく財産権が人類の生存と繁栄に不可欠であることを明らかにするという，ロックの目的によりふさわしい例では，通常，ノージックやウォルドロンのたとえ話のようなばかげた結果にはならない[32]．

　ノージックとウォルドロンの例でまず気づくことは，すでに所有者が特定されているもの，つまり所有者のいない資源と混合されるものが，どちらも「労働」ではない点である．ノージックとウォルドロンの狙いは，自らがきわめて一般的とみなしているロックの論理を精査することにある．所有者のいない資源に混合または付加される限り，すでに所有者が特定されているものはどんなものでもかまわない．別の表現を使うなら，ノージックもウォルドロンも，外的な物に対して争う余地のない所有権を設定すれば，その物はロックのたとえ話で登場する労働と同じ役割を果たすはずだと考えている．彼らによれば，最も重要なのは最初の所有権であって，最初の所有権の対象自体は重要ではない[33]．

ノージックとウォルドロンの過ちはこの点にある．ロックが最初の所有権の対象として措定した特殊なもの（労働）への言及を避けることで，彼らは，きわめて特殊なものであることが意図された公式を一般化しようと試みた．ロックが，すでにその所有者が明らかなもの——身体やそれを使った労働——を元に自らの理論を構築したのは偶然ではない．ロックにとって，労働には特別な何かがある．だからこそ，多くの研究者たちは，財産権の取得に関するロックの理論を，「所有者がいるものにそうでないものを加える」理論とか，「一般混合理論」ではなく，「労働理論」と呼ぶのである．財産権に関するロックの議論の中核に位置するのは，単にすでに所有者がいる一般的な種類の物ではない．誰がその所有者なのかが自明であって，ほかに例のないたった1つのもの，つまり労働なのである．

　これが重要な理由は2つあり，ひいてはその理由が，ノージックとウォルドロンのたとえ話に対する批判になる．まず，最初の理由は，すでに所有者が特定されているものの倫理的地位に関連する．ロックによれば，労働には，まさに神と同じ性質がある．これを端的に表しているのが，人による労働は，人類と世界を創造した際の神の最初の作品に酷似しているという考えである[34]．したがって，所有者のいない資源に，こうした高い倫理性を帯びた特別な類のものを混合することは，所有者が特定されており，かつ以前から存在するものを混合することとは全く違う行為である．労働は特別であって，だからこそ，これを混合したり加えたりすることが特別な結果をもたらすのである．ノージックとウォルドロンのたとえ話は，労働に言及しておらず，結果的にこの点を無視している．一般化に夢中になるあまり，彼らは，ロックの理論が本来労働を重視することで手にしていたその影響力を逸してしまったのである．

　労働に特別な影響力があるのは，それが「身体による」ものだから，つまり外部への自己の発現だからである．私たちは自らの人格を所有しているので，労働は「所有物」のなかでも最も個人的なものとなるのである．労働がきわめて個人的なものであるという考えは，自己の外部にある世界への人格の拡張を促すうえで所有が必要と考えるヘーゲルの主張に似ている[35]（次章で明らかにするが，カントの所有理論にもこうした考え方が色濃く見られる）．つまり，ノージックやウォルドロンに対する私の批判は，ロックとヘーゲルに共通するこうした側面を彼らが見過ごしている点に向けられている．つまり，きわめて個人的であるために，労働だけが，所有者のいない資源と混合された場合に財産権の

主張の根拠となりうるのである．労働の代わりに，ノージックとウォルドロンは，トマトジュースと指輪というありふれた物を用いた．そしてその結果，興味深い問題点が生まれたのであるが，それは，ロックが理論の出発点に選んだ何物にも代えがたい視点を，彼らがこっそりと議論から排除したためである．

労働と財産権の自然な境界

　ノージックとウォルドロンのたとえ話が誤解を招きやすいことを示すもう1つの理由がある．それは労働に備わるある特殊な性質に関係している．すなわち，労働がある対象に混合ないし付加される場合，通常，労働は，その結果として生じる結合物にどのような範囲や広がりの限界があるのかを明確かつ自然な形で示唆する．そのため，こうした結合物と，その母体である所有者のいない資源の残りの部分との間に，常識的な境界線を引くことは比較的容易である．労働がより自然な境界を示唆するからである[36]．

　ノージックのたとえ話を参考に，その理由を明らかにしてみよう．彼のたとえ話が言わんとしていることははっきりしている．トマトジュースを海に注ぐという行為に基づく財産権の主張の範囲には明確な限界が存在しないため，混合というロックの理論には説得力がないということである．しかし，このたとえ話をロックのそれと比較してみよう．間違いなくどんぐりやリンゴを採集する場合の方が，財産権の主張の限界はわかりやすいのではないだろうか．個人の労働による影響を受けた——拾われた——どんぐりやリンゴだけが財産権の主張の対象となるのは明らかである．採集されたどんぐりやリンゴと，まだ地面に落ちたままのどんぐりやリンゴを区別する一線は，きわめてわかりやすい．トマトジュースの代わりに労働を海水の一部に加える，あるいは混合する——たとえば，バケツで海水をくみ出す——場合を想像し，ノージックのたとえ話をもっとロックの主張に近づけてやれば，その境界はずっと明確になるだろう．この場合に，労働をなした者が主張できる財産権の範囲がバケツに入った海水に限られることについて疑問を差し挟む余地などあるのだろうか．まさにこの場合の労働は，ノージックのトマトジュースのたとえ話で指摘されたようなばかげた境界問題を回避できているのではないのだろうか．

　労働が他のものと混合された場合により自然な境界をもたらすことは，ウォルドロンのたとえ話の内容を少し変えた場合でもわかる．彼のたとえ話の場合，所有者のいない資源の周りには論理上，境界が存在する——セメントは平たい

長方形の容器に入っているため——が，セメントの中に（すでに所有者がいる）指輪を投げ込んだ人物が，結果としてどれほどのセメントを所有することになるのかはわからない．ただしこの場合も，こうした難問が生まれるのは，すでに所有されているものとして，ウォルドロンが指輪を選んだからにほかならない．指輪の代わりに労働を選べば，これほど難しい問題は生まれない．平たい長方形の容器からある人がシャベルですくいだした量が，労働とセメントが結びついた結果として認められる財産権の範囲であることは，合理的に推定しうるからである．あるいは，たとえば必要な材料を混ぜるために，平たい長方形の容器に入ったセメントをまんべんなくせっせとかき混ぜたとすれば，結果としてできあがったセメント全体に対して財産権を主張することが許されるだろう．

　同じく，平たい長方形の容器に入ったセメントの一部分だけをかき回した場合も，その部分についてのみ財産権が発生するだろう．境界線を正確に画定することは難しいかもしれないが，一般に，労働が行使された，あるいは労働から影響を受けた部分のセメントにのみ，専有が認められることは公平であり合理的である．どこに境界線を引くかについて，理性的に考えたとしても皆の意見がぴったり一致することはないかもしれないが，「労働が行使される」という原理に基づいて境界が決まること——そして，これによって，ノージックとウォルドロンの仮説における背理法が否定されること——についてはほとんど異論がないだろう．

　ただし，労働の軽視は，ノージックとウォルドロンの仮説が抱える問題点の1つにすぎない．これ以外にも，混合というイメージへの過度の依存という問題がある．このイメージのせいで，労働が加えられた資源と，所有者のいないそれ以外の資源との間に明確な一線を画することがきわめて難しくなる．一般的な認識として，混合とは，ものを一体化させる，あるいは完全に混ぜ合わせることである．既存のものと労働が結びつくことで生まれる複合体または存在には，こうした性質がある．つまり，そのなかに，労働が均等に分布して完全に混じり合っており，ある意味，充満しているのである．したがって，労働によって影響を受けた部分の資源と，それ以外の部分との自然な境界線は，曖昧ではっきりしない．

　しかし，混合を重視しすぎると，ロックの理論は実際よりも多くの問題を抱えてしまう．これに関連して興味深い事実がある．それは，ロックの時代にお

いて「混ぜる」を意味する"mix"という言葉には,「混ぜ合わせる」という意味の"blend"や「満たす」という意味の"suffuse"よりも,むしろ,異なるもの同士を「結合させる」という意味をもつ"conjoin"に近い意味があったという[37]。ロックは"mix"の同義語を頻繁に用いており,これは,ロックの言わんとしている意味が"blend"よりも"conjoin"に近いことを示唆する。ロックが財産権に関する章の冒頭部分で,自然から見つけだしたものに「自分の労働を混合(mix)」することで,人はそれを彼自身の所有物とすると述べているのは事実である。しかし,その直後に,彼自身の所有物とするのは,「それに彼自身のものである何ものかを加えた(join)」からであるとする。つまり,最初から"join"と"mix"は同じ意味で使われているのである。同じく,どんぐりやリンゴの採集という有名なたとえ話をした後,ロックは次のように要約している。「つまり,その[採集するという]労働が,それら[どんぐりやリンゴ]と共有物とを分かったのである。労働が,万物共通の母である自然がなした以上の何ものかをそれらに付加し(added something),そのようにして,それらは彼の私的権利[の対象]となったのである」[38]。ロックは,財産権に関する章で,同じ趣旨のことを何度も繰り返している。また労働について論じる際,彼は同じ表現を何度も用いている。たとえば,労働を「投下する(bestow[ing])」(『統治二論』後篇(以下,後篇)第30節・ラズレット編289頁),労働によって土地を「囲い込む(inclos[ing])」(後篇第32節・ラズレット編291頁),「労働を加える(labour[ing] on)」(後篇第34節・ラズレット編291頁),さらに最も頻繁に使われているのが,労働を「付け加える(annex[ing])」(たとえば後篇第27節・ラズレット編288頁,後篇第32節・ラズレット編291頁)という表現である。これらの例から明らかなように,"blend"(たとえば,ノージックのトマトジュースのたとえ話の場合)という意味での"mix"という基本概念は,ロックにとってさほど興味をそそるものではなかったのである。ここでもやはり重要なのは,(ほかの何かではなく)労働を,所有者のいない資源に混合する,すなわち加えることで,よりわかりやすい,より論理的な財産権の境界線が明らかになることである[39]。

つまり,ノージックやウォルドロンが指摘する問題点は,実は彼ら自身のたとえ話に起因するのであって,ロックの理論の問題点ではない。ロックの理論は完全ではないものの,特別なカテゴリーとしての労働という「ボール」から目を離さなければ,他の理論に比べはるかに有用である。そしてこのことは,

有形的な物への労働の適用について検討する場合であれ，（知的財産権の場合のように）無形の資源への適用について検討する場合であれ，同じように当てはまるのである．

労働の目的を見失わないこと

　ノージックとウォルドロンのたとえ話に対する私の最後の批判は，彼らのたとえ話はいずれも巧みではあるが，実際に起こりうる可能性が高い専有の事例からはかけ離れているということである．私たちは，これらの話を読むと，ロックが最も重視した人類の繁栄と労働の役割を忘れてしまう．ロックのように人類の繁栄と労働の役割を重視しつづければ，労働の合目的性が，知的創作物に対する財産権の確固たる根拠を提供することがわかる．

　ノージックやウォルドロンによる批判は，ロックの主張の本質からどんどん離れてしまっている．ロックの考える財産権は，人類の存在に関連する，最も基本的で，ゆるぎのない現実から生じる．専有は，空想的な思考実験とは無関係であって，この世界で生存し，繁栄しなければならないという原始的な必要性に由来するのである．

　つまり，ノージックのたとえ話には，ロックとは異なる特徴がある．世界中の海水に対して財産権を主張するのは，いったい何のためであろうか．それで何ができるというのであろうか．生存に役立つのだろうか．但し書きは別にしても，こうした試みに労力を費やすことは無意味であり，したがって私に言わせれば，ロックは何の興味も示さないだろう[40]．ロックの関心は，きわめて現実的な目的——生存，あるいはもっと一般的に言うなら人類の繁栄——のために，所有者のいないものに労働を適用することであった．すぐには利用できない巨大な資源に対する，純粋に形而上学的な財産権について論じたところで，ロックの関心を引くことはほとんどないように思われる[41]．

　ノージックのたとえ話に少し手を加えれば，合目的性という問題を浮き彫りにできる．トマトジュースを海水に注ぐ代わりに，労力を費やしてみよう．たとえば，カヌーで海に漕ぎ出し，オールで海水を混ぜるとしよう．この場合，専有の等式で，ノージックのトマトジュースの代わりに，すでに所有者が特定されているものとして労働が当てはめられる．こうすることで，労働と海水の混合を根拠として，すべての海に対して，ロックの考える財産権が認められることにならないだろうか．やはりこの場合も私の答えはノーである．その理由

はきわめて単純で，この場合の労働が，無意味な目的のために利用されているからである．それは，生存や繁栄につながらない．実際，仮定として独創的なたとえ話を生みだす以外，何の目的もないのである．そしてこれこそが，こうした物語では，合法的に所有されている資源とそれ以外の資源との境界線の画定が難しい理由である．現実的で明確な理由もないのに，労働を，所有者のいない資源からなる巨大な複合体に適用しているのである．したがって，労働に基づいて主張しうる財産権の限界は特定しにくい．これを，労働が現実的で重要な目的のために利用される場合，たとえば，肉体的生存や繁栄への願望などのために利用される場合と比較してみよう．このような場合，労働の行使の背後にある目的が，労働の結果として生じる財産権の自然な限界を明らかにする．これに関連して，「原始的」専有としてロックが挙げたすべての例に，自然状態から資源を取り出す行為が含まれていることは全くの偶然ではない[42]．そうした資源は，採集する者に栄養を与えるために取り出されるのである[43]．財産権の範囲は，労働に比例する．財産権の範囲の限界は，資源を採集する者の目的，すなわち採集したものを食べ，その結果生存を維持するという目的に基づいて決まる[44]．こうした例には，より一般的なアイディアの萌芽を確認することができる．有益な目的のために行われる労働は，私的専有を正当化する．そして専有の範囲は，労働の範囲によって決まるのである[45]．

まとめ——「付加」と比例性

　ここまでの私の主張を要約しておこう．混合に関する議論は多くの厄介な問題を引き起こす．したがって私としては，ロックのアプローチを労働付加理論 (the labor annexation theory) と名づけたい．労働は，全く新しいものを生みだすことを目的として，既存の資源に適用され，付け加えられ，行使される．混合よりも，付け加えるということで思い浮かぶイメージの方が，ロックの理論に沿っていて，現在私たちが行っている作業にとって有益である．しかもこのイメージは，2つの関連する問題の解決の方向性を示している．付加という概念を選択すると，ロックの理論に対するウォルドロンらの批判をかわすことができる．しかもそれだけではない．付加という概念のなかに，知的財産法の全体を貫く重要な原理——第6章で詳しく論じる比例性原理——の原材料を見つけることができるのである．つまり，混合という比喩から生じる批判のいくつかが解消されたことで，ロックの理論は，知的財産権を正当化する説得力ある

根拠，そのなかでも非常に重要な特徴の1つである比例性についての確固たる説明を提供するのである．

次節で取り上げる有名なロック的但し書きは，労働による専有理論をいわば「外部から」制限するものであるが，原始的専有に関するロックの理論の内部にも，専有の範囲を制限し，それを狭める要素は存在する．その1つが，すでに所有者が確定しているものの中でも特殊な性質をもった労働の重視であり，もう1つが，労働を（混合ではなく）付加しない限り財産権を認めないとする要件である．これらは，ロック理論の下で，専有をさまざまな形で制限する役割を果たす．そして最も重要な点は，労働が財産権を正当化するのは，生存と繁栄を目的とする場合に限られるということである．従来，ロックの理論は非常に拡張的で，知的財産法に適用すると多くの問題を引き起こすと考えられてきた．しかし以上のとおり，ロックの専有理論は，これまで評価されてきた以上に控えめで，しかも扱いやすい．同理論の適用にあたっては，このことを肝に銘じておかなければならない．

専有についてのロックの行論から財産権の限界が明らかになったので，次節では，それ以外の制約に目を向けることにしよう．それが，ロック的但し書きである．

ロックの但し書き

ロックの財産権の理論で示された「但し書き」に関しては，そのテクストの多様な解釈が可能である．このような解釈の違いに端を発してさまざまな論争が巻き起こっているだけでなく，これらの但し書きに対しては，知的財産法上の難しい課題の解決に役立つのではないかという大きな期待が集まっている．そのため，これらの但し書きについて詳しく検討する必要がある．

ロックが『統治二論』後篇の財産権に関する章のどこで但し書きを論じているのかを見れば，ロックがこれらの但し書きをいかに重視しているのかがわかる．但し書きは，労働と原始的専有について議論を始めた直後に登場する．その最初のものが第27節である．

> この労働は労働した人間の疑いえない所有物であって，少なくとも，共有物として他人にも十分な善きものが残されている場合には，ひとたび労働

が付け加えられたものに対する権利を，彼以外の誰ももつことはできないからである．[46]

この「他人にも十分な善きもの」を残すように求める制約は，十分性の但し書きと呼ばれる．次に，第31節において，いわゆる腐敗または浪費の但し書きに言及している．

これに対しては，おそらく，どんぐりや，その他の地上の果実などを採集することがそれらに対する権利を生じさせるとすれば，誰でも自分が欲するだけのものを独占してよいということになってしまうという反論があるであろう．それに対して，私はそうではないと答えよう．その［労働という］手段によってわれわれに財産権を与える同じ自然法が，同時に，その所有権に制限を課しているからである．……「神はよろずの物を豊かに賜う」……しかし，神は，どの程度にまでわれわれに与え給うたのであろうか．それらを享受する程度にまでである．つまり，人は誰でも，腐敗する前に，自分の生活の便益のために利用しうる限りのものについては自らの労働によって所有権を定めてもよい．しかし，それを超えるものはすべて彼の分け前以上のものであり，他者に属する．腐敗させたり，破壊したりするために神が人間に向けて創造したものは何もない．[47]

この一般論のすぐ後に，ロックは財産権を「制限」しなければならない理由として，ある人の専有が他の人に損害を与える可能性があることを敷衍している．第33節で，自然状態の土地を改良することによって取得することがなぜ正当化されうるのかについて述べた際に，こう指摘する．

また，土地のある部分を改良することによってそれを専有することは，他の人間に対していかなる損害をも与えなかった．というのは，土地はなお十分にたっぷりと，しかも，まだ土地をもたない者が利用しきれないほど残されていたからである．したがって，実際のところ，誰かが自分のために囲い込みをしたからといって，他人の分として残された土地が減るわけではなかった．なぜならば，他人が利用できるだけの土地を残しておけば，彼は何も取らなかったに等しいからである．[48]

そして，続く第34節ではさらに次のように述べる．

> 人間に対して，神は世界を共有物として与えた．しかし，神は，世界を人間の利益になるように，また，そこから生活の最大限の便益を引き出すことができるように与えたのだから，神の意図が，世界をいつまでも共有物で未開拓のままにしておこうということにあったとはとうてい考えられない．神が世界を与えたのは，あくまでも勤勉で理性的な人間の利用に供するためであり（労働がそれに対する彼の権原となるべきであった），断じて，喧嘩好きで争いを好む人間の気まぐれや貪欲さのためではなかった．自分自身の改良のために，すでに人のものとなったのと同じくらいの土地がたっぷりと残されている人間は何ら不平を言う必要はなく，また，他人の労働によってすでに改良されている土地には決して干渉すべきではない．もし干渉したとすれば，彼は，明らかに，他人が苦労して得た利益は何の権利もないのに欲しはしたが，神が労働を加えさせるために他者との共有物として与えた土地は，それが，すでに所有されているのと同じくらいたっぷりと，そして，彼がどうしたらいいかわからないくらい，また，彼の勤勉さも及びえないほど残されているにもかかわらず，欲しなかったことになる．[49]

ロック研究者の間では，以上の3つの節の解釈をめぐって激しい議論がある．こうした議論は，知的財産法の重要課題に対してロックの理論を適用しうるのかどうかに影響を及ぼすため，ここで少し紙幅を割いて詳しく検討することにしよう．

まず問題となるのは，これらの節の記述が但し書きとして提示している条件は2つなのか，それとも1つなのかである．後述のとおり，知的財産権との関係ではこれは重要な問題である．従来，知的財産権は，十分性の条件を容易に満たしうると考えられてきた．なぜなら，知的財産権が付与される対象はオリジナルの創作物に限られており，その権利の範囲も当該創作物のオリジナリティが認められる範囲に限られているからである．もっとも，結果として生じる知的財産権が広範囲に及ぶ場合，権利者が実際には決して利用するとは思われない多くの素材にも権利が及ぶ可能性がある．したがってこのような場合には，十分性と浪費とはそれぞれ独立した財産権の制約条件なのか，それともいずれ

か一方の条件を満たせば足りる場合もあるのかを検討することに実益が生じる．この問題については，腐敗の制約の範囲をどの程度広く解釈するかによって答えが変わってくる．そして，この範囲を狭く解釈する場合には——これは本章の後半部分において私が支持する解釈であるが——，十分性が財産権の唯一の制約条件なのかどうかを検討することに，おそらくそれほど重要な意味はない．しかしそうだとしても，言及されている但し書きが2つか1つかという議論から，十分性の但し書きの性質について多くを学べる．そして，ひいてはそのことが，ロックと知的財産権に関する文献で展開されている激しい論争に終止符を打つうえで重要になってくるのである．以上を踏まえて，さっそくこの問題について論じることにしよう．

　まず最初に取り上げるのは，ジェレミー・ウォルドロンである．ウォルドロンは，ロックのテクストを厳密に注意深く読み，最も説得力のある解釈を提示している．ウォルドロンによれば，十分性は（論理的な意味で）十分条件ではあるが，必要条件ではない．つまり，十分性の但し書きを満たすことは，専有が正当なものと認められるための必要な要件ではないけれども，十分性の但し書きを満たしていれば，財産権の主張は正当なものとして認められる[50]．これは見方を変えれば，たとえ，他の人びとに「十分な善きもの」が残されていない場合でも，ある対象に対して正当な財産権を取得しうるということである．ウォルドロンの主要な議論は，資源が稀少な状況を中心に展開されている．このような場合，ウォルドロンによれば，十分性の但し書きにこだわると，誰一人として，何らの資源も正当に専有できなくなってしまう．すべての資源は人類の生存を促すために人びとに与えられたというロックの主張に照らせば，これはとんでもないことだというわけである[51]．

　一方，腐敗については，実質的には真の但し書きではないとウォルドロンは主張する．十分性の要件を満たせば，それで足りるのであって，専有が腐敗を回避しなければならないという要件はもはや存在しない．十分性の要件を満たす専有は常に適度であり，それゆえ浪費を生じさせない．つまり，専有が「他人にも十分な善きもの」を残すのであれば，腐敗の禁止という要請は当然に満たされることになる．腐敗の制約が考慮される必要があるのは，十分性の要件が満たされない場合である．資源が稀少性を有しているために，たとえ他人に十分な善きものを残せない場合であっても，専有することは許される．ただし，この場合，専有が許容されるのは，専有をなす者が浪費を生じさせない範囲に

限られる．それゆえ，十分性の要件が機能しない場合に限り，取得が認められる範囲の決定に腐敗の要件が関与するというわけである．

多くの専門家は，ウォルドロンが定式化した２つの主張のいずれに対しても異論を唱えている．すなわち，まず彼らは，十分性と腐敗の制約とは，いずれも完全なロック的但し書きとしての地位を占めるべきであると指摘する．彼らからすれば，「十分な善きもの」を残すというロックの主張は，すべての専有に適用されるのであって，自然状態において資源が比較的豊富にある状態の下で専有が行われる場合だけに適用されるのではない．次に，同様に多くの専門家は，十分性の要件を満たす専有者が，そのことをもって，腐敗の制約の回避を証明できるわけではないと考えている．この考えに基づけば，他人に「十分な善きもの」を残しつつ，共有の状態から物を取り出したけれども，それらを腐敗させてしまうことが起こりうる．この場合，十分性の要件は満たされるが，腐敗の要件は満たされないと考えられる．結果，このような専有は，ロックの理論に従えば，正当なものとはみなされなくなる．

ウォルドロンの主張にはそれを支えるテクスト上の根拠があったのと同じように，但し書きが２つあるという見解にも，これを支持する強固なテクスト上の根拠がある．ロックによれば，「腐敗させたり，破壊したりするために神が人間に向けて創造したものは何もない」．この記述からは，特定の人たちの暮らし向きを悪化させるかどうかにかかわらず——つまり，十分性の要件が満たされているかどうかにかかわらず——，腐敗させる行為は絶対的に禁止されることが容易に読み取れる．この解釈は，ロックが個人的にあらゆる種類の浪費を嫌っていたという，彼の人となりに関する情報と一致する[52]．それゆえ，たとえ十分性の要件が満たされるとしても，腐敗や浪費が生じるのであれば，そのような専有は正当なものとは決してみなされない[53]．

腐敗を生じさせるにすぎない取得を禁止することの正当化としては，原始的専有者と同様の機会を他の人びとにも残すためだという理由がよく持ちだされる．しかし，これも結局は十分性の制約の問題に還元される．つまり，Aという人物がどれほど多くの物を取得するかにかかわらず，B，C，Dらに十分な量の物が残されるとしたらどうか，という問題に換言される．このように考えると，やはり腐敗の但し書きは不要に思われる[54]．これはたしかにそうであるが，ロックの思想にみられるある重要な特徴を看過している[55]．ロックは，腐敗させる行為が，後から来る人に害を与えうるだけではないことを強く

示唆している．つまり，将来専有をなす可能性がある人に影響を及ぼすこととは全く別に，腐敗させる行為は本質的に自然に対する冒瀆であって，それ自体が不正な行為とみなされる．このように考えると，腐敗は絶対的に禁止されるべき行為であり，直接他人に害を与えるかどうかにかかわらず適用されるべき但し書きである．

　したがって，ウォルドロンの主張の緻密さは評価するものの，私はどちらかといえば，「2つの但し書き」がいずれも完全な要件であるという見解を支持したい．つまり，十分性の但し書きが完全に満たされている場合でも，腐敗は避けなければならないということである．本章の後の方で，この見解が，知的財産権の議論において利点を有していることを説明する．しかしここではいったん，十分性の制約という第1の但し書きに話を戻す必要がある．ロックの理論枠組みでは，腐敗の制約より先に十分性の制約を検討しなければならないからである．

依存と十分性の但し書き

　浪費の問題を論じる前に，十分性の但し書きのもう1つの側面も議論しておかなければならない．従来からの主張のほとんど——少なくとも，知的財産権を擁護する主張の大半——は，適切に運用されている知的財産権制度の下では，すべての人に開かれた共通の貯蔵庫にある素材を利用して創作したものに対してのみ，その創作者に財産権の主張が認められるとする．つまり，知的財産権制度が適切に運用されている場合，新しいもの——それが誕生する前から存在した「パブリックドメイン」とは明確に区別されたもの——を作りだした人物に権利が認められることになる．このような制度ではパブリックドメインが常に保全されるため，十分性の但し書きは必ず満たされると一般には考えられている．パブリックドメインに自ら付け加えたものを専有しているにすぎない者は，必然的に他人に「十分な善きもの」を残していることになるはずである．付け加えられたものが専有された後も，それを創作した人が利用したのと同じ出発点の素材を他の人びとも利用できるからである．こうした出発点となる素材に対して財産権の主張を禁止することは，必然的にロックの十分性の但し書きを満たすというわけである．

　法学者のウェンディ・ゴードンは，1989年に公表されたそのきわめて洞察力にあふれた論文で，従来から説かれてきたこうした主張に異を唱えた[56]．

彼女が論証したのは，ある人物が完全に新規なものを創作した場合であっても，その人物がもともと創作時に利用可能であったものと同程度の「十分な善きもの」を他者に残すことができない事態は論理的に起こりうるということであった．ゴードンの議論で鍵となるのは，ベースラインの引き上げという概念である．新規な作品の創作者が付け加えたものに，他の人が大きく依存するようになる場合がある．そうした後で，この新規作品の創作者が，付け加えたものを取り出して専有しようとすると，人びとが大きな喪失を経験することになりかねない．ゴードンはこうした考えをいくつかの例を挙げて説明している．

> 知的産物が新規で，その人の創作がなければ存在しえず，当初は公衆に利益をもたらしうるものであることは，その後にそうした知的産物へのアクセスを排除したとしても害を与えないことを保証しない．……創作者が自らの知的産物を公にし，その産物が文化の流れや結果に影響を与えるようになれば，それへのアクセスから公衆を排除することで害を与える可能性がある．たとえば，Aという人物が，共有物から物質を取り出し，それを元に，自身のたぐいまれな発明の才でもって健康を飛躍的に増進させる酵素を作りだしたとしよう．その酵素が健康によいことから，これを成分とする飲料水を生産することになった．しかし，そうした恩恵には依存症という代償が伴った．この酵素を成分とする飲料水を飲んでいた人たちのなかに，この万能薬を飲みつづけなければ，炭水化物を代謝できない人が出てきたのである．こうした人たちにとって，普通の食品は，栄養食品としては価値がなくなる．なぜなら先の酵素と一緒に食べなければ，栄養を摂取できないからである．この場合，酵素の元になる成分と食品とが共有物として豊富に存在しつづけるとしても，公衆を害から守るうえで十分ではない．また，依存症の人には，酵素の製造方法に関するAの知識も必要となる．それがなければ，彼らは豊かな恵みのなかで餓死してしまうからである．酵素が飲料水の供給に組み入れられた後で，発明をなしたAに対して，その製造方法の技術を他の人が利用するのを禁止する権利が与えられるとすれば，その地域で依存症を抱える住民は共有物の利用ができなくなり，以前よりもひどい状態となるのである．[57]

知的財産権の権利範囲がその創作者独自の貢献部分に限定されている限り，

知的財産権の保有者は何をしてもよいという考えは，元をたどれば，はるかジョン・スチュアート・ミルにまで遡る[58]．そしてまたこの考えは，かねてから知的財産権の事例で頻繁に援用されてきた「大は小をかねる」という格言とも密接に関連している[59]．すなわち，新しい創作物を公衆に利用させないという（より大きな）権限には，その創作物の利用を認めておいて，のちにそれを撤回するという（より小さな）権限が完全に包含されているのである．ゴードンが提示した事例は，こうした考え方の限界を明らかにし，議論の焦点を，創作者の権利から，知的財産権が行使された場合に他者が被る影響へと移したところにその功績がある．ゴードンは，こうした他者の状況と，問題の知的財産権が付与される以前に創作者が置かれていた状況とを比較し，それらが重要な点で異なる可能性があることを論証したのである．

ゴードンによれば，新規な創作が行われることにより，ベースラインが変更される場合がある．創作者の貢献が元のベースラインを大幅に引き上げるような場合には，創作者が自らの貢献を取り下げたり，創作サイクルの全体からそれを取り去ることは許されるべきでない．たとえば，水を運ぶ偉大なる男がいたとしよう．この男が，勤勉に井戸から汲んだ水をせっせと運んだおかげで，湖の水位が少し上がったとする．湖畔に住む人たちが，これを受けて水辺に面した家を建て，ドックやビーチを造ったところ，この男が住民に向かって，「私は自分が運んだ水を全部井戸に戻すことにします．でも，あなた方に文句を言う権利などありません．私は見つけだした当初の湖の状態に戻すだけですから」と言ったとしたら，それは公正とは言いがたいだろう．住民たちは，偉大なる男が運んだ水を湖の恒久的な一部として，それを頼りに暮らしているからである．実際，住民にとっての「湖」には，当然のことながら，この男が運んできた水が含まれるのである．湖の水が減ることで彼らは現実の損失を経験する．住民にとってこうした状況はまるで，この男が湖を探し出し，水を運ぶという長期作業を始めようとした日に，湖の水位がすでに数フィートほど下がっていることに気がついたようなものである．この話の最も重要な点であり，ゴードンの洞察の鍵にもなる点は，水を運ぶ偉大なる男が湖の姿をすっかり変えてしまったために，それを元の姿に戻しても，他の人たちはかつてと同じ状態には戻れないということである．住民がすでに気づいているように，この男が運んできた水だけを取り去る場合であっても，湖はもはや以前と同じ状態には戻らないだろう．住民は，自分たちが知っている状態の湖に依存して生活し

ている．つまりその湖が自分たちのよく知っている形と深さを保ちつづけることを当てにして生きているのである．こうした依存利益は，湖に起こることについて住民に発言権を与え，回りまわって，その偉大な男が自ら運んできた水を後から取り去ることができる権利に制約を課す．

　ゴードンは，さまざま例を挙げて，この依存利益の効力について説明している．なかでも最も説得力があるのは，ある意味で「スタンダード」としての地位を得るようになった文化的貢献に関する話だろう．ゴードンは，ウォルト・ディズニー製作の数本の映画を例に挙げているが，他の例としては，ハリー・ポッターシリーズ，バービー，『ロード・オブ・ザ・リング』三部作などがすぐに思い浮かぶ．こうしたスタンダードとなる象徴的な作品は，いわば文化という湖の水位を大幅に上昇させる役割を果たすものである．各作品はそれぞれ独自の方法で，ポップカルチャーに大きな影響を与えている．評価の基準としてのみならず，比喩的表現としても広く受け容れられている（魔法とマグル，あるいは中つ国の小人や妖精）．つまりこれらすべての作品が文化交流における共通通貨として広く利用されているのである．そうしたなかで，各作品の所有者がその作品を文化的資産から取り去ることを認める場合には，新しい作品の執筆時だけでなく，日常のコミュニケーションの場においても，人びとが共通に利用できる参照素材の湖が枯渇するおそれがある．ゴードンによれば，これはまるで，それらの有名な作品が完成する前に，共通の評価基準や文化的象徴を誰かが取り去ってしまったようなものである．このような状況が適切でないことは，たとえばJ・K・ローリングが，ハリー・ポッターシリーズの第1作目を書き始めた頃に，魔法使いやその弟子に関連する神話や伝説を読み，それを参考に構想を練ることが禁じられた場合を想像してみればすぐにわかるだろう．これと同様に，ゴードンによれば，ローリングに対して，ハリー・ポッターシリーズやそれらがもたらした大きな文化的水位の上昇を，今日における創作サイクルの全体から取り去ってしまうことを認めることも適切ではない．ローリングが古くから広く語り継がれてきた物語に依拠しえたように，彼女に続く作家たち（そして読者）も，ハリー・ポッターシリーズに依拠することができるようにしなければならない．ローリングは，文化という湖の水位を間違いなく上昇させたのであり，そうである以上，彼女は自ら上昇させた水位を元の状態に戻すことは許されない．ひとたび偉大なる男が水を運んだ後は，もはやそれを元の状態に戻すことができない．湖は永遠に姿を変えたままなのである．

私はこれまで発表した論文のなかで，何度か，ゴードンの提示した依存という主題を判断の基準を考える際の手がかりとしてきた[60]．その際，自分なりの工夫を加えた．すなわち，スタンダードとなる作品を利用し，翻案し，世に広めた人びとの働きと労力の価値を明確に認めた．これをロックの理論の観点から言うならば，私は，ユーザや消費者の労働を財産権の分析に加えようとしたのである．このような本流から枝分かれした労働の淵源に光をあてることで，依存に関する議論の範囲を広げようとしたのである．私は依存に関する議論を，スタンダードとなる作品の創作者の権利を制限する場面にとどめるべきではないと考えている．なぜならそれは，スタンダードとなるオリジナルの作品に依拠して，勤勉に努力した人たちに対する積極的な権利の淵源にもなりうるからである[61]．

　しかし，依存に関する議論はそのままでも強い説得力をもっている．その理由を明らかにするため，もう一度ウェンディ・ゴードンに話を戻そう．最初に言っておきたいのだが，私は，自然法と知的財産権に関するゴードンの論文の目的に大いに共感している．その目的とは，知的財産権に対する絶対主義的なリバタリアンの考え方を擁護するために援用されることが多い自然法原理を逆手にとって，同原理によればむしろ知的財産権に対して合衆国憲法修正第1条に基づく制限が適用されることを正当化することであった．しかし，ゴードンの議論を踏襲する多くの論者は，この目的だけで満足しない．彼らは，ゴードンのアプローチの論理に基づいて，知的財産権を厳しく制限すべきだと主張している．こうした論者にとって，依存に関するゴードンの議論は，知的財産権全般を攻撃するうえで便利な万能の武器となる[62]．その基本的な考え方はこうである．私たちは文化的イメージによる集中砲火を浴びているが，それを受け容れるかどうかの選択肢があるわけでなく，それから身をかわす力があるわけでもない．自己の尊厳，そしてある意味では自らのアイデンティティを守るには，こうした文化的要素を受け取り，捉え，うまく操り，それらについて論評を加え，あるいはそれ以外の方法で「それらを自分のものとする」しかない．彼らによれば，私たちを知的財産権で保護された文化にさらしておきながら，文化の所有者がその後に知的財産権を行使して文化の利用を制限したとしても，私たちの状態が悪くなることはないと主張するのは，理不尽な話である．私たちの身の回りにはそうした文化があふれ返っているために，もはやそれなしで生活することが困難になっている．そのため，私たちがそうした文化的要素を

複製したり専有したりすることは正当な行為として許されなければならない．さらに彼らによれば，文化の潮流にさらされてきただけでなく，文化が広範な知的財産権によって保護されているために，私たちの暮らしはますます文化に依存するようになっており，ますます文化なしでは生きていけないようになっている．こうした論者の主張はまさにゴードンの依存に関する議論を拡張したものといえよう．

　ゴードンの主張をこのように拡張的に解釈する見解に対して，私は2つの点で異論がある．第1に，文化という湖の水位を明確に上昇させる作品の数を過大に見積もっており，その結果，こうした作品の利用に対する公衆の依存利益の大きさを誇張している点である[63]．第2に，共有のストックから自らの作品を取り去ろうとする，つまり引き揚げようとする知的財産権者に対して，法律上のみならず事実上もさまざまな制約が課されている事実を無視しているか，それを受け容れることを頑なに拒んでいる点である[64]．つまり彼らは，公衆の依存利益の保護が欠けるのを防ぐために利用可能な伝統的手段の存在を無視しており，そのことが結果的に，知的財産法はロックの構想を実践できておらず，したがって抜本的な改正が必要であるという著しく過大な主張につながっているのである．

　水を運ぶ偉大な男の数は，知的財産権を批判する人たちが想像するよりもはるかに少ない．たいていの場合，文化への貢献とは，湖に落ちる一滴の水滴のようなものである．知的財産権を根拠にそうした一滴を取り去ったとしても，さざ波すら起きないだろう．さらに，利用可能な手段を考えれば，水を運ぶ男が水位を低下させることは不可能に近い．修正第1条の原理，知的財産権に関する原則，自己利益，権利行使にかかる費用といった諸要素がすべて重なり合って，公衆の利用可能な範囲から知的財産権で保護されている作品を引き揚げることによる知的財産権の行き過ぎた行使を困難にし，無益なものにしているのである[65]．知的財産権で保護されている作品を公共のストックから取り去ることは，湖から一滴の水，あるいはおそらくバケツ一杯分の水を汲むことに等しい．したがって，ゴードンの見解は理論としては魅力的であるが，わずかな作品にしか適用できない議論である．しかもこうした作品に関しても，伝統的手段によって公衆の依存利益の保護が図られる場合がきわめて多い．明らかにゴードンの議論は，ロックの十分性の但し書きに基づいて知的財産権を制限するという，新たな過激な手段を支持するものではないのである．

ウェンディ・ゴードンの議論を踏襲する論者に対する異論を言い換えると，次のようになる．アイディアや無形物の専有に際して十分性の但し書きを満たすことは通常は容易である．知的財産法の性質上，知的財産権を主張するほとんどの人は，自分が必要とするものを専有した後に，他者にも「十分な善きもの」を残すことが可能だからである．そして，作品を継続的に利用できることに対する他者の依存が，十分性の要件の充足を難しくするおそれがあるのは，きわめて限られたケースにすぎないのである．

知的財産法における腐敗の但し書きの重要性

十分性の但し書きと比較すると，ロックのもう1つの但し書き，すなわち過剰な専有によって腐敗を生じさせることを禁止する但し書きは，時としてより重要な問題を提起する可能性がある．その理由を理解するには，まずロックにおける腐敗の意味を精査し，これを情報および知的財産権という全く異なる状況に関連づける必要がある．言うまでもなく無形の資産は朽ちることもなければ腐敗することもないが，知的財産権によって，ロックが懸念したような浪費をもたらす過剰な専有が助長される場合はある．実際，腐敗に関するロックの但し書きをざっと検討しただけで，浪費を禁止するこの但し書きが，知的財産法における過大な権利主張という，場合によっては扱いにくい問題に対する決定的な答えを提供してくれることがわかるだろう．

最初に，哲学者ゴードン・ハルの論文を取り上げよう．ハルは，ロックの理論と知的財産権に関する記述のなかで，但し書き，とくに腐敗の但し書きについて論じている．ハルはまず，ロックの専有理論が，有形の資産のみならず無形の資産にも同じように適用できることを論証する．現にハルは，ロックにとって，知的創作はコモンズから物を取り出し労働を混合することの典型例であると主張している[66]．そして，但し書きについての議論に移り，腐敗の但し書きをロックの財産権における独立の要件として擁護するとともに，市民社会の到来とともに腐敗の可能性が消滅することを示唆しているように読めるロックの一部の記述について詳細に考察する．そのうえで，知的財産権の分野における腐敗の但し書きについて検討を行っている．ハルは，この但し書きを特に重要と考えており，知的財産権の分野において幅広く適用されるべきだと主張している[67]．

しかし私には，ハルの論文の中核をなす，浪費の禁止が知的財産権の保護を

厳格に制限するよう命じているという主張は，全くの誤りであるように思われる[68]．ハルの主張における最大の問題点は，その冒頭部分からして明らかである．ハルは，原始的農業の作物が太陽の下で腐敗したまま放置された状態や，不毛の土地が自然状態で未開墾のまま残された状態が強くイメージされたロックの腐敗の議論について，テクストの表面に書かれたことを文字どおりに解釈することはしない．ロックの示した例から離れて，その代わりにこれらの例を特徴づけ，形作っている，より一般的な概念に目を向けている．このようなより深い考察を伴うレベルにおいて，ハルは，ロックの浪費の概念の本質を捉えているのである．その本質とは，人びとの生活を改善する見込みがある場合には，それを逃してはならないということである．ハルが指摘するように，「したがって，浪費が生じるのは，ある人の人生を改善しうる労働の産物が，実際にその人の人生の改善に寄与する前に，取り返しのつかないほどその価値を喪失するのをそのまま放っておくような場合である」[69]．ハルが物質的な腐敗からもっと深遠で抽象的なものへと視点を移したことには賛同する．しかし，ハルはそうした視点に基づいて完全に誤った方向へと議論を展開していないだろうか．ハルは，ある人の生活を改善しうる可能性に基づいて，彼が望みどおりにならない（満たされない）需要の概念と呼ぶ深遠な原理を明らかにしたが，この原理は，浪費に対するロックの懸念の論理を曲解している．腐敗が生じるには，問題となっている対象に誰か他の人にとっても使途がなければならない．この点は，知的財産権の場合も同様に不可欠だが，しかし知的財産権の場合にはるかに重要なことは，その対象の所有者がそれを全く使用せず，完全に浪費したことが腐敗の前提となることである．

ハルの根本的な問題とは，誤った指針を明らかにした点である．望みどおりにならない，あるいは満たされない需要が腐敗を構成するのであれば，どんな個人取引も，多くの「浪費」を生むことになる．しかし，これとは正反対の結果を示す証拠が数多く存在する．たとえば，市場取引は，多くの場合，商品を分配するための最も効率的なメカニズムであり，したがって最も浪費の少ないメカニズムとしてよく知られている．しかし，ハルの論理によれば，これまで「値段が高すぎて手が出ない」商品があった人は誰でも——つまり，商品に対し自己の需要に照らして市場価格よりも低い価値を付けたことがある人は誰でも——，ロックのいう浪費を経験したことになる．それゆえ，買い手がつかないマセラティ社の車が並ぶ販売代理店の前を通るたびに，私はそうした車は

「浪費している」と主張できるわけである．私も1台欲しいと思っているし，それを手に入れるためなら多少の出費もいとわないが，市場価格で買う気には全くなれない．なんという浪費だろう！

　これでは浪費の定義として役に立たない．市場価格ではマセラティを買う気にならないからといって，それが浪費の一例となるわけではない．肝心なこと，つまりロックが言わんとした浪費の指針とは，需要が満たされないことではなく，専有後に，その物を全く生産的に使用しないことである．これをロック流に敷衍していえば，浪費とは，とんでもない大金持ちが，1年間にマセラティの工場で生産される車をすべて買い占め，それをその後，数百年もの間，倉庫で眠らせて宝の持ち腐れにしてしまう場合をいうのである．このような場合，車は誰によっても使用されない．それらは倉庫に放置され，錆びつき，ついには誰も使えなくなってしまう．

　知的財産権の世界にも，これと似たようなケースがある．特許の対象のなかには，特許権者に実施する意思が全くなく，そのため特許が切れるまで誰もそれを有効に実施できないものがある．さらに，特許権者のなかには，自らの財産権を行使して，技術全体を他人に決して実施させないという者もいる．もっとも，こうしたケースは陰謀論者が期待するよりもはるかに少ないだろう．また，ロックのいう浪費の例がこのように時折発生することは認めるとしても，それが，所有者の価格決定において，買う気はあるが現行価格では嫌だという人たちがないがしろにされるという，日常生活での「望みどおりにならない需要」の事例とは大きく異なることは明らかである．

　ロックの概念を知的財産権に適用しようとする者のなかには，知的財産権の保護対象となる資産の多くが容易に複製可能なものであるために，腐敗の問題に直面することがある[70]．この点に引きずられると，研究者は次のような過ちをおかす．彼らはまず，知的財産権の保護対象には非競合的な性質がある点を挙げる[71]．そして，この非競合的な性質ゆえに，こうした対象物の供給には限界がない（そしてたいていはほとんど費用もかからない）と考えられると主張する[72]．そして，ここからが誤りなのだが，問題となっている物をいくつでもいいから欲しいと思っているが，市場価格を支払うつもりがない者は，本来得られた，そして得るべきであった物を奪われたと主張するのである．たとえば，知的財産権で保護された物の所有者が，10万個の商品を売りさばけるような価格を設定したとしよう．その一方で，ただで譲ってもらえるのならそ

れを使いたいという人が1000万人いるとしよう．この場合，10万1個目から1000万個目までの商品が「浪費」になる．こうした余剰商品の存在を仮定することはきわめて簡単であるため，間違いを犯しやすい．ひとたびこの膨大な数の余剰商品を思い浮かべ，それらを生産することは許されないといわれると，それはまるで現実の損失のように思われる．有益なものを手に入れたいと望む多くの人たちにとって，財産権という法的ルールは有益なものが「自然に」増加するのを邪魔しているようなものである．それらの複製物はいとも簡単に作成できるにもかかわらず，すべて浪費となる．それゆえ，欲しいと思って手を伸ばしても，何もつかめないままで終わってしまうのである[73]．

　しかし，こうした仮想上の複製物は現実には全く存在しない以上，浪費の具体例にはならないというべきである．ロックのいう浪費が生じるには，複製物に具現化されている概念やアイディアなどの独自の創作部分が完全に腐敗することが必要であろう．たとえば，創作者がそのアイディア自体を戸棚に永久にしまいこみ，何があっても利用しないことを選択しなければならないだろう．これに対し，創作者がそのような選択をしない場合，つまり創作物が何らかの目的である程度利用される場合には，その概念を具現化した物がどれだけ流通しているのか，あるいはどれくらいの価格で流通しているのかは，ロックにとって問題ではない．ロックのいう資産とは概念やアイディアである．これこそが，創作者が労働によって生みだし，先行技術やパブリックドメインで見つけた要素に独自のひらめきを付け加えたものである．それゆえ，ロックのいう腐敗を生じさせる人物とは，自らの概念やアイディアを一度も有形の媒体に具現化しようとしない者や，試作品として大雑把な形にしてみたものの，それをそのままどこかに放置して利用しようとしない者に限られる．特定の概念を利用した具体的なものが生みだされる限り，その概念は浪費されたことにはならない．この場合に，実際に利用した人以外にも，（もっと値段が安ければ，あるいは無料であれば）それを利用したいと思っていた人がいたはずだという事実は，ロックのいう浪費とは全く関係がないのである[74]．

不当な専有行為と過大な権利主張
　知的財産権の分野ではロックの浪費に関する文献は，数こそ少ないものの，有益な洞察を与えてくれる．それは，法的ルールの設計が適切になされていない場合，資源の浪費をもたらしうるということである．たとえば，オリジナ

の創作物を生みだした者に与えられる財産権は，当該創作物のみならず，過度に広い範囲の創作物にまでその効力が及ぶ可能性がある．この場合，オリジナルの創作物を利用したバリエーションの作成が数多く企画されたにもかかわらず，実際には一度も作成されず完成されもしなかったとすれば，そうした未製作のバリエーションは浪費されたといえよう．知的財産権のルールの体系は，創作者に対し，自ら労力を費やして実際に生みだしたものよりもずっと多くに対して権利主張するように駆り立てる構造になっているため，ロックのいう真の意味での腐敗をかなり生みだす可能性がある[75]．

　腐敗に関してここで私が言いたいことは，微妙な違いである．その点を明確にしておきたいと思う．最初に，ある種の創作物という概念——小説，戯曲，映画のアイディアや発明——について考えてみよう．ある時点で，そうした創作物が具体化され，他の人にも利用できるようにするためには，ほとんどの場合，有形化されなければならない．これを，創作物の最初の具体例または最初の具現化と呼ぶことにしよう．これまで私が「創作物」と呼んでいたものは，アイディアという精神的な構築物である．こうしたアイディアが具現化すると，その最初の有形的な具体例となる．知的財産法が適用されると，創作物を生みだした者は，ほとんどの場合，財産権を取得でき，その権利の効力は，その最初の具現物以外にも及ぶ．つまり財産権は，たいていの場合，創作物の最初の具現物に加えて，複数の派生物にまで及ぶのである．別の言葉で表現すれば，知的財産法は創作物の最初の具現物を基点として，今後具現化される可能性があるもので財産権の保護対象となるものの集合——ある種のバーチャルなカテゴリー——を構築しているのである．そして，まさにこの集合が，つまり創作物の最初の具現物を元にして作られるバリエーションの総体が，知的財産法の実際の保護対象なのである．

　そこで，浪費について論じる場合，私が語っているのは，この集合のパラメーターについてである．この集合が大きすぎる場合，そこに含まれる派生物の多くは，現実には一度も作られないか利用されない可能性がある．つまり，財産権の保護対象に含まれる潜在的な具現物が多すぎると，そのほとんどは永遠に組み立てられることも，作られることも，実行されることもないままとなる．これらのような具現化される可能性がありながら決して実現されないものは，ロックのいう意味での腐敗に該当するといえるかもしれない．ここでもう一度マセラティの例に戻り，特定のマセラティ車のデザインに適用される知的財産

権について考えてみよう．たとえば，この権利がきわめて広範に定義されているとしよう．その場合，あまりに多くのデザインのバリエーションを対象とするためにこの権利を正当化しえない——つまり，対象となるバリエーションが多すぎて，実際の元となるデザインに与えられるべき公正な範囲の権利とはみなせないということである．マセラティ社自身が実際に販売するのは，こうしたバリエーションのうちのごく一部にすぎないばかりか，マセラティ社はその保有する広範な知的財産権に基づいて，他社がそれらのデザインのバリエーションを元に車を製造するのを禁止することまでできるのである．決して製造されない多くのバリエーション，決して日の目を見ない多くのバリエーション——こうしたものがまさに典型的な浪費にあたるのかもしれない[76]．

複雑な問題——囲いとしての有用性と選択肢の提供価値について

ここまで描いてきた全体像は，鮮烈な二分論である．権利主張がなされる具現物の中には，実際に利用されるものもある一方で，日の目を見ないマセラティのデザインのように，利用されずに結局浪費されるものもある．ここで，この二分論をもう少し詳細に描写する必要がある．それによって私たちが考える不当な専有行為の姿は複雑になるが，同時に現実味も加わることになる．

最初に取り上げなければならない複雑な問題とは，ある種の逆説である．知的財産権の世界のみならず，他の世界でも，有用であるためにその物が使用されなければならないということはない[77]．別の言い方をすれば，ある状況では，戸棚にしまわれたままでも，有益な目的に役立つ物がある．わかりやすい例を紹介しよう．ある人が，身を守るために，敵が戦意を喪失するほどたくさんの石を集めている．集められた石は，実際に使用されないとしても，ある意味で役に立っていることは明らかである．実際，抑止力の本質はまさにこの点にある．つまり，使用されない状態こそその目的を果たすのである．

知的財産権もこうした目的を果たす場合がある．たとえば，ある発明家が，有益な目的に役立つ新しい化合物，たとえば，従来よりも環境にやさしいドライクリーニング用の化学物質を着想したとしよう．最も大きな効果の期待できる化学構造が1つあったが，ほかにも，効果の期待できる化学構造が3種類あった．これら3種類の化学構造の違いは，主鎖とつながる「側鎖」のわずかな違いしかなかった．ドライクリーニング用化合物の発明者が特許権を取得した場合，その特許権の効力はこの化合物の4種類の化学構造すべてに及ぶだろう．

しかし，ここでも実際に開発され，商品化されるのは，4種類のうち1種類にすぎないかもしれない．では，あとの3種類はロックのいう腐敗にあたるのだろうか．市場に出回らないなら，これらは浪費にあたるのだろうか．

　私はそう思わない．利用されなかった3種類の化学構造も間接的に目的に寄与しているからである．これらの化学構造をも権利の対象とする特許権が，この化合物の市場における競争を排除することで，発明者は効果の期待できる1種類の化学構造で表される化合物の開発や商品化に専念できる．それゆえ，商品化されない他の3種類の化学構造で表される化合物に対する財産権は，囲いとして有用なのである．つまり，商品化されないこれらの化合物に対してこの財産権が有する消極的で排他的な効力は，商品化される化合物に対してこの権利が有する価値を損なうような侵入行為を防ぐという役割を果たしている．このように，知的財産権の一部が，より重要な別の部分への侵入を防ぐことによって，間接的な形で利用という役割を果たす場合がある[78]．不動産で似たような事例を考えてみるとわかりやすいだろう．牧草地と農耕地の間に緩衝地帯を設ければ，家畜が農耕地に迷い込み，作物に損害を与えるのを防ぐだろう．このように，未開拓の区域に対する財産権は，開拓済みの区域の価値を高めるうえで不可欠といえよう．農耕地と緩衝地帯を1つとして考えた場合，隅々まで完全に開拓されていないとしても，有益な目的のために役立ちうるのである[79]．

　この例は，腐敗に関する私たちの分析に，空間的な側面を与えてくれる．財産権の一部が腐敗しつつあるかどうかを判断するには，問題の部分と権利範囲全体との関係に注目する必要がある．さらに私は，もう1つの側面として時間軸を加えたい．権利の活用されている部分は，時の経過とともに変化する可能性があるので，浪費が生じつつあるかどうかについて，私たちは長期的な視点に立って判断しなければならない．そして，このことが理解できれば，私たちは洞察をさらに一歩深めることができる．つまり，権利のいまだ活用されていない部分であっても，将来の開発の可能性を秘めていることのみに基づいて，価値があると言いうるのである．これは知的財産権の重要な特徴である．つまり知的財産権は，権利者に将来の選択肢を提供するのである[80]．ここでもう一度，ドライクリーニング用の化合物の例に戻ろう．特許で保護された化合物の4種類の化学構造のうち，1種類については，現在の技術で最も開発が容易だとしよう．化合物の発明から数年後に，画期的な製法技術が開発され，別の

化学構造で表される化合物の方がはるかに安く生産できるようになったとする．特許権の取得時には，この別の化学構造で表される化合物は利用されていなかったが，それでも特許権の効力は及んでいたし，数年後の開発のために利用可能な状態にあった．これは，多くの特許権がもつ価値の重要な要素である．なぜなら特許発明の周辺技術は絶えず変化し，発展していくからである．特許権が付与された時点でみれば，いまだ開発されていない他の3種類の化学構造には将来価値が出る可能性があるにすぎないが，しかしそのなかの1つが，他のどれよりも価値をもつ商品になる可能性もあるのである．つまり，特許権が与えられることで，特許権者には，その時点ではまだ実現されていない他の化学構造を開発するという選択肢が与えられる．こうした選択肢の提供という特許権の価値が大きいとすれば，それはいまだ開発されてない発明の実施形態のなかに，将来，商業的に価値が出る可能性のあるものが含まれているということなのである[81]．

　この例は，私たちが浪費の但し書きを適用する際に注意を喚起してくれる[82]．すなわち，いまだ開発されていないバリエーションでも今後利用される見込みが全くないことが確定するまでは，不当な専有行為であると断じたり，財産権の一部を無効にしたりすることは控えるべきである．ロックが懸念したのはあくまで卑しむべき浪費である．それゆえ，あるバリエーションがもう決して利用されないと確信できるまで——つまり事実上，それを具現化する選択肢が今後行使されないと強く確信できるまで——，私たちは，それが，ロックのいう意味での浪費になると考えるべきではないのである．

慈愛の但し書き

　知的財産権の研究者は，ロックの『統治二論』における慈愛の但し書きについてあまり触れていない．ロックと知的財産権に関する文献を見ると，専有や，腐敗および十分性の但し書きばかり詳細に論じられている．しかし，ロックの思想では慈愛の但し書きが明らかに重要であることを思うと，この状況には若干の戸惑いを覚える．理由は何であれ，この点は，知的財産権とロックの関係に関する先行研究のなかで大きく抜け落ちていた部分である．そこで以下では，簡単ではあるが——実は概略を述べるだけなのだが——この問題について論じることにしたい．そこには，もっと時間をかけた議論が必要だという強い警告の意味が込められている．

ロックにとって「慈愛」とは何を意味するのか

　この問題を正確に把握するための最善の方法とは，ロックのテクストを精査することである．そこで，ロックが慈愛に主に言及している『統治二論』前篇の一節を紹介しよう．それが第42節である．

　　万人の主であり父である神は，この世界の物の特定の部分へのそうした［独占的］財産権を神の子の誰一人にも与えず，困窮する同胞にも，神の財産の剰余物に対する権利を与えたのである．それゆえ，同胞の差し迫った欠乏が必要としているときに，その権利を否定することは正当ではない．したがってまた，いかなる人間も，土地あるいは所有物への財産権によって，他の人間の生命を支配する正当な権力をもちえない．なぜなら，資産をもつ者が，あり余る財産の中から援助を与えることをしないで同胞を死滅させることは，いかなる場合にも罪であるからである．正義が，すべての人間に，彼自身の誠実な勤労が生みだした物と，彼が受け継いだ祖先の公正な取得物とに対する権原を与えるように，慈愛は，人が生存のための他の手段をもたない場合に，極度の欠乏から免れさせるだけの物を他人の剰余物に対して要求する権原をすべての人間に与える．[83]

　この一節を理解するには，前後の文脈について簡単に説明する必要があるだろう．この一節は，前篇のなかでも，絶対君主制を支持するさまざまな見解にロックが反論を試みる——そして，当然のことながら否定する——長い章に登場する．上記引用箇所に先立つ数節で議論されていたのは，聖書の創世記における聖句に関してであり，この聖句は，現在の専制君主がアダムの唯一の直系子孫であるという見解を裏づけるものとして，絶対主義者によって引用されてきた[84]．しかし，こうした主張をロックはいとも簡単に否定する．ロックによれば，そもそもこの聖句が真に意味するのは，統治権が人類全体に与えられたということであって，アダムにだけ特別に与えられたということではない．そのうえ，たとえ，アダムに世界を所有する権利が与えられたという絶対主義者の主張が正しいとしても，それによってアダムは，通常の所有権が認められたにすぎず，それをもって当然に政治的権力を与えられたという主張の根拠にはできない．このように，ロックにとっては，所有権と政治的統治権とは別個独立の概念なのである．

さて，ここで慈愛へと話を戻そう．ロックが第42節で慈愛という概念を提示した目的は2つある．1つは，ロックの論敵がその主張の根拠としていた所有権と絶対的な政治権力との結びつきを弱めることである．もしも所有権が常に黙示の制約——つまり，困窮者に留保されている隠れた請求権——に服するとすれば，もはやそれは絶対的な政治権力の根拠とはなりえないだろう．慈愛の但し書きがあるために，いかなる所有権者も，絶対主義者が擁護しようとした生死に対する情け容赦ない権力などもちえないというわけである[85]．もう1つは，政治社会に先立つ権利の体系というロックの構想において慈愛の概念が果たす重要性を示すことである．自然状態という市民社会が確立される以前の段階でさえも，慈愛の但し書きは，すべての所有権——あらゆる自然，あらゆる生命——が人類の存続と発展のために神から与えられたという根本思想を体現している．ロックにとって，所有権を絶対的権力の淵源とみなすことは全くの愚行であった．ロックが唯一，絶対的な統治権として認めるのは慈悲深い神の統治権のみであって，神は，人類の繁栄と成長のために，豊富な資源を私たちに与えたのである．これこそが，ウォルドロンの著書『神，ロック，平等——ロックの政治思想のキリスト教的起源』を読んで感じられる最も重要な点（そして私が触発された点）である．つまり，ロックの所有権という概念は，きわめて宗教的な感性に根ざしたものなのである．この点は，『統治二論』の現代における世俗的な解釈ではしばしば見過ごされてきた．なかでも目に余るのは，財産権とは社会が与えうる最も崇高な権利であるという，純粋なリバタリアンの主張を正当化するためにロックの主張を援用しようとする人たちである．こうした広範な問題は，知的財産権の政策に関する問題とは無関係のように思われるかもしれないが，財産権に関するロックの基本的な考え方を理解し，それを文脈のなかで捉えるうえで有益である．つまり，ロックのリベラルな財産権の理論をより的確に知的財産権の問題に適用し，適合させるには，この理論の源流をたどることが有用なのである．

　ここまでの話を要約しよう．ロックによれば，深刻な困窮状態にある者は，正当な所有者の資産に対して権利を主張できる．たとえ，他者が適法な原始取得や原始取得後の譲渡を通じて正当に財物を所有している場合であっても，困窮者が生存のために真に必要とする場合には，困窮者にその財物に対する権利が認められるというのがロックの考えなのである．

慈愛の但し書きをどのように実現すべきか

慈愛の但し書きをどのように実現すべきか，ロックは明確には述べていない．ロックは，この但し書きを，他人の保有資産に対する現実の法的な請求権を困窮者に認めるものだと説明しているが，ではこうした請求権が認められるために何をすべきかはあまり触れていないのである．これはまるで，困窮者に対して，他人の財物に対するある種の優先弁済権や非占有型担保権を与えれば，あとは当然に，その権利が実現ないし具体化されるはずだと言わんばかりである．優先弁済権や担保権などを専門とする法律家の多くは，そのあまりの無邪気さに呆れかえってしまうだろう．ところが，そのとおりなのである．

現実の社会では，どんな法制度も，優先弁済権や担保権を実際に運用するうえで解決すべき課題を数多く抱えている．いつ，そしてどのような状況で，こうした権利の保有者はその権利を行使し，所有者の財物を利用できるようになるのだろうか．これはきわめて重要な問題であるが，残念ながらロックはこれにほとんど触れていない．

ひょっとすると意図的にそうしているのかもしれない．おそらく，具体的に論じるつもりがなかったのだろう．慈愛の但し書きにおける「権原」の議論は，もしかすると比喩として——つまりそれは，確固とした永続的な権利なのであって，曖昧な（したがって簡単に回避されうる）利益ではないと明らかにしようとしたものとして——提示されているのかもしれない．もしそうだとしても，やはり社会制度を設計する者に難しい問題が突きつけられることに変わりはない．法制度には，慈愛の重要性を尊重して，資源の再分配のような政府による直接的な措置が求められるのだろうか．それとも慈愛は，すべての財産権者に課せられた一般的な道徳上の義務ではあるが，国家がそれを具体的に強制する仕組みは存在しないと理解すべきなのだろうか．以下ではまず，慈愛の但し書きを知的財産権との関連で概観し，その後で，こうした重要な問題について再度検討することにしよう．

慈愛の但し書きの知的財産権への適用

慈愛の但し書きが知的財産権に適用される場合として最もふさわしいのは，知的財産権が人の健康の問題に関係する場合である．今日，なかでも特にふさわしい例は，エイズ治療薬の特許の問題であろう．これについてはさまざまな問題が複雑に絡み合っているのだが，ここでは簡単な説明にとどめておこう．

私の主張を一言でいうなら，次のようになる．すなわち，知的財産権が基本的な生命の維持に必要なものを妨げていることが明らかな場合には，かかる知的財産権は道を譲らなければならない[86]．困窮の状態は，財産権の効力に対する対抗条件として衡量されるべきであるが，それは財産権制度からみて外在的な対抗条件なのではない．権利そのものの構造に組み込まれた内在的な対抗条件なのである．

　知的財産権の世界ではどのような場合にこのことが重要になるのだろうか．その答えは，知的財産権が，きわめて困窮状態にある者とその者が生命を維持するのに必要なものとの間に立ちはだかっていることが具体的に示された場合である．たとえば，それはある特定の治療薬の特許に関して当てはまるであろうし[87]，食料品の特許によって，貧困国の農業の状況が著しく悪化した場合にも当てはまるかもしれない．こうした状況の存在を指摘する声は数えきれないほどあがっている．また，一国における知的財産権によって，あるいは将来認められる可能性のある知的財産権によって，こうした状況がどのようにして生みだされるのかという推測もさまざまになされている[88]．しかし私は，知的財産権が実際に制約されるのは，それが行使されることで生命の維持に必要なものや生存が脅かされる場合に限られると考えている．この問題は，生命の維持に必要な医薬品に焦点をあてた第9章で詳しく検討することにしたい．

　ここまで生命の維持に必要なものと生存に絞って議論をしてきたけれども，ではもう少し広げて，知的財産権と文化というテーマで考えてみるとどうなるだろうか（このテーマはそれ自体，重要なテーマであり，しかもアマルティア・センをはじめとする，さまざまな分野に基礎をおく開発の専門家が特に関心をもっているテーマでもある）[89]．まず私も，文化が人類の繁栄と発展——単に身体だけにとどまらない成長という意味での発展——に重要な役割を果たすことは理解している．しかし，たとえそうだとしても，知的財産権のうち，生命の維持に実際に必要なものを妨げるものと，それ以外の発展の要素を妨げるものとを区別しなければならないだろう．身体以外の発展，あるいはより高次の発展の場合，知的財産権によって排除される人たちによる権利の主張は，やや根拠が弱いように思われる．ロックの用語でいえば，排除されるこれらの人たちには，慈愛の但し書きを厳格に解釈した場合，有効な権利の主張とは認められない．しかし，この但し書きを少しでも拡大解釈することを厭わないのであれば——つまり，厳密にロック自身の記述に基づく解釈ではなく，ロック流の，あるい

は準ロック流の議論に基づく解釈によるならば——，次のような結論を導くことも可能かもしれない．すなわち，文化的な困窮状態にある人たちは，富裕層の財産のうち，文化の発展つまり人間の身体を除く発展を促すために利用しうる部分に対して，権利を主張できる場合がある，と．ただし，これはあまり強力な権利の主張ではない．こうした主張を評価する際には，生存のみを理由とするより強力な権利の主張が問題となる場面では無関係の要素であっても，考慮することが許されよう．そうした要素としては，たとえば国境を越えた取引が行われる可能性や，文化財の広範な複製を認めることによる下流への影響などが挙げられる[90]．ただし，これでは曖昧な印象を与えるおそれがあるので，もう少し具体的に説明しよう．私は，国際知的財産法においては，最貧国がその文化の発展に必要な教科書（たとえば歴史書，楽譜，小説，アマチュアによる演劇制作の指南書）を複製する行為は正当に許容される可能性があると考えている．ただし，このような場合には，生命の維持に必要な製品の場合よりも，反対側の主張——たとえば，こうした書物の複製版が貧困地域から輸出され，その輸出先国で複製版と正規版の販売が競合しているという出版社の主張——がより重視されるべきである．

　わかりやすく説明しよう．出版社や創作者側の権利の主張は切り札ではないが，きわめて重要な考慮要素である．それゆえ，利用者が書物を有効に利用できる可能性があるとしても，どちらを重視すべきかという比較衡量の結果，利用者が敗れる場合もある．私もそれは理解しているし，残念にも思っている．しかし，このような利用者側の権利の主張を，書物の著作者よりも常に優先させるならば，著作者が権利をもつことの意味が全くと言っていいほど損なわれかねない．たしかに文化の発展（特に教育）は重要である．そうであるからこそ，先の比較衡量の計算において，困窮者にとっての必要性がある程度は重視されるのである．しかし，文化の発展は，人間の基本的な生命の維持に必要とまではいえず，それ自体，著作者の権利にただちに優越するほど重要な価値を有するものではない．つまり，人間の生命の維持を他の何かと比較して衡量することは許されないが，文化の発展についてはそれが許される場合があるということである[91]．

　ここでもう少し付け加えておきたい．先進諸国は，著作者や出版社が，文化の発展に役立つ書物やその他の文書を無償で提供できるよう可能な限り便宜をはかるべきである．これは，倫理的に正しいだけでなく，普通にみられること

でもある（多くの財産権者が，貧困国において自分たちの作品を無償で提供し，その保有する知的財産権の行使を控えている）．しかもビジネス的にも理に適っている[92]．おそらく貧困諸国から先進諸国への裁定取引（arbitrage）を防ぐことが，文化の発展のために知的財産権者が唯一推し進められる最も重要な政策になるだろう．というのも，合理的な水際措置の保護が行われるとすれば，知的財産権者は，貧困諸国の文化の発展のために，複製を広い範囲で認めたり，あるいは少なくとも黙認できるようになり，その一方で金銭的に合理的な見返りが期待できる地域では，それを継続して手にすることができるからである．このように，知的財産権者は自らの権利を保有すると同時に，それを放棄することもできるのである．この点こそ，すべての先進国の目標となるべきである．つまり，貧困諸国がその文化の発展に必要な製品を広い範囲で借用しても，知的財産権者が安心してそれを黙認できるような世界にすべきだということである．もしも，先進諸国の知的財産権者に対する私の考えが楽観的にすぎるというのであれば，水際措置が適切に講じられることを条件として，知的財産権者による広範で自発的な権利放棄に頼りすぎない，より強力な複製権限を貧困諸国に対して認めるべきであろう．

　ロックの慈愛の但し書きとの関連でいえば，知的財産権は別の形でも開発の問題とつながっている．開発途上国では今日，興味深いさまざまな形で，国内の知的財産権から直接恩恵を受けられる状況が生まれている．ここで問題にしているのは，知的財産権で保護された外国製品を侵害することが，開発途上国の利益にどれほど貢献しているかといった話ではない．むしろ反対に，開発途上国がその国内産品を知的財産権の保護の対象にすることで，開発途上国の経済発展や文化の自律の促進にどの程度の寄与が見込めるかといった話なのである．たとえば，エチオピアのコーヒー豆栽培農家は，伝統的に栽培されている「本物の」コーヒー豆であることを示す表示に対して，商標法による保護を求めてきた（これは知的財産法における「原産地名称」という広範な問題とも関連するが，それとはやや異なった問題である）．このコーヒー豆栽培農家の例は，理論的に重要な点をきわめて鮮明に映し出す．TRIPs協定（知的所有権の貿易関連の側面に関する協定）成立後の初期の文献では，知的財産権は先進諸国と結びついた権利であるため，それに反対することが開発途上国の利益に適うという話が語られていた．しかし今では，エチオピアのコーヒー豆のケースは珍しいものではない．その国固有の植物品種を用いた製品，先住民の音楽やそれに

影響を受けた音楽の録音物，古くから伝えられてきた神話，物語，工芸技術を用いた多様な作品など，数え上げればきりがないくらいである．こうした例は，知的財産権は先進諸国と（だけ）結びついた権利であるという前述の話を覆す．つまり，いまや知的財産権は，開発途上国の利益を一方的に損なうのではなく，それに貢献しうるのである[93]．

　ロックの理論からみて重要なことは次の点である．すなわち，貧困層による自給自足の実現を支援する知的財産の利用がもっと有効に行えるようになれば，他者の知的財産権に対する侵害が許容される事例は次第に減少していくだろうし，最貧層の自律と持続可能性を向上させることができれば，価値ある知的財産権を保有する他者の権原に対して最貧層の人たちが権利を主張する機会も減少していくことが見込まれるということである．

但し書き――結論

　以上，本章では，ロックの但し書きを知的財産権にどのように適用すべきかを理解する過程で，他のロック研究者の研究成果を取り上げて検討してきた．その結果，知的財産権に適用される十分性の但し書きに関するウェンディ・ゴードンの説明には大いに賛同したが，ゴードンの議論を踏襲しつつ拡大解釈を行う人たちの議論には異論を提示した．また，腐敗の但し書きには知的財産法の原理に対する重要な含意があるとするハルの主張については大いに評価したが，そうした原理を現実の知的財産権の問題に適用するハルの論法には強く反対せざるをえない．つまり，私にとっては次のことが問題なのである．すなわち，たしかに知的財産権に関して3つの但し書きは有効であるが，それらはほとんど表には姿をみせないものである．それらは，稀にしか現れない彗星のように，時折は観測されるだろうが，法制度という星座を特徴づけるような一定の安定した存在ではないということである．

本章のまとめ――ロックと知的財産権

　どのような要素が慈愛の但し書きの運用に真に考慮されるかはともかく，1つだけ明らかなことがある．慈愛を財産権に内在する制約とみなすロックの見解は，知的財産権の分野における現在の政策論争に十分に適用可能だということである．すでに述べたとおり，原始的専有に関するロックの主張についても

同じことがいえる．所有者のいないものを「見つけだした」世界の存在，労力の重視，そして最終的には人類の生存と繁栄に対する最大の関心──これらはすべて，知的財産権とは何かという問いに対する理論的な解答のために用意されたようなものである．

　ロックのおかげで知的財産権を理解するという作業において幸先のよいスタートを切ることができた．しかし，知的財産権はその構造が非常に複雑なうえ，きわめて大きな影響力を有しているために，さらなる補足説明が必要である．なぜ必要かを理解するには，ロックの理論の細部から後ろに下がり，遠方からそれを眺めなければならない．

　その骨子を簡単に説明しよう．ロックの専有には，見つけだした環境から物を取り出し，それを個人的な領域に置くことで，個人にとって有用なものになりうるということが含意されている．広い意味で専有とは，外から内への移動であり，別の言い方をすれば外的世界から内的世界，つまり個人的空間への移動である．見つけだした物には労働が付け加えられるが，それによって生じる複合体は，見つけだした物が散在する非個人的な世界から，財産権という個人的で有用な世界へとさまざまな物を移動させる．ある物を自分のものにするということは，公の世界からその物を取り出すということを意味するのである．

　次章で検討するのは，このイメージを180度変えてしまう専有の概念である．ロックとは違う観点に立てば，財産権とはむしろ，内的な世界から外的な世界への移動に関するものとなる．つまり財産権とは，個人的な内なる資質や特徴が，実社会で機能しうる存在に変わることを助ける制度になるのである．その特徴的な動きは，内から外へ，つまり私的な世界から公の世界へという動きである．この観点に立った場合，個人は，財産権に基づいて，自らの才能，意見，それに唯一無二の人格を社会全体に示すことができる．さらに個人は，世界を自由に移動するものに自らの刻印を残すことができるし，時には収入を得ることもできる．その意味では，財産権は，個人の自己決定，すなわち自律の感覚に大きく寄与するといえる．なぜなら，純粋に内なる資質が広範な世界に向かって示されるからである．世界中のものと相互に作用することで，人格に磨きがかかるとともに，創作物から得られる収益がさらなる創作の自由をもたらす．きわめて多くの創作物に個性という側面があることから，財産権とは外部に向けられたセルフエンパワメントであるとするこうした考え方──まさにカントの理論──は，知的財産権に対する私たちの理解に魅力的な一面を付け加えて

くれる.

第3章　カント
Kant

序　論

　次にイマヌエル・カントの所有理論を取り上げることにしよう．カントは，認識論や倫理学をはじめとする幅広い分野の発展に多大な貢献をなした人物として知られているが，所有について論じた著名な哲学者としてカントの名前が挙げられることは少ない．しかし私は，知的財産の分野にとって，所有に関するカントの考え方が，ロックに負けず劣らず刺激的で有益であることを示したいと思う[1]．カントの概念のうち私が重要視するのは，個人の意志，専有（または「占有」），それに個人の自由（または自律）である．これらは，所有一般の役割に関する私たちの理解を豊かにする有益なものであるが，特に知的財産権を理解する営みにとって有益である．なぜなら，知的財産の分野で所有を主張する人とその客体との関係は，ロックの議論における生存のために採集を行う人とその客体である食料との関係よりも，はるかに複雑だからである．これから明らかになるように，所有に対するカントのきわめて概念的なアプローチは，財産権のなかでも最も概念的な知的財産権を理解するうえで，最適な出発点を提供してくれる[2]．

オリエンテーション──ロックからヒュームへ，所有への機能的アプローチ

　第2章では，知的財産権への適用を中心にロックの財産権理論を詳細に検討した．ロックの理論は自然法の伝統に深く根ざしていたこともあって，当時，幅広い支持を得た．しかし，この自然法との深い関わりが，18世紀には批判の的となった．18世紀には，人間の作りだした制度に対する新たな解釈が生まれた．それは，人間の行動に関する観察可能な事実や一定のパターンを重視

する解釈であった．ある意味でカントの所有に対するアプローチは，経験に基づくこの新しいアプローチを取り込むと同時に，それに対して抵抗も試みていた．したがって，カントの主張を理解するためには，18世紀の財産権の理論におけるこうした経験論への転換について簡単に見ておく必要があるだろう．

懐疑主義的経験論者の代表格の1人が，スコットランドの哲学者，デイヴィッド・ヒュームである．ヒュームは観察可能な事実を重視し，それに基づいて自らの哲学を構築した．ヒュームによれば，所有とは，希少資源をめぐって衝突が起きるのを回避したいという欲求から生まれる互恵主義的な行動パターンの所産である[3]．所有の起源を論じるにあたり，ヒュームはまず，人間とは自分のいま持てる能力ではとうてい満たすことができないほど多くのものを欲し必要とする生き物であると述べる．そのうえで，人間は「社会を作ることによってだけ」，「その欠陥を補って」，自らを絶望的な原初状態から他の生き物と同等の地位にまで引き上げることができると主張している[4]．社会の創設規範は人間の本性をそのルーツとするが，規範そのものは正式な約束や社会契約ではなく，むしろ相互利益や相互承認から生じる「人為」や「合意」にほかならない[5]．所有に生命を吹き込むのは，欲求の対象をめぐって互いの感情がぶつかり合うのを防ぐ必要性——平和を守る必要性——である．人間社会では，他者の主張に関する相互自制の一定のパターンが時間をかけて形成されるとヒュームは主張する．そして，こうしたパターンの繰り返しから社会的な慣習が生まれ，さらにそこから，市民社会の成立に伴って所有制度が生まれる．つまり，所有が望ましく善きものであるのは，所有そのものが本来的に望ましいからではなく，社会的な協調を促進するという目的によく適っているからなのである．その精神は功利主義的で，効率的かつ実践的，つまり一言でいえば機能的である[6]．

やがてヒュームの考えは，他の理論家，特にジェレミー・ベンサムに受け継がれた[7]．ローマ時代以来，特定の概念カテゴリーや伝統的な分類法上の議論を中心に展開されてきた財産権の理論に，この慣習や規範に基づく考え方が徐々に浸透していった[8]．ヒューム，ベンサムなどの流れを汲む「機能主義者」にとって追い風となったのは，20世紀初頭の学界におけるリアリズム法学の興隆であった[9]．リアリズム法学派は2つの大きな潮流を結びつけた．規範や慣習の実際の運用に対する経験的な関心と，財産法の形式主義的かつ保守的な論理構造の転換を意図した政治的アジェンダである[10]．広く世に知られ

たリアリズム運動を契機として，法律の実務家や学者は，財産権というものを，安定性，効率性，自己決定といった重要な目標の実現を促進する社会的な合意として捉えるようになった．現代の法学者は，財産権の概念を分解し，さまざまな形で再構築してきた．そして多くの場合，そこにはある意図があった．それは，財産権の概念が制度としていかに機能するか，つまり資産管理を指揮し，資産利用をめぐる紛争を統制するルールや手続としていかに機能するかを，より適切に理解することであった．私たちは，財産権を，物に付随するが，基本的にはこうした物の利用をめぐって人びとの間で生じる紛争を規律するためのルールの集合として捉えるようになった[11]．つまり財産権とは本質的に人と人の関係を定め，経済的に競合ないし対立する利害関係にある個人間あるいは集団間を規律するルールだというわけである．資産それ自体は財産権に関する議論のフォーカルポイントをなすが，財産権の真の目的は，競合する集団間の相互作用を規律することにあるのである．

人，物，そして衝突をめぐるヒュームとカントの比較

　こうした機能的アプローチが，現代の財産権理論の中核をなしている．カントのアプローチはこれと全く対照的である．カントも，ヒュームと同じように，人は，自らがこの世界で発見する資源や対象を利用することを欲し，かつそれを必要としているという考えから出発する[12]．しかしカントは，そのすぐ後に，これらの欲求と必要は（原始的）社会における他者との紛争の種ではなく，厳密にいえば個人にとって重要な事項であるという議論に移行する．人びとが物を最大限に活用するには，つまり自らの意志をそこに投影させ，それによって自らが取り組むべきある種の計画を実行するには，あらゆる種類の対象をあらゆる方法で自由に利用できなければならない．そこで暗示されているのは，往々にして人びとが長期間にわたって自らの権限または支配の下に対象を置くことになる点である．自由であるためには，人びとは自らについてあらゆる目標を設定できなければならない．そして，こうした目標を達成するには，対象に対して安定的かつ長期的に所有を主張する必要がある[13]．カントによれば，特定の対象に関する自らの計画を実行したいとの欲求から，法的占有という概念が生まれ，続いて所有制度と市民社会が誕生する．

　ヒュームの場合もカントの場合も，所有の起源における冒頭の場面には，少なくとも2人の主人公と彼らが支配したいと願う対象が登場する．ヒュームの

場合，幕が開いた時点ですでに2人の主人公が舞台に立っている．いずれか一方が，その対象をすでにある程度支配しているか，あるいは双方が相手に渡すまいとその対象を監視している．2人が殺し合いでもしない限り，冒頭の場面でどちらが対象を所有しているかはあまり重要でない．場面の空気が張り詰めているのは，その対象をめぐる両者の対立が原因である．その解決策——所有の誕生——は，何よりもまず，両者の間に起こりうる衝突を防ぐ必要性から生まれる．こうして2人は，どちらがどのような条件で対象にアクセスするのかを何らかの形で取り決めることが必要となる．そして両者がこれを受け容れたところで，めでたしめでたしとなる．取り決めがなされると，衝突は回避され，平和が訪れる．最前列ではホッブスが何もかもお見通しだと言わんばかりに微笑んでいる．そうしてライトが消えて幕となる．

カントの場合も，展開は同じなのだが，ヒュームと決定的に違う点がある．幕が開いたときに舞台にいるのは1人だけで，離れた場所に対象がぽつんと置かれている．冒頭の場面ではほとんど，対象に対する自らのさまざまな欲求に気づき，それをどう表現するかという主人公の心の葛藤が描かれる．前を通り過ぎてみようか，気づかない振りをしようか，それとも拾い上げてみようか，握ってみようか，いろいろ試してみようか，いっそ形を変えてみようか——主人公は必死になって，こうした欲求からどれかを選ばなければならないという重圧と闘う．つまり，カントにとって重要なのは自由と選択である．対象を拾い上げることを選択した場合，主人公はすぐに，それと結びついたこと，それとの関係が生まれたことの合図を送る．これはまるで選択という行為そのものが，その対象に意味を与えたかのようである．

ここでようやく，ほかの人物が舞台に登場する．そして第2幕が始まる．そのテーマは，最初から舞台に登場していた主人公は，他者がその対象を取得するのをどのようにして防ぐことができるか，つまりその対象について（したがって自分自身のために）考えた計画を他者に邪魔されないようにするにはどうすればいいかである．ここで初めて，欲求の競合という問題が登場する．このときになってやっと，所有権のような長期的な主張が必要になる．

つまり，ヒュームとカントの違いを簡単にいえば次のようになる．ヒュームの場合，まず社会が存在し，個人の所有権がそれに続く．対照的にカントの場合は，対象を支配する個人の必要性から所有権の概念が生まれ，この概念を実際に機能させる方法として社会が登場する．ヒュームにとって，社会を抜きに

した所有はありえない．ところがカントの場合，自由意志に基づく個人の行為から対象を所有したいという欲求が生まれ，こうした欲求を受けて社会制度の必要性が生まれるのである[14]．

　本章では，現在の英米の財産権理論の主流をなすヒュームのシナリオからは離れて，カントのシナリオを検討することにしたい．カントの描く物語は，多少迂遠だが，それをたどってみる価値はあるだろう．その見返りとして私たちは，創作物を生みだすだけの洞察をもち，そのための努力を惜しまない個人が知的財産制度の中核に位置するという事実に，再び気づくことができるからである．個人の尊厳と個人の価値を重視するカントの見解は，今日の知的財産分野に対する時宜に適ったメッセージを届けてくれる．それは，利害の衝突，効率性，効用といったヒューム流の命題を重視する今日の知的財産法理論を是正するための非常に重要な手段となる．もちろん，これらのヒューム流の命題も重要ではある．しかし，カントの理論は，こうした命題がより大きな目的，すなわち創造力ある個人に仕えるためにあることを私たちに教えてくれる．こうした創造力ある個人の意志に基づく行為が，カントの所有理論の中核に位置しているのである．そして，このような個人の創作者こそが，知的財産法を支える真の力であると私は考えている．

占有から自律へ

　カントにとって，法的権利としての所有の本質は，ある個人がその意志を固く結びつけた対象に権利を主張する場合，他者はその主張を尊重しなければならない義務を負う点にある．つまり所有とは，ある個人に対して他者が負う義務の集合体である．最も厳密な意味では，それは個人の権利である．こうしたカントの所有理論は，現代の財産権理論と多くの点で非常に対照的であり，今日の知的財産法にとって啓発的である．

　カントは，人がその意志を投影した対象は，いかなるものであっても，所有の客体となりうると考えていた．彼は，人間の良心に深く根ざした原始的な概念として所有権を捉えていたようである．このことはカントの文章から明らかである．カントによれば，所有の起源は，「私のものとあなたのもの」という，奥深くゆるぎない意識にある．「法における権利としての私のもの」とは，「それを他の人が私の同意なしに使用しようとすれば私を侵害することになる，と

いう仕方で私と結びついているもののことである」とカントは述べている[15]．

　しかし，その言わんとするところは何であろうか．なぜ人は物と結びつくことを望むのか．カントによれば，つまるところそれは，自らの自由の範囲，すなわち自らの自律の範囲を拡大するためである[16]．人は，この世界でさまざまな計画を実行したいという欲求をもっている．その実行のために，外部の対象にアクセスし，それを支配しなければならない場合がある．所有の起源とは，この世界で自らの計画を実行したいという個人の欲求であり，そのためにはさまざまな対象が必要となる．カントによれば，人間による選択の幅，ひいては人間による計画の範囲を最大限に拡大するために，こうした欲求は最大限に認められなければならない．それゆえカントは，一部の対象の所有を厳格に禁止する拘束力ある法的ルールを一切認めていない．なぜなら，そうしたルールの論拠は，行為の最大限の自由という基本的な要求と相容れないからである．所有の自由は，個人の意志や個人の選択に関わる問題にとって必要不可欠であり，しかもそれらと強く結びついている．したがって，潜在的に所有可能なものの領域から多くを除外することは，カントにとってありえないことなのである．カント研究者のポール・ガイヤーが述べるように，カントにとって，「道徳の基本的な原理とは，選択の自由の不可欠な表出として，したがって自律の一部として，自由の外的使用つまりは行為の自由を保護しなければならないという命令である……」[17]．これは一言でいえば，占有する権利を含めた行為の自由を，選択の自由ないし自律の不可欠な表出として捉えるものである[18]．

　自律と占有はきわめて重要な概念である．簡単な例で考えれば，両者の概念を理解しやすいだろう．たとえば，ミケランジェロが大きな大理石に近づいていく姿を想像してみよう．彼には計画があるのかもしれないし，大理石に何を彫ろうか，どんなデザインにしようかと心の中であれこれ思い描いているのかもしれない．その思い描いたイメージを思う存分大理石に表現して彫刻を完成させるためには，長い時間がかかるだろう．ミケランジェロがそのイメージ通りに大理石の彫刻の計画を実現するには，次の2つが期待できるとわかっていることが必要である．1つは，その大理石を継続的に利用できることであり，もう1つは，他者から干渉を受けないことである．他者から利用を邪魔されたりおせっかいを受けたりせず，自己の思い通りに作品を完成させるためには，彼は大理石を占有する権利を確保しなければならない．占有は，カントの理論に忠実にいえば，ミケランジェロに対して，大理石に思い通りの彫刻を施す自

由を与える．また強固な占有は，侵入者が現れて，彫刻に手を加えたり，その姿を変えたりすることを排除する．つまりカントの考える所有とは，ミケランジェロが，いやミケランジェロだけが，巨大な大理石で何をするのかについて完全な自由をもっていることを意味する．それゆえ，安定した所有が個人の自律に貢献するのである．

カントの占有概念

　所有に対するカントの考え方の核心にあるのは，占有は経験的な事実または事象ではなく，抽象的な概念だということである．人が思い通りに行動するためには，この世界にある対象を支配しなければならない．効果的な支配を実現するには，その人物が対象を物理的に所持しているときに限らず，その支配が強固でなければならない．たとえば，先ほどのミケランジェロの大理石の彫刻の例でいえば，彼が現場を離れる場合であっても，戻ってきたときには元の状態が保たれているという認識を疑うことなく，安心して食事をし，睡眠や休息をとり，散歩に出かけられなければならない．このように対象が物理的に保持されている状況のみならず，より広範な状況において効果的な支配を実現し，持続させなければならないことから，私たちは，占有を単なる物理的な事実としてではなく，概念的なものとして考えるようになる．

　ここからいくつもの重要な含意が導かれる．こうしたより概念的な占有を実現するには，エンフォースメントのメカニズム——何らかの法制度——が必要となる．この制度はある種の政府抜きには考えられないので，市民社会の形成が求められる．さらにいくつもの市民社会がともに繁栄し共存していくには，国際的な法秩序が必要となる．以上から明らかなように，カントにとって，所有——より正確にいえば，微妙な意味合いの差異が適切に表された所有の概念——は，まさしく文明の中核をなすのである．

　法的・概念的な占有，つまり〔私たちが感覚を通して認識している〕現象としての占有ではなく，〔私たちの感覚によっては認識しえないが，現象の背後に客観的に存在する〕物自体（noumenon）としての占有は，知的財産をめぐる従来の各種理論を覆っていた闇を切り裂き，霧をはらしてくれる．カントの説明を図式化すれば，人がこの世界で見つけた対象に自らの意志を作用させたいと考えるのは自然の成り行きである，ということである．それは，そうする自由にどっぷりと浸っている人間の本性による．カントは，たくさんの例を雑然と挙げ

るのではなく，整然とした図式を用いて，対象，意志，自由といった基本的な構成要素の説明を行っている[19]．理性と思考を重んじるその姿勢にふさわしく，カントは，概念的な説明や分類については詳しく論じる一方で，現実世界における適用については手短に説明するにとどめている．したがって私たちは，大理石や土地といった資産を扱うように，知的創作物の構成要素に，カントの概念を自由に当てはめることが許されよう．現代においては，多くの人たちが，無形の媒体で自己を表現する方法を選ぶだろう．カントの考えに基づけば，こうした選択は，ミケランジェロが大理石に彫刻を施す際に行った選択と少しも異ならない．所有の地位にとって，対象が大理石かエレクトロンか，彫刻刀かキーボードか，トロンボーンかシンセサイザーかは重要な問題ではない．媒体ではなく個人が重要だというのが，カントの言いたいことなのである．そして，所有に関して，委細を省略する代わりに濃密な概念図を提示するカントのアプローチは，実は驚くほど知的財産の時代に適している．

　たとえば，ロックと比較してみよう．ロックはたとえ話を多用しているので，本や発明された機械が，リンゴやどんぐり，逃げ回るウサギと同列に扱えるのかどうかを考えなければならない．ロックの偉大さは，自らの財産権の主張を正当化するにあたって，身近なものをたとえ話に登場させたことにある．ただし，こうしたボトムアップ式のアプローチには限界がある．それは，具体的なたとえ話からの類推によって一般論を導こうとする手法に固有の限界である．これに対してカントは抽象的な話から始める．すでに明らかなように，カントが理論の出発点に選んだのは，ほかとは違う特有の意志と構想をもった１人の人間である．こうした視点はこれまでにない斬新なものであり，知的財産法にはまさにうってつけである．

　私たちの目にカントの視点が奇異に映ることは認めよう．知的財産に関する法原則や学説では，機能的な論理やレトリックばかりが目につく．そのため私たちは，カントの視点がいかに深く私たちの思考に根づいているか（そして制約を課しているか）を忘れてしまいがちである．カントの視点の基本的な方向性は，その大部分において誤りはない．それは私たちの役に立っているし，知的財産制度をどのように運用していくべきかという問題に社会が取り組む際の指針としても有益である．普通はこれで十分である．しかしながら，知的財産法の分野が——技術的にも，社会的にも，経済的にも——目まぐるしく変化している現在，この法分野の規範上の起源にもう一度目を向ける必要がある．そ

の際にきわめて有益な手段を与えてくれるのが，余分なものをすべて削ぎ落としたカントのアプローチなのである．次の数段落でその理由について説明することにしよう．

個人の意志──そして，それが重要な理由

カントにとって最も重要なのは，対象と人の対比である．対象が自由意志（より厳密にいえば，自由意志の作用）を具現化することはありうるが，自由意志をもちうるのは人だけである[20]．これは基本的に「物」の定義の仕方と対をなす．なぜなら，カントによれば，物の本質とはそれが人でないことにあるからである．このような定義は，物について議論をする場合であっても，人の営みに焦点をあてることを可能にする[21]．これはまるで「対象が図に乗るのを防ぎたい」とカントが思っていたかのようである．デジタル商品や半自動式商品であふれている世界にあって，これは哲学的枠組みの非常に魅力的な特徴である．

所有の起源

所有を，主に人と物の関係として捉えるカントの考え方は，現代の財産権理論に慣れ親しんでいる人たちに大きな衝撃を与えるだろう．現代の理論にどっぷりと浸っている人たちにすれば，カントの考え方は時代遅れに思えるかもしれない．最近の一般的な考え方によれば，財産権とは，基本的に人と人の関係を媒介する制度である．物を中心に据えて所有を考える見方は，リアリズム法学派やその流れを汲む者によって完全に否定された．財産権に関する議論においては，こうした修正主義的で「社会学的傾向の強い」見解が完全に支配的となり，つい最近まで，これに代わるような他の考え方はほとんど見あたらなかった．

しかしここ数年，そうした状況が変わりつつある．それは，トーマス・W・メリル，ヘンリー・M・スミスといった新しい世代の研究者が，財産法における客体の重要性を再認識しはじめたからである．そこでは，ある研究者が指摘した「財産権の物的側面」[22]が再び注目を集めるようになっている．そして，こうした近時の論文のほとんどが，経済学的な観点から財産権の客体指向を説明している．その一例が，財産権は資産へのアクセスを効率的に実現するといった主張である[23]．彼らによれば，財産権は，個々の資産に対して権利の及

ぶ範囲を定めることで、それらの資産や利用条件に関する情報の取得コストを最小化している。このようなタイプの議論を展開する論者が目を向けるのは、次のような財産権の論理である。つまり、所有者には自らの資産をどのように利用するかについて広範な裁量権が認められているのに対し、第三者にはそのような権限がほとんど認められていないのはどうしてなのか、という問題である。ここでは、財産権が所有者の私的な内部領域と他者の権利や行為とを隔てる一種の膜として機能する点を除いては、財産権が人と人の関係を媒介するといった社会的な側面は重視されていない。第三者が所有者のいる資産を利用するには、所有者に連絡をとり、彼らと取引をしなければならない。このように、資産に関わる権利と義務とが所有者という1人の人間と結びつき、そこに集中しているのである。

所有者と資産との関係が再認識されそこに注目が集まると、この新たな理論とカントの理論との距離は縮まる。もっとも、同じ街の同じブロックに住んでいるというほど近いわけではない。新たな理論における所有者は、カントのそれに近いというには、少し道具的に扱われすぎているように思われる。たしかに、こうした所有者は、資産に対する権利の便利なフォーカルポイントとして機能している点では、法的主体として重要な役割を果たしているといえる。しかし、この実体のない所有者は、さまざまな決定権や使用権の単なる倉庫として捉えられており、カントの場合のように、所有者自身の個人的な計画や目標は中心に据えられていないのである。

対象への意志の投影

ここまでの議論で明らかなのは、対象の継続的な占有に対する確かな期待から何らかの実体的な事象が発生しうるとカントが考えていたことである。安定した占有は、人のある側面——その人の意志、とカントが呼ぶもの——を対象に刻みつけることを可能にし、その結果その人物はさらなる繁栄を手にすることができる。微妙な表現の違いはあるにせよ、意志に関するカントの基本的な考え方[24]は実にわかりやすい。すなわち、意志とは、人のさまざまな側面のなかでも、この世界に働きかけようと決断し、かつ働きかけたいと欲する側面である[25]。意志には、個人的であること、自律的であること、積極的であることという3つの特徴がある。意志は、各人の選好と欲求の機能であって、きわめて個人的なものである。ルイス・ホワイト・ベックによれば、意志は「あ

る任意的な目的を満足させることに没頭している」．意志という私たちのこの側面ないし特徴こそ，私たちが，自らの選択とそれを遂行ないし具体化するための行為を通じて，この世界に刻み込み刻印を残すものである．そして，まさにこの基本的な要素のなかに，私たちは徹底した個人主義的で自律的な人間観をみるのである．こうした人間観は，カント哲学を構成する別の箇所で，個人を超越した普遍的な理性によって調和が図られているものの[26]，人間の思考や行動に関するカントの思想の中核をなし，したがって彼が人間の本質と考えるものの最も重要な側面を構成しているのは，きわめて個人的な意志なのである[27]．

知的財産分野における意志と対象

　人，意志，対象に関するカントの思想について，その用語や概念の複雑性を詳しく検討したいところではあるが，ここでは，いくつかの具体例を取り上げるにとどめるのが賢明であろう．カントのいう自律とは，正確にはどのような働きをするのだろうか．知的財産権の文脈でいえば，それはどのようなものであろうか．人，意志，対象に関するカントの思想と，それらがカントにおける所有の正当化根拠とどのように関連するのかについて理解を深めることができれば，これらと同じく重要な次のテーマへと移ることができる．そのテーマとは，カントが自らの理論に組み込んだ個人の自律の限界である．

　前述のミケランジェロの例から明らかなように，創作者がその見つけだした対象——ミケランジェロの場合は，巨大な大理石——に自らの意志を完全に投影させるためには，安定した占有が不可欠である．この基本的な論理はあらゆる場合に当てはまる．すなわち，農夫や土地所有者が，自らが耕したり開発したりする土地について計画を立て，それを実行する場合にも[28]，発明者が入手可能な素材を使って，試作品や大まかな設計図，あるいは完成品を作りだす場合にも，さらには芸術家が絵具，カンバス，紙とペン，布や材木，キーボードやiPadなどを使って，概念や思い描いたイメージを形にする場合にも妥当する．このように，個人の技術や判断が示されて，それが人びとの受け継いだ物や見つけだした物に対して影響を及ぼす場合には，そこにカントのいう対象に意志が刻み込まれるプロセスのしるしを見てとることができる．

　こうしたことは，手元の対象が無体物である場合にも起こる．作曲家が伝統的な形式——フーガ曲，交響曲，ブルース，音詩——を元に新しい楽曲を作り

だす場合，彼らは，農夫や発明者と同じように，見つけだした対象に働きかけを行っているのである．先ほどのミケランジェロの例でさえ，彼が彫刻を彫る過程で働きかけを行った対象のなかには無体物が含まれている．たとえば，感情の表現方法として受け継がれてきた伝統的な手法や，「ピエタ」のような宗教的題材を表現する際の伝統的な人物配置，さらには肉体美や若さをどのように表現するかについての確立された基準などは，いずれも無体物である．ミケランジェロは，こうした文化的絵画の無形要素をいくつも選び出し，それらを改良することもできれば，気づかれないように抗い，あるいは作り変えることもできる．彼がどのように扱うにせよ，ミケランジェロにとってこれらの伝統的な手法は，大理石と同じように自らが手にする対象なのである[29]．

見つけだした有体物の場合と同じように，創作者があますところなくその技術を発揮し，判断を下すためには，こうした「作り変えようとする対象」にも及ぶ拡張された占有が必要である．そしてこうした理由から，カントの主張する所有権は無体物にも妥当するのである．

この無体物の占有という，複雑でおそらく議論の多いテーマについて，一言いっておきたいことがある．よく指摘されることであるが，無形の作品の複製物をコントロールする知的財産権は，一種の「人工的な稀少性」を生みだす点にその特徴がある[30]．したがってそれは，情報の自由な共有という道徳的に優れた制度に逆行し，「自由であることを望む」情報の本質に矛盾するとさえいえるかもしれない[31]．

カントによれば，所有権にはすべてこのような人工的な要素が伴う．なぜなら，所有権は占有を観念的な形で定義するからである．所有とは，人と物との物理的な接触を意味するにとどまらない．つかんだり持ったりするといった基本的な行為をはるかに超えた，より深い関係を意味する．

こう言うと，すぐさま反論が返ってくるだろう．「たしかに，カントは，法的な所有権のことを人と物との特別な関係として捉えているけれども，カントがその著作のなかで挙げているのは，(ロックと同じように) リンゴなどの物理的な対象に限られている．それゆえ，カントのいう所有関係とは，こうした対象物にのみ限定されるのではないか？」．

その答えはノーである．私は，カントが，『法論』の大部分の節で，有形物のみを例に挙げていることは重要でないと考えている[32]．カントが提示する占有概念のなかには，契約に基づく将来の履行への期待という，『法論』の考

え方が決して物理的な対象に限定されないことを明確に示すものが含まれるからである．カントによれば，「履行の時期はまだだとしても……私が所有していると私自身が主張できる」[33]場合を除けば，未履行契約（署名済みまたは合意済みではあるが，いまだ履行されていない契約）に基づいて人が履行請求権を「占有している」と正当にみなすことはできないという．しかし，そのような法的関係が成立すれば，「［約諾者］がする約束は全財産の一部をなし，私はその給付を私のものに加えることができる」[34]．ここでカントが，リンゴのような有体物の場合と，契約に基づく将来の履行約束のような無体物の場合とで，「占有」，「対象」，「一部をなす」，「私のもの」という文言を同じ意味で用いていることは明らかで，その点を論評する必要はない．「対象」はカントにとってきわめて抽象的であり，したがって知的財産権が含まれるのは言うまでもないことである[35]．

　作家と書籍出版者の権利に関する彼の小論を根拠に，所有権と無体物に関するカントの考えに疑問が呈されることもある[36]．カントはこの小論で，無権限の出版者による海賊版の発行を防止する著作者の権利を擁護している．たとえば，序の部分で，カントは次のように述べる．「というのも，自分の思想に対する著者の所有権（property）は（そのような権利は外的な法に従って生じるものだと認められているが），たとえ海賊版であっても著者に残されているからである」[37]．続く本論では，〔出版者を著者の代理人とみる〕一種の代理人論を展開し，この議論に基づいて，ある書物を購入した海賊版業者が，それを複製して販売することは許されないと主張する．なぜなら，そのような行為は，著作者が当該新たな複製に対して許可を与えたことを暗に（かつ誤って）示唆するからである．この小論においてカントは，著作者の利益と出版者の利益をほぼ同一視し，著作者の権利のなかでも，作品の唯一の出版元として自らが選んだ者に権限を付与する権利を最も重要な権利とみなしている[38]．

　この主張の構造についてはさまざまな論評が行われており，研究者のなかには，著作物に対する所有権の主張をカントが否定している証拠だと考える者もいる．しかし私には，先に紹介した冒頭部分の文章の意味は非常に明快であるように思われる．括弧書きの部分を除けば，言わんとすることは明らかである．つまり，「自分の思想や感情に対する著者の所有権は……たとえ海賊版であっても著者に残されている」ということである．この小論について，所有権は著作物に認められるべきではないという規範を示したと考える者もいる[39]．し

かし，こうした見解を正当化する唯一の手がかりは，「そのような権利は外的な法に従って生じるものだと認められているが」という先に引用した一節における挿入句しかないと思われるが，この挿入句は私の解釈にとってさしたる問題ではない．カントは，「たとえ」外部の（実定）法が著作権を規定していないとしても，著作者の所有権は認められる，つまり海賊版の出版行為に対抗できるといっているように思われる．カントがこの小論を書いた当時，真の意味での著作権保護がすべての国で行われていたわけではなく，欧州では，書籍に著作権による強い保護を与えることが望ましいかどうかをめぐって，激しい議論が起こっていた．実際にカントは，「たとえある法域で著作権の効力が認められていないとしても，海賊版は違法である」としたうえで，さらに続けて，「著者は自己の思想を所有している」がゆえに，海賊版は違法だと主張しているのである[40]．

カントにおける広範な自律概念

著作者が自らの作品に対して継続的なコントロールを主張し，その結果，作家としての特有の作風を発展させる権利は，カントの哲学体系におけるより大きなテーマと一致する．カントは，人間の自由というテーマのあらゆる側面を何度も繰り返し論じた．まるで，この重要なテーマに少しも関わりをもたないトピックに出会ったことがないと言わんばかりである[41]．たしかに自由は，創造性，占有，所有に関するカントの考えの根底にある統一的な原理である．自由の原理に照らしてこれらのトピックに関するカントの主張を検討することで，知的財産法に，さらには知的財産法が直面するさまざまな難問に，カントの理論をどう適用すればいいのかを，正しく理解することができる．

まず創造性について考えてみよう．その著書『判断力批判』で，カントは，芸術とは意志の行為として定義されるべきだと主張している．「正しく言えば，自由による産出，すなわちその働きの根底に理性を置く選択意志による産出だけが，芸術と呼ばれるべきであろう」[42]．創造性に関する記述でも，カントは，行動の公理と同じように，創作物のイメージが人間の認知能力に伝えられるという考え方を支持している．道徳的な判断を行う際に，善悪の概念が特定の状況に関する情報と結びつくように，芸術家が芸術作品の創作を行う際には，抽象的な美的感覚が具体的な創造上のイメージと結びつく．したがって，道徳の教えの場合と同じように，自由な発想から生まれたイメージが行動を駆り立て

るものになりうるということは理に適っている．実際，天才的なインスピレーションというトピック全体が，理性的な創造性の具体例として，とりわけ理性的な自由意志という考えにカントが与えた広範な概念空間を明らかにする例として，おそらく最適であると考えられる．これを要約すれば，優れた芸術作品のアイディアは，純粋なインスピレーションとして人の心を打つけれども[43]，芸術家その人は，作品を世に送り出すために，身も心もすり減らして，自らの思い描く理想像を実現させる道を選ばなければならないといえるだろう．純粋なインスピレーションがあれば，第１段階は完了できるだろうが，第２段階を達成できるのは，意欲ある個人が自由に選択した行為だけである[44]．全くの偶然から生まれた創作物のように，起こる確率がきわめて低い場合は別にして，カントにとって創作物の生産とは，たとえそのきっかけが突然のインスピレーションにあったとしても，それには必ず意志または目的に基づく行為が関与しているのである．

　創作行為において表出される個人の意志は，カントの自由の理念の中核をなす概念でもある．とりわけカントは，個人の行動の自由をできる限り確保したいと考えていたが，その理由は，そうすることで人類の発展の可能性が最も大きくなると確信していたからである．こうした考え方は，専有可能な対象の範囲をきわめて広範に解釈することへとつながる．カント自身が述べるように，「私の選択意志の対象とは，それを任意に使用する身体上の能力が私にあるものである」．もし自発的に制定された法によって対象の使用が禁止されたとすれば，「自由が使用できる対象をあらゆる使用可能性の外に置く限りにおいて，それは，自らの選択意志の対象に対し自らの選択意志を行使する機会を奪っていることになろう」．換言すれば，これは「外的自由が自己矛盾をきたすことを意味する」．

　このためにカントは，いかなる種類の対象も，人間による占有の可能性から完全に除外されるべきではないと考えていたのである．

> 外的取得の原理は次のとおりである．すなわち，私が（外的自由の法則に従い）私の支配力の下におくもの，そして私が……私の選択意志の客体として使用する能力をもつもの，最後に私が……私のものにしようとする意欲をもつもの，それは私のものである．[45]

さらに続けて次のように言う.

> ありとあらゆる私の意志の対象を私のものとしてもつことが可能である. すなわち, ある格率に従い, その格率が法則とされると, 意志の対象それ自体が (客観的に) 所有者のないもの (無主物 (*res nullius*)) でなければならないとすれば, そうした格率は法と正義に反している.[46]

　所有の対象となりうるものについてこのように広範に考えることは, 人間の意志に対して, 絵を描くための最も大きなカンバスを提供することになる. そして, 創造性には常に意志の行為が伴うとカントが考えていたことに鑑みれば, 対象への権利主張に関するカントの見解は, 実に多岐にわたる創作物に対して所有権を認めることに道を拓く. このことが知的財産法にとってどのような意味をもつのかは, すぐ後でみることにしたい.

　しかし, さらに議論を進める前に, ここで少し立ち止まって次のことに注目すべきである. それは, カントが広範な表現を用いているにもかかわらず, 所有と占有に関していえば, カントは絶対主義者ではないということである. カントは, 原始取得の自由のみならず, 他者——つまり特定の占有に直接関わらない第三者——の自由にも同じように関心をもっていた. 先に引用した一節でも, カントは,「対象それ自体を……誰のものでもないもの」とするあらゆる法を非難している. カントが言わんとするのは, 誰もがあらゆる物を所有し, その所有権を主張できなければならないということではない. 決してそうではない. (後述する) 権利の普遍的原理が定めるとおり, 個人による所有権の主張は, それらが他のすべての人びととの自由をも考慮する場合にのみ有効である[47]. この一節でカントが関心を寄せているのは, 人と対象との相対的な地位である. カントによれば, 人間による占有に関して, 占有の対象として認められない物は存在しない. もしそのような占有の禁止対象を設けるとすれば, それは人間の自由に対する不当な制限となるだろう. いずれの対象も——カントの言葉でいえば物「自体」は——人間の自由の価値を損なう主張をなすことは許されないからである. しかし, こうした主張が他の人びととの自由と抵触する場合については, カントは異なった主張を展開している. この点も, 権利の普遍的原理を議論する際に取り上げることにしよう.

　人間の自由に対するカントの関心はどこまで広がっているのだろうか. 所有

権に対するカントのアプローチは，単なる最初の占有にとどまらず，どの程度の範囲の権利まで示唆しているのだろうか．カントの哲学において，占有者の自律の利益には何らかの限界があるのだろうか．これらの論点はすべて，今日の知的財産法分野における重要なテーマに関係するので，検討していこう．

　先ほどのカントの主張を要約してみると，次のようになる．すなわち，自分の支配下に置くことができ，自分がそれを使用する能力をもつものは何であれ，所有することができる．ここで重要なのは，対象を使用する能力である．カントがより広範な，あるいはより複雑な占有を認めるのは，関連する対象の使用を促すためである．この目的を実現するには，対象を手に入れる自由や採取する自由を最大限保障するだけでは十分とはいえない．通常，対象を占有するだけでは個人の計画や目標は完了しないからである．対象には目的と用途があり，それらこそ，そもそも占有者が対象を取得する主たる理由なのである．

　より具体的にいえば，占有が実際に人間の意志を促すには，占有者の計画，目的そして目標を含むほど包括的なものでなければならない．大理石に対するミケランジェロの権利には，創作中に継続して大理石にアクセスできることが含まれなければならない．しかし，広範な占有権で重要なのは，彫刻を彫る際の彼の目的や目標の実現，すなわち彼が自らの意志を注ぎ込む結果の実現を促すことである．当然ながら，こうした占有権には，完成後の作品に起こる事態を支配できる権利が含まれる点に注意しなければならない．彼の創作活動の計画が，完成した作品を教会に置くことであるならば，誰かが完成した作品を持ちだして，教会ではなく街角にそれを置いた場合，その行為は彼の計画の重大な妨害になる．

　さらに私が指摘したいのは，彫刻に対するミケランジェロの自律の利益は，譲渡権という，より広範な権利にも及ぶべきだということである．この利益には，完成した作品を売却し，金銭を得ようとする権利も含まれる．カントのいう意志や自律の役割をきっちりと理解すれば，彫刻を譲渡するという一般的な権利，もっと具体的にいうなら，彫刻を自ら設定した価格で譲渡する権利も含まれることがわかるはずである．つまり，彫刻に対するミケランジェロの自律の利益を完全に実現することには，彫刻という作業に加え，完成品を販売することで生計を立てる権利が含まれるのである．ミケランジェロの計画または目的は，大理石を占有し，それに彫刻を施すことにとどまらない．自らの才能を伸ばしたい，芸術家としての名声を手にしたい，そして最終的には芸術家とし

て生計を立てたいという欲求も含まれている．したがって，このような広がりをもたない所有権の概念はすべて不十分である．そのような概念では，広範な意味での創作者の自律を完全に反映しえず，またその実現を促しえないからである．

現代の自律の価値に忠実であれ

　このような広範な自律の概念は，今日の知的財産政策上のさまざまな論点にきわめて実際上の影響をもたらす．第1に，先に述べたとおり，それによって，私たちの関心は，現在の議論において主流となっているテーマ――配信技術や技術システム一般――から，創作者個人に引き戻されることになる．そして，技術システムの背後に存在する人びと，つまりこれらすべての「コンテンツ」の創作者に対する関心を蘇らせる．第2に，かかる自律の概念は，所有に関する議論のなかで明確に権利として表現されているために，暗黙裡に創作者の利益を非常に高いレベルにまで押し上げている．このような所有の考え方は，諸利益との衡量や功利主義的なトレードオフが求められる領域から，創作者を引き上げ，特別な関心対象とする．そしてその過程で，大まかな政策変更の方向性だけでなく，数々のよりきめ細やかな政策調整のあり方をも指示するのである．

　カントがその著書で示唆する一般的な政策は，少数の大規模な創作主体ではなく，多数の小規模な創作主体を奨励することに関係する（私がここで創作主体の話をする理由は，第7章で論じるように，純粋に個人の創作性がもつさまざまな強みを小さな創作チームが提供しているからであり，また，現代の多くの創作物では，厳密な意味での個人生産を行うことが非現実的だからである）．まず理解しておくべきは，厳密に経済学の観点からみた場合，多数の生産単位に分散化された経済活動の方が本質的に優れているとは限らない点である．経済財の生産様式として，分散化が集約生産よりも道徳的に優れているということは全くない．重要なのは，正味の費用だけである．つまり，取引費用を加味した場合に，多数の独立した生産者間で物を生産する場合の方が，それらの生産者を統合して1つの大企業として物を生産する場合よりも費用が安いのかどうかが重要なのである．こうした観点からみれば，独立の利益は経済的な諸条件に帰着することになる．典型的には，独立の利益は，独立生産者において集中的な努力が行われるかどうかによって変わってくる．経済学者のオリバー・ウィリアムソ

ンはこれを「強力なインセンティブ（high-powered incentives）」[48]と呼んだ．その意味するところは，独立生産者が生産要素（input）を作り，より大きな生産プロセスに用いる買い手と契約をして販売する場合の方が，より大きな努力を期待できるということである．つまり，同じ生産要素であっても，他者と契約をして販売しなければならない者によって生産される場合の方が，よりていねいに作られるということである．ウィリアムソンの議論の要点は2つある．1つは，大企業の内部において他の部門から生産要素を調達するインフォーマルで官僚的なプロセスよりも，明示的な契約を介して取引を行う場合の方が，品質や費用の基準をより正確に定めることができるということであり，もう1つは，——こちらの方が私たちの議論には重要であるが——，独立した生産者の方が熱意と集中力をもって作業にあたるということである[49]．

　繰り返しになるけれども，経済学的な観点から厳密にいえば，このことが望ましいのは，正味の生産費用の低下をもたらす場合に限られる（ここではもちろん，生産要素の質の向上や費用低減が，独立生産に伴う高い取引費用を上回ることを想定している）．独立した生産要素の生産の方が本質的に優れているわけではない．

　だが，少し視点を変えてみると——具体的にはカントの視点に立ってみると——，独立生産の方が本質的に優れているといえる．独立生産は，効率性のみならず，個人的および社会的に重要な価値にとっても有用なものである．それゆえ私たちは，厳密に効率性の観点から導かれる取引費用よりも少し高い費用を，社会として負担すべきであると解される．このような政策の転換はどうしても大まかに感じられるので，私の言いたいことを示すためにいくつか具体例を挙げた方がよいだろう．

　知的財産が創作者の自律を含むと理解するならば，私たちは，知的財産の保護にかかる費用と便益がはっきりせず判断が難しい事例では，創作者に有利に判断しなければならない．この考え方はさまざまな場面で機能する．その一例が，著作権で保護された作品の創作者が，映画媒体での作品の利用には許諾をしていたが，その後，ビデオテープやDVDなど新しい媒体技術が開発された際に，それらの媒体での作品の利用に関して難色を示すといったケースである[50]．この場合，契約条項に基づいて問題を解決できることもあれば，難しい場合もある．契約で解決できない場合，つまり契約後に開発された媒体技術が当初の契約対象に含まれているかどうか疑わしい場合には，当該契約には新

しい媒体は含まれないと解釈するのが望ましい政策であろう．この解釈にたてば，創作者には新しい媒体での作品の利用について新たな契約締結の機会が与えられるため，創作者の自律に役立つと考えられるからである．このように，「引き分けの場合には原創作者に有利に」という政策は，創作後の作品の利用においてより大きな行動の自由と柔軟性をもたらし，結果として創作者の自律を促すのである．

　創作者の自律を重視することから示唆される政策変更の詳細の2点目は，知的財産権の保護範囲，ここでは特に特許権の保護範囲に関係している．私は，以前の論文で次のことを明らかにした．すなわち，ある状況下では，強固な財産権が，専門技術に関わる生産要素——別の企業（通常は大企業）の製品にすでに組み込まれているもの——を生産する高度な技能の持ち主の独立を促進するということである[51]．そうした専門技術に関わる生産要素の例として，医薬品の製造に用いられる特殊な生体分子や，携帯電話用のタッチスクリーン，工業機械や半導体産業用の試験装置の部品などを挙げることができよう．財産権がこれらを保護対象とすることで，その生産者は独立して起業し，他の企業と対等な取引関係に基づく生産要素の販売が可能になるのである．起業できれば，大企業の一員として働く場合よりも，生産者は自らの作品に対して強い発言権をもつだけでなく，専門家としての今後に大きな影響力——より大きな自律——をもつことができる[52]．

　3つ目の政策の詳細は，インターネット上で許諾が必要とされることに関わる．これまでこうした許諾は，富の最大化という観点からみた場合，その実際の価値よりも煩雑で足手まといであるといわれてきた[53]．一部の許諾については，類型としてみれば，ライセンシーになろうとする人びとに課される費用に値する価値はないのかもしれない．これに対し，インターネット上の創作者の自律を重視すれば，社会は許諾が煩雑で足手まといであるという結論にあまり拙速に飛びつくべきではないとの意見もある．

　この場合，効率性を政策の基礎に据えるのは不適切であろう．もっと奥深いところにある，より根源的なものが指し示す結果は，功利主義に基づく単純な計算が提示する結果とは異なる．カントの著作に魅せられた私たちは，彼の視点に立脚すれば，単なる功利主義的な価値を超えた価値を見つけ，それを具体化できることを知っている．知的財産権が紛れもなく真の権利であるならば，時には，効率性のようないわゆる「単なる利益」を凌駕する場合もあるだろう．

インターネット上で許諾が必要とされることは，まさにそのような事例といえるのではないだろうか[54]．

放棄の重要性

　所有に関するカントの思想において自由がその中心に位置することは，さまざまな文章から明らかであり，その多くについてはすでに紹介した．ここでもう1つの文章を紹介し，カントの描き出す世界における放棄という概念の重要性を明らかにしたい．カントがいつから放棄を論じるようになったのかはっきりしないものの，その考え方は今日の課題にとって重要である．カントが論じているのは，創作者の選択のなかでもきわめて重要な側面，すなわち自らの所有物に対する権利を自発的に譲渡または放棄する権利である．

　1785年に発表した書評で，カントは，自由と強制に関するある主張を検討し，これを否定した．彼が書評したのは，ドイツの法学者ゴットリープ・フーフェラントが書いた自然法に関する著作で，カントの影響が強く感じられるものであった[55]．『自然権の原理に関する試論』と題された著作でフーフェラントは，権利侵害が生じかねない場面に遭遇したときは，その侵害を防ぐために実力行使をなす自然権を人は有していると主張した[56]．カントはこの主張に異議を唱えたのだが，その理由は，権利という観念そのものに，他者にそれを侵害しないよう強制する可能性がすでに含まれているからであった．カントが違和感を覚えたのは，フーフェラントの主張が，自己を向上させること，つまり自分自身の完成度を高めるという義務を想定し，それを前提として主張を展開している点であった．これはとんでもない話だとカントは指摘する．なぜなら，そうなると，この自己完成の義務を果たすために，人は自己の権利を常に最大限に行使しなければならないからである[57]．フーフェラントの提示した自然権としての権利行使は，常に権利行使しなければならない厳格な義務の存在を暗示している．この主張を否定する際にカントは，権利者の行為の自由を制限しないことが重要であると示唆した．カントによれば，完全な権利行使を必須として権利を定義することは自由の妨げとなり，全く理に適っていない．カントの考える権利とは，個人の自由を拡大し，自律を高めるものでなければならない．そうした構図のなかに，強制的な権利行使が入る余地はないのである．

カントの反論の要点は、フーフェラントにおける権利には、放棄の概念が含まれていないということである。権利を放棄するとは、権利を手放す選択をなすこと、つまり権利を行使しないと決めることである。カントが人間の尊厳と個人の自由の実現を支える幅広い権利を支持していることを考えれば、この点は重要である。明らかにカントは、権利の付与とその権利行使の区別が肝要であると考えていた。所有に関するカントの文章からわかるように、権利の機能とは、この世界で自らの意志を活かしたいと願う個人の影響力の及ぶ範囲を広げ、そのような個人に安心感を与えることである。しかし、権利者に最大限の権利行使を義務づけるような権利は、こうした目的に逆行する。別の言い方をすれば、権利とは、個人の自由の範囲を広げるものでなければならず、それを制約するものであってはならないのである。

放棄に関するカントの考え方は、所有権に対して具体的にどのように適用できるのだろうか。ここで思い出してもらいたいのは、自由な個人が自らの意志を投影したいと願う多くの対象に対して権利を付与することに、国家はきわめて寛容でなければならないとカントが考えていたことである。しかし、権利行使に対する寛容さはまた別の問題である。権利行使の決定は、国家ではなく、個々の権利者によって行われるべき問題である。ここでは、個人の自由に新しい重要な特徴が付け加えられる。つまり、個人の尊厳と自律を実現するための手段である所有権は、権利者の自由を制約する拘束衣であってはならないということである。所有権の「付与後」の段階における選択の自由は、権利行使の決定を権利者に委ねることによって維持されるべきである。カントによれば、国家は、所有権の主張を幅広く認めるべき義務を負う反面、こうした権利行使の条件を決定してはならない。やはりこの場合も、自律——個人による選択——を最大限に認めることが基本原理である。そして所有権の場合にこれを可能にする手段が放棄なのである。

なぜ今、放棄が重要なのか

理論上、放棄は自律の興味深い側面である。というのも、個人が自らの権利を放棄できる自由を意味するからである。実際、放棄が今ほど重要視されたことはない。カントの思想を構成するこの放棄という要素は、私たちが抱えているさまざまな問題に深くまた直接的に関わっている。

放棄は、個人の所有と全体の効率性との交点において、複雑に絡み合ったさ

まざまな問題に鮮やかに切り込む．放棄によって，次のような難問の解決も可能になる．つまり，個人の所有権という伝統と，広く普及したあらゆる情報に簡単にアクセスできる必要性とをどのように両立させるのか，という問題である．放棄は信じられない可能性を秘めている．なぜならそれは，膨大な量の作品に対するアクセスを促進する一方で，自らの作品を支配するという，創作者の権利を支える根本的な信念に忠実でありつづけるからである．放棄が広く奨励され，実施される場合，とりわけ共有を促すように設計された技術と法からなる大規模なシステムに放棄が組み込まれる場合には，個人の所有権の尊重を犠牲にすることなく取引費用を減らすことができる．柔軟性のある自律，これこそが私たちが社会として追い求めるべき夢のような組み合わせである．

　いや，こう言うべきかもしれない．これは，私たちの社会で実際にしばしば見られる組み合わせであると．知的財産権の拡大に批判的な人たちの多くは，財産化が進みすぎていると主張する[58]．だが私からみると，この主張には概念上の重大な誤りがある．そうした説明は重要な点で「紙の上の法（law on the books）」を「法の現実の作動（law in action）」と取り違えているように思われる．つまりそうした主張は，現実には多くの場合，いや時には必ずといっていいほど，知的財産権が完全には行使されないか，実質的に全く行使されないという点を説明することができない．知的財産権が拡大しすぎていると批判する人たちは，知的財産を取り巻く環境下では，権利がいたるところで放棄されている現状を理解していないのである[59]．たしかに，そうした現状については，知的財産権の行使には非常に費用がかかるということで部分的には説明がつく．そのため，金銭的な制約から知的財産権者が権利行使を控えている場合も少なくない．しかし，こうしたタイプの放棄が理想的であるとは言いがたいとしても，放棄が知的財産権の全体像の重要な一部をなしていることは事実である．そして言うまでもないことであるが，権利を行使しないという決断へと駆り立てるのは，たいていの場合，金銭的な動機ではなく，利他主義の精神[60]，あるいは将来の販売数量の増加を期待しつつ今は創作物を手放すことで「市場に種をまきたい」という欲求なのである[61]．

　権利行使にかかる費用の高さと放棄によって，知的財産の消費者にとっての事実上の自由領域——いうなれば参加型の文化領域——は，実際には非常に広大なものとなっている．（「法の現実の作動」ではなく）「紙の上の法」にばかり形式的に目を向けていると，しばしばこのことを見失いがちである．けれども，

互恵性の規範と組み合わされた放棄という法原理に基づく大規模な共有を実現するための取り組みが増えていることが，こうした事実上の自由領域の拡大を示す何よりの証拠である．

自発的な情報コモンズ

大規模な共有を実現するための取り組みには，ローレンス・レッシグが主導するクリエイティブ・コモンズや公共科学図書館の活動といった公式の組織によるものから，これらほど公式ではない個人の創作者による活動まで，さまざまなものが存在する[62]．こうした取り組みに携わる組織や個人は，少なくとも一部の財産権を放棄することを公に表明しており，一部のユーザが自由にアクセスできる情報の量を増やしている．

一例を挙げよう．クリエイティブ・コモンズは，創作者がデジタルコンテンツ（テキスト，音楽，写真，映画など）に対する法的権利の全部または一部を放棄できる標準的なライセンスモデルの普及活動を行っている．クリエイティブ・コモンズのウェブサイトを見ればわかるように，パブリックドメインにすべてを開放することは，1つの選択肢にすぎない．たとえば，創作者は，営利目的のユーザを排除する（さらにそうしたユーザから損害賠償を得る）権利を留保しつつ，非営利で利用する行為についてはすべて許可することもできる．これは，パブリックドメインにすべてを開放しているわけではなく，実質的には，権利の一部を開放しているにとどまる．クリエイティブ・コモンズの利用者たる創作者は，いわばスティックの束のなかからいくつかを選び出し，それを行使する権利を放棄して，大衆に捧げたのである．つまり，多様なクリエイティブ・コモンズ・ライセンスの条件は放棄の選択肢のいわばメニューであって，創作者はそのなかから好きなものを選ぶことができるのである．クリエイティブ・コモンズ・ライセンスの対象とされたすべての作品が，完全にパブリックドメインに供されるわけではないが，それらの作品の特定の利用態様はパブリックドメインに供されることになる．したがって，クリエイティブ・コモンズ・ライセンスは，さまざまなユーザがさまざまな利用目的で自由に利用できる創作物の集合を大きくするうえで，強力な推進力となりうる[63]．

市場の力も権利放棄の拡大に一役買っている．消費者は自由を好む．企業は消費者の望むものを提供しようとする．したがって，消費者が少しでも大きな自由が認められる文化製品を好むとなれば，先見性のある企業はそうした製品

を提供するだろう[64]．自由を大きく制限する文化製品を販売する企業などは，（そうした制限により消費者にとっての価値が下がることによる損失を埋め合わせるために）その製品をとりわけ魅力的なものにするか，そうした制限についての政策転換を迫られることになるだろう[65]．これは当然の話である．別の言い方をすれば，リミックスやマッシュアップなど，目的を問わず自由に使えるコンテンツの数は多くなければならない．こうしたコンテンツは企業が提供する場合もあれば，アマチュアのリミキシング愛好家やリミキシングを普及させたいと考える一般人が提供する場合もあるだろう．すべてのコンテンツが自由に提供されなくとも，自由に提供されるコンテンツの数はかなりの量にのぼるだろう[66]．

　では，自由に提供されないコンテンツについてはどうか．この場合，知的財産権は放棄されずに保持されるだろう．そして当然のことながら，他者の行為を制限するだろう．しかしこれは，いわば放棄の裏返しにすぎない．自律には自らの権利を行使する権利が含まれていなければならず，そうでなければその自律はただの見せかけにすぎない．どうやら一部の人たちは，コンテンツに物理的に関わり合いをもてず，したがってコンテンツに直接自分たちの刻印を残すことができないとすれば，重要な自由を奪われたと感じるようである．しかし，そうした人たちに知的財産権で保護された創作物を迂回して創作活動を行うよう強制したとしても，つまりそこに含まれる諸要素をそっくりそのまま複製せずにその創作物について論評するよう義務づけたとしても，それほど高い費用はかからないように思われる．この場合の費用とは，創作者の権利を認めることによる費用である．権利には常に負担が伴う．自律とは自由を意味するが，それ自体はただではない．費用がかかるのである．そしてこのことは，有意義な現実の権利によって知的財産を保護することの当然の帰結にすぎないと私は考える．

　したがって，カントのいう自律を最も効果的に促進する手立ては，複数の政策を組み合わせることである．具体的には，財産権の取得を広く認めるべきこと，権利の放棄を容易に行えるようにすべきこと，ただし，放棄は厳密に自発的な手段によらなければならないことである．

カントと個人創作者からなるコミュニティ

　本章で一貫して示唆してきたことがある．それは，カントは個人の自由を重視する論者であるけれども，所有に関して絶対主義的な立場をとる論者ではないということである．ロックの場合のように，所有に対する重要な制約は，原始的専有理論というケーキの上にトッピングされているわけではない．むしろ，主要な材料として生地に練り込まれているのである．カントは，すべての市民に適用される義務という糸で作られた大きなクモの巣の中に，所有に関する法的権利を位置づけている．本節では，こうした制約を取り上げ，それらが，限界を有するがゆえにリベラルな財産権の理論に対してどのように貢献しているのかを明らかにすることにしたい．

　カントの理論は，2つの価値を重視している．1つがすべての個人の尊厳と価値であり，もう1つが人類のコミュニティの重要性である．カントが論じた他のさまざまな論点と同じように，彼の関心の矛先は常に，相容れないように見えるこれら2つの自由に対する要求を調和させ，バランスをとることに向けられている．それゆえ，統合役の模範と呼ぶにふさわしいカントであれば，たとえば現代の純粋なリバタリアニズムのような，一面的な法哲学を構築することでは満足しないだろう[67]．実際，これから明らかとなるカントの所有理論の最も重要な特徴の1つであり，知的財産権にとって非常に重要な特徴とは，所有権は他者の基本的な自由を侵害しないように体系化されなければならないという観念である．カントはこの観念によって何を言おうとしているのか．現代の知的財産政策が抱えているさまざまな問題にこの観念を適用することははたして可能なのだろうか．

所有——義務の網から権利まで

　カントによる所有の説明において，他者つまり第三者の役割は，義務の概念によって決まる．カントはまず，Aという人物が何かを所有すると，他のすべての人は，その物に関連してAを不当に扱ってはならない義務を負うことを認める．他のすべての人（A以外の全員）の義務を集約して単体としてみた場合，それは1つの所有権を構成する．言い換えれば，所有とは，Aに対して他の全員が負う義務の総計である[68]．この原理について，カント研究者の

ケビン・E・ドッドソンは次のように説明している．

> 私は，私に対して不当な行為を行うすべての人に強制力を行使する権限を与えられている．それは，私が他人に対して不当なことを行わないように，その他人が私に強制力を行使する権限を与えられるのと同じである．したがって，「厳密な意味での法とは，普遍的法則に従って万人の自由と調和するような全般的な相互強制の可能性として表すことができる」．ここで私たちは，法または権利という概念のなかで，自由と強制とが結びつけられていることに気づく．すなわち，「法（または権利）の概念というのは，まさに万人の自由と普遍的で相互的な強制との結合の可能性それ自体のうちにあると考えることができるのである」．[69]

ここで注意すべきは，専有について本章ではこれまで自由の観点から論じてきたけれども，強制ないし義務的遵守——義務の背後にある暗黙の強制力——という，全く正反対の観点からも論じることができる点である．カントによれば，公正な社会において，私たちはこうした義務を進んで引き受ける．なぜなら他の人も同様に引き受けるからである．したがって，専有という個人的で一方的な行為は，常に相互尊重と互恵主義の精神に基づいて行われている．所有権の主張において，互恵主義とは，わかりやすくいえば専有という個人的な行為であっても常に，そして本質的に，他のすべての人のニーズや自由に対する配慮がなされていることを意味する．知的財産制度では，個人による専有と第三者の自由をどう調整するかが大きな問題となっていることから，カントの見解は，この法分野を理解し，さらに発展させていくうえで大きな道しるべとなりうる．ケネス・ウェストファルは次のように言う．

> カントが考える占有権の正当化に，他者が負う不当な一方的義務は含まれない．なぜなら，他者に私たちの占有を尊重するよう義務づける場合，私たち自身も他者の占有を尊重する義務を負うからである．私たちは他者が私たちと同等であることを認めるのだから，この義務は一方的なものではない．他者とは，有限の資源しかないこの有限の世界において，私たちや私たちの使用物と相互に関わり合いをもつほど近くに生きている，理性的で有限な行為者のことなのである．[70]

こうして相互に課せられた義務から，私が「所有者のコミュニティ」と呼ぶものが形成されることになる[71]．

したがって，こうした義務と所有の結びつきは，第三者が専有に対して課す制限について検討する際の基礎となる．この結びつきを深く理解するには，まず，私たちが権利者に対して負っている義務の性質を把握しておく必要がある．そこで頼りになるのが，原状回復の原理である．

ある人物が正当に権利を主張するものを収用することは，この法が取り扱う問題の中核をなす侵害行為である．このように考えると，義務と所有に関するカントの考え方と，原状回復と知的財産権に関するウェンディ・ゴードン教授の古典的論文とは，きわめて親和的である．カントと同様にゴードンも，財産権の本質を，ある人物が正当に権利を主張するものを他の者が利用してはならない義務の集合として捉えている．原状回復の分野における一般的な表現を用いれば，この考え方は，BがAを犠牲にして不当に利得を得てはならないという原理として表すことができる．カントによれば，所有とは，ある物を最初に占有した者が他に先駆けて行った正当な権利主張に対し，他のすべての者が尊重すべき共通の義務を負うことを示す不可欠な表現であるが，こうしたカントの見解の中核には不当利得の考え方がある．同様に，ゴードンの知的財産権に関する原状回復論も，なぜ不当に奪ってはならないという単純な義務が，対世効を有する真の財産権の根拠となりうるのかを明らかにするものである．このように考えると，ゴードンの理論には，まさにカントと同じ精神が息づいている[72]．

ただし，義務と所有の結びつきはこれだけにとどまらない．それを明らかにするために，私たちは別の角度から考えなければならない．原状回復の基礎には，私たちが正当な所有者に対して負う義務があった．では，所有者自身の義務はどうだろうか．そうした義務についてカントはどのように考えているのだろうか．カントの「権利の普遍的原理」を検討することで，その豊かな考え方が明らかとなる．

権利の普遍的原理

義務の集合から1つの現実の権利へと視点を移すことを，カントはきわめて注意深く考え抜いた．『法論』の冒頭にある「権利の普遍的原理」という見出しの節で，カントは次のように述べている．「誰のどのような行為でも，その

行為が，あるいはその行為の格率から見て，その人の選択意志の自由が誰の自由とも普遍的法則に従って両立できるならば，その行為は正しい」[73]．この一節は，カントが『実践理性批判』において提唱した有名な定言命法と明らかに類似している．定言命法の場合と同じく，個人の正当な行為は，物事の善悪に関する理性的かつ普遍的な原理と一致しなければならないのである[74]．このように両概念が対称をなしていることから，ここで，定言命法について簡単に説明しておこう．ロバート・ポール・ウルフは次のように述べている．

> カントによれば，［ある人が］自らに理性を与える場合，論理的には，［その人物は］暗黙のうちに，その理性が自分と同じ状況に置かれた他のすべての行為者にとっても等しく善き理性であるという命題を確約したものとみなされる．通常，意志のこの一貫性の要件は，理性が自らに対して，いかなる理性的な行為者にとっても……等しく説得力のある［理論的根拠を有する］行為の法則（カントの言葉を用いれば「格率」）のみを受け容れるよう命じる命令として表現される．[75]

ウルフが考える定言命法の論理は，カントが権利の普遍的原理と呼ぶものにも妥当する[76]．権利の普遍的原理は，それが道徳上の制約ではなく実定法の領域で機能する点を除けば，定言命法と同じく「普遍化のための」原理として捉えることができる．権利の普遍的原理の下では，「法は，私たちの外的な選択の自由が，他のすべての人の選択の自由と普遍的な法則に従って両立しうる限りにおいて，この自由に対する私たちの権利を保障するのである」[77]．強固な所有権の必要性が市民社会を形成する推進力となるとカントが考えていたことに照らせば，所有権に対してこうした「普遍化のための」制約が課されるとしても驚くに値しない．権利の普遍化原理が適用される場合，人の自由を高めるために所有権が必要であるから，所有権は付与されなければならない．しかし同時に，所有権は制約も受ける．所有権といえども他の市民の自由を妨げるほど広範であってはならないからである．カントが描く国家において，所有とは不可欠であるとともに，必然的に制限を受けるものでもあるといえよう[78]．

こうした権利の普遍的原理には，私たちの目的にとって，興味深い2つの特徴がある．1つは，（個人による取得の選択という）究極の利己的行為を，正義と平等という理性的原理で制約される行為に変えることである．そしてもう1

つが，この分野における意志の行使に，暗黙の制約——個人の利己的行動を監視する機能をもつある種の「コミュニティの良心」——を付すことである．権利の普遍的原理は，単なる大規模な但し書きや特大の警告にとどまらない．それは，広範かつ徹底した高度の制約原理であって，個人による専有の正当性を絶えず特徴づけ，影響を及ぼしつづける原理なのである[79]．

たしかに，権利の普遍的原理にはロックの但し書きと共通する面もあるが，その定める制約はロックの但し書きよりも厳格である．要するに，ある個人の専有行為が，（ロックからみれば）他人にも「十分な善きもの」を残しているけれども，カントの「普遍的法則」の基準は満たさない場合を，間違いなく観念できるのである．なぜなら，ロックが他人の専有機会に影響を及ぼす場合に限って専有を制限するのに対し，カントは他人の全般的な自由に影響を与える場合には常に専有を制限しようとするからである．自由には専有する能力が含まれるが，それに限られないことは言うまでもない．他の人と付き合い，自己を表現し，さまざまな方法で行動する機会なども自由に含まれるのである．このような広範な利益を妨げる専有は，たとえロックの但し書きを満たすとしても，カントの原理に抵触するだろう．それゆえ，合衆国憲法修正第１条に基づく専有の制限論拠としては，ジョン・ロックの労働理論よりも，カントの所有理論におけるロジックの方が適合的である．

ロックは，ロック的但し書きによって，専有を行う者が公正に主張しうる取り分以上に資源を我がものにすることを禁止した．このことは，コミュニティの構築に明らかに寄与する．というのも，専有を行う者は，後続の専有者を考慮して，極端に利己的な行動をとることを控えるからである．ここでは，他者の必要性や将来の主張が，専有を行う者自身の必要性と等価なものとして扱われている．これを基礎としてジェレミー・ウォルドロンは，ロックの統治二論に，有神論に基づく平等主義的な傾向が強く見られることについてのきわめて洞察的な議論を展開したのである[80]．

これと全く同じ効果を果たすのが，カントの「所有者のコミュニティ」である．まさにロックと同様に，カントによれば，専有を行う者は最初から，つまり最初の専有の瞬間から，他者に配慮しなければならない．しかも，そう主張する理由もロックとよく似ている．つまりカントは，他者のニーズや潜在的な主張を，所有者のそれと同じくらい重要なものとみなしているのである．

天才的な創造性がもつ社会的な側面

　個人に関するカントのいずれの見解も，創造性ついての現在の支配的な見解，とりわけ知的財産法研究者の主張とは全くと言っていいほど相容れない[81]．最近の研究者が主として強調するのは，創造的生産の有する高い社会性である．大まかに言うなら，創造力豊かな人が泳いでいるのは，アイディアに満ちた刺激的な海なのであるから，背泳ぎがうまいとかクロールが上手だと言って褒めるのはおかしいというわけである．これまでの私の議論に照らせばすぐにわかることだが，カントならこの主張をただちに却下し，海にあてられていたスポットライトを，再び泳ぐ人に戻すことに賛成するだろう．このように見方を変えることによって，私たちは，個人による創造的な貢献の重要性を強調する，かつての知的財産法研究者の主張に再び目を向けるようになる．

　また，カントの個人に対する関心の高さは，大規模なコミュニティに対する関心の低さを物語っていると考えるのは間違いであろう．カントは，創造力豊かな人たちは互いに強く影響し合っていると考える点で今日の研究者と一致している．ただし，現代の論者と違うのは，カントが，コミュニティから個人への影響の流れよりも，個人からコミュニティへの影響の流れについて考えることに多くの時間を費やした点である．こうした問題を論じた『判断力批判』のなかで，カントは，天才の創作物という非常に興味深いタイプの作品がもたらす社会への影響を次のように述べている．

　　これらの前提にしたがえば，天才とは，自然によってある主観に与えられた才能が，この主観の認識能力の自由な使用において開示するところの模範的な独創性にほかならない．このようにして天才の作品は（かかる作品において，可能な学びや流派に帰せられる部分ではなく，全くの天才にのみ帰せられるところのものについて言えば），模倣の実例ではなく（というのも，もしそうだとしたら，かかる作品における天才的なものや，作品の精神を形成するものは失われてしまうだろう），むしろ他の天才に対する継承の実例である．……しかし天才は，自然の寵児であって，こうしたものは，稀有の現象とみなさなければならないから，天才の実例は，他の優れた頭脳の持ち主たちに対して1つの流派を生みだす．言い換えれば，天才の精神を具現する作品と，その作品の特性とから規則が引き出されうる限りにおいて，

かかる規則に従う方法的指導を生みだす．そして，その限りにおいて，流派に属する人たちにとって芸術は，自然が天才を介して規則を与えた模倣となるのである．[82]

　ミルトン・C・ナームは，カントの美学について論じ大きな反響を呼んだ研究のなかで，上記のカントの見解を次のようにまとめている．「独創的天才の機能を語る鮮やかな解釈においてカントは，一天才の作りだした美しく自由な芸術は別の天才を呼び覚ますと論じている」[83]．ここで，個人の貢献が強調されていることは明らかである．だが，注意すべきは，偉大な独創的貢献はそこで終わりではなく，「別の天才を呼び覚ます」という点である．多面的な火打石のように天才の作品からさまざまな火花が飛び散り，他の知性つまり他の創作者の魂に火をつける．こうして触発された者は多方面に手を広げ，その潜在的な能力を発揮するのである．これは明らかに社会的な現象である．独創的な創作者は孤立した状態で創作活動をしているわけではない．天才的な創造性に富んだ作品を生みだすことで，後続の創作者の意欲を刺激しているのである[84]．

　孤立ではなく，対人的な影響こそが，ここでの要点である．このような影響が成立するには，ある創作物に関して，多くの人が価値を認める美的特徴に共通性があること，つまり「美的判断に関して間主観性が有効に成立すること」が必要である[85]．オリジナルの創作物に触発されるには，後続の創作者は，オリジナルの創作物をまずは理解し，その価値を認めなければならない．触発される人びとが存在するという事実は，美的判断に超個人的な性質が備わっていることの証となる．リチャード・エルドリッジが指摘するように，カントにとって，多くの人が偉大な芸術作品の価値を認めているという事実は，美的判断の二面性を示すものである．すなわち，美的判断には，人間としての共通の基盤に基づき，すべての人に共通する側面があると同時に，新規性やイノベーションの価値への受容性を備えた側面もある．エルドリッジの言葉を借りれば，カントにとって，天才の作品は「新しい価値を生みだす（make new sense）」ものなのである[86]．

　こうした価値を共有することで，天才に続く人たちが，天才の作品を元に新たな作品を生みだせるようになる．作品という共通の母体は，誰もが利用できる，そして（少なくとも潜在的に）誰もが価値を認める文化的遺産として蓄積

される．こうして，美的判断という誰もが生まれながらにもっている共通の能力は，作品という共通の母体（すなわち共有の文化）のための条件を生む．そして，まさにこの誰にでもある共通の能力が，他者によって価値が認められ築き上げられていく文化のなかで，イノベーションの可能性を生みだすのである[87]．カントの思想のこうした側面こそ，エルドリッジが「個人と文化，自然と技能という，互いにせめぎあう芸術作品への貢献のバランスを図る際のカントの巧妙さ」[88]について語る契機となったものにほかならない．

卵が先か鶏が先か，所有が先か国家が先か

　カントにとって，所有に関わる利益を保護することは，自然状態の人びとが1つに団結し，真の政府あるいは市民社会を形成するよう動機づける，最大の因子である．このため，知的財産権への示唆に富む問題について，カントはロックと相容れない立場をとる．ロックが個人の権利――財産権に始まるさまざまな権利――は「自然状態」の人に帰属すると考えていたことはあまりにも有名である．ロックによれば，市民社会は権利者が自発的に構築する．なぜなら，彼らにとって市民社会こそが自らの権利を守るための卓越した手段だからである[89]．だが，カントはそうは考えない．『法論』の最も重要な箇所で，権利とは，確立された法秩序の下でのみ実現可能なものだとたびたび強調している．カントにとって，「政治が成立する以前から存在する」権利という観念，つまり市民社会に先立って存在する自然権ないし固有の権利というのは，絶対にありえない．実際，カントによれば，完全な権利とは，その実現を支援するために機能する国家の存在なくして実現しない．カントの理解では，完全かつ正式の権利は，「一般意志」に基づく正当な政府の設立と同時に形成されるのである．権利は政府とともにあり，政府は権利とともにある．この両者は，カントの政治思想において不可分の関係にある[90]．

　したがってカントは，国家，すなわち市民社会が，所有の発展に先行して存在する（少なくとも同時に誕生する）と考えていたといえよう．これに対し，第2章で明らかにしたように，ロックは，所有がまず存在し，人びとが自然状態で正当に取得していた所有権を守るために，国家が誕生したと考えている．

　この点で，知的財産に関していえば，カントの理論の方が魅力的である．国家が存在し，続いて所有権が誕生するというカントの順序の方が，知的財産理論にとっては有用だろう．なぜなら，知的財産の場合に，実効的な権利行使を

実現しようとすれば，国家の存在が不可欠だからである．物的財産を専門とする研究者の多くが，なぜ国家によるエンフォースメントが自力救済や「小集団」内での相互の権利不行使よりも有力な手段になったのかについて分析を行っているが[91]，知的財産ではこうした説明は不要である．国家によるエンフォースメントに代わる選択肢としての社会規範について論じた興味深い論文はあるものの，私が「私的な知的財産制度」と名づけたものに関するいずれの論文も，この制度がきわめて稀な例外であること，そして知的財産法の真の実行可能性は，もっぱら強固な中央政府の存在によって決まることを認めている[92]．知的財産分野全体において，財産権の最大の特徴——「対世効をもつ」こと——は，最も重要で，しかも最高の徳である．なぜなら，「世の中の人びと」が価値ある情報を見つけだし，その複製を行うことは，多くの場合，実に簡単だからである．有形物の場合，価値ある資産を窃盗から守るには，その資産と物理的に近いところにいる人物との間でインフォーマルな取り決めを交わすことで足りる場合もあるだろう．しかし知的財産の場合，このような方法で効果的な措置を講じることはきわめて困難である．知的財産を保護する制度が有効に機能するためには，中央政府機関が保有するエンフォースメント技術がたえず不可欠であった．このため，国家を重視するカントの理論が知的財産に見事に妥当するように思われるのである．

国家，権利，そして功利主義的な知的財産法

　国家の役割についてこのような議論をすることで，私たちは，知的財産法の理論と歴史に関する重要な論争に参加できるようになる．18世紀に英国と米国で起こったいくつかの裁判においては，制定法に基づく著作権の保護と，コモンロー上の保護理論との対立が問題になった[93]．一般にこれらの裁判例は，知的財産権を保護する根源的な淵源が制定法にあるのか，それとも自然法にあるのかが争点となった代表的なケースと解されている[94]．実際，知的財産権が自然権として保護されるという主張を明確に否定した裁判例であることは，一般に共通認識となっている．そして，これらの裁判例が試金石となって，これ以降，知的財産権は特定の国家に付随する産物と考えられるようになった．つまり，創作者は知的財産の保護を受ける権利を本来的にもっているわけではないのである．政府は，自ら適切と判断した場合に，そうした権利を付与することができるけれども，知的財産の保護を受ける絶対的な権利は存在しない．

多くの人びとは，こうした帰結が功利主義的な——そして米国特有の——知的財産法観の勝利によってもたらされたと考えている．こうした見方は，欧州の知的財産法における自然法の伝統と対比されるのが常である．このような表面的な見方に対しては，ジェーン・ギンズバーグの研究をはじめとする緻密な歴史研究によって，長年問題点が指摘されてきたにもかかわらず[95]，知的財産法の研究分野では，今なお一般に次のようなレッテルが貼られている．すなわち，米国こそが功利主義的な知的財産法ブランドの故郷であるとか，欧州では権利を基礎とする自然法的な見解が支配的である，といったレッテルである．

　こうした安易な二分法に対し，所有権，とりわけ国家の役割に関するカントの分析は，最も刺激的な反論となる．カントにとって，この議論に出てくる説明はほとんど意味をなさない．所有権とは，特定の立法府の気まぐれに委ねられるものではないため，米国流の功利主義的な見解は間違っている．もしも所有権が普遍的理性によって命じられるのならば，法律として制定されなければならない．立法府の裁量は所有とは無関係である．いや，むしろいずれの合理的な立法府による裁量も，普遍的な理由によって制限される．政府は気まぐれに所有権を確立したり，取り消したりできるという米国流の功利主義的な見解のもつ裁量的な（あるいは恣意的といえるかもしれない）側面は，普遍的法則の命令によって排除される．正しく設立された政府は，理性的正義の原理に従わなければならない．この原理には一定の形態の権利が含まれる——もちろん知的財産権も含まれる——のだから，これらの権利は当然制定されなければならない．たしかに，この制度の細部には，裁量の入り込む余地はあるだろう．しかし，理性と正義の原理が命じるならば，こうした権利が，裁量に基づいて存在することはないのである．

　同様に，カントは，欧州流の自然法的な知的財産権の見方についても，少なくともその一部の要素を否定するだろう．その理由は国家の役割にまで戻る．慣習として認められた自然法理論では，国家の設立に先立って自然権が存在する．国家の務めとは，こうした権利をできる限り履行することである．しかし，カントの理論にこうした政治が成立する以前から存在する権利が入り込む余地はない．権利の存在と国家の設立には関連がある．権利とは，一般意志の表明，すなわち正しく設立された立法府による表明である．それは，国家が追認や承認できるものではなく，むしろ純粋に国家による産物である．何よりも権利は，国家と共同で決定を行う．つまり，国家は権利を誕生させるための装置である．

権利とは国家なしに考えられるものではなく，したがって，少なくとも成熟した最終形態の権利については，決して国家に先行して存在することはないのである[96]．

これに関連してもう1つ指摘しておかなければならないことがある．試金石となった18世紀の裁判例において議論されたように，知的財産権の保護の淵源を自然法に求めることは，知的財産権が永久不滅の権利であることを強く示唆する．存続期間に制限がない権利は，厳密にいえば，自然法の考え方に必ずしも付属しないが，この理論の論理的な副産物とみなされることが多い．実は先に触れた米国流の功利主義的な見解には，この主張に対抗して発展してきた側面もある．知的財産権が国家の裁量の産物にすぎないとするなら，国家には，知的財産権を一定の期間設定する権限があることになる（限定的な権利を付与する権限は，知的財産権を撤回する権限に含まれている）．限定的な知的財産権を支持する実際的な理由があることを考えれば，功利主義的な見方に賛同する強い信念をもたらすことになる．

所有に関するカントの見解を支持する最大の理由は，この見解を採れば，伝統的な二項対立の選択から抜けだすことができる点にある．カントの主張に基づけば，普遍的で理性的な原理への合意から知的財産権の保護がもたらされること，しかしこうした合意から，権利は有限でなければならないことの双方を主張できる．伝統的な自然法原理との根本的な違いとは，カントにおいては，所有権を含むすべての権利にかかる理性的な思考に他者のニーズが組み込まれることを，普遍的で理性的な意志が示唆している点である．所有権は希少資源をその対象としており，多くの人たちの経済的ニーズを調整していることから，その基本構造には調停や妥協が組み込まれているのである．この点について，カント研究者のポール・ガイヤーは次のように述べる．いわく，所有権は万人が理性的に受け容れることができる取り決めや相互の合意に基礎をおくため，公正な分配を目的とした国家による規制のような制約が，正義の問題として要求されるのである，と[97]．カントの思想におけるこの理性的な取り決めという特徴は，言うまでもなく，ジョン・ロールズの「原初状態」や「無知のヴェール」といった観念の基礎となるものである（第4章では，私はこの考えを知的財産制度の選択に応用する）．

カントの普遍的な理性主義は，知的財産権理論を二分する二大有力説双方の魅力的な特徴を併せ持っている．まず，自然権論と同じく，知的財産権が真の

権利である，すなわち，知的財産権はきわめて重要な請求権を意味するので，競合する利益に直面したとしても知的財産権を払いのけることはできない，という考えを保持している．知的財産分野における憲法上の「収用」に関する論文には，数は少ないがこうした主張を支持するものがあり，したがってこれらの論文は，少なくとも部分的にカントの特徴を反映しているといえよう[98]．また，社会的な取り決め論と同じく，一般に知的財産権は永遠不滅なものではなく，むしろ有限でなければならない，そして知的財産権の創設および適用に際して国家がかなり広い裁量権を有する，という考えも保持している．財産権が他人の自由を考慮するのであれば，カントの普遍的原理が義務づけているように，財産権は正当化可能な枠組みにおいてのみ存続が可能である．こうした自由は，時間的制限以外のさまざまな方法でも提供しうるだろうが，時間的制限は，権利と第三者の自由の両方を守る方法としてはきわめて有効である．だからこそ，現実の知的財産制度で，非常に広範に認められているのである．細かな点を見れば，個々の法制度が必ずしも普遍的でアプリオリな法則に整合的であるとは言えないものの，しばしば実際の法的ルールにこうした原理が反映され，しかも具体化されているとしても驚くに値しない．また，知的財産権の時間的な制限といった原理が広く採用されていることは，何が公正かに関する共通認識が存在することの証である[99]．

　以上の議論を要約しよう．カントからみれば，①所有権などの重要な権利が裁量に基づく権利にすぎない（そうなれば，これらの権利は真の権利ではないことになろう）と主張することも，あるいは②こうした権利は市民社会，すなわち実際の政府の形成以前にすでに存在するものであると主張することも，ともに誤りであるといえる．むしろカントの主張に基づけば，知的財産権は基本的権利ではあるが，複数の理想化された社会的合意の産物であるため，他者のニーズや権利を常に考慮しなければならないこと，そして多くの場合，実定法の制定には，所有のもつこうした他者尊重の側面が反映されるということである．

　しかし，だからといって知的財産権が，費用と便益の功利主義的計算の産物というわけではない．しばしば「正味の社会的便益」は実際の所有制度から生じるが，カントにとって，これは動機となる原理というより，むしろ副次的な効果である[100]．社会的厚生にマイナスの影響を与えるとしても，理性的な平等主義に基づく財産権のルールはやはり必要とされるだろう．これこそが，単なる利益ではなく，権利を有することの証である．

事例研究——パブリシティ権

　カントの理論はきわめて抽象的にもなりうる．これは，すでに論じたとおり1つの長所であるが，その反面，混乱を招くおそれもある．私はカントの理論は非常に有益だと考えているが，この複雑な理論をわかりやすくするには，いくつかの具体例で考えることが得策である．そこで次に，知的財産法で実際に問題となっている，パブリシティ権の起源と性質について検討することにしたい．

　パブリシティ権は，有名人のペルソナを保護する権利である．この権利に基づけば，有名人の写真を無許可で販売する行為を禁止したり，実際には別人であるにもかかわらず有名人の声を真似た歌声を広告に使用して，有名人の歌声であるかのように誤信させる行為を禁止したり，さらには有名人と認識できる形で，有名人のペルソナがもつ他の特徴を再現する行為を禁止したりすることができる[101]．

　ここでの私の主たる関心は，この知的財産権らしからぬ権利の発展にあるが，まずは少し立ち止まって，この権利の性質について論じておく必要がある．一見するとこの権利は，ここまで私が強調してきたカントの主題の例としてはふさわしくないと思われるかもしれない．ペルソナは，人が見つけだし，その意志を投影させる対象というわけではない．しかも決して占有しえない．事実，カントの理論を含めほかのどの理論でも，ペルソナは知的財産権の保護対象にふさわしくないように思われるだろう．

　ところが，実際にはペルソナは，カントの観念をかなり忠実に具現化しているのである．まずは，対象という観念，すなわち自己の外部にあるものから議論を始めることにしよう．カントにとって，対象は，人がその意志を表現するための，いわばパレットや土台のような存在であり，それゆえ重要な役割を果たしている．パブリシティの場合の対象は，個人の秘められた才能や特徴として捉えることができる．俳優の場合，容姿や声，あるいは生まれつきの特徴がこれに該当するだろうし，スポーツ選手なら，天性の身体能力——たとえば，腕のしなりや強靭な足腰——がこれに該当するだろう．たいていの場合，こうした生まれつきの才能を，俳優やスポーツ選手としての成功や名声をもたらす要素に変えるには，努力——気の遠くなるような努力——が必要である．この

努力とは自己鍛錬と創造力の組み合わせであり，カントの表現を借りれば，これこそが「意志」である．

このような素質を完全に開花させるには，駆け出しの俳優やスポーツ選手は多くのことをしなければならない．そのうちの1つが，トレーニングと教育の一貫したコントロールである．もし権威ある人物が駆け出しの俳優やスポーツ選手の成長に対して権勢をふるったり，畑違いのことをさせてその才能の開発を邪魔したり，あるいはそれ以外の方法でその能力開発を思うがままに指揮・監督したりするならば，この俳優やスポーツ選手の卵が才能を開花させてプロとして暮らしていく可能性は途絶えてしまうだろう．別の言い方をするなら，個人が自らの願いや望みを実現させるには，その能力の開発の舵取りを可能な限り自分の判断でできなければならない．

こうした広範な自己決定は，カントのいう占有の一種である．個人の能力の開発に横やりを入れることは許されない．つまり，個人の人生設計がほかの誰かのビジョンによって歪められたり，妨げられたりしてはならないのである．有名になるために必要とされる人的資本は，多くの場合長い時間をかけて培われる．その過程で，外部の力や他人によって人的資本が奪われたり，台無しにされたり，損なわれたり，別の方向に投じられたりすることは許されない．カントによれば，ある人物が自らの意志をそこに刻みつける対象として選んだものは，その時点で他人が手を触れてはならない存在になる（これは権利の普遍的原理などと整合的である）．同様のことは，俳優やスポーツ選手として有名になるために培いはじめた人的資本にも当てはまる．つまり人的資本は，たとえ物理的に取得できないとしても，個人による占有が可能であり，社会が公正に組織されているのであれば，個人によって占有されるべきである[102]．この占有に関する強い権利が，正当な法制度において適切に承認されると，それは財産権になる．そしてこの財産権が，培われた人的資本を具現化した有名人のペルソナを保護するのである．こうして私たちはパブリシティ権を手にする[103]．

このようにして生まれたペルソナに対する知的財産権は，事実上，カントの考える（そしてロックの考える）意味での所有にふさわしい「対象」の典型例である[104]．さらに，占有という非物理的な概念の必要性を最も端的に示す例でもある．人は，自らのペルソナを物理的に所有することはできない．したがってペルソナとは，本質的に超越的な特性の集合として定義することができる．ペルソナは，写真に撮ったり，表現したりすることが可能である（たとえば，

ベティ・デイビス，ハンフリー・ボガード，キャサリン・ヘップバーン，ハリソン・フォードといった，ハリウッドの伝説的スターたちが自ら認めるそのスター性を，才能ある写真家が撮影する場合を考えてみてほしい）．しかし，俳優（あるいはスポーツ選手や他の有名人）の本質は，そうした個々の具体的な表現を常に超越するだろう．有名人がそのイメージを支配するには，つまり他者がそれを利用して利益を得たり，歪めたりするのを防ぐには，物理的な占有という生の事実だけでは不十分であり，一種の財産権が必要である．知的財産権とはそうした法の集合である．したがってパブリシティ権は，こうしたペルソナを守る知的財産法の一種として，ある意味で最もカント的な財産権なのである[105]．

パブリシティ権の歴史

カントの理想と実定法の現実との複雑な関係について私が指摘したことを念頭におけば，こうしたカントの主張を背景にして，パブリシティ権の歴史をたどることは興味深い．19世紀後半に，法学者がいくつかの不法行為の法理をまとめて「プライバシーの権利」を提唱した[106]．それらは，それぞれ散発的に出された判例法理であったが，いずれも他人が自己の生活を無断で覗き見したり，自己の恥ずかしいイメージやほかの私的な事実を無断で公表したりすることを禁止する個人の権利を核としていた．これらの判例によって，第三者は個人のプライバシーにかかる利益を尊重しなければならないことが明確に確立された．

1950年代，プライバシーの法理は，有名人，とりわけ野球選手の肖像をめぐるさまざまな裁判例で適用された[107]．当時，野球選手の肖像は，風船ガムのおまけの野球カードに使用されていた．今も野球カードは，多くのファンの間で収集され，取引され，鑑賞の対象とされている．これらの裁判例において，カード会社は，他人が撮影した写真や作成した絵を複製することはしていなかったので，著作権侵害は問題にならなかった．しかし裁判所は，野球選手がこうしたカードの販売や販売にかかる利益に対して発言権をもたないことは不当だと考えた．

リーディングケースである *Haelan Laboratories v. Topps Chewing Gum, Inc.*[108]において，原告のハーラン社は，特定の野球選手たちとの間でその写真の独占的な使用契約を結んでいた．ハーラン社は，当該独占的な使用契約の期間中，被告であるトップス社が競合するベースボールカードに同じ選手たち

の写真を使用しないよう求めて提訴した．原告の請求根拠は，複数の理論を組み合わせた独創的なものであったが，そのうちの1つが，当時ニューヨーク州で積極的に保護されていた「プライバシー」の権利であった．注目すべきは，この判例が，他人のプライバシーを守る義務が（準財産的な）権利へと変化する法的な瞬間を明らかにした点である．この変化は，裁判所が被告トップス社の主張について検討を始める次の一節にみられる．本件においてトップス社は，プライバシーの権利とは私的な事柄を望まない形で公表されるのを防ぐことができる権利にすぎない，つまり他人のプライバシーを侵害してはならないという消極的な義務にすぎないのであるから，プライバシーの権利を根拠として原告の主張を擁護することはできない，と主張していた．

> 当裁判所の多数意見は，（トップス社の）主張を却下する．当裁判所は，人はプライバシーの権利に加えて，かつそれとは別に……，自己の写真がもつパブリシティ価値に対する権利を有すると考える．すなわちそれは，自己の写真を公表する排他的特権を付与することができる権利である……．それを「財産」権と呼ぶかどうかは重要ではない．なぜなら，他の多くの場合と同様，本件においても，「財産」というラベルは，単に裁判所が金銭的価値をもつ請求を認めるという事実を表すにすぎないからである．
>
> このような権利は，「パブリシティ権」と呼ぶことができるかもしれない．なぜなら，多くの有名人（特に俳優や野球選手）が，その肖像が公にさらされることによって感情を傷つけられるとはとても思えないけれども，彼らが世間に顔を広めるために，新聞，雑誌，バス，電車，地下鉄等の掲示広告に自己の肖像を使用することを許諾するにあたって，その対価として金銭を受け取れないとすれば，彼らが苦痛を感じるであろうことは常識に照らして明らかだからである．そして，パブリシティ権が，自己の写真を他の広告主が使用するのを禁じる排他的権利として譲渡の対象になりえないとすれば，通常，この権利が有名人に金銭をもたらすことはないであろう．[109]

ここで裁判所は，野球選手は自己の感情を傷つけられないという限られた権利しかもっていないという考えを否定している．直観的に考えて，このような限定的な権利では，裁判所が保護しようとしている行為を擁護できない．なぜ

なら，専門用語を用いていえば，そのような権利には真の財産権のような完全な譲渡性が認められないからである．それゆえ，この限定的な権利によってできることは，せいぜいプライバシーの侵害であるとの不法行為の主張を放棄することぐらいである．このような放棄は，事実上，「私はあなたに傷つけられましたが，それに対して私は何もするつもりはありません．私はあなたを訴えるつもりはありません」という契約を結ぶことに等しい．もしジャイアンツのウィリー・メイズやレッドソックスのテッド・ウィリアムズといった1950年代の有名選手が，ハーラン社との間でこうした不法行為の主張を放棄する契約を結ぶ一方，トップス社との間ではそのような契約を結ばなかったとすれば，選手は，トップス社が許可なく野球カードの販売を始めることに対して同社を訴えることができるだろう．しかし，（この点が重要なのだが）ハーラン社はト・・・・ップス社を訴えることはできない．プライバシー権，つまり無許可の公表によって感情を傷つけられない権利は，あくまで個人的な権利であって，傷つけられるのを防ぐという限定的な権利だからである．真の財産権が存在しないとすれば，ハーラン社がもっているのは，侵害責任を免責するという形式の個人の権利の束だけであろう．選手たちがハーラン社に譲渡しうるような真の財産権をもっていないのだから，ハーラン社が真の財産権を手にすることもないだろう．

　これこそが，「パブリシティ権が，自己の写真を他の広告主が使用するのを禁じる排他的権利として譲渡の対象になりえないとすれば，通常，この権利が［野球選手たちに］金銭をもたらすことはないであろう」という一節で裁判所が言いたかったことである．ここで手がかりとなるのは，「排他的権利としての譲渡（exclusive grant）」という表現であり，これは古くから「財産権の分野で用いられる用語」である．ハーラン社が勝訴するには，「自己の写真を他の広告主が使用するのを禁じる」法的権利——単なる契約にとどまらない財産権として譲渡可能な権利——を選手から譲り受けていなければならない．そのような譲渡がなければ，ハーラン社はあまり多くの主張ができないことになる（したがってそれほど多額の金銭を支払うこともないだろう）[110]．つまり同社は，野球選手の写真使用を他社に禁止できるだけの何かを，これらの選手から受け取らなければならない．そしてこの「何か」が，財産権にほかならないのである．まさしく財産権の定義とは，「対世効をもつ」請求権というものであり，多くの場合この権利は，関係する具体的な法律上の利益（ここでは野球選手の肖像の

使用）から「他者を排除する権利」として説明されるのである．

　主に現実的な動機に基づくにせよ，ここで論じている法律上のイノベーション，すなわち財産権の創設には，本章におけるカントの主題と歩調を合わせた概念上の重要な一歩を踏み出す必要がある．現実的に考えれば，多忙な野球選手が，ハーラン社のライバル企業の動向を監視し，無許可で野球カードを販売しようとする企業を見つけるたびに訴訟を起こすといったことをわざわざするはずがない．むしろハーラン社の方がそうした行動をとるのに適した立場にあることは明らかである．しかし法的にみて，選手が，プライバシーを侵害されないという純粋に個人的な権利しかもっていないのだとすれば，ハーラン社は選手の利益を守ることができない．

　単なる個人的な請求は，当事者双方が負うべき義務を生みだすにすぎないだろう．野球選手にとって必要なものは，これらすべての個人的な請求を単一の譲渡可能な権利に変換し，ハーラン社のような企業に実際に譲渡（つまり売却）しうる法的な権利である．この譲渡可能な権利が，各人が第三者を相手取って行う可能性のある請求を「1つに束ね」，個人的な権利の集合を単一の法的な「もの」——財産権——に変換する役割を果たすのである．こうした権利があれば，ハーラン社のような企業は，銀行から融資を受けたり，投資家をひきつけたりしやすくなる．なぜならハーラン社には，ライバル企業に対するきわめて現実的な権利行使の権限が与えられるからである．これにより，ライバル企業が野球カードに選手の写真を無許可で使用していないかどうかを監視する役目を個々の選手に任せる必要もなくなる．財産権によって経済的な権限がハーラン社に集中し，結果として同社は，権利行使のためのより実効的なフォーカルポイントとなるのである．

　本件において裁判所が応えようとしたものは，誰もが感じていたこうした必要性にほかならない．それは理論的にも歴史的にも小さな一歩であったが，概念的には非常に大きな一歩であった．しかも私たちの法的，政治的制度が新しい財産権を創出するというのは，そうあることではない．財産権の重要性を考えれば，つまり財産権が私たちの法律実務や日々の思考のなかで中心的な役割を果たしていることを考えれば，この一歩は大胆かつ大きな意義のある前進であった．この判例の進展をきっかけに，野球選手の「感情を傷つけて」はならないという第三者の義務の範囲が拡大し，野球選手は自己の肖像の利用につき一般的な権利を有するとして定式化されるようになった．つまり，単に義務に

すぎなかったものが，完全な財産権に変化したのである．

　このように，パブリシティ権の発展はカントの重要な主題を例証するものである．人の感情を傷つけてはならないという義務が完全な財産権に変わるには，権利行使のための精緻なメカニズムが間違いなく必要であった．自律的な強制力をもつ（self-enforcing）二者間取引を単に積み重ねるだけでは，うまくいかなかっただろう．たとえば，有名な野球カード会社と契約を結んでも，新興企業が何人かの選手の写真を複製してカードを作り，売り出すことは防げないはずである．こうした事態を防ぐための方法，つまり新興企業や純粋な第三者から権利を守るための方法が必要とされたのである．要するに，なくてはならないものは財産権なのである．

結　語

　パブリシティ権は，本章で論じてきたカントの主題のすべてを映し出すものである．この新しい権利は，対象と占有という，カントの所有思想の中核をなす2つの基本概念を明らかにする．また，この権利は，カントの理論における国家の重要性も浮き彫りにする．なぜなら，国家によるエンフォースメントが普及していなければ，こうした抽象的な権利の範囲を定めることは難しく，その権利を行使することが事実上不可能になるからである．さらにパブリシティ権は，その適用にあたって，合衆国憲法修正第1条などのさまざまな法原則による制限を受ける．こうした制限が，「権利の普遍的原理」とカントが呼ぶ第三者による包括的な制約として容易に説明できる点は，すでに述べたとおりである．

　したがって，原始的な専有が認められるかどうか，また制約原理が適用されるかどうかは，機能的な国家を実現できるかどうかに依存している．実際，これらは，カントが所有権に関する議論において国家の役割として唯一明示するものである．しかし，カントの理論は，資源の分配と再分配における国家の役割に関する議論にも広く貢献している．個人の尊厳や集団の理性的な権限の適切な役割に関するカントの思想は，その後長きにわたって影響力をもちつづけ，アリストテレス，トマス・アクィナス，ジャン・ジャック・ルソーといった多くの哲学者の理論に取り込まれた．そして，20世紀後半に登場した，社会正義に関するジョン・ロールズの理論において，その思想体系は1つのクライマ

ックスを迎えたのである．個人の財産権が，この社会正義に関する現代思想とどのように調和するのかを理解するには，そして社会正義の理論という枠組みで知的財産権を検討するには，次にロールズへと向かわなければならない．

第4章　分配的正義と知的財産権
Distributive Justice and IP Rights

　財産権と再分配とは，少なくとも従来は対極に位置する概念として扱われてきた．これまで見てきたとおり，財産権とは本質的に個人が個々の資産を支配することを意味する．一方，再分配は国家が経済的な資源を再度割り振ることを要求し，多くの場合，分配的正義（社会における資源の公正な分配）と結びつく．財産権の概念を論理的に突き詰めて考えれば，それはある物を個人が全面的に支配することを意味する．つまり，これは私のものだから，誰も（特に国家が）横取りすることは許されないということである．同様に再分配の概念も突き詰めて考えてみれば，すべての物は（国家の仲立ちによって）みんなのものであって，すべて国家による差押えと分配の対象となるということを意味する．つまり「自分のもの」など存在せず，すべての物は「みんなのもの」，すなわち社会全体のものだということである．

　この点，第2章と第3章では，個人の財産権の主張が第三者に与える影響について，ロックとカントがどのような説明を試みているのかを紹介した．ロックの但し書きとカントの権利の普遍的原理はいずれも，財産権が他者の活動に大きな影響を及ぼす場合には財産権に制限を課しており，これは，分配的正義の実現に向けて最初の重要な一歩となるものである．もっとも，現代の分配的正義の理論に比べれば，非常にわずかな一歩にすぎない．ロックもカントも個人の専有者を主題として議論しているが，これは彼らが，第三者の利益を個人の財産権の請求を限界づける境界とみなしていることを意味する．しかし，現代の哲学思想において分配的正義が要求するものはこれだけではない．とりわけジョン・ロールズの研究では，議論の出発点が財産権の制度内の公正性ではなく，財産権それ自体の公正性に置かれており，そうした公正性が財産権を取り巻くさまざまな社会的，経済的な文脈のなかで検討されている．ロールズにとって最も重要な問題とは，私有財産の存在そのものが，社会の構成員間にお

ける資源の公正な分配を促進するのかどうか，そしてそれはどの程度なのかということである．こうした現代的な観点からみて，本書で検討すべき問いは，富の公正な分配を望む社会において，知的財産権に存在意義はあるのかどうかである．

　こうした社会という体系レベルにおいて知的財産権が正当化されうる場合に限り，私たちは，ロックやカントが打ち込んだテーマ，すなわち財産権の制度内における公正への配慮といかに向き合うかというテーマに立ち戻ることができる．もし財産権それ自体が全体として正当化されえないとすれば，個人の財産権の構造を詳細に検討しても意味はない．しかし，もし公正な社会において，知的財産権に存在意義があることを明らかにできれば，個別具体的な権利の構造のなかに，公正への配慮がどのように組み込まれているのか——分配が，どのような緻密なメカニズムによって知的財産法に影響を与えているか——に目を向けることができる．こうしたメカニズムは，その運用レベルにおいて，社会全体における公正への配慮が個人の知的財産権をどのように制限し修正しているのか，あるいはそれにどのような影響を及ぼしているのかを描き出す．そのメカニズムには，ロックやカントが描き出した第三者による一般的な制限が含まれるが，これに限られない．体系レベルにおける公正性と，個々の知的財産権の制度内における分配のためのメカニズムという2つの問題が，本章における検討課題となる．

分配的正義の体系と知的財産制度

　そこでまず，知的財産権とそれを取り囲む経済制度がそもそも公正かどうかという問題を考えることにしよう．この重要な問題に関して，ここで予め私の考えるところを明らかにしておきたい．それは，知的財産権が公正な社会の基本構造において存在意義——それも重要な存在意義——を有するということである．知的財産権や知的財産制度は，富を公正に分配することに一役買っている．ただし私は，財産権をきわめて抽象的に理解していたロールズとは異なり，公正への配慮は，個々の財産権の周囲や外部に限らず，個々の財産権の構造の内部にも組み込まれていると考えている．分配に関わる知的財産権の特徴——たとえば，第三者の利益や一般的な公正を，個々の知的財産権の範囲やその影響力に反映させるルールと原則——は，知的財産制度全体の正当化に大いに役立っている．どんな私有財産に関する議論も，その具体的な財産権の内容

の細部に目を向けることなく議論が完結することはありえない．そこで以下では，まずはロールズから出発し，抽象的なレベルで知的財産権の全体レベルにおける公正性について考察を進めるが，本書の後半では，個々の知的財産権の緻密な構造に分配的正義に関する考慮がどのような形で織り込まれているのかという問題について改めて議論することにしたい．

ロールズの正義の二原理

　ロールズの偉大なライフワークとは，公正かつ公平な社会を構築するための道徳原理を明らかにすることであった．ロールズの思想体系は，まずカントのように個人の権利に焦点をあて，その後これを，資源の公正な分配を重視する立場と統合するというものである．このようにカント的な個人主義と集団としての関心事とを一体化させたことが，そのきわめて分析的な思考方法と並んで，社会正義の理論に対するロールズの最大の貢献であると考えられている．

　こうした2つの配慮がロールズの取り組みの中心に位置していることを最も端的に表しているのが，ロールズの正義の二原理である．それは次のようにまとめられる[1]．

　第一原理
　各人は，すべての人に対する同様な自由のシステムと両立する限り，最も広範で全体的な基本的諸自由のシステムに対する平等な権利を有する．[2]

　第二原理
　社会的・経済的不平等は，次の2つの条件を満たすように編成されなければならない．
　(a) そうした不平等が，〔将来世代のための〕正義に適った貯蓄原理（just savings principle）[3]と矛盾しない限りで，最も恵まれない人びとに最大の利益をもたらすように，そして
　(b) 機会の公正な平等という諸条件の下で，すべての人に開かれている職務と地位に伴う形で．

　第一原理，つまり自由の原理には，近代の立憲民主主義国家の市民が享有する基本的権利とみなされるもの（言論の自由，信教の自由など）が含まれている．

ロールズの思想の際立っている点は，貧しい人びとにとって，こうした抽象的な権利が実際にはほとんど何の役にも立たないということを，完璧に，しかも体系的に理解している点である．それゆえロールズは，第二原理において社会における不平等の問題に取り組むのである．この第二原理が提示する考え方によれば，ひとたび基本的自由が確立されると，資源の平等は道徳上の基準として機能するようになり，そこから逸脱する場合には，その正当性が証明されなければならない．特にロールズは，不平等が許されるのは，そうした不平等が最も恵まれない人びとに利益にもたらす場合に限られると明記している[4]．これはしばしば「格差原理」と呼ばれる．というのも，ある社会の構成員の間で利用可能な資源に格差がある場合に，そうした格差がはたして許されるものなのかどうかを判断するための基準としてこの原理が機能するからである[5]．また，ロールズ特有のこの定式は「マキシミン」原理（maximizing the minimum を短縮した造語）と呼ばれることも多い[6]．それはこの定式が，不平等が寛容的に許容されるのは，そうした不平等が社会における最下層の人びとの支援，つまり最も恵まれない人びとへの支援を最大限にする場合に限られるとするからである．第二原理の2つ目は，機会の平等の問題を明示的に扱う．これは，ロールズの平等主義に基づく取り組みの範囲を広げることを意図したものである．このため，この原理は，社会が現在の資源へのアクセスの公正性を確保するだけでなく，将来における機会の分配の問題にも取り組まなければならないことを確認している．

　ロールズの正義の二原理はいずれも知的財産権の議論に関係する．第一原理は，保護されるべき諸自由の1つとして，少なくとも一定の財産を保有する権利を挙げている[7]．もっとも，この権利は基本的自由のきわめて限定的な側面にすぎない．ロールズは，この権利の対象を自らが「個人的な財産（personal property）」と呼ぶものだけに限定し，あらゆる形態の「生産的な財産（productive property）」をこの権利の対象から除外している[8]．ロールズはその晩年の著作である『政治的リベラリズム』のなかで，「個人的な財産」についてより詳細に説明している．

　　市民が享有する基本的諸自由の1つに，個人的な財産を保有し，それを排他的に使用する権利がある．この自由の役割とは，道徳的能力の発達と行使にとって必須である個人的な独立と自尊の感覚のために，十分なだけの

物質的基礎を与えることである.[9]

　したがって，個人的な財産とは，実際の私的かつ個人的な領域に不可欠な所有物を指すと思われる．そこには，歯ブラシや最低限の衣服はもちろんのこと，食器，調理器具，基本的な生活用品も含まれるだろう．しかし，個人の住居や移動手段，もっと凝った所持品はおそらく含まれないだろう．

　その具体的な境界線がどうであれ，「個人的な財産」というロールズの概念は広範なものではない．したがって，広範な財産権は，ロールズの理論にいう公正な社会であるために社会において最初に認められなければならないと彼が主張する基本的自由には含まれない．ただしこのことは，ロールズが財産権は常にきわめて限定的でなければならないと考えていたということを意味しない．むしろロールズは，正義の二原理に基づいて生まれた社会の市民は，幅広い財産権を創設するだろうと考えていた[10]．彼は単に，これらの権利が正当に創設された国家にとって必須の基本的自由ではないと判断したにすぎない．ロールズにとって，広範な財産権は公正性の諸原理と完全に整合するが，それらの諸原理に必須ではないのである[11]．

「基本財」とそれ以外の財――分配されるべきものという概念の拡張

　私はここにいたるまで，「資源」という用語――つまりその公正な分配が社会正義の理論の主たるテーマであるもの――の意味を曖昧にしてきた．ロールズ自身は最初に，公正な分配の対象となる「基本財 (primary goods)」にかなり広範な事物のリストを掲げている．具体的には，「権利と自由，権力と機会，収入と富」である[12]．それにもかかわらず，分配的正義をめぐってなされた議論は，そのほとんどが主に物質的な財を対象とするものであった[13]．ロールズ以降に登場した研究者の多くは，その後，ロールズの基本財のリストを拡張してきた．その結果，今では人間の潜在能力 (human capabilities) という広範な概念まで基本財のリストに含まれるようになっている．特に，アマルティア・センとマーサ・ヌスバウムは，開発という概念には，何かを実現する人間の潜在能力を重視することも含めるべきであって，基本的な経済財の取得だけに限定すべきではないと主張した[14]．この見解によれば，社会が社会正義を実現するには，各構成員に対して繁栄のための完全な機会を提供しなければならない．基本的で物的な意味での必要最低限の生活では不十分であり，さらに

は強制からの自由ですら不十分なのである．

　センとヌスバウムがロールズの基本財のリストは範囲が狭すぎると批判しているとしても，その一方で，ロールズの再分配は範囲が広すぎるという批判もある．センやヌスバウムとは正反対の方向からのこうした批判は，基本的に，ロールズの平等主義的なベースラインをとる場合には，社会主義や共産主義が現実に露呈させた数々の問題――特に経済的なパイを平等に分けることを重視するあまり，最初にパイを作る人に報酬を与えることの基本的な重要性を無視しているという問題――に直面することになる点を指摘する．経済的資源を広い範囲に再分配すれば，懸命に働いて，少しでも幸せな人生を送りたいと願う人びとの意欲を阻害するだけである．公正性は立派な目標であるが，全体的な社会的厚生の観点から見れば，その代償はあまりにも大きい．

　こうした批判に対する1つの応答は，古くさい自由放任主義に逃げ込むことである．市場の機能に任せよう，再分配は最小限にとどめておこう，たとえ不公正が生じたとしても，それがこの世界で考えられる最善の方法であるとあきらめよう，と．より創造的な応答として，センやヌスバウムによる批判から一部を拝借しつつ，古いリベラルな伝統を持ちだす方法がある．公正な社会を実現する最善の方法とは，進歩と自己実現の機会を最大限に増やすことである．重視されるのは，結果――人びとが手にする物的資源における平等――よりも，個人がこうした結果を達成するための機会である．何かができる，そして何かになれる機会がより重視される反面，実際に人びとが手にするものについてはあまり重視されなくなる[15]．わかりやすく言うなら，目指すべきは，「自律的人生への切符」の枚数を最大限に増やし，それへのアクセスを平等にすることである．すでに本書では，第3章で財産権，特に知的財産権と自律的人生との関係について検討を行った．その際，言外に指摘したのは，財産権とは努力と創作物に対する社会からの報酬だということである．換言すれば，勤勉な創作活動は，自律的人生への切符にはさみを入れてもらうことに値する．本章ではこの点を明確に述べたいと思う．そのためには，ここで少し立ち戻って考えてみる必要がある．私がここまでそれとなく示唆してきたのは，勤勉であり，しかも創造的である才能は人がまさに生まれながらに備えているものであり，したがって，実際に行われる勤勉な活動とその成果は当然にその人に帰属するということである．しかし，これだとロールズにとってのきわめて重要な問題を避けて通ってしまっている．そこで，まず検討すべきは，勤勉な創作活動の成

果が，たまたま才能に恵まれ，実際に努力を費やした人によって，まずもって享受されるべきだと考えるのはなぜかという問題である．こうして私たちは，功績（desert）が分配的正義で果たす役割とは何かという難問にたどり着くことになる．

財産権と功績

　ここでロールズの枠組みに話を戻そう．最初に指摘しておくべきは，ロールズの正義の二原理には優先順位があり，第一原理の充足が第二原理の充足に優先するということである．したがって，第二原理にいう資源の平等を促進するために，第一原理にいう基本的自由が犠牲となることがあってはならない．ロールズの最も大胆な主張とは，私たちが生まれた社会的境遇もその生まれ持った才能も，私たちが本来受けるに値しないというものである．この考えに基づいて，生まれつき備わった優位性からもたらされる成果の一部，いやその大半が，私たちから奪われることを正当化する．言い換えればロールズは，持って生まれた才能や社会的な優位性を，私たちが不可譲の権利を有している基本的自由とは捉えていないのである．これらは偶発的に与えられた優位性であって，幸運にも私たちにたまたま与えられただけだとする．ロールズは次のように言う．「各自の社会生活のスタート地点に値する人がいないのと同様に，生来の資源の分配・分布における当人の境遇に値する人はいないとするのは私たちの道徳判断の定点の１つなのである」[16]．このため，幸運にも授かった資質からもたらされる成果や収益は，ロールズの正義の第二原理に基づく再分配の格好の対象となる．この原理によれば，資源の不平等が許されるのは，最も恵まれない人びとの利益に適う場合のみである．したがって，幸運にも授かった資質からもたらされる収益が貧しい人びとのために偶然役立てられた場合を除いて，その収益は強制的に取り上げられ，それを誰よりも必要としている人びとのために分配される可能性がある．実際問題としてロールズは，才能に恵まれた人がその収益の半分以上を保有できるようにすべき場合もあることを認識している．しかし，そうしたことが認められるのはあくまで，全体的な生産性を高め，その結果，間接的に（最も恵まれない人びとを含む）すべての人びとを助けるために，才能に恵まれた人びとが自らの才能を伸ばし，活用することを促す必要がある場合に限られる[17]．財産権が生まれながらの資質から生じている限り，貧しい人びとの状況を改善することに資する場合にのみ，そして，その改善に

資する範囲においてのみ，財産権の主張が認められるのである．ここでもまたロールズは，平等主義に基づく公正性を議論の出発点とし，そのうえで財産権に配慮しながら両者の調整を図っている．これは，(大まかに言えば)財産権を出発点としたうえで，集団の公正性との調整を図るロックやカントとは対照的である．

私たちが受けるに値するもの

多くの研究者が，人は道徳的には相続財産を承継するに値しないというロールズの見解を支持している．実際，思想史家のサミュエル・フライシャッカーは，まさにこのような考え方の発展が分配的正義という現代思想の登場をもたらした最も顕著な出来事であると指摘している[18]．ここでロールズは明らかに重要なことを見抜いている．しかし，こうした相続財産に関する洞察を生まれつきの才能や勤勉さという領域にまで拡大した結果，ロールズは激しい批判を浴びることになる．たとえば，フライシャッカーは次のように指摘している．

> もしも私たちが，勤勉な人が貧しい暮らしをしているのに，怠け者の相続人がぜいたくな暮らしをしていることへの幻滅を表現するために「分配的正義」を援用するのであれば，ロールズが想定するように，幸運によって人生の見込みが左右されるべきではないという一般的な原理を私たちが暗黙のうちに肯定していることは，疑いようのない事実である．しかし，ロールズも想定しているように，だからといって私たちが人の才能や勤勉に働く意欲を相続財産と同じように考えているかといえば，それが事実である場合もあれば，そうではない場合もあるだろう．……相続財産の恣意性に関して誰もが抱く直観から，生まれながらに授かった技能の恣意性に関して彼自身が抱く直観へと私たちを動かすには，[ロールズは]論拠を提示しなければならない．実際にロールズが行っているような，私たちが自分と同じ直観をもつと仮定するだけでは不十分なのである．[19]

相続財産の場合を除けば，哲学者の間に功績に関するコンセンサスはなきに等しい．しかしかなりの数の哲学者は，それがどんなものであるにせよ，実際には功績が分配における道徳上の主張の基礎となりうるという考えを積極的に支持してきた[20]．知的財産権は功績の概念にとりわけ密接に関連しているた

め，私たちはこの概念に大きな関心をもつべきである．

　哲学者のジョエル・ファインバーグは，功績についてきわめて有益で重要な点を指摘している[21]．彼はまず，功績の根拠（desert basis）という概念，すなわち人が何かを得るに値するといえる場合の根拠について言及する．次に，この功績の根拠と人が受けるに値するものとの関係を検討している．陸上競技大会の走り幅跳びの一等賞は，最も遠くまで跳んだ人物に与えられるべきである．また，数学の授業で高い評価を与えられるのは，試験で最高点を取った生徒でなければならない．ファインバーグはほかにも例を挙げているが，最も重要なことは，ここで彼が，道徳上の概念である真の功績と，彼のいう資格を得るための条件（qualifying conditions）とを区別している点である．コンテストや競技会の正式なルールはこの資格を得るための条件を定めており，いつもではないが多くの場合，この条件を満たした人物が，道徳上の意味においてもそうしたコンテストや競技会で優勝するにふさわしい人物である．ところが，最も実力のある幅跳びの選手，つまり誰よりも才能に恵まれ，それを伸ばすために誰よりも一生懸命練習してきた人が怪我をすることもあれば，誰よりも数学の才能に恵まれた学生が期末試験当日に病気になることもある．ファインバーグがここで言いたいことは，功績という概念を，資格を得るための条件の運用を任された公式団体における実際の運用結果と区別して考えることには，正当な理由があるということである[22]．両者は大部分が重なり合うことも多いかもしれないが，同一の広がりをもつ概念ではない．こうした視点は，道徳上の功績に関する高度で理論的な議論に，実用的で制度的な要素を織り込むことになる．しかも，それが知的財産制度における功績の議論にとってきわめて密接な関連性を有することは明らかである．知的財産権に関するあらゆるルールには，大まかにであれ功績を評価しようとする意図がみられる一方で，次のような理解も投影されているからである．すなわち，功績の評価には実際上多くの限界が伴うことに鑑みれば，知的財産制度がその割り当てられた現実の任務を遂行するには，功績の代わりとなる指標や便法あるいはほかの「資格を得るための条件」に頼らざるをえないということである．

　これに関連して注目すべきは，ヴォイチェフ・サドルスキーをはじめとする哲学者が，功績の概念にはロックの労働の概念と密接な関連性があると考えていることである．サドルスキーによれば，「努力とは，功績を判断するための唯一の正当な根拠であり基準である」[23]．他の哲学者は，サドルスキーの主張におお

むね同調しつつ,その問題点も指摘している.たとえば,ジュリアン・ラモントは,努力を基礎とする分配の基準を基本的に擁護しつつも,努力とその結果が必ずしも密接に関連するわけではない点を考慮に入れるために,一般に功績の議論が行われる場合の議論の様式を精緻化すべきであると主張している[24].

相違点はあるにせよ,サドルスキをはじめとする功績論者は,いくつかの主要な点で見解が一致している.1つは,功績は権原（entitlement）とは異なるという点である.功績とは道徳上の言説である.これに対し,権原は,功績よりも法的な性格が強く,適正に制定された法律や政策に基づいて人が有効に主張できる[25].一般に哲学者は,功績はできる限り権原に反映されるべきであると考えている.しかし,前述した功績の代理指標の議論が示すように,現実的な困難性ゆえにそれが不可能な場合がある点についても意見は一致している.もう1つ,論者の見解が一致しているのは,努力が功績の根拠として扱われる限り,その努力は自発的なものか,目的をもって行われるものでなければならないという点である[26].

「原初状態」における知的財産権

知的財産権は擁護可能な基本的権利であるという私の主張を論証するには,合理的な人びとが社会的経済的制度を創設しようとしたときに,知的財産制度を権利の問題として創設することに同意すると考えられることを示さなければならない.ロールズ流の表現を用いるならば,私は,知的財産権が「原初状態」における熟議から生まれることを示さなければならないのである[27].

そのためにはまず,ジェレミー・ウォルドロンに反論をしておく必要がある[28].ウォルドロンは,まともな考えをもった人の集団であれば,ロールズ流の原初状態において,財産権に関する伝統的な制度編成に合意しないだろうと主張している[29].伝統的という言葉によって私が言わんとしているのは,「財産権が存在する今日の西洋社会に多かれ少なかれ即している」ということである.ウォルドロンの主張全般の評価はほかの人に委ねるとして,私は（当然のことながら）,知的財産制度に焦点をあてることにしたい.私の基本的な主張は実にシンプルである.すなわち,現行の知的財産制度は,ほとんどでないとしても多くの細部において基本的に公正であり,したがって,原初状態における合理的な人びとがこの制度ないしおおむねそれに似た制度に合意する可能性は十分にあると考えている.

ウォルドロンがその主張の拠りどころにしているのは，強力な財産権を認めることは，必然的に食糧，衣服，住居といった基本的な生活必需品へのアクセスを潜在的に排除することを意味するという考えである[30]．彼によれば，まともな考えをもつ人であれば，いつの日か自分の命が犠牲となるかもしれないような制度編成を支持しようとは思わないだろう．しかし，生を受けた後にこのような必需品が欠乏するときがくるかどうかなど，誰にもわからない．財産権を尊重する制度編成に同意すれば，深刻な貧困状態に陥る可能性があるというのなら，そうした同意などしない方が賢明である．現に指摘されているように，強力な財産権に対していかなる修正や緩和措置も講じられないとすれば，ウォルドロンの主張には一理ある．しかし，当然のことながら，実際にはウォルドロンが提示するような厳格なトレードオフを要求する財産権制度は存在しない．現実のすべての財産権制度は——公正を主張する制度であれば必ず——，資源の分配における著しい不均衡を解消するための最低限の手段を少なくとも備えているからである．今日では，財産権を尊重するか，それとも貧しい人びとを救うか，という二者択一を迫られることはない．換言すれば，人びとが財産権の創設に同意することを拒むのは，財産権が厳格なリバタリアニズムに基礎をおく制度として定義される場合に限られるだろう．一方，私有財産制が（たとえば課税を通じた）貧しい人びとやその他の社会的ニーズへの支援策を含む，より大きな制度に組み込まれていると考えられる場合には，人びとは最悪のシナリオを恐れることなく，そうした制度からもたらされる便益に魅力を感じるだろう．結局，ウォルドロンの財産権に対する嫌悪感は，全く現実的ではない極端なトレードオフに基づいているのである．

　ウォルドロンに影響を与えたものが何であれ，また彼にどんな動機があろうと，知的財産権に関していえば，ウォルドロンの見解は間違っていると思う．原初状態にいる人びとは合理的であり，したがって伝統的な知的財産制度に賛同するであろう．原初状態では，将来自分がどのような才能や趣向をもつことになるのかを誰も知らない[31]．それゆえ，知的財産権の保護によって，知的財産権という貴重な権利が存在しない場合に比べてより大きな自由を手にすることができる仕事を天職とし，しかもその仕事に就いたおかげで幸せな人生を送ることができるような，職業的創作者になれる可能性が誰にでも開かれているのである．

　この議論は，ロールズの第一原理からは，次のように考えることができる．

すなわち，知的財産権は，創造力を活かして自立し，その後，充実したキャリアを達成することから最も利益を受ける人びとにとって，基本的な自由である．原初状態にある人はすべて，こうした利益を享受できる才能に恵まれている可能性がある[32]．同様のことは他の形態の財産権についても言えるだろうが，ここでは知的財産権のみを対象として議論することにしたい[33]．

　ここで私の主張の，ある特徴に注目してもらう必要がある．知的財産権の保護による利益は，すべての人に均等にもたらされるわけではなく，「職業的創作者（creative professional）」と私が呼ぶ人に集中的にもたらされる．この職業的創作者という言葉は何を意味するのか．基本的に職業的創作者とは，天性の才能に恵まれ，それを伸ばす可能性を秘めており，その才能のおかげで，クリエイティブな産業に就くことができる人のことである[34]．もっとも，職業的創作者になれる可能性をかなり広く捉えたとしても，ほとんどの人はこうした職に就くことができず，職業的創作者はほんの一握りにすぎないことは明らかである．職業的創作者に特別な利益をもたらすことを意図した知的財産権を擁護するには，この権利に必然的に伴う利益の不平等な分配を正当化しなければならない．つまり，原初状態にある合理的な人びとは，自分たちがこうした特別な法的特権から直接利益を受けられる見込みはほんのわずかしかないにもかかわらず，いったいどうやって知的財産権を正当化しうるのかという疑問を抱くに違いないという現実を，私たちは直視しなければならないのである．

　これは，特定の職業に従事する特別なインセンティブという一般的な問題の例として捉えることができる．ロールズは，才能豊かな人を社会に役立つ活動に参加させるためには，彼らにインセンティブを提供しなければならない場合もあると述べている[35]．ロールズ研究者のマイケル・タイテルバウムは，その一般的な例として，医学研究者や医療従事者を挙げている[36]．この点について，一部の平等主義者からは，ロールズを批判する声があがっている．彼らによれば，ロールズの主張に基づいて構成された社会を特徴づける一般的な協働の精神――いわゆる，ロールズのいう「エートス」――は，高度な技能をもった人に対し，特別なインセンティブがなくても社会にとって望ましい責務を果たすべき義務をもたらすはずだという[37]．ここで，ロールズは格差原理を社会の基本構造に適用しようとしたのであって，個人の意思決定に適用しようとしたのではないことを指摘しておくのが適当だろう．しかし，これと同じく明らかなのは，ロールズの考える社会の市民には，他人を思いやる態度がかな

り期待されていることである[38]．これに対して，タイトルバウムは，たとえそうであったとしても，この平等主義的なエートスは私たちが職業に関して行う意思決定のすべてを支配してしまうほど強固ではなく，ロールズが考える社会の市民は，ロールズの正義の第二原理の平等主義的な精神だけでなく，第一原理の精神も内部化するはずだという[39]．この完全なロールズのエートスによって，個々の人びとは，その職業人生に関する意思決定においてきわめて広い自由を与えられることになる．そして，このより完全になったロールズのエートスこそが，知的財産制度，さらにはそれを活用する人びとに確固たる正当性をもたらすのである．

　私たちにとって仕事はきわめて重要で個人的な領域に属する．そのため，ロールズ流の原初状態にある人びとは，「生産的な意思決定」をなすにあたって社会的厚生を最大にすることは要求されないと理解するだろう[40]．タイトルバウムによれば，合理的な人びとは次のことに合意すると考えられる．すなわち，個人の価値観はきわめて重要であるため，そうした価値観が個人の職業選択に影響を与える可能性が高いということである．彼はその例として，次のようなあるソーシャルワーカーを挙げる．ソーシャルワーカーという仕事は大都市で最も需要があるが，彼は，家族が近くに暮らす別の町で働くことにした．そこでの彼の仕事は評価を受けているが，大都市ほど高い評価ではない[41]．家族に近いところで働くというきわめて個人的な意思決定は，現状の社会的厚生を最大にするものではない[42]．しかしこの意思決定には，原初状態にある人全員がロールズの正義の第二原理の厳格な適用について修正をしてもよいと同意するような重要な利益が反映されている．

　結果として生じる分配は，自律に対するソーシャルワーカーの自由の利益が「格差原理」の運用に優先するという理由により正当化される．これは，職業的創作者と知的財産権の場合について私が論証を試みていた正当化の理由と同様のものである．原初状態にある人びとは，知的財産制度によってもらされるインセンティブに起因する「不平等主義な」分配を許容するだろう．なぜならこうしたインセンティブは，創造力豊かな人がその職業で充実感を得るために必要なものだからである．このインセンティブは，創造力豊かな人びとに職業の選択肢を与え，さらにそのことが，回りまわって社会の資源の全体的な分配に影響を与える．タイトルバウムが指摘するように，知的財産権は「生産的な自由（productive latitude）」を生みだすのである．

最も貧しい者であって，自分が住む社会の基本構造の背後にある論理を理解する者は，他者が生産的な自由を行使することをある程度正当なものとして受け容れるだろう．なぜなら，最低限の経済状況の改善が最も貧しい者の善にとって重要である以上に，この自由の行使がそれを行使する者の人生設計にとって重要であるということを，最も貧しい者も他者も互いに理解しているからである．ひょっとするとソーシャルワーカーは，都市で働くよりも高めの給料を要求することによって，同じ仕事をもっと低い給料で行ったとすれば最も貧しい者に分配された可能性があるお金を仲介業者から奪っているのかもしれない．しかし，ソーシャルワーカーは貧しい者に向かって，こう自らの正当性を主張しうるだろう．もしもあなた方が，分配されたお金で新たに何か品物を購入できたのだとしても，家族や友人と過ごす時間が私の人生設計にとってどんなに大事なものであるかに比べれば，その品物はあなた方の人生設計にとってそれほど大事なものではないはずだ，と．これは，生産的な自由の行使の正当性について，民主的社会の構成員が他の構成員に対して提示しうるもっともらしい理由であるように思われる．[43]

このことを知的財産権に置き換えると，次のようになろう．たとえ知的財産権に基づく特別なインセンティブが原因で，創作者・所有者と消費者との間に，何らかの不平等な資源の分配が生じるとしても，この権利は正当化されうる．なぜならこの権利のおかげで，人は，その最も夢見てきた職業に就くことを自分の力だけで実現できるかもしれないからである．こうしたことを実現する自由のためであれば，創作者が少ない報酬で，あるいは自律の低い状況で働いた場合にもたらされたであろう社会的価値が〔創作者の自律を尊重する結果〕失われるとしても，やむをえないだろう[44]．そして最終的に，原初状態にある人びとは，クリエイティブな自由と自律にはきわめて重要な価値が認められるために，それらを基本的自由のリストに加えるべきであると理解するだろう．まさにそれゆえに，知的財産権の保護によって分配上の不平等が多少生じるとしても，社会はすべての人に保障されるべき基本的権利に知的財産権を間違いなく含めると考えられるのである．

功績(デザート)などはいかがでしょう?

　ここで,功績について,とりわけ原初状態における熟議のなかで功績が果たす役割へと話を戻したい.哲学者のマーガレット・ホルムグレンは,ロールズとは対照的に,功績という概念は,あらゆる公正な社会の基本構造に組み込まれている可能性がきわめて高いと主張する[45].ホルムグレンにとって,功績という概念をもたない公正な社会など考えられないという.人びとが功績についてどのように考えているのかは,公正な社会をいかに構築するかという判断において必然的に取り込まれている.別の言い方をすれば,功績の概念は,道理に適った公正な社会の基本構造の構成要素の一部なのである.ホルムグレンは,この主張を強調するにあたり,原初状態にある人びとが,功績が重要な原理であることに加えて,功績を評価し,それに応じて報酬を与える制度が必要であることにも同意する可能性が高いことを明らかにしている.これは,私から見ればかなり説得力がある.さらに彼女は次のことも明言している.すなわち,原初状態にある人びとは,功績や功績を基礎とする制度が社会の最貧困層にとっても公正なものであると理解するだろうということである.他の哲学者もこうした論旨に賛同している[46].

　知的財産権を擁護する目的にとって有用と思われるのは,ホルムグレンが,功績を基礎とした政策のうち,原初状態にある人びとが同意する見込みが高い例として発明のインセンティブに言及している点である[47].この言及は,原初状態で決定される資源の分配に関する一般的な議論において登場する.彼女はまず,すべての市民が,社会に存在するあらゆる資源を等しく分かち合っているという,極端な平等主義に基づく資源の分配を想定する.そして,ジョーンズという1人の市民が抱く不満について説明をしている.ジョーンズは,もともと,自分にとって重要な目標を達成するために努力をしようとするタイプの人物であった.

> ここにジョーンズという1人の人物がいるとしよう.ジョーンズは,自分にとって非常に重要だと思う方法で自らの能力を開発し,人生を切り開いていきたいと考えているのだが,そのためには自らに割り当てられた資金だけでは足りず,追加的な資金の援助を受けなければならない.もしも収入と富が平等に分配されなければならないとすれば,ジョーンズが自分の目標を達成する機会を手にすることは事実上不可能となるだろう.残業を

する，人一倍熱心に働く，より質の高い仕事をこなす，より効率的な仕事のやり方を考える，新しい製品を発明するといったことは，すべて無駄になる．彼が今以上の資源を生みだすたびに，それらは彼が属する社会の構成員全員に均等に分配されることになるからである．[48]

　ホルムグレンによれば，ここで市民のジョーンズには，「すべての人に対する同様の利益と両立しうる形で基本的利益の保障を受けることができる」にもかかわらず，それが奪われようとしているという[49]．彼女はこの利益のことを，「ジョーンズが自らの努力によって自らの人生を最大限に活用できる機会」と呼んでいる[50]．貧しい人びとに対する一定水準の基本的な支援を完全に取り止めることなく，このような機会を提供しうるのであれば，社会はそうした機会を提供しなければならないことに，原初状態にある人びとが同意する可能性はきわめて高いように思われる．

知的財産権，思いがけない幸運，功績

　功績が公正な社会の根本原理として意義を有している点については認めるとしても，知的財産権が原初状態から現れるという考えに対しては，依然として反論がある．それは，知的財産権とそこから生じる利益が，常に報酬として受けるに値するようには思われないという点である．功績の根拠という概念——何かを受けるに値するという主張を支えたり正当化したりする何らかの行為や属性——を思い出していただきたい．知的財産権は，正当な功績の根拠を有する人に必ず付与されると皆が思っているわけではない．もしも知的財産権が正当な功績以外の根拠に基づいて付与されるとすれば，こうした権利は，それ自体が，哲学的に擁護しうるという意味での付与に値するものではない．したがって，このような状況では，知的財産権は原初状態にある人びとから否定される可能性がある．別の言い方をすると，功績がきわめて重要な意味をもつのであれば，知的財産権が功績を真に基礎づける根拠に基づいていることを示さなければならない．

　このような流れにそって，おそらく最もよく言われているのは，本質的に創作物は集団的に創作されるもの，つまり多くの人が長い時間をかけて作り上げるものが多いということである．この見解によれば，映画，小説，ノンフィクション作品，発明，製品デザインはそのほとんどが，集団が長い歳月をかけて

積み上げた創作活動の成果である．こう考えた場合，知的財産権とは人為的な法的構成概念であって，しばしばクリエイティブな営みの真髄を十分適切に理解しないまま個人に財産権を付与する制度であるとみなされることになる．そして，個人の想像力や努力は，せいぜい大げさに取り上げられるにすぎず，最悪の場合には，強力な業界の利益に仕えるために援用される不誠実な構成概念となるというのである．

功績の概念に対するこうした批判には本書の別の場所で反論することにして，ここでまとめて反論することは控える．ただし，1つだけ重要な指摘をしておきたい．クリエイティブな人びとに共通する経験とは，ほかとは違う新しい何かを生みだすには，集中力を保ち，努力を惜しまず，独自のビジョンをもちつづけなければならないということである．それは，単に集団で共有する源泉に手を伸ばしたり，古いものを新しいバージョンに焼き直すこととはわけが違う．しかし，そうは言っても，ほとんどすべての創作物が，多くの先人や同時代の人びとの貢献の上に成り立っていることもまた事実である．だからこそ私は本章の後半で，個人の無視することのできない貢献と，同時代の人びとや先人の欠くことのできない貢献——各創作物に対する社会の貢献——の双方を認める創作物のモデルを苦労の末，構築するにいたったのである．創作物を正しく理解するには，こうした2つの要素を1つにまとめ，両者のバランスを図る必要がある．このような方法によってのみ，個人の功績を正当に評価し，それにふさわしい位置づけを与えることが可能となるのである．

知的財産権と功績の考えとは，概念レベルでは非常に相性がよい．この点は，これまでのところで十分に論証してきた．しかし，運用レベル，つまりほとんどの知的財産の原則が実際に機能する場面では，依然として未解決の問題が1つ残されている．すでに指摘したように，ジョエル・ファインバーグをはじめとする論者は，努力が正当な功績の主張の根拠となるには，そうした努力に目的が伴わなければならないとしている．偶然にもこれは，知的財産法研究者が長年議論してきたテーマである．知的財産法は，知的財産権ないし功績の主張の基本的な根拠として，目的を伴った努力という概念をどのように取り入れているのだろうか．

この点に関連して，知的財産法において古くから論じられてきたのは，全くの思いがけない幸運による発見（serendipitous discovery）をどのように取り扱うべきかという問題である．たとえば，研究者が実験中に何種類かの液体をう

っかりこぼしてしまったところ，偶然にもうまく混じり合って価値ある重要な薬品が誕生したとしよう[51]．この場合，目的が存在しないのだから，知的財産権は認められないと主張する者がいるかもしれない．しかし，これに対しては，こうも言えるはずである——私もどちらかといえばこちらの考えに共感する．つまり，実験室での作業にいそしみ，薬品の成分となる物質を集めていたことには，今回の幸運な発明で功績を主張しうるだけの十分な目的がある，と．たしかにこの例における目的はかなり高い概念レベルで作用しているが，それでも目的が存在していること自体は否定しえない．この研究者は新薬の発見を目指して実験にいそしみ，成分となるような物質を集めていたのであるから．一定の意図と目的をもって遂行される大きなプロジェクトの一環として生まれたのであれば，個別の発見が思いがけない幸運の産物であったとしても，何ら問題はないのである[52]．

　思いがけない幸運は，功績や功績の代理指標に関してさらに一般的な問題を提起する．知的財産制度の設計について議論する場合，それぞれ申請のあった知的財産権の審査にどの程度の資力を費やすべきなのかを決めなければならない．たとえば，創作者が知的財産権の保護を求める作品のなかに真に目的をもってなされた労働が含まれているのかどうかを評価するために，大量の社会的資源を投入する価値はあるのだろうか．かなり信頼性の高い指標が容易に利用可能であり，しかもその指標が，実質的な目的をもって労働が行われたことを公正に示すものとして一般に機能するのであれば，詳細な分析をする代わりに，この信頼できる利用しやすい指標を活用すべきである．功績論者のジュリアン・ラモントは，このように述べたうえで，生産性の向上は労働を測る効率的な代理指標であり，したがって功績を根拠とする権原制度の正当な基礎となると主張している[53]．

　また，著作権法における「オリジナリティ」や特許法における「非自明性」といった，功績の代わりとなる他の指標に対しても，必ずしも真の功績を反映していないという異論が唱えられるかもしれない．しかし，こうした異論についても，すでに議論したのと同様の根拠に基づいてただちに退けることができるだろう．

　まず言えるのは，これらの基準は，特殊な場合には功績を測る物差しとして適当でない場合があるけれども，一般的には功績をおおよそ反映した適当な物差しとして機能するということである．運用上の効率性という現実的な制約が

あるなかで，これまで発展してきた現行の基準は，功績を評価する指標としてかなりの程度うまく機能している．実際の功績——代理指標ではなく，功績そのもの——を評価することは難しい場合もあるだろうし，多くの場合，こうした評価は不必要な費用をもたらすだろう[54]．その理由を理解するために，いくつか簡単な例を考えてみよう．

著作権法の世界でよく引き合いに出されるたとえ話が，雷鳴に驚いた人が握っていたペンを思わず動かしたところ，殴り書きができあがったという話である．この殴り書きが著作権の保護を受けるに足るオリジナリティを備えていたとしよう．このたとえ話が，明らかな背理法によって示すのは，著作権法では「創作性」が実際にはほとんど必要とされていないこと，したがって著作権の規範の下では，裁判所には創作性の種類や程度を精査する裁量がほとんど認められていないということである．この話は，裁判所がこれまで著作物の価値の判断にあたって，どれほど蚊帳の外に置かれてきたのかを示している．

こうした殴り書きを著作権登録し，その権利を行使しようとする者がはたしているのか，というきわめて素朴な疑問はさておき，功績の話に議論を集中しよう．この場合，明らかに本人はほとんど努力をしていないのだから，功績を主張できる可能性はきわめて低い．そうだとすれば，連邦著作権法は，こうした偶然による殴り書きに対してなぜ正当な権利を認めるのか．その答えは，この事例のように，全くの偶然の産物に著作権の保護を求めるケースが皆無に近いと思われるからである．これに対し，もし連邦著作権法が，努力を根拠とする功績の証明を何らかの形で義務づけるとすれば，創作者に負担を強いることになり，無断複製者や他の侵害者につけいる隙を与えることにもなりかねない．抽象画の構想を頭の中で思い描き，実際にキャンバスに描いたという状況を証明すること，つまりその絵画は，幾度も鳴り響く雷鳴からインスピレーションを得て描かれた，自由で行き先を定めない表象であるということの証明は，創作者にとって重荷であろう．創作者は，問題となっている自分の作品が，一定の努力を費やした，意識的になされた一連の行為の結果として生みだされたものであることを裏づけるために，下絵を残したり，予め誰か証言してくれる人を確保しておかなければならないからである．一方で，このような手続が一定の利益を生むことも確かであろう．全く努力をせずに完成した創作物に著作権の保護が求められるようなきわめて稀なケースはなくなると予想されるからである．しかし，先の事例からも明らかなように，その費用は非常に高くつくだ

ろう．費用を考えるとあまりにも割に合わないという理由から，法制度はこうした証明を不要とするという常識的な選択を行ったのである．

この話の筋書を少し変えた事例を考えてみよう．それは，全くの思いがけない幸運[55]による発見について特許が出願される場合である．その典型的な事例はすでに示唆した．すなわち，実験中の研究者が誤って何種類かの液体をこぼしたところ，偶然にも価値ある化学製品ないし医薬品が生まれたという場合である．努力に根拠をおく功績理論に基づけば，この場合に社会が特許を認めなければならない理由はどこにあるのだろうか．

前述の殴り書きに対する著作権の事例が１つの答えを与えてくれる．それは運用上の効率性である．すべての事例で意識的な発見であるとか，思いがけない幸運による発見ではないことの証明を要求するのは，単純にその費用に見合わないだろう．実験室で偶然こぼした液体によって価値ある化学製品や医薬品が生まれることなどほとんど考えられないという経験則は，それだけでも十分な論拠になりうるかもしれない．したがって，こうしたきわめて例外的なシナリオのためのテストを特許法に組み込むことは合理的とはいえないだろう．

しかし，思いがけない幸運による発見には特許が認められないという見解を退ける理由はほかにもある．多くの場合，発明に結びつくような思いがけない幸運による発見は，かねてから続けてきた労を惜しまない勤勉な研究の成果であって，そうした努力のおかげで最後の「幸運な」出来事への道が拓かれたのである[56]．技術の歴史は，「チャンスは備えあるところに訪れる」（ルイ・パスツール）[57]や「一生懸命働けば働くほど幸運に恵まれる」[58]といった格言を実証するエピソードであふれている．実際，思いがけない幸運な出来事は，発明の歴史を見ればよくあることである．しかし，単なる幸運，つまり事前に何の準備もせず，またその後に何の試行錯誤もせずに幸運が訪れたという事情だけでは，重要な発見の誕生を十分に語りつくせないこともまた事実である．私の知る限り，すべての事例において，幸運な瞬間が訪れるまでに長く苦しい道のりがあったか，幸運な洞察やインスピレーションが得られたとしても，それに肉付けをして実現にこぎつけるために長く苦しい開発が必要であったかのいずれかである．

ここでいくつか実例を紹介したい．思いがけない幸運な瞬間から生まれた事例としてよく挙げられるのが，ペニシリンの発見である．研究者のアレクサンダー・フレミングは，保管していた複数のサンプル・プレートの細菌が（のち

に彼が発見する）ペニシリウムという空気中の青カビの作用で死んだことに気がついて発見にいたったといわれている[59]．しかし，ペニシリンとして知られることになる物質の医学的有効性が証明され，その完全な投与技術が開発されるまでには，その後，長きにわたる研究が必要であった．そして，その大半を担ったのが，ハワード・フローリーとアーネスト・チェーンであった[60]．ノーベル賞選考委員会がフレミングだけでなくこの2人にもノーベル賞を授与したのは，彼ら全員の功績を認めたからである．

　ほかにも，少なくとも特許の世界でよく引き合いにだされるのが，ニューヨーク市の発明家バート・アダムスにまつわる逸話である[61]．ある晩，バートが吸っていた煙草の灰が，混ぜ合わせていた接着剤の上に落ち，その結果，きわめて強力な乾電池が誕生したという．しかしこの話に関しても，実際には，バートは電池を完成させようとして，何百回となくいろいろな成分を混ぜ合わせていたのである．たしかに電池の完成への道筋を示してくれたのは煙草の灰であったけれども，実はその発明の陰には，彼の自宅の台所で始まり，最終的には連邦最高裁判所で彼の特許の有効性が認められるまでの長く苦しい道のりがあった[62]．どうみてもこれらのエピソードは，本質的に努力を伴わない，したがって功績としての特許に値しないような発明行為に対して特許が与えられているという見解を支持するものではないのである．

知的財産権と最も恵まれない人びと
——知的財産権がもたらす不平等を擁護する

　ここで，これまでの議論を振り返っておくことにしよう．知的財産権をはじめとする財産権は，「基本的諸自由の全体システム」において，ロールズ自身が考えていたよりもはるかに大きな部分を占めている．少なくともある種の財産権は，各人のそれぞれに特有な人生計画，あるいは人生設計のすべてを構築するために不可欠である．それゆえ，こうした財産権は，あらゆる公正な社会が保障しなければならない基本的諸自由のシステムの一部をなす．たとえロールズの第一原理の下では，最も広範で最も包括的な種類の財産権は必要とされないとしても，つまり，財産権として認められる可能性のある権利のうちの一部のものだけが公正を実現するうえで真に不可欠であるとしても，知的財産権がそうした基本的で欠くことのできない一部の財産権の一端を占めることに疑いはない．これは，知的財産権が他の財産権よりも人的な性質を備えているこ

と，つまり知的財産権が個人の人格や自律に不可欠であることに密接に関連していることによる．

　要約すれば，私はこれまで，知的財産権は秩序だった社会における「諸自由の基本的体系」の一部を構成するものであると論じてきた．これはロールズ流の表現を用いれば，知的財産権が公正の第一原理に適合することを意味する．厳密な意味でロールズ流の根拠に基づいて私の主張が正しいとすれば，私はここで話を終わらせることができる．ロールズの思想体系において，基本的諸自由は平等主義に基づく考慮に優先するからである．別の言い方をすれば，もしもある基本的自由が真に基本的なものであれば，その分配の結果を正当化する必要はないのである．

　しかし，私はここで話を終わらせるつもりはない．知的財産権が基本的自由だという私の主張にあなたは納得しないかもしれないからである．そして，それ以上に重要なのは，私は次の点を論証できる——完全に論証できる——と思うからである．すなわち，知的財産権がもたらす分配上の効果を公正の観点から擁護することは十分に可能だという点である．そこで，こうした理由から，ロールズの正義の第二原理を詳細に検討し，社会の最も恵まれない立場にある市民の目からみて，知的財産制度によって生みだされる不平等が正当化しうる不平等であることを主張したいと思う．

　そこで思い出していただきたいのが，ロールズの正義の第二原理によれば，平等な分配から逸脱した分配は，社会の最も貧しい構成員を基準として正当化されなければならないということである．つまり，特定の社会の制度編成から生じる資源の分配上の「格差」を擁護するには，この格差が「最も恵まれない人びとに最大の利益を」提供する潜在的な能力を備えた制度編成から生じるということを論拠として示さなければならない．すでに述べたように，これがいわゆるマキシミン原理であり，その意味するところは，社会は，最も貧しい人びとに対する最低限度の支援を最大にするように設計されなければならないということである．

知的財産制度はどのように最も貧しい人びとを助けるのか

　知的財産集約型産業が生みだす作品や製品の多くは，社会の最も貧しい構成員に直接利益をもたらしている[63]．知的財産権は，エンターテイメントや家庭用電化製品といった多様な主力産業を支える足場の一部となっている．この

業界が生みだすものは，最も恵まれない人びと，つまりロールズの正義の第二原理の対象となる人びとから歓迎され，しかも彼らに多大な利益をもたらしている．したがって，エンターテイメント業界のトップが受け取る破格の年棒や家電業界の収益などは，こうした業界の形成様式——もちろん，知的財産権の取得可能性や知的財産権から生じる利益を含む——を十分に正当化しうるだけの恩恵を，社会で最も貧しい人びとにもたらすことができるのである．

　こうした私の主張を裏づける例を1つ紹介しよう．米国の低所得者層の多くは，テレビをこよなく愛している．非営利団体のピュー慈善団体が行ったアンケートによれば，回答を寄せた年収3万ドル未満の人（米国における所得分布の最下層3分の1ほど）のうち，66％はテレビが「必需品」であると答え，また32％はケーブルテレビや衛星テレビが必需品であると答えた[64]．米国の比較的貧しい高齢者を対象に文化人類学の見地から実施された調査によれば，かなりの数の高齢者が，テレビは大きな力を与えてくれる媒体であり，たとえ高齢のために移動がままならず，限られた情報しか得られないようになっても，テレビがあればいろいろなことを理解できるし，情報収集もできると考えていることがわかった[65]．興味深いことに，最近のアンケート調査において薄型テレビが必需品だと答えた低所得者は，高所得者の約2倍に達することが報告されている[66]．また，広い範囲にわたって行われた調査の結果，米国のテレビ番組が，開発途上国のあらゆる人口層に人気を博し，しかも大きな影響を与えていることが明らかになった[67]．さらにテレビは，市民の間に浸透し，人気が高いことから，公共サービスのメッセージを貧しい人びとに伝える媒体としてきわめて有効であることもわかっている[68]．

　映画に関するデータは，一見したところ，テレビの場合ほど単純ではない．2007年の調査によれば，よく映画を見に行く人のうち，最低所得層（年収1万5000ドル未満）はわずか6％にすぎない[69]．米国居住者の約12.2％が年収1万5000ドル未満の家族に属することを考えると，6％という数字は，この所得層に映画ファンが少ないことを示しているようにみえるだろう[70]．ただし忘れてはならないのは，この数字が新作映画だけを対象にしていることである．いまや，どんな映画でも最後にはテレビで見ることができる．つまり，実際にテレビ番組として放映される場合だけでなく，DVDやVHS，それにオンデマンドやインターネットでも見ることができるのである．したがって，自宅にテレビがある人が多いということは，低所得者層もかなりの数の映画をテレビで見

ていることの一定の証拠になるかもしれない．

さらに映画は，移民やその他の低所得者層にとって重要な娯楽源だと考えられてきた[71]．20世紀初頭に活躍した社会改革論者のジェーン・アダムスは，1920年代にシカゴの貧困層の間で「5セント映画館〔ニッケルオデオン〕」が人気を博していたことを詳細に述べている[72]．また，主な芸術形態のなかで，社会の最も恵まれない人びとの姿を熱心に追いつづけているのは，映画（特に自主製作映画）に違いない．『怒りの葡萄』から『スラムドッグ＄ミリオネア』まで，そしてとりわけ無名の多くの自主製作映画など[73]，社会経済の最下層に位置する人びとの生活を詳細に描いた長編映画が次から次へと発表されている．

同様のことは，特許になった技術についてもいえる．成功を収めた多くの発明には，貧しい消費者に費用の節約をもたらす狙いがあった．たとえば電話について考えてみよう．旅行に行く余裕がない人であっても，電話があれば，家族や友人と手頃な値段でいつでも連絡を取ることができる．だからこそ，電話は恵まれない人びとにとって非常に貴重なのである[74]．1940年代に始まった農業分野での有名な技術革新は，世界の食糧価格を劇的に引き下げた[75]．ほかにもアメリカの最貧困層の生活に大きな変化をもたらしたものとして，エアコンが挙げられる[76]．携帯電話などの先進技術[77]や先端医薬品の導入についても然りである．世界的に平均寿命が延びたのは先端医薬品のおかげであるが，医薬品の特許保護はしばしば不可欠なものと考えられている[78]．

もちろん，これらのデータから明らかになるのは，多くの低所得者層がエンターテイメント作品を享受し，一部の技術から恩恵を被っているということにとどまる．それでも，データを全体としてみれば，こうした業界やイノベーションが，最も貧しい人びとの生活に正味のプラスの効果をもたらしていることが示唆される．ここまでは私たちの議論にとってプラスに働く話が並んだ．しかし，こうしたエピソードに基づいて，知的財産権とそれに支えられた産業とが「最も恵まれない人びとに最大の利益をもたらす」制度編成であると結論づけることができるかといえば，それは全くの別の話である．批判的な論者は，他の社会的な制度編成の方が，知的財産権ほど深刻な不平等をもたらすことなく，知的財産権と同様のイノベーションやエンターテイメントを生みだせるかもしれないと主張するだろう．この場合，これらの産業におけるサラリーや利益が低くなるが，価格の低下につながり，貧しい人びとのポケットに残される

お金は今以上に増えるかもしれないというのである．この批判に関しては，その妥当性を疑うべき正当な理由があると私は考えている．共産主義や社会主義体制の下でのさまざまな試みから得られた1つの教訓とは，資本主義の長所（イノベーション，成長）と短所（不平等）を切り離すことは不可能に近いということである．したがって，知的財産制度が，社会の最も貧しい人びとに対して魅力あるエンターテイメントや革新的技術を提供しうる最善の方法かどうかははっきりわからないとしても，現在の知的財産制度が，こうした人びとに莫大な利益をもたらしていることは確かである．このことが，現段階では，知的財産権に支えられた産業がロールズの正義の第二原理の要件に適合することを示す最適な根拠であるように思われる．

まとめ──知的財産権と格差原理

　知的財産権を「諸自由の基本的体系」の一部として取り扱うことは，分配に対する考慮を不要にする．ロールズの理論において，政治的な基本的権利は分配の問題に優先するからである．それゆえ，ある権利を正義の第一原理の下に組み入れることの利点は，そうした権利が諸権利の基本構造の構成要素となって，さまざまな資源の分配を構築する際の基礎となる点にある．しかし，読者のなかには，知的財産権（あるいはより一般的に財産権）が，全体的な基本的諸自由のシステムを形成する権利のリストに含まれるという見解に納得しない方もいるかもしれない．このような理由から，そして，知的財産制度がもたらす分配上の効果を示す確かな証拠があると考えていることから，私は本節において，知的財産権がもたらす偏った資源の分配を，知的財産権が最も恵まれない人びとに大きな利益をもたらすことを理由に，擁護しようと試みたのである．それゆえ，ここでの私の主張を全体としてまとめれば，知的財産権と知的財産権が支える制度とはたしかに経済的な不平等を生みだすものの，こうした不平等は最も恵まれない人びとに多大な利益をもたらしているということになるだろう．

　すでに述べたとおり，私のこの考えは，知的財産制度がロールズの格差原理を満たすと結論づけることに等しいわけではない．こうした結論に達するためには，さらに証明しなければならないことがある．それは，知的財産制度が，最も貧しい人を含むすべての人に利益をもたらす一方で，その生みだす不平等が必要最小限のものとなるように制度が編成されているということである．分

配の公正という観点からみて，現行の制度が理想的であることを証明するのは至難の業であるが，現行の制度が公正に寄与することを示す明らかな証拠が存在する．それは，まさに私たちの経済制度の体系のなかに，大成功を収めた人に莫大な報酬が与えられるという偏った分配を是正するためのメカニズムが組み込まれていることである．知的財産制度に関していえば，そのための2つの際だったメカニズムがある．1つは，知的財産制度に特有のメカニズムであり，法の権原体系そのものである．この体系には，知的財産の利用者や消費者に利益をもたらすことを目的として，さまざまな例外や制限が設けられている．もう1つは，これに比べると経済制度における一般的なメカニズムであるが，知的財産権を基礎とする製品を含む，成功を収めた経済的事業の収益に対する課税制度である．そこで以下では，これら2つのメカニズムについて検討することにしたい．ただし，本題に入る前に，第2章および第3章ですでに触れたことについてもう一度触れておかなければならない．個人の功績や知的財産権の妥当性に関する詳細な議論に鑑みれば，再分配に関する政策はどのようにして正当化しうるのだろうか．これが次節で取り上げる問題である．

知的財産法は分配の問題を
どのように個々の知的財産権のなかに取り込んでいるのか

そこで，個々の知的財産権のレベルにおける分配の問題を見ていくことにしよう．そうすることで私たちは，個々の知的財産権を公正な社会の全体的な文脈のなかに位置づけることができる．では，分配の公正をめぐる問題は，個々の知的財産権の構造にどのように組み込まれ，具体化されているのだろうか．また，公正についての考慮は，知的財産権のルールや原則といったミクロの構造にどのように取り込まれているのだろうか．これらの問題に取り組むことが本節の課題である．

個人の功績と社会の義務――中核と周辺部

私の理解では，すべての知的財産権は2つの独立した構成要素から成り立っている．1つは，侵すことのできない個人の貢献である．私はこれを知的財産権によって保護される創作物の「報いられるべき中核（deserving core）」と呼んでいる．もう1つは，社会の力や要因に由来すると考えられる構成要素であ

る．私はこれを「周辺部（periphery）」と呼んでいる．周辺部は，社会の力に起因する構成要素なので，社会自身が再分配の政策を通じて権利を主張することができる創作物の部分を表している[79]．この周辺部はさらに細かく分けられる．それらは本章でのちほど説明する再分配の3つの段階におおむね沿っている[80]．中核と周辺部を図示すると図4-1のようになる．

　ここで，この図について少し説明しておきたい．個人と集団がそれぞれ図の各部分において占める相対的な割合に関しては慎重に選択した．私がこの図で示したいのは，各創作物の優越性が創作者個人の独自の才能や貢献によってもたらされるということである（この点はのちほど詳しく述べる）．個人の貢献に比べれば，社会の貢献は小さい[81]．このため，当然のことながら，社会が請求できる範囲は個人が請求できる範囲よりも狭くなるのであって，結果的に再分配が認められる程度もほどほどのところで上限が設定されることになる．しかし，円や矢印の大きさが示唆を与えるとはいえ，それらの描き方は大まかなものである．私は正確さの点で誤解を招きたいとは思わない．これはあくまで概念図であって，科学のグラフや正確な地図ではない．単に「正確な縮尺ではない」とか，それに類することを言ってもよかったかもしれない．要は，図の細かな点，つまり具体的な大きさにこだわらずに，私が言わんとすることの要点だけを理解してもらいたいのである．

　好意的な読者のなかには，このように個々の財産権を概念的に2つに分ける試みが，多くの学術的論争を巻き起こしてきた2つの問題に対処することを意図したものであることに気がつく人もいるだろう．その1つは，再分配に関する主張は，どこまで個人の正当な財産権の主張の領域に立ち入ることができるのかという問題である．もう1つは，特に知的財産法学者にとって関心事であるが，創作物の源泉が個人のインスピレーションにあると考えるのか，それとも社会が共有する膨大なノウハウや知識の宝庫にあると考えるのか，という問題である．これらはいずれも重要な問題である．しかし，いかに好意的な読者であっても，私が，これら2つの問題は1つの包括的な概念アプローチによって同時に取り組まなければならないと主張するとすれば，戸惑いを覚えるであろう．なぜ2つの問題を別々に取り扱わないのか．なぜ各創作物に対する個人の貢献と集団の貢献に照らして知的財産権はどの程度の広さであるべきかをまず議論し，その後で，それとは別に，知的財産権が関係する場合にどの程度の再分配を認めるのが妥当かという問題に取り組まないのか．なぜ両者は複雑に

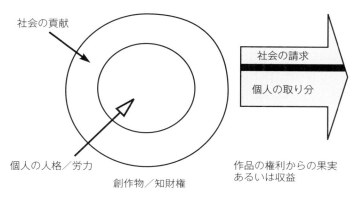

図 4-1 　中核／周辺部の概念

絡み合っており，2つ目の問題に答えようとすれば必然的に1つ目の問題にも答えなければならないと主張するのか．別の言い方をすれば，創作物に対する個人の貢献と社会の貢献との綱引きの話と，資源に対する個人の請求と社会の請求との対立の議論とを結びつけることに，どのようなメリットがあるというのか．

そのメリットとは，私のアプローチによれば，現代の知的財産理論の根本原理を利用することで，財産権の分配に関する側面に働きかけることが可能となる点にある．知的財産法学者の間でおおむね共通認識となっているのは，個人としての創作者を超えた力がほとんどすべての創作物に影響を与えていること，それゆえ知的財産権は，創作者の排他権を制限する形で，第三者による広範なアクセスを許容しうるだけの柔軟性を備えなければならないということである．私のアプローチではこうした従来からの問題意識を分配の公正に関する古典的な問題と結びつけようとしている．その基本的な発想は，各創作物に含まれる「社会の分け前」を，創作物からの収益または果実に対する社会の分配請求を正当化する論拠として活用するというものである．社会の影響は創作物の作成過程にまで及んでいるのだから，社会の請求はこうした創作物を対象とする権利にとって不可欠なものとみなされるにふさわしいと考えるのである．これは，社会の影響が投入されて社会の請求が生みだされるという意味で，一種のインプット・アウトプット・モデルということができる．

しかし，知的財産権をこのように理解しても，個人の貢献の重要性をうまく捉えることは可能である．個人の独創的な力が投入されると，そのクリエイテ

ィブな個人に対して財産権を請求する資格が必然的に生みだされるからである．知的財産権が2つの構成要素からなるという考え方の下でも，知的財産権の中核を占めるのは，依然として個人の貢献と個人による資産の支配である．社会の貢献は，こうした創作物の生成に不可欠な個人の独創力と混じり合い，絡み合うことで，知的財産権の構成要素となる．同様に，国家が財産権を付与する際に立ち現れる社会の請求も，不可侵の個人の権利を前提としてこれに付随して生じる．このように個人の権利は，社会の請求を支える強固な基盤であり，個人の権利がなければ，社会の請求は存在しえないのである．

　私からみると，このモデルは，財産権の本質をうまく捉えており，とりわけ知的財産分野における財産権の本質を明らかにするものであるように思われる．財産権は，個人を特定の資産に結びつける．つまり，財産権とは，個人による支配を意味し，そうした支配は個人の貢献ゆえに保障される．もっとも，伝統的に「対世効を有する」権利であるといわれている財産権は，国家の後ろ盾がなければ存在しえない．財産権を付与することで，国家は個人にわずかばかりの強制力を与える．そうして個人は，自らの権利を侵害する第三者の行為に対して，この強制力を援用することが許されるのである．国家はその構成員たる市民全体によって成り立っている．したがって，財産権の保有者が，自らの財産権を行使する際には，事実上，集団としての市民の力を活用していることになる．

　知的財産権の保護が及ぶ創作物に関しては，ほとんどすべての場合，集団が一定の貢献をしている．ひとたび知的財産権が付与されると，その権利の行使は本質的に集団による行為となる．これは知的財産権の場合に特にいえることである．実際のところ，個人が私的に権利を行使することはほとんど不可能に近い．なぜなら，いかなる権利者も，自分の作品を利用している者や複製している者がいないかどうかをずっと監視することなど不可能だからである．創作物の原点とそれを保護する権利の構造にはある種の対称性がみられる．社会は創作物の作成を支援する．創作物を効果的に保護するには，社会制度が必要となる．それゆえ社会は，権利を通じて，すべての創作物との間に利害関係を維持するのである．このように考えると，知的財産法とは，創作者たる個人と，その個人がふるさとと呼ぶ社会との間の深い共生関係をコード化したものということができる．

　ここに財産権一般についての教訓がある．つまり，分配的正義とは財産法に

外在する価値ではなく，内在する価値であるということを示しているように思われる．再分配は，スポンジケーキに施されたデコレーションのように，財産権の上に重ねられるものではない．それは欠くことのできない材料として，つまり最初からレシピに書かれた材料として，スポンジケーキの中に含まれているのである[82]．私にはこれが，個人の財産権を正当化することと，そうした権利に影響を与え，修正を余儀なくさせる再分配政策を正当化することを，うまく両立させる唯一の方法であるように思われる．

知的財産権と時間をかけて与えられるものとしての功績

このように功績は基本的な公正性を有するが，哲学者たちは，功績の別の側面にも関心を寄せてきた．それが，功績の時間に関する側面である．功績に関する議論は過去形でなされるのが一般的であるが[83]，ある興味深い見解がこうした前提を変えるとともに，知的財産権の議論に対しても有益な影響をもたらした[84]．この点について論じた哲学者のデイヴィッド・シュミッツは，何かに値するというのは，長い時間をかけて多数の「インプット」を行うことを求める究極の状態であるという考え方を提示することから始める．すなわち，シュミッツによれば，

> 誰もがある程度幸運である．しかし，幸運であるということと，単なる幸運にすぎないということには大きな違いがある．幸運であるというありのままの事実は，私たちが何かを受けるに値することを妨げない．しかし，単・な・る・幸・運・に・す・ぎ・な・い・ということは，私たちが何かを受けるに値することを妨げる．なぜなら，単なる幸運にすぎないというのは，私たちが功績の主張を裏づけるインプット（努力や優れた能力）をしていないといっているに等しいからである．特定の事例で功績の主張に反論するのであれば，その主張の根拠となりうるインプットが……欠・け・て・い・ることを証明しなければならない．[85]

ここでシュミッツはぴったりの表現を用いて，人生は思いがけない偶然の出来事の連続であるが，恵まれた境遇にある人は何らかのインプットをすることで，あるとき，何かを受けるに値する人物になる可能性があるという考えを説明している．最初は単なる偶然で始まっても，それがきっかけで，勤勉に不断

の努力が続けられることがある．このような場合，勤勉さや不断の努力は最後の成功のためのインプットであり，したがって道徳上の功績という主張の基礎や根拠となるであろう[86]．シュミッツによれば，重要なのはタイミングである．天性の才能といった生まれながらに授かった資質があるとしても，それだけで私たちが最初から功績に値するわけではない．才能に恵まれた人が，たとえばその才能を伸ばすために努力を重ねるように，長い時間をかけてインプットをすることで，その人は功績に値する人物になるのだろう．つまりこの場合には，インプットをした時点で，才能に恵まれた人は自らの価値を証明するためにできることをすべてやったのである[87]．ここで述べている功績は，ある特定の時点におけるオンかオフを示す二値変数のようなものではない．言うなればそれは，生まれつき才能に恵まれた人が努力を重ねて自らの才能を磨き伸ばしたことに対し，長い時間をかけて与えられるものなのである．功績のこのような理解が意味するのは，私たちはそれがまるで2進法の世界であるかのように，つまり功績に値するかしないかのどちらかでしかないという形で，功績を語ることはできないということである．むしろ私たちは，どんな時点であっても「功績に値する人物になれる」可能性がある．別の言い方をすれば，私たちは功績を正当に主張できることを目指しているのかもしれない[88]．これに関連して興味深いのは，よく使われる「自己の才能を完全に開花させる（perfecting one's talent）」という表現が，ある請求，財産権，法的利益の要件を完全に満たす（perfecting a claim, a property right, a legal interest）といった法律上の概念と密接に関連していることである．こうした共通の構造は，道徳と法に共通する表現の伝統を浮き彫りにする．

　長い時間をかけて与えられるものとして功績を捉える見方は，まさに，クリエイティブな才能はしばしば「功績に値する」という私の考えと一致する．あなたがもし，今の才能にふさわしい功績があることを証明したとすれば，自分の才能の果実の少なくとも一部を受けるに値する．それを証明するには，長い時間をかけてそうした才能を伸ばす，つまり才能を与えられるにふさわしい人物であることを行動で示さなければならない．そして重要なのは，こうした「功績の獲得」という概念に基づけば，私たちには，生まれつきの才能にふさわしい人物であることを証明する機会が与えられなければならないということである．

　長い時間をかけて与えられる功績は，知的財産権に関してきわめて興味深い

2つの役割を果たしている．知的財産権は，社会が功績を承認する1つの方法でありうる．それは，ある特定の創作物に付属する「功績の証」とみることができる．しかし，知的財産権の役割はこれにとどまらない．知的財産権は，そもそも功績にふさわしい人物であることを証明する機会を人びとに与える制度の基盤にもなりうる．具体的には，キャリア形成のためのプラットフォームを提供し，このキャリアが，生まれつきの才能に磨きをかけ，その才能を開花させる原動力となりうるのである．このように，知的財産権には「功績の証」にとどまらず，功績の獲得にも寄与しうる面がある．知的財産権のおかげで，私たちは自らのクリエイティブな才能の完全な所有者になることができるし，さらに時間を遡って，そうした才能にふさわしい人物であったことを証明することもできるのである[89]．

中核と周辺部に関するさらなる考察

　ここまでの私の主張に賛同してもらえたとしても，おそらく皆さんは，知的財産法の基本的な公正性を，ましてや現行の知的財産制度の基本的な公正性を証明するには，功績を一般的に擁護するだけでは不十分であることに気づくだろう．皆さんは，努力をした人や行動を起こした人が何がしかの報酬を手にするにふさわしいということには賛同しても，そうした報酬の性質や程度については大きな疑問を感じているかもしれない．たしかに，知的財産権によって保護される価値ある創作物を作成した人は，実際に何らかの功績に値する人物なのかもしれない．しかし，よくある話だが，創作物の価値の一部が，文化を構成する基本的な素材や他のパブリックドメイン資源からもたらされた場合，その創作物に対する社会の貢献を踏まえると，どの程度の功績を主張できるのだろうか．つまり，創作者が主張できる功績は，創作物を支配するための最小限の請求権のみ擁護可能な細い葦なのか，それともそうした創作物だけでなく，創作物の果実や収益をも対象とした完全な請求権を擁護しうる太い幹なのか，と疑問に思うかもしれない．そしてついには，こんな疑問までもたれるかもしれない．すなわち，財産権――そしてとりわけ知的財産権――の保有者が，自己の権利に明確で重要な効力をもたせようと思えば，特許庁や著作権局，あるいは裁判所といった社会資源に頼らなければならないことに照らせば，理論上，功績の主張はどの程度修正されるべきなのか，と．

　簡単にいえば，ここでの論点は，個人による功績の主張と2つの事実――す

なわち，①創作物が生みだされる最初の段階での社会のインプット，および②知的財産権の保障とその権利行使を支援するための最終段階における社会資源の必要性——とのバランスをどのようにとるのか，に集約される．私たちに求められているのは，これら2つの要素のバランスを図る必要性をうまく捉えた創作物と知的財産権の概念モデルである．こうして私たちは，本章の冒頭で触れた中核と周辺部のモデルに立ち返ることになる．

創作物の作成　知的財産権で保護されるどんな創作物であれ，その背後には必ず創作者か創作チームがいる．さらにどんな創作者も，彼ら自身が多くの人生経験と影響の産物といえる．この段階の創作者については，2つの基本的な見方がある．1つは，自己完結した意欲的な存在としての創作者像である．具体的には，その独自の才能と意志の強さがその人固有の個性の一部を構成するような人物である．この見方に基づけば，創作性においては，持って生まれた才能とそれを伸ばして正しい方向へ向かわせる自己鍛錬のみが問題となる．それゆえ創作者の作品は，創作者がきわめて個人的に行ったトレーニングや努力の賜物ということになる．

　ここで思い出すのは，ロールズの影響力ある公正性の理論のなかで最も激しい批判にさらされている側面，つまり個人の功績に関するロールズの見解である．ロールズは，個人の役割に関する一般的な直観に敢然と反論を試みたものの，多くの場合，成功しなかった．これまで見てきたように，功績や分配的正義における功績の役割については，哲学界全体を巻き込む論争に発展している．しかし，最終的に参考にすべきは，多くの場合，個人的な経験であろう．私たちは，天性の才能ばかりか，富，教育，自己鍛錬のトレーニングなどの「地位に関して」考えられうる有利な条件をすべて兼ね備えながらも，その才能を伸ばす努力をしない人がいることを知っている．とりわけ，創作性に加えて，生まれつきの才能を伸ばしたいという欲求と自己鍛錬が求められる分野に，こうした人が多い．そのことを知った以上，ある人物が自らの才能を伸ばすための努力を怠らず，その結果，大きな成功を収めたことが判明したときは，たとえその人物が「地位に関して」有利な条件をすべて兼ね備えているとしても，この人物を報酬に値する者と判断しないわけにはいかない．ここでは，成功の要因が，社会的要因や地位に関する有利な条件以外の要素にあることがきわめて明白だからである．このプラス a の要素が，つまり予めプログラム化された社

会的「インプット」への応答ではなく，個人の意志に基づく行為こそが，このような人びとに，その努力して創作した作品から利益を得る資格をもたらすのである．

　また，誰もが一度くらいは，飢餓の犠牲者の写真や，（おそらく治癒可能な）病気で衰弱した子供の写真を見たことがあるだろう．そしてそんなとき，こう思ったのではないだろうか．ひょっとするとこの中に，第2のモーツァルトがいるのではないか，ウィントン・マルサリスのような豊かな表現力の持ち主がいるのではないか，苦しみにゆがむ表情の陰に，偉大な発明の才が隠されているのではないか，と．そして私たちは直観的に気づくのである．人の生まれた状況は，その人の才能が将来開花するかどうかを左右する重大な要因であると．社会の状況が大きな意味をもつことは明らかである．そして，このことは，個人が才能を十二分に伸ばし，真の自由を経験するための機会を重視する人びとにとって，ある1つの意味をもっている．すなわち，潜在的能力を開花させる機会をすべての人に与えるには，私たちは必要に応じて，社会の状況の不備を補わなければならないということである．

　包括的でバランスのとれた知的財産権の理論は，次のような直観を説明するものでなければならない．つまり，才能を表現する際の個人の意志の重要性と，こうした才能を認め，伸ばしていく場合の社会の影響力である．そこで次節では，こうした理論の重要な概念要素である「中核」について述べることにしよう．

　中核の構造　まず，基本的な考え方を説明しよう．すべての創作物には個人の鍛錬や意志の産物にあたる部分が存在している——こうした状況を私たちは思い浮かべることができる．そこで，この部分を「中核」と呼ぶことにしよう．概念上，この部分は，すべての知的創造物の中心をなす，無視できない本質的な要素，つまり主要な価値のかたまりである．中核という概念が象徴しているのは，すべての創作物に個人の意志による行為が関わっているというきわめて重要な洞察である．あらゆるトレーニングを受け，友人や家族，そして社会から注ぎ込まれた素晴らしく恵まれた境遇から恩恵を受けているとしても，何か価値のあるものを生みだすには，人は依然として目の前にある問題を自らの手で解決しなければならない．中核という概念は，知的創造物に含まれるクリエイティブな労働の価値を高く評価する．つまり中核とは，決して社会に帰

属させることのできない個人の創造への欲求の一部であって，才能，鍛錬，努力という3つの要素をその個人が独自に組み合わせたものを表しているのである．したがって，それは創作者個人が支配し，そこからの恩恵を受けるにふさわしい創作物の一部である．中核は，創作物に対する創作者の最も強力でしかも最も擁護可能な主張を表している．個人の意志が中核を生みだしているからこそ，その個人は中核を所有するに値するのである．

これに対し，もう一度概念レベルで考えてみれば，ある創作物に内在する価値のなかには，創作者の置かれた恵まれた境遇，つまり広く解釈すれば「社会的要因」に帰属しうるものがあることをイメージできるだろう．議論を明確にするために，この部分を「周辺部」と名づけよう．ここで重要なことは，こうした概念を用いれば，すべての創作物について厳密な分析を行うことができ，個々の創作行為に対する中核と周辺部の割合を正確に明らかにできるということではない．むしろその狙いは，それぞれの創作物に内在する価値をイメージすることから始めて，それを2つの要素に分解することで，そうしたイメージの精緻化を図ろうとする点にある．そして，そのイメージの中心に象徴的に描かれているのが，個人の意志に基づく行為から生みだされた「中核」である．そしてもう1つ，中核の周りにあるのが周辺部であり，創作者の創作活動を支える恵まれた境遇，すなわち社会的要因を表している．本章の図4-1は，こうしたイメージを図に表したものである．もちろん，これが唯一のイメージ図でないことは改めていうまでもないだろう．

こうした整理は非常に不正確なものである．それはわかりきったことである．私のように，①個人の意志と②社会的・地位的に有利な条件という2つの大まかなカテゴリーを設けたうえで，創作者のもつ複数の側面をそのいずれかに分類するというのは非常に困難な作業である．1つだけ（ロールズの）例を挙げれば，トレーニングに耐える意志は社会化の賜物かもしれない．同時に，そうしたトレーニングを新しい方向へと押し進めるための自己鍛錬は，純粋に個人の特質かもしれない[90]．不利な条件という特殊な事例を考慮に入れると，問題が複雑化する可能性がある．人は，最初から不利な条件がある場合には，普段以上に努力しようとすることがある．そのため，時には，不利な条件という「有利な条件」が，成功への社会による貢献とみなされるかもしれない．たとえ成功を収めた創作物を生みだした個々の要素を探り出せたとしても，それぞれの事例でどのような要因が混ざり合っているかは，個人によって，また創作

物によって大きく異なるだろう．若く貧しい作家は，処女作を完成させるために，ヘラクレスのようなとてつもない自己犠牲を強いられるかもしれない．だが，二作目以降は，同業者からのインプットや処女作の成功で手にした特権からの恩恵に浴することができるかもしれない．つまりこの作家は，恵まれた境遇として，全く異なる2つのタイプを経験するかもしれないのである．1つは，貧困に根ざすもので，有利な条件というには違和感があるかもしれないが，だからといってありえないわけではない．これに比べれば，2つ目はより一般的な条件である．つまり，成功とそれに伴う人脈と人生経験のおかげで，この作家は時間とともに典型的な恵まれた境遇を手にするのである．

　繰り返しになるが，この場合も，大事なのは正確さを追い求めることではない．中核と周辺部というモデルは，詳細な分析を行うための装置ではないのである．このモデルの目的は，創作者に強い請求権を割り当てることを正当化するために，1つのイメージを提示することである．こうした請求権が，伝統的には財産権という名前で呼ばれていることは言うまでもないだろう．それゆえ，私たちが実際に手にしているものは，なぜオリジナル作品の創作者が，その作品に対して真の財産権をもつにふさわしい人物なのかという説明である．したがって中核という概念は，社会に対する志向が非常に強いロールズの（非）功績論に対する反論でもあるのである．創作者こそがある種の財産権を請求するに値するというこの一般的な考え方からは，さらに次のような見解を導きだすことができる．すなわち，公正な社会が人びとに権利として保障すべき基本的自由に，創作者が受けるに値する知的財産権を含めるのが適切だということである[91]．

周辺部――財産権の請求が行われる場合の再分配の正当化　これまで述べてきたように，どんな創作物にも個人の努力や意志の産物ではない部分が存在している[92]．私が「周辺部」と呼ぶこの部分は，概念上，さまざまな社会的要因の産物と定義することができよう．この周辺部は，個人の創作者ではなく社会が正当な主張をなすことができる部分を意味する．創作物には中核以外の部分が存在するという考えは，その創作物から生じる収益の一部を再分配することを正当化するものである．

　周辺部の概念は，再分配に関してロールズが提示する理論的根拠とぴったりとかみ合う．中核が創作物に対する正当な功績の主張の範囲を表すとすれば，

周辺部は，創作物に内在する価値の一部として，再分配の対象にふさわしい部分を意味する．わかりやすくいえば，中核は，少なくとも通常の状況では侵すことのできないものであるが，周辺部は，社会による主張の格好の的となるのである．

社会は，ある特定の創作物の「自らが有する」部分に対し，どのような主張を行うことができるだろうか．この問いに対しては，本章の冒頭で触れた，再分配の3つの段階に基づいて答えることができる．その段階とは，①権利が最初に付与される段階，②知的財産権によって保護される創作物が活用される段階，そして③知的財産権で保護された創作物の販売から収益をあげた後の期間ないし段階である．

第1，第2段階は知的財産法にとって内在的なものであるのに対し，第3段階は外在的なものである．ここでいう内在的とは，知的財産法の構造に内在するもの，つまり知的財産法のルールと原則を形成するものという意味である．このような知的財産法に内在する主張のうち最も明白な例は，知的財産権の保護期間の制限という，知的財産制度の特色をなす第1段階のルールである．特許権や著作権の場合，財産権の存続期間は一定期間に限定されており，この期間はある種の一時的な中核として，つまり知的創作物の一生のうち創作者に排他的に帰属する期間として考えることができよう．権利の消滅後には，その権利は周辺部に移行したものと考えることができる．つまり，創作者による功績の主張はすでに満たされたため，一般大衆が自由にこの作品にアクセスできるのである．第2段階の例としては，創作物の利用やアクセスを第三者に認めるルールが挙げられる．たとえば，著作権法におけるフェアユース，特許法における実験的使用，そして商標法における名目的使用や非商標的使用などがその好例である[93]．

知的財産法の細部にまで組み込まれた分配のメカニズム

中核と周辺部というモデルは，ロールズの理論におけるきわめて抽象的な検討を，個々の知的財産権のレベルにまで引き下げる．このモデルを通じて私たちがわかったことは，公正とバランスを追い求める姿勢が知的財産法のさまざまなところでみられるだけでなく，知的財産法の基本構造にもはっきりと現れているということである[94]．しかし，それが概念の明確化にどれほど寄与するとしても，どの創作物にも中核と周辺部があるという考えは，依然として，

知的財産法を実際に構成している緻密なルールや原則からはややかけ離れている．

　そこで，いよいよ問題の核心に進むことにしよう．分配は，どのような詳細なメカニズムによって，知的財産法に影響を与えているのだろうか——つまり，これまで議論してきた中核と周辺部という概念を具体化する運用上のルールは何であろうか．本節ではこの問いについて検討する．分析を円滑に行うには，典型的な知的財産権の一生のうち分配のメカニズムの作用がみられる3つの段階について，さらに詳しく説明することが有益であろう．

　第1段階は，ロックやカントの理論において登場するもので，財産権が最初に付与される段階である．そこでは，他者すなわち第三者の要求に基づく制限が，財産権の付与の一部を構成している，つまり知的財産権の基本構造に組み込まれている．次に，第2段階は，知的財産権が付与された後，知的財産権によって保護された創作物が対世的に利用可能となる段階である．付与された時点では公正だった権利も，のちに第三者を害する権利へと変容するかもしれない．たとえば，状況の変化により，付与された権利がその保有者に不釣り合いな影響力を与えることになってしまうような場合が考えられる．この時点において，知的財産権が活用される態様——すなわち知的財産権の保有者がその権利に基づいてなすことが許される行為の態様——を監視する役割を果たすのが，知的財産法上のさまざまなルールと原則である．これらのルールは，すでに付与された知的財産権の弊害から第三者を守るので，知的財産法がもたらす分配の影響を評価する第2の機会を提供するものということができる．最後に，第3段階は，知的財産権が付与され，知的財産権で保護された創作物が実際に活用された後の段階である．こうした知的財産権で保護された創作物の販売から得られる収益に対しては，他の経済活動と同じく，税金が課せられるだろう．伝統的に課税は，現代の経済において政府が行う再分配の最も典型的なメカニズムである．それゆえ，課税についても分析の対象としなければならないだろう．

公正性と最初の権利付与

　知的財産法を具体的に構成するさまざまな法規を詳しくみてみると，小さくはあるが，分配のために歩み寄る規定がいろいろと設けられていることがわかる．知的財産権のルールの多くはかなり古くに制定され，しかも知的財産法の

内部に深く組み込まれているため，それらが果たしている分配に関する役割を外から認識することはほとんど不可能である．しかしそれでもなお，それらは分配のためのルールなのである．その最たる例が，ほとんどすべての知的財産権――最も重要なものを3つ挙げるなら，特許権，著作権，それにパブリシティ権である――に付されている保護期間の制限である．保護期間の制限は，知的財産権が永続することを防ぎ，知的財産権が保護する創作物の利益をやがては一般大衆が自由に享受できるようにすることを保障することで，分配の目的を達成している．パブリックドメインは長い時間をかけて広くそして深くその範囲を広げ，社会でどのような境遇に置かれていようとも，すべての人に利益をもたらすのである．

　知的財産法にはこれ以外にも分配に関するさまざまな取り決めが豊富にある．それらはいろいろな方法でその法的構造に織り込まれている．たとえば，公共テレビ放送や教会の礼拝に関しては著作権の一部のルールの適用が特別に免除され，視覚障害者向けの著作物に関しても同様に免責されている．同じく外科手術は特許権侵害に対する救済範囲から除外されているし，国際オリンピックで使用されるシンボルマークは商標法の下で特別な保護を受けている．これらの規定は，専門的な内容の細部にいたるまで，知的財産法の実務家が時間と努力を投じて整備したものであり，知的財産権についての，つまり知的財産権の保護範囲，射程，影響についてのあらゆる複雑な判断の宝庫といえる．このことは，分配の問題に対する取り組みが，知的財産法の設立とその基本的枠組みを決定する構造のレベルだけでなく，それらのさらに下のレベルでも段階的に行われていることを示している．知的財産法の構造には，分配に関して，大まかなものから緻密なものまであらゆるレベルの政策が織りまぜられているのである．

　知的財産法上の比例性原理について論じる第6章では，知的財産法の全体に散りばめられた多数の分配志向のルールを統一的に説明する一般原理を提示する．そこでは，貢献に見合った報酬という概念が，知的財産法の最も重要な概念要素の1つであることを説明する．こうした比例性は，本質的に分配の要素を備えた原理であり，各創作者が手にする権利は自らの貢献の価値に見合った，釣り合いがとれたものでなければならないことを要求する．しかし，比例性原理にはこれと対をなす隠れた部分がある．それは，権利を貢献に見合った報酬に限定することで，残りの部分を創作者以外の人びと，すなわち一般大衆に与

えるというものである．つまり，著作者の権利を穏当な範囲に制限することで，著作者以外の人は，その作品が一般に公開された場合に多くのものを手にしうるのである．ここには明らかに分配とみなしうる要素が存在する．ある作品が，その創作者の貢献に見合った報酬よりも大きな便益を有している場合，そうした超過便益は，その作品の利用者が享受することになるのである．まだまだ解決しなければならない点が残っているものの，私の考えでは，知的財産法の分配的機能として他の研究者が特定してきた機能のほとんどを，比例性原理が果たしているように思われる．

活用段階――権利付与後の環境における公正性

　知的財産権の一生における第2段階は，私が活用段階と呼ぶ，権利が付与された後の段階である．知的財産権で保護された創作物の所有者は，通常，創作物の複製物を公に販売したり，もっと大型の製品の一部に創作物を組み入れたり――たとえば，多くの部品からなる複合製品の一部に特許製品を使用するなど――して，創作物の活用を図る．こうした活用段階において分配をめぐる問題がしばしば提起されるため，その解決を目的として知的財産権に関するさまざまなルールと原則が発展してきた．実際，知的財産法分野において最も厄介な問題が生じるのは，付与された時点では正当であった権利が，そのときに想定されていたよりもはるかに大きな力を法が与えることになるような状況で，活用される場合である．

　比例性原理がその最も重要な機能を果たすのがまさにこの段階である．第6章では，そのような比例性原理の機能を示す代表的な事例をいくつか取り上げて，詳しく検討する[95]．そのなかには，たとえば，Xboxなどのゲーム機のシステムへの不正アクセスを防止するために設定された，非常に短いソフトウェアコードに対する著作権の事例がある．いくつかのケースで裁判所は，こうしたコードが十分な著作物性を有することを認めながらも，ゲーム機のシステムへのアクセスを試みる第三者のリバースエンジニアリング行為は許されると判示した．事実上これらの判決の根拠となっているのは，このような短いコードを完全に排他的に支配することを認めると，ゲーム機メーカーに不釣り合いな影響力を与えるおそれがあるという考えである．それゆえ，こうしたコードが他社を市場から締め出す効果的な手段として用いられるのを防ぐために，裁判所は，コードの著作権の行使を認めなかったのである（厳密にいえば，裁判所

は，コードの複製がフェアユースにあたると判断している）．

　このほか，特許に関する事例もある．特許権者の中には，莫大な利益を生む可能性のある技術の特許を取得して，待ち伏せるという作戦を身につけた者がいる．その狙いはこうである．すなわち，他の企業が技術開発に投資している間は特許を手元に置いておく．やがて市場が成熟し，各メーカーが莫大なサンクコストを負った時点で，特許権を行使して罠にかけ多額の利益を得るというものである．連邦最高裁はこうした目論見を見破った．そして，特許権者が不釣り合いな影響力を行使することを防ぐために，下級裁判所に対し，こうした事例において差止請求を棄却する裁量を与えた．こうして待ち伏せの目論見から得られる経済的利益を著しく減少させ，その特許の価値をほぼ元の状態にもどすことに寄与したのである．

　このような事例では，実際のビジネスの現場で知的財産権が不釣り合いな影響力を行使することがないように，裁判所は知的財産権の活用を抑制している．私たちにとって重要なのは，裁判所のこうした姿勢が分配に関する問題に端を発しているということである．裁判所は，付与された後の知的財産権が実社会でどのように機能するかを監視し，知的財産権から得られる経済的利益が，当初の貢献に比して著しく大きくなることを防いでいる．言い換えれば，裁判所は，特定の状況で報酬が過大なものとならないように監視し，もって最初に権利が付与されたときに知的財産権に組み込まれた分配上のバランスを維持しようとしているのである．

知的財産権で保護された創作物への課税
　こうした内在的なルール以外の知的財産制度の他の側面においても，創作物の価値の一部が社会全体からの請求の対象となることを表すものがある．その最たるものは課税であって，これが第 3 段階の典型的な分配制度にあたる．当然のことながら，課税は知的財産法に外在的な制度である．しかし原則として，創作物から得られる収益の一部は，創作者が有する財産権の中核部分に立ち入ることなく，課税対象とすることができる．換言すれば，周辺部の一側面をなすのが，知的財産権で保護される創作物から生じる収益に対する，課税という形態の，社会からの請求なのである．

　中核と周辺部というモデルのこの部分は，課税による再分配に強く反対するロバート・ノージックのようなリバタリアンの考え方と真っ向から衝突する．

ノージックによれば，ある資源が①社会が誕生した時点で公正に取得され，②自発的な一連の取引によって移転され，蓄積された場合，社会もその政治制度も，以降の資源の分配に干渉する権利をもたない[96]．詐欺や犯罪，非自発的な移転は矯正的正義の原理に基づいて国家が解決を図る可能性があるが，それ以外の場合には，国家はすでに公正に取得された資産を再分配する権限をもたないという．ノージックのリバタリアニズム理論は各方面から批判されているが[97]，ここでは，明らかな点を1つだけ指摘するにとどめよう．知的財産権は国家という集合体の機能に大きく依存している[98]．本書で私が一貫して主張しているとおり，国家機関の助けなくして，知的財産権を行使することは事実上不可能である．したがって，国家の構成員たる市民のニーズを満たすために，知的財産権から得られる収益に課税できるというのはいわば当然の話である．こうしたニーズが最初に向かうところは，知的財産権の行使に直接関わる裁判所や司法制度である．しかし私の考えでは，そうしたニーズの対象は，何も知的財産権の行使に関連するものだけにとどまらない．新しい創作物が生まれた文化的背景，創作者やそのファンを育てた教育制度，さらには特別な才能に恵まれた創作者を育てつづけるために必要な社会秩序の維持にいたるまで，これらすべてが社会のニーズに該当する．そして，知的財産権で保護された創作物が生みだす収益に課せられた税金は，こうしたニーズを満たすために使うことができるし，また使われるべきなのである[99]．

　課税については，手短に2つのことを指摘しておこう．第1に，国家は，財産権の保有者に対して広範な課税権限を有している——ただし，(特に米国では)財産権を侵害する権利が国家に当然に認められるわけではない——という考え方は，あらゆる形態の財産権の特徴であり，決して知的財産法に特有のものではない[100]．第2に，ある時点で課税率が著しく高騰すれば，少なくとも建前上は，国家がその正当な権限の範囲を逸脱したとみなされる可能性がある[101]．本章で説明してきた中核と周辺部という概念に基づけば，これは，課税率が高騰した結果，事実上，国家が，創作物の価値のうち正当な請求権を有しない部分まで請求していることを意味する．こうした国家の行為は，知的財産権の中核部分を侵す可能性があるため，許されない[102]．

ロールズからローリングへ
——分配的正義と知的財産権に関するケーススタディ

　私がこれまで述べてきた主題の多くは，J・K・ローリングの話を参考にすればわかりやすい．彼女の人生はいくつかの点で特殊であるが，それでもなお，分配的正義と知的財産権の問題に関するケーススタディとしては格好の素材である．

　ローリングは職人の中流家庭に生まれた．無類の本好きだった母親の影響で，彼女も本や物語が大好きだった．そして公立の小学校，中学校，高校を経て，公立エクセター大学に進学した．彼女はインタビューで，最も影響を受けた人物として，特にたくさんの刺激を与えてくれた国語教師の名前を挙げている．

　ローリングが有名な7巻立てのハリー・ポッターシリーズの第1作を書き上げたのは離婚直後のことで，当時の彼女は女手一つで生まれたばかりの娘を育てていた．この時期，彼女は，一般的な失業保険の給付を受け，のちにパブリック・アーツ・カウンシルの助成金も交付されるなど，国家の支援を受けていた．

　ご存知のように，この処女作は大ヒットを収めた．ジョー・ローリングとして知られていた彼女は，自身のクリエイティブな文才のおかげで億万長者となり，いまや偉大な作家と評されている．こうした驚異的な成功を手にした彼女は，今では英国政府に年間何百万ポンドもの税金を納めている．そして，実際，彼女の納めた税金は，わずか数十年前の彼女と同じ境遇にある人びとに渡っているのである．

　J・K・ローリングの話は，私が本章で論じたいくつかの点をよく表している．彼女がよく口にするのは，処女作を完成させるまでの涙ぐましい努力である．生まれて間もない娘が昼寝するまでベビーカーに乗せて歩き回り，娘が眠るなり行きつけのカフェに飛び込んで，おいしいコーヒーを飲みながら数頁ずつ原稿を書きためた．当時のローリングは失業中のうえに鬱状態でもあり，しばしば将来への不安にさいなまれていたが，その数年前に長距離列車のなかで初めてアイディアが浮かんだ物語を何としても書きとめたいという強い衝動に駆られていた[103]．彼女がいうには，登場人物やプロットを十分に練ってそれを文字として表現するときの辛さに比べれば，本を世に出すために通常求めら

れるステップ——つまりエージェントを見つけ，出版社を決め，編集し出版にこぎつけること——は，大した負担ではなかった．

　数々の困難があった一方で，彼女には，ほかの人にはないたくさんの強みもあった．経済的に安定した中流家庭に育ち，素晴らしい基礎教育を受けたのちに，公立の大学に通った．シングルマザーとなってしばらくは，家族や友人が彼女の生活を支えてくれた．しかし，たとえそうであったとしても，処女作を書き上げることができたのは，彼女が懸命に努力したからにほかならない．友人たちは，その粘り強さと情熱に驚きの声を上げた．これまでの人生を振り返り，彼女は，困難を乗り越えて処女作を書き上げるには気力が必要だったと語る．明らかなのは，あの苦しい時期に処女作を書き上げることができたのは，彼女に十分な「恵まれた境遇」があったからではないということである．彼女に天性の文才があったことは確かである．そして，両親，恩師，隣人，友人，そして同郷の人びとが，彼女を育て助けてくれたのだろう．しかし，あの処女作は彼女が自分1人で書かなければならなかった．文才があるからといって小説の文章が次から次へと湧き出てくるわけではない．彼女を育ててくれた人びとが彼女に代わって小説を書いてくれるわけでもなければ，もちろん「社会」が書いてくれるわけでもなかった．おそらく価値ある創造力の産物というのは，そのほとんどがそうなのではないかと思う．何かを成し遂げるには勤勉な努力と気力が必要なときがある．ただそれだけのことである．

　ここまでの話をまとめよう．ハリー・ポッターシリーズには，J・K・ローリングの個人の意志と情熱の働きによって生まれた部分がある．これが私のいう中核の部分である．私たちは概念上，他の部分，つまり中核以外の部分として，ローリングの家族の影響，トレーニング，その他の恵まれた境遇のすべてからなる部分があることを思い描くことができる．議論を明確にするために，この部分について創作物の周辺部と名づけた．ロールズとは対照的に，むしろ彼を批判する一部の研究者と同じように，私は，ローリングがハリー・ポッターシリーズの中核の部分を所有し，支配するに値する人物であると考える．私見では，彼女が自己の作品のこの中核部分に対してなしうる請求は，きわめて強度のものである．彼女はその部分を実際に生みだしたのであり，それを所有するに値するからである．つまり，ここで示唆されているのは，彼女は中核の部分に対して権利を有しているということである．この権利は，効用を最大化するインセンティブの制度上必要とされる請求権に限られない．たとえ彼女が，

実際に受け取った額より少ない報酬で，あるいは保護があまり十分でない著作権と引き換えにハリー・ポッターシリーズの何冊かを書き上げたことが，疑いの余地なく証明されたとしても，依然として彼女は，それらの中核に対する権利を保有しつづけるからである．まさにそれゆえに国家は，この中核の部分を骨抜きにしてしまうほど，彼女の作品やその作品から得られる収益の大部分に対して請求することは許されないのである．

中核というたとえは，不可侵の領域という概念にとどまらない．それはまた，それと対をなすものの存在，すなわち，中核の外側に依然として創作物の一部をなすものが存在することを暗示している．この領域を私は周辺部と名づけた．ハリー・ポッターシリーズでいうならば，周辺部に該当するのは，著者ローリングに対する社会の投資と支援，すなわち彼女に対する影響のすべてであり，恵まれた境遇のすべてである．すでに述べたとおり，この部分を定量化したり，中核との比較を数字で表したりすることは不可能である．概念上，中核の外側にはそうした周辺部が存在していて，そこも依然として創作物の一部をなすということが理解できれば十分なのである．

こうした周辺部の概念こそが，英国の内国歳入庁（英国 IRS）が，ハリー・ポッターの興行権から生じる収益のかなりの部分を没収し，他の人びとに分配することを正当化する論拠となるのである．そもそもこの周辺部は，ローリングの作品に対する社会の貢献を具体化したものであるから，社会が公正な評価に基づいてローリングの作品に対して課税を請求することは，まさしく社会が彼女の作品の周辺部に手を伸ばすことであるといえる．英国の社会は J・K・ローリングの成長を支えてきた．だからこそ英国の社会は，彼女の作品の一部に対して請求できるのである．大まかに言えば，社会はこの請求権を自ら勝ち取ったのであり，ローリングの作品に対して課税という形でその権利を行使するに値するのである．この税金は，自己の作品の中核に対するローリングの強固な請求権と対をなす，社会による公正かつ正当な請求なのである．ローリングが支払った税金の一部は，1 人で子供を育てながら，生きるために悪戦苦闘している失業中の他の人びと（なかには作家もいるかもしれない）を支援するために用いることができる．こうして循環が生まれる．彼女にしか書けない作品による収益の一部を，社会は自らのものとして請求し，かつての彼女のように生活に困っている人びととの支援に役立てるのである．

結　語

　本章の冒頭で私は，法哲学者が理解している分配的正義を中心に論じるつもりだと述べた．そして，ここまでそれを試みてきた．これまでずっと私が追い求めてきたのは，こうした議論において欠かすことのできない要素，すなわちバランスである．財産権と分配的正義の話になると，ほとんどの理論は黒か白かといった両極端な主張に終始する．典型的な例でいえば，分配的正義に大きな関心を寄せる哲学者は，財産権を受け容れるのではなく，しぶしぶ黙認する傾向にある．その理由を理解するのは簡単である．個々の資産を個人が支配するという考え方は，ある人物Aから別の人物Bへの資源の移動を必要とする考え方の邪魔になる場合が多いからである．とりわけ，資源の平等な分配が目的である場合には——少なくとも分配的正義の擁護者として最も有名なジョン・ロールズが時折そうであったように——，財産権を重視することは明らかに許されないのである．これとは対照的に，財産権の擁護者は通常，せいぜい再分配をしぶしぶ認めるにすぎない．集産主義国家が行う社会の請求は，私有財産の推進力となる私的な支配領域を侵す．それゆえ財産権の典型的な擁護者は，政府が法令を通じて資源の再分配に介入することを最小限にとどめたいと考える．あまり一般的とはいえないリバタリアンの主張が話題に上ることは少ないかもしれないが，彼らは声高にこう主張する．個人の請求こそが唯一の正当な請求であって，再分配はすべて他人の財物を盗むに等しい——このことは通常，多かれ少なかれ絶対的な真理であると．

　先に述べたとおり，本章で私が目指したのはバランスである．本章ではまず，ジョン・ロールズの包括的な分配的正義論を取り上げ，ロールズが提示する公正の二原理に基づいて知的財産権を擁護しうることを論証した．その議論をまとめると次のようになる．

1. 知的財産権は，公正への配慮によっても侵すことができない基本的な権利である．換言すれば，知的財産権は「全体的な基本的諸自由のシステム」の一部を構成する．

2. 知的財産権は，最も恵まれない人びとに利益をもたらす．そのレベル

は，ロールズの表現を用いれば，その特別な報酬が正味のプラスの分配上の効果をもたらすまでに達している．平たくいえば，貧しい人びとは，知的財産権で保護された創作物から非常に多くの利益を得ている．そのため，知的財産権で保護された製品は，仮に最終的に権利者の手元にどれほど多くの分配上の取り分を残すことになったとしても，それを補ってあまりある．

しかし，ロールズの詳細な体系を離れてみても，分配にまつわる問題が知的財産権の議論の的となっていることには別の意義がある．本章では，知的財産権に特有のルールと原則を取り上げながら，知的財産法の全体がいかに体系的に分配の問題を具体化しているかを論じた．そして，知的財産権の一生のうち，3つの段階で活発な分配の欲求が生じることを発見し，それがどのように機能しているかを明らかにした．これ以外にも強調しようとしたことがある．それは，ロールズは社会正義の問題を議論するための基本的枠組みを提供しているけれども，そうした問題についての私たちの理解は，多くの点で（たとえば，物質的資源よりも機会の平等を重視している点や功績の役割を高く評価している点で），ロールズの当初の構想よりもかなり先まで進んでいるということである．

II 原理
part two Principles

第5章　知的財産法の中層的原理
Midlevel Principles of IP Law

　本章ではまず，法理論における「中層的原理」について説明する．中層的原理とは，本質的に異なる原則と実務を貫き，結びつける概念であり，カント哲学や功利主義といった基本的な立場の違いを埋める共通の政策言語を生みだす概念である．次に，知的財産法における4つの主要な中層的原理であると私が考えている，非専有性（すなわちパブリックドメイン），比例性，効率性，尊厳性について述べる．本章の残りの部分では，裏づけとなる事例をいくつか交えながら，それぞれの原理について簡単に解説する．第6章では，そのなかから特に比例性だけを取り上げ，詳細に議論する．

「中層的原理」とは何か

　中層的原理とは，ある特定の法分野において，別個に存在する原則，ルール，実務といった多くの細部を束ねる基本概念である．たとえば不法行為法という分野は，傷害保険などの実務や，過失や無過失責任といった原則から構成されている．これらの別個の細部を結びつけるのが，法哲学者ジュールズ・コールマンによれば，「矯正的正義」の原理である．「矯正的正義」とは，損害を被った者を，損害発生以前の状態に戻すという理念である[1]．コールマンは次のように言う．

　　私たちが現在携わっている法律実務に具体化された原理がもしあるとすれば，それがどのような原理かを問うことによって，私は中間から……始めることを選ぶ．原理の道徳的地位について，いかなる前提も先取りしない．そうするよりはむしろ，あくまでも規範的に重要な実務的要素を特定し，それらの要素が原理の具体化であると説明しようとしているにすぎな

い．2)

　中層的原理を特定することは帰納的な行為である．つまり，ある分野に共通の概念の糸を探し，その概念の糸をより完全な原理の例示ないし現れであるとみなす3)．要するに，地上階の実務から始め，地上階の実務を合理的に説明する統合的な原理へと向かって，「上方」へと抽象化することが狙いである．
　もし詳細な原則と実務が先にあり，中層的原理がそこから生じたり具体化されたりするのであれば，これらの原理の先には何があるのだろうか．この階層の頂点には何があるのだろうか．コールマン（をはじめとする人びと）にとって，その答えは「上層」の原理である．それは深遠ないし基盤的な倫理的価値におおむね対応する．コールマンの表現を用いれば，「矯正的正義の原理は……さまざまな災難で被った損害を分配するうえで，不法行為法の実務と公正という上層原理との間で機能する，中層的な原理である」4)．
　もちろん私たちは本書でこれまで，コールマンの言う「上層の原理」をすでにたくさん見てきた．第2章と第3章では，ロックとカントの所有理論を原動力にして，所有における公正性を扱った．第4章ではまさに公正性，つまり知的財産法に適用される分配的正義をもっぱら取り上げた．序論で述べたように，これらの基盤的で規範的な原理は，この分野の詳細な実務からも，この詳細な実務から生まれ形成される中層的原理からも独立していると私は信じている．この「独立」という表現を用いて私が言いたいことは，知的財産法の中層的原理と実務をつなぎとめるうえで同等に役立つと思われる基盤的で規範的な信念がほかにもいくつか存在するということである．私は第2章から第4章でいくつかを示したが，それは，それらが知的財産法の構造を最も適切に正当化すると信じているからである．しかし，他の基盤も同様に役立つかもしれない．すでに述べたように，私はこの分野の基盤レベルには，つまり「下層部分」には，さまざまな正当化原理のための「空間的な余裕」があると考えている．その正当化原理にはおそらく功利主義をはじめとするさまざまな道徳理論が含まれるだろう5)．
　中層的原理は根本的な価値観と多くの点で関係しているが，その原理の妥当性はいかなる特定の価値にも依存しない．この原理は，現実の実務のパターンを織りなす原則と細部から生まれてくる．それゆえ，知的財産分野における多くの規範的な議論が行われるのは中層的原理のレベルである．実際のところ，

見方によっては，これこそがまさに中層的原理の役割である．すなわち，この原理のおかげで，根本的な規範的信念について完全に一致しない場合であっても，規範的な議論――詳細な原則よりも抽象性の高いレベルの議論――が可能となる．このため中層的原理は，知的財産政策に関する議論において，共通貨幣のような存在になっているといっても過言ではない．知的財産分野における中層的原理は，多元社会における規範的・政治的議論を可能にする共有された「公共的価値」に相当する．個々の市民の根本的な倫理的価値観は大きく異なっているかもしれないが（キリスト教原理主義者，無神論に傾倒する者，敬虔な正統派ユダヤ教信者を考えてみてほしい），信仰の自由や言論の自由のような政策上の問題に関する議論ができる「公共空間」を共有できる程度には一定の基本的価値に同意している．同様に，根本的な信念で大きく異なる学者と実務家が集まって，適切な知的財産政策について議論することもできよう．中層的原理はこの種の議論に共通言語を提供する．

　この考えを物語形式で説明してみよう．カント主義者，功利主義者，そして懐疑的実証主義者（知的財産法には倫理的基盤が全くないと信じている）が「中層バー＆グリル」へと入る．カント主義者は，知る人ぞ知るお気に入りのドイツの濁った白ビール，ヘーフェヴァイツェンが注文できないと知ってぶつぶつ言っている．功利主義者が仲間に加わり，ビールメニューに手作りのイングリッシュスタウトがないことを嘆いている．そして，懐疑的な実証主義者までもが，一番飲みたかったパブストブルーリボンがないと愚痴をこぼしている．彼らはしぶしぶメニューに唯一載っていた普通のバドワイザーを注文した．すると，注文をとりにきたバーテンダーがこう言った．「ビールが飲めるだけでも感謝してくださいよ．あなたがた3人が一緒に飲めるバーはこの町ではここだけなんですから」．彼らはそれ以降も不平を言わないわけではなかったが，夜が更けるまで会話を続けたのだった．

　物語は物語として置いておくとして，おそらく読者の皆さんは中層的原理の概念に聞き覚えがあるだろう．お気づきの方も多いだろうが，私のこの中層的原理の概念は，ジョン・ロールズによる近代国家の多元主義の構想に由来している[6]．知的財産に対する私のアプローチにおいて中層的原理が果たす役割と同じ役割を，ロールズの場合は「公共的理性」が果たしている．ロールズは，公共的理性によってもたらされる討議のための共有空間のことを「重なり合うコンセンサス」と呼ぶが，これはまさに私がこの章で説明しようとしてるこ

とである．中層的原理は知的財産法の根本的な規範的基盤について異なる信条をもつ人びととの間でも重なり合うコンセンサスを生みだす．この原理は政策論議を行うための概念的な共通言語を提供する．そして，異なる原則と実務の細部を束ねるとともに，根本的な論点に関する意見の違いを目立たなくし，ある意味ではその違いを乗り越えるのである[7]．

中層的原理はどこから来るのか
ケーススタディとしての非専有性原理／パブリックドメイン

　中層的な諸原理が原則やルールの寄せ集めのなかからどのようにして見出されるのかを説明するために，まずは非専有性原理の事例から始めよう[8]．この原理のさまざまな起源について述べたのち，第2章から第4章にかけて説明した，より深い規範的理論とどのように異なるのかを手短に検討する．基本的な考えは，中層的原理の「中層性」に焦点をあてることにある．すなわち，地上階にある非常に多くの原則，ルール，実務からどうやってそのような原理を見出せるのかを示し，それと同時に，それらの原理がさまざまな基盤的理論（ロックの思想，カントの思想，分配的正義など）と整合し，かつ，それらの理論から独立していることを示す，ということである．

　すべての情報が知的財産権によって保護されるわけではない．たとえば，著作権法においては，歴史上の情報やその他の事実情報は著作権保護の対象とはならない[9]．特許についても同様である．基本的な数学や科学の公式，自然法則（たとえばニュートンの万有引力の法則や気体の圧力と体積に関するボイルの法則など）は，何人も排他権を取得できない．さらに商標法においては，事業者は広く一般に用いられている言葉を商標として登録できない．これらの場合，問題となっている情報は本質的に公共のものであり，個人的専有の領域外にあると考えられている．こうして，万人に利用可能で，何人も個人所有できない公共の知識の集合が形成されるのである．

　その他の法的ルールとして知的財産権の期間制限がある[10]．あらゆる知的財産権は法定の保護期間満了時に消滅し，保護を更新しない場合はそれよりも早く消滅する．その時点でその成果物は永久にすべての人が自由に利用できるようになる．したがって，厳密にいえば，知的財産法に基づく専有は常に一時的な現象である．あらゆる成果物は，厳格に保護されていても，公共物になる途上にある．すべての人が使えるまでの時間の問題にすぎない．したがって，

創造的な成果物が，知的財産保護によりある限られた期間だけ，自由に利用できる公共の領域から取り去られることはあっても，ひとたび権利が消滅すれば自由な流通から再び取り去られることはない．知的財産において，財産権は一時的であるのに対し，自由な利用は永久である．

自由に利用可能なあらゆる成果物の周囲には潜在的な拡張領域もある．この領域には個人取得できるものは何もない．この拡張領域は知的財産の種類に応じて異なる．著作権法では創作物が保護されるためには「オリジナル」なものでなければならない．このオリジナリティの要件は，すでに出版された本や公開された映画のようなパブリックドメインにあるものを取り戻したい人を排除する[11]．さらにこの要件は，一般に利用されるようになったありふれた筋書の要素や標準的なモチーフ（いわゆるありふれた情景（scenes a faire））が個人的に専有されることを防ぐ[12]．これらの標準的な「構成要素」は，著作権切れの書籍や一度も著作権保護されたことのない映画のような保護されない特定の創作物と同じように，パブリックドメインの一部をなす[13]．

特許法には，「先行技術」としてすでに利用可能なものはいかなるものであれ専有させない，というはるかに精巧な手段がある．第1に，特許権を受けるためには発明は「新規」でなければならない．このきわめて厳密な原則により，公に入手可能な形式で利用可能であったものは，いかなるものであっても特許が付与されることはない．このルールはほとんど学者的と言ってよいくらい非常に厳密である．たとえばあるケースでは，ドイツの大学図書館に所蔵されていた，たった1つの学生論文の写しが，米国産業界の研究者の特許を葬り去った[14]．同様に，ロシアの冶金学の学術誌の記事1本で，米国の研究チームが開発した有用な工業用合金が特許要件を満たさないと判断された[15]．これらは極端な例だが，特許法の歴史のなかでは決して珍しい話ではない．先行技術へのアクセスの確保を重視するあまり，特許法のこのルールはほとんど合理性を欠いていると思われるほどである．先行技術に実際にアクセスできるか否かが問われることはない．たとえその技術が，人目につかない場所で，あるいは人目につかない形で，ほんのわずかに公になっただけでも一巻の終わり，つまりその技術については特許を取得できなくなるのである．

著作権と同様に，特許法もすでに利用可能なものの周辺にある「拡張領域」を守っている．その代表は，難解なことで有名な「非自明性」の要件である．このルールの下では，先行技術に照らして自明であれば，何人も特許を取得で

きない．浸食されることを案じる対象が，この原則によって，すでに利用可能なものから，まだ利用可能ではないが，実際に利用可能なものから予測されかつ容易に生まれるもの，つまり今まさに利用可能になろうとしているものまで広がる．発明者が新しいもの，特許の専門用語でいえば「新規」なものを発明したとしても十分ではない．その発明は顕著に新しく，自明ではない程度に新しくなければならない．取るに足らないものや自明なものは，たとえまだ生みだされていないとしても，すでに万人に利用可能なのである．

　これに類似したルールは商標法にも，さらに営業秘密にも存在する．それぞれの事例，それぞれの知的財産法領域において，原則の中心にある考え方は同じである．それは，ある分野で仕事をしている人びとがすでに手にしたものを専有から守るという考え方である．これらの原則は，知的財産分野という空間にそびえる機関——特許庁，商標庁，著作権庁，裁判所など——により適用・執行される．これらの原則によって，この法体系全体の定義から適用までを貫き通す一連の行動様式と実務が形成される．

一般化により実務から原理を探索
　知的財産法におけるこれらのルールは，ジュールズ・コールマンの中層的原理の概念を明確にするうえで役に立つ．コールマンにとって概念レベルでなすべきことは，個々のルールと実務をより広い原理の具体化と考えることである．そして，このような原理は詳細なルールのなかに潜んでいること，つまりこの原理からルールが演繹的に自ずと導き出されるわけではないことを私たちは理解すべきである．概念分析者が行うべき作業は具体的なルールや実務の細部から原理を帰納的に導き出すことである．

　私が説明してきた知的財産のルールは，パブリックドメインを切り取って専有してはならないという原理としてまとめることができる．この非専有性原理は，より一般的な概念の観点からこれらのルールを互いに結びつけ，それらを説明する．しかし私が説明したさまざまな原則は，オリンポスの神々のような超然とした出発点から演繹的に導かれたものではない．何らかの知的財産保護が実際に認められる以前には，「パブリックドメインはなくてはならない」と主張する者などいなかった．むしろ，それぞれの原則は特定の諸問題から有機的に生まれ，新しい状況に対応して時間をかけて発展し進化してきた．非自明性の原則に関しては，私自身，詳細な研究を行ってこの点を明らかにしたし，

私が説明した原則のそれぞれについても同様の研究がある[16]．

　このような頭の体操に何の意味があるのであろうか．最終的にどのような実益を期待できるのだろうか．私の回答は次の2つである．第1に，中層的原理を用いることで，複数のルールの有機的な働きや相互作用をはじめとするルールの理解がより洗練されたものとなる．これは現代の所有理論の大きな功績である．私たちは，具体的な財産権の諸原則の構造を貫く原理と主題を体系化し，分類し，特定しようと夢中になっているが，その結果，財産法の概念構造に関する理解がはるかに明確になると私は信じている．このことは，私たちの考えを一層明確かつ精緻にすることをはじめとして（もちろん，これにとどまらない），さまざまなメリットをもたらす．

　第2に，中層的原理のレベルで論じることによって規範的基盤の合意を要することなく，上述のすべてのメリットを得ることができる．このことは，私が説明した知的財産の原則を用いることで再確認できる．カント哲学を用いて洞察する人であれ，ロック哲学に傾倒する人であれ，功利主義的根拠を強く信じる人であれ，知的財産法におけるパブリックドメインについて議論することは間違いなく可能である．まさに基本原理としての非専有性の概念こそがこの種の議論を生みだし，それを進めていくのである．そして，非専有性の主題のおかげで，この議論を単なる個別の事例・論争・原則のレベルではなく，抽象度の高い政策レベルで行えるようになる．この場合の対話は，参加者が根本的で規範的なレベルで対話を試みた場合に比べてより生産的であり，そしてはるかに市民社会にふさわしい！

　著作権法におけるオリジナリティを例にしてみよう．学者のなかには，これを，表現を最大化するための，ひいては全体の幸福を最大化するための，功利主義的なルールないし少なくとも帰結主義的なルールと考える者もいる[17]．この見解によれば，オリジナリティとは要するに費用と便益のことである．すでに存在する情報の取得費用は，おそらく再度創作する費用よりも低い．これは一般論としてはたしかに正しい．したがって，財産権制度が効率的であるためには，既知の情報の専有を禁止しなければならない．そうすれば情報を得るために社会が費用を払いすぎることもなくなるだろう．

　ロックに傾倒している論者なら，著作権として認められるために必要なわずかばかりのオリジナリティは，努力や労働に代わるものであり，何らかの独自の貢献を示す証拠がなければ，財産権が認められる根拠が十分に存在しないと

述べるかもしれない[18]．カント主義者なら，対象やものに現れる意志を証明できれば，その成果物は著作権保護の基準を満たすはずだと主張するかもしれない．

共通の根拠

非専有性のような原理は，多くの原則やルールを分析することで浮かび上がってくる．したがって，それらの原理は理論的ないし政策指向的でありながら，特定の規範的枠組みに根ざしておらず，無益になりがちな規範的なレベルでの議論を回避することができる．この理由の一部は本書の序論で説明した．功利主義に基づく正当化については，データが全くない[19]．知財学者であるデイヴィッド・マッゴーワンを含む一部の学者の結論は明確である．彼らは，道具主義的観点から議論しているふりをするのを止め，はっきりと倫理に従ってもっと率直な議論をすべきという[20]．この提案はこういった議論の合意可能性についてあまりに楽観的に考えすぎていると私は思う．私は，ロールズと同様に，いかなる根本的な倫理的信念も合意の基盤とはなりえないほど相互に異なっているかもしれないと認めることに抵抗はない．このような状態で私たちが望みうることは，せいぜい規範的な言語の共有にすぎない．そして，こうした言語を使うことで，非基盤的なレベルでの議論が期待できる．繰り返しになるが，中層的原理がまさにこの目的を果たす．

私が議論した知的財産の諸ルールを統一的に考えるとき，裁判所と学者が「パブリックドメイン」と呼ぶようになったものの意味が明らかになる[21]．このドメイン，つまりこの概念上の空間は非専有性原理が生みだしたものである．このパブリックドメインは異なる多くの原則の産物であって，それ自体は単一の概念として誕生したものでない以上，パブリックドメインの考え方が多様性に富んでいても驚くにはあたらない．たとえば，知財学者のパメラ・サミュエルソンは，13種類もの「パブリックドメイン」を挙げている．こうした多様なパブリックドメインは，主にその淵源に照らして２つに分類される．１つが，その性質上，知的財産権によって決して保護されることがない情報であり，もう１つが，保護される可能性があったが保護されなかった情報／保護される可能性はあるが保護されていない情報／保護されていたが現在はもはや保護されていない情報である．

知財学者のデイヴィッド・ランゲを連想させるもう１つの考え方がある．彼

は，パブリックドメインとは知的財産の領域に付け足された残余物のようなもの——知的財産権という巨獣ビヒモスが保護を与えながらのしのしと歩いていったあとに残されたもの——であるという，彼によれば主流派の仮説と異なる見方を提唱している[22]．従来の考え方では，テーマがパブリックドメインに移っているときでさえ，財産権が前面に据えられているとランゲは述べる．この考え方は，パブリックドメインとは知的財産の全領域のうち知的財産権で保護されていないことを特徴とする領域であるとの定義に由来する．パブリックドメインを「財産空間にできた穴」と考えるなら，議論の中心はやはり財産に関するものとなる．ランゲは，このような背景的地位ないし残余物の地位からパブリックドメインを取り出して，それを堂々と前面に配置したいのである[23]．これは，パブリックドメインの地位を，知的財産の全領域のうち財産がないことによって定義づけられる領域というよりは，積極的な属性をもつ領域として，つまり積極的な権利（affirmative right）として捉えることを意味する．

　私は，ランゲの主張の一部には賛同する．とりわけ，共同で何かを制作する創作者のグループに対して，すでに所有者のいる作品に手を加えて新たな価値を生みだすことができる積極的な権利を認めるべきだとする主張には賛成である[24]．しかしその反面，この論文では，パブリックドメインの概念を重要視しすぎているきらいがある．というのも，非専有性原理を前面に強く押し出すあまり，そもそもなぜ知的財産権を付与するのかという最も重要な目的が曖昧になってしまっているからである[25]．

　ランゲと私の意見が少し異なっていることに注目してほしい．実際の議論では知的財産の学問分野に特有の言語が用いられているので，私たちの争点は，私たちの考察においてパブリックドメインがどの程度重視されるべきか，その理想的な範囲と規模はどうあるべきか，と表現される．もし知的財産の学術論文のなかで議論されていれば，おそらくほかにもいくつかの特徴が見られるだろう．まず私たちは，たとえばコンテンツ流通の新技術や新たな法整備を受けてパブリックドメインが縮小しているのか拡張しているのかの論点について実証的に主張し合うだろう．さらに，非実証的な主張や，少なくともそのような含みを織り交ぜるだろう．私なら創作者のインセンティブの重要性を，ランゲなら自由で十分な表現の機会を提供してくれる蓄積豊富なパブリックドメインの重要性を強調するかもしれない．私たちは自らの主張を裏づけるために，判

例やその他の法律に関する文献も引用するだろう．特定の問題が論点になっている場合でも，より一般的なレベルでちょっと議論している場合でも，同様の形式で議論が行われることになるだろう．具体的な事件を前にして，その事件を判断する裁判所は，学術的な議論と同じテーマにもいくつか取り組むだろう．裁判所の判断において学術論文が引用されることすらあるかもしれない．その場合にはおそらく，裁判所は使い古された天秤のたとえを用いて説明するだろう．最終的には，天秤のいずれかの側に軍配が上げられ，事件に判決が下されることになろう．その判決はすぐに学術的議論に登場し，そこで要約され，コメントを付され，批評されるだろう．それほど一般的ではないが，議会がこの段階で巻き込まれるかもしれない．いずれにせよ，知的財産の学問と法体系は，通常このような形で進展していく．

　ここで私が言いたいことは，パブリックドメインの非専有性の概念のような中層的原理が，知財法や知財政策に関する日々の課題にどのように役立っているのかに注目すべきということである．パブリックドメインという概念のおかげで，ランゲや私のような学者，そして裁判所も，基本的な規範の合意を要することなく，重要な政策課題に関わることができる．デイヴィッド・ランゲの基本的で規範的な信念が何であるのか，私には見当もつかない．パブリックドメインの議論に影響のある他の多くの学者についても同様である．功利主義者かもしれないし，カント主義に傾倒した人かもしれない．そのほかに，知的財産法は美化された権力政治にすぎず，ある種ホッブスの唯物論的世界観に深く根ざしたようなものであると信じている人かもしれない．ここでの議論の要点は，根本的な信念の多様性は重要ではないということである．知財学者，弁護士，裁判官は，このレベルでの合意を要することなく，パブリックドメインを取り巻く重要な政策課題にともに関わることができるのである．

原理は実用的である

　中層的原理は相反する世界観の橋渡しをするので，きわめて有用であるが，橋渡しの過程で得られる別の利益もある．中層的原理によって根本的で規範的な信念のレベルからより機能的で実用的なレベルに注意が向けられるため，基盤的理論をめぐる議論では無視されがちな知的財産制度の実務上の特徴に注意を促すことができるし，実際そういうことが多くなるはずだ．これらの実務上の問題は，知的財産制度を運用するうえできわめて重要である．そのうえ，中

層的原理には理論的な問題の理解を鮮明にし，深化させる力もある．

パブリックドメインの文脈でうってつけの例がある．それは権利行使費用の問題である．具体的には，どれだけの権利が実際に行使されているのかという現実的な問題である．この問題は，パブリックドメインの実効的なサイズと範囲に関する理解に影響を与えるだろうし，その結果どのような政策を採用すべきかに関する見方にも影響を与えるだろう．権利行使の実際の姿に目を向けることで，私たちの深く理論的な信念にもいくらか影響があるかもしれない．

知的財産権の種類は多岐にわたる．そしてそれらは，さまざまな環境の下で活動しているさまざまな所有者に付与されている．それぞれの権利行使の文脈は大きく異なっているので，権利行使の実際の姿をひとまとめにして語ることはできない．したがって，実用的な考慮が知財政策の決定に与える影響を説明するためには，具体例を選び出す必要があろう．ここではデジタルコンテンツを取り上げたい．

私はデジタルコンテンツという言葉を，ワールドワイドウェブを介して，通常はオンラインで，デジタル形式で頒布されるあらゆる種類の創作物（テキスト，画像，音楽，ビデオ）を意味するものとして用いている．知財を専門とする学者は，オンライン世界のパブリックドメインが縮小しつつあることに危惧を示してきたが，彼らによれば，このような事態が生じたのは，技術的保護手段の実効性が向上したことで著作権が強化され，ビジネスモデルが変化したためであるという．デジタルコンテンツの創作者やこの分野の知財政策に対する批判については，第8章で詳しく論じることにする．ここでは，中層的原理に関連して1つだけ指摘しておきたい．それはデジタル領域における権利行使費用である．

私の基本的な主張は，権利行使費用を考慮すると，デジタルコンテンツの知的財産保護に関する研究の多くは，全くの杞憂ではないにしても誇張しすぎだと思えてくるというものだ[26]．もちろんより重要なことは，私の主張を理解するために，ましてや私の主張に同意するために，いかなる特定の基盤的理論も受け容れる必要はないということである．中層レベルでなら，知財法に関する根本的な概念の違いを埋めて乗り越えていくための知財政策の言語を使いながら対話できる．

図5-1に示したように，私の主張は2つの図で表現できる．どちらの図もデジタルコンテンツに適用されるさまざまな法的権利を空間的に表現している．

図 5-1 の上の図は，インターネット以前の，およそ 1980 年代から 1990 年代初頭にかけての法的な状況を示している．灰色の各領域は，この空間に当てはまる権利を異なるグループごとに表している．利用者が一定の積極的な権利を有していることと（図の左側にある灰色領域），創作者が一定の権利をもっていることに注目されたい．また，権利行使に費用がかかるため，創作者の権利の一部は他者が利用できる状態で「テーブル上」に残されていることにも注目されたい．この残された権利は図中の「放棄空間」を構成している．この空間は，法的な意味では知的財産権によって保護されているものの，実際には権利者によって行使されない創作物のグループを表している[27]．

次に図 5-1 の下の図を見てみよう．これはワールドワイドウェブが出現した 1990 年代半ばないし後半以降の権利空間を示している．次の 2 つに注目してほしい．第 1 に，法的に保護された創作物の範囲が大幅に拡大している．これは，1998 年のデジタルミレニアム著作権法の制定，短いデジタル音のスニペット（いわゆる「サンプル」）を保護対象に含める音楽著作権の拡大，その他の多くの進展（多くは第 8 章で議論される）などを含む法改正によるものである．第 2 に，理論的には保護されるが実際には権利行使されない創作物の急激な増加，すなわち「放棄空間」の大幅な拡大に注目してほしい．その証拠は，あらゆる種類のフリーのオンラインコンテンツ，すなわちファンのウェブサイトやニュースサイト等の「実質的にフリー」な素材から，無料の音楽サイト，無料の動画サイト（YouTube や他の多くのウェブサイト），有料コンテンツの PR のための無料サンプルサイト等にいたるまで，あらゆるところで見つけることができる．あらゆる形態において「放棄空間」が拡大していることは，今日のデジタル環境の非常に顕著な特徴である．

この例を通じて中層的原理について私が何を述べていて，何を述べていないのかを明確にさせていただきたい．私は，権利行使費用には興味を喚起する理論的な含意がないとも，権利行使費用がさまざまな根本的で規範的な信念を支えるものではないとも言っていない．実際，現実世界の権利行使環境には，あらゆる種類の基盤的理論のための洞察の種が非常に豊富にある．一方で，私が言わんとしていることは，権利行使費用という実際的かつ現実的側面は，中層的原理を中心とする議論にとって特に重要であるということである．権利行使費用に関する情報は，知財の政策運営だけでなく，原則と慣習化した実務が現実世界に与える影響にも大きく関係している．そしてこの種のものが，中層的

194　II　原理

従来の権利状況

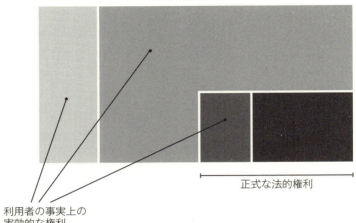

利用者の事実上の
実効的な権利

デジタル時代の権利状況

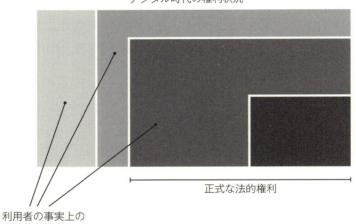

利用者の事実上の
実効的な権利

図 5-1　従来の権利とデジタル時代の権利

原理の名の下に行われることの多い政策議論であったり，日常茶飯事的な知財政策論議の大部分を占める事実重視の実用主義的論点であったりするのである．政策的な解決手段に関する暫定的で条件つきの合意は，最下部の細かい議論（個々のケースや原則など）よりは上に位置するが，知的財産権の性質やその根本的な正当化理由のような根源的で基盤的な争点ほどの高さにはいたらない諸原理の共通言語を頼みとしている．したがって，権利行使費用に関する情報など，知財制度の運用に関する実用的な事実は，特にこのレベルでの政策議論に関係するのである．

知的財産法の中層的原理

　本章のこれまでの部分で，中層的原理の概念を紹介し，そのなかの1つ，パブリックドメインの非専有性の原理について詳細な事例研究を行った．知的財産法において機能していると私が考える中層的原理は，①非専有性のほかにもある．それは，②比例性，③効率性，④尊厳性である．
　それぞれ順に見ていくことにするが，その際，各原理の内容について説明するとともに，知的財産法の主要な分野における具体例を紹介したい．それぞれの原理について論じ尽くすことはできないが，その代わりに，基本的な概念を説明し，その後いくつかの例を提示することによって，各々の原理の特徴がおぼろげながらも伝わることを期待する．

比例性

　知的財産権の大きさや範囲は，その権利によって保護される創作物の価値や重要性に比例したものでなければならない．これが比例性原理である．この原理は非常に重要かつ複雑なので，その説明と適用について第6章すべてをあてることにする．したがってここでは，比例性原理の概略を述べ，ほかの原理との関係性について簡単な議論を示すにとどめる．
　知的財産法において比例的な報酬の重要性に着目するのは私が初めてではない[28]．そして先の章で見たように，ロックもカントもこの概念を強く支持している．
　過去の研究で私は，法的権利が「過剰な」あるいは「不釣り合いな」影響力，すなわち，ある状況で当事者にふさわしい程度を超えた力をもたらす場合につ

いて注意を喚起してきた．たとえば私は，遺伝子の小さな断片の特許化に反対した．これは，シーケンシング技術によって初めて実現可能となった1990年代に大論争になった問題である．また，一部の特許権者が複雑な技術開発状況や技術系企業の大規模投資の弱みにつけ込んで権利行使をしているようなケースでは，彼らの保有する特許権が侵害されているとしても終局的差止命令を否定すべきであるとも考えた．このことが，伝統的に財産権に付属して認められてきた救済手段の1つを完全に奪うことになるとしても，である．ほかにも，著作権法分野において，「小さな」権利で大きな市場を支配しようとする戦略的な権利行使を裁判所がなかなか認めようとしないケースも見てきた．

これと同一の基本概念が，法原則に基づき区別された知的財産法の多くの領域に影響を与えていることは確かである．特許請求の範囲は特許明細書の開示内容と釣り合っていなければならない．この基本的な釣り合いが遵守されていない場合，その特許は無効となる．特許権の範囲も，均等論の下での「パイオニア特許」ルールなどの手段を通じて，係争対象の発明の意義や重要性を考慮するように従来から調整されている．

このようなさまざまな法原則の論点は，（少なくとも私のような知的財産制度の研究者にとっては）実に興味深いものであったが，同時により深い問題を提起しているように感じられた．個々の法原則にしたがう限り，私が考えるふさわしい水準を超えた経済的な力が権利者に付与されるおそれがあった．ごく最近になって，これらの事例をある共通の原理が貫いていることを理解した．それは不釣り合いな報酬の原理である．その基本的な理念は非常にシンプルである．知的財産権の付与を受けるための法定要件の上位に，もっと適切に言えばそれらの要件に埋め込まれる形で，さまざまな異なる状況を結びつける超越的な原理が存在するのである．わかりやすく説明すれば，知的財産権はその権利者に対し，それぞれの状況にふさわしい範囲から逸脱した不釣り合いな影響力や地位を与えてはならないのである．もし知的財産権が，その保護対象の創作物に対して，本来のふさわしい範囲よりもはるかに大きな市場にまで及ぶ影響力や支配力を事実上与えるとするならば，そのような権利は何らかの方法で制限されるか無効にされるべきである．

もちろん，不釣り合いな影響力とは何か，知的財産所有者にとって適切な報酬とはどのようなものかを大雑把に説明するのは簡単である．一方，そのような概念を隅から隅まで説明することはそれよりもはるかに難しい．私が第6章

で行うこと（少なくとも行おうとすること）は，後者のような説明である．

効率性

　効率性とは，物事を可能な限り安価に成し遂げることを意味する概念である．効率性が知財分野の輪郭と方向を（肯定的に）説明するだけではなく，その輪郭と方向を（規範的に）指導する原理となると信じている知財学者はかなり多い．序論では，この考え方が間違っていると考える理由を説明した．この分野の説得的な基盤を提供できるかと言えば，知的財産法の功利主義的な説明はまだ満足できるレベルではなく，今後もそうならないかもしれない．第2章と第3章からわかるように，ロックやカントらの豊富で強力な倫理上の伝統の方がこの分野に対してはるかに強固な根拠を提供しているというのが私の意見である．しかし，序論でも説明したように，効率性はそれでも多くの点でこの分野に深く関連している．効率性は重要な原理の1つであるが，この分野を説明・指導するために必要な唯一の原理ではない．

　ここでの目標は，効率性がどのように中層的原理として機能するのかを示すことである．しかしまずは，この中層レベルの効率性が，最適効率という概念に厳密に基づいた完全に規範的な知的財産法理論，つまり功利主義的な説明とどのように異なっているのかもう少し詳細に説明したい．

なぜ効率性は基盤的ではないのか

　経済学のパレート原理に基づいて完全な基盤的理論を構成しようという試みが長年にわたってなされてきた．パレート原理とは，資源をどう移転させても，他の誰かの状況を悪化させることなしには誰かの状況を改善させることができないように資源は配分されるべきという考え方である．この資源配分状態はパレート最適と呼ばれている．これよりも少しだけ制約の緩い状態はパレート優位の概念とともに最初の状態を形成する．この制約の緩い状態では，誰かの状況が改善し，他の誰かの状況に影響がないか改善されるかのいずれかである資源の移転はすべて行われるべきである．効率的な配分に関するこれらの経済学上の定義は，効率性に関する常識的な考えに似ているが，厳密には同じではない[29]．これらの原理を用いて倫理的に適切な資源配分の基盤を形成しようとする試みはしばしば非難されてきた．その理由としてよくいわれるのは，市場取引を通じた倫理的に理想的な資源配分の理論が，最初の資源の割当が公正で

あるという前提に決定的に依存しているということである[30]．パレートの資源配分は価格に依存する．そして，価格とは当事者間の相対的な評価に関する情報を伝達するシグナルである．ある資源をより高く評価した人がより強い支払意欲を示した場合にだけ，その資源はその人に移転しうる．しかし支払能力が主観的評価だけに依存しているわけではないことは明らかである．つまり，パレートの資源配分は支払能力にも依存し，さらに支払能力は資金，財産権，法的地位の最初の配分に依存している．もし最初の配分（取引前配分）が不公正であれば，市場取引ではこれを改善できないのである[31]．法と経済学の先駆的学者であるリチャード・ポズナーでさえ，最近の著書のなかでこの基本的な主張を認めている[32]．

このように，公正性は最初の所有構造に依存する．ひどく不公正な資源分布を一連の自発的な移転によって魔法のように修復することなど常にできるわけではない．分配的正義について議論した第4章で，私たちはすでにこの考えを見てきた．しかし，これをさらに狭く限定的にした考え方が，知的財産における他のさまざまな領域で登場している．そして，これらの限定版の事例が，効率性だけでは知的財産権制度を完全に正当化・支持できない理由を示している．

市場取引のパターンを観察していると，経済的資産の実際の価値に関する周知の事実に照らして不合理だと思われることがある．ファンダメンタルズ分析ではかなり手ごろな資産であるにもかかわらず，とんでもなく高い価格で取引されることもある．取引の条件が明るみに出てはじめて，異常な高値がつけられたのは，特殊な条件がそろったせいだと判明するかもしれない．

たとえば当事者Aが，数百または数千の部品を組み込んだ製品デザインの組み立てに莫大な費用をつぎ込んだとする．Aが費用の支払いを済ませた後で，遅れてやってきた当事者Bが重要な部品の1つにB所有の財産権が及ぶと宣言すれば，Aのすべての回収不能な費用が無駄な投資になってしまうかもしれない．Bの立場が十分に強ければ，Bは小さな1つの部品に対する権利を所有しているだけにもかかわらず，Aの複雑な製品全体の価値のかなりの部分を要求することだってできる．このような状況で，Bの部品の再調達価格はその部品の根本的な価値からみてひどく不釣り合いであるとAは主張するだろう．経済学者は，BがAに対して「ホールドアップ力」をもっていると言う．私たちの目的に照らして重要なことは，もし裁判所またはその他の外部機関が，ホールドアップ状態を是正するために介入しなければ，AがBに支

払う市場価格はBの部品の根本的な価値とは全く釣り合わないものになるということである．裁判所は，Bの部品価格をその根本的な価値と同じところまで引き下げるように介入することを求められるだろう．

この事例から，市場取引の根本的な公正性を維持するためには，裁判所が，極端な事例で実際に行われている取引につき，その取引を支える権利構造が機能不全を起こしていないかどうかを見極めなければならないということがわかる．これは，知的財産権を調整することで解決されるべき問題である．裁判所が単に「この取引は自発的だったので，効率的にちがいない．したがって公正である」と述べるだけでは不十分である．市場取引の結果として効率性が得られるのは，その権利構造が正常に機能している場合に限られる．極端な事例では，権利構造は経済活動の実態から遊離する．したがって，そのような場合の市場取引は，「すべてが正しく，公正である」という指標にはならない．裁判所が異常な権利活用の状況を追い求め，おかしな市場評価の裏側を探る能力をもっているからこそ公正性は保たれるのである．簡単に言えば，市場における自発的な取引が，常に当事者間の公正性を示す普遍的な代理指標となるわけではないのである．

こうした状況については，第6章でさらに詳しく取り上げる．第6章を読めば，この事例が，知的財産権の範囲および強さをその本質的価値と整合させるために，知的財産制度が行っているさまざまな取り組みの一例にすぎないことがわかるだろう．ここで私が言いたいことは，要するに次の点である．すなわち，市場における自発的な取引は，必ずしも公正な結果を意味するわけではない．したがって効率性は，いかなる場合でも最も高く価値評価した利用者に商品が移転することを要求するが，知的財産制度の基盤としては機能しえない．もし正しい結果を得るために時には効率性以外の基準を追求しなければならないとすれば，効率性だけでは私たちの制度の普遍的な試金石になりえないのである．

効率性が果たす適切な役割

私はこれまで，効率性は知的財産権の独立した基盤としては機能しえないと主張してきた．それでは効率性はどのような役割を果たすのであろうか．中層的原理としての効率性の機能は何であろうか．

答えは簡単である．効率性とは，法制度が最初に与える権利が何であれ，そ

の権利ができるだけ安く迅速に最も価値ある用途に配分される状況を生みだす際の基準である．効率性では知的財産法の基盤を説明したり正当化したりできないが，知財法全体を可能な限り低コストで円滑に運用させる原理として機能する．知財制度の存在を正当化する根本的な価値基準ではないが，上述の機能は非常に重要な役割である．

効率性は実用的な原理としてさまざまな利益をもたらす．経済史学者のディアドラ・マクロスキーは，資本主義経済をより大局的に擁護する際に，以下のように説明している．

> 誰も気づいていないが，私有財産と取引の自由，一言でいうと現代資本主義は天国ではない．希少な物を配分すること，そしてとりわけ希少物からより多くのものを作りだすことを別とすれば，おそらく……それは最悪の制度である．ただし今まで時折試されてきた他のすべての制度を除けばの話だが．そして，その倫理的な効果は，私がこれまで主張してきたように，全く悪いというわけではない……．[33]

アマルティア・センは似たような考え方で市場取引を擁護している．

> 言葉，品物，あるいは贈り物を交換する自由は，これらのものが間接的であるが好ましい効果をもつのだから，わざわざ弁護し正当化するまでもない．これらは，人間が社会で生きる方法の一部なのである……われわれが買ったり売ったりする，すなわち交換をし，交換を基礎に繁栄できる生活を追求するのには十分な理由がある．[34]

要するに効率性とは，初期状態を所与とし，自発的交換の促進にかかる費用を低減することを目的とする原理である．この一般的な原理が，大なり小なり知的財産法の諸側面にどのように適用されているのかを理解するために，いくつかの事例を検討しよう．

知的財産法における事例

すべての財産権と同様に，知的財産権は個々の資源の所有者を明確にする．このことは効率性の目的に資する．なぜなら，ある資源が欲しいときや必要と

するとき，入手するためにはどこに向かうべきかわかるからである．所有者を見つけ，契約を結べばよいのである．財産権の大きな利点は，資産と所有者を関連づけ，それによって取引の出発点を設定し，最終的には資源を最も価値ある用途へ移転させることである．

　知的財産の理論家であるスコット・キエフは，この長所を特定し，説明した．彼はしばしば著作のなかで，情報へのアクセスを希望する人びとのニーズに，知的財産権がいかに貢献しているか論述している．キエフによれば，知的財産権には「のろし（ビーコン）効果」がある．その効果によって，潜在的な情報利用者が，必要な情報資産のありかに引きつけられ，吸い寄せられる[35]．自分が欲しいものへのアクセスを許可する権限が所有者にあることを知っているので，利用者は所有者を探しだすのである．

　財産権の理論家であるヘンリー・スミスも知的財産について同様の論述を行っている．彼にとって知的財産権とは，あらゆる種類の財産権と同様に，資産の周りに自律領域を形成するものである[36]．これは2つの目的を果たす．所有者は，この領域内で，自らが望むように資産を開発し，それを使用する広範な裁量をもっている．そして部外者である第三者は，その資産にアクセスしたり使用したりするために，誰と取引しなければならないかを知っている．スミスの表現を用いれば，知的財産権は高度に「モジュール化された」排他的権利のよい例である[37]．

　私も自らの研究で，知的財産権の構造がもつこうした利点をいくつか指摘したことがある．そこで私は，共著者で経済学者であるアシシュ・アロラとともに，ある状況の下では，知的財産権のおかげで複雑な部品の生産者がその部品を製造販売する独立会社を設立することが可能となると論じた[38]．要するにその部品が，他社，とりわけ大企業によって製造される多数の部品からなる製品のなかに組み込まれる「投入要素」である場合，知的財産権は，大企業にっていいように利用されてしまうリスクから部品製造会社を守る働きをするという主張である．私たちのモデルは，知的財産権による保護がなければ，部品を作る技術を有する者には大企業のために働くよりほかに選択肢がないかもしれないことを示している．この事例では，小規模であることの利点，すなわち機動性，集中，自律が奪われることになる．以上のとおり，部品製造の専門家は知的財産権のおかげで別個の独立した自分の会社を設立できるようになるのであり，このようにして知的財産権は上述の価値を提供しているのである．

他の研究において私は，知的財産権がどのように情報の取引を促進するのか検討を行った[39]．そのなかで特に私が主張したのは，知的財産権という情報の財産権が，情報の売り手に対して以下の2つの恩恵をもたらしているということである．知的財産権は，①法律上の正式な契約が締結されるまでの微妙な時期に，情報の売り手を保護することにより「契約締結前の開示」を促し，もって市場取引を後押しするとともに，②情報取引をめぐる紛争が生じた場合に，強力な法的救済を含む多くの法的選択肢を情報の売り手に提供しているのである．

そうすると，知的財産権が交渉や取引の出発点として機能しており，マクロスキーやセンのような理論家が心から称賛する偉大な資源配分装置を起動する役割を果たしていることは明らかである．しかし効率性は，これよりもさらに広い原理である．知的財産においては，そもそも財産権を付与しないことこそが効率的である場合もある．この文脈で効率性を適用すると，非専有性原理と重複することも多い．発明は非自明なものでなければならないという要件を長年にわたって正当化してきた根拠の1つは，この要件によって社会的資源を節約できるからだ．自明な発明は，特許権が付与されなくとも，おそらくすぐになされるであろう．そうであれば，特許を与える理由などあるのだろうか．特許に伴う費用や手間をかけずとも，社会は発明のあらゆる利益をすぐに得るだろう．特許は社会に何かしらの負担を強いる．その負担の代償として社会が得るものが，本来無償で得られたものにすぎないのであれば，特許を付与する理由などあるのだろうか[40]．

権利が付与された後にも，効率性の出番はある．いまや古典ともいえる著作権のフェアユースの抗弁の説明がそれである．この理論によれば，フェアユースが持ちだされるのは，著作権で保護された創作物の市場が形成されなかった場合に限られる[41]．このフェアユースの市場の失敗理論の中心にあるのは効率性である．市場がどうやっても形成されないのなら，著作権を行使したところで何の意味もない．市場がなくては著作者が得るものは何もないし，創作物を利用しようとする者にとっても利用する機会が失われてしまう．

フェアユースの市場の失敗理論の創始者であるウェンディ・ゴードンは，フェアユースの原則には単純な効率性以外の要素も存在することを当初より認識していた[42]．彼女は，効率的な市場が形成されたとしても，フェアユースが認められるべき場合があることを指摘した．社会的利益を優先する方が重要な

こともあるだろう．このような主張にあたりゴードンは，私がこの章で提唱しているのとまさに同じ分析に取り組んだ．効率性は知的財産法の重要な原理ではあるが，適切な原理として唯一ではないことを彼女は認識していた．そこで彼女は，効率性が運用上の原理でない場合や，分配に関する論点や基本的な公正性などの方がより適切に知的財産法を説明し，より正しい方向へと導ける場合もありうるという，緩やかな効率性の理論を主張した．それと同時に彼女は，理論の基礎を，功利主義やロックの所有理論などの根本的で規範的な枠組みのいずれにも置こうとはしなかった[43]．その代わりに，中層的原理に基礎を置いて研究を行った．こうすることによって，相異なる多様な規範的信念をもつ人びととの受け容れ余地をそれとなく残した．彼女の理論は規範的な深いレベルでの意見の不一致を暗黙のうちに橋渡ししつつ，さまざまな実例を1つにまとめあげたのである．この意味において，ゴードンのフェアユースの市場の失敗理論は，どのように中層的原理が機能するのかを示す信頼できる見本である．

尊厳性原理

尊厳性原理は，知的財産法の多くのルールと判例の背景をなしている．創作物の創作者は，他者の利用を排除する権利，他者に譲渡（売却や許諾）する権利，自ら思い通りに利用する権利など，財産に関連して伝統的に認められている権利のパッケージを認められるだけでなく，他者から尊敬され，その功績を認められるべきである．それこそが尊厳性の原理である．この原理が関連する場面では，多くの場合，非金銭的な要素が絡んでくる．そして実際にこの原理が保護する利益は，創作者がその創作物にかかる権利を譲渡した後も存続すると言われることが多い．したがって，尊厳に関連する知的財産法の論点は，創作者によって創作物に不可避的に残されるその人の刻印（カントやヘーゲルの財産権理論においてよく知られた要素）を正式な法制度が認めるのとほとんど同じであることが多い[44]．

知的財産分野では，古くから一般的に，欧州では知的財産制度が自然法の原理に基づいているのに対して，米国の知的財産制度は功利主義の考え方に沿って形成されていると言われている．たしかに，それぞれの知的財産法のいたるところにこの痕跡があるが，そうだとしてもこの理解はあまりに誇張されがちである．綿密な歴史的研究によって，両者の知的財産制度は自然法と功利主義的な考えとその他の影響とが複雑に混ざり合ったものであることが示されてい

る[45]．創作者は，社会にとって本質的価値を有する創作物の作り手として評価されるべきであるという考えは，間違いなく両者の知的財産制度の骨格の一部を構成している．

　このことは著作権法において最も容易に見出すことができる．特に欧州において，さらには米国においても，著作権法における尊厳性原理には長い歴史と確固とした法原則上の拠り所がある．おそらく功利主義的な知的財産理論を擁護してくれる最も忠実な特許法にも，尊厳性原理の痕跡がある．一般に自然権を否定する説明が主流であるが，歴史的にみると自然権の概念は特許法の基本的な構造に入り込んでいるように思われる[46]．

　しかしここでは，著作権法に話を戻そう．著作権法，すなわち，著作者が自己の著作物について，その創作者である旨の氏名表示を絶えず求めたり，著作物を公表するかどうかを決定したりできる権利は，尊厳性原理が機能している典型的な例であろう[47]．氏名表示権とは，著作者はその創作した著作物の複製物から自己の氏名が削除されることはないという意味である．すなわち，著作者がその著作物にかかる他のすべての法的権利を譲渡した後であっても，著作者にはその著作物の創作者である旨の氏名表示を求める権利が引き続き認められるのである．これを別の言葉でいえば，権利の買主は，著作者の氏名を削除する権利を買うことはできないし，当然，著作者の氏名を自分の氏名に置き換えることも法的に許されないということである．著作者であるという事実は譲渡することができない．つまり，著作者としての地位は，実際の創作者であっても売り渡したり，第三者が買い受けたりできないものなのである．

　著作者の氏名表示権のような著作者人格権は，ヨーロッパの法制においては十分に確立されているが，米国ではかねてから厳しく制限されていた[48]．たしかに米国においても，わずかながら尊厳性原理を垣間見ることはできる．たとえば，著作者が十分な交渉力をもたない時期に，あるいは著作物の価値がまだ確立していない時期に締結されたライセンス契約について，著作者が終了させることを認めるルールが存在する[49]．このような著作権譲渡契約の解約ルールにより，取引や契約によって奪われることのない，後からいつでも権利の問題として取り戻すことができる創作物の継続的かつ不可譲の利益が著作者に与えられる．譲渡できないというこの権利の特性――取引がどれだけ自発的であったとしても，報酬がどれだけ大きかったとしても，契約によって手放すことができないという事実――は，少なくとも部分的には，間違いなく尊厳性原

理の表れであることを示している[50].

　解約条項のほかにも，著作権法には尊厳性原理の痕跡があちこちにある．有名な事例は，モンティ・パイソンのテレビ番組の制作者が，何回分かの放送を短くカットしてつなげたバージョンが米国で放送されるのを差し止めた事例である[51]．しかしながら，米国の知的財産法は功利主義指向が強いため，尊厳性原理は他の法的論拠の陰に隠れてしまっている場合が多い．たとえば，ソングライターで演奏家のジョン・フォガティは，自らの初期の楽曲の著作権をもっていた会社との長期にわたる裁判に勝訴した．本件においてこの会社は，フォガティが作った新曲が，その初期の頃のヒット曲と酷似しているとして，彼を訴えた．裁判所は，伝統的な著作権法理に基づいて新曲を非侵害としたが，裁判所の判断には，初期の作品に対する著作権を根拠に，フォガティがその独特のスタイルでその後も曲を作り，歌いつづけることができなくなるのは根本的に不公正だという思いが強く出ていた．この判決に対する控訴を受けて審理を行った控訴裁判所によれば，原審の判決は「［フォガティの］……独特の『スワンプ・ロック』のスタイルとジャンルで音楽を作りつづける権利を擁護し，それによって著作権法の目的の実現を促すものであった……」[52].

　創作者の氏名表示に対する人格権は特許法にも存在する．発明者には特許に自分の名前を載せる権利がある．金銭的利益の侵害が問題とならない場合（たとえば被用者が雇用者に予めすべての利益を譲渡している場合）であっても，この権利は有効に働く[53]．このことは著作権法の場合と同様である．著作者や発明者の地位を譲渡することはできない．創作物の作り手として認められる権利があり，この権利はその創作物の他の権利が経済的取引に供された場合でもなお存続するのである．国によっては，尊厳性の原理が次のようなルールとして表れている場合もある．すなわち，発明者が大企業に雇用され，契約により発明にかかる権利を会社に譲渡したとしても，その発明が会社に莫大な利益をもたらす重要な発明であった場合には，発明者は別途追加的な報酬を受ける権利を有するというルールである[54].

結　語

　さて，この章で私が曲がりなりにもわかるように説明してきたとすれば，少なくとも中層的原理の概念について多少はご理解いただけたであろうし，知的

財産法分野においてふさわしいと考えられる4つの中層的原理についても，その概要が明らかになったと思う．話そうと思えば，それぞれの原理についてもっと多くのこと——本音を言えば，もっともっと多くのこと——を話すことができる．もっとも，それらは巨大な法体系全体の隅から隅までを貫く主要なテーマを形成するものであるから，それぞれを短い説明で論じ尽くすことができないのは明らかだ．これら以外にも，中層的原理にふさわしい候補は存在する．知的財産ほどの大きな分野では，それを構成し説明する原理の多様性を許容する余地がある．中層的原理は4つしかないわけではない．1つの章では，それらすべてを説明することはできない．

　それと同時に，本章で紹介した4つの原理のなかには，非常に重要であるにもかかわらず，原理としては十分に理解されていないように思われるものがある．そのため，これについては詳細に論じる必要がある．その原理とは比例性原理である．そこで次章では，比例性原理について論じることにしたい．

第 6 章　比例性原理
The Proportionality Principle

序　論

　第 5 章では，知的財産法における 4 つの中層的原理について説明した．そのいずれもが，基本的かつ重要なものであり，広範にわたる詳細な原則やルールを包含している．このような特徴がそれらを原理たらしめている．しかしここでは，この 4 つの中層的原理のうち，比例性原理に注目したい．

　比例性を特に取り上げる理由は 2 つある．第 1 に，比例性は 4 つの中層的原理のなかで最も理論整備が遅れているからである．私が非専有性原理として説明したパブリックドメインについては，非常に多くの論文がある．2 つ目の中層的原理である効率性は，知的財産分野へのアプローチの 1 つである法と経済学にとって，いわば理論の拠り所となっている．尊厳性原理は，著作者人格権に関する膨大な論文のかなめをなす原理であって，米欧の知的財産法の伝統を比較する多くの研究の背景となっている．一方で比例性は，私からみれば他の原理に負けず劣らず重要であるにもかかわらず，独立した原理とみなされることがほとんどないのである．

　第 2 に，比例性原理が，中層的原理とは何かを実に的確に示しているように思われるからである．比例性の原理は，それよりも下層の原理である基盤的理論と，知的財産法の具体的な実務——知的財産法を実社会の諸問題に適用するルールや制度——の間にしっかりと位置している．この比例性の原理は，下層レベルで，第 2 章，第 3 章で考察した知的財産の基盤的理論にしっかりと内包されている．すでに見てきたように，原始的専有を正当化するロックの論法は，費やされる労働と主張される所有権との間の基本的な均衡に依拠している．また，3 つの但し書きは，適切な均衡の観点をほとんどそのままの形で定式化し

ている。そして，原始的専有者が本来認められる公正な範囲を超えて財産権を主張しようとする場合に，これらの但し書きが適用されるのである．カントについても同様である．すなわち，財産権に適用される正義の普遍的原理とは，専有者自身の功績と釣り合わず，それゆえ社会に過度な負担を課すような専有者の主張を防ぐための制約であると理解するのが最も適当である．

同時に，私が示した概念階層の「上層」に目をやると，比例性の原理は，権利の範囲，権利の制限，権利侵害に対する救済のような知財全体のさまざまなルールや制度上の特徴を結びつけている．これらの原則は，知的財産法の主要分野にあまねく存在するが，そのいずれにも比例性の概念が具体化されている．知的財産法の具体的な適用においては，ある創作物の創作者がもたらす貢献，つまりその創作物の相対的な影響度と重要性に影響を受けることが多い．さらに比例性の原理は，これだけにとどまらず，ジュールズ・コールマンが中層の法原理は広範な原則を説明すること以上の役割を果たしていると述べたときに意図していたこともうまく表している[1]．コールマンが述べたように，実際には原則が中層的原理を定義し，その内容を具体化しているのである．したがって，原理の意味は，その原理を生みだした実務の具体的内容を精査してはじめて理解できるのである．この意味で，知的財産法における比例性の原理について有意義な議論をしようと思えば，特許法における実施可能性や権利侵害，著作権法におけるフェアユースや著作権のミスユース，さらにはそれらに関連するさまざまな運用上のルールについて，ある程度詳細に理解しておかなければならない．

比例性とは何か

私たちの法制度においては，法的な権利を有する者に「過剰」ないし「不釣り合い」な影響力が付与される場合があることは事実である．ここで私が言わんとするのは，特定の状況に照らし，人が正当に受けるに値する範囲を超えた力，つまり合理的な範囲を超えた影響力である．具体例としては，最近のシーケンシング技術によって可能となった遺伝子の小断片に対する特許が挙げられる[2]．1990年代，遺伝子断片を特許化しようとする企業は巧妙な戦略を立てた．まずは，その遺伝子断片に有用な遺伝子が含まれているかどうかはっきりわからないまま，手当たりしだい特許を取得しておき，しばらくはそれを行使せず，

やがて第三者が人体に有用なタンパク質を生成する遺伝子を特定した時点で，当該遺伝子断片に対する特許権を行使して，その遺伝子によって得られる収益の一部を手にするという戦略である．この短い遺伝子断片の特許は，特許された時点では本質的にほとんど価値がなかったが，後に相当な収益を生みだす可能性を秘めていたというわけである．この戦略は，裁判所がそれをやめさせるまでの間，しばらくは，うまく機能していたようである[3]．しかし，そのことに関して私を困惑させていたものは不釣り合いの感覚である．つまり，基本的に無作為に選ばれた遺伝子断片の大して重要でもない特許が，完全に行使されれば，巨万の富に値する可能性があるという点である．

より最近では，一部の特許権者が，技術系企業の大規模投資につけ込むという手を使いはじめたが，これは私（や他の多くの人びと）の目には，非常に不公平な行為に映る．彼らは，企業のサンクコストに目をつけ，これに「自動的差止」ルールを組み合わせることで，技術系企業から法外な額を絞り取るのである．多くの場合，このようなことが可能となるのは，彼らが，複合製品を構成する多数の部品のうちのたった1つの部品について特許を有していることによる．もし複合製品の設計が確定した後に──設計変更のコストが非常に高くなってしまう可能性が生じた時点で──特許がすでに取得されていると判明するか，あるいは特許権が主張された場合には，その特許権は過度な影響力を生みだしうる．主たる特許裁判所である連邦巡回区控訴裁判所は長年，特許権者が特許侵害訴訟で勝訴した場合，敗訴した侵害者に対する終局的差止命令を確実に勝ち取ることができるというルールを採用してきた．このルールがやみくもに適用されると，ときに莫大な交渉力が特許権者にもたらされる．とりわけ，差止めによって特許権侵害者が利益の大きい生産ラインの停止を余儀なくされ，莫大な経済的損失を被るおそれのある場合はそうである．多額のサンクコストと差止ルールの機械的適用が組み合わされると，複合製品を構成するたった1つの小さな部品の特許が，強大で，しかも非常に不釣り合いな影響力を生みだしうるのである[4]．

比例性の原理は他の場面にも登場する．たとえば，特許可能な発明に適用される法的基準の1つである非自明性の要件については，すでに詳しく論じた[5]．この基準によれば，ある発明が特許を受けるためには，それ以前に存在していた技術（先行技術）と比較して些細とはいえない進歩を達成するものでなければならない．特許付与ではこのような調整が働くので，重要な発明にのみ特許

が付与される．つまり，財産権の付与が認められるのは，その取得しようとする法的権利に見合うだけの技術的貢献をした発明に限られるのである．

　実施可能性という特許の要件においても同じ論理の働きが見て取れる．この要件は釣り合いのとれた報酬という言葉で説明されることが多い．このルールの下では，特許請求の範囲にかかる発明の製造および使用方法をその分野の人びとに教えるために，発明者は特許明細書に十分な情報を開示しなければならない．この領域の判例によれば，上記開示は特許請求の範囲と釣り合っていなければならない[6]．ある特許がその教示内容と比較してあまりに広範な権利を請求している場合，その潜在的な経済的影響力はその技術分野に対する実際の教示内容と釣り合っていないため，その特許は無効である．

　おおむね似たようなルールは著作権法の分野でも機能している．たとえば，「実質的類似性」という著作権侵害の判断基準は，非自明性と同様の機能を果たしている．また裁判所は，一連の原則にしたがって，大きな市場をコントロールするための戦略上の手段として「小さな」著作権を利用することをなかなか認めようとしない．裁判所はこの結論を得るために，フェアユース，著作権の「ミスユース」，迂回禁止条項の適用の否定という3つの独立した原則を適用してきた．たとえばフェアユースの事例として，テレビゲーム機の製造販売業者が，自社のゲーム機と互換性のあるテレビゲームを他社に作らせないために，非常に短い「ロックアウト」プログラムの著作権を行使しようとした事例がある．裁判所は，互換性のあるゲームを作るためにそのプログラムを複製する「フェアユース」の権利が競争企業には認められると判示し，ゲーム機の製造販売業者の主張を退けた[7]．このゲーム機メーカーがこのような非常に小さな著作権に基づいて，市場を支配する影響力を手にしようとすることは不適切であるとみなされた．その著作権が与える影響力がその本質的価値に対して不釣り合いであったため，その著作権の行使は認められなかったのである[8]．

　私はこれらの事例を貫く共通の原理を見出した．それが不釣り合いな報酬という考え方である．この基本的な概念は非常に簡単である．それは，あらゆる状況をつなぎ合わせることができる超越的な原理が，知的財産権の付与にかかる法定要件以外に存在するということ，より適切な表現を用いれば，それらの要件に埋め込まれているということである．わかりやすく説明しよう．知的財産権は，それぞれ状況においてふさわしい範囲よりも著しく不釣り合いな影響力や地位をその権利者に与えるものであってはならない．もし知的財産権が，

その保護対象の作品に本来ふさわしい範囲よりもはるかに広い市場に対する地位や支配力を事実上与えるとすれば，この権利は何らかの方法で制限されるべきである．

橋のたとえ話

　この原理は簡単な物語と図を使って説明できる（図6-1（a）参照）．大きな川の西側に町があるとしよう．遠い昔から人びとはボートに乗ってその川を渡っていたが，川は流れが速く，渡るには危険が伴う．川の東側には肥沃な土地があるが，最寄りの橋が遠すぎて誰もこの場所まで通えないので，その土地には価値がない．さらに，東側で育った作物を市場まで運べたとしても，時間がかかりすぎて市場に到着する前に傷んでしまうだろうし，何より輸送費がかかりすぎるだろう．

　その町に住むアルは，図6-1（b）で示されるように，川幅の最も狭い地点の近くに，上流にも下流にも何マイルも続く川岸に沿った一帯の土地を所有している．

　ある日，起業家たちの間で川に橋を建設する話がもちあがった．この流域の区域では，土地の権利関係が複雑で，アルの所有地の境界線もはっきりしなかった．起業家たちは多くの土地所有者の許可を得ていたものの，アルの許可は得ていなかった．起業家たちは多額の費用と大きなリスクを背負いつつ，建設過程で発生した多くの資材運搬上の問題を克服しながら，橋の建設を進めた（図6-1（c）を参照）．一方，アルは，この建設と時を同じくして，地元の土地裁判所に申立てを行い，自分の土地の境界線について判断を仰いだ．

　やがて，橋が見事に完成し，川の東側には新たに大きな市場が開かれた．そこでは農作物の栽培が始まり，収益が増えた．こうして東岸の市場は急成長を遂げた．そして，いずれは土地の権利関係も市場のなかですっきりすると誰もが思っていた．その間に精力的な人たちは，東岸の新興地域で一儲けしようと画策しはじめた．その状況を示したのが図6-1（d）である．

　この橋を建設した起業家たちは，合理的な事業家らしく，自ら切り開いた価値ある市場を十二分に活用するために，時間をかけて少しずつ橋の利用料を上げていった．

　そんなある日，土地裁判所が判決を下した．橋のたもとの土地の一部は間違いなくアルの所有地であると認めたのである．正確には，その橋を支えるのに

212　II　原理

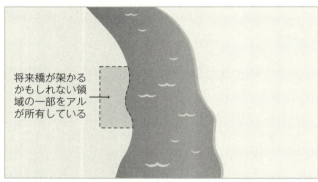

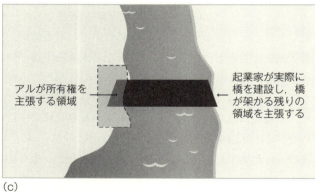

図6-1　橋のたとえ話：最初の状態（a），アルが主張する所有権（b），橋の完成時（c）

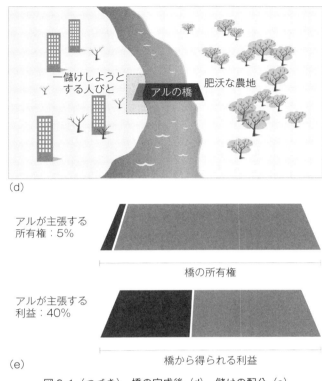

図 6-1 (つづき) 橋の完成後 (d), 儲けの配分 (e)

必要な土地の 5% がアルの所有地であると判断したのである．アルはただちにその橋を建設した起業家たちとの交渉を始めた．収益を最大にしたいと考えたアルは，川の東側で栽培可能な作物の総額，建築される可能性のある住宅の総額，橋ができる以前にこの場所から川を渡るために人びとが払ってきた費用を計算し，橋の建設で新たに開拓された東岸でのすべての経済活動から得られる予想利益の 40% を，対価として要求することにしたのである．起業家たちは額のあまりの大きさに当惑した．図 6-1 (e) は，アルの所有地の大きさと彼が主張している経済活動のシェアを対比して示している．

起業家たちは猛抗議したが，それに対してアルは次のように反論した．「しかしその橋は私の所有地です．あなたがたは私の許可なしに侵入することはできません．そこで私は，橋のたもとの土地の賃貸借契約を持ちかけているので

す。私の所有地なのだから、私には自分の好きな金額を設定する権利があるのです」と。

　一般論としては、アルの主張は正しい。しかし、あくまで一般論としての話である。たしかに、財産権の具体的な権能の1つとして、他者を排除する権利が認められている。また、権利を他者に譲渡すること（さらには権利を分割したり一部譲渡すること）も認められている。これらはすべて財産権の一般原理を基礎とするものであって、アルの主張にとって強力な論拠となる。

　しかし、起業家たちに有利な論拠は何もないのだろうか。彼らの怒りの感覚は単なる誤解に基づくにすぎず、普段であれば全面的に支持する私有財産の概念まで考えがいたらなかっただけなのだろうか。私はそうは思わない。この場合に役割を果たすもう1つの一般原理があり、それこそが比例性原理であると考えている。財産権が明らかに不釣り合いな影響力を与えてしまう稀なケースでは、この比例性原理が制限要素としてさまざまな形で役割を果たす。私は、この原理が知的財産法全般において機能していることを示す実例を多数提示できるし、これから実際にそうするつもりである（次節でeBay事件から始める）。しかしさしあたり、次のように言える。いかなる金額であっても希望どおりに設定できるという、完全かつ無制限な自由はアルには認められないだろう。おそらくアルは、橋の一部が自分の土地に建設されたことに対する報酬として公正なものと評価できるあたりまで、その要求額を下げざるをえなくなるだろう。アルの報酬がおおむね公正なレンタル料に収まるように法律によって制限される可能性もある。そうすれば、財産権は比例性という対抗原理によって効果的に制限されることになる。

特許法における具体例——eBay事件

　比例性は、eBay事件の背後にある特許法上の原理である[9]。本件で問題となったのは、前述した「自動的差止」ルールについてであった。本件において最高裁判所は、下級審に対し、自動的差止ルールの適用を止め、その代わりに、特許侵害訴訟において差止めを認めるか否かを決定するにあたり、エクイティと呼ばれる法分野で示されているような伝統的な公正の原理によるべきことを命じた。eBay事件の説得力ある同意意見は、差止めが特許権者に過度な影響力を与える場合があることに特別な注意を促した。この同意意見によれば、

物品を製造したり販売したりするための基礎として特許権を使うのではなく，代わりに，主としてライセンス料を得るために特許権を使う企業からなる産業が成長してきた．……これらの企業にとって，差止命令やそれに違反した場合に課されることになる厳しい制裁は，その特許権の実施ライセンスを求める会社に法外な使用料を課すための交渉道具となりうる．……その特許発明がその会社が製造しようとしている製品の小さな部品にすぎず，差止めの脅威がもっぱら交渉における不当な影響力のために用いられる場合，侵害を補償するには損害賠償で十分だろうし，差止めは公共の利益に寄与しないかもしれない．[10]

　この事件に提出された多くのアミカスブリーフが述べるとおり，財産権の特定に時間を要することが特許権者のこのような戦術をしばしば助長する．複合製品の構成要素を権利範囲に含んでいる（つまり「構成要件を充足している」）可能性のある特許権があまりに多いので，このような製品の販売者は侵害の可能性があるすべての特許権を特定することができない．やがて，このような状況に目をつけた企業が，こういった特許権を探し出し，訴訟でそれを主張することに特化した事業を展開しはじめたのである．
　これらの企業は，前述した橋のたとえ話に登場するアルと非常によく似ている．しばらく後になってから価値があると判明する権利を，それらの企業は保有している．アルと同様，それらの企業は実際の経済的価値にほとんど貢献をしていない．読者の皆さんは，アルの財産権は橋の建設における主要な要素ではないことを思い出すだろう．実際それは，橋を建設した起業家の初期投資とは無関係である．それと同様に，多くの部品からなる価値ある製品を大量に生産する企業は，その製品がヒットするまで影を潜めていた特許からほとんど利益を得ていない．
　もし埋もれていたり休眠状態だったりする財産権が徹底的に行使されれば，その本質的価値をはるかに越えた経済的な影響力をもつことになる．これこそまさに先に引用した同意意見の抜粋においてケネディ判事が示した懸念である．同判事が言うように，そのような場合，「差止めの脅威がもっぱら交渉における不当な影響力のために用いられる」のである．比例性原理の核心にあるのは，正当な範囲を越えた経済的な力，つまり不当な影響力という概念である．

小さな権利と大きな影響力について

これに対し，財産権を不変の事実と捉え，それが作りだすいかなる経済的影響力もそのような権利を与えたことから生じる当然かつ本来的な帰結であると解する見方もある．のちに最高裁によって覆された eBay 事件の連邦巡回区控訴裁判所の判決は，まさにこのような立場を述べるものであった．

> 差止めによって特許権者にライセンスにおける追加的影響力が与えられるなら，それは排他的権利から生じる当然の帰結であって，侵害するおそれがある者と市場で競争するつもりのない当事者に与えられる不適切な報酬ではない．[11]

連邦巡回区裁判所の見解と最高裁判所で採用された見解の間には重要な違いがある．前者は適切に付与された財産権が生みだすいかなる影響力も正当であることを言外に述べているのに対し，後者は常にそうであるとは限らないと考えている点である．最高裁判所は，適当な場合には，財産権が作りだす影響力の背景を探ってもよいという立場をとる．このような探求が行われることは実際には稀であるが，そうした探求によって比例性の原理の本質が明らかになる．こうした多少極端な事例を通して，この原理の基本的な論理が明らかになるのである．財産権者の貢献度は，実際の市場取引でその権利に与えられる経済的影響力と比較衡量される．そして，両者の関係がバランスを欠く場合——つまり「小さな権利」が「非常に大きな影響力」をもたらす場合——には，そのバランスを再調整するために最高裁判所が介入するのである．

ここで強調すべき点は，非常に大きな影響力をもたらす状況を実現するにあたり，アルは評価に値する行為をほとんどしていないということである．アルは土地を取得する際に，膨大な時間や労力を費やしたわけでなく，その他の資源を投資したわけでもない．要するに彼はリスクを取らなかったのである．上記のたとえ話で述べたように，彼はこの小さな土地を見つけるために資源をほとんど投資していないし，土地の所有権をめぐる訴訟を起こすために，格別な費用を負担したわけでも，格別なリスクを冒したわけでもないのである[12]．もしこれらの事実がどれか1つでも異なっていたなら，このたとえ話は違った方向に進んだかもしれない．たとえば，アルが社会貢献を目的として莫大な投資をしていたならば，不当な影響力の行使であるとの直感はそれほど強く働か

なかったかもしれない．言い換えれば，アルによる影響力の行使が「不当」だと感じるのは，その影響力の行使に値するだけの労力やリスクや投資がほとんどなかったことによるのである[13]．

たとえ話のバリエーション――価値の創造かレントシーキングか

　橋のたとえ話とさまざまな具体例には共通の要素がある．仮にAという人物が，T_0の時点で知的財産権を取得したとしよう．権利取得の時点では，この権利によって保護される資産には何らかの「基底」価値はあったものの，特別な価値はなかった．その後T_1の時点で，たとえば権利の明確化，市場動向の変化，A以外の人物の努力，あるいはAの努力や技能や洞察力とは因果関係のない出来事の結果として，その資産の価値が高まったとしよう．では，この場合にAは，知的財産権保有者に与えられる報酬――棚ぼたと言いたくなるが――を受けるに値すると言うべきであろうか．知的財産法は多くの巧妙なルールと原則を通じて，しばしばこれを否定する．このルールのレベルで，裁判所が個々のルールと全体を支配する中核的原理を関連づけたりはしないが，統合役を担う原理は存在している．それこそが比例性原理である．

　ここで，たとえ話の事実関係を少し変えてみよう．今回は，川を渡る場所がいくつもあったとしよう．さらに，東岸の利用価値の高い土地を選ぶために，橋をどこに架けるかについて多くの人が議論していたとする．しかし，橋の建設に関して明確な計画を提案した者はおらず，どこに架けられるか正確に知る者もいなかった．この状況を知ったアルは，ある戦略を思いついた．すでに開発が終わり人びとが定住している西岸の全域に少しずつ小さな土地を購入することにした．しかし面倒な問題があった．この地域で土地の購入は並大抵のことではなかったのである．というのも，所有権に関する情報がなかなか手に入らないばかりか，地元の登記所もあまり役に立たなかったからである．そのためアルは，「システムを機能させること」に多くの時間と労力を注ぎ込んだ．彼は登記所に入り浸り，古い地図やかつての公有地払い下げまで調査した．彼は登記所の職員と仲良くなり，2年ごとに選ばれる郡登記官の選挙運動の手伝いもした．

　そうしたコネクションのおかげで，アルは定住者のいる西岸に多くの土地を購入することができ，登記手続もできた．どの土地もあまり広くはなかったが，アルは，橋脚が建設される可能性が高い地盤のしっかりとした場所ばかりを選

んで購入した．誰がどの土地を所有しているかという記録の管理がかなり不十分だったので，外部からアルが何をしているのか簡単には気づけず，各土地の現在の所有者が誰かを知ることさえ困難であった．1区画あたり平均5枚の金貨でそれらの土地を購入した後，アルは来るべき時を待ったのである．

案の定，数年後に，ある起業家グループが橋の建設計画を発表した．彼らは川岸沿いを見てまわり，具体的な建設場所を決定した．起業家たちの弁護士は，その土地の所有者を見つけるべく登記簿調査に全力を尽くしたが，所有者の特定にはいたらなかった．そこで弁護士は，起業家たちに対し，所有者が見つかったときに備えて，いつでも支払うことができる相当な資金を準備しておくよう助言した．その金額は，過去数年間に売却された川沿いの同じような土地の価格を参考に決定された．それによると，売却価格は最高で金貨5枚であった．しかし万一の場合に備えて，金貨10枚を準備しておくよう，弁護士は起業家たちに助言した．この後，橋の建設工事が始まったのである．

橋が完成し，大きな経済効果がもたらされた——初年度だけで金貨1万枚の収益を生み出した——後に，アルは橋を建設した起業家たちを訪ね，橋脚が建設された小さな土地の権利書を見せた．そして，自分が所有する土地の永続的な賃借料として金貨2500枚を要求したのである．起業家たちは激怒したが，登記所で登記簿を調べた弁護士はこう言った．アルの権利書はおそらく有効であろう，それにもし彼の権利の無効を求めて提訴したとしても，裁判所が訴訟中に仮差止めを命じるかもしれず，そうなれば事実上橋が閉鎖されることになる，と．恐ろしいのは，アルが差止請求を取り下げ，橋の開通を認める代わりに，金貨1万枚の年間収益の大部分を支払うよう迫ってくることである．

今回のたとえ話には，元のたとえ話と共通する点がある．1つはタイミングである．起業家側にサンクコストが発生し，橋の場所を変更するには手遅れの状態になってはじめて所有権が主張されている．もう1つの共通要素は，アルがその土地を取得するために支払った金額と，彼が企業との市場取引で要求した最終的な金額との間に大きな乖離があるということである．

しかしそれでも，私は今回のたとえ話には元のたとえ話と異なる点があることを強調しておきたい．アルは，最終的にはいずれかの土地が橋の建設場所として選ばれることを期待しつつ，多くの土地を購入した．経済学的観点から言えば，彼はどれか1つが当たればいいと思って，数カ所に賭けたことになる．簡単に言えば，この場合のアルは投機家である．もちろんこのことは悪いこと

ではない.なぜなら,アルのように「先手を打つ」ことは,起業家精神の中心にあるものであり,それゆえ一般的には経済成長の中心にあるものだからである.悩ましいところはアルの投機の方法——ここでの彼の投機の形態——にある.彼の投機には,法的・政治的なプロセスを「動かす」ために費やされたかなりの時間と努力が含まれている.私たちが答えなければならない問題は,この種の活動が社会的に促進されることを私たちが望んでいるかどうかである.簡潔に言えば,法的・政治的プロセスを巧妙に利用するアルのやり方が,経済成長に貢献するかどうかを見極めなければならないということである.

レントシーキングとは何か

　はじめに,投機という経済用語が,多岐にわたる活動を包含する広範な概念であることを知っておくと有益であろう.この概念の下では,何らかのリスクを伴う投資であれば,ほぼすべて投機に分類でき,証券取引所での株式の購入から保険の販売,先物取引にいたるまで,すべて投機に含まれる可能性がある.この段階では,一般論として,これらのすべてが生産的な活動であることに,ほとんど疑いはない.これらの活動によって,莫大な資本が形成され,さまざまリスクが集約され,費用が調整され,制限される.さらには,費用がかかる場合に備え,そのときの影響を緩和できる財務状態にすることで,さまざまなリスクを相殺する,つまりリスクを分散させて損失を抑えることができるのである.これらのいずれの活動も,現在の経済にとってプラスの効果をもたらしている.「投機(speculation)」という単語の語源がこのことを裏づけている.『オックスフォード英語大辞典』によると,この単語は,見つけだす,注意して見る,検討する,監視する,という意味の *speculari* というラテン語に由来している[14].

　投機が効率的である点に異論はないものの,そうした投機が政府の直接的行為——土地の払い下げ,規制の決定,立法など——に依存する場合には,批判にさらされてきた.一般に経済学者は,莫大な投資収益を「レント」と呼ぶことが多い.レントという言葉がこのような中立的な意味で用いられる場合,レントすなわち「超過利潤(supernormal profits)」は生産的であり,道徳に適ってすらいる.つまりこの場合,レントを追求すること(アルも同じと考えてよい)は,正しいのである.しかし,レントが非生産的な場合もある.政府の行為が大きなレントを生むと見込んで,起業家が政府のシステムを動かすことに

あの手この手で投資する場合，非効率な行為が引き起こされる可能性がある．経済学の文献では，一般にこの行為を「レントシーキング」と――明らかに否定的な意味合いをもつ用語で――呼んでいる．レントシーキングの典型的な例は，公務員への贈賄，金に糸目をつけないロビー活動，公務員に影響を及ぼすことを意図したその他の行為，あるいはもっと一般的に，政府の政策決定において有利な立場を築くためにお金を費やす行為である．これらの支出はすべて，少なくとも言外の意味としては，より直接的に生産性につながる行為（たとえば，原料や機械のような実際の資産への投資や既存の資産の生産性を高めるための支出）とは対照的である．レントシーキングが望ましくないとされるのは，それが，通常，（政府を通じて）納税者から私企業または私人への富の単純な移転をもたらすにすぎない行為だからである．あまりに多くの資源が富の創造ではなく富の移転に投入されるとき，社会は問題を抱えることになる．レントシーキングという概念の中核をなすのは，富を創造するための投資と富の単純な移転を目的としたレントシーキングとの間に見られる，この大きな違いである．

　正直に言えば，経済学者は，非効率なレントと望ましいレント，つまり道徳に適ったレントとの区別について，驚くほど曖昧である．慣例によれば，望ましいレントがレントとみなされることは滅多になく，その代わりに，正のインセンティブ，イノベーションへの投資，あるいは超過収益（supracompetitive returns）などと呼ばれている．数年前に，経済学者のディアドラ・マクロスキーがある興味深い本を執筆した．そこには，経済学者たちがこの種の専門用語を使うことで道徳的なメッセージを暗黙のうちに伝達している様子が描かれている[15]．レントと正のインセンティブに関連して，人が何らかの違法行為により，あるいは少なくとも違法と疑われる行為によってレントを得ようとすることは，経済にとって望ましい行為ではないとよく言われる．教授であり判事でもあるリチャード・ポズナーは，超過収益（人によってはレントと呼ぶかもしれないが，ここでは道徳的に中立なもの）と，市場における独占力や他者の市場参入を排除する何らかの政府の特別な許可を通じて得られる「人工的」なレントとを区別している[16]．レントという用語を，政府が介入するあらゆる富の移転を意味するものとして用いる人もいる[17]．レントがどのように定義されようとも，レントシーキングはたいてい悪しきものと考えられている．もう一度表面的な表現に戻ると，人はレントを追求する場合もあれば，正のインセンティブに反応したり従ったり，イノベーションを生みだしたりする場合もある

ということである．ここでレントは悪しきもの，あるいは，非効率なものである．したがって，レントシーカーは社会にとって不都合な者である．これに対し，投資とイノベーションは効率的であり，道徳的ですらある．したがって，投資家とイノベーターは社会にとって大きな恵みである．

比例性の適用──レントシーキングの割合

　これらの慣例を念頭に置いたうえで，橋のたとえ話について私たちが検討しなければならない問いがある．それは，投機家としてのアルは，正のインセンティブに従い，経済に役立つことをする道徳的な起業家なのか，それとも社会に損失を与えてでも不当な利益を手にしようと，ゲームのルールを操作したり悪用したりする悪辣なレントシーカーなのか，ということである．事例によっては，この問いに答えるのは難しいこともあるだろう．しかし，それを正しく理解することは非常に重要である．経済学者のウィリアム・ボーモルが述べたように，起業家が道徳観念を欠いていることはよくある．起業家がリスクを選好することを考慮すれば，実際に純利益となる限り，彼らはどこでもそれを求めようとするだろう[18]．それゆえ，厳密に起業家の視点からみれば，違法な爆弾製造装置を密売することとエイズ治療や宗教的な彫像の市場を主導することには違いがない．起業家の活力が社会的に有用な方向へと向けられるように物事を整えることは，社会，とりわけ法制度にかかっているのである[19]．このような観点からみると，厳格な刑法を制定し，積極的に適用していくことで，爆弾の密売から得られる収益が下がり，おそらくその結果，エイズ治療のような社会に有用なものに関する市場への参入から得られる相対的な収益が上昇することになるだろう．ボーモルやその他の人びとが認識するように，起業家の活力は人間の本性の現れである．唯一の問題はそれをいかにして望ましい方向に向けるのかということである．

　橋のたとえ話に戻ると，私たちが答えるべき最初の問いは，こうなる．購入した土地の所有権をアルはいったいどのように取得したのか．登記所に関連してアルが行った行為に何らかの価値はあるのか．もし価値がないとすれば，私たちはそのことを，アルの権利が行使される際に考慮するだろう．登記手続に影響を与えようとしたり「狡猾に操作」しようとしたりするという最も悪質な行為に対して一定の制限を課すことさえも検討するかもしれない．これらはすべて，比例性原理を適用するための検討である．特に注意を向けるべきは，法

的・行政的プロセスへの投資と土地自体に向けられたさまざまな投資との比率である．後者の投資には，土地自体への直接投資（たとえば，橋脚建設にふさわしい土地であることを証明するために，土地を切り開き，地盤の固さを示すこと）だけではなく，どの土地が橋脚にとって特に有望であるかを決定するために費やされる時間，労力，資源（たとえば，土地の測量や岩盤の安定性を調べるための地質調査など）も含まれるかもしれない．

ここまで述べてきた比率の考え方を1つの式で表すことができる．法的・行政的コストに対する投資を投資$_{LB}$とし，資産開発への投資を投資$_{AD}$とした場合，その比率は

$$投資_{LB}／投資_{AD}$$

となる．この比率を使えば，比例性原理の適用が簡単になる．もしこの比率が非常に大きく，たとえば1対1よりも大きければ，レントシーキングの可能性があるという警告を，裁判所や規制当局に対して発していると考えることができる．これに対して，もしその比率が小さければ（たとえば1対5以下であれば），私たちは確信をもって，法的・行政的プロセスが当該投資の決定を操り動かしているわけではなく，したがって，少なくともそのようなレントシーキングは行われていないだろうと考えることができる．

歴史上のいくつかの例

レントシーキングの比率が社会的に非生産的な側にあまりに偏りすぎた場合，バランスを取り戻すために，諸機関が軌道修正を行う必要がある．経済学的に見ると，政府機関は目的を達成するための手段である．政府機関自体が目的となる場合，すなわち政府との相互作用が生産的な投資を支援するというよりも，その相互作用自体が投資対象と考えられる場合には，レントシーキングの問題が生じることになる．政府との関係構築（governmental relations）がプロフィットセンターの助けとなるのであれば，その事業はおそらく生産的である．しかし，政府との関係構築それ自体がプロフィットセンターとなる場合には，問題を孕むことになる．

歴史的にみると，高度経済成長期においては，常軌を逸したレントシーキングが行われると——つまり，前述の比率が警告を示すレベルに達した場合には——，法的制度や政治的制度によって規制がなされた．レントシーキングとい

う現代的な用語は，そのようなエピソードから誕生している．レントシーキングという概念は，歴史的に非難されつづけてきた国家に向けられた投機に関するさまざまなエピソードを束ねて説明するものである．これらのエピソードに共通する要素は，実際の経済的資産の開発に費やされる社会的価値のある投資を犠牲にして，国有財産の払い下げを確保するために資源を費やすということである．歴史的には，これらのエピソードの多くは，主にさまざまな土地投機計画に関係している．過去のいくつかの事例について簡単に検討し，その後，土地に対するアルの投資が容認されるべきか（有益な投機として評価されるのか），それとも非難されるべきか（一種のレントシーキングとしての投機なのか）を見極めるための有用な手段を使って，再び橋のたとえ話について考えてみることにしよう．

　はじめに，初期の事例を取り上げよう．1630年代のマサチューセッツ湾植民地における公有地払い下げに関する事例である．マサチューセッツ州議会（植民地における立法機関）は，早くから，大規模土地所有者を2種類のグループに区分した[20]．土地開発に労力を費やさずに権利を保有する不在所有者は非難され，その権利は取り消された．一方，入植者を募り，改良に投資する活動的な投機家は，褒め称えられ，報酬を与えられた．植民地時代と米国独立直後のフェデラリストの時代の多くの投機家たちが政治的な縁故に非常に恵まれていたことはよく知られている．そして，法制度を効果的に機能させる術を知っている投機家たちはその分だけ有利な状況にあった[21]．多くの場合，競争は早い者勝ちであり，法の細部や倫理規範に厳格な者が必ずしも勝つわけではなかった（たとえば，ジョージ・ワシントンがよい例である）[22]．しかしながら，そうであったにせよ，これら投機家のほとんどは，法律と政治の仕組みを単に操るにとどまっていたわけではかった．投機家のなかでも最も初期の人びとは，欧州人入植地の最前線の土地を探検・調査し，開発と居住を促し，場合によっては，保有地の一部に居住して自ら直接投資を行ったのである[23]．また，その後，英国との直接的な軍事衝突が起こると，自らの身を危険にさらすという追加的な「投資」までやってのけたのである．独立宣言のなかで建国者たちが「私たちは相互に生命，財産，神聖なる名誉を誓い合う」と合意したとき，この真ん中に挙げられた「財産」――主に土地の所有という形態をとった――は，些末な事項ではなかった．独立後，投機家たちが最も成功したのは，彼らが土地の購入や保有にとどまらず，さまざまな取り組みをした時期であった．たと

えば，ニューヨーク州のクーパーズタウンの投機家であり土地開発者であるウィリアム・クーパーが，入植者たちとともに暮らし，その人たちに信用貸しをし，自分たちの農場に労力や資源を投入するよう奨励したことは，詳細な事例研究で示されている[24]．

この模範的な行動は19世紀に入っても継続した．19世紀初期に，トーマス・ジェファーソン率いる連邦政府委員会は，投機家のレントシーキングを阻止するための販売と土地測量に関する制度を考案した[25]．法制史研究家であるJ・ウイラード・ハーストは，ウィスコンシン州の木材産業の発展における法の役割を論じた代表的研究のなかで，19世紀後半の投機に批判的な言論の主な狙いが，政治的影響力をもつ大企業による土地集積を最小限に抑制する点にあったことを見出した．これらの企業による大規模投機は，短期的な経済成長を最大化するという目的とは調和しないものと考えられた．

> ここでの森林地への「投機」に対する批判は，その土地を有効利用することなく，単に地価の上昇から利益を得ることだけを目的として土地を保有している人びとに向けられていることがわかるだろう．森林への「投機」に対する批判自体が物語っていることは，希少な可動資本の生産性の向上に有用であるという観点から固定自然資本の価値を評価することが好まれていたということである．批判のポイントは，「投機家」が生産に不可欠な要素としてその土地を取得したのではなかったという点にあった．[26]

同様の考えはアメリカ西部における鉱業権に関する法律にもはっきり見て取れる．もともとこうした法的ルールは，フォーマルな法制度が未整備の時代に，鉱山労働者たちが独自に定めたインフォーマルな規範であった[27]．鉱山労働者たちが直面した問題の1つが過大な権利主張――非常に広大な領域に鉱業権を主張すること――であった．これを阻止するために彼らが考え出したのが，平均的な鉱山労働者が開発可能な範囲にしか鉱業権の主張を認めないというルールであった[28]．鉱業権を維持するためには，その権利を実際に活用していることが要件とされた．この時代のインフォーマルな規範の大半がそうであるように，このルールもまた，のちに連邦鉱業法の一部として成文化された．すなわち同法は，鉱業権を主張する者に対し，不完全な権利を「完全なものとする」ための要件として，段階的な投資を義務づけていたのである[29]．

these例で示したいことは，法制度が常にレントシーキングを禁止しているということでもなければ，ましてや，法制度がレントシーキングを規制しているふうを装っているということでもない．それとは逆である．制度派経済学者ダグラス・ノースがかつてその心情を吐露したように，財産権を特定することについて言えば，社会が物事を本当にしっかり理解しているときの方が奇跡のように思えるくらいである[30]．また，社会の停滞，腐敗，崩壊に関する多くの歴史的研究では，レントシーキングの話が大きく取り上げられている．米国の経済史家たちは，社会的インセンティブが歪められた事例をいくつか紹介してきた．たとえば，一部の論者によれば，1862年のホームステッド法は，「土地獲得競争」への過剰投資と縄張り主張の過熱を招き，実際の経済発展に向けた秩序だった適時の投資を阻害する結果をもたらしたのである[31]．

レントシーキングの制御——最も効果的な微調整

本節ではこれまで2つのことを見てきた．そこで，橋のたとえ話の内容を少し変えた話をもう1つ取り上げる前に，それらをもう一度説明しておくことにしたい．1つ目は，経済的な投機は経済活動に不可欠であって，通常は経済を効率化する活動であるということである．社会には先陣を切って道を切り開き，未開の地に定住する投資家が必要である．これは，文字どおり地理上の新天地に妥当するだけでなく，比喩的に新しい技術や事業のアイディアにも妥当する．2つ目は，将来を見据えた投機は，潜在的な将来の利益にのみ関心を寄せているため，社会的に有益な投資かそうでない投資かを区別しないということである．このような区別は，経済的競争や一般的な経済活動の基本的条件を規制・維持することを専門とする政府機関が行う仕事である[32]．

私たちの制度で，まずこの任務を担っているのは裁判所である．行政機関もこの任務に頻繁に関与するし，議会も役割を果たすが，通常は，裁判所が経済的システムに起因するより個別具体的な紛争に最初に関与する．そのため，多くの場合，裁判所が他の2つの機関よりも先にレントシーキングの兆候に気づくことになるだろう．

このことは，特許法にとりわけよく当てはまる．過去数十年間におけるうってつけの事例として，ジェローム・レメルソンという多数の特許を保有する人物の出現が挙げられる．彼の独創的な特許の活用は，最初は容認され，やがて懸念を抱かれるようになり，レントシーキングが起こっていることが誰の目に

も明らかになると，ついには制限された．彼の物語は，新しい慣行がこのような経過をたどった古典的なケーススタディである．レメルソンは，幅広い産業において，かなり多くの特許権を集めた．彼が発明家であったことは確かだが，彼の真の才能は先見の明と決断力であった．何百もの将来性のある特許を出願し，産業全体が形成されて発展するまでの長い間，特許庁に「係属した」状態を維持した[33]．やがて1980年代後半になり，プロパテントの機運が高まると，彼は一攫千金を狙って，何も知らないあらゆる産業に向かって，突然，自分が保有している特許を振りかざしたのである．その結果，ライセンス収入だけで何十億ドルという巨額のライセンス帝国ができあがった．多くの場合，それらのライセンスは重要な大規模産業（たとえばバーコード技術）を法的に包含する特許権に基づいていたが，レメルソンはどの産業にも全く貢献していなかった．こうした彼の「先見の明」は，特許出願が非公開であることによって覆い隠され，特許の発行を受け，それと同時に関係者全員を相手取って訴訟を起こすまで，誰にもその内容がわからない状態が維持されたのである．

　レメルソンは，1954年に出願され，1994年になってようやく発行された特許をめぐる裁判でとうとう敗北を喫した．彼はバーコード技術産業に対し，出願から40年が経過していたこの特許を行使したのである．このような場合，他の多くの事例と同様，裁判所は，特許が有効であり，しかも侵害されたとの認定を行う傾向にあった．ところが本件の裁判所は，歴史を詳細に検討し，特許制度の目に余る濫用を禁止した法理を再発見したのである[34]．もちろん，ここにいたるまでこれだけの長い歳月を要したことは望ましくはない．しかし少なくとも最終的には，裁判所がこの特異なレントシーキングの策略に歯止めをかけたのである．

　もう1つの例は有用性の要件である[35]．この要件は従来から，財産権の付与のタイミングを最適化するための法的ルールとして説明されてきた．有用性要件の研究者らは，デイヴィッド・ハドックの画期的な研究を基礎として[36]，この要件が，新たな技術が十分に説明ないし理解される前に特許を取得しようとする者によるレントシーキングの防止を目的とするものであることを示した．特許権を取得する者に対して真の技術的進歩の開示を要求することにより，正当なレントが消失してしまうのを防止することが，この要件の理論的根拠であることは明らかである．イノベーションプロセスのあまりに早い段階で特許を付与すれば，どうしても早くて広い特許明細書を作成しようとして過度の資源

が費やされるようになる．特許法の有用性の要件は，このような資源の浪費を防止するために，イノベーターに対して特許取得前に実際の技術的なマイルストーンに到達することを要求している．その結果，投資と労力は，特許庁への出願競争だけに費やされるのではなく，技術発展という社会的に有益な目標に向けられることになる．これこそ，正しく，特許付与前に——事前（*ex ante*）の段階で——レントシーキングを防止する特許の原則の例である．

第3のたとえ話——集団の力の勝利

　最後に，橋のたとえ話の内容を変えた，3つ目の話を紹介しよう．基本的な部分は元の話と同じ状況を想定する——すなわち，一方の川岸には発展した町があって，橋ができて対岸に渡れるようになれば，大きな経済成長が実現するかもしれないとする．ただし今回は，橋の建設候補地がたくさんあり，そのいずれもが甲乙つけがたかった．そして，アルは川沿いの土地を1カ所保有していた．そこは，橋の建設に適した素晴らしい場所ではあったが，他の候補地に比べて抜きんでているわけでも，劣っているわけでもなかった．

　ここで，アルの所有地に1人2人やってきて，橋脚の建設工事を始めたとしよう．彼らはいくつかの岩を運んでくると，アルの敷地から川へと落とした．同じことが他の候補地でも行われた．やがて噂が広がり，アルの敷地から岩を落とす人が増え始めた．他の候補地でも同じように岩が落とされたものの，アルの敷地ほど多くの人は集まらなかった．やがて，アルの所有地に橋が建設される予定であるとの噂が広まった．すると，ますます多くの人がアルの所有地を訪れるようになり，橋が本格的に形になっていった．最初に橋脚の基礎部分が完成し，続いて橋脚本体ができあがり，いよいよ径間の工事が始まった．一方，すでに作業が始まっていた他の候補地では，しだいに作業のペースが落ちていった．橋の反対側での事業開発に興味がある人との出会いを求め，多くの人がアルの所有地の作業現場に集まり始めた．実際に計画したことではないが——ある意味偶然に——，アルの敷地は明らかに「その場所」になった．アルの敷地は今後橋ができる場所であるため，橋に関心をもつ人や，対岸で建設ないし開発されようとしているものに関心をもつ人にとって，まさに「橋の中心」になったのである．

　橋の完成が近づくにつれて，橋脚部分の土地に対する自分の所有権に大きな価値があるとアルは思うようになった．一方，橋の建設に取り組んできた人び

とは，完成を目前にして，アルが自分たちの貢献すべてを認めてくれることを願った．彼らはみな，橋を作るためにこれほど一生懸命働いたのだから，アルがその所有権を主張しようと決意したとしても，彼は分別ある行動をとってくれるはずだと信じている．

おそらくアルは，橋の建設業者に法外なリース料をふっかけてまで金儲けする必要はないという考えに基づいて，分別ある行動をとるだろう．結局のところ，いったん橋が完成して橋の上の往来が始まれば，かなりの人と物がその橋を渡ることになる．そうなれば，それほど高い料金を取らなくても，橋の通行料ないし橋の収益の（ほんの）一部を要求するだけで，十分な儲けを手にすることができるだろう．

財産権，ネットワーク効果，集団的な労働

私がこの第3のたとえ話で明らかにしたいのは，いわゆる「ネットワーク外部性がもたらす効果（ネットワーク効果）」である．この効果は，経済学的に見れば，他者の選択が，あるものに対する自分の価値評価に影響し，それゆえ自分自身の選択にも影響する場合があるという単純な考えである．最もわかりやすい例は，昔からの固定電話のネットワークである．ある人物がどのネットワークに加入するかは，その人の友人がどこに加入するかに大きく左右される．この種のシステムでは，話したい相手が同じネットワークにいるときの方が，電話や通話プランの価値ははるかに高くなる．それゆえ，多くのネットワークが競合していると仮定した場合，どのネットワークに加入すべきかの選択は，友人がどのネットワークに加入したかに大いに影響されるのである（実際，この作用はとても強いため，固定電話のシステムはしばしば「自然独占」であると考えられた．なぜなら，ネットワークというものは実はすべての者が1つのネットワークを共有しているときに最も価値があるからである）．

今回のたとえ話では，アルの敷地で建設する人の数がある分岐点を超えた時点で，ネットワーク効果が働き始めた．アルの敷地で建設が開始された橋がやがて正式な橋になることはある時点から明らかだった．なお，今回のたとえ話では，この時点をわかりやすくするために，少し大げさな設定にしている．というのも，実際には，物理的なインフラ建設から生じるネットワーク効果は，たいていの場合，技術標準に参加することから生じるネットワーク効果ほど強くないからである．橋の建設に興味をもつすべての者がアルの敷地に集まると

すれば話はわかりやすいだろう．しかし，断固として他の橋を建設しはじめる者も，その選択を理由に他の橋建設者との交流から排除されることにはならないであろう．このことをコンピュータのオペレーティングシステムの選択のような技術標準の問題と比較してみよう．圧倒的多数がシステムXを選択した場合，システムYを選択した者は締め出されてしまうだろう．その人は，文書や画像ファイルやコンピュータプログラムを，システムXのユーザと交換できないかもしれない．そのような状況ではシステムYの価値は事実上，きわめて低い．そのようなシステムを使用する人は，他のユーザと全く交流しないことに満足し，何と言われようと他の誰も採用しないシステムに大いなる価値を見出している点で，ネット上のロビンソン・クルーソーになったようなものである．

　しかしながら，アルの所有地に「クラウドソーシングによって」橋が建設されるという話が適切に伝えていることは，勝利の無作為性である．数ある候補地のなかからなぜアルの所有地が選ばれたのかについては，これといって説得力ある理由はないように思われる．アルの所有地の方が格段に優れていたわけでは決してないし，アルの方が勤勉だったり先見の明があったりしたわけでもなかった．実際のところ，彼は単に運がよかったというだけである．技術標準の出現に関する私たちの知見からすれば，このようなことはよくあることなのである．実際，従来の基準からみて，選ばれた設計や標準が他の選択肢と大差がないというのはよくある話である．何かによって偶然に勝者を支持する方向に物事が傾く——ただそれだけのことである．他の選択肢が選ばれる可能性はなく，そこでゲームオーバーとなる．強力なネットワーク効果が見られる市場はしばしば「勝者総取り」市場と呼ばれる[37]．先のたとえ話は，なぜこの呼び方が妥当であるかを示している．

　そういうわけで，ある程度の幸運が第3のたとえ話を支える1つの要素である[38]．もう1つの重要な要素は，橋の最終的な成功に対する多くの人の貢献である．これは，程度の差こそあれ，さまざまなネットワーク市場に共通してみられる特徴である．ユーザの努力が，単にあるシステム——たとえばマイクロソフトのウィンドウズのようなユーザインターフェース——の習得だけに向けられる場合もあれば，努力の大半が，市場における最後の勝者になることに向けられる場合もある．私はネットワーク効果のこの側面を明らかにするために，橋の建設のために多くの個人が費やした膨大な集合的労力について説明し

ようとしたのである．こうすることで，分散した多くのユーザが生みだす大規模な労力の存在もまた，ネットワーク効果に関する物語を構成するもう1つの側面であることを証明したかったのである．ネットワーク市場では，個々のユーザの選択が「勝者」を生みだす元になっているのは事実だが，必ずしも選択するだけで個々のユーザに何らかの権利が与えられるわけではない．多くのユーザの選択が重なることで勝者が生みだされるが，市場を勝ち抜いた製品——最終的に勝利を収めた電話システムやオペレーティングシステム——を設計し販売した個人や企業の方がはるかに大きな貢献をしていることは明らかである．しかし，ユーザが選択だけでなく労力の面でも貢献している場合には，話がさらに複雑になる．実際，広く分散したユーザが相当な労力を費やした場合，そうした労力の貢献は，市場を勝ち抜いたシステムの所有者の権利を大きく制限する際の根拠になる可能性がある．こうした可能性を否定することは，分散したユーザの労力を，システムの所有者の労力ほど重要ではなく価値もないものとして扱うことになってしまう．このような制限自体が但し書きや制約に服する可能性はあるものの，労働や労力を財産権の主張の基礎とすべきというロックの原理に忠実であろうとするならば，少なくとも理論上はそのような制限が必要とされるのである．

具体例——ユーザによる価値の向上

　1990年代半ばの事件において，米国の控訴裁判所は，ロータス1-2-3という表計算プログラムのメニューコマンド構造に対する著作権保護を否定した[39]．この判決の結果，ロータスのライバルであるボーランドは，ロータスと互換性のあるメニュー構造が組み込まれた表計算ソフトを販売できることとなった．多数意見の判決はわやりやすく，条文から素直に導かれていた．しかし，この事件には，マイケル・ブーディン判事による同意意見があり，その内容から，ネットワーク製品に対する権利の設定にあたってはユーザの貢献を認識しなければならないことにブーディン判事が気づいていたことがうかがえる．彼は，ロータスの表計算ソフトで動く自前のミニプログラム，つまり「マクロ」を作成したロータスの多くのユーザが創り上げた「共有」空間を維持することの重要性に言及している．共有物（the commons）という言葉を使っているけれども，彼が強調したのは，ロータスのメニュー構造がもつ価値の多くが，この製品を使用し，この製品のためにマクロを作成した人たちの労力によって

生みだされたということであった．

> コンピュータのメニューを保護すべきだという議論は，共有物へのアクセスを妨げる深刻な懸念を生む．新しいメニューは創造的な成果物かもしれないが，時間の経過とともにその重要性は，ユーザがそのメニューを覚えるために注ぐ投資と，そのメニューに準拠した独自のミニプログラム（マクロ）を作成するために注ぐ投資に移行していくだろう．……［この事件の解決に向けた］次のような別のアプローチもあるだろう．これまで述べたような背景においては，ボーランドは，ロータスのメニューが達成した進歩を専有しようとするものではないから，その利用行為は免責されるのだ，ということも可能であろう．むしろボーランドは，より魅力的と言いうる独自のメニューを提供することで，過去にロータスを利用していた者に対し，メニューの習得やマクロの作成に費やした投資を活かす選択肢を提供しようとしているにすぎないとも言えるだろう．一方，そのような場合と異なり，もしボーランドが単に（異なるコードを用いて）ロータスのメニューをコピーしただけで，何ら独自の貢献を加えていない物を，自社のブランド名で再販売したような場合には，このアプローチの下でも，ボーランドが自動的に免責されるわけではない．[40]

　ユーザの集合的労力，すなわち彼らの労働が，オリジナルプログラムの所有者の財産権を分析する際に重視されるべきだという考えは注目に値する[41]．これは，財産は労働に関係しているという考え，つまり正当な財産権の主張の本質は労力を費やすことにあるという考えに暗に基づいているように思われる．しかしそれは，所有者の権利の分析においてユーザの努力の役割を考慮し，さらに分散したユーザにある種の財産権を割り当てることさえもおそらく考慮するという点で，伝統的——すなわちロック的——な考え方に反している．いずれにせよこの同意意見では，ロータス1-2-3のプログラムに関する財産権全体の評価において，分散したユーザの労力が重要な考慮要素として認識された．
　この事件について書いた拙稿のなかで，私は分散した創作者からなる大きなグループに対してある種の知的財産を与える可能性を探究した．そこでの主張は，私たちの法制度が，高度に集権化された単一の創作主体（通常は個人や会社）の概念を中心として構成されているために，分散したユーザの労力をうま

く位置づけられていないというものであった．さらに私は，分散した創作者の貢献を知的財産政策の本流に持ち込む方法について，いくつか提言を行った．その骨子は，ジョン・ロックの財産権理論を用いれば，これらのユーザの労力は知的財産法が注目する（そして保護する）に値するという内容である．私は，集合的創造性の主なタイプとして，「アドオン」型と「純粋オリジナル」型の2つを挙げて説明した．アドオン型の作品とは，既存の作品を元に何らかの方法を用いて作られたもので，通常は，1人の専有者によって所有される．このタイプには，ユーザがオリジナルの素材を提供するファンのウェブサイト，オンラインゲームにおいてユーザが生みだしたゲームキャラクターやシナリオ，マクロやプログラム変更などのユーザが生みだしたソフトウェアアドオンだけではなく，標準的な技術（たとえばオペレーティングシステム）を習得し，自分たちの仕事をその技術に適応させるユーザの労力さえも含まれる．「純粋オリジナル」型の作品とは，ウィキペディアのように分散するユーザによって一から作られるものである．集合的創造性のいずれのタイプにも独自の特徴が備わっているが，ある共通の糸がそれらを繋いでいる．両タイプとも，そこに費やされる労働を讃えるために，ある種の集団的な財産権の主張がなされるようになったのである．

　集合的創造性への注目は今に始まったことではない．すでに数年前から多くの人がそれに言及している．しかし彼らは，たいていの場合，こうした創作物を，組織的にも，社会的にも，そして法的にさえも，伝統的なモデルの範疇に含まれないものとして論じてきた．今日，法的観点からは，集合的創造性は，奨励，保護，称賛という従来型メカニズムへの挑戦とみなされている．とりわけ知的財産権は，このような新しい形態の創作物にうまく適合していないといわれている．こうした批判にはたしかに誇張が多いが，なかには的を射たものもあると思うようになった．特に注目すべきは，知的財産法がひとりぽっちの個人創作者を中心に置く時代遅れの創造モデルに固執しているという指摘である．たしかに，こうしたモデルはこれからも通用する．創作者が1人だけという状態が，集団による創作物という大海に浮かぶ，非常に珍しい島であるという日が訪れるのは，まだ先のことである．ただ，そうであるとしても，私には，この集合的創造性という新興モデルは，少なくとも現在のような不特定多数の集団形式という点で，新しい存在であると思われる．それゆえ，このモデルは，知的財産分野における従来の考え方に対して疑問を突きつけているのである．

これこそが，私がここで取り上げている問題である．

簡単にいえば，この問題は次のようなものである．つまり，個人の創作者や従来から彼らを雇用してきた組織を想定して作られた財産権制度を，創作者が広範囲に分散している新たな創造モデルに適合させるにはどうすればよいか．権利／無権利，知的財産権／パブリックドメイン，排他的権利／共有物といった伝統的な二分法を乗り越え，中道の立場を承認する新しい権利——集団の排他的（または半排他的）な権利——を創り出していくにはどうすればよいか．この問いに対する詳細な答えは長い時間をかけなければ出ないだろうし，答えを出そうとするのなら，原則，ルール，制度のさまざまな微調整が必要となるだろう[42]．しかしまずは，この調整プロセスを方向づける，概念上の基本的なルールをいくつか説明することが有益と思われる．

議論を前に進める最良の方法は最初の原理に立ち戻ることである．一般的な財産権の場合と同じく，知的財産権の場合も，それはロックの研究を意味する．第2章のようにロックのアプローチを探し求めると，この問題一般に関する私たちの考え方の構築に役立つ，いくつかのわかりやすい原理が明らかになる．その原理とは次のようなものである．①労働は，財産権——つまり，原初の素材を別の有益なものに変える労力の提供によって正当化される，対世効を有する請求権——によって報いられるべきである．②すでに他者が所有している資産に労働を加えた場合，その労働者に何らかの権利が生じる可能性があるが，その権利はその労働の提供に課される「雇用条件」に依存する．③集合的な財産権の主張は，他の財産権の主張と同じく，ロックの制約（但し書き）に従わなければならない．こうした制約はすべて，創作者個人の権利と社会一般のより大きな主張とを調和させることを目的としている．

比例性の回復と維持

簡単に要約すると，比例性とは，財産権は社会的に有益で価値あるものと合理的に関連していなければならないという考え方である．所有権の市場価格が規制されず，急激に変動し，その結果，基本的な社会的効用と釣り合わなくなった場合，制度的な対応が求められる．前節では，財産権が，さまざまな理由から，その基本的な社会的価値とは不釣り合いな経済的影響力をもたらす3つの状況について検討した．また，eBay事件で問題となった部品特許の保有者

の例や，ロータス事件におけるマクロを作成するユーザの例など，知的財産法におけるいくつかの例を紹介した．私はこれらの例を通じて，橋のたとえ話は重要な何かをうまく表現していること，つまりあのたとえ話に含まれている要素が，現実世界における知財紛争の重要な側面に対応していることを示そうとした．

　ここで，これまで述べてきた例の1つの側面をもっと深く掘り下げてみたい．eBay事件で最高裁判所は，その事件の特許権は「不当な影響力」を与えるものと判断した．前述のとおり，これが連邦巡回区控訴裁判所と意見が一致しなかった最も大きな点であった．それまで連邦巡回区控訴裁判所は，従来の強い差止ルールが適用された場合に生じる特許権の市場価格について，後からとやかく批判しようとする行為を退けてきた．連邦巡回区控訴裁判所にとって常識的で広く共有された考え方とは，一度基本的な法的権利が設定された後は——本件でいえば一度有効な特許権が発行されてしまえば——，もはや裁判所は市場形成プロセスに口を挟む権利を有しないというものであった．その差止ルールによって特許の価格がいくらになろうとも，それは特許が財産権であるという事実に基づく当然の帰結にすぎないというわけである．しかし，最高裁判所はこの考え方に同意しなかった．最高裁判所は，上告人であるeBay社の主張や，本件にアミカスブリーフを提出した他の企業の主張に耳を傾けた．その主張とは，要するに，不相応な影響力が行使されたことに対する非難であった．そして，この非難を最高裁判所は真剣に受け止めたのである．

　その結果，最高裁判所は，市場形成を左右する部品の特許権の権利構造の背後にあるものを積極的に検討する姿勢を示した．この著名な事例を手始めとして，私は，裁判所が同様の考え方を採用しようとした事例をいくつか検討したいと考えている．私が目指すのは，不当な影響力を是正するために，すでに発行された知的財産権の権利構造を修正する方が望ましいと裁判所が考えるのはどのような場合かを明らかにすることである．すでに述べたように，こうした権利付与後の是正と，最初に権利が付与されるための要件との間には関連性がある．なぜなら両者はともに，比例性原理を実効的にすることを目的としているからである．この点については，権利付与前の要件の場合の方が理解が容易であるし，異論も少ない．他方，権利付与後に是正が行われるのはきわめて稀である．それは，法制度に，安定した権利とそれに基づく強制可能な契約を維持しようとする基本的な前提があるからである．

eBay事件を超えて——権利付与後の比例性

　権利付与後の是正を理解するうえで押さえておくべきことは，それがたいていの場合，予期しない展開によって知的財産権に付随する影響力が顕著に高められた状況から，比例性を回復しようとする試みであるという点である．橋にまつわる前述の3つのたとえ話と同様，比例性の欠如は，ある程度時間が経つまで明らかにならないことが多い．不当な影響力は，往々にして状況の変化に伴う問題である．つまり，最初は理に適い効果的であった法的基準の適用が，その後の状況の変化により，不合理な結果をもたらす場合があるのである．言うまでもなく裁判所は，この種の状況の変化の評価とそれに応じた法的ルールの調整を非常に得意としている．本章で説明した多くの例から明らかなように，裁判所はこれまでも知的財産制度においてそのような役割を果たしてきた．そのうちのいくつかを簡単に紹介すると次のようになる．

- コンピュータゲームメーカーによる不当な影響力を防ぐためにフェアユースを適用
- eBay事件において特許保有者の不相応な影響力を防止するために差止命令の基準を修正
- 将来明らかにされる遺伝子の価値を見越して遺伝子断片の特許化を目論む行為を防止するために特許法の有用性要件を時代に合ったものに改訂
- 多数の部品からなる複雑な製品に対して小さな構成部品の特許権が行使された場合に，その支払われる金銭的報酬を技術上の貢献に見合ったものに調整するために特許賠償法理を修正

　これらはすべて不相応な影響力を是正するために裁判所が介入したケースである．

比例性の理論——事前と事後の比較

　私は，第5章で比例性を知的財産法の中層的原理に位置づけた．私がまだ手をつけていないこと——そして比例性の原理を適用する裁判所が決してしようとしないこと——は，それを裏づける何らかの理論を提供することである．そこで以下では，この点を補うことにしたい．

まず，最初に財産権が設定された後に比例性の原理を適用することについて，起こりうる反論を取り上げる必要がある．そのような権利付与後の適用に強く反対する知的伝統は無視できない．多くの場合，すでに確立した財産権に干渉することへの抵抗は，リバタリアンの理論に基づいている．この政治哲学では，政府が無制限に権限を行使して，私有財産を奪い私的な安全保障を破壊するのではないかという懸念が，強力なモチーフを形成している．法的ルールや政策レベルでのこうした懸念は，しばしば，確立された財産所有を尊重することが政府の義務であるという強い主張として表現される．財産権が付与される前，つまり事前（*ex ante*）の段階であれば，政府は財産権の境界を変えてもよい．しかし，嘆かわしいことに，政府の当局者は，財産権が付与された後に財産を差し押さえたり，はてはこの権利の再調整まで行うのである．

事前（*ex ante*）と事後（*ex post*）は明確に区別されているものの，これらを分ける境界線については疑うべき理由がある．法と経済学の方法論が果たした最も重要な貢献の１つは，現在の個々の紛争に対する法的決定が，将来の私的活動にどのような影響を与え，どのように方向づけるのかを明らかにした点である[43]．現在の紛争に対して紛争発生後に示される解決策が，将来の取引や他の行動に影響を与え，それらの構造を決定する法的ルールを生みだす．事後（*ex post*）が事前（*ex ante*）を形成するのである．数えきれないほど多くの論者が論じてきたように，限界的な場合であれば，事後であっても，状況の変化や喫緊の社会的ニーズを考慮して財産権を調整できるという理解が一般に浸透しているのであれば，当然のことながらこうした理解は，すべての財産保有者が抱く確固たる期待に含まれることになろう．そして時折再調整が行われるという事実が期待に織り込まれているとすれば，こうした再調整の実例によって確固たる期待が大きく損なわれるという議論は成り立たないことになる．

これは，憲法の「収用」に関する文献で論争になっている問題である[44]．しかし，知的財産権に関する私の議論を受け容れるために，必ずしもそのような長期にわたる論争の一方の側を支持する必要はない．知的財産権は複雑かつ多面的な権利であって，知的財産権の原則は浮き沈みに絶えず影響される．裁判所は，著作権と商標権はもちろん，特許権でさえ，それらの存続期間中に知的財産の原則の細かな点を文字どおり何百カ所も変更できる．それは，権利が最初に付与された時点で誰もが知っている．知的財産権の最初の取得には，有効性，権利範囲，そして特に最終的な経済的価値など，あらゆる種類の不確実

性がつきものである．知的財産権は，原則の浮き沈みに大きく左右されるので，この権利に関する期待は，強固で不変的で包括的でなければならないと主張できないのは当然である．知的財産権の所有はある意味冒険であって，このことは経験豊富な知的財産権の保有者であれば誰でも知っている．したがって，知的財産の原則や政策のほんのわずかな変化によって知的財産権の保有者の秩序だった期待がいたるところで不安定になるという考え方は，このような個々の所有者の期待に冒険心が組み込まれているという認識と全く整合しない．財産権の浮き沈みに慣れている所有者たちがいるのなら，彼らこそがまさに理想の人たちである．そのような所有者たちこそ，変化しない原則やゆるぎない政策を期待してはならないとわかっている人たちである．これとは反対の主張をすること，すなわち，変更等に伴うコストが完全に補償される場合を除き，知的財産権のすべての側面は最初からずっと不動であって，決して変更されてはならないと論じることは，馬鹿げた話である．

比例性の理論――市場取引規制

　以上のことから，少なくとも私の考えでは，深刻な不均衡の発生に備えて，知的財産権を適度に調整することは全く正当である．そこで次なる問題は，そのような調整をいつどのように行うべきかの指針をどこに見出すのか，である．過剰となることなく，適度に，十分な調整を行うには，どのような理論を用いるのがいいだろうか．

　例のごとく，その答えはロックから始まる．財産権の制限と制約という考えを広く支持する記述がロックの著作のなかに見られることを第2章で指摘した．知的財産権の微調整が行われた例をここまですでに数多く見てきた．少し例を挙げれば，eBay 事件における差止基準の変更，Fisher 事件における遺伝子断片特許の特許性の否定，コンピュータゲームのインターフェースのリバースエンジニアリングに対するフェアユースの適用などである．これらすべての調整は財産権に関するロックの考え方にぴったりと当てはまるが，それにはいくつかの理由がある．その1つは，こうした微調整が，最初の権利付与で暗示されているように思われることである．知的財産のような複雑な分野では，特定の財産の専有が第三者に与える影響をすべて最初の専有時に予測できることなどありえない．それゆえ，第2章で議論した但し書きのいくつか――特に十分性と慈愛の但し書きであるが，場合によっては腐敗の但し書きも――が，最初の

権利付与後，つまり事後（*ex post*）の段階において，折に触れて適用される必要があるだろう．さらに思い出してほしいのは，ロックは専有に関する自らの基礎理論が市民社会の創設の根拠になると思っていたが，十分に機能する国家によって実施される財産制度の細部にはかなりの裁量があるだろうとも考えていたことである．これらの理由により，付与後の権利の調整は，強力だが限界もあるとするロックの財産権の概念と完全に調和するように思われる．

　カントの理論も用いることができる．カントは，最初に財産権を主張する段階で課される制限に加えて，必ずしも明示的にではないがその後の権利の利用や活用の段階で課される制限についても，独自の考えを提示している．カントの場合に鍵となる制約は権利の普遍的原理である．この原理によれば，財産権の付与が認められるのは，他のすべての人の自由と両立する場合であって，個人の自律を高める目的の場合に限られる．この原理は，最初の付与に対する制限——他のすべての人も同じ条件で権利が付与される場合に限り権利を付与するという制限——としてのみ解釈されるかもしれないが，これを事後（*ex post*）における財産権の調整の根拠と見ることもできる．自由の条件が時間とともに変化してはならないという示唆はカントには見られない．そして，市民国家の創設後に法制度を実際に運用するため余地を数多く残していることから，私がこれまで指摘したような微調整が，カントの考える財産権の全体像とうまく調和すると考えることは合理的である．

　では，分配的正義に関して第4章で学んだことについてはどうであろうか．この問題については密接に関係する文献が豊富にある．そうした文献では，市場がもたらす結果の公正性の問題だけでなく，市場取引の結果に国家が介入してこれを覆したり調整したりすることが許されるのはいつ，どのような態様の場合かという関連する問題も扱われている．比例性の問題はこの種の理論に関係する．なぜなら，不相応な影響力を是正しようとすると，市場取引の変更を不可避とするような財産権の変更を必ず伴うからである．ここでもう一度，eBay事件について考えてみよう．本件で最高裁判所が「不当な影響力」に言及したときに言わんとしたことは，その時点の差止ルールの下で特許権の本質的価値と全く釣り合わないと思われる金額を特許権者が要求していたという単純なことであった．この不均衡の認識に応えて最高裁判所が差止ルールを変更したときに行ったことは，この差止ルールを背景にして取引されている権利にはっきりと影響が表れるように，権利の構造を再構築することにほかならない．

最高裁判所の行動の論理やレトリックの奥深くに埋め込まれているものは，もし最高裁判所が介入しなければ特許権者はその権利の本質的な価値以上のものを特許市場で獲得しつづけることになるだろうという考えである．

　これは次のように言い換えることもできよう――eBay 判決は，財産権が「不当な影響力」を発揮するようになったと裁判所が感じるすべての類似の状況にも向けられている．もちろん，暗黙の前提として，この影響力がそれほど不当ではない場合――つまり，特許権者に本来的に認められるべき「正当な」影響力である場合――もある．したがって，具体的な事例にこの論理を適用することは，経済的な取引関係における公正性または分配的正義という概念――これについては第4章で詳細に検討を行った――を，限定的にしかもひっそりと適用することである．もちろん，特許法上の原則の微調整は，ジョン・ロールズが採用したような包括的な再分配の枠組みとは，その規模が異なる．しかし水面下では，eBay 事件のようなケースの背後にある基本的な論理と分配的正義に関する広範な理論との間には，ある種の共通点が存在することは間違いない．

　ここでいう共通点の中心には，諸条件が整ったように見えるときに，自発的になされた市場取引の背後に視線を向けようとする衝動がある．市場取引は既存の権利に基づくが，必ずしも公正性の絶対的な証拠として解釈されるべきではない．また市場取引は，決して変更されたり調整されたりしてはならないような神聖なプロセスとして扱われるべきでもない．実のところ，分配的正義の精神が現実に適用される場合は，原則の微調整が必要となるほど，既存の権利から生じた不均衡の感覚が高揚する場合にほかならないのである．

余剰価値の議論――そしてそれを避けること――について

　私たちが突き当たっているものは，ひどく厄介で複雑なテーマ――「余剰価値」という問題――である．その基本的な論点とは，市場経済における売り手は，市場価格に基づいて獲得できるすべての余剰価値を受けるに値する――そうした権利が間違いなくある――といえるのか，というものである[45]．余剰価値には多くの定義があるが，まず直感としていえるのは，市場で販売される商品にはある種の自然な，つまり通常の価格があるということ，そして，さまざまな市場の力学に基づいて，売り手はこの価値以上の価格を設定できる場合があるということである．知的財産の分野で問題になるのは，知的財産権者は，

市場価格がこの自然な,つまり通常の価値を上回る部分——余剰価値——を受け取るに値するのかという点である.この単純な疑問に対しては,分野横断的にさまざまな答えが示されているものの,いずれも異論が多く,知的財産分野における長きにわたる論争を生む原因となっている[46].

この論争の一方の側にいるのが,第4章で述べたようにジョン・ロールズであり,他方の側にいるのが,ロールズに批判的な研究者たち,なかでも特筆すべきが,リバタリアンとして著名な哲学者ロバート・ノージックである.ノージックは,その著作『アナーキー・国家・ユートピア』(1974年)で,資源の分配の公正さに関する判断基準として唯一ふさわしいのは,最初の取得とその後の移転における公正さであると主張している.ノージックによれば,人びとが自己の所有物の一部を他者に自発的に移転し,かつこうした移転が一個人に集中するという不均衡が生じた場合でも,分配の結果に対して異議を唱えるべき理由は何もない.どんなにがんばって再分配したところで,最初の取得の正当性を損なうことになるだろう.さらに再分配においては,「公正」とみなされる範囲内にとどまるように,国家が絶えず介入し,財産の分配を調整しなければならないだろう.ノージックのこうした主張は要するに,財産を善意で取得する限り,取得者には,その財産の経済的価値——公正な市場取引においてその財産に認められるべき価格——をすべて手にする権利があるというものである.この主張は権利の「歴史的」説明と呼ばれてきた.これが,商品の売り手はその商品の市場価格をすべて受け取るに値するという立場を正当化する1つの論拠である.売り手が,自らの販売する商品について正当な法的権利を有する限り,何人も販売価格の一部であれ自分のものだと主張することはできない.これは課税反対の強いメッセージを含む,広範な主張であるが,ここでは次の側面だけを取り上げたい.その側面とは,財産権の「本質的」価値についての社会的な直観やその権利が要求する市場価格の不公正さにかかわらず,人びとの所有物に対する権利,つまり財産権を事後的に調整する機会をすべて排除すべきであるという考え方である.つまり,正当な権利にすべての余剰価値を保有できる権利が含まれるのならば,eBay事件で指摘されたような「不当な影響力」なるものは存在せず,したがって,比例性という,より広範な原理が適用される余地もなくなる.

公正さと余剰価値の問題は,幅広く多様な文献で取り上げられている.まさに,市場経済を基礎とする社会のなかでさまざまな形で現れてくる論点といえ

る．すでに第4章で，余剰価値をめぐる論争の一側面として，創造性を有する者はその才能の成果を受け取るに値するのかという議論に言及した．この論点をうまく説明したものとして，ノージックが自身の「歴史的権原（historical title）」理論を説明するために用いた有名な説明がある．ノージックは——持って生まれた才能に値する者などいないと主張するロールズの議論に対して——，ウィルト・チェンバレンが出場するバスケットボールの試合を何としてでも見たいというバスケットボールファンなどは，自ら進んで自分の金銭をチェンバレンに渡そうとすることを指摘した．さらにノージックによれば（ここでもロールズに反論し），チェンバレンは自らの才能に値するのだから，その才能を発揮する場面を見るためにファンが支払ったすべてのお金を自分のものとすることにも値するというのである．この考え方は単純である．ファンはその試合観戦に必要なお金を持っている——だから，そのお金に対する所有権を，このファン以上に正当に主張できる者はいない．それゆえ，チェンバレンのポケットにどんどん金が貯まっていくことは明らかに公正である．ファンは誠実にお金を手にし，チェンバレンは誠実にファンのお金を手にする．ノージックにとっては，ただそれだけの話なのである．

　法学者のバーバラ・フリードは，ノージックによるチェンバレンの話を評して，「あと一歩」と述べた[47]．フリードの主張によれば，ノージックのストーリーは巧妙なごまかしであり，人は自分の所有物を正当に移転できるという誰もが同意する概念に読者の注意を引きつけ，その過程で古典的な論争を隠しているという．それは，取引において価値あるものを受け取る人は道徳上，その取引価格のすべてを受け取るに値するのか，という論争である．別の言葉で言えば，以前から論争の的になっている余剰価値の問題が，水面下に隠れてしまっているのである．フリードはこの余剰価値という難題を解こうとはしていない（おそらく誰ひとりとして100％満足のいく解決策を提示することはできない）が，それを隠す——彼女の言葉を使えば，それを議論から「こっそりと取り去る」——ノージックのアプローチも答えになっていないと説得的に論じている．個々のファンが自分のお金の所有権をもち，そのお金をチェンバレンに移転するというだけでは，チェンバレンに全市場価格を支払うことの公正さを自動的に証明することにならない，というのがフリードの立場である．ノージックのアプローチが公正性の論点を単に避けているのだとすれば，公正性を無視した世界を論じていることになる．それゆえ，チェンバレンが自らの功績に基づい

て収入のすべてを手にする権利があると主張したとしても，そうした主張に確かな根拠は存在しないことになる．こうしたことから，フリードのノージック批判を支持する人たちは，国家が，チェンバレンの所得に対して課税すること――それも高い税率で――が許されると考えるのである．

　ノージックの見解に対するフリードの批判は，比例性原理の擁護に用いることができる．権利の現状維持に頑なに固執することがノージックの理論の原動力であるが，同様の頑な姿勢は，不当な影響力が感じられた状況を是正するためであっても，財産権は決して変更・調整されてはならないという考えにも見出される．そして，この考えに対しても同じ批判が妥当する．すなわち，市場取引の結果が取引成立時に存在していた権利に基づいているというだけで，そのすべてが当然に有効であり公正なものであると主張することは，公正さの論点をごまかしているだけで，答えになっていない．少し別の言い方をすると，私たちに許されているのは市場取引の前提条件の検討だけなのだから市場取引の結果からは目を背けろと私たちに強いるのは，公正性を薄っぺらくしなびたものとして描くことである．不公正さがマクロレベルで顕在化するようであれば――たとえば，他者が飢えに苦しんでいるときに，チェンバレンは大もうけをしていながら税金を全く払わないのであれば――私たちはそうした結果を精査することはもちろん，それを調整することすら妨げられるべきではない．

　仮に私たちのアプローチがこれを妨げるのであれば，私たちが天賦の才能や権利の初期設定にしか目を向けないという誤りを犯していることを示しているといえるだろう．もし私たちの手が縛られ，マクロな結果のレベルでどうすることもできないのであれば，多くの正義に手を伸ばすことも実際に実行することも妨げられるだろう．たしかに，チェンバレンを見ようとお金を支払うファンには，その試合のチケットの購入に必要なお金に対する所有権があるだろう．そうであったとしても，彼の才能と試合に対するファンの関心のおかげで手にした思いがけない多額の収入に対してチェンバレンに課税することは公正であろう．同様に，土地の所有者が，初期条件――実際の法的所有権と特定の市場条件――に基づき，その土地の利用者からできるだけ多くのお金を引き出そうとすることは，全く正当であるように思われるかもしれない．そうであったとしても，状況の変化によって，資産の所有者がその資産本来の価値以上の価値を請求できるようになった結果，思いがけず手にした巨万の富を是正するために，この所有者の権利を少しだけ修正することは公正といえるだろう．いずれ

の場合も，市場取引が思いがけない幸運をもたらすと判断しており，このことは，こうした取引形態が，疑いの余地なく一貫して公正とは限らないことを暗に示している．

　私たちはさらに，第4章で扱った分配に関するいくつかの論点が再び問題となることを目の当たりにする．橋にまつわる3つのたとえ話のいずれにおいても，所有者のコントロール外にある力が財産権の市場価値に大きく貢献している．この市場価値が生みだす不均衡は，社会的な力の結果であるといえよう．このことに聞き覚えがあると感じるのは，創造的な人物の成功とその成果に対する社会と個人の貢献に関する第4章の議論を思い出すときである．まさに功績の二分論――個人の貢献を示す個人に帰すべき中核の部分と，社会一般の貢献を示す周辺部の区別――を擁護したように，比例性の原理も同様の二分論に基礎をおいていると主張したい．裁判官は，財産権が不当な影響力を生みだしたように思われる事件について検討し，その財産権の市場における影響力が，その権利本来の価値やその権利による貢献と妥当な関係性を有するかどうかを精査しなければならない．したがって，第4章で言及した報いられるべき中核は，その趣旨において，財産権の本質的価値という考えに近い．いずれの概念も，妥当性や適合性への深い配慮を表している．

重要だが控えめな原理

　裁判所が私的な市場秩序にこのように介入することは，実際にはきわめて稀であり，またそうあるべきである．不相応な影響力が争点となった事例で裁判所が採用するさまざまな法原則については，いずれも激しい論争の的となり，その適用もきわめて限定的である．だが，そうあるべきなのである．市場が正常な場合に，市場を操作しないようにすることは全く理に適った行為であるが，上記のような稀なケースでは，市場の基礎となる財産権が巧みに操作されたり濫用されたりしているため，市場がうまく機能しなくなる．知的財産権の場合で言えば，異常な状況のために，財産権のもたらす市場価格がいびつになって，その権利によって保護される創作物の本来的価値との健全な関係を喪失してしまうのである．

　このような稀なケースでは，普段は信頼できる市場のメカニズムが機能せず，裁判所が介入しなければならなくなる．もちろんこれは，安定と秩序を維持し，基本的な公正さが求められるときに介入するという裁判所の主たる職務の1つ

である.

　ここに分配に関する重要な点がある．つまり，こうしたケースにおいては，関連する取引の適正価格を決定するうえで，市場に頼ることはできないという点である．あるいは，市場を元に戻すために介入が必要になると言った方がより正確かもしれない．市場が元の状態に戻るまでは，市場をその本来の目的を達成できる場として信頼することはできない．不相応な影響力を獲得した財産権者は，その所有する創作物の本来的価値をはるかに超えた報酬を受け取ることになるだろう．その結果——労せずして得た経済的レントないし超過収入——が影響し，もっと生産性の高い他のプロジェクトから投資と資源が引き上げられてしまうだろう．市場における交渉や取引の出発点を再調整するためには裁判所の介入が必要である．

　この原理に基づき必要となる介入が，その性質上，限定的であることを，順に2点ほど説明したい．第1に，比例性の原理を具体化する原則は，デフォルトの市場評価が均衡を欠いているという裁判所の判断を伴うものであるが，この原理は，裁判所独自の評価を求めているわけではない．裁判所に求められる実際の評価は，権利の「本質的」価値と市場取引でその権利がもたらすと想定される価格という，2つの価値の比較だけである．言い換えれば，この評価は大雑把で，きわめて相対的である——数学でいえば，基数ではなく序数である．裁判官がなすべきは，この権利の本質的価値が，その権利が市場で求めている価格と著しく不釣り合いかどうかを問うことだけである．この問いに答えを出すことの方が，具体的な（基数としての）価値を判断することよりも，はるかに簡単である．比例性原理は，明示的な評価の必要性を意識的に否定し，さらには複雑な分析の準備段階で絶対に必要となる非明示的な評価さえも表に出さないことで，市場の判断を裁判官自身の判断に明示的に置き換える際に概してついて回る厳しいレビューと批判から裁判官を守ってくれるのである．

　比例性原理が暗に導く裁判所の評価にはもう1つの利点がある．それは，裁判所の評価が原則に関する決定ないし判決のなかに包含されている——実際には隠されていたり埋没したりしている——ということである．その評価は決して明示的に述べられる必要はなく，もちろん裁判官が1ドル刻みで評価を行う必要も全くない．比例性分析の最終結果は評価という形では述べられない．実際，注意深く見なければ何らかの評価が行われていることにすら気づかないだろう．裁判官は「この差止めは認められるべきではない」とか，「これはフェ

アユースである」とか,「この特許権は有用性の要件を満たしていない」などと言うだけである. これらのルールの形式的な構造には素晴らしい長所がある. 非常に多くの目的で市場取引を正当な指標として利用する私たちの法社会制度では, 裁判所の評価を攻撃することは非常にたやすい. 比例性原理に基づいて運用されるルールには, 社会の英知がより巧みな形で反映されている. そのようなルールは, ある特定の権利の具体的な評価を隠してしまうだけでなく, 多くの場合, 評価が少しでもなされたという事実をも覆い隠してしまう.

そうであったとしても, 不当な影響力の存在をはっきりと認めることは, 滑りやすい急な坂道に立つようなものである. 無理をすると, 岩だらけの谷底に転落してしまう. あらゆる種類の「市場の失敗」を「是正」しようとした善意の介入が, 多くの善意の社会主義改革者や権力狂の独裁者によって支持される, 数多の極悪な政策への入り口であることを私は知っている. 私はこれらのことをすべて理解している. それでも私はこう言いたい. たしかに介入は危険であるが, それ以上に危険なのは, 市場による分配の結果が馬鹿げていたり明らかに不公正であったりするにもかかわらず, 市場による分配を許容することである, と. ロールズが何かを教えてくれるとすれば, それは, 制度レベルでの公正な分配に対する関心は政治的正当性と密接に結びついているということである. もしその取引がもともと自発的な合意に起因するものだとしても, ひどく歪んだ取引を許容する法制度を擁護することはできない. 不公正で不合理な経済的合意は, 結局のところ, 独裁者の最終兵器なのである.

結　語

橋のたとえ話とそのヒントになった知財事件の本質は, 小さな財産権が最終的に大きな市場を支配することになるということである. これは知的財産法の暗黙の原理, つまり, 財産権の本質的な価値とそれが支配する市場とは釣り合っていなければならないという原理に反するものである. 非常に多くの知的財産の原則が, こうした比例性の関係を調整するために機能している.

比例性の原理はロックやカントの財産権理論と強く密接に関係している. この原理は, 彼らが自らの理論に組み込んだある種の慎重な制限を完璧に応用したものである. そしてそれは, 財産権者が特定の状況下において自らが受け取るに値する以上のものを受け取っているという判断を反映している点で, 第4

章で検討した分配的正義に関するいくつかの懸念の表れでもある．

　第5章から始まった中層的原理に関する掘り下げた検討は，ここで終わりを迎えようとしている．序論で明らかにした階層図を振り返ってみれば，いよいよ最上階の詳細なルールと政策の領域へと進む準備が整ったということになる．ここからは，企業所有という一般的な問題を手始めに，ここまでで明らかになった概念の適用範囲を，知的財産関連の複雑な問題にまで応用，拡大することにしよう．企業のような集団組織が，事実上，ほとんどの知的財産権を所有し，かつこれを支配している社会において，個人の努力，個人の功績，個人の自律に基づいて正当化され付与される知的財産権の重要性を，私たちはどのように理解すればよいのだろうか．これが次に取り上げる一般的な問題である．

III 諸問題
Part three Issues

第7章 職業的創作者，企業所有，取引費用
Creative Professionals, Corporate Ownership, and Transaction Costs

　ここまでは，基礎的・理論的レベルにおける知的財産法の正当化に多くの時間を費やしてきた．第2章から第4章においては，知的財産法は，財産権に関する基礎的思想および社会の基本構造と完全に整合的であり，それらの思想および構造の観点から見てきわめて妥当であると論じた．第5章と第6章では，私がこの分野の基本原理と考えているものを提示した．すなわち，非専有性／パブリックドメイン，効率性，尊厳性，比例性である．第6章では，特に最後に挙げた原理について詳しく考察した．ここまでのところで，正当性と合理性を備えた現代国家において，知的財産法は一定の地位を占めるにふさわしいことが十分に立証されたのではないかと思う．そうでないにしても，私としての最善は尽くしたので，欠けている点があれば他の方の補充に任せることとする．

　建材となる概念の用意にできる限りのことをしたので，次は，知的財産法という構造物のうちもっと目に見える部分へと議論を進めよう．労力に報いることと自律を促進すること——これらこそ，個々の財産権を他者の利益と調和するように配慮することとともに，知的財産法にも表れている根本的な原則なのである．厳しい現実の世界において，これらの原則はどのように実践させればよいのであろうか．

　基本的な答えは単純である．すなわち，「うまくいくよ，複雑ではあるけど」．「報いること」は報酬を意味し，知的財産保護にふさわしい作品を創作した者は，相応の補償を受ける機会が約束されるべきである．自律は選択と行動の自由を意味し，知的財産は，その権利者に才能を発展させる機会を与え，それにより職業的創作者として確かな生計を立てる機会を与えるべきである．したがって，知的財産法と私たちが呼んでいるこの構造物は，あらゆる角度およびあらゆる観点からはっきりとわかる形で，その特質として，報いと自律という2

つの特徴を備えているはずなのである．

職業的創作者

　この節では，職業的創作者に関する一般的な情報――何人いるのか，雇用主は誰か，およそどのくらい稼いでいるのか――を提供したい．その目的は，多くの場合抽象的にしか議論されない多種多様な人びとを調査し，その人たちの経済的状況について基本的な情報を提供することである．

　しかし，それに先立って，職業的創作者は，知的財産法政策の特別の関心対象であるという考えをまず擁護する必要がある．

なぜ職業的創作者に特別な配慮が必要なのか

　かつては，知的財産保護と職業的創作者の育成はとても密接に関連する概念なので，この2つは同一の広がりをもつだろうと考えられていた．当時は，創作物で生計を立てられるようにすることが知的財産法の中心的役割であった．もちろん，常に創作物の中にはアマチュアによるものもあったことは無視できないし，利他的に貢献する人も存在したが，職業的創作者に属する人びとの生計こそ，知的財産法の意義の考察において中心となると考えられていた．私の主張では，今でもそうである[1]．

　この主張は，今日では弁護を要するばかりか，多くのグループで積極的に異端視されている．つまり，この何年かで私たちの議論の状況は大きく変化している．今日では，多くの人が「ボトムアップ」の創作を支持するとはっきりと述べている．アマチュアの台頭，文化の民主化，遍在する創作・配信技術による平準化効果，正式な創作者に対置される「利用者」の貢献が今日の重要なテーマである．職業的創作者をどのように擁護しようとも，現代の知的財産の議論においてはこれらのテーマが優勢であるという状況に向き合わなければならない．

　私は2つの点からこれを擁護する．第1に，職業的創作者とその質の高い仕事は，知的財産権に依存する業界にとっては依然として不可欠である点である．まずはここから議論を始める．もう1つは，知的財産権の尊重を確かなものとすることは，最も柔軟で融通のきく政策でもあって，盛り上がるボトムアップ文化の運動を支持できる点である．それゆえ，職業的創作者のキャリアを強力

な知的財産保護を通じて育成することは，ありとあらゆる種類の創作物にとって最も望ましい——このことは職業的創作者にもアマチュアにも等しく当てはまる．この政策は知的財産保護を弱める政策よりも優れている．知的財産保護を弱める政策はアマチュアを少し助けるかもしれないが，職業的創作者に強烈な打撃を与えかねない．対照的に，より強い知的財産は，多くの人の指摘とは異なり，アマチュアにはほとんど悪影響を与えない一方で，職業的創作者に不可欠な生計の糧を提供する．強い知的財産がアマチュアないしボトムアップ創作の障害にならない理由は，多くの場合，知的財産権は行使されないからである．厳密には侵害となるような行為であっても，気づかれなかったり見逃されたりするし，さまざまなメカニズム（契約，通知，公衆への開放など）を通じて，権利は正式に放棄されることもある．したがって，広く知られている，より強い知的財産が必然的にアマチュアの創作を妨げるという考えは誤りである．それゆえ，ボトムアップ文化の促進のためであっても，知的財産権を弱めようとするどんな政策も必要ない．そのような政策が職業的創作者に与える悪影響は決して正当化されないからである．

知的財産と労働の財産化

　ここまで私が述べてきたことは自明のように思われるかもしれないが，少し紙幅を割いて，知的財産がどのように職業的創作者の利益に適うのかについて，さらに踏み込んで論じた方がよいと思う．私たちは，職業的創作者の保護・育成と知的財産権とを結びつけるメカニズムを理解する必要がある．

　その答えを簡単に言えば，知的財産は，平均的には，職業的創作者の収入を増加させている．第5章で見たように，知的財産は尊厳も高めるが，その主たる貢献は，収入を増加させることである．しかし，知的財産がどのように収入を増加させているかについて完全に理解されているとは言いがたい．そこで，ここではこの点について議論する．

　創作や実演に関わる仕事に携わる人，たとえば，コンピュータプログラマーと音楽家を考えてみよう．プログラマーは，特定の産業が直面する特定の問題解決のためのコード——たとえば，自動車ディーラーの在庫・売上履歴管理ソフトウェア——を書くことを専門にしているとする．そして，音楽家は，作曲とギター演奏でもしているとしておこう．

　このような仕事に携わる人たちは，「時間単位」で報酬を得ることが可能で

あり，現にしばしばそうしている．その場合，彼らの収入は，労働可能な時間で事実上制限される．コードを書かなかったり音楽を演奏しなかったりすれば，彼らには一切お金が入ってこない．

コードを書くプログラマーや音楽家がこの制限から解放されるのになすべきことは，2つある．1つは，ある時点で創作にかけた労力を固定し，それをコピーし後で再生できるようにする方法である．そして，もう1つは法的保護である．前者の必要性は明らかである．好きなときに再生できるように創作の成果を「タイムカプセル」に入れればよい．2つ目もかなり明らかであろう．極言すれば，もし固定した創作の成果を無断コピーから保護する手段がなければ，プログラマーや音楽家はコピーを1つしか販売できなくなる．

理想的には，固定した創作成果に対する法的保護は，強力かつ柔軟であるべきである．この法的保護は，契約を結んだ直接の聴衆だけでなく，完全な第三者にも適用されるべきである．お気づきのとおり，これは，財産権——対世効のある権利——のことである．固定された創作成果に対する財産権を認めれば，創作者は，創作活動が終わった後であっても，過去の一時の労力に基づいて，お金を稼ぐことができる．財産権は，固定された作品を無許諾のコピーから保護し，かけた労力を静的で一度きりの出来事から動的で生産的な資産へと変える——それは，労働（work）を，作品（a work）という資産あるいは物に変えることである．これこそが，労働の財産化という表現によって私が言わんとしていることである[2]．

創作に労力を費やした人が資産を所有できるメリットは明らかである．創作者がある資産に対する知的財産権を保有できれば，さまざまな方法でお金を稼げるようになる．最も重要なことは，創作者が過去の創作に費やした労力から複数回にわたってお金を稼げることである．つまり，創作に労力をかけ終えた後であっても，稼ぐ力は衰えない．注意すべきは，財産化から創作者が受ける恩恵は，創作者がその資産を所有しているときに限られない点である．職業的創作者が従業員として労働している場合，労力を財産化できれば，雇用者は追加的な価値を得ることができる．従業員の労力を財産化することによって雇用者の利益の見通しがよくなれば，創作者である従業員の収入は高まると考えられる．広く受け容れられている法的ルールを前提とした場合，知的財産権の取得の見通しによって，創作者である従業員に配当される利益割合が増加する可能性があるとのデータもある[3]．

歴史的転換の簡単な説明——パトロネージとそれに不満をもつ人びと

　創作者の自律を高めつつ収入を増加させるという知的財産権の働きを説明するうえで，歴史上の事例が役に立つだろう．実効的な知的財産制度が登場する前（およそ西暦1800年より前）にも職業的創作者として雇われていた人びとはいた（これまで議論してきた仕事の多くは，もちろんまだ存在していなかったが）．ただし，圧倒的に一般的であった雇用形態は，今日私たちがパトロネージと呼ぶものである．この仕組みの下では，独立した作曲家，作家，科学者，人文学者が，典型的には裕福で高貴な生まれの人に，直接雇われていた．職業的創作者はパトロンの気まぐれに左右されながら任務を果たしていた．多少の流動性はあったが——より優れた才能のある職業的創作者は，概してより裕福なパトロンのところへ移動した——厳しい制限もあった．創作者はパトロンを喜ばせなければならなかったし，より一般的には，パトロンの目的にしたがう必要があった．また創作者は，主たる聴衆（audience）であるパトロンを喜ばせるために，新しい作品を生みだし続ける必要があった．古い作品を「リサイクル」することは，1人のパトロンや一握りの寵臣が唯一の利益創出源たる聴衆である場合には不可能であった．このように，パトロネージは職業的創作者に生計の手段を与えたが，労働条件，特に創造性を高めるために必要な条件は，最適からほど遠かった．

　19世紀に知的財産権が重視されるようになった一般的な説明（おそらくこの説明は，スタンフォード大学ロースクール教授のポール・ゴールドスタインの研究と最も密接に関連している[4]）は，知的財産権のおかげで，職業的創作者は初めて大衆に直接関わることができたというものである．知的財産権は，パトロネージを経由しないで，創作者と多数の聴衆とを直接結びつける方法を提供した．限定的で制約の多いパトロネージ市場が，創作者と多くの聴衆との直接的な関係に置き換わることで，職業的創作者の階層は爆発的に増加した．しかし，おそらく驚くべきことに，職業的創作者の創作ペースを見ると，以前よりもゆったりしたケースも出てきた．19世紀の偉大な作曲家たちの歴史のなかにその証拠——なかにはこれまで私が述べてきたことを裏づける証拠もある——を見出すことができる．

　18世紀以前の職業的創作者と同様，当時の作曲家たちはパトロネージの仕組みの下で働いていた[5]．職業的創作者になるためには，創作した成果物にお金を出す人を見つける必要があった．パトロンは，通常は貴族階級に属してい

て，多くは王やその他の政治的統治者であり，王宮などで演奏する音楽の作曲家などを雇うことで，その威信を高めることができた（裕福な教会も作曲家を雇った）．

ジョセフ・ローウェンスタインは，文芸市場の歴史の研究において，近代以前の著作者の困難な状況について次のように記している．「しかしながら，厳密に言えば，著作者の状況はきわめて厳しいものであった．ルネッサンス期の著作者は決して文芸作品を所有していなかった．少なくとも，今日私たちがいくらか抽象的に文芸作品であると理解する作品についてはそうであった（文芸作品という抽象的な概念の発展は，ゆっくりとしたプロセスであった．このプロセスは——とりわけ——17世紀の文芸市場における著作者の権利の拡大によるものであった）」[6]．このように創作物を十分にコントロールできないことは，生計を立てるために苦闘することと同じくらい，作曲者たちの悩みの種であった．このことは18世紀のイタリアの作曲家であるルイジ・ボッケリーニの言葉に表れている．「しかし最悪なことに，貧しい著作者の手が縛られていること，つまり，きまりごとに支配され，著作者の思想と想像力に制約が課せられていることを忘れてはならない」[7]．

学者の間では，これらの変化が18世紀に始まったという評価でおおむね一致している．複合的な諸要因——多くの国における政治的構造の変化，富の増加と庶民による音楽鑑賞の普及，そしてとりわけ重要な，楽曲に対する知的財産権の強化——のおかげで，職業的創作者は少なくとも自分たちの収入の一部を，大衆との直接的関係を通じて獲得し始めた．不特定多数の消費者1人ひとりから得られる小額の支払いが，1人の裕福なパトロンから得られる多額の支払いに取って代わった．

18世紀の過渡期を生きた人びとは，パトロネージと大衆市場への参画の長所と短所を，よく比較した．有名な作家で才人のサミュエル・ジョンソンが鋭い比較をしている．この件（およびその他の事項）に関するジョンソンの見解は，ジェイムズ・ボズウェルが書き留めることで人びとが知るところとなった．19世紀に出版されたボズウェルの『ジョンソン伝』の書評が，19世紀の著名な評論家であり歴史家のトーマス・カーライル卿により書かれているが，そこでは，18世紀のパトロネージに関するサミュエル・ジョンソンの経験が次のようにまとめられている．

この分野でジョンソンが活動を始めたとき，文芸は……まさにパトロンによる保護から大衆による保護に移行する時期であった．もはや，文芸の必需品を，名士への恭しい献身によって得る時代ではなく，頭を使って書店と取引することにより得る時代であった．……著作者が収入を得るための選択肢は，ジョンソンが活動を始めたときには，依然として2つあった［1つはパトロネージであり，もう1つは書店との取引であった］．思慮深い人にとって，どちらの方法が好ましいかは明確ではなかったかもしれない．なぜなら，どちらもあまり魅力的ではなかったからである．パトロンの援助は，ほとんど必ずと言ってよいほど，それを手にする過程において，へつらいによって汚されていた．書店の援助は，このうえない苛立ちと嫌悪の対象とまでは言わないまでも，貪欲な愚かさによって歪められており……その援助を受けても，食いつなぐのが精いっぱいであった．1つは苦難と貧困の代償であり，もう1つは，深い注意を払わない限り，罪悪の代償であった．やがて，ジョンソンはこの2つの方法を精査し，それらがどのようなものであるかを確かめる機会を得た．しかし彼は，最初の段階で前者の方法は自分に全く役に立たないことに気づいた．最後の審判の灼熱の爆風にもう一度耳を傾けられたい．パトロネージはもはや不要であろうという宣言が聞こえてくる．それはチェスターフィールド卿の耳に届くだけではなく，彼を通じて，これに耳を傾ける社会全体にも届いた．[8]

知的財産権と聴衆の大衆化　　理論的なレベルでは，強く明確な知的財産権と，著述・作曲などが実際に職業として成立する可能性との間には明確な関係がある．知的財産とは，すべての財産権がそうであるように，市場を形成するためのものである．あるものに対して権利が付与されることで，それを使いたいと思う人は，誰と契約し，その使用料を誰に支払えばいいのかを知ることができる．制作したものに対する財産権がないと，その制作物に対する直接的な市場は存在しえない．制作に対して支払いを受ける方法はほかにもありうる——たとえば，大きな製品に何らかの貢献をし，その過程で費やした労働に対して，従業員として支払いを受ける方法がある．しかし，自らの成果を大衆市場で不特定多数に安心して販売できるのは，何らかの形の財産権が制作したものに及ぶ場合に限られる．

　この基本的な論理の果たした重要な役割もあって，著述や作曲の市場が成長

し，その結果この分野でもパトロン以外によって支援される職業的創作者という選択肢が生まれた．必ずしも伝統的なパトロネージ制度によらずとも職業作曲家が成立するようになった時期と，著作権制度によって明示的に作曲家の権利が認められた時期とが一致することは，偶然ではない．たとえば，C・P・E・バッハ（ヨハン・セバスティアンの息子）が書いた楽曲に対する著作権について，彼自身が当事者として権利を主張して作曲家の権利を争った18世紀の有名な英国の事件がある．この事件において，著名な法律家であった英国首席裁判官のエドウィン・マンスフィールドは，バッハの代理人からの口頭弁論の後に，バッハ有利の判決を下した[9]．

> 法律の文言は「本およびその他の著述（writings）」であり，とても広い．それは言葉や文字に限定されない．音楽も1つの知識体系であり，それが書かれることだってある．そしてその知識は，記号と音符によって伝達される．一方で，ある人は演奏を通じて複製物を使用するかもしれないが，その人には，複製物を増やし，それらを意のままに処分することによって，著作者から利益を奪う権利はない．……楽曲は著作権法（Statute of the 8th of Queen Anne）における著述（writings）であると私たちは考える．

作曲家の権利の拡張は，英国に限られなかった．19世紀には，ヨーロッパ全体で，裁判所や国会が楽曲に著作権を付与するようになった．多くの学者が挑んできた問題は，このような変化には所期の効果があったのか，である．すなわち，これらの変化の後，作曲という職業は以前よりも現実的で報酬が得られるものになったのであろうか．

この問題の解答に最も踏み込んだのは，経済学者のF・M・シェーラーである．シェーラーは統計分析を用いて，18, 19世紀のヨーロッパ人の職業選択に与えた，著作権強化の影響の評価を試みた[10]．彼の結論を最も適切に表現すれば，「どちらとも言える」である．厳密な定量分析に基づき，著作権保護の強化が，研究対象期間において，ヨーロッパの作曲家の数を決定的に増加させたことを示すことはできないと彼は結論づけた．一見するとこれは，著作権保護が作曲家にとって重要であるという考え——作曲業を職業選びにおける現実的な選択肢にするうえで著作権保護が重要な要素であるという考え——に反する．しかし，この結論を受け容れる前に，関連する2つの論点に注意を向け

なければならない．第1に，この期間において著作権は重要であったものの，作曲家は通常，依然として著作権関連以外の資金源から少なくとも一部の収入を得ていた．これは，著作権保護強化の限界効果が，より多くの人を専業作曲家という職業に誘引できるほど大きくなかった可能性があることを意味する．しかし，だからといって著作権が重要でなかったことにはならない．ジュゼッペ・ヴェルディの事例が示すように，著作権のおかげで少なくとも一部の作曲家は自らの職業人生を以前よりもうまくコントロールできた．したがって，ここで問題にすべき点は，人びとが作曲家になることを選択したか否かではないかもしれない．というのは，才能ある人は，たとえ著作権保護が弱かったり存在しなかったりしたときでも，生計を立てることが可能と考えたかもしれないからである[11]．そうだとすると，問題にすべき点は，職業作曲家がどのような活動の組み合わせを選択したかである．ここで挙げた定性的な証拠はすべて1つの重要な結論を示している．そしてこの結論こそが，シェーラーの2つ目の主たる貢献である．シェーラーの示したところによれば，著作権の強化によって，作曲家は，職業的創作者として生計を立てられるようになり，作曲する楽曲の種類についてより大きな決定権を獲得したのである．このように，結論として，知的財産保護の強化こそ，実際には，作曲業を報酬の得られる職業として成立させた主たる原動力であったことは明らかである．

　この点について，作曲家自身の言葉が何よりの証拠になろう．今日では誰もが知る喜歌劇である『ミカド』の米国初演の夜，ニューヨークの満員の劇場で披露された，有名なギルバート＆サリヴァンの作曲家アーサー・サリヴァンの情熱あふれるスピーチを検討しよう．

　　　……この素晴らしい国の立法者が，いつの日か，文芸分野の頭脳労働者に［機械の発明に与えられた保護と］同じ保護を与えることが適切であると考えるかもしれない．……その日が到来することを私は期待し信じているが，たとえその日が到来しても，私たちは……依然として，何がよく，何が正しく，何が公正かについて……基本的に偉大な大衆の的確な直感を当てにするしかないのだ[12]．

　サリヴァンは，このスピーチをした1885年当時，米国の特許保護は強固で実効的であると考えられていたという事実に言及している（これは，サリヴァ

ンの母国英国とは対照的で，19世紀後半の英国特許制度は当時の米国の特許制度よりもかなり遅れていると言われていた)[13]．彼は国際的な保護についても言及していたかもしれない．彼がスピーチをしたとき，米国ではすでに国際的な特許保護が実施されていた（特許調和に対する国際的関心の最初の波が押し寄せた時代のなか，1883年にパリ条約に加盟したおかげである）．しかし，米国のベルヌ条約への加盟ははるかに遅れていた．米国は20世紀後半まで正式加盟国にならなかった．

続いて比較対照のため，国家によるパトロネージについて簡単に触れる．かつて，創作物に対する国家の公的支援は，伝統的なパトロネージと知的財産を基礎とする「資本家」モデルのいずれよりも優れた選択肢となる可能性があると考えられていた[14]．この仮説を支持する証拠は基本的になく，それゆえ，今日ではほとんど役に立たないアイディアである．今日でも，国家支援は穏健な形で存在するが，通常，直接の依頼や専業の職業的創作者に対する支援ではなく，助成金や補助金の形式を取っている．しかし，少しでも国家の全面的な支援に向けた動きがあると，今なおそれは物議をかもすことになる——これは，徹底的な国家パトロネージはおそらく想像しうる限り最悪のものと認識されていることを示す強力な証拠である[15]．

もちろん，歴史上の1つの事例だけで確実なことは言えない．しかし，パトロネージから個人所有への移行により，たしかに，知的財産権がどのようにして創作者の自律を促進・向上しうるかを見て取ることができる[16]．経済的状況はさまざまな意味で変化したし，理想的な知的財産政策は単に権利を強化してそれ以外は市場に任せるということではないが，それにもかかわらず，歴史上のこのエピソードには貴重な教訓がある．ニュアンスをうまく掬い上げ，適切に評価すれば，パトロネージからの移行の成功物語を再現しつづけることができる．依然として知的財産には，職場環境を改善させ，個人創作者の創造的自由を高める潜在力がある．

検証不可能なお話にすぎないのか？　職業的創作者が知的財産法において特別の配慮に値するという考えに同意する人のなかにさえ，強い知的財産権が，場合によっては知的財産権自体が，この目的に適うものであることに疑問をもっている人はいる．このような疑問をもつ人のなかには，職業的創作者が自らの作品から利益を得るための優れた方法はほかにもあると主張する人もいるだ

ろう.また,たとえ知的財産が効果的に職業的創作者に報いているとしても,それは非常に高い社会的コストを払ってなされている——知的財産ゲームは実際のところ割に合わない——と言う人もいるかもしれない.この2つの異論については,本章の後半で取り上げることとする.さしあたり,私たちがどのような人びとに関して話しているのかについて概略を述べたい.世の中には職業的創作者は何人いるのか,その人たちはどのような種類の仕事をしているのか,その人たちは一般的にどのくらい稼いでいるのか.私たちが話している人びとの数とその人たちの職業人生の一般的な特性を理解しないと,その人たちに役立つ最良の方法を冷静に議論できないであろう.

職業的創作者の全体的状況

ここからは,職業的創作者とはどのような人びとなのかについて正確に記述していきたい.どのような種類の仕事に就いているのか,どのような仕事をしているのか,どのくらいの人びとが単独で働き,どのくらいの人びとが会社で働いているのか,その会社の規模はどの程度かについて概観したい(本項の主なテーマは,抽象的に個人の自律を目指すことは,実際的には,自営の創作者か「小さな創作チーム」(通常は比較的小さな会社)を選好することを意味すると示すことにある).できれば,職業的創作者がその創作業でどのくらい稼いでいるかについての感覚を伝えたい.

この項は,3つに分けて論じることとする.最初に,「著作権産業」と呼ばれることがある,エンターテイメント,出版業などを扱う.次に,非常に多様な集合であり,日常的に発明することが仕事である技術者を扱う.最後に,比較的小規模で同様に多様な集合であり,商標とブランド促進を専門的仕事にしている人びとを扱う.ここでの狙いは,職業的創作者たちの状況の断片をわずかながら伝えることを通じて,その全体像を伝えることである.

エンターテイメント

まず芸術,エンターテイメント,レクリエーション産業における雇用についての基本的な情報から始める(表7-1参照).

特筆すべきことに,これらのデータによると,米国経済には,「自営の芸術家,作家,実演家」として仕事をしている人は4万7,000人しかいない.それらの人びと以外にも多数が,「職業的創作者のエコシステム」とでもいえる領

表 7-1　芸術，エンターテイメント，レクリエーション産業における雇用

(詳細産業別，2006 年)

産業分野	雇用者数（千人）	パーセント
芸術・エンターテイメント・レクリエーション産業の合計	1,927	100.0
舞台芸術団体	121	6.3
舞台芸術・スポーツおよび類似興行の主催者	83	4.3
自営の芸術家，作家，実演家	47	2.4
芸術家，運動選手，芸能人その他の著名人の代理人およびマネージャー	17	0.9

出典：米国商務省労働統計局（最新のデータは http://www.bls.gov/oco/cg/cgs031.htm#emply）

域で働いているが，本章における他の図表が示すとおり，芸術家，作家，実演家は，このエコシステムの中核なのである．そして，それはとても小さい中核である．同時に，ここで示された数字がこの分野の雇用規模を少なめに表していることも明らかである．この報告書は，「芸術，エンターテイメント，レクリエーション産業における事業所のほとんどは，照明，音響，舞台設営，展示設営の仕事を，この産業に含まれていない会社に外注している」と述べている[17]．これらのデータからは，ほかにも，この分野の多くの企業が小規模であるということがわかる．図 7-1 がこのことを示している[18]．

従業員の数字（自営業者ではなくて）を詳細に見ていくと，エンターテイメント産業の中心に創作者の小さな中核があることがわかる[19]．「アート・ディレクター」が 8 万 4,200 人，マルチメディア・アーティストとアニメーターが 7 万 9,000 人，美術家（彫刻家，画家，イラストレーター）が 2 万 3,600 人，「工芸家」が 1 万 3,100 人，「その他」の芸術家が 2 万 1,500 人いるのに対して，庭師と遊園地係員の数はそれぞれ，11 万 3,000 人，16 万 6,400 人に達する[20]．つまり，職業的創作者の小さなグループが，関連する労働者の大きなエコシステムを支えている．

特に作家を見てみると，収入についての感覚をつかむことができる．表 7-2 はこの職業の雇用者数と平均賃金の推計を示し，表 7-3 はこの職業の賃金推計のパーセンタイル値を示している．表 7-4 は作家の賃金が高い上位の諸産業とそれぞれの産業で雇用されている作家の人数，表 7-5 は作家を雇用する主要産業を示している．

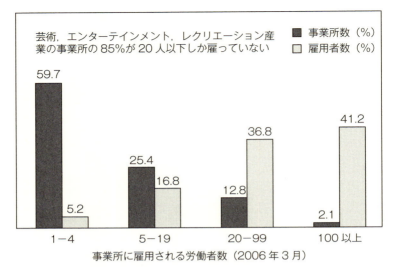

図 7-1　芸術，エンターテイメント，レクリーエション産業における企業規模
(2006 年)

出典：U.S. Bureau of Labor Statistics, Career Guide to Industries, 2006-2007 (Washington, D. C.: Government Printing Office, 2006), at 246.

エンターテイメント産業と同様に，出版業界の雇用について詳しく見ていくと，創作労働者からなる小さな中核が，それより規模の大きい会社のエコシステムを支えていることがわかる．記者と特派員は3万2,810人，編集者は6万1,820人，作家は9,130人（記者とは区別して記載されている――これは記者に対して少し失礼ではないだろうか），写真家は4,950人いる[21]．表7-6に示されているように，職業作家のまとまりで雇用予測値を見れば，同じような減少傾向を示す区分がいくつか見られることは明らかである．

音楽家については，状況が少し異なる．表7-7が示しているように，音楽家の雇用については，次の2つの顕著な事実がある．すなわち，①この仕事に従事している人は，幅広い業種に散在している，②おおむね全体の半数（計24万人のうちの11万9,000人）が自営であり，固定的または長期的な雇用主と関係がない[22]．

繰り返すと，重要な点は，エンターテイメント産業においては，職業的創作者からなる小さなグループが大きな経済構造ないしエコシステムの中核を形成していること，およびこれらの職業的創作者の多くが小さな会社や自営で働い

第 7 章 職業的創作者，企業所有，取引費用

表 7-2 作家の雇用者数および平均賃金の推計

雇用者数	平均時間当たり賃金	平均年間賃金
43,390	$31.04	$64,560

出典：U.S. Bureau of Labor Statistics, Occupational Employment Statistics, 27-3043: Writers and Authors, http://www.bls.gov/oes/current/oes273043.htm.

表 7-3 作家の賃金推計のパーセンタイル値

	10%	25%	50%（中央値）	75%	90%
時間当たり賃金	$13.47	$18.34	$25.51	$36.08	$51.26
年間賃金	$28,020	$38,150	$53,070	$75,060	$106,630

出典：U.S. Bureau of Labor Statistics, Occupational Employment Statistics, 27-3043: Writers and Authors, http://www.bls.gov/oes/current/oes273043.htm.

表 7-4 作家の賃金が高い産業・上位

産業	雇用者数	平均時間当たり賃金	年間時間当たり賃金
自営の芸術家，作家，実演家	2,550	$44.91	$93,420
映画・映像産業	2,040	$41.07	$85,420
広告・広報その他の関連するサービス	6,380	$35.19	$73,200

出典：U.S. Bureau of Labor Statistics, Occupational Employment Statistics, 27-3043:Writers and Authors, http://www.bls.gov/oes/current/oes273043.htm.

表 7-5 作家を雇用する主要産業

産業	雇用者数	平均時間当たり賃金	年間時間当たり賃金
新聞，定期刊行物，書籍および人名録の出版者	8,630	$25.51	$53,050
広告・広報その他の関連するサービス	6,380	$35.19	$73,200
ラジオ・テレビ放送	3,090	$31.41	$65,330
映画・映像産業	2,040	$41.07	$85,420
自営の芸術家，作家，実演家	2,550	$44.91	$93,420

出典：U.S. Bureau of Labor Statistics, Occupational Employment Statistics, 27-3043: Writers and Authors, http://www.bls.gov/oes/current/oes273043.htm.

表 7-6 産業・職ごとの雇用者数およびパーセント分布 (2008, 2018 (予測値))

産業	2008			2018			パーセントの変化
	雇用者数(千人)	産業(%)	職(%)	雇用者数(千人)	産業(%)	職(%)	
雇用者数合計 (すべての労働者)	151.7	0.10	100.00	174.1	0.10	100.00	14.81
情報産業	16.1	0.54	10.60	15.4	0.50	8.86	-4.00
出版産業 (インターネットは除く)	9.1	1.04	6.02	7.4	0.88	4.24	-19.17
新聞, 定期刊行物, 書籍および入名録の出版	8.6	1.39	5.67	6.7	1.34	3.84	-22.26
新聞出版者	4.2	1.30	2.80	3.3	1.34	1.88	-22.69
ソフトウェア出版者	0.5	0.20	0.35	0.7	0.20	0.40	30.68
映画・映像・レコード産業	2.4	0.64	1.61	2.8	0.66	1.61	14.56
映画・映像産業	2.3	0.63	1.51	2.7	0.65	1.54	17.20
レコード産業	0.2	0.81	0.11	0.1	0.84	0.07	-23.23
放送 (インターネットは除く)	3.2	1.02	2.12	3.6	1.06	2.06	11.87
ラジオ・テレビ放送	3.0	1.31	1.99	3.4	1.43	1.93	11.03
ラジオ放送	0.4	0.42	0.29	0.4	0.45	0.26	0.68
テレビ放送	2.6	2.07	1.70	2.9	2.16	1.67	12.81
ケーブル放送その他の会員制番組	0.2	0.22	0.12	0.2	0.22	0.13	25.41

表 7-6（つづき）

産業	2008				2018				パーセントの変化
	雇用者数（千人）	産業（%）	職（%）		雇用者数（千人）	産業（%）	職（%）		
芸術・エンターテイメント・レクリエーション	3.0	0.15	1.95		4.0	0.18	2.29		35.07
舞台芸術、観戦スポーツおよび関連産業	2.7	0.65	1.75		3.6	0.78	2.09		36.45
舞台芸術団体	0.3	0.28	0.22		0.4	0.30	0.22		12.94
観戦スポーツ	0.1	0.08	0.07		0.1	0.08	0.07		15.67
興行の主催者、代理人、マネージャー	0.1	0.09	0.06		0.1	0.09	0.07		23.12
自営の芸術家、作家、実演家	2.1	4.22	1.40		3.0	4.65	1.73		41.76
博物館、美術館、歴史的名所および類似の組織	0.3	0.20	0.17		0.3	0.20	0.19		23.89
自営業者および無報酬の家内労働者（すべての職）	105.5	0.90	69.54		122.2	0.99	70.15		15.82
自営業者（すべての職）	105.2	0.91	69.37		121.9	1.00	69.99		15.84
無報酬の家内労働者	0.3	0.21	0.17		0.3	0.22	0.16		8.11

出典：Source: U.S. Bureau of Labor Statistics, Occupational Outlook Handbook, 2010-2011: Authors, Writers, and Editors, http://www.bls.gov/oco/ocos320.htm (projections data, detailed statistics, XLS file, visited 12/30/2010)

表 7-7　音楽家，歌手および関連する労働者（2008-2016 年）

音楽家，歌手および関連する労働者	2008 労働者数（千人）	2008 パーセント	2016 労働者数（千人）	2016 パーセント
雇用者数合計（すべての労働者）	240.0	0.16	259.6	0.16
賃金雇用者数合計	120.3	0.09	133.7	0.09
情報産業	1.2	0.04	1.2	0.04
映画・映像・レコード産業	0.8	0.21	0.8	0.18
映画・映像産業	0.4	0.10	0.4	0.10
レコード産業	0.4	2.26	0.3	2.31
放送（インターネットは除く）	0.2	0.05	0.2	0.05
ラジオ・テレビ放送	0.2	0.07	0.2	0.07
ラジオ放送	0.1	0.11	0.1	0.12
教育サービス（公立および私立）	3.9	0.03	4.9	0.03
芸術・エンターテイメント・レクリエーション	34.4	1.75	36.7	1.61
舞台芸術，観戦スポーツおよび関連産業	33.4	8.22	35.6	7.61
舞台芸術団体	29.1	24.73	30.3	23.95
興行の主催者，代理人，マネージャー	2.2	2.02	2.6	1.99
自営の芸術家，作家，実演家	2.1	4.07	2.7	4.12
フルサービスレストラン	0.4	0.01	0.4	0.01
酒処	0.2	0.06	0.2	0.06
その他のサービス（政府および家事を除く）	78.4	1.42	88.4	1.42
宗教団体，助成団体，市民団体，専門職団体および類似の組織	78.4	2.64	88.3	2.63
自営業者	119.7	1.03	125.9	1.03

出典：U.S. Bureau of Labor Statistics, Occupational Outlook Handbook 2010-2011 edition (current data), Projections Data, http://www.bls.gov/oco/ocos095.htm.

ていることである.

特許と小さな創作チーム

　特許の世界でも，おおむね似た説明になる．職業的創作者は，小さくても重要な中核として，より大きな経済環境のなかに存在している．エンターテイメントや出版業と同様に，多種多様な産業構造ないしエコシステムが存在し，そのなかで，創作者たる発明者がさまざまな異なる状況で働いていることがわかる．いくつかの大企業は，多方面にわたる研究開発部門を有している．IBMとマイクロソフトの2社がよい例である．しかし，これらの大企業はより小規模な企業のネットワークを間接的に支えており，それらの多くがイノベーションを生みだしている．実際，最近のイノベーションに関する研究では，比較的小規模のイノベーティブな企業が，企業活動の全体的状況における重要性を増していると繰り返し強調されている[23]．

　この「小さな者の台頭」は，長く続いてきた傾向が逆転したことを示している[24]．19世紀後半から20世紀の終わり近くまで，ほとんどの産業において，経済的な力は大規模な企業の手に集中していた[25]．このことは発明者たちの職業人生に深い影響を与えてきた．19世紀後半からの大企業の研究開発部門の拡大と，それに伴う企業特許の増加は，経済史においては周知の事実である．1891年には特許の71％が個人に発行されたが[26]，1999年には付与された全特許の78％は企業所有者に発行されている[27]．経済史家が長年信じてきたと思われるところによれば，この傾向はおおむね不可逆で，イノベーションの大部分は主として垂直統合された大企業から生まれるのが当然であり，しかもそれは主として自前の研究開発部門からのものである．個人発明家も有益な貢献をしつづけているものの，重要な発明のほとんどは，大企業の研究開発グループに由来するものと長い間考えられてきた[28]．たしかに，そのような見方は，個人と企業の特許件数のデータの比較からは支持される．最近のデータでさえ，個人発明家を犠牲にして企業所有が増加しつづけていることを示している（表7-8を参照されたい）（このデータは米国法人のみを対象としている．外国法人の所有状況の分布は，より企業所有に偏っている）．

　しかし，企業所有は大企業支配と必ずしも同義ではない．最近では，大企業がイノベーションの場を支配するのが当然だという社会通念は，大幅に修正されてきている．このような変化のなか，特に次の2つの点が注目を集めている．

表 7-8　米国特許の保有者

	1995 年以前	1998 年	1999 年	2000 年	2001 年	2002 年
米国会社	1,101,870	66,052	69,389	70,887	74,329	74,154
米国政府	43,417	1,028	984	928	957	913
米国個人	352,680	16,407	16,698	16,129	15,203	14,116

1つは，小規模企業の利点が再認識されたこともあって，新技術の主たる供給源としての小規模企業が復活したこと[29]．もう1つは，新しいアイディアを求めるには，より小規模な企業を含めた外部に目を向ける必要があるという理解が，大企業の間に広がったことである[30]．

　これは，創作者たる科学者，技術者などあらゆる種類の発明者からみれば，小規模企業を所有したり，そこに加わったりする機会が生まれたことを意味する．知的財産権はこれらの企業の成功の1つの鍵となる[31]．学者たちがたびたび示してきたところによると，小規模企業が特に知的財産権を必要とするのは，特定の技術に特化した小規模企業は，研究開発投資に資本を投下する方法が大企業と比べて限られているためである[32]．大企業は，多くの場合，新技術を部品点数の多い複雑な製品に組み込んだり，革新的な製品を用いて市場で他社に先んじたり，あるいはその他の規模の経済を利用したりすることで，研究開発投資を回収することができる．小規模企業の場合，このような広範な選択肢はめったにない．小規模企業にとって知的財産がより重要なのは，特化した部品をより大きな製品に組み込むために他社に販売しなければならないことが多いからである[33]．これらの取引はリスクを伴う．というのも，大きな取引相手は，場合によっては，新技術を模倣するかもしれず，特許がないと小規模な企業には実効的な手立てがほとんどなくなるからである．私自身の研究に，新技術が関係する供給取引の促進に特許が役立つことを示したものがある．また，関連する研究において，私は共著者とともに，特許保護には，技術の購入者たる大企業と取引しなければならない特化型供給会社に特有の利益があることを示した[34]．

　この一連の研究は，経済学的な意味で厳密なものである一方，純粋な経済学を超えたテーマにも触れるものである．これらの研究では，特化型の小規模会社の存続を支援するという観点から知的財産権を扱っているが，これらの研究のストーリーにおける知的財産権は，「自律」というより根本的な目的に資す

2003 年	2004 年	2005 年	2006 年	2007 年	2008 年	計
75,327	73,021	65,207	78,925	70,498	69,962	2,032,622
882	842	698	792	724	676	55,737
13,536	12,172	10,358	11,857	9,898	9,021	537,603

るものでもある．知的財産権は，小規模企業を独立した別個の企業体として存続可能とすることによって，より多くの個人発明家による独立した創作チームの形成を可能にしている[35]．大企業による直接的な雇用管理から解放されると，熟練技術者は概して，自らの職業人生における活動の自由を高めることができる．そして，自由度の高まりにより，自らの関心領域に特化し，自らの意志で取り組むプロジェクトを選択できるようになる．彼らの仕事の総体をある種の「対象（object）」と考えれば，カントのテーマを，この職業の自由のなかに垣間みることができる．第3章で見たように，財産権のおかげで，「期待」が長期的かつ安定的に持続する．自らの法的コントロール下にある対象は外部の干渉を受けずに長い間存続すると期待できるのである．まさにこのようにして，小さな発明チームでも，独立維持を特許に頼ることで，企業の管理者から干渉を受けることなく，技術的知識を増やし技能的基礎を築くことができる．もちろん，知的財産ポートフォリオがそのチームの成功を保証するわけではない．しかし，知的財産ポートフォリオのおかげで，成功のチャンスを手にすることができるのである．

　ここまでの議論は，小規模の創作チームは，個々の構成員に対して，大企業の従業員よりも大きな自由度を与えるという考えが前提となっている．この前提は決して疑義のある主張ではない．むしろ，社会科学の研究は一貫して，起業活動の最も強い動機の1つに，自らの勤務条件や職業人生をもっとコントロールしたいという欲求があることを示している[36]．もちろん，小さな会社にもヒエラルキーはあって，典型的にはCEOが1人いるが，そもそも小さな会社は，大企業からみれば，全くと言っていいほど官僚的でも階層的でもない[37]．その機動性あふれる構造こそが，時に大企業の利点に匹敵する小規模企業のネットワークを可能にする組織慣行および技術と相まって，小規模企業を技術進歩の先頭に押し上げるのである[38]．

　それゆえ知的財産権——この場合は特許権——は，エンターテイメント産業

における職業的創作者の場合と同様に，ここでも自律の向上に資する．ここで挙げた効果は，「多くの発明者はチームで働いており厳密には自律的ではない」，「大企業は，名目上は独立しているはずの小さな会社に対して，顧客という立場から，相当強い圧力をかけることもできる」という事実がある場合は，いくぶん弱められるかもしれない．しかし，チームが小さいほど構成員各人に対して，より大きな個人的自律を許容するという事実は依然として変わらない．したがって，知的財産権がより小さい会社をより存続可能にする限りにおいて，知的財産権は自律の向上に資するものである．そしてこのことは，重要であるにもかかわらず見落とされがちな知的財産権の貢献を表しており，第2章と第3章で検討した規範的な基礎づけを反映するものといってもよいだろう．

デザインおよびブランド構築の職業的創作者

　商標保護は，著作権や特許権と同じ概念ではうまく括れないと考えられることが多かった．商標の基本的な目的は消費者を詐欺から守ることであり，よりよい商標をたくさん考え出すよう誘引することでは必ずしもないとよく言われる．現在では商標の規範的基礎づけは，このような従来の見方よりもう少ししっかりとした形で理解されているが，商標法は基本的にその他の知的財産権と多少異なるという考えは変わっていない[39]．

　商標法には確かに違いがある．しかし，その違いは過大評価されやすい．たとえば，それぞれの法律の想定する創作者コミュニティに目を向けると，特許法・著作権法と商標法の間には相違点よりも類似点が多いことに気づく．

　このような見方をするとき——知的財産に依存する創作者コミュニティにおいて知的財産が果たす役割の観点からみるとき——商標法は特許法や著作権法とそれほど変わらないと主張したい．デザインやブランドの職業的創作者の世界において，商標法は著作者に対する著作権法や発明者や起業家に対する特許法とほぼ同様の役割を果たしている．商標法によって，彼らは存在し役割を果たすことができ，場合によっては繁栄することもできる．そして，商標が大企業で生みだされるような場合でさえ，商標に対する法的保護があるからこそ，資源をこの役割に対して投入することができ，それゆえ，商標の専門家集団を支えることができるのである[40]．

　工業デザイナーは，自分たちの成果における権利を保全するため，さまざまな形式の知的財産保護に依存している．より正確にいえば，ほとんどの場合，

工業デザイナーのクライアントがそのような権利に依存しているのである．工業デザイン工房は通常，製品を作ったり売ったりしない．そうしたデザイン工房が生みだす「生産物（output）」は，しゃれたデザインであったり，魅力的で機能的な包装であったり，覚えやすくかつ多くの情報を伝えられるロゴや商標であったりする．しかし，当然のことながら，工業デザイナーのクライアントにとって重要なのは，デザイナーに依頼したデザインやマークに対する権利を保全できることである．ここでも著作権や特許と同様，デザインやマークに対する財産権が取得可能であることによって，純粋なデザイン会社が独立を維持して生き残る可能性が保護のない場合よりも高まるのである．極端な話，デザインの保護が全くなかったとすれば，デザイナーは，デザイン部門を社内にもつ大規模な製造業者で働かざるをえないであろう．洗練されたデザインへの投資が効果をあげるのは，他のさまざまな投資回収戦略がある場合に限られるのであって，そうした戦略をとることができるのは大企業だからである．

いまだ決定的な研究はないが，デザインの専門家に対するひどく低い報酬は，デザインの価値に対する企業の態度のみならず，デザイナーの成果物に付随する比較的弱い知的財産権と関連している可能性がある[41]．たしかに，デザイナーは自営で働いていることも多い．たとえば，ある資料には次のように記載されている．

> 私の知るデザイナーのほとんどは，企業の従業員としてその企業にデザインを提供する（自動車業界では一般的）のではなく，コンサルタントとして働いている．……社内デザイナー由来の商品とコンサルタント由来の商品の割合を知るすべはないが，革新性，技巧性，製品の先駆性という意味では——自動車は除くとして——外部のデザイン事務所の方が活気がある．[42]

しかし，デザイナーの報酬が低く，あまり思い通りにできないとすれば，たとえ独立したデザイナーであっても，デザイナーが思うあるべき自律水準に及ばない．商標法はこの問題の解決の助けとなりうる．消費者を混同から保護すること——法的責任の伝統的な基準——と，独創的なデザインに財産権を認めることは，通常は，同一の広がりをもつことになろう．そして，商標保護をさらに拡張する場合には，独立したデザイナーやブランド専門家の力を高め，自

分の得意分野で生計を立てられるように拡張すべきである.

　誤った印象を与えているかもしれないので，ここで補足しておく必要がある. すべての商標関連の仕事が工業デザインと関係しているわけではない. 広告を出したり関連する宣伝にお金を費やしたりするブランド構築は，巨大な世界的規模の産業であり，その年間支出は合計約6530億ドルに達する[43]. 広告キャンペーンや宣伝プロジェクトを担当する専門家は，たしかに，ある意味で，著作，音楽演奏，発明などに類似した仕事に従事している. これらの人びとは，いたずらに「才能のある創作者」と呼ばれているわけではない. たしかに，これらの専門家の成果物を保護するために伝統的な知的財産が拡張されうる範囲には限界がある. 1つだけ取り上げると，会社Xのために制作された広告キャンペーンの視覚的印象（すなわち「見た感じ」）を保護するために商標を拡張することが，消費者保護という商標法の伝統的な責務を損なう場合には，それは危険だろう. それゆえ，たとえば，会社Yが会社Xの製品を販売していると消費者に信じさせない限りは，自社製品の販売のために会社Yが巧みに複製した広告キャンペーンであっても，それに対する商標法上の責任は存在しないだろう.

　このように限界があるとしても，商標法にはブランドやデザインの専門家に対して配慮する余地がある. 消費者の混同と職業的な報酬が一体的に生じる場合には，商標法が知的財産法の概念構造に取り込まれるべきでないとする理由はない. 商標に対する政策上の理論的根拠は，著作権や特許よりも多面的かもしれない. しかし，商標の理論的根拠は，自律を促進し創作者に報いるという著作権や特許の根拠と完全に異なるとは限らない.

知的財産の増加と強化に伴う，
取引の「間接経費」への対応

　エンターテイナーなどの才能のある創作者が著作権に頼り，発明チームが特許に頼るのとまさに同じように，デザイナーやブランド構築者が，自分たちの暮らしを支えるために，商標法に頼ることを強調してきた. しかし，これらの職業的創作者を支える知的財産権にはコストが伴う. 創作者に法的権利を付与することはその人たちにとっては有益だが，その成果である創作物を使用したり消費したりする人たちにとっては負担となる. いかにして，利用者と消費者

の負担を最小限にしつつ，創作者を応援し正当に評価するような知的財産権を付与すべきかは，第2章から第4章にかけて説明した規範理論の責務であり，知的財産政策が解決しなければならない実際的な難問でもある．本章の残りでは，真正面からその問題に立ち向かう．

　先に述べたように，知的財産権は放棄され，行使されないこともある．たとえそうであっても，知的財産重視政策がコストを増加させることは間違いない．権利が放棄されていないと，知的財産の権利者を見つけるのに費用がかかる場合がある．権利者が見つかったとしても，交渉費用がかかる可能性がある．さらに，当然のことながら，ライセンス料──多くの場合はロイヤルティ──が発生する可能性があり，これもまた製品の販売費用に上乗せされることになる．私のお気に入りのテーマである自律の観点からこの問題を述べると，より強い知的財産は，創作物を「生産要素（inputs）」として自らの創作に利用するすべての人にとって障害物となるのである．そのような知的財産は，生産要素を製造・販売する人びとの自律を高める一方で，生産要素を利用する者の自律を減少させる．

　そうすると問題は，単に誰の自律を重視すべきかなのであろうか．この整理は，ある程度は正しい．第4章で詳細に議論し，十分な根拠を示したとおり，公平・公正な社会においては，高品質な創作物の消費者や利用者は，自ら望んでより多くを支払うはずである．知的財産権に必然的に伴うエリート主義への懸念はあるものの，知的財産の分配効果を正当化することは可能である．利用者・聴衆は，職業的創作者に自律向上の手段を与えるために，自分たちの自律のわずかな一部を（金銭の支払いや利用制限という形で）喜んで譲るであろう．

　しかし，これだけでは説明としては不十分である．理想的な知的財産政策であれば，利用者のコストを最小にしつつ，職業的創作者の利益に資するべきである．この考えは，第6章で説明した効率性原理とも利用者の自律の利益とも整合的であるが，要するに，利用者と消費者に不当な負担をかけることなく，職業的創作者に利益を与えるという発想である．しかし，そんなことは不可能ではないか．ライセンス費用は創作者の利益に直接結びついているため，その費用を低減することは創作者の報酬を必然的に減少させることになるのではないか．

　これは全く誤りである．ライセンス費用には，創作者に全く利益を与えない要素が1つ含まれている．知的財産権の権利処理の純然たる取引費用である．

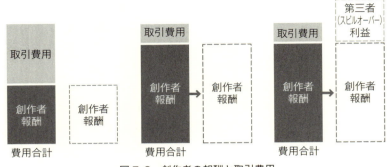

図7-2 創作者の報酬と取引費用

権利者を見つけ，ライセンス交渉し，権利関連の支払いの仕組みを管理する費用である．これらの費用こそが経費削減の主たる標的なのである．というのも，価値のある目的に全く資するものではないからである．これらの費用は，支援を受けるに値する人びとを誰1人として支援するものではない．機械のアナロジーを用いれば，それらは知的財産という機械を構成する異なる部品間の単なる摩擦にすぎない．図7-2が，この考えを示している．この図は，取引費用を適切に考慮することよって，消費者の費用を増加させずに，創作者の報酬を増加させることができることを示している．図7-2の右側のパネルは，創作物の「スピルオーバー」利益（つまり，将来の利用者やその他の非消費者にとっての利益）を考慮に入れると，創作者にしっかり報いたとしても，知的財産権の全体的利益はその費用を上回ることを示している．

　知的財産政策は，取引費用に充てられる消費者支出の割合を低下させるべきである．職業的創作者の報酬を最大化しつつ，できる限り摩擦を低減することを目標にすべきである．機械が円滑に動くことは，すべての人にとって好ましいことである．私たちが，社会として，権利者から利用者に権利を移動させる費用を最小化することができれば，少なくとも，知的財産ライセンスに関する負担が価値のある目的——職業的創作者の自律を高めること——に充てられることになろう．本書の前半で述べてきたあらゆる理由から，このことは私にとって崇高な目標に思われる．本来的に無駄でしかないお金——つまり，権利をあちこち移動させる過程で単に消費されるだけのお金——を最小化することによって，可能な限り最も効率的な方法で，私たちは自分たちが望む目標に到達することができる．

統合による解決——クリエイティブ産業における大企業

　個々の創作物に法的権利を与えると，事業コストを増加させることがある．子供のおもちゃを作る会社を設立したい実業家を考えてみよう．これは費用のかかる計画である．工場を借りるか建てるか，少なくとも余剰能力をもつどこかの委託製造業者を探し出さなければならない．包装，流通，販売，宣伝には間違いなく費用がかかる．さらに，彼が作りたいおもちゃの一部に，何らかの知的財産権が及ぶならば，さらに別の費用がかかることになる．知的財産の権利者を見つけて，おそらくは知的財産ライセンスの形で契約を結ばなければならない．契約はそのおもちゃの製造方法に関する情報も対象とする場合もある．この場合，その契約には，ある意味単なる知的財産以上の，製造の詳細やその他の価値ある情報が含まれている．もちろん，締結される契約が純粋な知的財産ライセンスである可能性もある．そのおもちゃがすでに有名であれば，つまり，この例の実業家がよく知られたロゴやデザイン（ミッキーマウスを想像してみよう）を単にライセンス供与しているだけだとすれば，契約で獲得すべき唯一の事項は，そのおもちゃを製造する法的権利だけかもしれない[44]．いずれにしても，要点は同じである．私たちの例におけるおもちゃ製造の起業家の視点から見ると，そのおもちゃに対する知的財産権は単なる追加費用でしかない．

　権利者を見つけ，その人と交渉する費用は，経済学者のいう取引費用のよい例である．こうした取引費用に関する研究や実業家がそれらの取引費用にどう対処しているのかに関する分析については，膨大な経済理論と実証研究が——ノーベル賞受賞者であるオリバー・ウィリアムソンを嚆矢として——蓄積されてきている[45]．私の見解をこの理論の枠組みで述べると，知的財産政策とは，取引費用を低減させながら職業的創作者に報いるものであるべきだということになる．

　取引費用の論文では，ある1つのトレードオフを中心に，体系が作られている．そのトレードオフは，しばしば「自社製造か市場調達か（make or buy）」と表現される．事業で必要なものは「社内」で生産する，すなわち，製造することができる．この方法には明らかな利点がいくつかあるが，私たちの目的にとって最も重要なことは，製造業者が別の会社と交渉し，その会社との契約を履行するという費用のかかる過程を避けられることである．大企業内部の製造部門が玩具部門で設計されたおもちゃの製造を希望する場合，わざわざ契約を

結ぶ必要はない．ある役員が発注し，別の役員が自分のチームに受注するよう促し，それで終了である．この組織形態は，取引費用の理論家から「階層 (hierarchy)」と呼ばれている．

　この組織構成の負の側面は，大きな会社は官僚的になりかねない点である．別の部門からの発注を無視したことの罰はそれほど重くないかもしれない．つまり，応じようとする動機が弱められる危険性がある．それぞれの部門は，自らの部門に対する忠誠心や部門ごとの実務慣行や優先事項を作り上げるかもしれない．階層により，契約作成費用は節約できるが，同時に，緩慢で対応が鈍くなることもある．

　対照的に小規模企業は，機動性が高い場合がある．その理由の1つは，小規模企業は大企業に自分たちが作ったものを売るとき，契約を結ぶからである．こうした契約には，その履行要件として，たとえば，顧客である大企業が完全に満足するような製品を作らなければ小規模企業は支払いを受けることができない，といった条件が詳細に明記されているかもしれない．このような契約による具体的な行動の動機づけは，「強力なインセンティブ (high-powered incentive)」と呼ばれる．強力なインセンティブは，契約を通じた生産体制の重要な利益の1つであり，階層的生産ないし統合的生産との違いは実はここにあるのである．同じ会社の提携部門に履行を要求しようとするよりも，契約によって履行要件を詳細に明記し，それを守らせる方が簡単なのである．

　しかし，この理論には別の側面もある．契約にも費用がかかる．まず，一連の詳細な履行要件を作成し，契約相手と交渉する費用である．取引費用理論から導くことのできる1つの重要な点は，この費用はとても高くなることがあり，極端な場合には，実効的な契約の作成が事実上不可能なこともある点である．契約によって移転されるものが漠然としていればいるほど，実効的な契約の締結は不可能となる．小規模企業に，これまで作られたことがなく，そのような試みすらなかった新しい種類の製品を研究ないし開発させる契約がよい例である．最初の段階では漠然としていたりほとんど知られていなかったりする製品について，履行条件はどのように特定すべきなのか．このような状況で作成された契約はすべて，必然的に特定の結果を要求せず，そこにリスクが生じる．ふとどきな契約相手はこの種の曖昧さにつけ込むことができる．たとえば，ある小規模企業は，基準をかろうじて満たす新製品の試作品を作ったとしても，「適切な製品を納入するために最善を尽くす」という曖昧な言葉で書かれた契

約上の義務を間違いなく果たしたということができるだろう．しかし，その企業は，契約が終了するや，その新製品よりもはるかに優れた改良品を自社ブランドの製品として売り出したり，他の企業とより高額の契約を結んだりするかもしれない．最初の契約における買主にとって，こうした相手方の行為が最初の契約に違反していることを証明することは困難であろう．

　この種のリスクは，取引費用理論では「機会主義」という名で知られている．その理論によれば，この問題を解決する1つの方法は，機会主義のリスクが高い場合には契約を諦めることである．実際的な表現を用いれば，統合と階層に頼ることを意味する．簡単に言えば，仕様を特定することが難しい生産要素を製造する会社は，その生産要素を用いて製品を製造している大企業に買収されることになるということである．これらの場合には，階層組織に優位性がある．契約に基づいて強力なインセンティブを生みだすことはあまりにも難しい．その結果，そのような生産要素の生産は大企業で内製化されることになる．

　一部の研究者は，この取引費用の説明に一工夫を加えて，資産の所有権に関する合意によって取引をめぐる難しい利害対立を解決することができるとする．すなわち，実効的な契約を結ぶことが困難な場合でも〔契約が不完備の場合でも〕，両当事者はその取引に関連する資産の所有権をいずれか一方に与えることに合意することは可能であり，そうすることによって，双方にとってメリットのある履行へのインセンティブを生みだすことができるというわけである．この取引費用理論の拡張版には説得力があるが，特化した生産要素の製造と販売が契約に含まれている場合に限って妥当するので，その適用範囲は限定的である[46]．

　拡張前の取引費用理論も資産所有への拡張版も，複雑な商品の構成要素が，独立の企業によって作られ他社に売られることになる場合の契約の条件について説明するものである．この構成要素は，創作物としてより大きな商品全体——映画のようなエンターテイメント作品——の要素となることもあれば，複雑な製品の技術部品を構成することもある．私は本章を通して，そして，実際には本書全体を通して，知的財産権は独立の創作者と小さな創作チームの発展を支え，職業的創作者の自律を促進すると主張してきた．

　そうとはいえ，大企業はかなりの状況において優位に立てる数多くの強みをもっている．取引費用理論の説明によれば，その強みの1つは次のようなものである．すなわち，大量の個別取引は高い費用を伴うので，統合の方がより優

れた選択肢になりうる．これは，製品に組み込まれる個々の構成要素が密接相互に関係している場合に，特に当てはまる．たとえば，長編アニメ映画は，何千もの異なる絵，十数曲以上の楽曲，その他の数多くの創作上の生産要素から構成されている場合がある．もし個々の専門的アニメーターが独立請負人として働くとすれば，映画全体をまとめ，配給するためには，何千もの別個の契約を結ばなければならないだろう．このような状況においては，創作チームの全員ないしほとんどを社内従業員として雇っておくことが有利であることは明らかである．こうした場合には，ほかの場合と同じく，生産に関連するすべての構成要素を一企業内に統合することに優位性があることになる．

　しかし，これは職業的創作者にとって何を意味するのか．大企業生産の経済論理を職業的創作者に適用した場合，そうした論理は創作者の自律と整合しないのではないか．職業的創作者に関して，大企業には特筆すべき点はあるのか．一言で言えば，ある．直接的にも間接的にも，大企業は重要な役割を果たしており，その役割によって大企業は，職業的創作者が活動している商業的エコシステムにおける不可欠な要素となっている．この大企業による貢献は職業的創作者を雇っている主要な業種ごとに異なるので，以下，項目を分けてそれらを取り上げたい．

大きなメディア企業

　たいてい現代の批評家は，膨大な数の知的財産保護作品を束ねもつ大法人に対して明らかに否定的な態度を取る．彼らの標的にされることが多いのは，ウォルト・ディズニー，大手レコード会社，映画会社などの企業である．支配的な見方によればこれらの企業は歴史が古く，確立した地位をもち，営利を目的としているために，明らかに個々の創作者の味方ではないという．一方，ウィキ，ファンサイト，オープンソースプロジェクトなどの共同組織は，その正反対である．これらの組織は，誕生したばかりの若い組織であって，営利を目的としていないため，古いやり方にとらわれることなく，構成員である個々の創作者に対する配慮と共感にあふれているとされる．要するに，顔が見えない無機質な企業と，活気に満ちて有機的なコミュニティの対照といった具合である．

　大企業を非難するのは，大きな組織体を非難するのと同様，簡単である．映画会社は「ありきたり」の映画をしばしば量産し，大手レコード会社は「バブルガムポップ」を大量に生みだしているという考えは少なくとも一面の真実を

捉えていることは間違いない．他方で，これらの大手メディア企業が，大衆市場向けの良質な創作物——映画，レコード，テレビ番組，グラフィックアートなど——を提供することに職業人生を捧げてきた何千もの人びとを雇用していることも忘れてはならない．何千ものアマチュア映画製作者が，YouTube のようなウェブサイトに映画を投稿している．しかし，実は大手映画会社は，27 万人を雇用しているのである[47]．出版業界についても同様である．図 7-3 が示すように，少数の会社（総数の 2% 未満）が，この業界全体の 40% 以上の人びとを雇用している．これらのすべての産業における大企業の従業員——職業的創作者の好例——は，価値ある大衆向け創作物に貢献することでかなりの給料を得ている．彼らは自らの創作力によって生計を立てている．知的財産政策の観点から見れば，このグループは絶対に重要である．創作物から実際に生計を立てられるようにすることこそ，知的財産にとって最も大切なことである．高品質の創作物が消費者に安定的に供給されるのを確実にすること——これこそ知的財産法の真の目的である．それゆえ，とても多くの職業的創作者が大手メディア企業に雇用されていることが重要でないはずがない．大手メディア企業を犠牲にして YouTube への貢献者を支援する政策については，この必要不可欠なグループの人びとに対する負の影響について説明する必要があると考える[48]．

大手メディア企業による職業的創作者への貢献が仮にないとしても，大手メディア企業に悪影響を与える知的財産政策を作るのは少し待った方がいいかもしれない．それは，大企業の体力と活力が，個々の創作者と小規模企業に対して，さまざまな形で重大な影響を与えるからである．たとえば，大きなメディア企業はしばしば，自営の創作者と小規模企業のインキュベーターである[49]．大きなテーマパーク，世界博覧会などの多くの創造的デザイナーは，ウォルト・ディズニー社にその足がかりを得ている[50]．また，アニメ業界の小さな会社のいくつかも同じように足がかりを得ており，たとえばミラクル・スタジオは，昔のディズニー映画[51]の手描きアニメの伝統を守りたい人びとで構成されている．小さな創作企業が当初から独立して設立された場合であっても，そのような企業はしばしば，創作コンテンツを配給したり，市場で販売したりするために大手メディア企業と取引する．（2006 年にディズニーがピクサーを買収するまで）ディズニーと契約したピクサーはこのモデルに倣っている．また，独立系のレコード会社は，長年，既存の大手レコード会社とそのような契約を

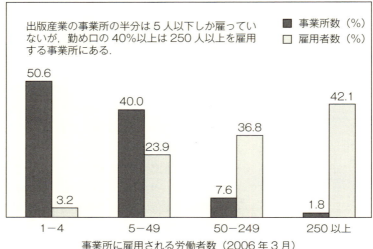

図7-3 出版における事業所の規模

結んできた[52]．これらの方法やその他の多くの方法によって，既存の大手企業は経営資源を提供し，創作者たちや小企業に手を貸している．ビジネススクールの専門用語を使えば，それらはエンターテイメント産業の「エコシステム」の不可欠な部分である．大企業に損害を与えれば，小企業や自営の創作者にも間違いなく影響を与えることになるだろう．

　ここまでずっと，職業的創作者の重要性と彼らを支えるための大企業の必要性を強調してきたのはなぜか．現代において知的財産は有害で不適切なので軽視されるべきであると主張する人びとが，自分たちの考えを擁護するために，しばしば次のようなある種の三段論法を提示するからである．①知的財産政策は，大きなメディア企業によって，大企業のために作成され，個人創作者への配慮はほとんど，あるいは，全くない．②大きなメディア企業は太った時代遅れの恐竜であって，消えゆく経済様式を維持するための——ますます強力な知的財産をその武器の一部とする——痛ましくも危険な戦いをしている．③個人創作者に真に味方する政策は，知的財産権の重視を改めるなどして，なんとしても大きなメディア企業の利益を阻止しなければならない．語弊をおそれず単純化すれば，デジタル時代においては，ディズニーを痛めつけることは弱者にとってよいことだ，といえるかもしれない．

ここでの私の目標は，この三段論法の論理をバラバラにすることである．私の考えでは，大きなメディア企業は，創作物に寄与するすべての人びとにとって，不倶戴天の敵ではない．大きなメディア企業は，その範囲の外で働いている創作者や個人や小さなグループなどの「弱者」にとってさえ，必ずしも敵であるとはいえない[53]．私の最終目標は，現代経済における財産権の概念を擁護し，デジタルメディア時代であっても所有者と価値ある資産の1対1の対応は依然として妥当であると主張することである．そのためには，知的財産保護の維持を要求する主要な利益団体の1つが創作世界の全体像のなかで依然としてその地位を維持する必要性を正当化する——ある意味では，財産権の擁護者を擁護する——必要があると感じてきた．ディズニーとその関連会社が，アニメーター，作家，音楽家にとってかつてないほど素晴らしいということではない．単に，ディズニー社などが，生計を立てるためにアニメを制作したり，著作したり，作曲したりする多くの人びとを雇用し，彼らに収入を与えているということである——もっとも，これは，彼らにこうした生活の糧を提供しつづけることを目標とする政策分野においては些細な考慮事項とはいえないように思われる[54]．私の次の仕事は，産業構造に関する問題から離れ，今日のデジタル知的財産政策において中心的と思われる問題に真正面から取り組むことである．すなわち，職業的創作者が経済的に存続していくことを可能にする最も優れた法的基盤を論証することである．ここまでで明らかなように，引き続き個人の財産権を重視することが，そのような基盤の重要な要素であると私は理解している．そしてこのような財産権重視の姿勢は，ある一部の創作者に特権を与える効果を生みだす．これこそ，先の第4章で詳しく擁護した政策である[55]．

新たな生産モデル（オープンモデル／集合モデル）について一言

現在，知的財産権に関する学術文献は，近年現れた大きなメディア企業に代替するモデルについて，称賛するものばかりである．したがって，ここで，今日の勝者としばしばもてはやされる文化的生産の新しいモデルと大企業との関係について，私の見解を述べておくことが重要と思われる．

最初に，文化の参加型かつ民主的な側面を，私がとても真剣に受け止めていることを述べておきたい．私が労力を割き考察してきたのは，知的財産権の伝統的な法的構造を，多くの新しい参加型の創作手法——ウィキ，オープンソー

スプロジェクト，および，「クラウドソーシング」と呼ばれるその他の形態——を奨励するのに，どのように適応させ修正させることができるかである[56]．しかしそれと同時に——ここが多くの現代の知的財産学者と異なる点であるが——知的財産政策には，創作者を支援し励ます特別な義務があるとも私は信じている．創造的才能を発展・開花させるために全身全霊を捧げる人びとの労力と，それらの人びとの個々の貢献を束ね，それを洗練して，より純化した，磨き上げたものとするために必要とされることの多い大規模組織がなければ，間違いなく集合的文化はとてつもない損失を被ることになると思う．文化において憧れの的となり共通の規準となるような作品の多くを私たちにもたらすのは，この職業的創作者なのである．職業的創作者がいなければ，創作のときに共通の下敷きにできるものはもっと少なかっただろう．たしかに私たちは皆，ある意味「文化を創造」しているし，職業的創作者が創作の下敷きにしたものの一部は，受け継いだ神話，伝説，古代の物語である．しかし，高品質の現代作品が利用可能な形式で存在しなければ，共有文化の構築に使用できる素材はずっと少なかったはずである．これが，私が職業的創作者をとても重要な存在と考える理由である．そして，職業的創作者に影響力があるのは，その作品が大衆の心を引きつけているということだから，これが特にエリート主義的な見方であるとは思わない．要するに，職業的創作者の活動の場は，市場経済なのである．そのため，職業的創作者は，（必ずではないにしろ）自らの作品が多くの聴衆に受け容れられるようにしなければならない．そして，参加の機会についても，知的財産法のルールを考慮すれば，論評・批評から模倣（もちろん表現ではなくアイディアの），さらにはパロディまで広く開かれている．米国の大衆文化についていろいろなことをいう人はいるが，「非民主的」というレッテルを貼る人は多くはない．もし創作的な人びとを保護し育成することに配慮することがエリート主義であるならば，それは奇妙なエリート主義である．というのは，そこで配慮の対象となっているのは，低俗なエンターテイメントを米国国民に押しつけたとしばしば非難される人たちだからである！

　とにかく，非民主的ではないだろうし，それは単なる間違いだということでいいのだろう．しかし，職業的創作者が特別な保護に値するのはなぜだろうか．彼らの作品を保護することは結局，適当と思うような作品を用いる自由，それらをマッシュアップする自由，（反体制的かもしれない）新しい作品に組み込む自由，流用する自由，自分たちのものにしてしまう自由を創作者以外から奪う

ことである．彼らの作品の保護は，自分たちの文化の創造に参画する自由を人びとから奪う．この自由の剥奪はどのように正当化しうるのだろうか．

それには，2つの方法があると考える．第1に，高品質のコンテンツが文化的経験の共有に重要であることを認めることである．第2に，このようなコンテンツの保護が自由を大いに侵食するという主張を批判することである．第1の点については先に述べた．ここでは，第2の点について少し述べる．

自由が知的財産法によって制限を受けることは間違いない．しかし，その制限は多くの人が思うほどではない．知的財産権は一般的にそれ自体で執行力はない．したがって，第1に，権利行使の費用が高いという動かしがたい事実によって，自由への重大な侵食から保護されている．知的財産権者にとってこの事実は面白くないものであるが，利用者の自由の問題には大いに関係がある．知的財産の消費者にとっての事実上の自由領域——つまり，参加型文化の領域——は，実際にはかなり大きい．（法の現実の作動ではなく）紙の上の法に形式的に注目しすぎるとこの点は不明瞭になりがちだが，それが事実なのである．

第2に，市場を通じて自由は保護されている．人びとは自由を好む．企業は人びとに彼らが好むものを与えようとする．そのため，より自由度の高い文化的商品を消費者が選好するのであれば，一部の起業精神あふれる企業は消費者にそれを与えようとするだろう．つまり自由を著しく制限した文化的商品を販売する人びとは，（このような自由度の低下によって消費者が失う価値を相殺するために）その商品を特別に魅力的にするか，制限に関する方針を変更しなければならないだろうということである．仕組みは，このように単純なのである．

別の言い方をすれば，かなり自由に，リミックス，マッシュアップ，あるいは，その他に利用できるコンテンツはたくさんあるはずである．そのなかには，営利企業由来のものもあるだろうし，リミックスが好きで，それを促進したいアマチュア由来のものもあるだろう．すべてのコンテンツがそれほど自由に配布されることになるわけではないが，それなりの数のコンテンツがそうなると思われる．参加型文化に参加しようとする者にとって，ある作品がスタンダードというべき存在なので，その作品を参照する必要があると感じる場合——利用制限がより少ない代替作品は入手できない場合——であっても，知的財産法は，批判（たとえば，「イデオロギーとしてのバービー」をもっぱら論じたエッセーやウェブサイト全体）や論評（たとえば，「『人魚姫』の限定的な空想への反論」に関するエッセー）を認めているし，パロディ（たとえば，ホグワーツ・アカデミーと

ハリー・ポッターの物語を茶化す演劇）さえも許容している．しかし，スタンダードというべき作品の商業的リミックスは知的財産法によって妨げられうる．これは，自由を制限しているといえるのだろうか．そういえるのは確かであるが，この制限には正当な理由（スタンダードとなる作品を支援するというもの）があり，かつ，この制限は限定的（これらの作品のアイディアを流用すること，その基本的アイディアを自らのオリジナル作品に組み込むこと，それらの作品について批判したり論評したりすること，それらをパロディ化することは常に認められる）である．私の見解では，自由を奪うこれらの制限は限定的であり，それらが現在の形で存在する限り完全に擁護することができる．コンテンツを物理的にいじくり，それに直接的に自分の刻印を押すことができないことで，重要な自由の形式を奪われたと感じる人がいることは理解できる．しかし，これらのスタンダードとなる作品を避けて創作したり，それらの要素を直接複製することなくそれらについて論評したりすることを強いることは，大きすぎる負担とはいえないだろう．それは，それらの作品の創作者の権利を認めることによって生じる負担である．権利には負担がつきものである．私の見解では，この負担はこの権利を弱めることを正当化するほど大きくない[57]．

「ボトムアップ文化」について考えると，最終的には，知的財産は真に法的権利であるという考えに立ち返ることになる．もちろんこれは，本書の第2章と第3章で詳細に説明したように，ロックとカントがほめたたえる財産権の概念から導かれるものである．それがどのような形であるにせよ，最適な知的財産政策は何かという問いに関して，創作者と消費者の経済的選好の均衡を完璧に取れる文化的生産量を求めるために，功利主義的な計算を厳密に適用することは不可能だと私は考えるにいたった．それゆえ，私たちの知識の現状を鑑みれば，知的財産を「権利」の問題として考えることが最も適切である．また，私の考えでは職業的創作者は知的財産権を保有・行使するに値する．それは，（ロックとカント風に言えば）最上の原理から，（第4章で説明したロールズ風に言えば）社会的合意から，そのように言えるのである．職業的創作者を犠牲にしてアマチュア創作者を著しく優遇するいかなる政策も，絶対に擁護できないというのが私の考えである[58]．

技術製品を製造する大企業

　自律促進のための理想的状況は，エンターテイメント産業と同様，自営ないし完全な独立かもしれないが，大企業も職業的創作者の将来性に貢献している．大企業の貢献のやり方には2つある．1つ目は，小規模企業が販売している特化された製品を購入し，その後，小規模企業の付加要素ないし拡張要素を必要とする消費者向け製品を販売し，そうすることで小規模企業の繁栄できるエコシステムの幹を形成することである．2つ目は，大勢の職業的創作者を雇用し，彼らの仕事を有望なものとし，時には大企業を離れて新しい自分の会社を起こすことができるように彼らを十分に育成することである．より大局的に見れば，大企業が職業的創作者の保護と育成を嫌ってなどいないことがわかる．むしろ大企業はそうした目的にとって欠くことのできない存在なのである．

　大企業が間接的に小企業を支援する1つの方法は，育成の場となること，すなわち，起業家がさまざまな手段により経験とノウハウを得る源泉となることである．たとえば，起業家活動の研究が一貫して示すところによれば，成功したスタートアップ企業の創設者のほとんどは既存の大企業出身者である．特定の産業に関する研究がこれを裏づけている．たとえば，ディスクドライブ業界における会社設立パターンに関する詳細な研究は，ほとんどの小規模な革新的企業の起源をたどると一握りの大企業に行き着くことを示している．シリコンバレーのイノベーション文化の発展を歴史的に見れば，同様のことが示される．活気ある小規模企業の起源が大企業である例は，枚挙にいとまがない．その最も有名な例はフェアチャイルドセミコンダクターである．

　技術革新がさかんな産業の構造変化についての最近のより高度な説明によれば，既存の大企業は，従来と異なるが依然として重要な役割を果たしている．今日では広く見られるようになった多種多様な産業構造においては，大企業が必要とする特化した構成要素は，多くの場合，小規模で高度に専門的な企業によって供給されている．この手の説明では，「モジュール」と垂直「分業」のテーマに焦点があてられることが多いが，その説明においても大企業の重要性が認識されている．多くの部品についてアウトソーシングに大きく依存する日本の自動車産業は，事実上すべての自動車部品を大きな自動車会社が自社製造していた従来と比較して，今日広く見られる新規で「よりフラット」な産業構造のモデルとしてしばしば引き合いに出される．この真新しい世界においてもなお，日本の自動車会社は非常に大規模なままである．少なくともこの分野で

は，産業の分散化は昔と比べた場合の相対的なものにすぎない．大企業は依然として自動車産業（とその他多くの産業）の中核であり，そのサイズをどのように測ろうが，依然として大企業である．

　要するに重要な点は次のとおりである．自律促進という個人所有と比較的小さい企業がもつ特徴は，大企業がもっぱら支配する産業構造と緊張関係にあるかもしれないが，同時に，小さな生産単位を含むことのできる産業構造は，多くの場合，大企業が一定数存在することによって，維持・形成されている．それゆえ，強くて行使可能な知的財産権は，より多くの自律支援的な小規模企業を振興する可能性があるが，すべての大企業が衰退へと向かうわけではない．もし自律と独立を本当に重視するのなら，大企業は衰退すべきでない．小企業の事業を成功させられるか否かは，産業全体において大企業が少なくとも１つは存在することに依存している．したがって，知的財産権は大企業自体に利益をもたらすかもしれないが，それとは別に，小規模企業がさまざまな革新的製品の製造を大企業とともに行うことを可能にしつつ，大企業からの自立も可能にする．この結論は逆説的に聞こえるが，この文脈ではもっともな結論であるといえる．多くの場合，大企業は，知的財産権と小規模企業の自律性の向上および経済的存続可能性とを結びつける，必要な結節点なのかもしれない．

再び取引費用

　先に述べたこの結節点が多いほど，取引費用は高くなる．企業エコシステムに大企業がわずかに存在することは，小さい企業にとって助けとなるかもしれないが，独立生産単位が増えると，多くの場合，運営費用が高くなるという事実を避けることはできない．私が強調してきた解決策は，これを必要な費用，あるいは払うに値する費用として受け容れ，同時にできる限りその最小化に取り組むことである．この節では，多数の独立権利者間の取引費用を低下させるためのいくつかの実務的な方法を提案することで，この考えの実践を示してみようと思う．私の提案は大まかに２つのカテゴリーに分類できる．第１に，権利の完全な放棄のコストを低下させることである．これは，権利を放棄しやすくすることが知的財産制度全体のコストを低下させるという理論に基づく．第２に，多数の企業によるコンソーシアムや知的財産の一元的クリアリングハウスを奨励することによって，権利を交換するコストを低下させることである．

知的財産権の放棄と「排除しない権利」

　最初に，知的財産権の放棄を簡素かつ容易にすることについて話したい．一見するとこれは，私のような者が取り上げるには奇妙なテーマであると思われるかもしれない．共同コンテンツ，オンライン文化がもつ平準化作用，オープンソース運動は，デジタル革命に関する議論の中心的テーマとなっている．そして，これらはすべて，時代遅れな「所有権的」または「中央集権的」文化と，相互接続的で高度に民主的な文化の時代の幕開けとの違いを際立たせるものである．後者の文化では，個人の請求権の放棄を規範として広く受け入れ，双方向で大規模な共同「創作物」を後押ししている．私のような老人が知的財産権の贈与についてなぜ話そうというのだろうか．

　2つの理由がある．第1に，デジタル革命そのものは正しいからである．いつでもどこでもコンテンツを共有できることは革命的であるし，人びとはそれによって楽しいことができる．第2に，従来の知的財産権を批判する人びととは異なり，私は，新しい形式の共有が広がっても，従来の知的財産権の存在意義がなくなるとは思っていないからである．事実，この新しい形式の法的な背景を適切に理解すれば，この種の共有は知的財産権に対する脅威でも挑戦でもなく，むしろ，知的財産権の実務上の柔軟性と今なお妥当する規範的根拠の証拠であると理解できるようになる．簡単に言えば，財産権の放棄という選択肢は，すべての財産権制度が備える基本的な特徴である．私たちは，特に第3章でこの点を取り上げ，カントが放棄の概念とその個人の自律との関係に注目したことを議論した．知的財産の権利者となれる多くの者が，共同的で協力的な参加の方を好み，権利を初期の段階で放棄しても，そもそも財産権の理論的根拠を弱めることには決してならない．むしろ，その根拠を支えるのである．そして，同様に重要なことは，多くの人によってこの方法が選択されるからといって，ほかの人が必ず同じ選択をしなければならないわけでは決してないということである．というのは，知的財産権は，権利者に自らの創作物を共同的プロジェクトに提供することを許容するが，それと同時に，個々の創作物が大規模な共同創作物に統合されることを防止したい人びとも守るからである．このような自由，つまり，権利を完全に放棄する自由や，経済的活用あるいは単に美的な好みのために権利を手放さないでおく自由が，財産権の本質である．カントも同様のことを言っており，知的財産法にはこの基本的な考え方が反映さ

れている．しかし，完全な放棄が簡単で広く用いられているという事実があるからといって，これを法的なデフォルトルールとすべきであると示唆しているわけではない．デジタル革命の圧力の下で，財産権の基本的要素——個人の自律の尊重——の変更を許容するとすれば，それは重大な誤りであろう．

権利放棄の正しい方法（と誤った方法）

　自律の尊重という伝統を保持しながら共有を促進する最良の方法は，権利者が自分の権利を放棄しやすいようにすることである．共有を促進する誤った方法は，最初から権利を弱めたり廃止したりすることである．第1のアプローチは個人の選択を知的財産権の構造の中心に位置づけたままとするものであり，第2の方法は共同という名目で個人の選択を強引に押しつぶすものである．もし知的財産制度が，知的財産権を簡単かつ容易に共有できるようにしつつ，従来どおりの権利を維持することに力を注ぐならば，従来どおりの権利と容易な共有という2つの世界の長所を活かすことになる．しかし，もし共有促進という題目の下で権利を弱めるとすれば，個人の自律を尊重するという伝統は失われてしまう．

　放棄を用いて共有を促進する単純な方法をざっと説明する前に，私のアプローチに対する2つの反対意見を取り上げたい．第1の反論は，従来の知的財産保護をデジタル領域に適用することは権利を大きく拡張することに等しいというものである．この主張はいくつかの事実，特にデジタル世界では，デジタル著作権管理（DRM）などの技術（ただし，ほとんどまだ実現されていない）のおかげで，権利者は自分の権利を以前よりもはるかに完全に行使することができる能力を（理論上）もつにいたったという事実を前提としている．この議論は一般に「許諾を必要とする文化（permission culture）の発展」（デジタルに関する理論家であるローレンス・レッシグと関係するスローガン）という見出しの下でまとめられてきたので，この議論をのちほど取り上げる際にはこの表現を用いることとする．第2の議論は，またしてもレッシグ（とウィリアム・フィッシャー）に関連するものであるが，知的財産法が創作者に報酬を与えることが欠点なのではなく，創作者によるコントロールを許容することが欠点なのだというものである．これらの論者が提示する解決策は，典型的には，デジタルコンテンツに対する強制ライセンス制度（詳細はきわめて曖昧である）の形で，補償とコントロールを分けることである．この「どこでも強制ライセンス」という

考えについてものちほど考察したい．

　「許諾を必要とする文化」という考えは，事実問題としてほぼ誤りであるというのが私の意見である．オンライン世界になって知的財産権のエンフォースメントが容易になったとはいえ，それゆえ，デジタルコンテンツの利用者は，さまざまな制限的許諾やライセンス手続の制約の下におかれていることは明らかである．デジタル情報で利用可能な作品——職業的創作者による音楽から伝統的な新聞まで——を提供する多くのクリエイティブ産業の儲けが減少していることは，これを裏づけている．どちらかと言えば，私たちは自動的な許諾・補償システムをより多く使えるようになったといえるにすぎない（グーグル・ブック・サーチ事件の和解は，単一の支配的企業が会計・補償システムを管理することには多少問題があるものの，この分野における興味深い可能性を提示している)[59]．

　私の意見では，「どこでも強制ライセンス」の考えも，実務と理論の両面から誤っている．実務的には，多額ともなりうるオンライン活動から生じる収入の流れをどのように個人創作者たちの間で分けるべきかという非常に難しい問題に対処して初めて，この提案が現実的か否かを具体的に判断できる．強制ライセンスの過去の経験を踏まえると，私は楽観的にはなれない．理論的には，この考えは状況を悪化させると言わざるをえない．コントロールと補償を効果的に分離することは困難である．なぜなら，両者は連動することが多いからである．そして，決定的なのは，一部の創作者は多少のお金を失っても，より大きなコントロールの方を望むという事実である．これは，自律という重要な側面であって，すべての財産権に伴うべきものである．デジタル著作権の合意を拒む人びとは，一部の知的財産理論家にとっては，どうしようもなく時代遅れに見えるかもしれないが，合意を拒む権利は財産権の保有の不可分な一部なのである．

権利放棄の簡略化

　それでは，自らの創作物を共有したいという多くの創作者の願いと自律を調和させるにはどうするのが一番よいのであろうか．答えは単純である．端的に個々の創作者が自らの知的財産権を放棄できる仕組みを作ることである．これこそがクリエイティブ・コモンズという団体の本質である．この団体は，創作者が自らの創作物を広く共有できるようにする，さまざまなライセンスを奨励

している.問題は,これらのライセンスが契約によるもののみであることである.より優れた仕組みは,著作権法(と特許法)に放棄の仕組みを直接組み込み,中央オンライン登録簿を作ってそこに放棄者を記録して,その検索と証明が簡単にできるようにすることだろう.こうすることで,契約によって権利放棄を表明することに伴う技術的な問題の一部(公示,当事者関係などの問題)を解決することができる.

このようにすれば,個々の知的財産権をめぐる個人の意思決定を尊重するという伝統を維持することができる.堅固な放棄システムを備えることは,自律の原理——この原理は,ご存知のとおり,知的財産制度のまさに中核をなしている——を,共有コンテンツと共同創作の時代にあわせることにすぎない.伝統的な法の構造を維持したまま,新しいデジタル技術を活用した望ましい実務にも対応できる——これがよい組み合わせのように思われる.

権利処理の費用の低減——多数の企業によるコンソーシアム

権利放棄を容易にすることは重要であるが,財産権とは経済的報酬をもたらすためのものであることを理解することが重要である.言うまでもなく,この経済的報酬こそが,個々の創作物を個人の自律の増大に結びつける実際的な方法である.そこで私たちは,本章において先に述べたように,堅固な知的財産権の下では取引費用は高くなるという事実に直面することになる.理想的な知的財産政策は,ここからスタートし,この問題を乗り越えなければならない.そこでは,知的財産権が市場を通じて移転する際に消費される資源を最小にしつつ,権利を尊重する必要がある.ここで多数の企業によるコンソーシアムが登場する.

多数の知的財産権者が集まる形にはさまざまなものがある.たとえば技術関連産業においては,権利者らがパテントプールを形成し,異なる企業のもつ特許を集めて,「ワンストップショッピング」な取り決めにしたがったライセンスを利用可能にしたうえで,パテントプールの構成員が合意した内部評価手続にしたがってライセンス収入を分配することがある.反トラスト当局も,多くの場合,パテントプールにかかる業界全体の協力に対して,従来のように反対したりしない.典型的には,このような取り決めがもたらす反競争的行為をめぐるいかなる懸念も,取引費用の節約によって相殺されるだろう[60].

コンソーシアムはエンターテイメント業界でもよく知られている.最も古い

先例の1つに，米国作曲家作詞家出版者協会（ASCAP）がある．この団体は，膨大な数の楽曲の著作権を集め，ラジオ・テレビ局やその他のメディアがそれらの権利を利用できるようにライセンスする団体である．ライバル組織の放送音楽協会（BMI）も同様の役割を果たしている．同様の規約をもつさまざまな組織がその他の音楽著作権や文芸の著作権のライセンスのために形成されている[61]．

反トラスト法において一般的には好意的に扱われているものの，コンソーシアムの設立は規制当局から常に白紙委任状を得てきたわけではない．ASCAPとBMIは，初期に違法性を争われた結果として，裁判所の監督の下に出された同意判決に数十年にわたって服してきた．また，パテントプールも，反トラスト法理に基づいて，しばしば違法性が争われる[62]．反トラスト法はおおむね好意的になってきているが，それでもなお，これらの取り決めに対する反トラスト法上の違法性は定期的に争われている．

新世代のコンソーシアムが設立されるに伴い，いくつかの新しい問題が争点となってきた．そのなかでも重要な一連の争点として，コンテンツ配信に使用することができる技術的「プラットフォーム」の発展に端を発するものがある．アップルのiPodは音楽分野の技術的プラットフォームであり，アマゾンのKindleなどの電子書籍リーダーも同様である．技術的プラットフォームが支持されるのは，創作物を新しい形式で利用可能にすることによって付加価値を生みだしたときだけでなく，プラットフォームの所有者がコンテンツ所有者の大半をそのプラットフォームにうまく引きつけたときである．たとえば，ほとんどの主要レコード会社はその会社の音楽をiPodで利用できるようにしている．また，ほとんどの出版社は，Kindleのような電子書籍リーダーに，その出版社の著作者の書籍の少なくとも一部を提供することで合意している．このように多数のコンテンツ所有者と強力で大規模な技術系企業との組み合わせは，消費者に真の価値の期待と同時に，重大なリスクも提示する．

そのようなリスクのうち現代の学界において明らかとされているものの1つは，プラットフォームとコンテンツの組み合わせが反競争的となる可能性である[63]．知的財産分野の論者のなかには，知的財産権が特定の業界における競争バランスを脅かすプラットフォームとコンテンツの組み合わせを促進する可能性があるときには，知的財産権は制限ないし規制されるべきであると主張する者もいる．ヨーロッパにおいて，iTunesというコンテンツポータルとiPod

というハードウェアプラットフォームを組み合わせるアップルの統合音楽システムに関して，各種の規制が実施された背後には，この理論がある[64]. 少数意見として，プラットフォームとコンテンツの統合は互換性のあるコンテンツの最適な創作を促すだろうという理論に基づいて，統合を促進する政策を支持するものも実際にはあるが[65]，ほとんどの論者はコンテンツとプラットフォームを結合する商取引に対して，深刻な懸念を表明している．

しかし私には，プラットフォームとコンテンツが取引する前からその取引に懸念を示す理由はほとんど見出せない．知的財産権はコンテンツ所有者に多種多様な選択肢を探ることを許容している．ある場合には特定のプラットフォーム所有者と排他的ライセンスをしてもよいし，期限つきの排他的ライセンスをしてもよい．いくつかの媒体について排他的にライセンスし，それ以外にはラインセスしないでもよい．この競争は知的財産権によって可能となるものであり，この競争こそがコンテンツとプラットフォームの取引に関して学者が示してきた懸念の大半を解決する方策であると思われる．

ケーススタディ——音楽のデジタル著作権管理システム

アップルの iPod - iTunes のプラットフォームとアップルが所有する FairPlay デジタル著作権管理システムとの組み合わせをめぐる（特にヨーロッパでの）論争は，本節で述べた論点のいくつかのよいケーススタディとなる．まず，このプラットフォームに関するアップルの知的財産権上のポジションを述べ，その後，音楽コンテンツ業界における競争圧力がこの分野のアップルの全体戦略にどのように影響を与えてきたかを議論する．

アップルの iPod 音楽プレイヤーは，当初，販売するすべての音楽に，アップル所有の FairPlay デジタル著作権管理システムで符号化することを要求していた．FairPlay はミュージシャンや作曲家をその音楽の複製から保護したが，このシステムにはアップル製品に消費者をロックインする効果があることもよく理解されていた．ある人の音楽をいったんアップルの iPod に入れると，その音楽は FairPlay 形式に変換され，iPod 以外の音楽プレイヤーではその音楽ファイルを二度と再生できなかった．理論的には，アップルのようなフォーマット所有者は，この「ロックイン」効果の力を，音楽プレイヤー事業における支配的な地位を築くために利用することができる．この問題に対処するためにさまざまな規制提案が提示され，2003 年までは，一社支配を防止するため

に反トラスト当局の介入が必要になるだろうと一般的に考えられていた．
　しかし，実際には競争が起きたのである．ある報告によれば，

　　プロテクトのないフォーマットの音楽を無期限ダウンロードできるオンライン音楽サービスが登場した．2007 年 9 月に開始したアマゾンのミュージックストアがその一例である．さらに，いくつかの主要レコード会社は，自社の音楽カタログの一部について，プロテクトなしのフォーマットの音楽を上乗せ価格でオンラインストアに提供する予定であると発表した．この展開は，利用者からの相互運用性（interoperability）への懸念に応えたものであり，デジタル著作権管理の相互運用性に関する競争を促す市場の力学を表している……[66]

　この展開から，規制に代わる方法を見て取ることができる．考え方はいたって単純である．すなわち，コンテンツ配信のためのプラットフォーム間で競争がある限り，消費者の利益は基本的には守られることになる．iPod で見られたような一時的なロックインは，1 つの原因になるかもしれないが，プラットフォーム間の競争が激しくなるにつれ，ロックインは弱まっていく．このような展開を見せるのは，ロックインはプラットフォームのコストに直結しており，プラットフォーム所有者間の競争は自然かつ必然的にプラットフォームの価格を下げる方向に作用するからである．このような力学が働いていることは，現在のデジタル音楽市場では明らかである．それは，アップルに挑んだ音楽市場の新規参入者である Amazon.com のジェフ・ベゾスのインタビューからも見て取れる．デジタル音楽事業への新規参入者であるアマゾンは，アップルが支配する音楽プラットフォーム市場における重要な対抗勢力と見られていたので，主たるコンテンツ所有者――大手レコード会社――によって注視されてきた．

　　ウォールストリート・ジャーナル：あなた［アマゾン］は，コンテンツ会社の少なくとも何社かは［アップルの］スティーブ・ジョブズに大満足というわけではないという状況のおかげで得をしていると思いますか．
　　ベゾス氏：私は，そもそもそういう切り口は少し違うと思います．自らの音楽を配信してくれる会社が多数存在することは，賢明なコンテンツ会社にとって，明らかに自己利益に適うことなのです．音楽の［知的財産の］

権利者は，私たちの成長率を注意深く見守っています．私は，彼らは満足していると思います．[67]

　この見解は，次のような見解を述べる論者らの意見と一致している．すなわち，論者らは，プラットフォーム所有者間（さらには，音楽コンテンツなどの，プラットフォームを補完する商品を作る制作者間）の競争は，①広範囲にわたっている，②長期的でダイナミックな競争プロセスの「スナップショット」にすぎない市場シェアの数字に目を奪われがちな規制当局から過小評価されている，と考えてきた[68]．一時的な市場シェアの数字とプラットフォーム所有者が保有する知的財産権についての情報とを組み合わせ，知的財産権は，プラットフォームにおいては有害であるという結論に飛びつくことは簡単である．しかし，急速に発展するデジタル音楽業界が示しているように，この状況で知的財産政策を拙速に変更することは誤りであろう[69]．たいていの場合，競争こそが，消費者厚生を最もうまく保障する手段なのであって，知的財産の保護を弱めたり権利付与後に知的財産権を包括的に制限したりすることによって無理やり相互運用性を確保することは，そのような手段ではないのである．

プラットフォームとコンソーシアムの構築

　ここまでの音楽デジタル著作権管理に関するケーススタディから，技術的配信プラットフォームが，コンテンツ所有者の活動の中心点（focal point）として機能しうることが明らかとなった．多くのコンテンツ領域――3つ挙げるとすれば，音楽，書籍，映画――においては，コンテンツに対する権利は多くの異なる主体に分散しているが，プラットフォーム所有者は，自らのプラットフォームに必要十分な量のコンテンツを引きつける必要性から，率先して，コンテンツのための一元的なクリアリングハウスを構築し，コンテンツに対する知的財産権を集めることとなる．このように，プラットフォームはコンテンツのコンソーシアム構築活動の中心点となる．

　多くの懐疑論者は，デジタル音楽を1カ所から買うことができるよう，大手レコード会社が協力して行うはずはないと述べていた．iPodのプラットフォームにコンテンツを集めようとしたアップル・コンピュータの例を見てみれば，この考えが間違いであることは明らかである．出版社も電子書籍のための「ワンストップショップ」を作ることには消極的であったが，アマゾン，アップル，

グーグルなどのすべての電子書籍販売者には，競合出版社をまとめ，システムを機能させるために取引基盤に投資するインセンティブがあった．

このような取り組みには良い面と悪い面がある．良い面とは，プラットフォームの所有者がコンテンツ制作者の利益に資することである．プラットフォームに一元化されたコンテンツのクリアリングハウスのおかげで，自営の創作者が・自・営・の・ま・ま・で新しい配信技術の恩恵を受けられる．これは創作者の自律を促進するという従来からの目的に適うものであると同時に，職業的創作者が自営または小さなチームによる創作をつづけながら，効率的な方法で新たな聴衆に作品を届けることができることを意味する．

悪い面は，知的財産とコンテンツのクリアリングハウスを構築するプラットフォームの所有者自身が，コンテンツ所有者に対して相当な影響力を行使する地位を得るということである．たとえば，アップルが，音楽売上の相当な部分について，iPod のデザイン，iTunes の配信ソフトウェアとウェブサイト，その他アップルが所有する資産への投資の結果であると主張することもありうる[70]．このような影響力が結果として生じることにより，コンテンツの創作者——知的財産政策が最も慈しみ最も大切にすべき対象であると私が主張してきた，作詞家，音楽家，著作者——に分配しうる収入の割合は小さくなる．

それではどうすべきか．ざっくりとした答えは，うろたえず，不十分な情報に基づいた政策的対応策に飛びつかないことである．これまで私が主張してきたように，プラットフォーム所有者が一時的に優越的な力を得ても，新規参入が競争的であれば，その力はやわらげられていくことが多い．プラットフォーム所有者の影響力は，コンテンツ所有者を圧迫する力であると同時に，競争的な新規参入を確実に呼び込む高い利益幅を生みだす．そうだとしても，場合によっては，市場支配力が強いため，新規参入が困難になったり，少なくとも参入速度が非常に遅くなったりすることもある．この期間については，それに対抗する何らかの法的圧力が必要になる場合もあるだろう．この点に関しては，参考となる先例がある——たとえば，（第6章で述べた）テレビゲーム分野における事例で，テレビゲームの競争相手の排除に（著作権保護の対象となっている）「ロックアウトコード」が利用されないよう，フェアユースの抗弁が援用された事例がある．これらの事例において裁判所は，プラットフォームの所有者が許諾していないテレビゲームの販売を排除するために作られた著作権のエンフォースを否定することで，新規参入を認めてきた．その他，適当な場合に

は，知的財産権のミスユースや反トラスト法の理論などの法理を適用することもできるだろう．そして，既存の法理で足りない場合には，その事件にふさわしい何らかの新しい法理を作る場合もあるかもしれない[71]．要するに，知的財産権によって保護されるコンテンツを創作した人びとに真剣に目を向けることこそが知的財産法の正しい姿勢なのであって，プラットフォームの所有者の影響力を減殺するために新しい理論が必要であれば，法はためらわずに対応すべきである．

ただここでは，私が求めている対応策の性質に注意してほしい．私の対応策は基本的に応答的で事後的である．コンテンツ創作者にとって有害な状況が継続し，それがおそらく手に負えないほどであることが判明した場合に限って，法は事態を正常化するために介入すべきである．先に放棄について議論したときと同様に，個人の資産に個人の権利を付与するという基本的枠組み——知的財産権の付与を特徴づける基本的原則——こそが，長期にわたって創作者の利益に資する最良の拠り所であると主張したい．現在の支配的なプラットフォームの所有者を拙速に規制することは，デジタル時代には知的財産の取引に過度な負担がかかると勝手に懸念し，拙速に知的財産権を弱めることと同じ悪行である．大慌てでこしらえた政策は，そこに信頼性が欠けていることを示している．現在の基本的な枠組みは，過去の状況変化にぐらつかなかったことが証明されているのだから，将来の創造的なコミュニティにも役に立つ可能性が高い．プラットフォームの所有者がコンテンツ創作者の支持を得ようと努力をしている限り，そして特にプラットフォーム間に競争がある限り，忍耐と信頼を方針にすることが妥当である．

結　語

本書は知的財産権を理論的に正当化しようとするものである．私はこの分野の基盤に多元主義的な立場を取り入れようとする一方で，私自身は徹底的に規範的なアプローチを支持していることをためらいなく述べてきた．本章では，私たちの社会が知的財産権を取り入れることで，職業的創作者の職業人生が実際にどのように違ってくるのかについて述べてきた．まず，これらの人びとがどのような人びとであるかについて概観すること——知的財産権によって養育・維持される職業的創作者を事実に基づいて記述すること——から出発した．

そこで私が特に強調したのは，職業的創作者にその創作した資産に対する個人的な支配権が与えられる場合に，自律——知的財産権を含むすべての財産権の根本にあるやや抽象的な目標——が高められるということである．もちろん，知的財産が重要な産業では，大企業が経済活動のなかで傑出した存在であることを認識する必要があった．そして私は，大企業のおかげで，より多くの職業的創作者が自営または少なくとも小さな創作チームで働けているというパラドックスについても説明した．大企業が成功するケースがある理由の1つは，個人による所有によって相当な取引費用が発生するからである．したがって，取引費用を低減させることは，知的財産制度を実効的なものにするために当然求められる重要な目標である．そして私は，知的財産権が与える自律には自由に財産権を放棄する権利が含まれるから，広範に権利放棄されている様子は，現在の知的財産システムの柔軟性が機能していることを示していると主張した．最後に，新しい配信技術をめぐる現在の議論，つまり新しいプラットフォームの登場とそれが創作者に与える影響の問題について検討した．これらのプラットフォームは希望であると同時に危険も孕んでいる．希望は，プラットフォームが多くの独立した創作者と知的財産権者が必然的に集まる唯一の配信拠点となる，つまりコンテンツを集積しコンテンツの取得費用を低減するための中心点が自然に形成される点である．危険とは，プラットフォーム所有者が，配信技術を所有することの帰結として，集積されたコンテンツの価値のかなりの部分を独占してしまう可能性である．すでに述べたように，プラットフォーム間に競争があれば，時間をかけて状況を改善する方向に進んでいくことができるが，場合によっては，事後的規制が多少必要なこともある．

　私は，全体を通して，知的財産政策は，社会的費用を削減しつつ自律に資するように，個人に対する財産権の付与と権利移転の容易化を目標とすべきであり，それらはすべて，知的財産法の中核たる創作者に報いるという規範的責務を遂行するという目標に伴うものであると主張してきた．

　本書でこれまで述べてきたことの多くは一般論であり，現代の法制度において知的財産保護を動かしているものを記述しようとするものである．以下の章では，これらの一般論から離れ，今日の知的財産法の世界における複雑かつ論争の多い2つの問題領域，すなわちデジタル時代の法的保護（第8章）と開発途上国における知的財産権の問題（特に医薬品の分野）（第9章）の議論に移る．私のさしあたりの目標は，長年にわたって知的財産分野の論争の中心にあった

いくつかの具体的な政策問題に，先の章における考え方を適用することであり，そうすることによって，高度に抽象的な規範理論および概念的原理が，きわめて複雑な問題の理解に役立つことを示すことである．

第8章　デジタル時代の財産権
Property in the Digital Era

序　論

　デジタルコンテンツの世界ほど，職業的創作者の行く末が強いプレッシャーにさらされている世界はほかにはない．そこで，本章では，第5章および第6章でみた中層的原理も交えながら，第2章から第4章にかけて述べた基本となる規範的な枠組みを，引き続き拡張し適用することとする．ここでの目標は，最も急速に変化している知的財産分野のデジタル領域においてさえ，そして，知的財産権が創作を促進するというよりもむしろ阻害すると多くの知的財産法学者たちが考えている状況においてさえ，強い知的財産権の保護はいまだ最良かつ最も公正な政策であると示すことにある．

　今日では，この考えは明らかに少数意見である．多くの知的財産法学者は，デジタルメディアの「オープンである」という重要な利点を強調し，知的財産をこの目標に対する主な障害とみなしてきた．その基本的発想は非常に単純なものである．すなわち，デジタルコンテンツおよびそれを伝えるプラットフォームを使用する際の制約を，法律ができる限り取り除くことができれば，デジタルメディアは，広範に利用可能となりネットワーク効果が生じることの必然的な結果として，より一層繁栄し知的財産制度の目的に資するようになるだろうというものである．要するに，デジタル時代における最良の知的財産政策はミニマリストの知的財産政策である，という考えが支配的である．

　本章において私は，いまや支配的なこの見方に対し異論を唱えることを試みる．私の考えでは，強い知的財産権の保護は，デジタルメディアが繁栄する環境を促進することと決して矛盾するものではない．むしろ全く反対であって，この目標には知的財産権が不可欠なのである．知的財産権は，デジタル時代に

おけるさまざまな範囲にわたる有効な戦略を促進し，それは，大規模なコントロールおよび権利行使から，幅広いオープン・アクセスの促進にまで及ぶ．伝統的な定義・理解に基づいたままでも，知的財産権は，ダイナミックかつ挑戦的な環境においてデジタルメディアに必要な柔軟性を民間企業に大いに与えることができる．「知的財産権ミニマリスト」のトップダウンで画一的なアプローチと比較すると，伝統的で強い知的財産権の保護は，単一のアプローチを強要または強制することなく，さまざまなアプローチ——オープンの程度が異なるさまざまなアプローチを含む——を奨励し促進するのである．

したがって，私にとっては，個人による財産所有に備わる伝統的な長所——自律性，分散性，柔軟性——は，デジタル時代においても決して時代遅れなものではない．それらは従来と同様に実に重要なものなのである．私たちがオリジナル作品を作成し配布するためのダイナミックな新技術に取り囲まれているとしても，個人が知的財産権という種類の個々の資産をコントロールすることは，今もなお妥当であり，その理由はこれまでと変わることはない．知的財産権は個人の業績に対して報酬を与え，それを評価し，より広範な人びとの自律をもたらす．知的財産権のおかげで，誰がどのように使用してよいかについて，個人が決定できる．知的財産権は，デジタル時代の創作のための公正かつ正当な制度的環境を提供している．

このように，財産権に対する基本的な擁護論は，依然として非常に強力なものであると私は考えている．デジタル技術は創作物の機械的で反復的な側面を容易にしてきたが，私の見解では，基本的に創作そのものを容易にはしていない．ノートパソコンあるいは最新コンピュータワークステーションの前に座って，よいアイディアやよい表現・行動方法を見つけようと一生懸命に頑張ることは，タイプライターや製図机の前に座っているときとその難しさは同じである[1]．そして，何かオリジナルのものがひとたび創作されたのちに，誰が創作に対する経済的報酬を得ることになるのか，一度世界に開放された創作物を誰がコントロールすることになるのかという問題をめぐる利害の大きさは，個人的レベルと社会的レベルのいずれにおいても，今でも全く同じである．

創作物に対して強い知的財産権の保護を推進してきた長い伝統は，最近，学術文献のなかで激しい批判を受けている．したがってしっかりとした知的財産権の保護を主張することは何ら過激なことではないが，デジタル技術の時代である現代において，伝統的な財産権の概念の核心を擁護しようとすることは，

いくぶん受け容れられがたい．受け容れられがたい理由を知ることは有益と思われるので，財産権の概念はこれからも有効であるという私の主たる議論を始める前に，現在の知的財産法学のいくつかの側面について簡潔に取り上げることにしたい．

財産権は今なお妥当か？
現在の知的財産の論点の見取図

　知的財産権に関する法律文献は膨大であり，日々増加している．それに遅れずについていくことはほとんど不可能になった．伝統的な定義にしたがって文献に区分されるものに，ブログ，電子メールのニュースレター，ウェブページを加えれば，状況はさらに悪化するだけである．加えて，単に膨大なだけではなく，非常に多種多様である．実務家の文献だけでも驚くほどある．さらに，さまざまな知的財産のテーマ——特許，著作権，商標など——に関する非常に専門的な学術的文献を加えれば，考慮すべき著述はきわめて多様なものとなる．
　この大量の文献のなかには，現代思想の2つ主要な類型，2つの重要な議論の流れがあることを示し，それらについて批評したい．1つ目は私がデジタル決定論（DD: Digital Determinism）と呼ぶ類型である．これは，知的財産政策の背後にある中心的な原動力は，デジタル創作および配布からくる技術的な要請であるべきとする考えである．デジタル決定論のスローガンは，「ネットワークに支配された世界のためのネットワークにやさしい政策」であるといってよい．すなわち，デジタル決定論の論者にとって，（知的財産およびその他の分野における）政策目標は，デジタル技術によって可能になったことを邪魔しないようにすることである．この見解から見た優れたルールとは，最大限の相互接続性，最大限にデジタルな「もの」を流通させること，および最大限にネットワーク上の各ノードあるいは利用者に対して自由を認めることである．たとえば，デジタル決定論支持者の主張によれば，インターネットから音楽をダウンロードし配布することは，コンテンツ所有者の許可なしには一般的に禁止されているとしてもいまや可能となったのだから，技術により可能となり普及したこれらの行為に対応するよう法律を改正すべきことになる．たとえば，知的財産法学者であるローレンス・レッシグの見るところによれば，利用者は法律に違反していることを認識しているにもかかわらずその行為を止めないのであ

るから，今こそ「新技術の誘いを素直に実行しただけの」人びとが行う不可避な現実世界の行為に対応するために制度を変更するときなのである[2]．この考えの背後にある物の見方は，この見解を述べるために使用された学術的なレトリックに表れている．創作物は「インプット」であり，創作物の視聴者と消費者は「利用者」であり，創造と相互接続はサイバースペースの個々の領域において「太い接続線」を通じて生まれる．特に創作物を表現するために「インプット」という言葉を使用していることからして，このレトリックは，創作物の創作と頒布を可能にし形成する技術システムが決定的な影響力をもっていることを示唆している．

　ここで，デジタル決定論の来歴に関して簡単に説明しておいた方がいいだろう．デジタル決定論は，一般的概念である技術決定論といくつかの点で共通するが，ここでいう技術決定論とは，技術が歴史を突き動かすという考えとして定義される[3]．これらの考え方の精神については，「進歩の世紀」と題した1933年のシカゴ万国博覧会の標語「科学が発見し，産業が応用し，人間がそれに従う」がおそらく最もうまく表現している[4]．1980年代以降，科学技術社会学および科学技術史の研究者たちは，技術決定論の背後にある基本的な前提，特に技術の「内在的論理」が生みだすあらゆる要請に人間が従わなければならないという前提に反論してきた[5]．彼らの多くは，技術の多くの（ある者によればほとんどすべての）側面を形成しているのは社会的な力であると主張している．彼らに言わせれば，決定論の概念は，人間には技術システムに関与する多くの機会があることを覆い隠してしまっている[6]．換言すれば，技術が社会を形作るという決定論の主張は，事実として誤りであると考えている．彼らは，技術は自律的な経路に沿って発展するわけでもないし，不変の内在的な論理をもっているわけでもないと反論している．むしろ，彼らの主張によれば，人間の（社会の）力が技術を形作り導くのである．

　この観点からすると，初期のサイバースペース熱狂者のスローガン――「情報は自由になることを欲している」――は，少なくとも単純すぎる考えだといえるだろう．技術史家にとっては，情報が何かを「欲する」という考えそのものが決定論の1つの形式である．しかし，より重要でかつ本書により密接な関係のあるものは，サイバー熱狂者によるこの初期の主張の規範的な趣旨である．これらの人びとにとって，「情報は自由になることを欲している」というスローガンは，「私たちはそれを手助けすべきである！」という規範的指針を直接

指し示している．換言すれば，社会は，目の前に立ちはだかりその素質をすべて開花させることを妨げるあらゆる障害を取り除くことにより，この技術の可能性に適応すべきである，ということである．このように，サイバー熱狂者は，積極的あるいは明示的には，技術決定論を信奉することを表明していないのかもしれないが，政策提案を通じて技術決定論の規範的側面に対する信奉を表明しているのである[7]．

　2つ目の潮流はこれと密接に関連している．それは，デジタル技術の顕著な特徴は，そしてその特徴ゆえに政策が最も促進するよう努めるべきものは共同創作（CC: collective creativity）であるという考えである．これは，相互接続性が増しているという事実に端を発するものだが，それにとどまるものではない．この立場から論文を書く学者は，ネットワーク技術の論理にはそれほど関心がないが，この技術により開かれた，人間の相互作用のもつ可能性と（特に）グループレベルでの創作の可能性に関心をもっている．この学派から発せられる主張のいくつかは実に印象的である．その指導的論者によれば，私たちは非常に重要な文化革命の只中にいる．以前は考えられなかったあらゆる種類の協力を可能にするバーチャルコミュニティのなかで遠く離れた個人がつながることは，全く初めてのことである．創作物——音楽，著書，映画など——は，レコード会社，出版者，映画スタジオのような大規模で利己的な「仲介者」を必要とすることなく，世界中の理解ある人びとと瞬時に共有されうる．多くの個人による小さな貢献もただちに集合させることができ，これまで世界が見たことがないような新しい種類の「分散型の創造」が可能になる．仮想的な創作チームというグループの力を新たに知ってしまったことにより，私たちの社会は変容されつつある．あらゆる種類の「遺産」や「強固に守られた」利益は，取って代わられ，あるいは脅かされつつある．たしかに，全く新しい仕事の仕方（新しい生き方でさえあるのかもしれない）——社会的な方法，つまり共有に基づいたオープンな方法——が生まれつつあるのを私たちは目の当たりにしている[8]．

　デジタル決定論と共同創作論には，明らかに多くの共通点がある．実際これらは単に同じことを表現する2つの異なる方法にすぎないと言っても過言ではないかもしれない．デジタル決定論が注目するのは，相互接続性の原動力となる通信ケーブルとサーバであるが，これこそが共同創作論の拠って立つプラットフォームである．他方，共同創作論は，このハードウェア全体によって可能

になる「分散型の単一頭脳」たるバーチャルコミュニティに注目している．もちろん，いくつかの違いはある．デジタル決定論の見方では，個人によるデジタル創作物の創造および消費／使用は，共同創作物と同様，ネットワークの全体像の一部にすぎないことを強調するかもしれない．一方，共同創作主義においては，共同相互作用は，特定の技術的基盤によって可能になった面が強いものの，必ずしもこれに依存するものではないと指摘するかもしれない．

　私にとって興味深い点は，デジタル決定論と共同創作論に共通する財産権の捉え方である．それぞれの核となる考え方が，技術システムが政策を決定すべきであるか，社会は共同相互作用と共同制作を促進することに大いに関心をもつべきであるかで違いがあるにせよ，個人の財産権は，通常，課題を生じさせ，解決策を与えるものではないと考えている点で共通している．技術信奉者にとって，財産権はネットワークを通じて流れ，ネットワークがつなぐ「ノード」（あるいは人びと）へと向かう情報の効率的なフローを妨げるものでしかない．同様に，共同創作を通じた社会の変化に関心をもつ人びとにとっても，財産権は現に個々の会社や人びとに結びついているので，情報の自由な共有やそれを基礎にした創作プロセスを単に阻害するだけのものになりがちである．つまり財産権は，共同創作を支えるバーチャルコミュニティに満ちあふれたオープン性の精神や創作における謙虚さ（要するに，作品への個人のクレジットは必要ないということ）と，基本的に相容れないのである．

　ただ今のところ，デジタル決定論と共同創作論の陣営の学者のほとんどは，自らの主張に関して有能すぎるがゆえに，デジタル領域において財産権を完全に廃止することまでは主張していない．彼らは，財産権が現代のいくつかの（おそらく多くの）状況において有益な制度であることを認めている．彼らが主張しているのは，デジタル時代の技術的な要請（デジタル決定論）や共同の理念（共同創作論）に対する財産権の影響を最小化する政策である．これは，概念レベルで言えば，「財産権の論理」と呼ばれうるものがデジタル領域へ侵入することに厳格な制限を課すことである．嚙み合わない議論とならないように，この政策こそが，私が取り上げようとしている批判の対象であることを明確にさせていただきたい．私は何か全体的な意味でデジタル決定論や共同創作論の世界観が財産権を完全に否定すると主張しているわけではない．これらの見方の要点は，制度としての，そして概念としての財産権が，デジタル時代における重要なトレンドを阻害しているという点にある．私は，それらの目標が財産

権をすべて排除することにあるのではなく，デジタルドメインに対するその影響を低減することにあるということは十分理解している．実際的にも概念的にも中心にある「障害物としての財産権」という概念こそが，ここでの私の批判対象である．

　財産権は個人に資産ないし資源に対する支配権を与える．財産権を保持することは，資産をどうするかについて述べる権利，たとえば，誰がどのような条件に基づいて資産を使うかについて述べる権利を有することである．もちろん財産制度により非常に大きな相違があるが，①個人による②（少なくともある程度の排他性を有する）資産支配は，財産の核心的要素である．この基本的概念について，ジェレミー・ウォルドロンはうまく表現している．第2章で述べたように，財産権とは個人と資源との1対1の対応であると彼は述べている[9]．

　デジタル世界においては，これらの2つの要素はいずれも問題が多い．この世界では，資産ないし資源は異なるルールにしたがって機能していると言われる．そして，すでに述べたように，個人はそれほど重要ではなく，ネットワークや共同性が本質的な分析単位である．これらに対する私の答えをよりよく理解できるように，これらについてもう少し詳しく述べていくこととする．

デジタル資源の流動的な世界

　哲学者のゴードン・ハルによる論文は，興味深いことに，デジタルの「オリジナル作品」とデジタルの「複製品」とを区別するのは，いまや事実上不可能であると主張している[10]．デジタル創作物にはこのような特性があるため，他の学者もデジタル創作物は境界が流動的であることを強調している[11]．デジタル創作物に対する追加，変更，翻案は非常に容易であり，このためオリジナルとの同一性を維持することは非常に難しい．多くの学者によれば，この点はデジタル技術の偉大な革命的恩恵の1つであり，これこそが急速に形成された新しい習慣と規範の特徴であって，しばしば「デジタル文化」と呼ばれるものなのである[12]．

共同性はデジタル時代の創作の本質か

　多くの人びとにとって，デジタル領域において流動性と同じくらい重要なことは，異質な多くの個人が大規模な共同目標に向けて創作の労力を提供できることである．オープンソース・コンピュータプログラムはその最初の典型例で

あり，多くの個人プログラマーが，オペレーティングシステムやサーバソフトウェアのような高度な最終製品を作るため，コンピュータコードを提供している．しかし，いまやこのモデルは，あらゆる種類の興味深い領域に広がっている．ウィキペディアなどのウィキ全般が現在のホットな事例であろう．あるトピックに関する有用な知識を異質な個人が少しずつ持ち寄って，絶えず編集・推敲・更新される単一のオンラインソースにそれぞれの貢献を蓄積していく．現在，同様の力学は，ファンサイト（シリーズ物の書籍や映画のような共通の関心に関連する物語，解説，グラフィックアート，その他の種類のコンテンツを人びとが投稿するところ）から，レシピ交換ウェブサイト，あらゆる種類の旅行アドバイスウェブサイトにいたるまで，他の多くの分野においても働いている．

　もちろん，こうした共同創作物を支える基本論理は非常に古く，「人手が多ければ仕事は楽になる」や「三人寄れば文殊の知恵」をはじめ，ほかにも多くのことわざがこれを証明している．しかし，もう一度述べると，デジタル技術の信奉者の指摘するところによれば，ユビキタスな相互接続および共通の（デジタル）媒体によって，グループによる作業は全く新しい次元へと転換されたのである．アナログ技術による先例があったかもしれないが，そのいずれも，インターネットとデジタル技術が可能にする瞬間的で広範かつ包括的な集合体とは比ぶべくもない[13]．

　ここでの信奉者の主張はたしかにもっともなものである．創作物をわずかずつ提供して1つの感動的な創作物を作り上げる「アマチュア」集団はデジタル時代に始まったことではない．しかし，それがいまや以前よりもはるかに一般的になっていることは確かである．したがって，たとえば，『オックスフォード英語大辞典』の初版の編集に取り組んだ多くのアマチュア辞書編集者が，言葉の使用法の実例を1つひとつ持ち寄り，それらが最終的に素晴らしい統一体となったことは，長い間驚くべきことと考えられ，この事例に特有のことでないにしても非常に稀なことであると考えられていた[14]．そして，自然発生的な音楽のジャムセッションからダンジョンズ＆ドラゴンズのようなロールプレイングゲームにいたるまでの「共同娯楽」は，たしかに存在はしていたが，非常に例外的なものであり，主流から外れたものとして片づけることができた．しかしながら，今日では，コンピュータネットワーク上に「小さなオックスフォード英語大辞典」やその他の共同コミュニティが何千も存在している．これは，質的な変化でないとしても，規模的に見れば，間違いなく大きな変化と特

徴づけることができる．

　共同創作の実例を見かけることが以前よりもはるかに多くなったことについては，議論の余地がない．しかし私は，デジタル時代においては共同創作物が個人創作物に機械的に取って代わるであろうし，そうなるべきであるという考えには反対である．そして，個人の創造性が引き続き重要であることの結果として，財産権が法的・社会的な制度として，依然として妥当なものであると主張する．さらに重要なことであるが，今後も引き続き財産権が付与され，行使されるとしても，共同創作の存続可能性が脅かされることはないが，共同創作をさらに促進するために財産権を著しく縮小すれば，個人の創作のための条件を著しく悪化させてしまうであろうと私は主張する．後述する「財産権の現代化」という節において，これらのテーマに戻ることとする．

職業的創作者と法的基盤

　第7章で説明したように，デジタル決定論と共同創作論は，知的財産権で保護された創作物を数多く有する大企業に対して，明らかに否定的な見方をしている．よく標的にされる企業には，ウォルト・ディズニー，大手レコード会社，映画・テレビスタジオが含まれる．マイクロソフトやオラクルのようなよく知られたソフトウェア会社も加えられることが多い．第7章で私は，これらの批判の多くが的外れであると論じた．大企業は多くの職業的創作者を雇っているだけでなく，クリエイティブ産業のエコシステム全体のなかで重要な位置を占めている．おそらくこの点がより重要である大企業は特化した製品とサービス（アニメーション，サウンドエンジニアリング，科学的・技術的な特製品，独立した「才能」など）の購入者であり，これらの分野や他の隙間分野の新興企業を育んでもいる．第7章で述べたように，職業的創作者の保護と育成に懸念を抱く人は，知的財産権を基礎とする産業を支えるすべての「巨大企業」やその他の大企業の終焉を主張する前によく考えてみるべきである．

　しかし，もちろんこれらはすべて，職業的創作者が保護する価値のある人びとであること，つまり彼らが何か特別な注目や評価に値することを前提としている．必ずしもすべての人が同意するとは限らないだろう．したがって，デジタル時代の創作者の運命についてより広く考察する前に，そもそもこの種の創作者を支持する理論的根拠についてまず検討しなければならない．

ある形態の創作的表現に対する特権

　「職業的創作者」という特別な職種を認めることは，多くの問題を生じる．私は，2つの点を取り上げたい．1つは一般的な倫理的論点，もう1つはより実際的な論点である．1つ目の論点は，あるグループの貢献を他のグループの貢献よりも特別扱いすることにどのような正当性があるのか，である．ここでは特に「リミキサー」――オリジナル作品を改変したり，複数のオリジナル作品を一緒にして新しい独特なものを作ったりすることにより自分の創造性を表現する人びと――の主張に注目してみたい．2つ目の論点は，なぜ私たちは社会として，新しい技術がもたらす全面的な変化から職業的創作者を保護するために特別な努力をすべきなのか，である．新しい技術によって，真空管メーカー，電信技師，御者，電話交換手，旅行代理店が仕事を失うことがありうるとすれば，どうして作家，音楽家，芸術家は仕事を失わないのか．換言すれば，この職種の人びとの経済的生計手段の維持のために私たちが特別な保護を図るべきだとすれば，彼らの何がそれほど特別なのか．

　リミキサーやマッシュアップアーティストは，単に消極的にデジタル創作物を使っているわけではなく，既存の作品を集合させることで新しい創作物を作り上げている．これらの人びとの扱いは，単なる利用者よりも難しい．彼らは，デジタル創作物を，自らの思いを伝えるためのより大きな創作物の，出発点として使いたいのである．法律が創造性を重要な目標として認識しているのであれば，なぜこれらのリミキサーの主張は「オリジナル」の創作者の主張ほど尊重されないのだろうか．

　その答えはこれらの議論のなかでよく用いられる言葉が暗示していると思う．オリジナルの創作物は，リミキサーにとっては「インプット」であると言われている．私の答えは，職業的創作者が自分の作品をインプットとして扱われたくないと思うのであれば，あるいは，いつ・どのようにして扱われるかを管理したいのであれば，法律はその意向を保護すべきであるというものである．自己表現の伝達手段たるオリジナル作品がリミックス組立工程（いわば創造の懸濁液）に投入される商品とみなされることに対して異議が唱えられる可能性があるのであれば，異議のある人は許諾を強く要求できる権利をもつべきである．できる限り率直に言えば，リミキサーの主張が常にオリジナルの創作者の主張と同じ重みをもつわけではない．なぜなら，それぞれのオリジナル創作物に対

する立ち位置は大きく異なるからである[15]．オリジナルの創作者の方が現に高い評価に値するのであれば，法は創作者の権利の主張の方を認めるであろう．

この手の議論では，たいていこのタイミングで，知的財産権の評論家が，創作物は常に借用に関係しているという主張を携えて議論に加わってくる．この種の議論は，既得権を守ろうとする強力な利益団体が自己の目的に資するために（基本的にとらえどころのない）「オリジナリティ」という概念を操作しているという非難に発展することもあるし[16]，法は時代についていくべきであり，リミキサーに同等の貢献を認めるべきであるというより穏やかな議論に発展することもある[17]．

関連して，私は著作権法学者ドリス・エステル・ロングに同意しなければならない．彼女は，シェークスピアやミケランジェロと「リミックス文化」の事例の相違点を指摘することにより，「創作的な人びとは常に借用してきた」という議論について以下のように論評する．

> ミケランジェロとシェークスピアの創作物が最終的にパブリックドメインを豊かにし，パブリックドメインに置かれた真に新しい作品が後世の芸術家を刺激してきたことについて争いはほとんどないだろう．今日，複製技術における進歩を考慮すると，感動を与える複製物はボタンを押すだけで簡単に作れてしまい，多くの場合，従来の複製物に表れていた訓練や能力を必要としない．私はそのような複製技術を使用して作られた作品が創造性を欠いているとか，保護に値しないとか言うつもりはない．私の言いたいことは，そのようなデジタル技術によって可能になった複製のレベルは感動を与える複製物の性質を根本的に変えてしまっており，デジタル時代の著作権保護の目的および影響を再検討することが求められている，ということだけである．[18]

言い換えれば次のようになる．たしかにリミキサーにはオリジナリティがある．しかし，一部の創作物は他の創作物よりもオリジナリティが高い．そして，たしかにここで言う「オリジナリティ」とは現に社会的文脈で解釈される文言である．しかし私たちは社会として，私たちの評価が反映されるようにその文言を解釈してきた．完成・確立された創作物ではなくアイディアに基づくオリジナリティは，既存の完成創作物を混ぜ合わせるオリジナリティよりも特別に

扱われるべきである[19].

ある種の特権としてのインセンティブ

　ここまでのオリジナリティに関する議論は，関連するもう1つのトピックにつながっている．著作権に関する最近の著述に共通して見られるテーマの1つに，著作者のほとんどは，本来的には内的な報いによって動機づけられるというものがある[20]．これを踏まえて，多くの評論家が，知的財産権の保護に対する「インセンティブ理論」は多くの芸術家にとっては真実ではなく，その結果，現在の知的財産制度を支える支柱は取り去られてしまったと結論づけている．この種の議論に対して従来からある反応は，特定の芸術家や創作者に対するインセンティブの重要性を示す一般的な意見を引用したり，報酬と生みだされる創作物の数との間のマクロレベルの相関性を示す統計的実証研究を引用したりするというものである．

　私は異なる議論に挑戦してみたい．インセンティブ理論には，単に効果があるかないかの二分論——創作者はインセンティブに刺激されることで新しい創作を生みだすか否か——を超える何かがあると主張していこう．インセンティブは，ある人が何かを生みだすか否かそのものよりも，ましてや生みだされる作品の総量よりも，生みだされる創作物の質に関係が深いと思われる．

　これらの問題に関する確固たる証拠はほとんどない．実際，証拠について書く場合，「エピソードのぶつけ合い」を回避することは難しい．要するにたとえば，内的動機理論を支持するために，芸術家の伝記を引用してみたり，時には著者自身の経験までも引用したりする[21]．また他方で，頑固な経済学者や強い知的財産権の保護論者は自分たちの反証事例を引用する[22]．この論点がこのように語られると，満足できる解決策はほとんど見出しえない．

　しかし，この点は少し構成し直すことで，外的動機づけ（インセンティブ）と内的動機づけの対立問題について多少前進することができる．この点の従来の捉え方の問題は，それがあまりにも露骨に表現されていたことである．自らの内的動機づけを引き合いに出す芸術家は，目の前にある報酬の仕組みがどのようなものであっても，もちろん自分の芸術作品を創作するだろうとしか言わないかもしれない．逆の答えをすれば——「知的財産権の保護がなかったとしても創作をしますか？」との質問に「いいえ」と答えるとすれば——アイデンティティのとても大きな部分について自ら否定することを余儀なくされる．そ

して，この答えは，ともかくも「芸術は生まれてくる」という私たちの経験と符合する．第2次世界大戦中の強制収容所内でも執筆しつづけた作家がいるように，あらゆる種類の芸術家は，刑務所内でも，貧しくても，あるいは支援や奨励の類いがなくても，旧ソビエト連邦の多くの芸術家と同様に，自己を表現する方法を見つける．したがって，実際に多くの芸術家が強い内的要因に動機づけられていることにさほど疑いはない．芸術家のなかにそういう人がいることは確かである．

　そうすると，たとえ少なくとも一部の芸術家が外的な報いがなくても創作するかどうかを問うことに意味がないとしても，私たちはより適切な問いをいくつか立てることができる．そのような問いを立てることで，デジタル時代の創作物に対する知的財産権の保護と財産権が果たしうる役割をめぐる議論において現実に論争となっている論点についての解決の手がかりを得られるかもしれない．創作者は自分の創作物にどれだけの多くの時間をかけられるのか．芸術家は，完全に自立し，本当の意味での職業的創作者（第7章のなかで深く掘り下げたテーマである）になるべく，専業で働くことができるのか．芸術家の創作物は，その最高の可能性を発揮できるよう，十分に吟味されたのち，聴衆に届けられることになるだろうか．簡単に言えば，創作者の創作物を形成する環境・条件とはどのようなものとなるだろうか，また，それらの状況によって創作者は十分に成功すること——できる限りの最高品質の作品を創作すること——ができるだろうか[23]．

エリート創作者？

　私がここまで，一部の人には不快に感じられるかもしれないような方法で，インセンティブの問題を整理してきたことは紛れもない事実である．不快に思わせたと述べる理由は，「職業的創作者」のような実体があること，そのような人びとを保護し育成することが知的財産制度のおそらく最も基本的な機能であること，そして，おそらく創造的に働きたいと思うすべての人がこの職種に仲間入りできるわけではないことを強く示唆してきたからである．換言すれば，外的動機づけないし知的財産権のインセンティブ効果に関する私の議論は，階級制度的な感覚，すなわち，エリート創作者という概念と密接に結びついている．要するに私は，一部の創作物は他の創作物よりも高い品質を実際に示していると強く信じている．

この見方は，デジタル世界に関する現代の評論において広く支持され，おそらく支配的でさえある考え方と衝突することになる．その考え方とは，新しいデジタル技術による創造性の「民主化」という考え方である．新興のデジタル世界を注視してきた人びとの多くが，デジタル世界における創作の主たる勢力としての「アマチュア」ないし素人，すなわち，伝統的な選ばれしエリートとは異なる非専門家の台頭を指摘している[24]．私が職業的創作者と呼んできた職種の人びとに対して配慮を示すことは，民主化のトレンドと全く逆行しているように思われるだろう．私の主張は実際のところ，財産権を尊重することと，多くのアマチュアを排除する形で厳選されたエリートを存続させることとの間には，ある種の密接な関係があると言っているように聞こえるだろう．仮に外的動機づけの効果について私が正しいとしても，それはコストに見合うのかというもっともな疑問もあるかもしれない．職業的創作者の職種を維持することは，民主化，つまり大衆の創造性を犠牲にするに値するものなのか．私たちは社会として，その代償を支払うことを本当に望んでいるのだろうか[25]．

いずれにしてもこれらは，民主化支持者の一部が投げかけたいと思う問いであると思う．これらの問いによって，私のような者は難しい立場に置かれることとなる．すなわち，自分の意見を曲げずに，YouTube・ビデオ，有名なキャラクターが登場する新しいシナリオ，オンラインゲーム用の新しいキャラクターに貢献している「平凡な男」を排除するよう訴えていくのか，それとも，財産権への擁護を心に秘める代わりに，デジタル世界において重要な力と位置づけられる民主化の価値を受け容れるのか，その選択を迫られることになる．

デジタル技術の知的財産権はアマチュアを「差別」しているのか？

幸い，私はこのアプローチを完全に否定している．私は，このアプローチは間違った選択を提示していると信じている．事実は単純である．すなわち，アマチュアの文化は，あらゆる形態において大いなる繁栄を見せており，職業的創作者集団を支える強い財産権の存在下でさえ可能であり，これからも可能でありつづけるということである．もちろん，財産権に対してこれまでと同じ立場にこだわるのであれば，デジタル分野におけるアマチュア創作をいくらかは減少させることになるだろう（もっとも，権利行使にかかるコストと多くの権利を放棄する自発的な決定のため，その影響が多くの知財評論家が心配するほど甚大にならないことは間違いないだろう）．しかし，自由なデジタル文化におけるこ

のような些細な減少は，職業的創作者集団を維持するために私たちが払わなければならない代償にすぎない．換言すれば，上質な創作物のためのコストとは，アマチュア作品の分量がわずかに減少することである．私にとっては，そのコストは払うに値するものである．

　一流の映画や音楽と豊富なアマチュアのコンテンツのどちらかを選ばなければならないわけではないことに注意すべきである．私たちは両方を手にすることができるのである．実際，YouTube を少し見ただけでもわかるように，私たちは両方を手にしている．本当の選択肢は，将来の職業的創作者が創作のキャリアを進もうとする前にそれを諦めさせたり，生きるために彼らのキャリアを望まない方向に導いたりするような知的財産政策か，才能があり創造的な（一部の）人びとがどこかの時点で職業的創作者の職種に仲間入りすることを可能にする政策かである．言い換えれば，その選択肢は，①知的財産権を弱め（あるいは知的財産権の事実上の弱体化を黙認し），すべての人びとを永続的にアマチュア層に押しとどめるか，②知的財産権を強固に保護する立場を維持するかである[26]．後者の政策を採用すれば，一部の創作者は必然的にトップランクに入れないことになるだろう．しかし私の見解では，前者の政策はそれよりも悪い．前者の政策の下では，誰も職業的創作者集団に加わることができなくなるだろう．私たちが気づく頃には，前者の政策は「職業的創作者」のカテゴリー自体を事実上崩壊させるだろう．

　また，「デジタルに依存する創作者」が全員まとめて職業的創作者集団から永久に締め出されるわけではないことに注目することも重要である．実際，「ファン」作品やゲームキャラクターやオープンソース・ソフトウェアコードの自発的な投稿は，職業的創作者階層への仲間入りを希望する人びとを審査するよくできた「オーディション」方法であると考えている人もいる．これに関連するが，オリジナルの創作物に対する強固な保護の下，人びとはそのようなオリジナル作品を制作しようとし，より安直なデジタル創作物を制作しなくなるかもしれない．換言すれば，財産権というお墨付きを使ってオリジナル作品の創作を促進することで，人びとはもう少し努力しようと思い，法律上のオリジナリティというラベルに値するだけのものを制作しようとするかもしれない[27]．

リミキサーのためのフェアユース？

　私はこれまでのリミックスの問題に関する議論のなかで，オリジナルコンテンツの創作者を重要視してきた．オリジナル創作者は，何か新しいものを作るために働いている他の人びとと同様に，知的財産権の保護を受けるに値する．彼らの作品が容易に複製され，頒布され，改変されうるという事実は，私にとってさほど重要ではない．彼らは従来の創作者と同様に，自らの活動における自律を必要とし，自らの行為によって生計を立てたいと望んでいる．

　デジタル技術に慣れている新しい世代は，オリジナル創作物を，さまざまな種類の創作プロジェクトの出発点として利用することに長けている．リミキサーとは彼らのことである．彼らは，オリジナル作品のデジタル版を取得し，場合によっては興味深く創造的な方法で改変し，他の作品と混ぜ合わせる[28]．彼らは，自由に利用できる素材を取り出し，創造的な工夫を加えているので，自分たちがしていることは「従来」の創造性と全く異ならないとしばしば主張する[29]．彼らの主張が行き着くところは，リミックスは法律上の正式な承認を受けるべきである，つまり，著作権法における「フェアユース」として尊重されるべきだとの結論である[30]．彼らは，このリミックスの問題に関して，私が全く誤った対象に法的特権を与えていると言うであろう．私が法的特権を与えるべきは，オリジナルコンテンツの創作者ではなく，オリジナルコンテンツの創作者と同様に創造的であるにもかかわらず大胆なために誤解されがちなリミキサーであるというわけである．

　この議論に適切に関わるためには，フェアユースの法理について詳しく検討することが必要である．それを行った後で，リミックスに関する論争と本書の第Ⅰ部および第Ⅱ部で挙げられた問題とを関連づけてみようと思う．ロックとカントを利用し，尊厳性原理と効率性原理を引用しつつ，知的財産法における特権的地位は，基本的にはリミキサーではなくオリジナルの創作者に帰属すると信じている理由を示すつもりである．また，古くから広く知られている創作者の権利に対する制限をどのようにリミックス作品に適用すべきかについても述べるつもりである．

取引費用と変容的利用（transformative use）

　フェアユースは著作権法において絶え間なく論争になっているテーマである．

この理由の1つには，フェアユースが，侵害が立証された後においても適用される，侵害の訴えに対する数少ない抗弁の1つであることが挙げられる．すなわち，フェアユースは本質的に弁明ないし弁解であり，著作権侵害の事実が立証されたときでも，侵害者はなおフェアユースを主張し，時には法的責任を免れることができる．フェアユースが最終的な結論を左右する事件では必ず，有効な著作権が存在し，その侵害が証明されている．したがって，倫理的には，フェアユースの抗弁には多くの問題がある．というのは，フェアユース理論は，法的には侵害があるという事実から出発しながらも，法的責任を負うはずだった当事者の責任を免れさせるという強力な理論だからである．

論争が絶えない2つ目の理由は，条文からも明らかなように，この理論の外延が明確ではない点である．著作権法は，フェアユース理論の目的をまず明らかにしたうえで，適用する際に裁判所が考慮しうる4つの「要素」を例示列挙している[31]．創造力に富む訴訟当事者や意欲のある弁護士にとって，この理論の輪郭はちょうどパテのように変形自在かのように思われてきた．手元の事件の要請に合わせて，無数の新しく創造的な態様で，フェアユース理論を形作り，整形し，洗練させることができる．このこと自体はむしろあるべき姿である．というのは，著作権法を杓子定規に適用することで生じうる歪みを軽減するために，柔軟で外延が確定していない「安全弁」が必要だからである．しかしそれは，著作権が及ぶ作品を用いてできることとできないことを区別したいだけの人びとにとっては怒りの種でもある．

この節において，フェアユースの魅惑的な世界すべてについて詳説するつもりはない．たくさんの分厚い書籍においてすでに説明されているし，歴史が何らかの手本になるのであれば，きっとより多くのものがその中にあるだろう．その代わりに，私はフェアユース理論のうち2つの特徴に注目したい．その特徴とは，この25年で脚光を浴びるようになった，フェアユースがリミックスに適用される際の中核的ジレンマを理解するのに役立ちうるものである．その2つとは，①市場の失敗あるいは取引費用（フェアユース理論の理論的根拠）および②変容的利用という概念である．これらの概念について理解することで，リミックスの問題に取り組む際に必要な考え方を手にすることとなる．

市場の失敗　およそ30年前，ウェンディ・ゴードンという若く野心的な著作権法学者がフェアユースに関する事件を調査し，そして革命的な考えを思

いついた．それらすべての事件は，一貫性がないように見えても，市場の失敗という概念によってシンプルに説明できるように思われた[32]．おそらくフェアユースは，著作権者と著作物の利用者との間の取引費用が高すぎるか，取引が不可能であるかのどちらかの場合に法制度が用意した代用手段であったと考えられた．彼女の考えは，その当時は急進的な概念であった．というのは，フェアユースとはすべての人が受け容れる公正性の概念を見出すことであるという従来の考え方から逸脱していたからである．ウェンディ・ゴードンにとって，公正とは，第一義的には現実の紛争を解決できる魔法のような先験的な概念ではなく，真に重要な分析作業が終わった後に出てくるものである．そしてその作業とは要するに著作物の市場であった．市場が形成され，売りたい人と買いたい人が存在するという必要条件を満たしているならば，公正の問題を考慮する必要はない．フェアユースという法的な道具が利用され，適切な結果が得られるよう適用されるのは，取引費用が高すぎるために市場が形成されなかったものの，他の点からみれば市場の形成が望ましいまたは当然な場合だけである．賢明なウェンディ・ゴードンは，時として利用者の特権がどうしても著作権者の利益に優越することがあると気づいていたため，すぐに利用可能な市場があるか否かには関係のない，別のフェアユースのカテゴリーの余地を残していた．また彼女は，自らのアプローチを慎重に体系化し，裁判所に対し，フェアユースであると認めた場合に著作物の価値に与える影響を評価するよう求めた——これは，たとえ市場の失敗があっても，侵害者を支持してフェアユースを認めることが当該著作物の価値を破壊または著しく減損する場合には，著作権者を支持する判決がなされるべきであると考えたためである．これらの例外事項は別としても，ゴードンにとってフェアユースを実効的に運用する鍵は，市場の失敗の事例を探すことであった．

　ゴードンの革命的なアプローチを適用することの難しさの1つは，タイミングと関係している．時として，市場の形成には時間がかかる．特に，新しい技術が生まれ，確立された商業パターンを崩壊させる場合，その時点の市場参加者が新しい現実を把握するようになるまでには時間がかかりうる．このようなことは近年繰り返し起こっており，たとえば，ダウンロード可能な音楽が突如登場したこと，あるいは，ビデオコンテンツのインターネット配信が従来の放送やケーブル配信を現実に代替するようになったことである．知的財産法学者レベッカ・アイゼンバーグの言葉を用いると，市場が失敗しているのか形成さ

れようとしているのかを見分けるのは難しいことがある[33]．

　個人の知的財産権を信奉するという私の立場を一貫させて，この議論において私は特定の行為をフェアユースと判断することに慎重な立場をとる．フェアユースというラベルを拙速に貼ることで，市場の形成が抑圧されることを私は懸念している．フェアユースといったん判断されると，将来に市場が発達しても，裁判所が方針を覆し，確立されたフェアユースがもはや抗弁に値しないと判断する可能性は低いと思う．民間の経済主体は最初の判断を信頼して意思決定を行うようになり，事業全体についてもこの判断に基づいて体系化していくだろうから，それが後に覆されるとなると，何が合法であるのかについての広く共有された予測が著しく乱される可能性がある．裁判所はその類のことを嫌っているし，裁判所が頻繁にそのようなことをするとは思われない．これは，フェアユースを認める最初の判断に一種の社会的「ロックイン」効果が生じ，それによって著作権者が市場を永遠に奪われることになる可能性があることを意味している．

　際どいケースにおいては，当初はフェアユースを否定し，合理的な市場形成機会を与えることが，多くの場合，賢明であるだろう（争点となっている侵害行為が，たとえばパロディのような，古くから確立されたフェアユースの事例として伝統的に保護されている領域に含まれる場合には，明らかに当てはまらない）．実際に市場が形成される場合には，フェアユースを早い段階で認めないようにすることで，創作者の対価獲得機会が確保されるだろう．また，市場が形成されないのであれば——利害関係者があらゆる機会をとらえて行動した後でも依然として市場が形成されていないのであれば——ある程度時間が経った時点でフェアユースを認めることが適切かもしれない．しかし，市場が動き出すのにはある程度の時間がかかることもあるので，フェアユースは相当な期間が経過した後に認められるべきである．

　フェアユースを最終的に認めることに慎重であった例は，新しい技術に関連する最近のいくつかの著作権論争に見出すことができる．1990年代の複写に関する事件では，大勢の研究者を擁する会社が，科学的な出版物の中から記事を選択して多数複写したとして著作権侵害で訴えられた．その会社が行った主張の1つは，複数の科学的な記事の中から選択した記事だけを複写するサービスの市場がまだ十分に確立されておらず，学術誌の出版社が個々の記事の複写の価格を提示していることは稀である，というものであった．第2巡回区控訴

裁判所のジョン・ニューマン判事は，この主張の主旨を受け容れなかった．その代わりに裁判所は，記事ごとのライセンスシステムが黎明期ながら形成されつつあったことに注目した．具体的には，フェアユースを認めれば，いまだ揺りかごの中にあるこれらの自主的な取り組みが事実上抑圧されるであろうと述べた[34]．

同様の議論が，オンライン音楽配信に関連する最近の事件にも見られる．これらの事件では，デジタル音楽共有の技術に関する複雑な問題が中心であるが，これらの事件における判決文からは，個々の音楽ファイルの複製行為を法的責任から完全に免除することに裁判所が躊躇していることが見て取れる[35]．オンライン音楽をめぐるライセンスに関して，成功の可能性のある自主的取り組みが形成途上にあったため，裁判所は賢明にも，ファイル共有がフェアユースにあたるという後戻りのできない判断の提示を避けた．

また裁判所は，リミックスとより密接に関連した事件でも，「ミックステープ」およびリミックス音楽の制作の際に著作権保護された小断片を利用することに対して，広範な免責を認めることを躊躇してきた[36]．議論はあるが，デジタル「サンプリング」に対して全面的な免責を認めないこれらの判決は，私には基本的に正しいように思われる．これらの事件はリミックスがまだ始まったばかりの頃に起こったものである．そして，少なくともいくつかの裁判所は，デジタルサンプルを利用するための市場は形成途中であるだろうと判断した．私がここで議論してきたように，このような文脈においてフェアユースを認めることには，まさにその始まりから市場を骨抜きにしてしまう効果がある．直感的には，制度，仕組み，取引慣行，規範が形成されるための機会を与えて待つべきであると思われる．それらが形成されれば，市場が失敗するかもしれないと最初の頃に怖れたことが杞憂となるだろう．そして，著作権者は自らの作品を販売するための新たな販路を手にすることになる（デジタル時代においては，音楽家が相応の暮らしをすることすらも著しく困難になっているという懸念が広がっていることに照らせば，この点を考えることは重要である）．そして，市場が実現しない場合には，その後にフェアユースを認める余地はいつでも残っている．私が述べてきたように，知的財産権で保護されたコンテンツの市場の形成には多くの障害がある．試合が始まったばかりの段階でフェアユースを確定的に認めることは，障害が克服されるとは思えないと表明することであり，それは避けるべきである．

変容的利用（transformative use）　市場の失敗というアイディアが，最近のフェアユース理論における主要な革新のうち半分を占めるとすれば，残りの半分は間違いなく変容的利用の概念であろう．およそ1980年代から学者たちは，侵害的利用のなかから，社会に大きな利益を与え，したがって，フェアユースによる正当化によりふさわしいものを見出す方法について，再検討を始めた[37]．変容的利用という考えを思いついたのである．変容的利用とは，侵害的利用のうち，侵害者が創造的な付加価値を加えて，侵害された作品を新しい分野あるいは市場のものに変換するような利用のこと，要するに，侵害責任を免責するのが最も適切と思われるほどに，オリジナルと全く異なる最終生産物を生みだす利用のことである．どのように概念化されようと，変容的利用の考えの中心にあるのは，社会の耳目を集め社会的に有益な侵害者側の貢献である．論争が全くないわけではないが，この概念はフェアユースの法理の構成要素として認められるようになった[38]．

　市場の失敗との違いを理解することは容易である．変容的利用とは，要するに，侵害者の貢献，つまり侵害者による付加価値である．たしかに市場の失敗は付加価値のある創作物を想起させるが，それは市場取引の前段階の文脈においてである．市場とは，どの取引をどのような条件で成立させるかを決定することをそもそもの機能とするシステムである．侵害者が具体的に何を付加したのかを特定したり，元になった創作物が侵害者にとってどの程度価値があるかを判断することは，当事者間でなされるべきである．

　このような違いはある一方で，この2つの考えの根底には共通点もある．侵害行為の変容的利用の側面を強調する事件では，多くの場合，市場の失敗が根底にある．すなわち，裁判所が示唆しているように，侵害者はその作品を，著作権者であれば思いつかなかった方法あるいは目的で利用している．その侵害的利用は，著作権者およびそれと類似の状況下にある者が所与としている計画，構造，慣行からみて，何らかの意味で異質なものである．侵害者の利用が未知で新しいということは，市場の失敗の分析と同じ方向を向いている．すなわち，おそらく著作権者は，このような作品の応用ないし改変に対して許諾を与えなかったであろうということである[39]．市場の形成に失敗したというのはおそらくあまり正確ではないだろう．むしろ，市場について真剣に考えられなかった，すなわち，オリジナルの創作者がそもそも自発的な取引を全く考えていなかったという方が正確かもしれない．

このシナリオを突き詰めてみると，背後にあるのは，不公正な私物化という感覚である[40]．要するに，侵害者は，著作権者の作品に対して新しくオリジナルな応用——その作品の創作者が夢にも思っていなかった応用——を編みだしているということである．このような場合，つまり，侵害者が独自の洞察に基づき優位性を生みだした場合に，著作権者にその優位性の獲得を認めることは誤りであると思われる．ある意味では，侵害者の独自の洞察による付加価値を，著作権者が横領しようとしているかのようである．そして，これは誤りであると思われるがゆえに，裁判所はフェアユースを宣言し，その侵害行為の継続が許されるのである．

リミキサーの場合における市場の失敗と変容的利用　リミックスの場合には，どうなるのであろうか．私たちは，次の2つの分析のうちどちらが優位にあるのかを決める必要がある．すなわち，市場が形成されるかもしれないのでそれまで待つべきという考え方か，それとも，リミキサーは著作権者が想定していなかった方法で価値を加えているという考え方か．

いくらかの留保は必要だが，私は，市場の失敗という考え方の方が優位にあると信じている．いまやリミックスはよく理解された行為であり，それに対応したさまざまな取引上の規範や仕組みが現れつつあるので，市場の失敗の分析の適用には合理性がある．リミックスがフェアユースであると一律に宣言することは，黎明期の市場を閉ざし，オリジナルの創作者のための潜在的な収入源をなくし，その結果，デジタル形式の作品の創作者の自律の範囲をわずかとはいえ縮小してしまう．そのうえ，最初期のリミキサーのなかには思いもよらない方法で著作物を利用した者もいるかもしれないが，リミックスは今日では私たちが目にする創作行為のなかでもよく理解されている行為である．デジタル改変はオリジナル作品に対する意外で驚くべき利用であるとリミキサーが主張することはもはや不可能である．先駆的なリミキサーの時代は，すでに通り過ぎてしまった．著作権者は，リミックス現象だけでなくデジタルリミックス市場についても十分理解している．したがって，リミキサーがリミックス市場を著作権者に気づかせたのは自分だと主張することに説得力はない．

もちろん，リミックス現象の個々の事象が，素晴らしく創造的でオリジナルである可能性はある[41]．しかし，これだけでは広範なフェアユース特権を成立させる理由にならないと私は考えている．著作権のある作品の翻案，いわゆ

る二次的著作物のための十分に確立した市場がある場合，オリジナリティは抗弁とはならない．著作権保護された物語を翻案した素晴らしく創造的な映画版は，その物語の著作権を侵害することになる．このルールは長年にわたってかなり議論を引き起こしてきたが，おそらくその最も説得力ある理論的根拠は，登場人物と物語が新しい媒体に翻案された場合であっても，著作権者はそれらの運命をコントロールするにふさわしいということである（ある意味で，第5章において説明した尊厳性原理の現れである）．とにかく，それは知的財産の全体像において，すでに確立している．そしてそれがリミックスに適用される場合，市場取引が強く選好されていることに照らすと，創造的なリミキサーの主張でさえ，オリジナルコンテンツの創作者の権利にしたがわなければならないことを意味する．

ロックとカントのリミックス

　ロックの理論において労働が中心的役割を果たしていることは，表面的には，リミキサーの主張に根拠を与えるようにも思われる．デジタルファイルを取ってきて，それをゆっくりと苦労して新しい何かに変えるのは大変な作業である．これをリミキサーのためのある種の権利の根拠とすべきではないのか．

　もちろん，そうすべきではない．ロックの理論は，単純に労働と財産権とを同視しているわけではない．第1に，ロックは，他人がすでに所有する資産に誰かが労働を加えたとしても，それは正当な財産権の主張の根拠にはならないと認識していた．誰からも権利主張されていない対象が十分にある限りは，他人がすでに専有したもの（創作されたものであればなおさら）に対して労働を加えることは，ロックの枠組みにおいては「干渉」となる[42]．要するに，労働によって不正な専有を正当化することはできない．第2に，ロックは，労働およびそれに基づく財産権の主張は，契約によって譲渡されうるものと認識していた[43]．ロックはこれを，被雇用者は賃金と引き換えに財産権の主張を放棄することができる，という意味で述べていた．しかしこれは，創作活動への労働の投入が労働契約により行われるのが慣例である場合において，契約の拘束力が潜在的な財産権の主張に優先するという考えを支持するようにも解釈できる．クリエイティブ産業における仕上げ的な労働の譲渡は，このように正当化できる．映画編集，文学編集，撮影後の特殊効果，録音済み音楽用の音声ミックスなどの例を見れば明らかである．たしかにこれらは困難で骨の折れる作業

であるが，従来から別個の財産権の主張や法的特権を生じさせていない．これらは従来から，適切に，最初の創作物に由来し依存する従属的な労働の形態であると考えられてきた．リミックスも異なるものではない．

　これら2つの理由から，リミックスを作るために費やされた苦労は合計しても財産権の主張とはならない．それは労働のうえに労働を重ねたものであり，オリジナルの創作者の労働のうえに付加されたものである．白紙の上に費やされたオリジナルの創作者の努力こそが，優先的主張の正当化根拠となる．そして，労働は，通常はオリジナルの創作者と後続のリミキサーとの間の契約で移転されるべきであり，また一般的にもそのような契約は可能であった．ここでの理由のいずれからも，ロック的な主張は受け容れることができない．

　カントに関しても，その普遍的原理からリミックスについて言えることがある．第3章と第7章で見たように，この原理の特徴はバランスのとれた自律の概念である．財産権は自律を促進するために与えられるが，それが他者の行動の自由を侵害する場合には制限される．リミックスに関して言えば，リミキサーの行動の自由が深刻に制限されているため，普遍的原理を適用してオリジナルの作品にかかる財産権の完全な保護に制限を設けるべきかが問題となる．私はそうではないと考える．リミックスという手法が既存のデジタルコンテンツへのアクセスを必要としていることは事実であるが，無料で入手できるコンテンツはたくさんある．多くの場合，リミキサーが自らの作品を精魂込めて作るために，特定の作品ないし個別具体的な作品を利用しなければならないということはない．したがって，特定の作品がリミキサーの手の届かないところに置かれたとしても，重大なものは何も失われない．しかし，自分の作品がリミックスされることを望まない個々の創作者に対してその作品を入手可能にするように強制するとすれば，重要な何かが現に失われる．したがって，それぞれの自律の利益をカントの手法で比較衡量すると，オリジナルの創作者が優先される．

著作権とリミックスの量――どこに問題があるのか？

　広範なフェアユースの権利をリミックスのために認めることに反対するもう1つの積極的な理由は，リミックスが不足しているという証拠がない点である．インターネットには，創造的で，気の利いた，愉快で，時には奇妙なリミックスコンテンツがあふれている．そして，こうしたことはすべてリミキサーに対

する広範なフェアユース特権がないなかでなされたものである．このことをどのように説明すればよいのか．

その主たる理由は，権利者がリミックス行為をさまざまな方法で黙認してきたからである．積極的に自分の権利を放棄した者もおり，デイヴィッド・バーン，ビースティー・ボーイズ，チャック・Dのような著名な実演家は，一部の作品をリミックスに利用できるようにしている[44]．新しいアーティストのなかには，自分たちの作品を他人に自由に利用できるようにする「オープンソース・レコードレーベル」に参加した者もいる[45]．売出し中のミュージシャンにとって，無料のサンプルを配ることは，いまやキャリア構築において当たり前の戦術であり，すでに名声が確立したアーティストでさえ，無料コンテンツを選択的に公開することで聴衆の意識と関心を維持することの価値を知っている[46]．

しかし，正式な権利放棄は，リミキサーにとってコンテンツを得る１つの手段にすぎない．より一般的なのは，より非公式な行為類型の黙認である．コンテンツ所有者は，正式に許諾することなく，さまざまなリミックス活動を許容している．これは，１つには権利行使にかかる費用が高いことの結果である．アマチュアのリミックスがあまりに多いため，リミックス活動を効果的に禁じることが非常に難しいからである．もう１つには，戦略的な理由もある．すなわち，アマチュアのリミックス活動は，権利がある作品への関心を積極的に喚起することで，リミックスされたオリジナル作品の良さを口コミで広める「バイラルマーケティング」という手法となりうる．また，多くのコンテンツ所有者は，自分自身のファンに対して訴訟を起こしたがらない．

最後に，リミックスは非常に一般的なので，リミックスにすぐに使えるたくさんの素材が，アマチュアによってアマチュアのために，利用可能となっている．クリエイティブ・コモンズは，オープンシェアリング契約に関する情報を普及させて利用制限が皆無かほとんどないコンテンツを利用可能にし，さらに，無制限のリミキサー用コンテンツの主要なハブとしての役割を果たすシーシーミクスター（ccMixter）と呼ばれるウェブサイトに関与している[47]．

多くの著作権の専門家が，デジタル領域で広く見られる権利の不行使に注目してきた．彼らは「寛容的利用」や拡大黙示許諾などさまざまな呼び方を用い，この現象を記述してきた[48]．呼び方が何であれ，基本的な考えは同じである．広く見られる権利の不行使によって，事実上の新たな権利がデジタル作品の利

用者にもたらされている．多くの場合，リミックスは取り締まられることがないので，このような疑似的な権利はいたるところにある．この擬似的な権利は，私が本章で説明しようとしてきた理由により，オリジナルの創作者がもつ真の権利と同等ではない．しかし，この擬似的な権利は重要である．リミックスを作って配布することがいいことなのかどうかを決める際に，利用者は権利の不行使についてのこの疑似的な規範を考慮する．自由に利用可能なリミックスが大量にあることから判断するに，リミキサーは，広く受け容れられた権利の不行使についての規範意識を完全に身につけている．その結果，今日では，アマチュアによる非商業的なリミックスは，疑似的なフェアユース，あるいは大多数の権利者によって黙示的に許諾された活動，ないしそれに類するものと位置づけられると言っても過言ではない．

広範にわたる寛容的利用は，デジタルコンテンツに対する知的財産権の実際の影響を理解する決め手となる．私が序論だけでなく第7章でも強調したように，権利付与後の環境は「紙の上」の権利の形式的な記載と少なくとも同じくらい重要である．デジタル作品に対する事実上の権利範囲は，法令集上の知的財産権の形式的な語句から感じられる権利範囲よりもずっと狭い．そしてこのことは，形式的な権利が近年かなり拡張してきたとしても変わらない．図8-1は，知的財産法により作りだされる形式的な「権利の空間」と現実世界においてコンテンツ所有者が体験する事実上の「実効的な権利の空間」の双方を図示することで，それを説明している．この図の全体的なポイントは非常に単純である．形式的な知的財産権の強化にもかかわらず，リミキサーを含むデジタル作品の利用者の事実上の権利も同時に近年かなり拡大してきたことが図示されている（図8-1は図5-1と同一である．読者のために再掲する）．

権利の不行使と「権利の緩衝空間」　このように，体系的な権利の不行使は，デジタル知的財産の世界において十分に予想できる特徴である．先ほどの図が表しているように，権利の不行使によって，紙の上の知的財産法と著作物の利用者・消費者が経験する知的財産法との間に緩衝空間が事実上生みだされている．この権利の緩衝空間は知的財産政策にどのような影響を与えるだろうか．

現実の状況の下では権利付与の影響が緩和されているならば，厳密なバランスを政策的に実現する必要性は小さくなる．同様に，権利をきっちり同等に双

第8章 デジタル時代の財産権　323

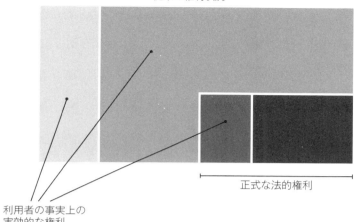

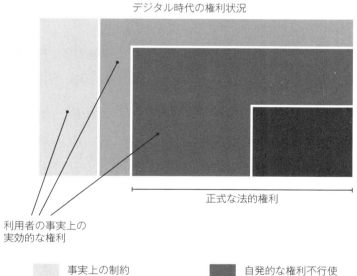

図 8-1　従来の権利とデジタル時代の権利

方に分配する必要性も小さくなる．消費者・利用者の利益は，彼らが享受する形式的な権利を通じてだけでなく，（むしろ主として）権利行使にかかるコストが高いことおよび権利者間に市場競争があることを通じても配慮されている．権利行使が難しいことは，自発的な権利の不行使とあわせて，法律上認められた権利のすべてがその規定どおりに影響しないように消費者・利用者を守る緩衝材として作用している．それでもなお，価値のある作品を創作した人びとは，国が認める財産権の形で，適切に報酬を受けているといえる．したがって，これら2つのこと——創作物には財産権があるということ，および，形式的権利と社会慣行との間にかなりの緩衝空間があるという実態——をあわせると，ある種の平衡がそこにあるといえるだろう．知的財産権は権利であり，権利に必然的に付随するものはすべて備えている．しかし同時に，知的財産権はしばしば，権利者自身の利益のために放棄されること，あるいは権利行使されないことを，私たちは期待できるのである．そして，それらが常に放棄されるわけではないにしても，そのことは，創作物を作った人びとの貢献に対して私たちが社会として快く負担すべきコストなのである．インターネット時代に創作者として生計を立てようとするのであれば，創作者は，権利が常に行使するだけの価値があるわけではないことを受け止めなければならない．利用者・消費者の利益が対抗する権利の形で具体化されているというより，その利益は多くの場合，知的財産権を取り巻く権利行使の環境によって，事実上守られていると私たちは理解できるのである．

　権利の緩衝空間には，注目すべきもう1つの側面もある．権利の不行使がかなりの規模で起こることによって利用者の知的財産に対する負担が軽減されるのと同様，権利の緩衝空間によって職業的創作者が受ける知的財産権の恩恵は希釈されるかもしれないのである．これは，一生懸命働く創作者に十分に報いるという伝統的な機能を維持するためには，知的財産権を強化しなければならないかもしれないことを意味している．このことこそが，過去15年ほどの間に知的財産法の立法で起きていたことであると，実際に主張する人がいるかもしれない．知的財産法はいくつかの点でかなり強化されてきた．その例として，著作権保護期間の延長，知的財産権侵害に対する刑事罰の強化，財産的コンテンツの技術的保護手段の破壊防止への知的財産法の拡張（すなわち，1998年のデジタルミレニアム著作権法）が挙げられる[49]．権利者から見れば，効果的に取り締まることができないような広範な侵害があれば，より強い知的財産権保護

が要求されることになることは理解できるだろう．これは，1つには，ある種の心理的反応，つまり非商業的な侵害数が増加傾向にあることへの反応として起きたものである．しかし，これは経済学的にも妥当な可能性がある．非商業的な複製行為の増大をきっかけとして，大規模に活動する商業的な侵害者を標的に，従前の境界線を実質的に維持しつつそれを明確にする取り組みが始まったといえるのかもしれない．非商業的な複製からの利益の取りこぼしが比較的小さい場合には，商業的な複製が無視できない程度であっても，許容されるかもしれない．しかし，非商業的な複製が収入を大きく減らしていると見られる場合には，それまで許容されてきた商業的な複製に起因する取りこぼしは放置できないものと思われるようになってくるかもしれない．言い換えれば，権利行使のあり方が変わったことにより，個々の消費者は恩恵を受けるようになったが，さまざまな次元での知的財産権の強化が必要になったといえるかもしれない．

創作者の権利への配慮——デジタル技術の設計

近年の火種の1つに，オンラインファイル共有ユーティリティをはじめとするデジタル作品の配信技術がある．2005年のグロックスター事件において，連邦最高裁判所は，侵害となりうる行為の広がりについてのユーティリティ設計者の認識および意図を中心に，この種の技術に関する著作権の侵害責任を判断した．このことは，侵害に用いられうる技術製品であっても「実質的な非侵害用途」を備えていることが示された場合にはそのような技術製品の製造および販売も許容されるという確立した基準から，重点をいくぶん移す効果があった[50]．

実質的な非侵害用途の基準には多くの支持者がおり，彼らはその基準のなかに，著作物の配信に有用な技術を開発する人びとに対するセーフハーバーを見出している．しかし一方で，この基準を批判する者もいる．反論の1つは，セーフハーバーが技術開発者に誤ったインセンティブを与えるということである．開発する技術が実質的な非侵害用途の基準を満たす限り，技術開発者が責任を問われることはない．批判されているのは，著作権者に対する影響が最小限となるように技術を設計する動機がない，というものである．非侵害となる閾値を超えてさえいれば，著作権者に対する影響の大きさは関係ない．基準が閾値で判断されているため，バランスを要求する余地がない．配信技術は回復不能

なほどの膨大な損害を生みだしうるが，それでもなお実質的な非侵害用途にも利用可能である限り，いかなる著作権侵害責任からも免れることができる．

　この基準に対する批判の第1は，配信技術の設計者に対して，自らが設計するものがもたらす全体的な費用と便益をより適切に反映するように促すインセンティブを与えるべきであるという提案である[51]．このようなインセンティブは，潜在的に危険な製品の設計に適用される一般不法行為の基準に組み込まれている．この基準を代案として用いることの利点は，この基準により，新技術が生みだす損害すべてと社会的便益すべてをより適切に衡量することができることにある．セーフハーバーをなくすことは，実のところ，これらの技術の設計者にとって配慮すべき点をもう一段階追加する可能性があるが，それはまさにこの基準の意図することである．そうであるとしても，そのような場合の法的責任が脅威だからといって，実際にイノベーションが著しく抑圧されるという証拠はない．グロックスター事件を契機として一般的になった「イノベーションの萎縮」仮説については，新しいデジタル配信技術が依然としてものすごいスピードで開発されつづけているという事実が何よりの反論である[52]．

創作者に対する損害──権利としての知的財産の尊重

　私の考えるよりバランスのとれたアプローチとは，革新的な配信技術が創作者に与える損害についてより真剣に考慮することである．これはまさに，創作物の価値に対して，十分な評価と適切な報酬を与えることを意味し，これこそ私が本書を通して強調しているテーマである．このバランスアプローチの下では，設計者は設計中の技術から生じうるあるいは生じることになる損害を完全に把握していなければならない．不法行為法に由来するこのような費用便益アプローチは，知的財産理論の体系にもよく当てはまる．なぜなら，製品の設計において生じる問題をこのように取り扱うことは，それが引き起こす損害に実際に重点を置くことを意味し，間接的にはその損害を回避することを意味するからである．製品設計に関する法においては，実現可能な代替設計によってある特定の種類の損害を回避または低減できるのであれば，その代替設計を選択すべきであると明確にされている．「実質的な非侵害用途」の基準と比べ，強調されている点に違いがあることに注意が必要である．実質的な非侵害用途の基準では，閾値を超えてさえいれば，損害の全体的な規模を考慮する必要はないし，損害の総水準を低減する可能性のある代替設計を検討する必要もない．

デジタル配信技術の場合においては，考慮されるべき損害とは創作者に対する損害である．この問題に比較衡量の基準を適用するのであれば，著作物の市場に対する損害——主として創作者コミュニティに与える損害——を十分に検討しなければならない．実質的な非侵害用途基準が，利用者の利益が最低限保障されているか否かのみに注目するのとは異なり，費用便益基準は，損害のより少ない代替設計の可能性や創作者に対する損害の全体的水準を考慮に入れる．費用便益基準の下では，非侵害用途向けの機能のほとんどまたはすべてを保持しつつ，オリジナルコンテンツの創作者に対する損害を低減する設計が，強く推奨されることとなる．

　これがまさにあるべき姿である．このような基準こそが創作者の権利を真剣に考慮している，すなわち，実際に権利として扱っているといえよう．前に触れたように，このような比較衡量型の著作権侵害基準によってデジタル技術の開発が深刻に阻害されたことはないし，また今後もそうならないと信じる根拠がある．しかし，たとえこの基準が新技術のコストを上昇させたとしても，必ずしもこの基準を即座に否定することになるわけではない．序論で私が述べたように，「権利の本質とは，社会的効用のみを理由としてそれを否定することができない点にある」．知的財産権という概念を真剣に考慮するつもりがあれば——うわべだけのラベルとして使用するのではなく，その概念に生気を与えるつもりであれば——実質的なコストがわずかに増加することを理由に，オリジナルの創作者を著しく害するようなデジタル技術を通じた知的財産権の希釈を許すべきではない．

損害からの保護手段としての知的財産権

　最後に，デジタル技術についての不法行為の基準に関して理論的な点を1つ述べておいた方がいいだろう．第3章では，カントの所有理論においては，損害からの保護（不法行為の概念）への関心が「対世効のある」普遍的権利へとそのまま移行していくことを学んだ（パブリシティ権の例を思い出されたい．パブリシティ権の発展がまさにこのような道筋をたどっている）．干渉による損害からの保護は，対象に対する一般的な権利という装置によって普遍化されていくのである．同様の相互作用が，デジタル技術の設計に対する適切な法的責任の基準を決定する際にも働いている．損害からの保護は，適切な法的基準に組み込まれるべきであり，財産権法が促進する利益と非常に密接に関係している．

ある視点からは，創作者にとって知的財産権という概念は，他人によって害されない権利，すなわち創作物について他者に干渉されない権利の到達点として理解することができる．デジタル技術の場合は，個々の知的財産権が存在するという事実を出発点として，そこから新しいデジタル技術に起因する損害からの保護（あるいは不保護）に向けて動くのである．しかし，この分野における知的財産権の保護の概念は，逆の方向から理解することも可能である．すなわち，デジタル技術による損害を受けないという創作者の権利を前提にしてしまって，概念的な考察の方から始めることもできる．そこを出発点とすると，知的財産権はこの種の損害からの保護の論理的な帰結と見ることができる．どちらにしても，さまざまな侵害行為により創作者が全部でどれだけ損害を受けるのかということが，分析の決め手となる．ここで問題となっているのが当該創作者の権利であることを考えると，このような分析を行うことが適当と思われる．

契約の遍在の時代における財産権

デジタル時代に新しく可能になった行為はファイル共有だけではない．契約が遍在するようになったことも，今日の私たちが直面している現実である．ここで「契約の遍在」とは，デジタル作品へのアクセスを許諾するのに先立って，利用者に契約条項への同意を要求することが可能になった状況を意味する表現として用いている．これらのオンライン契約は現在ではきわめて一般的であり，このため，知的財産権は重要な独立した制度としては終わったと考える学者も多い．これらの学者が共有しているのは，1つのシンプルなアイディアである．そのアイディアとは，デジタル作品に対するアクセスは今では契約条項に対する同意を条件とすることが可能であり，契約はある種のスーパー知的財産権を事実上生みだすために利用できるので，契約が財産権に徐々に取って代わることになるだろう，というものである．あらゆる物につき，使用条件に同意することを必須にできるので，財産権に規定される標準化された使用条件はもはや必要がなくなる．個々の契約は，特定の目的に適合され，そのときの必要性や状況の要請にあわせて最適化され，財産権という古めかしい既製の権利を駆逐することになる．同じように，技術的保護システム——コンテンツを保護するための技術であって，許可コードをもつ者からのアクセスのみを許すもの——も，契約による制限を完璧に補完するものと思われてきた．契約では使用条件

が規定され，技術的保護システムにより，その契約条件が履行される状況が整えられたり，所望のコンテンツに対するアクセスが拒否されたりすることになる．

　契約が規範的に財産権よりも好ましいかどうかはさておき，また，ヘンリー・スミスやトマス・メリルといった学者を中心に重大な疑念が広まっているのは確かだが[53]，私は実際には契約が財産権に取って代わることはあまり起こりえないだろうと思っている．これまで財産権が独占していた領域の一部を契約が占めるようになるかもしれないが，契約がいずれ財産権に完全に取って代わることには疑問をもっている．「対世効」のある権利という基本的論理，いわば対象を見ただけでわかるということは非常に強力であるため，二者間契約に驚くほどの柔軟性という利点があったとしても，財産権を完全に駆逐することはできない．

　しかし，契約がその役割に対して力不足ということではない．契約すること，すなわち契約を締結するプロセスには，財産権よりもさらに複雑な法的メカニズムが必要である．すなわち，契約には，少なくとも2人の当事者が，ある種の合意状態に達していなければならない．合意状態の意義は，近年オンラインライセンスが商業的にも法的にも普及するにつれて，実際にも概念的にも低下してきている．しかし，契約が容易となり表面的には隙がないように見えるにもかかわらず，なお契約は財産権ほどに信頼できる法的手段とはいえない．その理由は，契約にはある種の当事者関係が必要とされるからである．すなわち，AがBを拘束し，おそらく引き続いてC，D，Eを拘束するためには，これらの人びとがすべて，一連の契約群で切れ目なくつながっている必要がある．この複雑なメカニズムに1つでも欠陥があれば，つまりつながりに1つでも切れ目があれば，当事者間のつながりが分断される可能性がある．このため，たとえ契約によって当事者それぞれの権利を入念に作り上げたとしても，それらの権利は契約上の合意がなければ拘束力をもたない．オンライン取引に手慣れた参加者はこのことをよく理解しているため，「この契約は以下の契約内容に従います」という記載の内容を詳細に確認する労を厭わない．この問題に対処するために，多少曖昧な人的財産法の法理までもが引き合いに出され，利用されてきた．しかし，賢明で善意の人びとの最大限の努力にもかかわらず，財産権の作用と効力に等しい，強固で断ち切れない一連の契約群を作りだすことは，これまでのところ不可能であることが証明されている．

しかし、これらの努力は私たちを啓蒙してくれたという側面もある．あらゆる類いの回り道や脱線の後，私たちは，基本的真実に立ち返ることとなった．すなわち，権利をもつということ，国家がその権利を与え，その権利はすべての者を拘束する既製の義務と特権を余すことなく規定しているということには，大きな価値があるということである．財産権はある種上位の当事者関係を想定している．私たちは同じ国の国民なので，その国が付与した財産権は私たちすべてを拘束する．市民間の法的関係（参考までに，古い世代なら「法律上の（juridical）」関係というかもしれない）は，互いに市民であることによって成立し，権利の発生に特別な二者間の取り決めは必要ない．権利行使の前提条件は，同じ国の国民であることであって，具体的な合意形成ではない．すべての市民は，その政治的，経済的，社会的な「世界」――要するに国家――を共有しているので，「対世効がある」権利たる財産権はすべての市民を拘束する．この制度は，今日でも，かつてに劣らないほど強力でこれまでと変わらず大いに必要とされている．それがオンライン世界におけるデジタル対象にも適用されるという事実は，ちょっとした革新にすぎない．国家により付与され，それゆえに他のすべての人びとを拘束する一群の「プレハブ」型の権利が必要であるため，このような連続性が本質的に存在するのである．

財産権の――廃止ではなく――現代化

本章および前章において，デジタル時代においてもしっかりとした知的財産権が必要であることを再確認するという形により，これからも職業的創作者に配慮すべきと主張してきた．作品のデジタル配信が日常となった時代においても，職業的創作者たちが安定して生計を立てつづけられることが社会にとって重要であることを説得的に伝えようとしてきた．これらはすべて，デジタル分野における財産権の軽視，縮小，廃止を求める提案に対する反論となる．

しかし，多くの評論家がそこまですべきであると主張しているわけではない．たとえば，ローレンス・レッシグとテリー・フィッシャーは，それぞれの立場から，デジタル時代の真の問題は，財産権の報酬の側面ではなく，財産権が非常に大きな支配力を与えているという事実であると主張している[54]．そして，財産権のこれら2つの効果を切り離すために，すべてのコンテンツ創作者を対象としたある種の包括的支払枠組みの法制化を提案している．詳細に違いはあ

るが，提案された枠組みは基本的に類似している．すなわち，創作者はある種の従量制により作品が利用されるたびに報酬を受けるが，誰がいつ作品を利用するかについて口を挟むことができなくなる．その意味において，この枠組みは「先取り後払い」方式であり，知的財産権の専門用語で言えば強制ライセンスである[55]．

私は広範な強制ライセンスに反対する論文を長年にわたり多数執筆してきており[56]，この考えはデジタル技術によってもほとんど変わっていない．私は依然として私的に組織された一元的クリアリングハウス——会員によって設立され，会員に説明責任を負い，多くの場合，他のクリアリングハウスと競争関係にある組織——が一度限りの立法による解決手段よりも優れていると考えている．これらのクリアリングハウスは個々の財産権をその出発点としているものの，最終的には，多数の権利者を結びつけ，単一のワンストップ「包括ライセンシング」機関として機能する団体へと発展する．別のところで述べた理由により，これらの機関が自らの作品から利益を得る最良の機会を創作者に与えると私は考えている．したがって，職業的創作者の繁栄を可能にする経済的な基盤を持続させるのに，これらクリアリングハウスが重要な役割を果たす可能性があると私は考えている．

また私は，クリアリングハウスには利益最大化を目指す功利主義とは異なる側面があると考えるようになった．クリアリングハウスは実際には政府の官僚機構のように作用することになるので，自発的ライセンシング機関と法制化された強制ライセンスとの間に，本質的に大きな違いはないと主張されてきた．たとえ運用レベルではそうであったとしても——私はこのこと自体大いに疑問を抱いているが——原理レベルでは，自発的なライセンシング機関と法定または強制的な機関との間で違いが残るであろう．個々の創作者は自発的にクリアリングハウスの会員となることを選ぶのであって，そこに強要はない．実際的な観点から見ればこれは非常に小さな点であるかもしれないが，哲学的には非常に大きな点である．つまり，自発的にしない限り，誰も作品のライセンスに同意させられることがないことを意味する．また，クリアリングハウスは，実際に支配力を行使したいこだわりの強い人にとっては，1人でやることを選択できる，つまり個別の取引を通じてしか作品のライセンスを認めないという条件を選択することも可能であることを意味する．

もちろん，ここで述べた財産権の性質——最初に使用許可を得なければなら

ないという財産権の性質——は，非常に多くの問題を引き起こしている．ローレンス・レッシグは，自身の著書『フリーカルチャー』のなかで，「許諾を必要とする文化」の台頭（知的財産権が真の財産権であるという事実の直接的な副産物）について以下のように嘆いている．

> ［インターネット以前の時代においては，］法の焦点は商業活動だった．最初はわずかに，その後はかなり広範に，法はクリエイティブな作品に独占権を与えることで，クリエーターのインセンティブを保護した．かれらがその独占権を商業的な市場で売れるようにしたわけだ．これはもちろん，創造性と文化の重要な一部で，米国のますます重要な一部となった．でもこれはいかなる意味でも，われわれの伝統のなかで支配的なものではなかった．むしろごく一部のコントロールされた部分で，フリーな部分とバランスがとれていた．
>
> フリーのものとコントロールされたものとの大雑把な仕分けは，いまや消えた．それを消すお膳立てをしたのがインターネットで，それを推進したのが大メディアで，いまや法がそれを実現した．米国の伝統において初めて，個人が文化を創って共有するふつうの手段が法規制の範疇に入ってきており，法は拡大してきてそれまで一度も手を出したことのないような文化と創造性を大量に，そのコントロールの範疇に引き込もうとしている．歴史的なバランス——文化利用でフリーな部分と，許可を取ったうえでなければ使えない部分とのバランス——を保存してきた技術は解体された．その結果，われわれはますますフリーな文化を失い，ますます許認可文化になりつつある．[57]

ここで基本的に考えられていることは，デジタル創作物に対する知的財産権はインターネット時代の個人の自由と激しく衝突するということである．もちろん，この点はすべての財産権制度に当てはまることであり，個人の財産権の主張は常に他人（「対世効を有する」ものであるため，理論上はすべての他人）の自由に影響を与える[58]．許諾を必要とする文化の批判者にとって不満な点は，許諾を得るための負担が，過去の水準と比較しても増加しているように思われることである（繰り返すが，いまや権利の自発的な放棄が頻繁に行われるようになり，非常に一般的になりつつあることを指摘しておきたい）．そのように思われる

理由は2つある．1つは知的財産法がさらに厳しくなっていることであり，もう1つは許諾を必要とする状況を増加させる（少なくとも理論的な）能力をインターネットが有していることである．

　つまり，個人の財産権か第三者の自由か――これが問題の核心である．私としては，この問題は次のように解決することができる．私の考えでは，デジタル創作物を使用するだけの行為は，個人の財産権の主張に勝るべき類いの自由ではない[59]．しかし同時に私は，デジタル時代においては，より厳格に許諾を要求することによって負担が生じうることも認識している．したがって，取引費用を低減することが社会的に重大な関心事であることも承知している．

　では，このように財産権の重要性を強調することで私たちはこれ以上何を得るというのか．このようにすべてについて許諾を要求することから得られる見返りは何なのか．これらの問いに対しては，次のように答えることができる．創作者のなかには，高値で売ることよりも，自分の作品の同一性を保持する方が重要な者もいる．そもそも彼らが作品を創作する主な理由は，おそらく自分自身のある側面を表現するためであったり，ある感情や考えを伝えるためであったりする．このような創作者にとって，作品をコントロールすることは，リストから全く落ちてしまうほど優先順位の低い事項というわけではない．それは，作品を創作し頒布するという決断を行ううえで重要なものである．「ご安心ください．あなたの作品がどのような利用のされ方をしたとしても，必ずお金が支払われるようになっておりますので」と彼らに言っても無意味である．彼らは「それならば創作しなかった方がましです．私は，その作品をどのように見せるのかを自分で決めたいのです――つまり，その見せ方を自分でコントロールしたいのです．そのために私は作品を作って発表したのですから．それが私の動機の大部分なのです」と答えるかもしれない．

　この点に関して，カントの所有理論の議論のなかで，大理石に近づくミケランジェロについて述べたことを思い出してほしい．芸術家がその構想どおりに彫刻を完成させるためには，他人から勝手に手を加えられることなく継続的にその彫刻にアクセスできることを期待できなければならない．デジタルコンテンツの創作者も同様にこの種の権利を受けるにふさわしい．彼らの創作媒体は本質的に加工が容易であるが，それだけでは彫刻家や画家と同等の待遇を彼らから奪う十分な理由とならない．もちろん，創作者の構想の核心が柔軟に加工できることにあるならば，創作者は他者を招き，自由なリミックスを許容する

こともできる——繰り返すが，これが権利放棄の価値である．しかし，媒体によりこの結果が押しつけられたり制限されたりするべきではない．それは選択の問題であるべきである．

　自分の作品に対するコントロールを維持したいと本当に思う創作者もいるだろう．このような創作者にとっては，コントロール自体が報酬であるか，少なくとも報酬の一部であるので，コントロールと報酬を実際には区別できないと言えるかもしれない[60]．これは第5章で議論した尊厳性原理の1つの表れである．それは知的財産法の骨組みの一部であり，この分野の構造に組み込まれた基本原理の1つである．そのため，新しいデジタル媒体の性質によってこの原理を無視することが可能になったからといって，そうすべきではない．先ほど知的財産法学におけるデジタル決定論の問題について議論した際に見たように，デジタル媒体をこの分野に当てはめる場合に，その技術的な特徴が知的財産法の基本的なアウトラインを決定づけるという議論を許容することは誤りであろう．尊厳性原理は知的財産法のきわめて重要な部分をなすのであるから，デジタル技術がそのような結果と非常に結びつきやすいとしても，それだけの理由でこの原理をなくす方向に強引に押し切ることはできない[61]．

「大衆のためのロック」——集団的権利の探究

　さらに急進的な考えがある[62]．デジタル時代の代表的な洞察の1つに，集合的な努力によって重要な創作物が生まれうるというものがある．ウィキやファンサイトがこの代表例であるが，ほかにも多くの例がある．私は古典的な財産権の説明はデジタル時代になじまないという多くの批判を否定してきたが，これらのなかにも1つ適切な批判があるように思われる．現在の制度は実際のところ，個々の著作者を特定し，個人または小さな集団とそれらが創作した資産とを結びつけるように設計されている．しかし，この制度の下では，集団的創作の成果に積極的な権利を認めることは難しい．それを否定する方向に作用する原則やルールがあり，そのため権利者たちは集団的努力の成果を得ることができない．最近の論文において，共著者と私は，まさにそのような原則について述べた．この論文で想定した状況は，標準技術には特許が含まれていないか，特許が含まれているとしてもいずれの特許も行使されないことを前提とし，技術採用側はこの前提の下でこのような標準技術を採用するというものである．

私たちはそのような場合における禁反言の原則を提案しており，先の例のような場合であれば，特許権者が集団的努力に対する報酬を得てしまうことを防止できる[63]．

　同様の禁反言の原則を，(第2章で述べたような)「スタンダード作品」の上に成り立つファンサイトのような集団的努力に対して適用することも妥当かもしれない[64]．知的財産権者が，スタンダードとなる作品や作品群に対してファンがコメントしたり，修正したり，付加したりすることを許容していたのであれば，のちに考えを変えてファンが加えた部分を除去するよう要求することを禁止することは妥当であろう[65]．これにより，集団レベルの黙示的ライセンスないし権利放棄の制度が事実上生みだされる．そして，ファンは著作権者が素材の提供を許容するであろうとの期待の下活動することになることから，この制度には，ファンの側に拘束力のある「信頼してもよい」権利を生みだす効果がある．このことはおそらく著作権者の側にのしかかる監視費用を増加させることになるだろう．たとえそうだとしても，それは単に，コメントやファンの貢献を幅広く引き寄せるスタンダード作品を生みだしたことに対して著作者が支払うべきコストにすぎない．このような集団レベルの権利は，禁反言の原則に根拠を置くものであり，私が「分配的正義と知的財産権」に関する第4章で挙げた点を実践するものにすぎないといえるだろう．「社会は創作物の作成を支援する．こうした創作物を効果的に保護するためには，社会制度が必要となる．それゆえ社会は，権利を通じて，すべての創作物との間に利害関係を維持するのである．このように考えると，知的財産法とは，創作者たる個人と，その個人がふるさとと呼ぶ社会との間の深い共生関係をコード化したものということができる」．集団レベルの権利は，このような法体系のバランスを確保するためのものにすぎないであろう．

　私がここで主張しているものは，これをさらに強化したもの——より積極的かつ一般的に集団的権利を認めるための方法——である．このような権利のモデルは現れはじめている．たとえば，古代の文化的工芸技術や美術様式などの継承者としての役割を果たしている先住民族に対する，特別の知的財産権を例として挙げることができる．今こそ，このような考えを採用してデジタル時代にまで拡張応用し，集団レベルの努力に集団レベルの権利で報いる方法を見出すときであると私は考えている．そのような権利の正確な範囲を決めるには，もちろんそれなりの熟慮を要するであろうし，間違いなく試行錯誤も必要とな

るだろう．しかしそれは，デジタル世界に知的財産権をうまく適応させるプロセスと切り離すことはできないだろう．

結　語

　本章で私が述べてきたことははたして何であろうか．それは結局のところ何を意味するのであろうか．

　基本的発想はきわめて単純である．まず財産権を付与する．この場合，その権利を所有することになる人びとやその他の主体は，適切だと考えれば，その権利を放棄してもよい．そして，放棄した方が利益となるか，他の何らかの目的に資するなら，権利者は財産権を手放すことができる．しかし，もし私たちが財産権に大きな制限を課す場合には，どうなるだろうか．その場合には，私たちはこのような柔軟性を失くし，すべての主体に対して「低い保護」の基準を強制することになる．民主的な創造性を最大化するという名目で，芸術家や権利を譲り受けた会社からその選択の可能性を奪うことになるのである．その帰結の1つは，私が示唆してきたように，職業的創作者として身を立てていくことができる者をなくし，そうでなくてもその範囲を（さらに）縮小させるかもしれないということである．

　デジタル資源に関するこれまでの議論は，主に2つの点に向けられていた．第1は，ごく最近の多くの理論化作業の対象となっているデジタル決定論の強烈な一側面である——それは，デジタル敗北主義とさえ呼んでもいいのかもしれない．今日の重要な新技術がたどっている経路とその勢いによって，私たちは社会として，財産権から引き離されつつある．私たちが取るべき最も適切で，おそらく唯一の対応は，私たち自身をこの新技術に適応させ，この新技術に慣れ，それを内在化し，避けられないものとして受け容れることである．2つ目の主な点は，インターネットや他のデジタル技術によって，協働的かつ双方向な創作が行われる，素晴らしい新世界が実現可能となったということである．そして，このような創作活動のもつ論理や動きは，財産権のもつ制約と整合していない．資源は，多くの場合，個人によりコントロールされるべきであるという時代遅れの考えに固執すれば，この新しい技術的パラダイムの可能性を阻害することになる．

　この問題は，結局以下のように言えるかもしれない．すなわち，この驚くべ

き新技術が現実を根本的に作り変えてしまったので，すべての古い意見（私たちの思考における人間性や個人の重要性に関する意見を含む）は否定されたと信じるか，あるいは，インターネットであろうと，その他の想像可能な技術であろうと，個人と集団あるいは自己と社会という古くからある弁証法的思考に終止符を打つことは永久にできないと信じるか，である．おそらく，デジタル時代はまだ始まったばかりであり，この問題を解決するには早すぎるかもしれない．アナログ時代という古い世界の産物である私が，形成途上にある持論に強く束縛されるあまり，急に現れた新しい現実をはっきりと把握できていないのかもしれない．それもたしかにありうることである．

　だが，私はそうは思わない．私の考えでは，上述の第1の選択肢——デジタル技術は集合的な相互作用と共同創作という流れによって個人の重要性を押し流してしまうという考え——が正解である可能性はほとんどない．たとえば，ウィキペディアの創始者は社会に「恩返しをする」ためにウェブサイトを作った資産家であったが，ウィキペディアが将来の電子商取引においてうまくいきそうな経済モデルのようにはとうてい思われない．したがって，第2の選択肢の方が，はるかに有望に思われる．私も多くの点において，たとえばオープンソース・ソフトウェアやウィキペディアのような実に革新的な集合的事業を育む能力などの点において，デジタル技術は素晴らしいと思う．しかしそれでもなおこの技術が，文明の流れを急進的に転回させ，私たちのよく知る人間性に終止符を打つ転換点となるとは思わない．私は歴史をよく学び，デジタル技術以前の技術（少しだけ例示すると，電報，ラジオ，テレビ，原子力，宇宙旅行などがある）の誕生の際にも類似の革新的なレトリックがあふれていたことを知っている．いやむしろ，インターネットは人類自体を変化させるのか，それとも私たちはこの技術のいたるところに（それ以前の他の技術同様に）不完全であるもののはっきりとした足跡を残すことになるのか，そのどちらかに賭けろと言われれば，私は後者に賭ける．私にとってこのことは，財産権——私たちの知る他のいずれにも劣らず耐久性があり柔軟な経済制度——が，デジタル時代の最初から最後まで，そして，その先にどんな時代が来ても，末永く有望でありつづける可能性が高いことを意味しているのである．

第9章　開発途上諸国の特許と医薬品
Patents and Drugs for the Developing World

　知的財産制度が今日直面している最大の課題の1つに，開発途上国で必要とされているきわめて重要な医薬品の特許をどう扱うべきかという問題がある．このような医薬品特許は，ほとんどの場合，先進諸国の製薬会社が保有している．多くの人が，「ビッグ・ファーマ（大手製薬企業）」は開発途上諸国の疾病を無視し，その研究資源を世界の最も貧しい人びととはほとんど関係のない疾病や症状に恣意的に振り向けていると主張している．また，開発途上諸国に必要な医薬品を製薬会社が製造しているときでさえ，ほとんどの医薬品が世界の貧しい人びとの入手できるような価格ではないとも訴えている．

　私がここまで展開してきた考えは，この問題の解決に役立つと信じている．この問題は，経済面と倫理面における考慮がきわめて複雑に絡まりあっており，ある意味，私の主張の妥当性を見極める申し分のない試金石といえる．

　これらの問題を明らかにするためには，その前提作業として，開発途上諸国，そこで必要とされている医薬品，および，そのような医薬品へのアクセスを規制する特許の複雑な役割について説明しておく必要がある．その後，ジョン・ロックに戻って，彼の財産権理論の不可欠な一部を構成する（第2章で議論した）慈愛の但し書きについて検討を行う．そして，慈愛の概念が開発途上諸国における特許医薬品にどのように適用されるかを検討したのち，その概念の限界——特に，医薬品が過酷な生存（strict survival）の対義語とされる生活の質（quality of life）に寄与する場合の難しい問題——についても議論する．

　次に，ロックからロールズに移る．「公正な貯蓄」原理という概念は，分配的正義に関するロールズの見解の一部をなし，「世代間の衡平性（intergenerational equity）」として知られるより一般的な概念を具体的に表現している．資源の利用について意思決定を行う際には，将来の世代のことを考慮しなければならないとするこの概念は，医薬品特許と開発途上諸国の問題においてきわめ

て重要である．その理由は，今日の大盤振る舞いの再分配政策は，明日の医薬品の開発に必要な研究基盤を破壊するという明白なリスクを伴うからである．製薬研究の実情と医薬品流通の構造に精通し，慈愛の但し書きと世代間の衡平性を深く理解してはじめて，公正な医薬品アクセスという複雑な問題にしっかりと向き合うことができるのである．

背景事実

　保健衛生全般を比較した場合，開発途上諸国よりも先進諸国の方がはるかに良好である．死亡統計をみると，その最大の要因は栄養状態の違いにあるようだ[1]．しかし，特にマラリアのような感染症の場合には，罹患率の違いも非常に重要な要因である[2]．これらの多くの疾病治療に医薬品が大きな効果を発揮していること，そして，製薬業界にとって特許がきわめて重要であることから，特許と開発途上国をめぐる議論では，主に感染症治療薬に関する特許が論争の的になってきた．特に，この論争で最も関心を集めてきた疾病は，①マラリア，②HIV／エイズ，③結核である[3]．

　医薬品特許と開発途上諸国の問題が脚光を浴びた最も有名な例は，おそらくHIV／エイズであろう．HIVの流行が初めて十分に理解されるようになった1990年代に，最初のHIV治療薬が開発され特許が認められたが，この治療薬は高価にもかかわらず先進諸国で瞬く間に普及した．しかし，開発途上諸国ではそうはいかなかった．当時，アクセス格差の問題は決して目新しくはなかったが，HIVの流行によって新たに緊急を要する問題として認識されるようになり，保健の専門家や学者の間で主要な政策的議論の対象となった．

　この問題をさらに複雑化させたのは，HIVの流行に対する世間の関心が高まりつつあったまさにその時期に，世界の特許制度が急激な変化の途上にあったことである．広範囲にわたる制度改革の一環として，GATT（関税及び貿易に関する一般協定）は，知的財産の貿易関連の側面（TRIPs）に関する交渉の新しいラウンドを立ち上げた．TRIPs協定は1995年に署名され，この協定の下，開発途上国は，医薬品を含む多くの特許性のある品目に対して最低水準の保護を段階的に導入することを約束した．しかしこの協定は，締結直後から激しい対立にさらされた．特許保護の強化と特許医薬品（最も顕著にはHIV療法）へのアクセス格差の拡大とが相まって，グローバルなレベルでの特許政策と保健

衛生との緊張関係が高まったのである．

　この緊張関係の影響は，開発途上国の利益と，米国，欧州，日本の大手製薬企業を筆頭とする先進諸国の利益との妥協の産物として成立したTRIPs協定の一部の条項にも及んだ．こうした条項には，グローバルな知的財産制度における「安全弁」としての機能が期待されていた．TRIPs協定に盛り込まれた最も重要な措置の1つに，各国は，公衆衛生に深刻な脅威が生じた場合には，公衆衛生に不可欠な特許製品の使用を許可することができるという，「強制実施権」の設定に関する規定がある．開発途上諸国による医薬品アクセスの促進を目指す勢力とそれに共感する非政府組織（NGO）は，HIVの危機がまさにこれらの条項が想定した緊急事態であると主張した．先進諸国の通商交渉者は，大手製薬企業による情報提供と支援を受けていたこともあり，当初は抵抗を見せた．彼らは，特許医薬品へのアクセスが不十分であることは，アクセス率の格差を生みだす真の原因ではないと主張した．彼らに言わせると，脆弱な医療サービスと患者のリスクの高い行動こそが真の原因であった．しかし，たとえそうであったとしても，NGOからの圧力や製薬会社に対する世間一般の悪者イメージに対応するために，多くの製薬会社が自発的に医薬「贈与」プログラムを開始したり強化したりした[4]．その後，事態は大きく進展し，TRIPs協定上の強制実施権を設定する権利は，医薬品アクセスに対する懸念に応えるために，かなり広範に発動されうることが公式に宣言されるにいたった．この宣言は，決議が採択された都市の名前にちなんで「ドーハ宣言」と呼ばれるが，この宣言の後も，特許医薬品をめぐる論争は続いた．

アクセスする権利とその限界

　特許保護された医薬品へのアクセスは，公正の概念が財産権に対して突きつける古典的な挑戦である．この排他的財産権は，特許医薬品が利用できない土地にたまたま住んでいる疾病患者から命を奪う．こうした状況は，財産一般，特に権利として認識されている財産を批判する人たちの主張を裏づけるものだろうか．それとも，公正なアクセスという当然の主張と，財産についての包括的な概念，すなわち個々の資産に対する個人による支配という概念を融和させる方法はあるのだろうか．

　答えは明快なイエスだ．その答えを導き出すための素材は，第2章から第4

章ですでに提示した．そこで議論した基礎的な規範理論はいずれも——カントとロックの所有権論も，ジョン・ロールズの分配的正義に対する関心も——，特許医薬品アクセスの問題に実にうまく応用できる．もちろん，これらの基礎的な著作から現実のアクセス政策の詳細を導き出すことは難しいだろうが，その基本原理はほぼ間違いなくそこに見出すことができる．それぞれの理論の関連する側面を簡単におさらいして，私の言わんとすることを示そう．

ロックの慈愛の但し書き

　第2章で見たように，ジョン・ロックは，財産権の原始取得に関する強力な理論だけでなく，その権利に対する一連のゆるぎない制限についても説得力ある議論を展開していた．同章では，専有理論を知的財産権の事例に適用することに関連する論争についても詳述した．また，十分性と腐敗の但し書きについても，それらが知的財産権の事例にどのように適用されるのかに特に注意を払いつつ，詳細な議論を行った．さらに，財産権に対する3番目の主要な制限である慈愛の但し書きについても述べた．この3番目の但し書きこそが，ロックの理論のなかで，特許医薬品アクセスの問題にとても密接に関連する部分である．そこで私は，この部分の具体的な適用について本章で詳細に論じることにした．

　ロックは，『統治二論』前編の第42節において，慈愛の但し書きについて以下のように記している．

> 万人の主であり父である神は，この世界の物の特定の部分へのそうした所有権を神の子の誰一人にも与えず，困窮する同胞にも，神の財産の剰余物に対する権利を与えたのである．それゆえ，同胞の差し迫った欠乏が必要としているときに，その権利を否定することは正当ではない．したがってまた，いかなる人間も，土地あるいは所有物への所有権によって，他の人間の生命を支配する正当な権力をもちえない．なぜなら，資産をもつ者が，そのあり余る財産の中から援助を与えることをしないで同胞を死滅させることは，いかなる場合にも罪になるからである．正義が，すべての人に対して，彼自身の誠実な勤労が産み出した物と，彼が受け継いだ祖先の公正な取得物とに対する権原を与えるように，慈愛は，人が生存のための他の手段をもたない場合に，極度の欠乏から免れさせるだけの物を他人の剰余

物に対して要求する権原をすべての人間に与える.[5)]

　この一節で，ロックは２つの重要なことを述べている．１つは，財産権は「差し迫った欠乏」状態にある人びとに対する救済を拒否する権利を与えるものではないということ，もう１つは，深刻な困窮状態にある人びとは，正当な所有者が保持する資産に対して実際的かつ拘束力のある権利をもち，そして，この権利は原始的専有者の権利と同じ淵源から生まれ，しかも同じ重みをもつということである．以下，これら２つの点について順に検討し，医薬品特許の問題とどのように関連するのかを見ていくことにする．

差し迫った欠乏

　ロックの述べる第１の点をわかりやすくいえば，財産権は絶対ではないということである．財産権は権利かもしれないが——第２章で見たように，ロックにとっては間違いなく権利であるが——，それは絶対的な権利ではない．第２章でその理由を説明した．ロックによれば，財産権は人間の生存と繁栄を持続させるという，より広範な目的を促進するものである．つまり財産権は，成長し，子孫を増やし，繁栄せよという神命に基づく権利なのである．神から与えられた資源について個人所有が必要となるのは，その真正な原始的所有者である全人類の間で資源の利用を調整することがきわめて難しく，かつ費用がかかるからである．生存のためには，共有物を，共有という原始状態から取り出さなければならない．私たちが財産権を保有するのはこのためである．

　ロックにとって，Ａという人物が所有する財産権がＢという人物の基本的な生存権に勝るというのは馬鹿げた話である．財産権の本質が人類の生存と繁栄を促進することにあるのなら，どうしてこの権利が他者の生存そのものを否定するために使われるということがあろうか．そのような理屈があろうはずもない．

　本章の後半では，開発途上諸国の医薬品特許に適用される慈愛の但し書きの複雑さについて検討する．しかし，Ａ社が保有する特許が明白かつ直接的にＢという人物の生存を脅かしているといった単純なケースでは，何の問題もなく，この但し書きが適用される．つまりＢの生存が優先されることになるのである．

困窮者のための権原

　ロックによれば，困窮者が生存のために必要とする物については，たとえそれを他者が有効な原始取得または原始取得からの転得によって正当に所有していたとしても，困窮者はそれらの物への権原を有するのである．このような慈愛へのアプローチは，主に次の２つの点でユニークである．第１に，困窮している受け手の視点から慈愛を記述するという手法を採用している点である．第２に，慈愛を示す義務があるという伝統的な考え方をきわめて説得的に，しかも実際にはその考え方を全く新しい形で表現している点である．

　遠い昔から，ユダヤ教とキリスト教に共通する伝統では，慈愛とは与え手の精神的な幸福を高めることを主たる機能とする義務であると考えられてきた[6]．実際，中世にいたってからしばらくした時点でも，貧困が存在する理由の１つは，慈愛を示すことができるようにするためであると考える神学者が存在した[7]．このような観点からすると，慈愛の受け手は，寛大な慈愛を示す機会を作りだす人びとであるという点でのみ重要であって，彼らは決してこの場面の中心に位置しない．慈愛は，高潔な人が自己の所有物全体によって示す美徳として理解されている．そして，実定法や市民国家によって要求されるものではないからこそ，慈愛は美徳なのである．慈愛とは，ひどい困窮を目の当たりにした場合に，自己の所有物の一部を用いて正しい行いをするよう私たちの道徳心に働きかけるものなのである．

　上述の図式において注目すべきは，所有が前提とされていることである．慈愛とは，所有という疑いのない事実を「土台にして」機能する美徳である．慈愛という道徳的義務が生じたときに，寛大な人が実際に自己の所有物の一部を手放すという意味で，所有権は慈愛によって修正される．しかしそのような義務は，所有や権原とは別の問題である．慈愛のための寄付とは，誰にとっても疑いのない権原が及ぶ物の一部を自発的に移転することであって，自ら進んで行われる行為である．

　ここでロックが登場し，ものの見方をひっくり返してしまう．彼は貧困者自身をこの場面の中心に据えた．つまり，私たちが注目しなければならないのは，与え手の美徳ではなく，貧困者の困窮である．そして，ロックの図式では，慈愛は所有と権原の論点とは別の問題ではない．慈愛は権原と一体不可分である．なぜなら，この慈愛の但し書きの下では，財産権の保有者が保持・所有する物に対して，貧困者は実際の請求権をもつからである．慈愛は権原の問題と無関

係ではなく,両者は一体不可分の問題なのである.

　ロックの力強い言葉を思い出してほしい.「正義が,すべての人に対して,彼自身の誠実な勤労が産み出した物と,彼が受け継いだ祖先の公正な取得物とに対する権原を与えるように,慈愛は,人が生存のための他の手段をもたない場合に,極度の欠乏から免れさせるだけの物を他人の剰余物に対して要求する権原をすべての人間に与える」.この文は力強い対句となっている.正義と慈愛は対をなし,そのいずれもが強力な財産権の淵源であって,資産に対する正式な権原をもたらすものとして位置づけられている.同様に,「誠実な勤労」は「生存のための他の手段」の不足と対をなし,そのいずれもが財産権を正当化する根拠となっている.最後に,勤労が「産み出した物」は「極度の欠乏」と対をなし,両者はともに財産権の範囲に対する暗黙の制限となっている.つまり,原始的専有と慈愛の但し書きとが対をなし,そのいずれもが等しく正当で有効な淵源,根拠,制限を伴っているのである.そしてこの文の構造は,権利の構造も明らかにしている.すなわち,「正義が……与えるように,慈愛は……与える」となっているのである.

　この図式によってロックは,慈愛の受け手を背景から前景へと押しだす.与え手の道徳心を高めるための義務は,受け手の不可欠な権利へと変化する.その過程において受け手は,原始専有者と同等の尊厳に値する人物として描かれている.このようにこの一節は,第2章で述べたように,ロックの平等主義的解釈をサポートする確固たる証拠なのである.さらに重要なことは,この一節が,少なくとも生命そのものが危機に瀕している場合に,困窮者が特許医薬品に対する確固たる請求権をもつという主張の強固な基礎となることである.

カントの普遍的原理

　カントの権利の普遍的原理では,「選択の外的自由が普遍的な法則に基づく万人の選択の自由と両立する限りにおいて,法はこの外的自由に対する私たちの権利を保障する」[8].第3章で説明したように,カントの所有理論はこの一般原理の特別な場合を表現したものである.すなわち,所有権は広く利用可能であるが,個人の専有が他者の自由を侵す場合には否定される.カントによれば,強固な所有権の必要性は市民社会の形成の原動力となるが,それでもなお所有権はこの「普遍的」な原理にしたがわなければならない.権利の普遍的原理が機能することで,所有権は制限される.すなわち,所有権は仲間たる市民

の自由と抵触するほど広範であってはならない．カントの思い描く国家では，個人の所有を認めることが必要とされる――自律と自己の成長を促進するために（第3章参照）――が，同時にそうした所有は権利の普遍的原理の下で必然的に制約を受けることになるのである[9]．

　死は自律に対する究極の制約である．人の死後には，律するべき「自己」はもはや存在しない．したがって，Aという人物が所有権を主張することでBという人物に死がもたらされる場合，カントの普遍的原理はそうした主張を退けることになりそうである．しかし，他の問題と同様，この点に関するカントの見解はそう単純ではない．特に，カントは「緊急避難」の抗弁について複雑な見解を示しており，その内容は，私がここでカントの主張として論じている所有権の制限原理と酷似している[10]．実際カントは，少なくとも1つの緊急避難の重要な例――Aが自らの命を守るためにBを殺害するか，少なくともBをきわめて危険な状況に陥れる場合――において，緊急避難の行為者は非難されることはあっても，処罰されることはないとする[11]．カントの提示する規範の多くと同じように，緊急避難についてカントが何を言おうとしていたのかに関してはさまざまな議論がある．ある見解――少なくとも他のほとんどの見解と同程度にもっともらしく，一部の見解よりも説得力がある見解――によれば，カントは緊急避難を弁明や抗弁のように考えていたとされる．すなわち，誤った行為は緊急避難によって正当化はされないが，正式な法的責任からは免れることができるのである[12]．この見解は，正式な実定法（カントの用語では「外的」（第3章参照））と「内的」道徳との区別を基礎としているが，とりわけカント学者のアーサー・リプスタインがうまく説明している．カントにとって所有権は絶対的な権利であり，それを許可なく奪うことは客観的にみて常に誤った行為である．ところがその一方で，正当な立法の範囲に含まれないとの理由から，所有権を奪う行為が国家によって罰されない場合もある．

　所有権が関連する場合の緊急避難の抗弁についてカントは明示的に議論しなかったため，医薬品特許の事例にどのように適用すべきかは推測するしかない．とはいえ，1つ言えることがある．第3章である程度詳しく説明したように，カントの法に対する考え方とその所有理論との間には驚くほど共通点が多い．権利の普遍的原理がよい例である．第3章で説明したように，所有の範囲を広げることができるのは他人の自由に抵触しない程度までという考え方は，明らかに法と自由に関するカントの一般的解釈を具体的に適用したものである．

したがって，医薬品特許の問題の分析は，治療可能な疾病に苦しむ人びとの自由に所有権が及ぼす影響という問題の分析に等しい．率直に言って，カントならどのような結論に達するかを正確に把握することは難しいが，自由を制限するという医薬品特許の性質がカントの分析の中心になることについては大いに自信がある．正解を知ることは困難だが，正しい問いを投げかけることは難しくない．その問いとは，治療を必要とする可能性のある人びとの自由を妨げてまで，つまりそうした人びとの自由を制限してでも，所有権を認めるべきなのか，である．

　私の見解では，病気に苦しむ人びとの自由は相当制約されているので，医薬品特許の所有権は譲歩しなければならない．これまでにも述べたように，この見解が，ここで扱っている問題に関して，カントの普遍的原理の唯一妥当な解釈というわけではない．しかし，私はこの見解が最善の解釈であり，カントのテキストと医薬品特許の問題を私なりに考慮すれば，間違いなく私が提示できる最善の見解であると思う．

分配的正義と医薬品特許

　本書の第Ⅰ部で取り上げた３人の主要な規範理論の思想家のうち，本章の問題に最も適用しやすいのはロールズである．第４章でロールズの見解を次のように要約したことを思い出してほしい．すなわち，ロールズによれば，財産権とは，彼の哲学的思想において優先順位が低い二次的権利の１つにすぎない．財産権はロールズの用語でいうところの「基本財」ではない．他方で，食糧，住まい，基本医療へのアクセスはそうした基本財である．したがって，ロールズにとって，財産権が他者の生存そのものを深刻に脅かしているとの主張に直面した場合には，ほとんど疑いの余地なく，財産権が譲歩しなければならないだろう．ロールズの階層構造は，要するに，この種の問題をわかりやすくするためのものである．政治制度は，基本財が優先されるように設計されることになっている（無知のベールが剝がされ，それに伴って熟慮・討議手続が実施されるならば，そのような政治制度が設計されるであろう）．医薬品特許の問題は，まさしく，彼が体系の構築にあたって考慮してきたと思われる種類の論点である．

　この考えに対する唯一の例外となりうるのは，世代間の衡平性――ロールズはこれを「公正な貯蓄」原理と呼んだ――の問題である．そこで次節では，この点について医薬品特許と関連づけながら論じることにしたい．

医薬品特許と中層的原理

　ここまでは，本書の第Ⅰ部で検討したさまざまな基盤的理論（すなわち，ロック，カントおよびロールズ）と序章で述べたような功利主義理論の表現を用いて医薬品特許の問題を論じてきた．しかし，第5章で述べた多元主義に私が忠実でありつづけるならば，この問題を，知的財産法の中層的原理の観点から議論することも必要と思われる．そこでも論じたように，私たちは知的財産法の究極的な基盤について合意しなくても，特許医薬品アクセスに影響を及ぼす特許法の重要な細部について，その望ましい政策のあり方を議論することは可能である．そのために中層的原理が存在するのである．

　困窮者と医薬品特許の問題は，ほとんどの場合，効率性原理と関係がある．また，効率性原理ほどではないが，比例性原理も関係している．他方で，医薬品を開発する研究者の尊厳の利益は直接的には問題とならず，非専有性原理も同じく問題とならない．そのため，ここでは効率性と比例性の2つの原理に絞って議論することにしたい．

　医薬品アクセスの問題は，経済的利益（ここでは製薬会社の利益）が権利（つまり人権）との衝突を起こしている典型的な事例にみえるが，この問題で効率性を語ることなどありうるのだろうか．人命は単なる効率性に勝るべきではないのか．人びとの生存に手を差し伸べることは医薬品開発者の経済的幸福よりも優先されるべきではないのか．

　私はこの問題はそれほど単純ではないと考えている．実際，医薬品アクセスの問題を効率性の観点から言い換え，その過程で，困窮者の必要性を議論の重要な要素として特定することもできる．おそらく適切な問いの立て方は次のようなものである．すなわち，数多くの疾病が存在し，多くの人が治療を必要としている現状において，これらの疾病の治療に効果的な医薬品の供給数を最大化するための最良の方法は何か．世界中の疾病の治療という問題を解決するために集約されるべき利用可能なすべての資源――天然物，人の技能，科学的知識など――を最大限に活用するにはどうすればいいのか．

　こう考えると，効率性原理がこの議論で重要な位置を占めていることは明らかである．この場合に私たちが精査しなければならないのは，先進国が医薬品のイノベーションに膨大な資源を投じつつ，貧困者による医薬品アクセスを一時的に先延ばしにした場合に，医薬品の供給量は，全体的かつ長期的にみて，

増加するのかどうかである．たとえ短期的には明らかに多くの人が最善の治療を受けられないとしても，長期的にはそれ以上の人の命が救われることになるのだろうか．別の言い方をすれば，効率性の原理に基づいて議論すべきは，恩恵を与えうるすべての医薬品への即座のアクセスをすべての人に認めるという寛大な政策は，創薬イノベーションのためのインフラの長期的継続可能性を犠牲にした，一時的な大盤振る舞いにすぎないのかということである．この問題は後で詳しく検討するが，ここでは，効率性の原理が，このきわめて重要な問題の解決にとって有益な用語上の枠組みを提供するとだけ指摘しておこう．

　医薬品特許の問題に関して検討すべき2つ目の中層的原理は比例性である．創作者やイノベーターへの報酬はその貢献に比例していなければならないという，この原理の背後にある基本的な考え方を思い出してみよう．最終的な結論は決してわかりやすくはないが，この原理が医薬品特許の論争に関係することは明らかである．医薬品に関する特許法の構造が，製薬業界の全体的な規制および競争環境と相まって，人びとが受ける恩恵に照らして過剰な報酬をもたらすものになっているとすれば，医薬品特許の経済的支配力は，適度な均衡が保たれる程度にまで制限されるべきである．特許権者への過剰な報酬が，特許医薬品へのアクセスを必要としている人びとの苦しみのほんの一部でも引き起こしているならば，国家は比例性の原理に基づいて，その報酬を減らさなければならない．不釣り合いな報酬に伴って深刻な苦しみが生じるという事実が，この国家の行為を正当化する説得的な根拠となる．

　この原理を医薬品の事例に適用することはたしかに非常に難しい．このことは，医薬品の成功の非対称性——わずかな医薬品だけが大きな成功を収める（そして莫大な利益を上げる）一方で，ほかの大半は芽が出ず，開発コストの回収すらままならないという性質——からも明らかである．特許医薬品が開発者に膨大な報酬をもたらすに値するかどうかを判断するためには，その成功を収めた医薬品の収益によって，どれだけ多くの失敗に終わったプロジェクトの費用が賄われているかを考えなければならない．噴出油井からの「受けるに値する」利益は，すでに枯渇した油井や今後枯渇するおそれのある油井をすべて考慮しなければならない．

　それでもなお，少なくとも理論的には，比例性原理は私たちの指針となりうる．医薬品へのアクセスが不釣り合いなほど大きな報酬を伴う排他的な力によって妨げられている場合に，私たちは何をなすべきかをこの原理は教えてくれ

る．それは，報酬を減らして均衡を回復せよ，ということである．

制限

　ここまで，ロック，カント，ロールズが皆，救命医薬品にかかる特許権の行使の制限を支持していることの論証を試みてきた．また，この結論に中層的原理が整合的であることを示すために，それらの原理に再び言及した．本節の目的は，医薬の分野では，特許の一般原則に対する制限，つまり特許は譲歩しなければならないという制限を明らかにすることにある．特に強調したいのは，①問題となっている医薬品と実際の生存との関係が遠すぎたり，希薄すぎたりする場合には「アクセス権」の制限が許容されること，および，②不治の病の治療法発見に役立つ，製薬産業のインフラを維持していく必要があることである．以下，それぞれについて見ていこう．

医薬品が命を救うのはいつか

　医薬品特許の問題は，ある意味で，世間一般で言われているほど難しくはない．それどころか，特定の時点における特定の医薬品へのアクセスによって明白かつ確実に人の命が救われるような場合には，特許の存在にかかわらず，公正性の要請にしたがってアクセスが認められるべきであることは，かなり自明であるように思われる．問題は，現実の世界における大半の状況はそれほど単純ではないことである．とりわけ，困窮者が関わる多く状況では，医薬品へのアクセスは，死亡率を低下させるための多岐にわたる医療介入の1つにすぎず，保健衛生に対する医薬品自体の寄与を正確に特定することが難しいという課題を抱えている．このため，ある特定の状況で医薬品へのアクセスを認めることが，明白かつ確実に命を救うことになるとは容易には断言できないのである．

　世界保健機関は，マラリアなど，開発途上諸国の保健衛生に対する特に重大な脅威について調査を行ってきた．たしかに，ⓐマラリアの治療に十分な資源が割かれておらず，このことは，貧困層に深刻な悪影響を与える疾病への関心の低さを物語っている[13]．ⓑ現在一般に投与されているマラリア治療薬が，それを最も必要としている人たちに十分いきわたっていない場合が多い，といえる．しかし，こうした事実にもかかわらず，実態ははるかに複雑である．

　マラリアのような感染症の撲滅キャンペーンを成功させるには，さまざまな対策を同時に行わなければならない．疾病原因となる特定の要素（たとえば，

バクテリアやウィルス）が「媒介生物」に寄生するのを防ぐために，蚊をはじめとする媒介生物がため池などで繁殖するのを防ぐ必要がある．そして，感染症を撲滅するためには，こうした予防措置を繰り返すだけでなく，ため池などの状況を常に監視していなければならない．ある人が感染した場合に，医薬品の投与によってその人の命が救われる可能性があることは事実である．しかし，ため池や媒介生物については何の手立ても施さず，ただ感染患者の治療だけを行っても，ほとんど意味がないだろう．再感染のおそれもあるし，治療が感染のペースに追いつかず，結局，疾病の原因要素が——治療薬の過剰投与により——突然変異して，結果的に長期的な撲滅の機会がすべて奪われてしまうことも考えられるからである．

　簡単に言えば，このような場面で命を救うためには一連のさまざまな対策が必要なのである．感染者の生命を特許権に優先させても，それほど大きな効果は得られないかもしれない——そして仮に認めたとしても，それほど多くの命を救うことはできないかもしれない．もちろん，それでもなおロック，カント，ロールズは，たった1人の命であれ，それが危険にさらされている場合には，財産権はその生存を妨げてはならないと主張するだろう．そして，この主張はそのとおりのように思われる．ただ，この原理を適用することで実際に命を救われる人の数は，多くの人が予想するよりも少ない可能性があるというだけのことである．

　事実関係をほんの少し変えるだけで状況はさらに複雑になる．もし医薬品を投与しても病気は治せないが，寿命を延ばしたり，主要な症状を緩和したりはできるとすればどうだろうか．このような場合に，ロックやカントが，医薬品へのアクセスを特許に優先させるべきであると厳密に命じていると解釈することはできそうにない．このような状況における困窮者は，その特許に対するアクセス権をもつためのロックの要件を満たしていないように思われる．絶対的な生死に関わる問題だけがロックの要件を満たすのである．カントについては，病状によっては困窮者の実効的な自律が制限される可能性が小さくないことを考慮すると，ロックよりはアクセス権を支持するようにも思われる．しかし，カントにとってさえ，物事はそんなに単純ではないだろう．権利の普遍的原理の普遍性が意味することは，公正の原理は多くの人びとの自律の利益を考慮しなければならないということである．考慮すべきこれらの人びとのなかにはまだ生まれていない人びとも含まれているうえ，医薬品特許に対するアクセス権

の大幅な拡大は，創薬企業の将来の有望な基盤を損なうおそれもある．そのため，生命の危険が差し迫っていない場合には，権利の普遍的原理の下でも，アクセスの許可をすぐに認めるわけにはいかないのである．

世代間について考慮すべき事項

　ロックとカントの念頭にあった典型的な事例は，単純だが究極の選択を突きつける．困窮者が生き残るために何かが必要であるが，それは他人の法的権利——その絶対に必要な物に対する所有権——のせいで手に入らない．2人の哲学者は，所有権が譲歩しなければならないという同じ結論に達する．

　この場合，アクターが困窮者と所有権者の2人しかいないため，ある意味ではわかりやすい．ところがアクターが増えると，話はかなり複雑になり，結論もそれほど明らかではなくなる．たとえば，この2人以外に，緊急支援が必要な場合には所有権が制限されるというルールによって影響を受けるおそれのある人物が存在する場合である．困窮者たちがそのルールを濫用するのではないか．あるいは，困窮者に準ずる者がルールを拡張しようとするのではないか．そして，安定した所有権に対する期待感が薄れ始め，結果として自助（たとえば，所有者が自らの財産を武力で守ること）に一層頼ることになるのではないか．場合によっては，経済活動の衰退ひいては富の減少をもたらす可能性もあるのではないか．これらの例は，ロックの慈愛の但し書きやカントの普遍的原理の広範な適用がもたらす動的効果とでも言いうるものである．

　このような考慮事項の拡張は，あらゆる種類の財産権に適用される．実際のところ，この拡張はあらゆる法的ルールに適用可能である．動的効果の分析，すなわち法的ルールに対する長期的かつ体系的な反応の分析は，法に対する法と経済学のアプローチの特徴である．法と経済学の研究者は，具体的事例がもたらす最も重要な影響とは，2人のアクターが関わる具体的な紛争の解決ではなく，その事例におけるルールがシステム全体に及ぼすインセンティブと利得である，と長年教えてきた[14]．この見解に基づけば，2人のアクターのほかに将来数えきれないほどのアクターが現れ，彼らはある事例で確立されたルールをその利得行列に取り入れることになる．この見解の規範的な趣旨はきわめて明確である．つまり法制度は，ある特定のルールが生みだされた場合に，そのルールの表面的な公正性に過度の関心を払うべきではなく，むしろそのルールが将来のアクターに対してもたらす事前の（*ex ante*）インセンティブに細心の

注意を払うべきなのである.

　医薬品特許の場合に，この教訓が意味することは，財産権を制限してそれへのアクセスを認める前に，法的アクターは他者に与える影響を考慮しなければならないということである．医薬品研究の性質を踏まえれば，考慮されるべき最も重要な人の集合は，将来，治療法が見つかる可能性がある疾病で苦しむことになる人の集合であるように思われる[15]．

　したがって私たちが問うべきは，今日の困窮者を助けるために特許権を制限して医薬品へのアクセスを認めることで，疾病に苦しむ将来世代の人びとに対してどのような影響を与えることになるのか，である．その答えは以下の3つの重要な要素によって決まる．

1. 特許権が弱められた状況で，どの程度の規模の医薬品研究開発が行われることになるか．
2. その研究開発の規模は，実際に開発される疾病治療用新薬の数の減少をもたらすことになるか．
3. もし研究開発の規模が縮小し，新薬の開発が減少するとすれば，将来の疾病治療薬の減少は現在利用可能な医薬品へのアクセスの増加で相殺されるか．

　換言すれば，アクセスの拡大によってもたらされる目前の利益と世代間効果との比較衡量の問題である．

　もちろん，これらの問いに詳細に答えることは，途方もなく困難であろう．しかしながら，これらの問いへの足がかりを得るうえで，医薬品特許が，医薬品研究のインセンティブや，医薬品の研究開発基盤の全体的構造にどのような影響を与えているのかを理解することが鍵となる．そこで，まずはこの点から検討することにしよう．

　医薬品と特許保護　　特許研究の分野には未知の事項がたくさんある．序章で述べたように，特許の全体的な実効性に関する経験的データは驚くほど不確かである．私たちの知らないことが実に数多く存在するのである（序章で説明し，第2章から第4章で詳しく述べたように，私が従来の功利主義の枠組みの外に規範的な根拠を見出そうとしたのは，まさにこの理由からである）．

しかし，特許に関するあらゆる実証的文献に共通する1つの一貫した結論がある．それはわずかな疑念も抱かれないほど繰り返し立証され，確認されてきた権威ある真実である．その結論とは，製薬業界が生き残るためには特許が必要だということである[16]．伝統的な特許の「インセンティブ論」が実際に当てはまる産業が1つあるとすれば，それは製薬産業である．したがって，製薬産業において特許保護を廃止したり，その保護を弱めたりすれば，研究開発の規模が著しく縮小し，ひいては新薬の供給量も著しく減少する結果になることも，同様によく理解されている．これは，特許に関する経済学の文献において私たちがたどり着いた確立された事実，あるいは，厳格な経験的規則のようなものである．

もちろん，次のような答えにくい問いもある．それは，特許の保護が弱められた場合に研究開発はど の 程 度減少するのか，特許の保護がどの程度弱まると，公衆衛生に深刻な影響が出るほどに創薬イノベーションの規模が縮小するのか，である．残念ながら，この問いに対する答えを私たちは持ち合わせていない．しかし，たとえ特許保護をわずかに弱めただけであっても，公衆衛生の最終手段に著しい影響を与えるかもしれない——あくまで「かもしれない」ではあるが——という一般的なコンセンサスは存在する．

影響の評価——医薬品の研究開発基盤　製薬業界で研究開発からの収益が減った場合に何が起こるかを理解するうえで，この業界における研究開発基盤についての基本的な知識を身につけておくことが有益である．

まず，絶対に知っておかなければならないのは，医薬品の開発には莫大な費用がかかるという事実である．しばしば引用される研究データによれば，治療に役立つことが期待される分子が最初に発見されてから，医薬品として市場に出るまでに，平均で8億200万ドルの費用がかかるとされる[17]．こうした費用は長期間にわたって分散して発生する．さらに，医薬品の開発には，新規な化合物が最初に合成されてから，新薬として政府の正式な承認を受けるまで，平均で12.8年かかるのである[18]．米国における医薬品開発への支出は全体で年間650億ドルを超え，その額は医学関連の科学研究に対する公的資金の支出を大きく上回る[19]．どのような基準に照らしてみても，米国の創薬事業は，大規模で，複雑で，費用のかさむビジネスである．

こうした複雑さはさまざまな形で姿を表す．たとえば，製薬産業を組織の観

点からみると，大企業と小企業がそれぞれ異なった，しかし重要な役割を果たしていることがわかる．製薬業界ではこれまで，揺籃期からの発展過程で数多くの垂直統合型の大企業が生まれた[20]．規模（純粋な大きさ）と範囲（会社の活動範囲）の経済は，大企業に有利に働き，より小さい企業を淘汰した[21]．このような力学は，20世紀初頭から第2次世界大戦後もしばらくは支配的であった．しかし，1970年代に始まる新しい科学技術の出現がこの状況を一変させた．現代の遺伝子工学，一般的に言えばバイオテクノロジーの出現は，小規模の研究集約型の新興企業に活躍の場を与えた．そのような企業の多くは大学の研究を基礎としており，その多くが各地の生命科学部出身の大学研究者によって設立された[22]．

多くの学者は，現代のバイオテクノロジー産業は，垂直統合型の大企業が支配する産業において，小規模な研究集約型の企業が重要な役割を果しうることを示す好例であるとみなしてきた[23]．こうした観点から製薬産業をみれば，特許保護の役割が，販売可能な医薬品を開発・製造するためのインセンティブの提供にとどまらないことを見出すことができる．第7章で論じたように，特許のおかげで，小規模企業は独立を維持しうる．特許保護があることで，小規模企業は，技術集約的な分野に特化しつつも，自社の製品を，はるかに大きな企業の事業全体の不可欠な一部とすることができる[24]．小規模なバイオテクノロジー企業は，最も得意なこと——高度な専門分野の研究——に集中することができ，研究が密かにまねされるのではないかという危惧を抱くことなく，安心してその研究成果を大企業に移転することができる．このように，製薬産業において特許は2つの役割を果たしている．1つが，研究開発全体に対するインセンティブを守るという役割であり，もう1つが，とりわけ専門性の高い小企業が市場に参入し，かつ独立した企業としての地位を維持することを可能にしつつ，この産業の組織構造に影響を与えるという役割である．思い出してほしいのだが，このテーマは，カントをはじめとする理論家が提唱する自律という抽象的目標の適用が意味する実例として，第7章で紙幅を割いて詳しく説明したものである．

ここで再び，困窮者を助けるために医薬品の特許権を侵害するという方策に戻ろう．私が主張していることは，製薬産業の研究開発基盤の長期的な持続可能性に対して，この方策が与える影響を評価する必要があるということである．そのためには，マクロレベルの効果，つまり総体的な効果だけではなく，もっ

と微妙な効果，つまり二次的な効果についても考慮する必要がある．後者の効果には，小規模の研究集約型企業の持続可能性の低下も含まれる．医薬品に対する特許保護を弱めることで，製薬産業における平均的な企業規模が逆に拡大するという可能性も否定できない．医薬品研究はもっと集約されるかもしれない．そうなれば，製薬産業のイノベーション能力が最終的に低下するなど，考慮に値する結果がもたらされるかもしれない．もし小規模企業が，特許保護に過度に依存しており，製薬産業のイノベーションにも多大な貢献をしているとすれば，特許権を制限して医薬品へのアクセスを認めることは，業界全体のイノベーション能力の低下を招き，特許権を制限しなければ治療が可能となるかもしれない疾病で将来苦しむことになる人びとに対して不利益をもたらすおそれがある．

裁定取引のリスク　　ここで実に難しい問題がある．今日の医療アクセスの向上と比較して，明日の医薬品イノベーションの減退はそれほど重大なことなのだろうか．この問いは次のような関連する2つの問いに整理できる．開発途上諸国が特許医薬品に対価を支払うことなくアクセスすることによって，製薬企業の利益は顕著に減少することになるのだろうか．もしそうであれば，この利益の減少は，製薬企業の医薬品イノベーションの数をある時点で減少させることになるのだろうか．

標準的な医薬品の市場価格は，ほとんどの場合，開発途上諸国の市民が入手できる価格をはるかに上回っていると思われる人もいるかもしれない．このことは，開発途上国市場において医薬品アクセスを自由にしても製薬企業の利益にはほとんど影響がないことを暗に意味する．つまり，買い手が売り手の製品を現行の価格で買えないのであれば，買い手が無料でまたはかなりの安値でその製品を手に入れるようになったとしても，売り手の売上が減少することになると主張するのは困難であるように思われるかもしれない．たしかにこの指摘は正しいが，重要な点を見落としている．それは，高価な製品が大幅な安値で入手できることにより，裁定取引――安値で購入した製品を他者に転売する行為――が誘発されるおそれである．もし裁定取引が許容されるならば，あるいはそれを阻止することが難しいのであれば，安値での販売は，売り手の利益全体に影響を及ぼしかねない．

医薬品アクセスに関しては，深刻な裁定取引のリスクが存在する．特許医薬

品の多くは錠剤であり，小さくて隠しやすく，国外に容易に持ちだすことができる．しかも貧困層の割合は，賄賂が横行する腐敗した国で大きく，そうした国では制度が十分に整備されておらず，金に目がくらんだ人たちが政治を牛耳っている場合も多い．こうした状況では，貧しい市民向けの医薬品が強制的に取り立てられ，先進国の患者に転売される可能性も現実味を帯びてくる[25]．

　本書が擁護する理論に基づけば，裁定取引の問題とは，それが困窮者のアクセス権を複雑にする問題である．特に，裁定取引の可能性があるため，困窮者によるアクセスの結果として生じる新たな問題についても検討しなければならなくなるのである．ロックの理論によれば，紛れもなく慈愛の但し書きが適用される場合でも，今日の慈愛が将来の人びとを害するおそれがあるならば，その論拠は弱められる．カントの普遍的原理についても同様である．他者の自由は今日の所有権の制限によって影響を受けるが，こうした制限は，将来の他者にも影響を及ぼすおそれがある．ロールズの正義に適った貯蓄原理もほぼ同じ方向を向いている．裁定取引によって製薬企業の利益が著しく損なわれるとすれば，将来世代が不利益を被るおそれがある．今日におけるアクセス制限が，創薬イノベーションを推進するエンジンとして機能する研究開発基盤を維持するために必要であるとすれば，公正な貯蓄原理はそのようなアクセスの制限を命じるであろう．

世代を超えた影響と規範理論　ここまでいろいろと難しい問題を検討してきたが，これらは，私が功利主義に基づく知的財産制度の正当化を諦めたそもそもの理由を見事に思い出させてくれる．この問題は，費用と便益の比較衡量の観点からでは解決できないように思われる．さらに，ロックとカントにはっきりと見られ，ロールズにもある程度見られる義務論的なアプローチでも，費用便益アプローチ以上に明快な解決を提示できるわけではないと私は考えている．実際，ロックの所有理論全体を眺めたり，カントの普遍的原理のニュアンスを注意深く思い出したり，ロールズの公正な貯蓄原理を真剣に取り上げたりすると，この問題に関して功利主義のアプローチをていねいにたどった場合とほぼ同じ結論に到達することになる．つまり，たとえ公正や正義を前面に押しだしたとしても，医薬品の特許権を広範に制限してアクセスを認めることを擁護しようとすれば，私たちは結局，将来世代にどのような影響を与えるかを検討しなければならない．民間企業による医薬品の研究開発基盤がほかで置き換

えることができない点は前述したが，医薬品の研究開発がもつこのような特徴を前提とする限り，現在における特許医薬品アクセスを優先すれば，現在の厚生と将来の厚生とのトレードオフの論点に最終的にたどり着くという事実から逃れることはできない．そこで最後に，こうした逃れることができないように思われる事実を念頭に，このトレードオフをいかに取り扱うかについて，いくつかの控えめな考えを提示することにしたい．

公正の実践——特許医薬品アクセスのための方策

　ここまでの議論により，特許医薬品を深刻に必要としている困窮者が医薬品に対してもつ権利の，理論的，規範的な根拠が明らかになった．こうした背景に照らして，この10年ほどの間にこの分野に出現した実際の方策や行動を観察することはかなり有益である．それらは以下のように要約できる．

1. ほとんどの大手製薬会社は，自発的に医薬品の無料配布プログラムを実施してきた．知的財産権の観点からみれば，それらの会社は，差し迫った状態にある国々で自分たちの権利を選択的に放棄してきたといえる．[26]
2. 開発途上諸国は，自国の制度設計に対して過剰な制限を課しているように思われる国際的な特許制度に反旗を翻してきた．その過程で最貧国は，特許権を制限して医薬品アクセスを認めること——特許医薬品に対する強制実施権の付与——を正当化する，保健衛生に関する緊急事態宣言を行う権利を勝ち取った．[27]
3. 国際的な財団が，特に最貧国の保健衛生問題の解決を目的とした医薬品の開発と分配のための革新的プログラムを携えて，この舞台に登場しはじめた．現在，脚光を浴びているのはビル＆メリンダ・ゲイツ財団である．[28]

　こうした動向において最も興味深いのは，それらが，多くの利害関係者の間に存在する共通の認識を明らかにしているようにみえることである．その認識とは，より差し迫った必要性が貧困層に生じた場合には，知的財産権よりも貧困層の必要性が常に優先されなければならないということである．こうした動

向は慈愛への衝動の現れであると言い換えても決して大げさではない．このような視点からみれば，ロック，カント，ロールズの規範理論は，財産権に拘束力ある制限を作りだすというよりは，むしろ財産権に対する制限がどうあるべきかについての共通了解を表しているように思われる．第3章で最初に述べ，その後第8章でも述べたように，財産権を放棄できる権能は非常に重要な利点である．医薬品特許の分野でみられる慈愛の衝動は，このことを再認識させてくれる．財産権の放棄という選択は，財産権制度の要であり，権利者はしばしばこの選択によって，財産権がもたらす最悪の効果を防ごうとするのである．財産権の放棄が，財産権をほぼ完全な自己調整型の権利に変化させるのだと言うと言いすぎだろうが，本書で何度か触れたように，自発的な放棄を意識することで，財産権が実際にどのように機能しているのかということに関する私たちの理解は大きく変わりうる，と言っても差し支えないだろう．

第 10 章　結論——財産権の未来
Conclusion: The Future of Property

　財産権には確かな未来がある．特に，個々の所有者とコミュニティの要請の両方に適切に配慮し，それに応えれば——すなわち，哲学者がリベラルな財産権理論と呼ぶものに基づいていれば——財産権はしっかりと設計された社会政治システムのなかで重要な機能を果たしつづけることができる．社会における価値ある資産のうち無体・無形資産の重要性が増すほど，この機能は，私たちが知的財産権と呼ぶ財産権の一種によって果たされるようになっていく．したがって，実効的な財産権理論を構築するには，知的財産権から始めることが，少なくともそれに知的財産権を含めることが，妥当である．

　このような考えに基づき，実効的な知的財産理論の基本要素をできる限り明確に説明したい．それらの要素はすべて，すでに慣れ親しんだものであるだろう．というのは，それらは私が本書の最初の頁からずっと述べてきたことにほかならないからである．この最終章において私がやりたいことは，単にそれらの基本要素を集めて再度簡潔に述べるとともに，それらの相互関係を示すことである．

　私の考える基本要素は以下のとおりである．

1. **創作的労働を財産化すること**．創作物を評価し，真の法的権利をもって報いること（これにより創作物を，時間給労働から，どこでも独立して取引可能な経済的資産に変換することができる）．財産権の本質である所有者と資産との 1 対 1 の対応関係を通じて，自らの創作物に対する個々人のコントロールを認めること．「英雄的著者」という根拠のない考え方に代えて，より現実的な構成，すなわち，「平凡な著者」（自らの才能によって相応の生計を立てようとしている職業的創作者）という考え方を採用すること．平凡な創作者に報いることは，個人や小さなチ

ームによる所有を奨励することだけでなく，大企業（個々の職業的創作者を育て支えるエコシステムにおいて重要な位置を占めている）を助けることも意味するという事実を認めること．

2. 真の権利，ただし絶対的ではない権利を与えること．創作者の個々の貢献を，真の権利である知的財産権を付与することによって認めるとともに，創作物に対する社会の貢献も認めること．各財産権を基礎から支える，報酬を受けるに値する中核が，社会的周辺部によって囲まれていることを思い描くこと．前者には功績に対する確かな権原（真の請求権）を与え，後者には創作物への課税を認めることにより報いること．ここでいう税とは，すべての創作物を支える多種多様な社会の貢献に報いるために行われる社会への補償であると考えること．

3. (a) 知的財産権の許諾およびライセンスに関する安くて簡易なメカニズムを促進し奨励するとともに，(b) 拘束力のある形で，公衆に対して権利を開放できる，簡単な権利放棄の手法を採用することで，消費者および利用者のニーズに応えること．インセンティブ対アクセス，創作者と権利者対消費者と利用者という積年の議論にも，解決策があることを理解すること．効率的な取引メカニズム（知的財産権自体の取引が，その保護対象たる創作物の取引では実現できているのと同程度に，商業的に円滑に行われることを可能にするメカニズム）の創設に労力が注がれているのであれば，権利者は権利を享受しつづけられる一方，消費者と利用者は利用したい創作物へアクセスできる．多くの知的財産権が存在する世界では，創作物の市場は，（関連しているが，それとは別の）その創作物を保護する権利の市場も必要としていることを理解すること．そして，この二次的市場での市場取引を奨励すること！　さらには，この市場における集合的活動と競争を奨励すること．これにより，真の知的財産権を付与するという望ましい政策からのずれが最小となり，結果として最終的に最も大きな報酬が保障されることになる．同時に，簡単で拘束力のある権利放棄メカニズムを創設すること．これにより，権利者が公衆に対して拘束力のある形で自らの創作物を開放することが可能となり，そうすることで，排除しない権利（a right to include）を生みだすことができる．この権利は，知的財産および財産権一般の中核をなす伝統的な排他権（right to exclude）と同一の

広がりをもつ．

これからこれらの要素を議論するなかで，本書全体に表れている多くのテーマに触れていくこととする．なおこれらのテーマは，厳密に言えば，知的財産理論を機能させるために必要な要素ではない．それらは，少なくとも私にとっては，今列挙した要素を互いに結びつけ，それぞれを生き生きと描き出す知的モチーフにむしろ近い．それらは，知的財産法における無数の細かい事柄や逆風のなかから，首尾一貫した全体像を作ろうとする私を助けてくれる．これらのテーマとは以下のとおりである．

1. **下層部分には空間的な余裕がある**．知的財産法の規範的基盤を形成しうるもっともらしい考え方はたくさんある．この基本的事実を受け容れることにより，根本的な基盤について議論せずとも，建設的な政策議論を（望むらくは中層的原理に基づいて（第5章参照））進めることができる．
2. **ロックらの議論から知的財産権**について多くのことが言える．私は基本的に，財産権が深い倫理レベルにおいて正当なものであると考えており，これが私の知的財産権に関する理解――なぜ私たちはこの形式の法的保護を必要とするのか，なぜ（排他権といった）現在の形なのか，そして，なぜ現代の状況下において知的財産権は不要あるいは付随的なものにすぎないという批判から擁護する価値があるのか――の中核をなしている．ただし，中層的原理があるので，この規範的基盤の点について私に同意する必要はないし，功利主義による知的財産権の説明は今のところ不適当であるという基本的な前提についても同意する必要はない．もちろん，同意してくれると嬉しいが．
3. **適切に考案され構築された知的財産権は，分配的正義の立場からも妥当である**．知的財産権は，たしかに分配的正義に影響を与えるが，それでも擁護することは可能である．要するに，知的財産権は公正である．公正な社会は，創作者に対して排他的な財産権を与えるとともに，それらの権利を分配的正義の全体的な関心事項と調和するように制限し，体系化している．期間制限のある権利，公衆のための権利の例外，権利の対象となる作品への適度な課税は，知的財産権が分配的正義の

全体的なスキームに適合している様子を示す例である．

　最後に，本書には，特筆するにふさわしい，全体を貫く1本の基本的考え方の筋がある．それは，実際のところ，基本的な理論や知的テーマの要素に値するものではないが（むしろメタテーマのようだといえる．もっとも，この用語はあまり好きではないが），私はここでそれを列挙しようと思う．
　知的財産権に関する現代の文献は，英知の宝庫といえるが，知的財産権の縮小や衰退を主張する点においては間違っている．私は知的財産権の研究者から多くのことを学んだが，それには，ⓐ英雄的著者という考えの限界（上記の要素1を参照），ⓑ分配的正義に関する包括的な理論への知的財産権の統合の必要性（要素2），ⓒ（クリエイティブ・コモンズのライセンスなど）公衆への自発的開放スキームの利点，要するにしっかりとした「排除しない権利」の必要性などがある．このような多くの積極的な貢献にもかかわらず，情報に対する財産権はひどい考えである，または，知的財産権は従来の適度な姿から形を変え，巨大で奇怪なパロディに変異してしまったといった一般論に私は同意することはできない．無形資産がこれまで以上に価値をもつ経済においては，知的財産権はこれまで以上に重要である．
　私はここで，上記3つの基本要素の各々について，上記3つのテーマと1つの「メタテーマ」を必要に応じて議論に組み入れながら検討することとする．

労働の財産化

　財産権は独特な法的構成物である．用いられる言葉さえも——学者たちは時に「財産権的話法（property talk）」と呼ぶ——独特である．私たちは財産権の創出を「付与する（grant）」と言う．これは「託す（entrust）」という意味を表すラテン語に由来する言葉である．国家が財産権をある所有者に授けることで，その者は国家権力の小さな一部分をほんのわずか担うことになる．この力こそが財産権を「対世効を有する」ものにするのであり，それは，2つのことを同時に意味する．第1に，所有者は権利を行使するために国家権力を援用することができるということである．第2に，所有者が他者に対して財産権侵害の責任を問うためには，所有者とその者との間に既存の関係は不要だということである．求められる唯一の接点は，所有者とその他者の両方が同じ国家の法に従

うということのみである．

　国家による所有者への権力の委任には，ある重要な意味がある．この所有者は，国家に不可欠な機能を実行しているのである．ロックにとっては，既存の財産請求権を相互に認め合い，所有制度について相互に誓約することが，国家形成の力を作動させる最初の原因，すなわちビッグバンなのである．カントも同様のことを述べた．国家なくしては，時間と空間を超えた広がりを有し，対象に物理的に働きかける個人の能力を超えて及ぶような，強力な所有権は存在しないのである．

　これらの壮大な考えを実践するためには，現実の国家，すなわち公認された政府が，個々の所有者に対して財産権を付与しなければならない．私的所有権を認める古典的な論拠の1つに効率性がある．すなわち，所有権は，中央集権的官僚機構もおよそ敵わないような方法で，資産を開発・活用・監視・維持するインセンティブを集中させるものである．知的財産権の必要性を説明するにはこれと同じ論理的根拠で十分であると考える人がいるし，この根拠にはたしかに真理が含まれている．しかしながら，文化に対する多くの貢献と現代社会の技術の多くは，個人によって所有ないしコントロールされていないことは明らかである．古典音楽，古文書，内燃機関のデザイン，インターネット，さらに多くの日常的な加工品は，個人によって所有されていない．もし，人の創作物についても同様であるのならば，なぜ，あらゆるこの類いのものに財産権を与えないのか．Aの財産権はAが属する社会の他の全員の行動の自由を制約するし，創作物に具現化された考えはしばしば他者によって複製され借用されうる．これが避けられない現実だとすると，そもそもなぜ知的財産権があるのか．

　その理由は，創作的労働は重要で価値あるものだからである．それは高貴な仕事であって，称賛と報酬にふさわしいものである．それは，国家権力の小さな一部——財産権——を付与することによって，尊重されるべき仕事である．財産権の付与はそれ自体として正しく，優れた社会であれば当然実行しているし，そうするべきである．そして，それは優れた政策でもある．すなわち，財産権がこのように与えられたときに喚起される行動によって，社会の他の部分も高められ，利益がもたらされる．質の高い創作物は（市場を通じて）称賛され報いを受ける．また，才能だけでなく才能を作品にする意欲もある人びとは，自分の得意なことを将来性あるキャリアとすることで身を立てることができる．

知的財産権のおかげで，人びとは才能を発展させることができるし，スキルと芸術的才能を発揮することで生計を立てることもできる——つまり，真の職業的創作者になることができる．国家がこの種の労働を評価して知的財産権を与えるとき，私たちはこの種の労働を尊重することになる．他者の自由を制限する力は，適切に獲得されたものである場合には，私たちの尊重の証ないし社会的報酬の裏返しといえる．すべての労働が，財産権を通じて国家に認められるだけの資格のある作品に結実するとは限らない．しかし，知的財産法制度の下では，それなりの労働は「財産化」されるかもしれないし，侵害者に対して国家権力を援用することにより執行できる「対世効を有する」請求権によって保護されるかもしれない．このような請求権は，それを支える価値ある労働に対する大いなる称賛である．社会は，一定の労力を，長期にわたって公的に執行可能な法的請求権（これは価値ある経済的資産になるかもしれない）に変換することを，気軽に認めているわけではないのである．

なぜ知的財産「権」なのか

なぜ知的財産は権利でなければならないのか．国家や社会に有用な活動を評価し報いるにはほかにも方法がある．現金を支払うとか，メダルを授与するとか，その他の方法で称賛することもできるだろう．報酬や称賛に値するとして，なぜそれが強い法的請求権である権利の形式でなければならないのだろうか．

なぜなら権利は，個人と結びつけられ，個人によって保有されるからである．そして，個人に対する報酬請求権は，知的財産にふさわしいものを創作したことに対するうってつけの評価方法である．創作は，ほとんどの場合，依然として個人の仕事（あるいは小さなチームによること．第7章参照）である．国家に保障された個人の請求権は，個人の創作的労働に報いるという目的にぴったりの適切な方法である．賞金，公的評価，専門的な評価，さらにこれら以外の報酬にはそれぞれの意義がある．しかし，職業的創作者は，それぞれが創作物の活用について具体化し，その活用をコントロールできる，国家により保障された権利をも授与されて然るべきである．創作したものの性質が財産権の付与を正当化するのである．

知的財産を権利として捉えることは，このような捉え方が暗黙のうちに前提としている区別の点からみても妥当である．創作物の利用者と消費者はいくらかの権利を有しているが，他人が創作した作品に関しては，ほとんどの場合，

法理論家が利益と呼ぶものしか有していない．すなわち，利用者と消費者の活動や関心は創作物に関係し影響を与えるし，創作物は彼らや彼らの活動に影響を与える．たとえば，読者は書籍および出版に利益を有し，技術の利用者と改良者は関連技術に利益を有する．しかし，著者と発明者は権利，すなわち，単なる利益を越えた強固な請求権をもつべきである．私は本書において，これらの強力な請求権は多くの方法でバランスが保たれなければならないことを繰り返し強調してきた．その方法とは，ロック，カント，ロールズの述べるところによれば専有の制限であり，中層的原理としての非専有性原理と比例性原理の表現を用いれば，創作物の収益に課税する社会の権利であり，それは利用者の権利であるといってよいかもしれない．にもかかわらず，創作する人たちは，自分が創作した作品に関して特権的な立場を有するべきであると私は信じている．これを具現化する最も適切で賢明な方法は，その人に真の法的権利を与えることである．

個人資産に対する個人によるコントロール
——財産権の過去および将来における本質

　個人による資産のコントロールという考えに対して，特に知的財産権のカバーする領域では，根強い抵抗があるように思われる．この考え方はある者にとっては，社会における権力の分配のような「政治的」決定のための口実に見えるのである．「政治の隠れ蓑としての権利」であると主張するグループは，集合的貢献こそが最も価値のある創作物の真の本質であると考え，個人による所有は，集団的努力および集団的コントロールという「自然な」状況に対し，ごく最近に上塗りされたものだと主張する．このグループの考えは，最近では，主にデジタル作品に重点を置いて主張されている．個人の貢献は，分散的，集合的な創作の力よりも劣っていると主張している．彼らの理解によれば，未来は，アマチュア，ウィキへの貢献者，オープンソースソフトウェアへの貢献者たちの手にある．そして，個人や小さな創作チームの手によって制作され，これらの者に帰属する個々の創作物は，明らかに過去のものであって，こうした創作物およびこれらに関連する財産権は将来的にはほとんど衰退していくと考えられている．
　私が第 8 章で議論したように，分散的な創作の価値については特筆すべき点

が多くある．実際，ウィキペディアやファンのウェブサイト，いくつかのオープンソースプロジェクトが，それぞれの人が大きな全体のごく小さな部分に取り組むという分散的なチームの価値を証明している．そこには，成果物に対する所有権を主張したり，あるいはそれに付帯するとされてきた成果物をコントロールする権利を行使したりする人や会社は存在しない．しかし，1人の個人が表現しコントロールする方がよい創作物は，依然としてたくさんある．そのようにして作られたものは，あちこちに散らばっているアマチュアチームによる分散的で連携を欠いた制作物よりも優れていることが多いであろう．人びとは熱心に働き，時には反復的な編集，具体化，制作によって各自のビジョンを実現するための理由を必要とするが，これこそが，ロックが最初に，財産権の中核的な正当化根拠として同定したものである．そのような各自のビジョンを表現し実現しようとする間のコントロールを維持する持続的な権利――カントの見方では，この持続性こそが財産権の中心的論拠である――が多くの場合に依然として必要なのである．すなわち，財産権は依然として重要である．

排他性の柔軟性

　人びとがしばしば財産権の概念に対して憤りを覚える理由の1つは，少なくともブラックストンの時代以来，その本質の定義が嫌悪される概念を連想させるからである．伝統的に，財産の本質は排他権であることがうんざりするほど繰り返し強調されてきた．排除するとは，閉め出すこと，アクセスを防ぐこと――いわば皆の顔の前でドアをバタンと閉めること――を意味する[1]．このような本質のため，他者を大事に思う人びととの間で財産権の評判がよくないのも無理のないことである．

　しかし，実際には，財産権を擁護することは決して難しいことではない．法的な定義，つまり，「排他権」という不吉な響きに由来する見かけ上の権限と効果にこだわらなければよいのである．最初に付与される瞬間の権利の形式上の定義に注意を取られすぎて，その後に来るものが見過ごされている．そうではなく，財産権が付与された後に典型的に何が起きているのかに注意を払えば，全く異なる姿が見えてくる．（特にほとんどの知的財産権を含む）典型的な財産権の一生のなかでも重要な位置を占める付与後の段階に注意を払うことによって，排他権とされている財産権は，実際にはさまざまな形態により排除しないことと密接な関係があるという点がいろいろと明らかになってくる．

明らかな例として，権利の不行使が挙げられる．私が繰り返し強調してきたように，理論上は排他的な権利であるがさまざまな理由で自発的に行使されないまま放置される場合がある——その結果，それほど排他的ではなくなる．これは時には単なる語用論の問題である．すなわち，知的財産権は自動的に権利行使されるものではない．知的財産権者は他者を排除するために国家権力を援用することが許されるが，もちろん，そうし̇な̇け̇れ̇ば̇ならないわけではない．そして多くの場合，そこから得られうる利益は，お金も時間もかかる司法機関を利用するコストに見合わない．このような場合，排他的とされている権利であっても，実際には誰一人として排除することにならないのである．

　権利放棄——より自発的で意図的な権利不行使の形態——についても同様である．戦略的理由により，権利者は次のことを言っているかのような行動をとる場合がある．「ええ，たしかに私は排他的権利をもっていますが，私はここにそれを放棄します．自分自身の目的のために排他的権利を主張しないことを選びます．そうすることで，排他的権利を失効させ，排除できたはずの人びとの全部または一部を排除することができなくなることを認めます」．これらの決定は，私の見解では，財産権が認める自律，もっと言えば財産権が促進する自律の重要な部分である．権利放棄は，財産権が制度として備えている大きな利点のうちの1つを明らかにしてくれる．すなわち，財産権は不動の障害ではないということである——実際，回避することは多くの場合に容易である．権利者が行う必要のあることは，「私はこれらの権利をもっていますが，それらの権利を行使しないことに決めました」というメッセージを公表したり，表明したりするだけである．

　権利放棄は財産権の柔軟性を示している．これを理解するためには，財産権のこの特徴と，財産権が禁止されるか厳しく制限されている体制の下で支配的になると予測される状況とを比較することが有益と思われる．財産権のない体制の下で活動する私人が，自発的にその政策から抜け出すことはきわめて難しい．私的なイニシアティブによって財産権を創設することは非常に困難である．そのためには複雑で非効率な一連の契約や共通了解が必要となる．しかも全体的な構造が「対世効のある」万人共通の一連の権利の助けがなくても機能するように作られなければならない．このため，財産権のない体制への扉は一方通行であると言えるかもしれない．すなわち，一度通り抜けると引き返すことはできない．財産権の取得を困難にする国家は，私人がそのルールを回避するこ

とも困難にする．財産権を付与する国家と対比してほしい．権利行使にコストがかかったり，権利放棄から得られる戦略的利益があったりする場合には，付与された権利のうちの少なくとも一部は権利行使されない可能性が高い．財産権体制から抜け出したい私人は，少なくともいくつかの状況ではそうすることができる．たしかに，他者が権利を主張するかもしれないというおそれから，人びとは権利放棄を思いとどまる可能性はある．この意味で，他者を気にせず行動することが常に可能であるとは限らないかもしれない．しかし，時にはそれが可能になることもある．そして場合によっては，人びとは権利不行使という共有ゾーンを作るために公式または非公式に団結することができるし，また，そうすることを通じて，少なくとも部分的に，そして少なくともグループ内の他者との関係で，財産権のある体制から事実上抜け出すことができる．財産権は，この意味において，双方向の扉なのである．すなわち，私たちは財産権の世界に入ることができるが，私人が望めばその世界からの離脱を選ぶこともできる．これは財産権のない世界と比べて非常に大きな利点であると私には思われる．そしてこのことは，表面的に財産権の排他権としての側面を強調することとは相容れない．容易に排除しないことができることは，財産権の付与が備えるもう1つの重要な側面である——この側面は，財産権の付与には強すぎる権利が伴うという側面を過度に強調するあまり見えにくくなっていたのである．

　これらのすべてにおいて重要なことは，権利がどのように活用されるかを観察すること——財産権が用いられる付与後の環境に注意を払うこと——である．そうすれば，財産権の力を強調する過剰な主張に捕らわれてしまう可能性が格段に低くなる．私たちは，権利の形式的な仕様に払う注意と少なくとも同程度の注意を，財産権の権利行使の割合と現実世界における財産権の影響に対して払うべきである．そうすれば私たちは，知的財産権を含む財産権の掛値なしの影響について，はるかに現実的な全体像を得ることができるであろう．私たちは破壊的威力を秘めた財産権の影響の甚大さを自らに言い聞かせているが，冷静に考えれば，そのような恐ろしい話は十中八九忘れられていくと私は信じている．

実際に機能している柔軟性の2つの例

　このように，知的財産権は，私の考えるところではきわめて柔軟である．例として，オンラインデジタルコンテンツと技術的プラットフォームという，本

書のさまざまな箇所で議論された2つのトピックを考えてみよう．知的財産権の柔軟な性質が実際にどう働くかを説明するには，知的財産権によって可能となるさまざまな事業戦略についての理解，事業戦略が生みだす事業の試み，それを取り巻く経済競争の状況が大いに役立つであろう．

音楽家，作家，写真家，芸術家は，デジタル著作権およびデジタル送信の時代——インターネット時代——において，お金を稼ぐ適切な方式を見つけようと長らく努力してきた．多くのデジタル環境の論者は，自発的な支払いを期待してコンテンツが無償配付ないし共有されるという，知的財産権のない素晴らしい新世界を提唱してきた．そして，ある場合においてはその論者は正しかった．実際，物の無償配付が，時として口コミの拡大や，それに伴う市場の開拓に役立ちうる場合があることが判明している．インターネットのおかげで，創作物のあらゆる種類の無料デジタルサンプルを実験の対象とすることが可能となった．

しかし，そのような可能性の一方で，「とにかく無償配付せよ」という主義の一点張りでは，これまでのところ，多くの人にまずまずの生活の糧をもたらすことはできていない．あらゆる実業家が証言するだろうが，無料サンプルの考えは，それが将来のある時点で実際の販売に結びつく場合にのみ効果がある．デジタルの種蒔きは，その苗が何らかの形で金のなる作物に成長していく場合にのみうまくいくだろう．

ここで知的財産権が話のなかに再び登場する．自らの作品に何らかの利益を生みだした創造的な人は，ある時点で作品の代価を請求できるようになることが必要である．知的財産権はこれを可能にする．もし創造的な人のための市場が少なくとも一部の消費者が喜んで支払うというところまで成熟したときは，知的財産権によって成功するビジネスモデルを具現化することができる．したがって，音楽家はまず自らの音楽を無償で提供することによって聴衆を集め，その後，実際の市場取引で知的財産権によって保護された音楽を販売するところまでいくかもしれない．

しかし，無料サンプルと，有料すなわちプレミアムコンテンツとの理想的な組み合わせは何であろうか．現時点では誰も答えることができない．さまざまな種類の組み合わせが試されてきたし，新たな組み合わせが日々試されているところである．私が強調したい点は，財産権の柔軟な構造と特に知的財産法のおかげで，こうした実験のすべてが可能となっていることである．無料と有料

の音楽の最適な組み合わせについて，音楽家が各々，独力で探求し実験することができる．そこには，統一的アプローチを教えてくれる，どんな場面にも通用する方針は存在しない．音楽家は，歌のわずかな部分，歌全体，アルバム全体のいずれか，または，これらの任意の組み合わせを無料で提供することもできる．同様に——そして，ここが知的財産の真の貢献ポイントであるが——音楽家は上記のうちのいずれかまたはすべてを無償で提供し̇ないという選択肢を採用することも簡単にできる．自らの利益と価値観に基づいて，彼らはそれぞれの決定を行うことができる．すなわち，財産権がこれらすべてを可能にするのである．

　財産権の柔軟性のおかげで可能となったこのような実験的試みは，消費者から見れば，新たな選択肢を与えるものである．創作者にとっての自律とは競争を意味する．そして競争は，知的財産として保護された創作物の消費者および利用者に利益をもたらす．結局，排他性の悪影響から消費者を最もうまく保護する手段は，多くの場合，知的財産利用における競争圧力である．言い換えれば，知的財産権は創作物に対する排他性を保障するが，創作物は市̇場̇に̇お̇い̇て̇競̇争̇す̇る̇．知的財産権者は，ブラックストンのいうところの「専制的支配」を自らの創作物に対して有しているかもしれないが，これが市場の支配力になることはきわめて稀である．そして市場競争は，たいていの場合，知的財産権者の過剰なまでのやりすぎを防いでくれる．過度に制限的と見られたり，保護された創作物に対して過剰な対価を要求したりする知的財産権者に対しては，抑制力が働くだろう．そして私たちの制度では，通常の場合，政府機関ではなく，それよりも適切な消費者という監視役，すなわち競争が抑制力となるのである．

　私は本書のいくつかの箇所で競争の強力な監視効果について言及した．第8章では，知的財産分野の学者や論者たちが，他者のオリジナルコンテンツをリミックスしたい熱狂的デジタルファンのための強い権利を提唱していることについて述べた．この考えに対して私は，オリジナルコンテンツの創作者はリミキサーと比較して特権を与えられるべきであること，そして彼らの作品は簡単に侵害されたり踏みにじられたりすることのない実質的な法的権利に値することを理由に反対した．しかし，リミックスを楽しむ人はたくさんいて，彼らは法的影響なしに好きなだけリミックスすることができるという理由でパブリックドメインの素材を高く評価する．すると，驚くなかれ，リミキサーがやりたいことをできるようにするメカニズムが登場したのである．民間企業のなかに

は，厳格に権利行使しないことによる損失はリミキサーの支持を得ることで埋め合わせられるだろうと期待して，自発的に権利を放棄するところが現れた（すべての種類のファンサイトはその好例である）．また，購入者が望む任意の方法で複製または再利用できる知的財産権フリーのコンテンツであることを明確にうたって販売する企業もある．さらに，アマチュア仲間やリミックスファンからなる別のグループは，ある種のオープンアクセスライセンスを通じて，リミックスや再利用に関して制限のない自らのオリジナル作品をサイバー空間に公開している．こうして，リミキサーは，オープンアクセスの素材の豊富化に貢献しつつ，知的財産に基づく法的責任を心配せずに豊富な素材を利用することができるのである．

　デジタルコンテンツの世界は，人びとをわくわくさせるような多様性にあふれているが，そのなかでも特筆すべき事項が1つある．それは，頒布モデル間の競争が消費者に多くの選択肢を与えるということである．知的財産権に柔軟性が内在しているということは，次のような多様な選択肢が存在することを意味している．すなわち，精力的に知的財産権を保護するコンテンツ所有者もいれば，一部の権利をしっかりと守りつつも，いくつかの利用に対する権利については無償開放する者もいれば，さらに寛大にも，同好の者たちの利用や楽しみのために，ほとんどすべてのものを無償で提供する者もいるということである．

　こうした選択肢の多様性は，プレミアムコンテンツに対して支払う意思のある消費者さえも助けることになる．当然のことながら，一部無料や完全無料のコンテンツが存在することで，プレミアムコンテンツに課すことができる価格に少なくともいくらかの値下げ圧力が否応なくかかることになるからである．このように，複製しやすい形式やリミックスのしやすい形式でコンテンツを頒布する人びとは，自身以外のコンテンツの自由にも影響を与えるのである．彼らは他のコンテンツの価格も引き下げる．職業的創作者から見れば，これは必ずしもよいことではないのかもしれない．しかし，デジタル素材の消費者と利用者にとっては，それは間違いなく素晴らしいことである．

　競争の有益な効果は，知的財産保護と技術的プラットフォームの問題においても示されている．アップルのiTunes／iPodのシステム，さまざまなテレビゲームのシステム，アマゾンのKindleのような電子ブックリーダーといったプラットフォームは，多くの場合，アクセスがコントロールされる管理体制下

にある．これらのプラットフォームの所有者は，知的財産の保護を含むさまざまな手段を駆使して，彼らがコントロールするプラットフォームにアクセスしようとするすべての人に対して自由かつ無制限なアクセスを禁止する．一部の学者，業界関係者，規制当局（特に欧州の規制当局）は，このようなコントロールされたアクセスは好ましくない消費者取引であると懸念している．互換性のあるコンテンツを販売したり頒布したりしたい人は誰でも，これらの独占的なシステムに接続することができるようにすべきではないか．法政策や経済政策が一貫して相互運用性を支持するように立案されれば，それは素晴らしいことではないだろうか．

相互運用性が頑健なものとなることで，消費者にとって，間違いなく大きな恩恵をもたらすであろう．しかし，私が言いたいことは，規制当局が相互運用性の問題に対してもっと控えめに対応したとしても，結果的には，多くの場合に，同じような状況になるであろうということである．その理由は，これまで考察してきたデジタルコンテンツに関する理由と同じである．すなわち競争原理が働くからである．技術的プラットフォーム上で再生することができるコンテンツについて言えば，消費者が豊富な選択肢を好むことに気づくのに，政府の規制当局は（必ずしも）必要ない．民間企業であってもそうした消費者のニーズを理解することができる．だからこそ彼らは，独占的プラットフォームで使えるコンテンツを多種多様なものにしようとしばしば駆り立てられるのである．そして——より重要であるが——彼らはコンテンツの使用方法を過度に制限することに不満に抱く消費者がいれば，そうした者に対応するだろう．コピーできる回数やコピーの利用可能時間を厳しく制限したり，それ以外にも消費者が行いたいと思う多くのことを厳しく制限したりするプラットフォーム販売者は，ライバルのプラットフォーム所有者との競争に直面することになるだろう．ただちにではないかもしれないが（第8章で述べた短期のロックイン効果のためである），いつかはそうなるだろう．たいていはそう遠くない先に．

私たちが市場で目にしてきたことは，コンテンツに対する制限がプラットフォーム市場において重要な側面ないし条件の1つであると消費者がひとたび理解すれば，ライバルのプラットフォーム販売者は利用制限に関して自らが提供する利点を強調しはじめる，ということである．消費者が支払いを止めた場合にそのライブラリーへのアクセスが遮断されるデジタル音楽定期購聴サービスは，消費者が一度支払いをすれば音楽を好きなように利用できる他のプラット

フォームからの広告に直面するかもしれない．コンテンツのコピー回数を制限しているシステムは，より緩やかな制限のプラットフォームからの競争に直面するであろう．このような例は他にもある．消費者は，時間が経つにつれ，あるプラットフォーム向けのコンテンツを購入するとき，実際には別個の特質をもつ2つの製品，すなわち，コンテンツ自体とそれに付随する権利一式を購入しているということを理解しはじめる．消費者は自分が購入するその束を構成要素に分解しはじめる．コンテンツとともに販売される権利の数と範囲をめぐって競争が激化する．この競争はすべて，コンテンツ所有者がそもそも権利一式を有しており，彼らが適切と考える任意の方法でこれらの権利を自由に切り分け，販売することができるという現実があるから起こるのである．繰り返しになるが，柔軟性，実験的試み，競争こそが，消費者を最も適切に保護する知的財産制度の特徴である．永続的な市場支配力やきわめて高いスイッチング・コストという極端な場合には規制当局の介入は必要かもしれない．しかし，全体的に見れば，知的財産制度の基本構造とそれを取り囲む経済競争は，消費者利益の最良の保護者なのである．

なぜ「対世効のある」権利なのか

　第8章で取り上げた知的財産権に関する1つの考え方は，言い方を変えれば，オンライン世界では契約がいずれは財産権に取って代わるだろうというものである．この考え方によれば，コンテンツへのアクセスについて契約を結ぶよう人びとに求めることは容易なため，財産権はもはや必要なくなる．しかし，私が第8章で論じたように，財産権を契約に置き換えることができるという議論はその正確性に疑問がある．というのは，1つひとつのデジタルコンテンツすべてを切れ目なく契約群として結びつけることには事業運営上の問題があるためである．記述的にそうなのだという指摘に加えて，より規範的な点も指摘しておきたい．財産権の機能は未知の個人を互いに結びつけることにとどまらない．財産権は，すべての個人をより大きな関係網に統合する機能も担う．このような機能があるため，財産権は，既存の財産権に基づく契約などによって築かれる個人間の二者関係を基礎づけるベースとしての役割を果たすことができるが，それだけにとどまらない．財産権は許容される二者間取引の限界としても機能しうる．そういうわけで，さまざまな原則を通じて，たとえば，人格権（創作者の場合）やフェアユースの権利（利用者や消費者の場合）などの一定の中

核となる権利を放棄する私人間の契約を法的に認めないようにすることができる．このように，財産権は契約に先行するだけでなく，契約を超越し，時には契約に取って代わると理解されることもある．それは対世効のある権利というだけではなく，同様に対世効のある一連の義務でもある．

ダイナミクスの評価と環境保護アナロジーの否定

知的財産権の伝統的な正当化理由は，それがインセンティブを生みだすことである．知的財産権は，報酬を提供することで，人びとに望ましい行動を促すよう設計されている．その行動は，追加的な労力や創作という形で現れ，社会の利益を高めると信じられている．私はこの伝統的な考えを知的財産権に関する自説に取り入れてきたが，それをほとんど主役扱いしてこなかった．1つには，私が敬服する理論家が，主として，土地その他の有体物といった昔ながらの種類の資産についての説明に基づいて理論を構築しているからである．もう1つには，インセンティブという言葉は，功利主義的な思考様式と密接に関連しており，私はほとんどの場合においてその思考様式を回避しようと努力してきたからである．さらに，知的財産保護の「インセンティブ論」が，それなりに真理をついていることは間違いないものの，この理論を説得的に証明することは恐ろしく難しいからである．

とはいうものの，なぜ知的財産権が基本的に正当なものであるのかというトピックから次に移る前に，インセンティブ論に関して一言述べておきたい．より正確には，この理論を導く・ダ・イ・ナ・ミ・ッ・ク・な視点が，知的財産権に関しても妥当する理由について少し述べておきたい．

ジェレミー・ウォルドロンが指摘しているように，ロックは原始的な専有を強調しているため，ロックの理論は現代社会にはほとんど役に立たないという見方がある．現代では，重要な資産（土地，建物，天然資源など）の多くがはるか昔に取得されており，現在私たちが行っている取引は，多くの場合，長い間所有されてきた物を次の所有者ないし将来の所有者に移転することだからである[2]．しかし，第2章で，ロックの理論がある意味で伝統的な資産よりも知的財産において有効である理由を説明したように，この見方は知的財産の世界には全く当てはまらない．既存の創作物が非常に豊富に蓄積されていることは間違いないが，新しい作品が終始生まれている．知的財産の世界では，原始的な専有は歴史的な骨董品ではない．それは毎日今この瞬間にも起きている．

知的財産法における「環境保護アナロジー」に対する私の不満は，このアナロジーがこの重要な点を見落としていることにある．創作物の世界は自然界のような変化のない物の集まりではない．保全は重要であるが，それは知的財産政策を定めるための唯一の中心論点ではなく，またそうあるべきでもない．知的財産に関連する創作物の蓄積は日々刻々と増えていく．公衆が利用できるものを保全することは重要である——だからこそ，非専有性原理を第5章で取り上げたのである．しかし，オープンアクセス可能な創作物の数を最大に維持することが，知的財産法の唯一の目的ではなく，またそうであるべきでもない．新たな素材が絶えず創作されている世界では，すでに現れたものを維持することにのみ専念する必要性はそれほどない．知的財産のようなダイナミックな分野においては，このことは重要であっても，最重要というわけではない．保全だけでは単純な真実を見失う．創作物は何もないところから私たちの前に現れるのではない．創作物のある風景は，一編ずつ一作ずつ，個々人の細心の注意，優れたスキル，大いなる努力によって創られている．新たな素材が絶えず加えられているダイナミックな状況では，（広大な法的パブリックドメインを通じて）できるだけ多くの創作物へのアクセスを維持することは，政策のほんの一つの側面にすぎない．創作サイクルを回して創作物が追加されていくように新たな創作を促すことの方がはるかに重要である．

バランスのとれた権利——付与前と付与後についての考察

「バランスのとれた」財産権を主張するのは簡単である．それにはほとんど誰も反対しない．多くの裁判所の判決と学術論文が，自らの主張のとおりにすれば，もっとバランスのとれた知的財産制度が生みだされると主張している．しかし，たいていの場合，このバランスの要請は議論に投げ込まれたいくらかのバラストにすぎないのであって，①バランスは大げさに扱われるべきものではないこと，または②バランスは複雑な全体のほんの一部，すなわち，知的財産法における他の結論や他の原則によって何らかの形で相殺され，緩和されるものと理解されるべきであることを認識する必要がある．

本書のなかで私は，バランスという多分に曖昧な概念に訴えかけるような従来型議論を乗り越えようと最善の努力を尽くしてきた．私はバランスについて話すことすらしようとはせず，その代わりに，バランスの具体的な姿を詳しく

示そうとしてきた．

　私が第Ⅰ部で検討した専有の規範理論はすべて，財産権についてのバランスのとれた理解の構築をはっきりと目指したものである．労働を基礎とするロックの原始的専有の正当化理由が広範なものであることは確かだが，ロックの考えのこの側面は，同様に広範な十分性，腐敗，慈愛の但し書きによって相殺される．カントについても同様である．個人の財産権の基本的な必要性を相殺するものは普遍的原理のなかに見出される．この普遍的原理はまさに同じ基本的なレベルにおいて財産権の範囲を決め，財産権を制限する．そして，ロールズにとっては，分配的正義の達成を主たる目的とする包括的な制度の設定において，財産権はわずかな役割を担うにすぎない．これらのそれぞれの理論家にとって，財産権は本質的にバランスのとれた制度である．そしてさらに私は，この3つの理論を，それぞれの理論単独の場合よりもはるかにバランスのよい全体構造をもったまとまりある統一概念へと統合すべく本書において努力してきた．

バランスのとれた権利の付与

　権利が生まれれば，バランスも生まれる．これは，知的財産法において，権利の制限および利用者と消費者の権利との釣り合いが，最初から組み込まれていることを意味する．ロックの但し書き，カントの原理，そしてもちろんロールズの財産権に対する全体的なアプローチはそれを保障する．さらに，中層的原理の運用上の効果の多くはバランスを維持することを目的とするものである．非専有性原理は，創作者に権利の元となるものを提供するためにパブリックドメインを枯渇させてはならないことを意味する．効率性原理は，権利の便益と費用を比較し，社会にとって費用がかかりすぎる権利に対して制限を課す方向に作用することが多い．そして最も重要なものは比例性原理であり，この原理の目的はバランスだけに向けられている．有益な目的の達成に釣り合う限りで権利の付与を認めるが，それ以上の権利の拡張は認めないという考え方は，バランスの概念が機能していることの輝かしいお手本である．第5章で述べた4つの中層的原理のうち尊厳性原理だけが，知的財産方程式の片側，すなわち創作者の側に有利なものということができる．とはいえ，この不均衡さえも創造的な人びとが社会にもたらす利益に基づくものであるのだから，創作のために労働する人びとに対して社会が負う負債とのバランスを取るための1つの方法

として，ある意味正当化することができる．

付与後のバランス

　最初の権利付与の段階では，バランスの問題が詳しく検討されることがよくあるが，これと比較すると，付与後の段階の検討は少ない．しかし，権利の実際の活用のされ方は多くの変数によって影響されるため，バランスをとる必要のある場面のうち最も重要なものの多くは，権利が付与された後に生じるのである．実際には知的財産はダイナミックな性質を備えているため，付与後の段階こそが知的財産制度にバランスをもたらすべき重要な期間なのである．また，知的財産権が付与され活用される前にそれらの真の影響を評価することは難しいため，この付与後の段階にいたって初めてバランスの問題を考えることには大きな利点がある．そうすることによって，付与前の段階における推測的な懸念に基づいて知的財産権を狭くすることを防ぎ，権利の実際の影響についてより多くの情報が明らかになるまで，検討を持ち越すことができる．

　私のいう付与後のバランスとは，どういう意味であろうか．その例はいくらでも挙げることができる．禁反言の原則，黙示的許諾，知的財産権の濫用，侵害の救済はすべて，知的財産権の一生のうちの付与後の段階において適用されるものである．それらはすべて，知的財産権が実際にどのように活用されているかを反映することができるため，何らかの形で一定のバランスを達成したり回復したりすることができる．

　わかりやすくするために具体例を2つ取り上げてみよう．著作権法において著作権保護されたコンテンツをウェブ上に掲載する者は，系統的ウェブ巡回・検索ソフトウェアがそのコンテンツを発見し，カタログ化し，インデックスを作成し，検索することを許諾したものとみなされるというルールがある．ソフトウェアの設定を行うことで巡回やインデックス作成を防ぐことはできるが，作品を掲載する前にこれらの設定を行う負担は個々の著作権者側が負う．著作権表示やその他の間接的な方法で巡回や検索に対して異議を唱えても，それだけでは，掲載された情報を巡回や検索のためにインデックス作成の対象としてもよいというデフォルトの前提を覆すことはできない．伝統的な知的財産法の考え方では，いかなる複製その他の侵害的使用も，行為の前に明示的な法的許諾が必要であることを前提とするが，上述のウェブ巡回・検索に関するルールは，この考え方を大きく修正するものである．しかし，ウェブという状況では，

新しいデフォルトは妥当である．裁判所は，自らの作品が巡回されることを望まない旨をソフトウェアの設定で示さずに作品を掲載する場合，その著作物の所有者は巡回プログラムやインデックス作成プログラムに対して黙示的許諾を与えたものとみなすと一貫して判示してきた．これは「オプトアウト」制度と表現することもできる．この「オプトアウト」制度においては，伝統的な著作権（すなわち，複製物の作成を禁止する権利）の範疇に本来は入るはずであるものの，オンラインの実務では慣行として許容されている行為に対して，著作権者の方が明示的に不同意を示さなければならないのである．しかし，この新しいデフォルトを擁護する理由として，次の2つのことが言えるのではないだろうか．第1に，オンライン上の巡回やインデックス作成から得られる計り知れない便益を考えれば，新しいデフォルトは妥当である．第2に，新しいデフォルトは，著作権を最初に付与する段階において新たな権利制限を設けようとするよりも，はるかに優れた代替策である．黙示的許諾の概念は，インターネットの発展段階を経て，巡回やインデックス作成という行為が社会に定着した後に現れた．予め権利に制限や制約を課す立法をする方が，はるかに難しかっただろう．慣行が生まれるまで待ち，その後，黙示的許諾の原則を通じてその慣行の合理的で妥当な適用範囲を承認するという方法は，この場合はもちろん，その他多くの場合においても，はるかに優れた著作権政策のアプローチのように私には思われる．

　今度は，特許法からの別の例を検討してみよう．広く共有される技術標準の全部または一部を範囲とする特許の問題に対して，強い懸念が示されてきた．フォーマット，インターフェース，その他の標準化技術の要素が特許化されることで，技術革新のためのインセンティブとアクセスの共有または相互運用性の利益との間のバランスを保つ必要があるという，難しい問題が生じている．一部の論者は，特許権が本来的に有する排他的効力について不安を抱いている．彼らが懸念するのは，標準技術にかかる特許によって，特許権者が，広く利用されている標準技術へのアクセスを必要としたり望んだりする人に対して過大な影響力を行使するようになるのではないかということである．いつも提示されることだが，1つの解決策は，相互運用性を阻害する可能性が特に高い特許権に制限を課すことである．しかし，それよりも優れた解決策は，私が思うに，標準関連特許の戦略的な濫用を防止する法理を導入することである．この解決策の利点は，上述した著作権の黙示的許諾の場合と同じように，行きすぎた対

応とならないことである．この法理によって，相互運用性に影響を及ぼしうる特許を最初に特定することに伴う無駄な費用と論争が不要になる．この法理が適用されるのは，その名が示すとおり，最初の段階ではなく，特許が実際に合理的な消費者の期待をくじくことを目的として利用される場合のみである——たとえば，特許権者が特許権を行使しないという事前の約束を破る場合や，グループによる標準化活動の期間中に隠されていた特許が，標準化活動後に，不注意な標準技術採用者を罠にかけるかのように表に出てくる場合などがある．

私のお気に入りの規範理論，そしてそれがなぜ重要か

序論において私は，知的財産権を功利主義的に理解するという一般的な立場から，どのようにして，ロック，カント，ロールズの非功利主義の哲学思想に基づいた立場に移行したかを説明した．私が序論で述べ，第5章において説明を試みたように，知的財産法の正しい究極的な規範的基盤に関して，私と見解を共有する必要はないが，なぜ私が一般的な見解を捨て，今述べたこれら3人の哲学者の基本的考え方を支持するようになったかを示そうと努めてきた．その過程において，一般的な見方とは異なるこれらの考え方にも何らかの価値があることを納得してもらえたなら幸いである．

ロック，カント，ロールズの理論のいったいどこが，私にとってそれほど魅力的であるのか．それぞれ順番に説明させていただきたい．ロックは，原始的な専有すなわち財産権が最初に生ずる条件について，単純であるが説得力のある説明をしている．カントは，人がその潜在能力を発揮するためには所有がきわめて重要であって，それは周囲の対象との広範な相互作用と，そうした対象に対する持続的な権利の両方を伴うものであり，それゆえに個人がその対象に独自の刻印を押すことができる，と理解している．そして，ロールズにとっては，財産権は公平で公正な社会の全体スキームに適合し，すべての市民に自己実現の平等な機会を保障する他の制度や権利と同等の位置を占める．

ロックとカントの財産権には，共通する重要なある特徴が備わっている．そしてこの特徴があるからこそ，私にとって彼ら2人が，知的財産権の考察に新鮮な視点を与えてくれる，なくてはならない存在なのである．両者は，いずれも，財産権を政府の形成ないし市民社会の創設に結びつけている．これは現代の多くの知的財産理論とは大きく異なる点である．今日では，多くの人にとっ

て，知的財産権はせいぜい政府の政策という大建造物における今にも崩れそうな足場にすぎないのである．それは古めかしく，役に立っているとしてもほんの少しで，おそらく逆行する制度とさえ考えられている．そうではなく，財産権——知的財産権を当然に含む——を国家の形成，そして国家自体のまさに中心に据える理論から始めることは，何と大きな視点の違いであろうか．ロックは，最初の主張の優越性とその基本的性質，そしてそれを保護し実効的にするための自発的な政府の形成を強調している．カントは，時間的にも空間的にも広がる対象に対する権利の必要性が，国家形成の基本的で原始的な推進力であると言う．財産権がおおむね有形物に適用された時代に作られたこれらの考えは，知的財産権が最も重要視される現代の経済状況に適用されるようになった今でもなお有効であると，第2章と第3章で詳細に論じた．ロックとカントが執筆していた当時，個人の自律と他者の権利との間の均衡の必要性が広く受け容れられていたが，それと同じ必要性が，今日でもなお広く受け容れられている．財産権は今でもパズルの大きなピースの1つである．したがって，財産権は中心に位置していると理解する理論と，社会の均衡を促進・維持するように財産権を体系化する方法は，今日でも同じように有用である．

　しかしながら，このように基本的なところでは類似しているが，18, 19世紀と現在の状況には，もちろん大きな違いもある．最も重要な違いの1つは，以前と比較して，民間の大企業が果たす役割がはるかに大きくなっていることである．ロックとカントの著書における個人の自律や，他者の権利や義務とのバランスが自律をどのように抑制するかをいくら語ったところで，大規模な企業が台頭したことを踏まえると，ほとんど関係がないか，空虚にさえ見えるかもしれない．私が第7章において議論したように，この指摘にはたしかに一理ある．すなわち，今日ではよくあることだが，知的財産権で保護された創作物の多くを大企業が取得し，保有し，活用する状況では，財産権が与える影響やその意義は，たしかに，過去と比べて異なるものである．強固な財産権は，広範囲に及ぶ個人の自律と強く結びつくが，個々人が直接に所有していた自己の創作物に対する財産権を大企業が媒介するようになると，その結びつきは少なくともある程度は明らかに弱められる．とはいえ，私が第7章において説明したように，職業的創作者と自らの創作物をコントロールする無制限の権利との間にはもはや密接な結びつきがないからといって，知的財産権が専門家としての成功の見込み，つまり職業的創作者としてやっていけるかどうかの判断に無

関係であるということにはならない．というより，全くそうではない．たしかに，大企業は今日，創作をして生計を立てる多くの人びとを取り囲む産業エコシステムにおいて大きな位置を占めている．しかし，これらの大企業の意図が，個人の創作者や小さな創作チームの意図と常に食い違うわけではない．実際大企業は，多くの創作者を雇用するだけでなく，多くの個人や小さなチームの成果物の重要な販路にもなっている．企業所有および大企業の存在一般は，必ずしも個人所有や自律の機会に取って代わるものではなく，しばしばそれらの機会を支援したり創り出したりする．このように，財産権の付与による自律の促進効果は，個人や小さな企業がすべての権利を直接保有する場合に比べると，控え目なものになる場合もあるかもしれない．しかし，大企業が個人の創造性や専門家としての自由の光を完全に消してしまうことはまずない．大企業はそれらに貢献もしているのである．

機能する自律

　第2章および第3章の基盤的な規範理論は，現代の知的財産法の複雑な問題を整理する際に大きな助けとなりうる．たとえば，私が第8章において強調したように，オリジナルの創作物を再使用またはリミックスしようとする者に負担を強いるとしても，オリジナルの創作者に特権を与えることは正しい．これはリミキサーが独創的でも創造的でもないということではない（多くのリミキサーはたしかに独創的かつ創造的である）．それは単に知的財産法が個々の創作者を讃え，報いることを意図しているということである．リミキサーは，少なくともある場合には，誰か他の人が最初に創作したオリジナルの作品を出発点としている．これこそが，私がリミキサーを二番手に位置づける理由であって，創造性が欠如しているからではない．私が第2章で述べたように，ロックの専有理論を素朴に理解すれば，リミキサーの労働が彼らに財産権をもたらすことを示唆しているようにも思われる．しかし，そうではない．ロックは，たとえば，労働者が誰か他の人によってすでに主張され所有されている素材や資産を使って労働をすることに同意する場合，その労働者は自らの成果物に対する所有権を放棄する契約を結んでもよいと言う．ロックは，このように，既存の財産請求権は時として労働に基づく他者の請求権に優先するという自らの理解を表現している．ロックの理由づけは非常に明快であって，この場合に後の労働者による専有を認めることは，実質的に，最初の財産保有者を不公平に扱うこ

とだと述べている．そしてロックの理論はこれを認めない．繰り返すが，重要なことは後の労働者がそれほど熱心に働いていないとか，その人の労働がそれ自体として必然的に価値が低いとかいうことではない．それは単に，労働を所有者から権利を取り去るためのてことして使うことはできないということである．労働にそれを認めてしまうと，専有と不正な専有との間の境界線が不明瞭になってしまうだろう．そしてロックは，私たちがこれを行ってはならないと言っているのである．

　カントの理論も同様である．カントにとって，財産権とは自律を尊重することにほかならない．したがってカントは，リミキサーにはオリジナルの創作者の自律の利益に干渉する正当な権利があるというリミキサーの議論を，間違いなく受け容れないだろう．カントが，見つけ出した対象を思い通りにしたいというリミキサーの主張を尊重するであろうことは疑いないが，財産権の主張についてはおそらく否定するであろう．リミキサーによるそのような強力な権利を認めるためには，オリジナルコンテンツの創作者の請求権を完全に無効にする必要があり，カントは確実にこれを嫌うであろう．

　本書の他の事例研究と同様に，この場合においても私は，ロック，カント，ロールズに倣った規範理論が，たとえ知的財産法における政策形成と論争解決に不可欠ではないとしても，非常に有益であり，他のアプローチよりも実際に優れていることを読者に納得してもらおうと努めてきた．私見では，功利主義的な基礎づけがもっと確かなものになるまでの間は，なぜ知的財産権が存在するのか，その基本構造は何であるべきかについて説明する最高の理論を与えてくれるのは，ロック，カント，ロールズらであるように思われる．

知的財産権は公正な制度である

　ロックとカントと同じく，ジョン・ロールズも，純粋な功利主義に基礎をおくと国家の理論的基盤は貧弱になってしまうと信じていた．私も心から同意する．知的財産に関する功利主義理論が空約束であり，倫理性を欠いていることは明白であって，私の好みではない．私が功利主義理論を十分に検討しようとしてこなかったわけではない．単に，功利主義理論は，知的財産法に適用しても，課せられるノルマに応えることができないと理解するにいたっただけである．ある時点から，それは私にとって「堕ちた偶像」となった．

　ロールズは，カントなどの思想家の考えを巧みに抽出し，それらを広範な社

会全体のパノラマのなかに的確に配置した．ロールズが広く社会を見据え体系的に考えている点は，功利主義者とまさに同じである．しかし彼は，功利主義的思考がもつ概念的な落とし穴と，その倫理性に欠ける点を回避したのである．ロールズは，各個人を尊重する方法を体系的かつ広範に示す哲学を与えてくれる．

　純粋なロールズの理論はきわめて優れたものであるが，問題もある．ロールズは，強力な個人の請求権である財産権に対して懐疑的であり，彼が構想する公正な国家の基盤として財産権を重要視していない．この点で彼は，財産を二次的な制度ではなく中心的な制度と考えているロックやカントなどと意見を異にする．私は，財産権の重要性を強調する伝統的な考えを，ロールズの社会正義に対する憂慮，特に最も貧しい者の苦境に対する憂慮に結びつけようとしてきた．その結果として，第4章で述べたように，私は「財産権が一番」というアプローチも「財産権は最後」というアプローチも採用しない．代わりに，私は「財産権はあるが，しかし」というアプローチに近いものを主張する．まず，有益な資産に対する強力な個人的請求権である財産権を社会経済体制の中心に位置づける．しかし，これらの請求権に制限を組み込み，社会に対しては，財産権に由来する収益の一部に対する社会的請求権を課税の形で認める．知的財産権においても，他の財産権と同様に，ロックとカントの最もよいところを取り入れ，ロールズの公正に対する懸念を付け加える．その結果，公正さを兼ね備えた，財産権中心の国家となる．

　このような考え方は，ここまでの議論だけをみれば，素晴らしいものと思われるかもしれない．しかし，欲求と欲求，ニーズとニーズといった人びとの間の衝突は，そのような抽象度の高いレベルでは解決することが難しい．換言すれば，ロックとカントは素晴らしいかもしれないが，AがBに対して提起した法律Xの下での訴訟でどちらが勝つべきかの決定において，彼らの理論はどのように役立つのだろうか．答えはもちろん，このレベルの理論は，私たちに一般的な考察を指し示すことができるだけであり，特定の紛争において問題となっているより深い原理を洞察する力を与えるという形で問題を再構成することに役立ちうるだけである．結局のところ，ロールズが強調する社会的公正によって調節されたロックとカントの考えは，高次の処方箋を与えるのみである．すなわち，知的財産権および財産権一般は，他者や社会全体に影響を及ぼす事項をおかまいなしに踏みにじることとなる場合を除いて，自律を促進する

ように付与されるべきである.

　この処方箋の適用の仕方は自ずと決まるというのは間違いである．もっと細かな多くの原理（第5章の中層的原理のようなもの）と，最終的には細部を構成する法律と原則が，その処方箋を実行するために必要である．しかし，強力かつ公正な知的財産権が必要だという概括的な処方箋では無益であるということも，また間違っている．それは，より詳細な運用上の原理を整理・体系化することに役立ちうる．そしてまた，私たちが知的財産分野を構成するまとまりのない雑然とした個々の事柄に囲まれるなかで，私たちに知的財産制度全体の目的と持続的価値を思い出させてくれるものでもある．

知的財産権の取引上の負担――解決策はある

　創作活動を奨励しそれに報いる最良の方法は，自らの創作資産に対するコントロールを個人に認めることである．そして，そのための最良の方法は財産権を付与することである．しかし，資産に対するコントロールが全く集約されていない状況だと，それらを調和させ相互作用させるのに問題が生ずる．多くの活動では，ばらばらになっている資産を特定し，1つにまとめることが必要となる．各資産――さらに悪い場合には各資産を構成する多くの要素――が別々の主体に所有されている場合，必要とされる要素や資産をまとめる費用は途方もないものとなる可能性がある．これらの私権はすべて，つまりこれらの個人の自律はすべて，法外なコストの問題に直面することとなる．

　個人の自律があふれた世界で私たちはどのように調和を図るのか．これは知的財産政策および財産法一般における中心的な問題である．個々の知的財産権が広く分散した所有者の手に渡ってしまった場合にのしかかる高い取引費用の問題を解決する策はあるのだろうか．

　知的財産権によって引き起こされるこの問題を解決する方法はたくさんあると私は考える．個人への財産権の付与と，多数の資産や権利を購入しこれを1つにまとめる必要性とを両立するためのさまざまな方法がある．その多くは第7章において議論した．すなわち，統合，権利プール，クリアリングハウス，事前割当についての規範および合意である．これら多くの形態を特徴づけているのは，その運用面の多様性と大きな異質性である．しかし，このような多様な形態の下にあっても，その底流にある意図は共通している．それらはすべて，

各種の知的財産権をたくさん付与することから生ずる取引上の負担の軽減を意図しているのである．

取引——知的財産の世界を横切る流れと動き

私は，本書の序論において，現代の知的財産の世界の不規則な拡大と無秩序さを，急速に成長する都市の形態にたとえた．この序論の比喩を拡張し，分散した多数の知的財産権の取引に伴う負担を含めると，第7章の取引メカニズムは，都市の輸送・通信網にたとえることができる．ちょうど都市のインフラがその都市のさまざまな近隣地域を互いに結びつけ密着させるように，取引促進メカニズムは，知的財産権者からそれを必要とする者への知的財産権の流れを加速させる．取引経路につながるルートが多ければ多いほど，そして，それらを通過し利用するコストが低ければ低いほど，取引の量は大きくなり，拡散した権利がたくさん存在することに伴う負担は小さくなるだろう．

もちろん都市では，過度に不規則な拡大は悪いことだと考えられている．合理的な計画といえるためには，立地規制が必要であり，「空地再開発」のような政策によって望ましいレベルの人口密度と建築密度を生みだすことが必要なのである．知的財産についても同様である．すなわち，権利を付与するための要件が課されなければならず，拡張を求める強い声があるというだけですべての未開拓領域まで押し広げることは妥当ではない．

取引上の負担の軽減

それにもかかわらず，知的財産権を支える論拠は強力なものである．したがって，多くの状況において，知的財産権の付与に伴う取引上の負担は，それに見合うことに気がつくであろう．私が第7章において強調したように，可能な限り，この負担を減らせばよいのである．創造性には敬意が払われるべきである．そして，財産権はその最良の方法である．しかし，これらの権利を実施することによる影響，すなわち権利を付与し行使することに伴う他者への負担を，最小化あるいは可能であればなくすように私たちは努力すべきである．実際，知的財産権に伴うコストの負担総額を減らし，創作者の取り分を増やせば増やすほど，知的財産権は社会から期待されている基本的な目的を果たすようになる．知的財産制度から取引費用を消すことには，創作者も消費者も，誰もが全面的に賛同することができる．

知的財産権という不規則に拡大を続ける都市が最もよく機能する場合とは，知的財産権が数えきれないほど多く，広く分散して存在しているにもかかわらず，それらの権利の移転をきわめて容易になすことができる場合である．健全な知的財産の世界においては，巨大で大量の取引がなされるメカニズムが存在し，所有者から利用者へとたくさんの権利が流通することだろう．知的財産がこのように流通することで，知的財産権者の自律と独立が消費者と利用者のニーズを不必要に妨げることはなくなる．第7章において説明したように，法制度はこのような流通に対する民間投資をできる限り促すべきであり，有効である場合には，公的資金もつぎ込むべきである．そうすることで，適切に機能するバランスのよい知的財産制度，言い換えると，創作者の権利と利用者のニーズの両方を考慮した知的財産制度となるであろう．

これらすべてを単純な公式に落とし込まなければならないとしたら，次のようになるであろう．

$$権利 + 取引 = 解決策$$

この指導原理を念頭に置いておけば，バランスの取れた効果的な一連の知的財産政策を手にすることができる．

最後に

新しいものを作りだそうとするには勇気が必要であり，よい評価を受けようと望んで世界にそれを発信するにはさらに多くの勇気を必要とする．あらゆる著者，音楽家，ソングライター，発明者，デザイナーが，この事実の証人といえるだろう．私にとって，知的財産権とは，聴衆や市場を探し求めて荒れ狂う海に自らの創作物を送り出す勇敢さを備えた人たちへの尊敬と称賛の重要な証である．知的財産権には，もちろん実用的な側面もある．知的財産権がなくては，多くの場合，そうした勇気ある行為は経済的に割が合わなくなってしまうだろう．たいていは希望にすぎないかもしれないが，生計を立てられるという見通しが，職業的創作者という職種の維持に貢献しているのである．そして，職業的創作者の全員とまではいかないとしても，その一部は，知的財産権を拠り所にすることで，自分が最も得意とすることを行い，いつの日か本当の意味でそれをキャリアとして身を立てることができるようになると信じることがで

きるのである.

　知的財産権の付与にそれなりのコストがかかることには疑問の余地はない．「著作権は作家の利益のために読者に課される税である」というトーマス・マコーリーの引用句が，そのすべてを物語っている．この引用句はいくら言い古されてもその正確さが失われない．知的財産権を支持するというときに，この税と引き換えに私たちが手にしているものを忘れてはならない．オリバー・ウェンデル・ホームズによる別の引用句で言い換えると，知的財産権という税は私たちが創造性あふれる文明社会に対して支払う対価である．私にとって，このコストにはそれだけの価値が十分ある．

　知的財産権という税を支払うことで，私たちは自分たちが相互に依存していることに気づく．職業的創作者は人並みの暮らしをする必要がある．創作物の消費者と利用者は，職業的創作者が創作に打ち込みつづけることを必要としている．どこかの大企業が私たちのお金を懐に入れるかもしれないが，そのお金は，少なくともそのすべてが大企業の下にとどまるわけではない．そのお金のうちの一部は――願わくは十分な足しになる額が――，私たちが利用し楽しむ作品の創作者の手に届くのである．こうしたことはすべて，知的財産権が政府によって付与されるがゆえに生じることである．国家は創作者と消費者を仲介する．国家に保障された知的財産権は，創作者とその作品を享受する人びととをつなげる．このように，個人の財産権は，時として公共的な制度の対極に思え，ある意味利己的にも思えるが，より大きな相互依存構造のほんの一部であることがわかる．知的財産権は決して，私たちを相互に分断させるものではない．知的財産権は私たちが互いのニーズを満たすための道具なのである．知的財産権の正当化という困難だがやりがいのある課題を私たち自身に課すとき，さまざまなものを1つにまとめ，互いを結びつけることができるというこの特徴こそが，最終的に最も重要なものとなるのである．

原注

第 1 章

1) このように考えているのは私だけではないようだ．以下を参照．Peter Yu, "Anticircumvention and Anti-Anticircumvention," 84 *Denv. U. L. Rev.* 13, 14-15 (2006)．「現在の DRM［デジタル著作権管理］の議論では，他の知的財産に関するほとんどの議論と同様に，権利者，権利者に投資する人，権利者の代理人と，学者，消費者運動家，市民的自由の擁護者との間にかなりの溝がある．……不幸なことに，両者とも，自らの主張を裏づけるにも，相手の主張に反証するにも，十分な実証的証拠をもっていない．代わりに，［学者の］デイヴィッド・マッゴーワンが指摘するように，両者とも「立証できない事実を立証しなければならない者は誰もが敗者になりやすい」ことをよく知っているから，戦略的に立証責任を押しつけ合っている」．この引用文中では次の引用論文名を省略した．David McGowan, "Copyright Nonconsequentialism," 69 *Mo. L. Rev.* 1, 1 (2004).
2) ここで言いたいことは，財産とは要するに何であるかについての一般的な説明である．もちろん，実際には，多数の法的主体（人や企業など）が 1 つの資産を共有できるし，1 人の所有者が多くの資産を所有することもできる．さらには，所有権を分けて，それらを複雑に組み合わせて分配することなどもできる．
3) Jules Coleman, *The Practice of Principle*（Oxford: Oxford Univ. Press, 2001）.
4) 詳細は第 6 章を参照．
5) John Rawls, *Political Liberalism*（New York: Columbia Univ. Press, expanded ed. 2005）.
6) Id., at 135.「それぞれが善の構想を備えた合理的かつ包括的な教説であっても互いに両立しない教説は多く存在するが，政治的な正義の構想に関する既存の知識を用いて確かめられることに限れば，それらの教説は人間の完全な良識に適合する．……互いに両立せず，比較できない教説が適当な数存在することは，永続的な自由主義制度の下で長い間作用してきた実践理性の特徴的な働きとみなされる」（脚注省略）．
7) キャス・サンスティーンは，類似する理論である「不完全に理論化された合意（incompletely theorized agreement）」という概念を提唱する．以下を参照．Cass Sunstein, *Legal Reasoning and Political Conflict*（Oxford: Oxford Univ. Press, 1996）．サンスティーンの「不完全に理論化された合意」の概念は主として司法の意見と法的理由づけに適用される．要するに，多元性を保全するために，裁判官は自らの意見のなかで深く突き詰めて理論化することを習慣的に避けるということである．そのため，一方当事者は，最も深いレベルの信念が否定されない場合でも，従来の原則，先例，法的理由づけに基づいて敗訴するかもしれない．ロールズの理論は，個々の市民が市民社会に参画するために，包括的な道徳的／神学的／根源的な世界観を共有する必要があるか否かという問いに向けられている点で大きく異なる．さまざまな理由に基づき，ロールズは次のように述べている．個人は深く突き詰めた信念をもつべきであり，合理的だが相容れない基本的な信念をもつ人びとが，事実上，共存しつつ役割を果たすことができるように社会は形成されるべきであり，この事実上の共存を促進する重なり合うコンセンサスは，ある種の道徳的な共有ないし「公共」価値を受

け容れるために，単なる実際的な緊張緩和を超えた役割を果たすべきである．ロールズの重なり合うコンセンサスとサンスティーンの「不完全に理論化された合意」の有益な比較については，以下を参照. Scott J. Shapiro, "Fear of Theory," 64 *U. Chi. L. Rev.* 389 (1997) (book review of Cass Sunstein, *Legal Reasoning and Political Conflict*).

8) Rawls, *Political Liberalism*, supra, at 213 (「公共的理性は民主主義国家の国民の特質である．それは平等な市民権の地位を共有する市民の理性である．この理性の主題は公共善である．ここで公共善とは，政治的な正義の構想の実現のために，社会制度の基本的構造とこの社会制度が果たすべき目的と目標に求められるものである」).

9) ロールズは重なり合うコンセンサスと純粋に手段的な社会のグループ間の協議「休戦」とを対比する．後者について，彼は「暫定協定」と呼ぶ．トマス・ポッゲによれば，「社会内部のグループ間の暫定協定は，[さまざまな]……危険と問題を引き起こす．ルール自体もそうであるが，そのような暫定協定は法治権力の闘争であるため，暫定協定は永続する安定を提供できないし，それぞれのグループの正義の構想に基づく正義も提供できない．それゆえ，自分たちの長期にわたる安定に労力を費やすすべてのグループが，暫定協定モデルよりも重なり合うコンセンサスというロールズの考えを選好するのである．この理想が描くものは，グループそれぞれの利益と相対的な影響力に変化があったとしても，さまざまなグループが公正であると承認し，喜んで支持する制度的秩序である．このような制度的秩序は偶発的かつ一時的な交渉と妥協の産物ではなく，そこに加わった人びとの間の実質的な道徳的コンセンサスと真の道徳的忠誠に基づく永続的な構造である」. Thomas Pogge, *John Rawls: His Life and Theory of Justice* 36-37 (Michelle Kosch, trans.) (Oxford: Oxford Univ. Press, 2007).

10) これは，本書の全体を通じて「リベラル」な財産権理論と私が呼んでいるものの1つの側面である．大雑把に言えば，純粋なリバタリアンの理想（財産権は他の基本的権利と同等の権利であり，個々の財産権の付与と執行を主たる目的とする仕事を行うミニマリスト政府によってつかさどられる）と1974年頃のジョン・ロールズのような極端な再分配の理想（財産権は明確に二次的な権利であり，政府はそれに対してすべての市民のために広範で多岐にわたる請求権を有する）との間のどこかにある財産権の概念を意味する．これは幅のある妥協点だと気がついたが，ともかくこの立場を確保・擁護することが重要であると考えているのは私だけではない．たとえば以下を参照．Carol Rose, *Property and Persuasion* 1-7 (Boulder, CO: Westview Press, 1994)（経済学を基礎とする財産権の理解と共同体主義的なそれとを対比し，幅のある妥協点を構築している）.

11) Jeremy Waldron, *The Right to Private Property* (Oxford: Clarendon Press, 1988).

12) Stephen Munzer, *A Theory of Property* (Cambridge: Cambridge Univ. Press, 1990).

13) 以下を参照. *Oxford English Dictionary* (Oxford: Oxford University Press, 2d ed. 1989). リベラルの定義は次のとおり．「特に狭量な先入観から自由であり，心が広い……さま．伝統的な立場や確立された慣習をひいきする不合理な先入観から自由なさま．新しい考えや改革の提案に寛容なさま」．一般的には，以下を参照せよ．Ruth W. Grant, *John Locke's Liberalism* 190 (Chicago: Univ. of Chicago Press, 1987)「[ロックのリベラリズム] は，リベラルな政府における国家の役割の自由放任主義的な構想とも大きく異なる．……毎日の普通の生活の営みに必要な権威ある慣習と公式な手続を確立することや私権を守ることによってだけでなく，公共の利益を促進することになる最良の行為について立法判断することによって，国家は有益な公共の目的を果たす」.

14) このことはジェレミー・ウォルドロンの有名なたとえ話にも当てはまる．このたとえ話では，セメントが固まるときに，ある人がダイヤの指輪をセメント容器に入れる．このたとえ話については，第2章において，ノージックのトマトジュースのたとえ話とともに議論する．

15) この点について，私は先駆的な社会心理学者であるクルト・レヴィンの素晴らしい名言を思い

出した.「よき理論と同じくらい実用的なものはない」. Kurt Lewin, *Field Theory in Social Science: Selected Theoretical Papers* 169 (New York: Harper & Row, 1951)(猪股佐登留訳『社会科学における場の理論』(誠信書房, 1956 年) 169 頁). クルト・レヴィンについてさらに知りたい人は以下を参照. http://en.wikipedia.org/wiki/Kurt_Lewin.

16) Immanuel Kant, *Metaphysical Elements of Justice,* Intro. §C (Ladd, trans.) at 30 (樽井正義＝池尾恭一訳『カント全集 11 人倫の形而上学』(岩波書店, 2002 年) 49 頁).
17) 第 3 章 102 頁を参照.
18) Robert P. Merges, "The Law and Economics of Employee Inventions," 13 *Harv. J.L. & Tech.* 1 (1999).
19) Lawrence Lessig, *Code Version* 2.0 (New York: Basic Books, 2006)(山形浩生訳『CODE VERSION 2.0』(翔泳社, 2007 年)).
20) Jessica Litman, *Digital Copyright* (New York: Prometheus Books, 2006).
21) たとえば以下を参照. Jessica Litman, "The Exclusive Right to Read," 13 *Cardozo Arts & Ent. L.J.* 29 (1994).

第 2 章

1) 強力な知的財産権を支持するリバタリアンの議論としては，以下を参照. Ayn Rand et al., *Capitalism: The Unknown Ideal* 130-133 (New York: Signet Press, 1986); Tibor R. Machan, "Intellectual Products and the Right to Private Property," avail. at http://rebirthofreason.com/Articles/Machan/Intellectual_Products_and_the_Right_to_Private_Property.shtml (*Libertarianism Defended* [Hampshire, England: Ashgate Publishing Co., 2006] および The Right to Private Property [Stanford, CA: Hoover Institution Press, 2002] の著者による強力な知的財産権の擁護). リバタリアンのなかには，政府の権限の不当な拡大だとして，知的財産の保護に異議を唱える者もいる. たとえば，Tom G. Palmer, "Are Patents and Copyrights Morally Justified? The Philosophy of Property Rights and Ideal Objects," in "Symposium: Intellectual Property," 13 *Harv. J. L. & Pub. Pol'y* 818 (No. 3, Summer 1990); Stephan Kinsella, *Against Intellectual Property*, Ludwig von Mises Institute, 2008, avail. at http://mises.org/books/against.pdf. こうした主張に対し，財産権を熱烈に支持する立場から知的財産権を擁護する論文として，Richard A. Epstein, "Why Libertarians Shouldn't Be (Too) Skeptical about Intellectual Property," Progress & Freedom Foundation, Progress on Point Paper No. 13.4 (February 13, 2006) を参照. エプスタインによれば，「知的財産権を擁護する場合，それが，有形の財産に適用される基準と同じ基準を満たしていることを証明すれば足りる」という. この考え方は，知的財産を物的財産と同等とみなすものである.

2) 実は研究者の間では，相性のよさに関する議論に先立って別の議論が行われている. それが，知的財産権はそもそも本当に財産権なのか，言い換えるなら，この権利は，財産権とは別の項目に分類し，その下で議論すべきではないのかという点をめぐる大論争である. たとえば，以下を参照. Neil Weinstock Netanel, "Impose a Noncommercial Use Levy to Allow Free Peer-to-Peer File Sharing," 17 *Harv. J. L. & Tech.* 1, 23 (2003) ([1790 年に] 議会が初めて制定した著作権法では，わずかな種類の作品についてわずかな権利が認められたにすぎなかった. つまり，建国の父たちが考えていた著作権とは「きわめて限定的なものであって，それに基づけば，著作権業界による現在の私有財産のレトリックを例証することなどとうてい不可能であった」); Mark A. Lemley, "Romantic Authorship and the Rhetoric of Property," 75 *Tex. L. Rev.* 873, 896 n. 123 (1997)(「合衆国の特許および著作権法には建国以来の歴史があるものの，『知的財産 (intellectual property)』

という表現が一般に使われるようになったのは、ごく最近のことである」）。一般的には、以下を参照. Justin Hughes, "Copyright and Incomplete Historiographies: Of Piracy, Propertization, and Thomas Jefferson," 79 *S. Cal. L. Rev.* 993, 1002 (2006) （比較的大衆向けの新聞の記事を引用し、「知的財産（intellectual property）」という表現が一般に使われるようになったのは、国連の世界知的所有権機関（WIPO）がその正式名称の一部にこの表現を用いた1967年以降にすぎないと主張する）. しかし、ジャスティン・ヒューズは、学術論文のお手本とも言える精緻さを備えた複数の論文で、こうした主張が誤りであることを証明している。たとえば、1694年の時点ですでにジョン・ロック自身が、著作権について財産権の一形態として言及しており、さらに、「文書的財産権（literary property）」といった表現は、17世紀以降、一般に継続して用いられるようになった. Hughs, "Incomplete Historiographies," supra; Justin Hughes, "Locke's 1694 Memorandum (and More Incomplete Copyright Historiographies)," Cardozo Legal Studies Research Paper No. 167 (October, 2006), at 4, avail. at http://papers.ssrn.com/sol3/papers.cfm?abstract_id=936353（ロックが国会議員に宛てた覚え書きを転載し、それについて言及している。この覚え書きのなかでロックは、初期の著作権法である印刷法を制定しなおすよう助言し、出版者が諸権利を「生存中の著作者から買い取る場合、その財産に対する権利の有効期間を、著作者の死後あるいは初版印刷後の一定期間——たとえば50年とか70年——に限定することが合理的であろう」との提案を行っている）（以下の著書に転載された覚え書きからの引用. Lord Peter King, *The Life of John Locke* 375, 387 [London: Henry Colburn, 1830]）. これに関連して、印刷法に対するロックの見解が、彼の財産権の理論全体と一致しているのか、それともこの見解は、彼が知的創作物を、自らの財産権の理論の主題とは異なるものとみなしていたことの表れなのかという議論については、以下を参照. Simon Stern, "Copyright, Originality, and the Public Domain in Eighteenth-Century England," in *Originality and Intellectual Property in the French and English Enlightenment* 69-101 (Reginald McGinnis,ed.) (London: Routledge, 2008)（印刷法に関するロックの記述から、財産権に対する彼のより詳細なアプローチを垣間見ることができるとする）. しかし、以下も参照のこと. Ruth W. Grant, *John Locke's Liberalism* 113 (Chicago: Univ. of Chicago Press, 1987)（ロックの文章から、彼が、知的創作物は依然として共有物に位置すると考えていたことがわかると主張する）. 知的財産は財産であるとの考え方を、全く異なる観点から擁護するものとしては、以下を参照. Henry Smith, "Intellectual Property as Property: Delineating Entitlements in Information," 117 *Yale L. J. Pocket Part* 87 (2007)（この論文によると、知的財産法の中核をなす排他権によって、所有者には幅広い活動が認められることになり、こうした活動のほとんどは法的ルールで詳細に明記する必要がない。したがって、この点で知的財産法の「排他性という戦略」は、他の形態の財産のそれに類似している）.

3) Lee J. Alston, Gary D. Libecap, & Bernardo Mueller, *Titles, Conflict, and Land Use: The Development of Property Rights and Land Reform on the Brazilian Amazon Frontier* (Ann Arbor: Univ. of Michigan Press, 1999) と、Lee J. Alston, Gary D. Libecap, & Robert Schneider, "The Determinants and Impact of Property Rights: Land Titles on the Brazilian Frontier," 12 *J. L. Econ. & Org.* 25, 32-33 (1996).

4) たとえば、James Boyle, *The Public Domain: Enclosing the Commons of the Mind* (New Haven, CT: Yale Univ. Press, 2010); James Boyle, "The Second Enclosure Movement and the Construction of the Public Domain," 66 *L. & Contemp. Probs.* 33 (2003) を参照.

5) Vannevar Bush, *Science—The Endless Frontier* (Report to the President of the United States, by Vannevar Bush, Director of the Office of Scientific Research and Development, July 1945). avail. at http://www.nsf.gov/about/history/vbush1945.htm. このほか、G. Pascal Zachary, *Endless*

Frontier: Vannevar Bush, Engineer of the American Century（New York: Free Press, 1997）も参照．

6) こうした私の見解は，ロックに関するある解釈と対立する．その解釈とは，ロックは既存のものと労働の混合について述べているにすぎないのであって，したがって当然のことながら，オリジナルの創作物という概念を排除しているというものである．さらにこの解釈によれば，創造力豊かな人は共有地にすでに存在しているものに自らの労働を混合するだけなのだから，真に独創的なアイディアや作品を生みだすことはできないとする．たとえば，Lior Zemer, "The Making of a New Copyright Lockean," 29 *Harv. J. L. & Pub. Pol'y* 891（2006）．この解釈は，労働が混合されるもの，つまり共有地で見いだされるものだけに目を向けている．そのため，それは明らかに，ロックの等式の半分，すなわち専有者個人による労働という貢献を見落としている．

7) John Locke, *An Essay Concerning Human Understanding*, Epistle（Peter H. Nidditch, ed.）（Oxford: Oxford Univ. Press, 1979), at 10（大槻春彦訳『人間知性論（1）』（岩波書店，1972年）24頁）．

8) John Locke, *Two Treatises of Government, Second Treatise*, §32（Cambridge, Cambridge Univ. Press, 3rd ed., 1988）(Peter Laslett, ed.), at 290（以下，「Laslett」と略す）（加藤節訳『完訳統治二論』（岩波書店，2010年）331頁（以下，加藤訳『完訳統治二論』という））（「人が耕し，植え，改良し，開墾し，その産物を利用しうるだけの土地が，彼の所有物なのである」）．

9) Locke, *Second Treatise* §25, Laslett at 286.

10) Locke, *Second Treatise* §26, Laslett at 286（加藤訳『完訳統治二論』325頁）．ここで注意しなければならないのは，この著書には神学的な論調やイメージが見られるものの，ロックが当時の宗教上の正統主義という立場からこれを書き上げたのではないということである．ロックの記述には，キリスト教に基づく伝統的な自然法の立場から大きく逸脱した箇所がある．Peter C. Myers, "Between Divine and Human Sovereignty: The State of Nature and the Basis of Locke's Political Thought," 27 *Polity* 629-649（No. 4, Summer 1995）．

11) ロックが『統治二論』を書き上げた背景には，英国の専制君主は神によって選ばれたのであって，人民がその地位に就くことはできないとの見解を論駁したいという思いがあった．ロックが異議を唱えた王権神授説を支える1つの議論は，聖書の創世記で描かれているように，君主はアダムとイブの直系の子孫であるため，国家のすべての土地に対して所有権をもつというものであった．この神の子孫という考え方は，土地の所有権と政治的主張との類比に依拠しており，後者を批判するには，前者に対処しなければならなかった．そこでロックは，これに代わる説，すなわち，この大地は聖書の記述にあるような最初の人びとに与えられたのではなく，万人に共有物として与えられたという説を唱えた．ロックの説には解決すべき課題があった．それは，原始的共有を背景として個人の所有権をいかに説明するのかという問題であった．こうして個人の専有という議論が登場するのである．ロックはいう．「神は世界をアダムとその子孫との共有物として与えたという仮定のうえに所有権を立証することは困難なのだから，神は，世界をアダムとその代々の継承者とだけに与え，それ以外のアダムの子孫はすべて除外したとの想定に立って，世界を支配するただ一人の君主を除いて誰も所有権をもつことはできないと考えるほかはないと〔ロバート・フィルマー卿のように〕答えることに，とうてい満足することはできない．したがって，私としては，どのようにして人びとが，神が人類に共有物として与えたもののある部分に対して……全共有者の明示的な契約もなしに所有権をもつようになったかを示してみたいと思う」．Locke, *Second Treatise* §25, Laslett, at 286（加藤訳『完訳統治二論』324-325頁）．

12) Locke, *Second Treatise* §26, Laslett at 286（加藤訳『完訳統治二論』325頁）．

13) Locke, *Second Treatise* §26, Laslett at 286（強調原文）（加藤訳『完訳統治二論』325頁）．

14) A. John Simmons, *The Lockean Theory of Rights* 222 (Princeton, NJ: Princeton Univ. Press, 2002)（ロックが「もっぱら依拠したのは，純粋に神学的な議論でも純粋に世俗的な議論でもなく，この両者を混合したリベラルな議論であって，……［しかも彼は］多元的で穏健である」）．

15) この点については，David Post, "Jeffersonian Revisions of Locke: Education, Property Rights, and Liberty," 47 *J. Hist. Ideas* 147 (1986)（ロックは，専有のために——財産を取得するために——労働を行った個人は神聖な命令に誰よりも忠実に従った者だと述べている，との解釈を提示している）を参照．

16) 本書でこれからもしばしば言及することになる 1 対 1 の対応関係という概念は，私有財産を「名義と対象の相関関係」に基づく制度として捉えるジェレミー・ウォルドロンの考え方に由来するものである．ウォルドロンは次のように言う．「私有財産制のルールでは，対象に自らの名義を付した個人は，その対象がいかに，そして誰によって利用されるべきかを決定することができると規定されている」．Jeremy Waldron, *The Right to Private Property* 39 (Oxford: Oxford Univ. Press, 1988).

17) Locke, *Second Treatise* § 27, Laslett at 287-288（加藤訳『完訳統治二論』326 頁）．

18) この特徴のゆえに，ロック研究者は，彼の思想の平等主義的基盤を強調する．たとえば，Jeremy Waldron, *God, Locke and Equality: Christian Foundations in Locke's Political Thought* (Cambridge: Cambridge Univ. Press, 2002); Simmons, *The Lockean Theory of Rights* 79-87．ロックの思想はリベラルな平等主義を支持しているという，さらに広い意味での論評としては，Samuel Fleischacker, *A Short History of Distributive Justice* 36-37 (Cambridge, MA: Harvard Univ. Press 2004)（中井大介訳『分配的正義の歴史』（晃洋書房，2017 年）54-55 頁）を参照．

19) Locke, *Second Treatise* § 28, Laslett at 288（加藤訳『完訳統治二論』327 頁）（「では，彼は，どんぐりやリンゴを自分のものにすることについて全人類の同意を得なかったのだから，自らが専有するそれらに対するいかなる権利ももたないなどと言う者がいるであろうか．万人に共有物として属するものをこのように自分のものと主張するのは，窃盗に当たるのであろうか．もし，そうした同意が必要であったとすれば，神が人間に与えた豊かな恵みにもかかわらず，人類は餓死していたことであろう」）．以下も参照．Locke, *Second Treatise* § 25, Laslett at 286（加藤訳『完訳統治二論』325 頁）（「私としては，どのようにして人びとが，神が人類に共有物として与えたもののある部分に対して，しかも全共有者の明示的な契約もなしに財産権をもつようになったか示してみたいと思う」）．

20) この意味で，ロックの専有論の中核をなすのは，今日の経済学でよく知られている概念，すなわち取引費用の概念である．引用した一節で，専有が認められるにはどのような種類の同意が必要なのかについて，ロックは明確に述べていない．しかし，どのような形態の同意が必要であれ，この場合に明示の同意を取りつけるには莫大な取引費用がかかる．したがって実際問題として明示の同意を得ることは不可能であろう．以下を参照のこと．Paul Russell, "Locke on Express and Tacit Consent: Misinterpretations and Inconsistencies," 14 *Pol. Theory* 291, 291-306 (No. 2, May 1986)．複数の研究者によれば，ロックの理論は，いわゆる取引費用に対する関心ゆえに，彼の先人たち——特にフーゴ・グロチウスやザミュエル・プーフェンドルフ——の理論と一線を画している．Adam Mossof, "What Is Property? Putting the Pieces Back Together Again," 45 *Ariz. L. Rev.* 371, 385-390 (2003)．私自身は，集団による労働や集団的権利の事例など，ロックの所有権に関する考え方をどこまで拡張しうるのかという問題を論じる際に，所有者の同意と取引費用という主題を利用してきた．Robert P. Merges, "Locke for the Masses," 36 *Hofstra L. Rev.* 1179 (2008)．同様の考え方は本書第 7 章でたびたび取り上げる．第 7 章では，個々の知的財産権と複雑な経済における権利処理の取引費用との関係について幅広く論じる．

21) 以下を参照．Timothy Sandefur, "A Critique of Ayn Rand's Theory of Intellectual Property Rights," 9 *J. Ayn Rand Stud*. 139-161（No. 1, Fall 2007）（情報の非競合性は「知的財産と有形財産との拙速な類推を困難ならしめる」）．
22) 後述する「ロックの但し書き」の節（61 頁）を参照．そこでの議論を要約すると，私が支持する知的財産制度とは，①新たなオリジナルの創作物を作りだすために幅広く原始的専有を認めつつ，②具体的な事例ごとに，何がどの程度専有の対象となりうるのかについて制限を設けることで，他の専有者および利用者／消費者に対し機会均等の原理を保障するというものである．
23) Richard Ashcraft, "Locke's Political Philosophy," in *The Cambridge Companion to Locke*（Vere Chappell, ed.）（Cambridge: Cambridge Univ. Press, 1994), 226, 246-247.
24) この点は，ロックの理論が財産権の功利主義的な正当化だとする考え方と区別する必要がある．ロックの理論は，個人が繁栄する権利を前提としている．功利主義は，権利の概念にうまく適合しない．功利主義者にとってはまず選好ありきであって，社会の最大幸福がもたらされるためにこの選好が１つにまとめられなければならない．ところが，権利はしばしばその障害となる．なぜなら，対抗的な価値をもつ選好によっても，当然のことながら権利を無視できないからである．一般的には以下を参照．H. L. A. Hart, "Between Utility and Rights," in *Essays in Jurisprudence and Philosophy*（Oxford: Clarendon Press, 1983）（矢崎光圀＝松浦好治他訳『法学・哲学論集』（みすず書房，1990 年））; Waldron, *Right to Private Property* 5-25. つまり，功利主義者にとって重要な目標とは，効用の総和を最大にすることのみである．奇しくもロックは，財産権が完全に認められることで生産性の高い労働が生みだされ，結果として一般的にはより豊かな社会が生まれると考えていた．たとえば以下を参照．Locke, *Second Treatise* § 37, Laslett at 294（加藤訳『完訳統治二論』337 頁）（「自分自身の労働によって自らの土地を専有する人間は，人類が共有する貯えを減少させるのではなく，むしろ増加させるということである」．なぜなら，労働は自然状態から取り去られたものの価値の大部分を提供するからである．); Waldron, *Right to Private Property* 215（「少数による専有を許せば，（ロックが信じていたように）社会の純生産が増えるかもしれない［*Second Treatise* §§ 36-37（加藤訳『完訳統治二論』334-338 頁）を引用］」)．この意味で，ロックの理論と功利主義はかなりの部分で重複する．とはいえ，ロックの理論は，インセンティブと帰結に大きな関心を示す一方で，①個人の財産権に注目しており，また②選好の計算に全くとらわれていない点で，功利主義に基づく知的財産権の正当化とは明らかに異なっている．ロックは実際には功利主義者だという全く説得力のない議論については，Viktor Mayer-Schönberger, "In Search of the Story: Narratives of Intellectual Property," 10 *Va. J. L. & Tech*. 11, par. 9（2005）（「ロックの影響についてさらに詳しく言うならば，著作権は，ロックの労働所有理論の延長線上にあるものとして考えられていただけでなく，ロック自身のより一般的な功利主義思想の１つとして考えられていた」）を参照．
25) ロックの理論と知的財産権には関連性がないという主張としては，Seana Valentine Shiffrin, "Lockean Arguments for Intellectual Property Rights," in *New Essays in the Legal and Political Theory of Property*（Stephen R. Munzer, ed.）（Cambridge: Cambridge Univ. Press 2002), at 139-167（特に 143 頁を参照．この頁でシフリン教授は，ロックの理論は原始的共有と密接に関連しており，したがって，知的財産の性質を考えると，「ロックの見解では，ほとんどの知的産物についてロック流の専有は認められない」との自説を展開している）．
26) たとえばシアナ・バレンティン・シフリンは，たったこれだけの理由で，どんな調整を行ったとしても，ロックの理論を知的財産の現実に適合させることはできないと考えている．彼女の主張における重要な点の１つが，まさに知的創作物の非競合性である．「アイディア，提案，概念，方法，発明，メロディ，絵画，彫刻といったものは，通常その性質からして，それを完全に有効利用

するために，長期にわたる排他的な利用やコントロールを必要としない．一般に，アイディア……などをある人物が利用または消費することは，たとえそれが他人と同時に行われたとしても，彼らによる利用と完全に両立する．さらに知的産物の場合，その完全な価値が実現され評価されるためには，少なくともある程度同時期に共同利用が行われなければならないことが多い（必ずしも利用者間で調整が行われる必要はない）．アイディアやその表現が常に大きな効果をもつのは，多くの人によって真剣に検討される場合，つまりその真の意味が一般に評価され，実現され，問題点が明らかにされ，多くの人によってその問題点が認識される場合である．実際，社会では，表現は開かれた対話や意見交換，それに議論の対象であるとみなされている．アイディアや情報を管理し，抑制し，操作し，あるいは独占しようとする行為は，真の意味での理解や評価を促す開かれた議論がもつ知的精神に反するものである」．Shiffrin, *Lockean Arguments*, supra, at 156. この注に対応する本文において私は，知的創作物の「性質上」それが有用であるために個人によって専有される必要はないというシフリンの主張に加えて，ロックにとって最大の関心は，人びとが見出し，専有する可能性のある対象の「性質」にあるという，彼女のより広範な見解について取り上げる．シフリンの見解の他の側面については，本書の全体を通じて取り上げる．具体的には，①本章およびデジタル技術に関する第 8 章では，創作物の排他的権利が職業的創作者の繁栄のために必要であるという主張を擁護する．また，②取り去るという行為に関する以下の箇所，および第 5 章の中層原理における非専有性原理に関する節では，シフリンの記述に言外に含まれている主張──排他的な知的財産権は，他人がアイディアや概念を利用するのを完全に排除するという主張──に反論を加える．シフリンによれば，ロックの理論において，労働が財産権の主張の根拠となるには 2 つの重要な条件を満たす必要がある．① 1 つが，共有という背景──シフリンの表現でいえば「共有の推定」（at 148）──である．②もう 1 つが，労働と見つけだされたものとの混合物の価値の向上をもたらす要素のうち最大のものが労働である場合に限り，労働が財産権の根拠として正当化されるという考え方である（at 152. ここでシフリンは，「利用されるべき物の性質とその利用という当然の要件」の重要性を強調しないロック解釈を否定している）．もちろん私は，共有がロックの出発点であることは認める．だが，ロックにとって共有が常に望ましい政策でありつづけるという解釈を暗に否定する．なお，この問題については第 6 章の比例性原理の箇所で論じる．

27) 1 つ厄介な問題が，次のような事実から生じる．すなわち，知的財産法は従来から国ごとに適用されており，したがって専門的に言えば，ある国において知的財産権で保護されているものが，別の国では保護されないという事態が起こりうる．言い換えるなら，パブリックドメインの厳密な構造が，国ごとに異なることが考えられるのである．Andrew R. Sommer, "Trouble on the Commons: A Lockean Justification for Patent Law," 87 *J. Pat. & Trademark Off. Soc'y* 141 (2005). しかし，知的財産の保護についての基本原理が各国で均一に適用されるならば，いずれの国でもほぼ同一の保護が認められ，結果として公平かつ予測可能な世界的なパブリックドメインが存在するようになるはずである．

28) 別の言い方をすれば，ロックにおいて重要な意味をもつ自律は原始的な自己利益と同じではない．自律が，文字どおり自己支配，つまり人の内なる法（ノモス）を意味するという点は，考慮に値する．多くの人は，人の内なる規範とは，元をたどれば共有の淵源から生まれたものであって，その規範には他人を顧慮する特徴もあると考えている．したがって，知的財産権が，ロックのいう自然状態から大きくかけ離れた経済状態にのみ関連するとしても，知的財産権を尊重することは，正式な国家の成立以前から存在する規範の淵源に由来するものということができる．知的財産権の対象である情報財が，確固とした機能的な政治形態に依存する先進国で非常に多くみられるとしても，こうした権利の規範的淵源は，（概念的には）政治形態や市民社会の形成に先立って存在していたということも可能なのである．

29) 少し違う言い方をするなら，人は，実効的な権利や社会的な事実——情報財とそれに対する法的権利に基づいて生存し繁栄することの公正さなど——について，共通の認識をもつことができるということである．
30) Locke, *Second Treatise* § 27, Laslett at 288.
31) ここで強調しておきたいのは，私が，"Two Worries about Mixing"（1983）という「初期のウォルドロン」について論評しようとしていることである．というのも，*God, Locke and Equality*（2002）という「後期のウォルドロン」は，混合の問題について全く異なる解釈をしており，その結果，労働の特殊性について特に2つの点を強調しているからである．1つが，労働は地球上で生存し，繁栄せよとの神の命令を人類が実行するための手段であるというロック理論の「目的論的」性質である．もう1つが，（これに付随して生じる性質であるが）労働が混合される物質や資源に特別な性質を付与するという他の「物質」にはみられない労働の特質である．Jeremy Waldron, "Two Worries about Mixing One's Labor," 33 *Phil. Q.* 37-44 (1983); Waldron, *God, Locke and Equality* (2002).
32) ロックの自然状態自体が思考実験だということは真実であるものの，そこにはきわめて現実的な資源に対する要求，すなわち差し迫った生存に必要な資源に対する所有権の主張を根拠づける目的ないし機能がある．したがって自然状態とは，きわめて実用的な目的のためのものである．トマトジュースや指輪といったたとえ話は，こうした目的とはおよそかけ離れた存在である．海や容器に入ったセメントに所有権を主張したところで，どのような実用的な目標が達成できるというのだろうか．
33) もちろん，ノージックとウォルドロンのたとえ話でも，わずかではあるが純粋な労働が行われている．トマトジュースの場合は海に流すという行為が，そして指輪の場合には投げ込むという行為が必要になるからである．しかし，ノージックもウォルドロンも，行われた労働の特別な地位や（非常に重要なことであるが）その労働の量については，一言も触れていない．それらが，たとえ話に登場する他の資産（海や容器に入ったセメント）に比べて取るに足らないものであることは言うまでもない．2人の関心は，別の有形の財物，すなわちトマトジュースと指輪にのみ向けられているのである．
34) 労働と所有というこの「神の作品モデル」の詳細については，James Tully, *A Discourse on Property: John Locke and His Adversaries* 35-42, 109-110 (Cambridge: Cambridge Univ. Press, 1980) を参照．タリーによれば，この神の作品モデルはある類推に基づいている．神は自ら創造したものに関わりをもっている，つまりそれを「所有」している．これと同じように，人も，自ら作りだしたものに関わりをもつ，つまりそれを所有するということである．この問題についてウォルドロンは，いつものように洞察あふれる一節において，「ロックの理論におけるこの類推の重要性はこれまで誇張されてきた」と指摘する．Jeremy Waldron, *God, Locke and Equality*, supra, 163. ウォルドロンが特に強調するのは，労働とは，神による創造行為というより，生存と繁栄という神の命令を遂行するために人類が果たさなければならない責務であるとするロックの一節である．ただし，公正を期すために指摘しておくべきことがある．それは，そもそもタリーが神と人の作品という概念をもちだしたのは，ロックにとって労働とは，意思と行為を結びつけるきわめて明確な目的をもった概念だという自らの主張を裏づけるためであった．神が目的をもって，かつその目的のために人間を創造したように，現実の労働は，目的の実現を目指す行為である．このように考えれば，この点に関するタリーとウォルドロンの主張（ただしウォルドロンについては，少なくとも後期の主張である．というのも，彼が労働と混合という考え方全体に対する批判を始めたのは1983年以降だからである）には，最初に想像されるような相違点は無きに等しい．なぜなら，人が物を専有できる権利の根底には，基本的な（しかも神聖な）目的——生存し繁栄すること——があると

いうことを，ウォルドロンも強調しているからである．「[ロックは] 私たちが自らの存在に有用な，あるいは必要な物を利用できる権利について論じている．しかし私たちのこの権利は，義務の側面を併せ持つ．ロックの言う権利の1つでもある．各人は『自らの存在にとって有用なものを利用する』(Locke's *First Treatise* §86（加藤訳『完訳統治二論』167頁））よう命じられる．各人は自助を義務づけられる．したがって，人が天然資源を自由に採って口にする権利を有しているということは，その人自身のためのその人自身の目的に照らした場合に理解しうるのみならず，その人のための神の目的に照らしても，十分理解できることなのである……さらにこれによって，労働という自助の具体的な方法――ロックはこれを神の命令と考えている――には，それを支持する神学上の背景が提供される．労働とは，私たちが偶然，資源に対して行うことにすぎないものではない．……資源の存在目的を考えた場合，労働とは，私たちが資源を自由に口にするためにふさわしい方法である」．Waldron, *God, Locke and Equality*, supra, at 160（脚注省略．強調原文）．以下も参照のこと．Waldron, "Two Worries about Mixing," supra（以下で論じるように，「セメントの入った容器内のダイヤの指輪」というたとえ話をはじめ，ロックに対する専門的な批判を展開している）．

35) 以下を参照．Thom Brooks, *Hegel's Political Philosophy* (Edinburgh: Edinburgh Univ. Press, 2007), Chapter 2, Property, at 29-38, 32（ヘーゲルの見解を明らかにする．その見解とは，「何かを自分のものだと主張する範囲で私が世界を形成する場合，その行為は，私の自由意思が外界に向けて具体化されるための最も基本的な方法である」）．Waldron, *Right to Private Property*, at Chapter 10, "Hegel's Discussion of Property," 343-389（ヘーゲルの財産に対するアプローチが有する分配上の意味を強調する）．注意すべきはブルックスが，ヘーゲルの財産権に関する言説を，財産権理論にはたいていつきものの価値や分配などをめぐる問題に関するヘーゲルの取り組みとしてではなく，自由意志の発展に関するヘーゲルの取り組みの実例として捉えている点である．ブルックスによれば，ヘーゲルのより詳細な市民社会の取り上げ方には，財産権理論のこうした側面が含まれている．Brooks, *Hegel's Political Philosophy*, at Chapter 6, "Law," 82-95.

36) 私以外の研究者もすでにこのことに気づいている．Steven J. Horowitz, "Competing Lockean Claims to Virtual Property," 20 *Harv. J. L. & Tech.* 43 (2007)（インターネット上の「仮想」世界では，労働と財産権に関するロックの概念が，仮想世界のプレイヤーやゲームの運営者が有する個別の権利を検討したり定義づけたりするために利用されている）．

37) 比較のため，ロックとほぼ同時代に書かれた文章での使用例を紹介する．（「小さいリボンをつけている人もいれば，幅広のリボンをつけている人もいたし，幅広のリボンと小さいリボンを一緒につけている人もいた（Some ware all small ribban, others brode ribbans, others broad and small mixed)」．Lady M. Bertie, 12th Report of the Historical Manuscripts Committee Appendix to vol. 22 (1670)（『オックスフォード英語大辞典』（電子版3.1，2004年）の「Mix（混合する）」の項目で引用されている）．「大勢の人が入り混じっていた（There was a mixture of company)」Jonathan Swift, 1712-13, Journal to Stella（同上の「Mixture（混入）」の項目で引用されている）．「衣服，種子などが入り混じったものはモーセ五書で禁じられた（That mixtures in garments, seeds, and the like, were forbidden by the Law of Mose)」Purchas, *Pilgrimage* (1613), at 62（同上の「Mixture（混入）」の項目で引用されている）．

38) Locke, *Second Treatise* §28, Laslett at 228（強調追加）（加藤訳『完訳統治二論』327頁）．

39) これに関連して興味深いのは，財産権に関する古くからのコモンロー上の原則が，付加（annexation）に密接に関連する原理の概略を踏襲している点である．ここで私が論じているのは附合（accession）に関する古代の原理についてである．これに基づけば，動物の所有者は通常，その動物の子孫を所有し，植物の所有者はその植物になる果実を所有し，元金を有する者はそこから生じる利子を保有する．Thomas W. Merrill, "Accession and Original Ownership," 1 *J. Legal Analysis*

459 (2009). これに関連してここで紹介するにふさわしい考え方が，ローマ法の加工 (specification) である．これは，Aという人物が最初に材料を提供し，Bという人物がそれを使って新しい物を作りだす場合の所有権の分析を意味する．以下を参照のこと．Barry Nicholas, *An Introduction to Roman Law* 136-138 (Oxford: Clarendon Press, 1962); Thomas W. Merrill, "Accession," supra. 知的財産法への加工 (specification) の適用については，以下を参照．Russ VerSteeg, "The Roman Law Roots of Copyright," 59 *Md. L. Rev.* 522 (2000); Aaron Keyt, Comment, "An Improved Framework for Music Plagiarism Litigation," 76 *Cal. L. Rev.* 421 (1988).

40) ジェレミー・ウォルドロンの説得力ある主張によれば，ロックの専有に関する説明は「産めよ増やせよ」という聖書の教えに起因する．Waldron, *God, Locke and Equality* at 24. ルース・W・グラントも，ロックの著述の目的論的性質を強調している．ロバート・フィルマー卿は，神は最初にある特定の君主に政治権力を授け，その政治権力はその後途絶えることなく君主の子孫に受け継がれてきたと説いた．ロックはフィルマーの王権神授説の側面に対して数多くの反論を行っているが，そのうちの一節において，政治権力がそのように受け継がれることに異論を唱えている．さらにロックは，財産についても，所有権には利他的な「信託に似た」側面があることを説き，親が，相続によって子供に引き継ぐことを1つの目的として財産を保有することをその例として挙げている．この主張は，君主の神聖な権利に対する反論として明らかにされたものであるが，その際ロックは，子孫に引き継がれることを意図した財産と，それを意図しない政治権力を区別した．ルース・グラントによれば，「相続の観点から所有権と政治権力を区別するにあたり，ロックは，権利の根拠に言及した……．それは権利の起源ではなく，権利の目的あるいは目標である．政府は，他人の侵害行為から権利と財産を守るために，そして被統治者の利益のために存在する．所有権とは，生存のために人が自分よりも劣る創造物を利用し，必要とあらばそれを処分できるという権利に由来するものであって，専有者の利益のために存在する．統治や支配は，地球上の創造物に対する所有権とは『起源も目的も異に』している．生存のために子供が親に依存することによって，その子供は自らの利益のために親の財産を相続する権利を有する．しかしその父親が何らかの政治権力をもっていたとしても，それは『他人の利益のために父親に賦与されたものであるのだから，息子は，自分自身の私的な利益と便益とに全面的に基礎づけられた権原によって，それを要求したり相続したりすることはできない』……[*First Treatise* § 93 (加藤訳『完訳統治二論』176頁)]．財産や支配に対する主張は，財産や支配に関する目的や目標，根拠に適ったものでなければならないのである」．Ruth W. Grant, *John Locke's Liberalism* 61 (Chicago: Univ. of Chicago Press, 1987).

41) 一般的には，Tully, *Discourse on Property*, supra, at 61 を参照．タリーによれば，「ロックのいう財産には特定の目的がある」．それが生存と維持という目的ないし目標である．これは，(ロックの偉大なライバルであるロバート・フィルマーが提示した) 完全な専制支配とは対照的なものである．他の研究者同様，タリーも，ロックが主張する個人による所有を，スチュワードシップの関係 (より崇高な命令や目標を果たすために財産を保持すること)，つまり一定の目的をもったスチュワードシップとして捉えている．タリーは，ロックの理論における専有の目的論的性質について有益な指摘をしているものの，明らかに極端な主張を展開している．なぜなら，ロックの理論は，個人が有する真の排他的な財産権と対立する「使用権」を支持しているにすぎないと主張しているからである．この点に関するタリーへの批判としては以下を参照．Simmons, *Lockean Theory of Rights* 234; Waldron, *Right to Private Property* 156-157.

42) 別の箇所でジェレミー・ウォルドロンはこの点についてきわめて明確に述べている．「[行為] Aを行うにあたり，[所有者] xは，何らかの方法で [資源] rに影響を及ぼそうとする．これが，ロックの理論をはじめとする，労働に基づく取得理論の特徴である．ロックによれば，Aという取得行為は，資源に対して労働を加える行為である．つまりある者が，狩りで獲物を仕留める，あ

るいは採集するという行為によって何かを自然状態から取り出す，あるいは土地の場合には，その土地を耕作する，作物を植える，栽培する，またはそれ以外の方法で土地を改良することで，自然状態から何かを取り出す行為なのである．いずれの場合も，対象には何らかの物理的な変化が加えられる（この点でロックの挙げる野ウサギの例は，彼の理論の一般的な性質の例外である．その例では，追跡者がそれを捕まえる前であっても，その野ウサギは追跡者の所有物となるべきことが示唆されているからである）」．Waldron, *Right to Private Property* 263-264（脚注省略）．この最後の括弧内の記述が言及しているのは，ロックが，野生動物を「必死に追いかけていた」人物に対して（おそらくは不完全な）所有権を認めていたということである．ちなみに，これと同じシナリオが問題となった有名な所有権のケースが，*Pierson v. Post, 3 Cai. R.* 175, 2 Am. Dec. 264 (N.Y. 1805) である．「野ウサギの例」がロック理論の一般的な性質の例外かどうかは別として，この例は次の2つの理由から興味深い．1つは，その例が，私が先に指摘した点，すなわちロック理論は所有者のいない資源に労働を「混ぜ合わせる（blending）」のではなく，「加える（joining）」あるいは「付加する（annexing）」ことを求めているという点を裏づけるものだからである（少なくとも野ウサギを捕まえるまでは，追跡する者が費やす労力と野ウサギとの混合（mixing）は存在しない）．もう1つは，その例が，ロック理論では，労働の付加により物理的な変化が生じることは要件とされていないことを示唆しているからである．このことは，私が本章で暗に試みているように，知的財産の文脈にロック理論を適用することを容易ならしめる．

43) この点に対するわかりやすい反論としては，生存や物理的繁栄とは，目先の直接的な利益を指すのであって，現代の経済において知的財産を保護することで得られる金銭的報酬とは明らかに異なるというものがある．そこで第7章では，知的財産の保護に伴う追加所得によって，いかにして職業的創作者が相応の生活を送れるようになるのかを明らかにする．私の考えでは，こうした生活は，ロックが支持する人類の繁栄の現代版である．さらに第9章では，知的財産権が他人の生存にとって差し迫った脅威となる場合——たとえば，開発途上国で救命に必要な医薬品に特許が存する場合——，それらの権利は，慈愛に関するロックの但し書きに基づいて，貧者の要求に対して譲歩しなければならないことを論じる．

44) A・ジョン・シモンズによれば，ロックにとって，労働は決して「物」とみなされるべきではない．「そこで，ロックのテクストにおける労働を，ある対象と文字どおり混合したり混ぜ合わせることのできる物質の一種としてではなく，必要性を満たし，生活の利便性を提供することを目的とした行動の一種として考えてみよう．この場合の労働は，きわめて単純な方法で外部の物を取り込む（外部の物と混合する）ことができる．私たちが自分自身の人生設計（私たちの計画や営み）のさまざまな側面について考え，それを選択し，あるいは実行する場合，外部の物はしばしばそうした人生設計の中心に位置する．……私たちが他の生産的な方法でそれらの物を集め，囲い込み，使用する場合，私たちは，それらを自らの目的に適う活動（それらに「自らの労働を混合する行為」）のなかに取り込むことになる」．Simmons, *Lockean Theory of Rights* 273．また，以下も参照のこと．Roberta Kwall, "The Author as Steward 'For Limited Times': A Review of the Idea of Authorship in Copyright," 88 *B. U. L. Rev.* 685, 692 (2008)（Lior Zemer, *The Idea of Authorship in Copyright* [Hampshire, England: Ashgate Publishing Co., 2007] の書評）（「ロック流の著作権法の理論によれば，作者の表現とは，その精神的労働によって生みだされたものであり，したがって商品化の理想的な対象である．つまりこの理論は，商品化の可能性に基づいて，労働と労働が生みだす外部の産物を定義する．さらに，ある物がひとたび外部化されると，その物自体が商品化可能なものとなるために，その物は個人の自律によって特徴づけられる，神から授かった譲渡できない贈り物としての側面を失うことになる」（脚注省略））．

45) 本書第7章では特に，職業的創作者が独立を維持し，相応の生活を送ることができる環境を，

知的財産権がどのように支援しているのかについて明らかにする．つまりこの場合，知的財産権は，労働を行う人たちが現代経済において繁栄を享受するのを支援しているのである．そしてこのことが，ロックが明らかにした財産権の目的に合致していることを指摘したいと思う．第6章では，費やされた労働とその結果として生じる財産権の範囲との「比例性」という概念について詳しく検討する．比例性は，第1章で説明した中層的原理の1つである．中層的原理については，第5章でさらに詳細に論じる．

46) Locke, *Second Treatise* § 27, Laslett at 288（加藤訳『完訳統治二論』326頁）．

47) Locke, *Second Treatise* § 31, Laslett at 290（加藤訳『完訳統治二論』329-330頁）．制限を設ける場合の表現として，これ以上強いものはないだろう．「……われわれに所有権を与える同じ自然法が，同時に，その所有権に制限を課している．」

48) 強調原文（加藤訳『完訳統治二論』331-332頁）．

49) Locke, *Second Treatise* § 34, Laslett at 291（加藤訳『完訳統治二論』332-333頁）．

50) しばしば引用される1979年の論文で，ウォルドロンは次のように主張している．第27節の一節，つまり「少なくとも，共有物として他人にも十分な善きものが残されている場合には，ひとたび労働が付け加えられたものに対する権利を，彼以外の誰ももつことはできない」という一節が意味するのは，十分性の要件を満たすような場合には，そうした所有権の主張は正当なものとみなしうるということであって，十分性の但し書きを満たすことが所有権を正当に主張するための必要条件だということではない．Jeremy Waldron, "Enough and As Good Left for Others," 29 *Phil. Q.* 319-328 (1979)（引用部分については，加藤訳『完訳統治二論』326頁）（同論文では特に，「少なくともXという場合」とは，「明らかにXが真である場合において」ということを意味するのであって，Xがいかなる場合でも要件となることを意味するのではないと論じている）．さらに以下も参照のこと．Jeremy Waldron, *The Right to Private Property* 209-215 (1988)（同書では先の論考をさらに進めて，次の点を強調している．すなわち，もし資源が稀少な状況では専有を控えるよう命じるとすれば，専有を欲する者に対して死刑宣告をするようなものである．これでは，人類が生存するためという，人類に資源が与えられたそもそもの根本的な理由に反する結果となる）．同様の見解としては，Judith Jarvis Thomson, "Property Acquisition," 73 *J. Phil.* (Ann.Mtg. Vol.) 664A-666A (October, 1976)（土地の専有を行いつつ，それと同時に十分性の但し書きをも満たすということは不可能なのだから，論理的には，この但し書きは必要条件ではなく，十分条件でなければならない）．

51) ほかにも，十分性には完全な但し書きとして腐敗を補完する意図がないことを示唆する記述をロックのテクストのなかに見出すことができる．Jeremy Waldron, "Enough and as Good Left for Others," 29 *Phil. Q.* 319-328, 320-324 (1979).

52) Simmons, *Lockean Theory of Rights* 286 (citing 2 H. R. Fox Bourne, *The Life of John Locke* 536 [London: Henry S. King 1876]).

53) 所有権に関する章には，同様の主旨の記述がほかにもみられる．たとえば，私たちが「腐敗させたり，破壊したりするために神が人間に向けて創造したものは何もない」（加藤訳『完訳統治二論』330頁）という文章を読み，専有の目的が人類の繁栄の促進にあることをロックが一貫して主張していたことを思い起こすとき，腐敗や浪費につながる専有を正当化することはきわめて難しくなる．

54) たとえばロックは，「他人が利用できるだけの土地を残しておけば，彼は何も取らなかったに等しいからである」（第33節，加藤訳『完訳統治二論』332頁）と述べている．もし私が何も取らなかったに等しいのであれば，私が実際に取ったものを使用したこと（あるいは使用しなかったこと）で，どのような害が生じるというのだろうか．他人に害を与えない限り，私が実際に取ったも

のをどうするかは，すべて使いきろうと，無駄にしようと関係のないことである．このように考えることはもっともらしく思われるのだが，こうした見方をロックが浪費に対して繰り返し嫌悪感を示していることと整合的に捉えることはきわめて困難である．ときにロックはひどく一貫性を欠くとしか言いようがない．

55) ロック研究者のA・ジョン・シモンズは，全体としてこの但し書きの重要性を熟知しており，腐敗が許されない論拠について，第三者への危害の防止という観点から論じている．Simmons, *Lockean Theory, supra*, at 286（「私が使用しなければ他人が使用したであろう物を私が浪費した場合，私は，その物を生産的に使用する機会を他人から奪うことになる（そして私が他人や他人の計画を全く尊重していないことを証明することになる）．他人には，彼らが選択する共有物の公正な取り分がどのようなものであれ，労働によってそれを財産にすることができる権利がある．それゆえ私は，商品を浪費し彼らが選択できないようにすることで，彼らの権利を侵害することになるのである」（脚注省略））．シモンズが言わんとすることを要約すれば，十分性の但し書きよりも腐敗の但し書きの方が，他者顧慮的な政策をより一般的に推し進める機能をもつということである．浪費の禁止は，十分性の但し書きでは保護できない権利の保護を図っている．他人に十分な善きものを残すことで十分性の但し書きを満たすことができるとしても，それでもなお，他人が取得したいと思う資源を彼らから奪ってしまう場合がある．この見解が暗に示しているのは，客観的にみればある程度の互換性が認められる資源であっても，人は主観的に，ある資源よりも別の資源の方を選好する場合があるということである．Bという人物がある資源を選好していたところ，それをAという人物が取得し浪費した場合，たとえBが，（客観的に考えて）Aと同じく「十分な善きもの」を手にすることは可能だとしても，Bは害を受けたことになる．シモンズはそのようには述べていないものの，腐敗の但し書きは，十分性の但し書きよりも広範囲の第三者を保護すると考えられるだろう．「他人にとって十分な善きもの」の「他人」には，より限定的な種類の「他人」――たとえば，原始的専有者が知っていた人びととか，原始的専有が行われたときに生存していた人びとなど――が該当するのかもしれない．腐敗の禁止は，時間的・空間的にはるか彼方にいる人びと，つまり遠い場所にいる人びとや遠い未来に生きる人びとを保護するものなのかもしれない（このことは，自然に自ら腐敗していくことのない資源についてのみ該当する．たとえば鉄鉱石の場合，採掘され，溶解されたのちに放置され，やがて錆びていく）．私は，この「他人を顧慮する」といった説明が完璧だとは思わないので，次のような見解もありうると考える．それは，ロックにとって腐敗の但し書きとは，つまるところ別の種類の義務である――いわば神に対する義務であって，他人に対して直接向けられた義務ではない――という見解である．この（カント風の）絶対主義的な見解についても，結局は他人を顧慮する性質のものとみなされるのかもしれない．しかしおそらくこの義務は，短絡的な専有者が，実際はそうでないのに，他の全員の状況を考慮したと信じて自分をごまかすことを絶対的に禁止するものであろう．

56) ゴードンの全体的な主張は次のとおりである．「『十分な善きものを残す』という但し書きは，本稿の主題の核心部分である．すなわち，作者は，自らのオリジナル作品に財産権を有するべきであるが，それは，こうした財産権の付与によって，他者が当該作者と同じように創作を行い，既存の文化的基盤や科学的遺産を利用できる能力が阻害されない場合に限られる．すべての人は平等であり，共有物に対して等しい権利を有するのである」．Wendy J. Gordon, "A Property Right in Self- Expression: Equality and Individualism in the Natural Law of Intellectual Property," 102 *Yale L. J.* 1533, 1563-1564 (1993)（脚注省略）．

57) Gordon, "Natural Law of IP," supra, at 1567. ゴードンはさらに続けて次のように言う．「Aに酵素に対する財産権かその製造方法の特許を与えるとすれば，この但し書きは満たされないままだろう．なぜなら，たとえAの専有によって他人に『十分なもの』が残されたとしても，『十分な善き

もの』が残されたことにはならないからである．単なる量的同一性だけでは十分でない．これは本来，依存に関する議論である．つまり，もし発明者が人びとの取り巻く状況を変化させたのだとすれば，その発明者は，人びとが新たな状況の下で生存に必要なツールを手にしようとするのを妨げてはならない．……知的産物は，人びとが相互に依存する世界において公にされると，その世界に変化をもたらす．こうした変化に対処するために，利用者は，最初の創作者が有する財産権とは両立しないような自由を必要とする可能性がある．もしそうした変化をもたらした創作物の利用を禁止されるとすれば，利用者がその作業の端緒にできるものは，今となっては価値の低下した共有物しかないということになってしまう．この但し書きは，こうした危険を排除する．そして，先行の創作者と後続の創作者との間の平等性を保障する．したがって，この但し書きによって後続の創作者に保障されるのは，先行の創作者が手にしたのと同じだけの広がりをもった表現，解釈，反応の自由を享受する権利であって，他の種類の利益との関係で決して劣後することのない権利である」．Gordon, "Natural Law of IP," supra, at 1533, 1567-1568; 1570.

58) Steven N. S. Cheung, "Property Rights and Invention," in 8 Research in Law and Economics: *The Economics of Patents and Copyrights* 5, 6 (John Palmer and Richard O. Zerbe Jr., eds., 1986). ウェンディ・ゴードンはこの考え方を「労せずして得る利益の命題」と呼ぶ．Gordon, "Natural Law of IP," supra, at 1533, 1566. この考え方の代表的なものを，ジョン・スチュアート・ミルの『経済学原理』に見つけることができる．それによると，「私有財産制は，その本質的要素に限ってみれば，各人が自らの努力によって生産した物品，または暴力や詐欺などによらないで，贈与または公正な契約によって生産者から受け取った物品について，これを少しも妨げられることなく自由に処分してよいという権利を，各人に認めることに存する．制度全体の根本となるものは，生産者が自ら生産した物について有する権利である．……」John Stuart Mill, *Principles of Political Economy with some of their Applications to Social Philosophy*, Bk. 2, Ch. 2, par. 2 (1842), avail. at http://www.econlib.org/library/Mill/mlP15.html#II.2.2.（末永茂喜訳『経済学原理』（岩波書店，1960年）46頁）．ミルは続けて次のように主張する，「ある人が，他人の生産した物の所有を否認されたとしても，それはその人にとって過酷なことではない．他の人はこの人に使用させるために物を生産する義務はなかった．そしてこの人は，右の生産者がいなかったならば全く生じなかったであろう生産物の分け前にあずからなくとも，何らの損失を被るものでもないのである．しかしながら，ある人がこの世に生まれ出たとき，自然の賜物はすでにことごとく他人に占有されてあり，新来の自分には何ら分配にあずかる余地がないということは，かなり過酷なことである」．Mill, *Principles of Political Economy*, Bk. 2, Ch. 2, pars. 25-26 (1842), http://www.econlib.org/library/Mill/mlP15.html#II.2.26.（同上74頁）．

59) たとえば，Motion Picture Patents Co. v. Universal Film Mfg. Co., 243 U.S. 502,510 (1917)（ホームズ判事の反対意見）（特許権者には発明を公衆に全く実施させない権利があるのだから，制限的な条件で特許をライセンスする権利があるのは当然である）．

60) 以下を参照．Jeffrey Kuhn & Robert P. Merges, "An Estoppel Doctrine for Patented Standards," 97 *Cal. L. Rev.* 1 (2009)（特許権者が権利を行使しようと決断したとしても，標準利用者による依存を特許権者が生みだした以上，標準利用者には継続的な使用権が認められるべきである）; Robert P. Merges, "Who Owns the Charles River Bridge? Intellectual Property and Competition in the Software Industry," avail. at http://papers.ssrn.com/sol3/papers.cfm?abstract_id=208089（「技術の一般名称化」という概念について論じている．知的財産権が対象とする技術が一般に広く普及し標準として主要な地位を獲得するようになった場合には，当該技術に利用者が依存することを保護し，競争力ある代替技術の開発を促すために，時間の経過とともにその権利の効力は弱められるべきことを示唆する）．

61) Robert P. Merges, "Locke for the Masses," 36 *Hofstra L. Rev.* 1179 (2008) を参照。
62) たとえば、Rosemary J. Coombe, *The Cultural Life of Intellectual Properties: Authorship, Appropriation and the Law* 124-127 (Durham, NC: Duke University Press, 1998)（初期のファン雑誌への投稿者と、彼らの願望、すなわちスター・トレックの登場人物をはじめスタンダードとなる素材を書き直し、重要な価値観や本物の登場人物を「超越した」別の登場人物を表現したいという願望について記述している）。依存という概念は、他の批評においても数多くみられる——ただしその概念は、必ずしもロックの表現に基づいて構築されたものではなく、また、ゴードンの議論で用いられる表現に縛られたものでもない。たとえば、Jack M. Balkin, "Digital Speech and Democratic Culture: A Theory of Freedom of Expression for the Information Society," 79 *N.Y.U. L. Rev.* 1, 12 (2004) を参照。それによると、「20世紀において、マスメディアによって大衆が想像力を驚くほど掻き立てられたという、まさにそのことが原因で、いまやどこにでもあるマスメディアの産物は、日常生活や日常の思考の中核をなしている。マスメディアの産物——大衆向けの映画や音楽、商標、商業用のスローガンや図像——は、ポップカルチャー共通の基準点となった。したがって、それらが、インターネットの特徴であるブリコラージュの素材になったことは驚くに値しない」。
63) 私は、多くの人びとが考えているよりも、膨大な量の文化を回避することは可能であると考えている。Robert P. Merges, "Locke Remixed;-)," 40 *U.C. Davis L. Rev.* 1259 (2007). また以下も参照のこと。Kenneth Einar Himma, "The Legitimacy of Intellectual Property Rights: The Irrelevance of Two Conceptions of an Information Commons" (May 1, 2007), avail. at http://ssrn.com/abstract=983961. ヒンマは、知的財産の専有は人間の生存を妨げるものではないため、そのような専有に対してロックの十分性の但し書きは適用されないと主張する。さらにヒンマは、情報のない生活には「意味も豊かさもないだろう」と認めるものの、そうしたことはロックと無関係だと主張する。十分性の但し書きが、知的財産への批判でしばしば濫用されていることについては私も同感である。ただし、私の考えでは、ロックの関心は人類の生存のみならず、人類の繁栄にも向けられていたのであり、後者のためには、労働の行使によって情報の共有地から素材を取り出して専有するための何らかの方法が必要となる。したがって私としては、十分性の但し書きは、一般的な財産の場合と同じく知的財産においても、原始的専有に当然付随すると考える。しかし、ヒンマと同じく私も、知的財産にこの但し書きを適用することで、知的財産制度が制限的で必要最小限のものになるという多くの研究者の見解には賛同しない。
64) こうした見解を支持する文献に共通するモチーフは、これまで決して行われたことのない権利行使が行われるのではないかという脅威、つまり潜在的な権利行使の可能性がもたらす「萎縮効果」の逸話が繰り返し語られるというものである。経済的に権利行使が難しい状況では利用者の権利が事実上拡大しているというプラグマティックな議論につき、第8章の「デジタル時代の財産権」を参照。
65) たとえば、Eldred v. Ashcroft, 587 U.S. 186, 221 (2003).「合衆国憲法修正第1条は、個人が自己の表現をする、あるいはしない自由を完全に保障している。しかし、表現者が他人の表現を利用する権利を主張する場合には、その保障の程度は低いものとなる。したがって、そうした主張が修正第1条に関わる問題を提起するとしても、たいていは、著作権制度に組み込まれた表現の自由のためのセーフガードで十分に対処できる」。デジタル技術に関する第8章も参照のこと（第8章では、権利行使に高額の費用がかかる結果、デジタル作品の利用者に認められる事実上の権利が拡大するにいたった状況について論じている）。
66) Gordon Hull, "Clearing the Rubbish: Locke, the Waste Proviso, and the Moral Justification of Intellectual Property," 23 *Pub. Aff. Q.* 67 (2009), unpub. version avail. at http://ssrn.com/abstract=1082597, at 23 (「知的労働は、他のあらゆる労働形態において前提とされている」)。

67) Hull, "Clearing the Rubbish," supra. これに対して哲学者のケネス・アイマー・ヒンマは，十分性の但し書きは，知的財産の事例には全く適用できないと主張する．Himma, "Property Rights," supra. 知的財産について哲学の観点から論じたヒンマの業績には敬意を表するものの，私は，知的財産にロックの財産権理論を適用することに関して，ヒンマよりも拡張的で比喩的なアプローチを採用する．
68) 「ロックの但し書き——とりわけ，一般に見過ごされてきた腐敗の但し書き——は，あらゆる権利の範囲を厳格に制限するであろう」．Hull, "Clearing the Rubbish," supra at 2.
69) Id., at 26. そしてハルは，ロックの原理をさらに詳細に説明している．すなわち，「腐敗が生じるのは，(a) 取り消すことのできない未充足の需要があり，(b) その需要を満たす商品もすでに存在するにもかかわらず，(c) 所有権の主張がこうした需要の充足を妨げる場合である」．Hull, "Clearing the Rubbish," at 29.
70) たとえば，Benjamin G. Damstedt, "Limiting Locke: A Natural Law Justification for the Fair Use Doctrine," 112 *Yale L. J.* 1179 (2003) を参照．
71) この点については，本章前出の「ロックの共有概念とパブリックドメイン」の項を参照．
72) Damstedt, "Limiting Locke," supra, at 1182-1183. それによれば，「浪費の禁止は，有体物に関してはさほど重要ではない．しかし，無体物についてロックの理論に基づいて解釈する場合にはきわめて重要である．……無体物の非競合性は，それが最初に創作される際に，無数の『無体物の集合』が生産されることとして考えることができる．通常，有限な数の有体物の集合は，消耗しない貨幣に換えることが可能であるが，無数の無体物の集合が示唆するのは，無体物が生産される場合は常に，労働を行う者は無体物の集合を換金することはできないし，そうする意図ももたないということである．換金ができないうえに使いもしないとなれば，それは浪費の禁止に反する行為である」．
73) ここでは，価格差別は存在しないものと仮定している．
74) これは酷な話だと思われるかもしれない．たとえば，次のような疑問が生じるのは当然である．すなわち，労働を行ったことを根拠にある物に対して正当に財産権を主張しうる人物が，その物を所有しているというだけで，その物に対して「合理的な」対価を支払う意思のある多くの人たちからその利用機会を奪ってもよいとロックの理論は本当に言っているのだろうか．まず留意すべきは，完全な支配か，来る者は拒まずすべての者に合理的なアクセスを認めるかという選択は，その見かけほど過酷なものではない可能性があるということである．このような状況では，十分性，腐敗，慈愛という3つの但し書きが——とりわけ慈愛の但し書きが——財産権の影響を緩和しうるからである．そうだとしても，財産権がときに私たちの公正の感覚と衝突を生みだす場合があることは避けられないだろう．たとえば，次のような主張にはもっともなところがある．すなわち，たとえ癌治療の開発者が，その開発に費やした労力に照らせば当該治療にかかる特許を受けるに十分にふさわしいとしても，たとえ特許権者が，(提示価格を支払うことを惜しまない) 一部の人びとに対してその治療を提供するとしても，さらにはたとえ特許権者が，善良な市民であって，貧しい人びとに対してその治療を無償で提供したとしても，その治療の市場価格が，当該治療から大きな恩恵を受ける可能性がある人びとを排除することに変わりはない．死が差し迫っている場合を除き (この場合には，困窮する患者は，慈愛の但し書きに基づき自らの立場を正当に擁護することができる可能性がある)，ロックの理論は，このような一見酷に思える結果を正当と認めるのである．このことは，他の種類の主張よりも労力や労働に基づく主張を優遇することの1つの帰結——いつも満足のいく帰結というわけではない——である．しかし，次の点を真っ先に付け加えておかなければならない．それは，リバタリアンのレトリックには長い歴史があるものの，この見解は，財産権の保有者の利益の一部を困窮している人びとに再分配する税制——第4章で詳しく論じる——と決して

矛盾しないということである。実際，ロックが人類の生存と繁栄を重視していることに照らせば，強力な財産権を適度な再分配と結びつけることは不可欠といってもいいだろう。結局私は，癌の治療薬の財産権を制限することではなく，この財産権で保護された治療薬に伴う高い費用を再分配により相殺して支払うという手段によって，癌患者の苦痛を和らげようとしているのである。

75) Hull, "Clearing the Rubbish," supra. 注目すべきは，腐敗の但し書きのこうした解釈が，私が比例性原理と名づけた原理——個々の創作者の貢献の程度に応じて知的財産権を調整すべきだという考え——とかなり重複するということである。第6章「比例性原理」を参照。

76) なぜ「かもしれない」という表現にとどまっているのだろうか。それは，一定の状況の下では，マセラティ社が，実際に採用予定の1，2種類のデザインのバリエーションを超えて，より多くのデザインに対して財産権を主張することを正当化しうるからである。たとえば，デザインのバリエーションに，同社が実際に採用するデザインによく似たものがある場合，そうしたバリエーションのデザインを他社に自由に使用させてしまうと，自らが採用したデザインを有効活用するマセラティ社自身の能力が阻害されるおそれがある。こうしたことが生じる可能性については，次の知的財産権の「囲い」という項目において論じる。

77) これ以外にも複雑と思われる要素としては，浪費の問題を評価する際に用いられる時間軸の要素がある。無体物そのものは，文字どおりには浪費を観念できない。雅歌 (the Song of Solomon) のような，憧れと愛を謳った長編詩というアイディアは，決して朽ちることも腐敗することもない。それが書かれた媒体は色あせ，ぼろぼろになるかもしれないが，アイディアそのものは決してそうはならないのである。これを拡張解釈して，こうしたアイディアを対象とする財産権を想定し，それにロックの腐敗の但し書きを適用すれば，アイディアは決して朽ち果てることがないのだから，財産権も決して消滅しないと主張できるかもしれない。リンゴやどんぐりの場合と違って，アイディアの使用が不可能になることはないだろう。しかし，これにはただちに反論が返ってくる。なぜなら，ロックは，土地についても浪費を観念しうる資源として言及しているからである。土地はリンゴやどんぐりと異なり，文字どおりの意味では腐敗したり朽ち果てたりしない。したがって，ロックにとって資源は，たとえ実際に朽ち果てることがないとしても，それが長期間全く使用されない場合には，もはや腐敗したものということができるかもしれない。もし土地について浪費を観念しうるとすれば，アイディアについても同様である。また，ロックが著作権の保護期間を長期——著作者の生存中と死後70年間——に設定することを支持していたものの，その期間は決して無限定ではなかったことも思い出すべきである。

78) 最近の特許のケースがこの問題をわかりやすく説明している。すなわち，Rite-Hite v. Kelley, 56 F.3d 1538 (Fed. Cir. 1995) において，事業者は「第1世代」の技術について特許を保有していたが，実際に販売していたのは「第2世代」の技術を用いた製品であった。そうしたところ，第1世代の技術デザインを模倣する侵害者が現れた。裁判所は，特許権者の損害賠償請求を認容し，第2世代の技術にかかる製品の売上の減少を特許権者の損害として算定した。侵害者側は，特許権者がもはや第1世代の技術にかかる製品を販売していないことを理由に，損害額の減額を主張したが，裁判所はこの主張を退けた。侵害者が特許権者に損害を与えたことは事実であり，たとえその損害が第1世代の特許技術にかかる製品の売上減少という形をとらないとしても，特許権者はその損害の回復を求めることができるというのが，その理由である。つまり，裁判所は事実上，特許権者が第1世代の技術にかかる特許を利用して，第2世代の技術にかかる市場を守ることを認めたのである。この判決の反対意見は，こうした状況は特許法の制定時に議会が想定していたものではないと主張したが，多数意見はこれに同意せず，これも特許の適切な利用形態であると判断した。換言すれば，多数意見にとって，[第1世代の技術にかかる特許の有用性が] 第2世代の技術市場の保護に間接的に寄与するということで十分だったのである。

79) これらの問題についての最も優れた理論的な対応を，次の著作に見出すことができる．Suzanne Scotchmer, *Innovation and Incentives* (Cambridge, MA: MIT Press, 2004), at 103-107（青木玲子監修＝安藤至大訳『知財創出』（日本評論社，2008年）106-110頁）（特許権の保護範囲は特許法における「政策レバー」であると論じている）．

80) 一般的には以下を参照．Henry E. Smith, "Institutions and Indirectness in Intellectual Property," 157 *U. Pa. L. Rev.* 2083, 2101-2114 (2009)（知的財産法へのリアルオプション理論の適用について述べる）; Dan L. Burk, "Critical Analysis: Property Rule, Liability Rules, and Molecular Futures: Bargaining in the Shadow of the Cathedral," in *Gene Patents and Collaborative Licensing Models: Patent Pools, Clearinghouses, Open Source Models and Liability Regimes* (Geertrui Van Overwalle, ed.) (Cambridge: Cambridge Univ. Press, 2009) at 294, 298-305（知的財産法の具体的問題や制度編成への「リアルオプション理論」の適用について論じている）．

81) この議論に関連するのが，特許権と，著作権や商標権との違いである．特許法に基づいて権利が請求される発明の多くが，15年から20年の特許権の存続期間中に改良技術が開発されないという事態は実際に起こりうるし，そうした可能性を想定することもできるが，ロックのいう腐敗の但し書きが適用されるより先に特許権の存続期間が満了する場合がほとんどだろう．しかし，先に述べた他の知的財産権は，多くの場合，特許権よりもその存続期間がずっと長い．つまり著作権や商標権は，ほとんどの場合，特許権よりも狭い「範囲」でしか保護を享受しえないとしても，期間的には特許権よりもはるかに長期の保護を享受しうるのである．それゆえ，商標法には放棄の原則が存在し，商品の販売者が自己の商品を識別する目的で商標を現に使用している期間を超えて法的権利を維持することがないよう機能している．また，著作権法には各種の更新要件が存在しているが，それに加えて，公衆のフェアユースの権利を拡張することを通じて，著作権の保護範囲は時間の経過とともに実質的に縮小していくべきだと主張する研究者もいる．以下を参照．Joseph P. Liu, "Copyright and Time: A Proposal," 101 *Mich. L. Rev.* 409 (2002); Justin Hughes, "Fair Use Across Time," 50 *UCLA L. Rev.* 775 (2003)．これらのルール以外にも，エクイティ上の権利失効原則（doctrine of laches）が存在し，第三者が継続的に無断利用していたにもかかわらず知的財産権者が長年権利行使を怠っていた場合には，権利者が権利を復活させようとしても，当該原則によって阻まれる場合がある．これらの事例で適用される知的財産法原則の間には複雑な相互作用が存在しているが，こうした状況は，その所有する不動産の範囲が広すぎて全く活用されていない場合に敵対的占有（adverse possession）原則等によって所有権が削り取られるのと似ている．Michael Carrier, "Cabining Intellectual Property Through a Property Paradigm," 54 *Duke L. J.* 1 (2004)．

82) つまり私は，浪費の但し書きは，ロックの理論を知的財産に適用する際の鍵であり，知的財産のルールは体系的に浪費を促しており，それゆえロックの理論に基づく知的財産権はかなり制限されるべきであるという見解を暗に否定している．こうした見解について詳しくは以下を参照．Hull, "Clearing the Rubbish," supra; Damstedt, "Limiting Locke," supra.

83) John Locke, *Two Treatises of Government, First Treatise*, Chap. IV, § 42 (Peter Laslett, ed.) at 170（加藤節訳『完訳統治二論』90-91頁）．

84) 新約聖書の創世記第1章第28節には次のように書かれている．「神は彼らを祝福して言われた，『生めよ，ふえよ，地に満ちよ，地を従わせよ．また海の魚と，空の鳥と，地に動くすべての生き物とを納めよ』」（JA1955 Colloquial Japanese (1955)）．

85) ある意味で慈愛の但し書きは，所有権のいわゆる絶対性を制限する，他の内在的原則や黙示的原則の原型となるものである．その若干の背景については，Carol Rose, "Canons of Property Talk, or Blackstone's Anxiety," 108 *Yale L. J.* 601, 631 (1998)（「排他的支配権としての所有権」という概念は，「せいぜい漫画やたとえ話の類にすぎない」と指摘する）を参照．

86) この点については，第9章「開発途上諸国の特許と医薬品」で詳述する．
87) もっともこの問題に関しては，汚職，国境を越えた医薬品の不正取引，世代間衡平といった厄介な問題についても検討する必要があるように思われる．
88) たとえば，James Thuo Gathii, "The Structural Power of Strong Pharmaceutical Patent Protection in U.S. Foreign Policy," 7 *J. Gender, Race & Justice* 267（2003）（政府が支援する特許医薬品の寄付奨励プログラムは，強力なプロパテント政策が医薬品を本当に必要とする多くの人たちにその医薬品が届かない状況を生みだしているという現実を，隠ぺいしているにすぎないと指摘する）．
89) Amartya Sen, *Development as Freedom*（Oxford: Oxford Univ. Press, 1999）（石塚雅彦訳『自由と経済開発』（日本経済新聞社，2000年））．
90) 具体的には，前者の例として，知的財産権のエンフォースメント制度が存在しないかそのような仕組みが不十分な国からの裁定取引の問題を，後者の例として，文化の発展に寄与する財の生産を行うインセンティブの問題を，それぞれ挙げることができるだろう．
91) 文化の発展に関するこの主張が，人類の生存と繁栄というロックの見解の広範な解釈を擁護した先の私の主張と一貫しないことは，私自身十分承知している．本章の前半では，人類の繁栄ないし隆盛には職業的創作者の金銭的幸福に対する関心が含まれるという見解を打ち出した．専有における労働の合目的的な役割について議論した際，どんぐりやリンゴの採集というたとえ話から，先進国経済における所得水準の向上をためらうことなく推定した．しかし，慈愛の但し書きに関しては，こうした推定を行うことに反対する．ここでは，慈愛の但し書きが適用されるのは，身体的な生存の危機が差し迫っている場合や実際に困窮している場合に限られるという限定的な解釈を支持する．このような違いが生じるのは，次のような理由による．すなわち私の理解では，知的財産権とは権利であって，したがって強固な複数の主張であるのに対し，慈愛とは，そうした権利を真に制限するものではあるが，主だった主張から生みだされる，より規模の小さい副次的な主張を意味するにとどまる．多くの人は，私のこのような理解は大規模で深刻な不平等や不正義を覆い隠すために「リベラル」な政治理論を援用する類のものであるとして，賛同しないだろう．そうした異論には共感を覚えるものの，最終的には次のように言わざるをえない．つまりこれは，政治体制が個人の専有を支持するとはどういうことなのか，また，財産権が真の権利であるとはどういうことなのかを示しているにすぎない．そしてこうも付け加えておきたい．すなわち，これまでの歴史を振り返れば，慈愛の原理の適用をさらに推し進め，政治の世界における他の原理と等価な原理として，あるいは優越的な原理として慈愛の原理を確立しようとする試みがいろいろと行われてきたけれども，そうした試みはどちらかと言えば，よくても混沌や不況につながり，最悪の場合には強制収容所という結果となることもあったように思われる．このように考えると，財産権はそれほど悪いものではないように思われるのである．
92) これは，裁定取引が合理的な水準で維持されうることを前提としている．馬鹿にされてもかまわない——すなわち，貧しい国でさかんに自分の作品が複製され，ついには，ほとんどの国民がそれに市場価格を支払う余裕がある国でも，海賊版が出回るようになってもかまわない——と思う者など誰もいないと考えられるからである．
93) 開発途上国に利益をもたらす成果物に知的財産権が積極的に認められるようになることは，知的財産権を真の権利として考えるべきだとする見解を擁護するうえで役立ちうる．人権をテーマとする文献はこれまで，非常に貧しい人びとの利益を権利の地位にまで高めることの意義を確立しようと努めてきた．したがって，もし知的財産権が開発途上国の利益に結びつくようになれば，知的財産権を真の権利として考えることがもっとごく当たり前になるのかもしれない．たとえば以下を参照．Lawrence Helfer, "Human Rights and Intellectual Property: Conflict or Coexistence?"

Princeton Law and Public Affairs Working Paper No. 04-003（May 25, 2007），avail. at http://papers.ssrn.com/sol3/papers.cfm?abstract_id=459120; Susan Corbett, "A Human Rights Perspective on the Database Debate," 28 *Euro. Intell. Prop. Rev.* 83（2006）．また以下も参照のこと．Laurence Helfer & Graeme W. Austin, *Human Rights and Intellectual Property: Analysis and Sources*（Cambridge: Cambridge University Press, forthcoming 2011）．

第3章

1) 所有理論へのカントの貢献が法学者の間で認められるようになったのはつい最近のことにすぎない．もちろん，他の分野におけるカントの名声が比類なきものであることは言うまでもない．その代表作は有名な三批判書である．具体的には，『純粋理性批判』（*The Critique of Pure Reason*）（1781），『実践理性批判』（*The Critique of Practical Reason*）（1788），そして『判断力批判』（*The Critique of Judgment*）（1790）である．さらにこれらと『人倫の形而上学の基礎づけ』（*The Groundwork of the Metaphysics of Morals*）（1785）が，彼のきわめて広範な業績のなかでも最も重要な著作と考えられている．カントが所有権について論じているのは，『法論』（*The Doctrine of Right*（DOR），or Rechtslehre, reprinted in *The Cambridge Edition of the Works of Immanuel Kant: Practical Philosophy*（Mary J. Gregor, trans. and ed.）（New York: Cambridge University Press 1996）（以下，"Gregor"という）（樽井正義＝池尾恭一訳『カント全集11 人倫の形而上学』（岩波書店，2002年）（以下，樽井＝池尾訳『カント全集11』という））である．『法論』はもともと，*Anfangsgrunde der Rechtslehre*（Preussische Akademie der Wissenschaften [Prussian Academy] 2d ed. 1798）という表題で出版された．これが書かれたのは，カントの著作活動の最後の時期である．『法論』は，1791年に完成した『人倫の形而上学』（*The Metaphysics of Morals*）という大作の第1部をなすものである．第2部は『徳論』（Doctrine of Virtueまたは *Tuglundehre*）と呼ばれている．これらの著作には，数多くの翻訳と版が存在しており，そのすべてで頁番号が異なっている．そのため，ここでは，Prussian Academy版とGregor訳版の頁番号を引用することにする．『法論』は，『法論の形而上学的定礎』（*The Metaphysical Elements of Justice*）（reprinted 1999, John Ladd, trans.）（Indianapolis: Hackett Pub., 1999）と呼ばれることもある．これはかなり独特な翻訳であるものの，有益な特徴をいくつか備えている．そのため，これについては随時，"DOR, MEJ version, Ladd"として引用することにしたい．

2) カントの概念的アプローチの背景については，Brian Tierney, "Permissive Natural Law and Property: Gratian to Kant," 62 *J. Hist. Ideas* 301（2001）（「寛容な」自然法の伝統に関する一般的な説明のなかで，カントの概念的アプローチを，所有権と法一般に対する歴史的・経験的アプローチに対峙するものとして説明している）を参照．こうした自然法の伝統を擁護した中世の人物に関するより詳細な背景については，A. Brundage, *The Medieval Origins of the Legal Profession: Canonists, Civilians, and Courts*（Chicago: Univ. of Chicago Press, 2008），at 560 et seq.

3) 所有に対するヒュームのアプローチは，ロックの理論から若干の影響を受けている（ヒュームはその著作のなかで『統治二論』をたびたび引用している）ものの，より直接的には，ヒューム自身の知識，倫理，社会に関する包括的な理論からきわめて強い影響を受けている．そのため，その力点がロックの理論とは大きく異なっている．

4) David Hume, *A Treatise of Human Nature*, reprinted from the Original Edition of 1739 in three volumes and edited, with an analytical index, by L. A. Selby-Bigge, M. A.（Oxford: Clarendon Press, 1896），at Book III, Part 2, section 2, par. 3, avail. at http://oll.libertyfund.org/title/342/55219, accessed on November16, 2010（伊勢俊彦＝石川徹＝中釜浩一訳『人間本性論 第3

巻』(法政大学出版局,2012年) 40頁).
5) 「一艘のボートのオールを漕ぐ2人の人は,たがいに約束を交わしたわけではないが,一致ないし合意によってそうする」.Hume, *Treatise*, Book III, part 2, section 2, par. 10(同上44-45頁).
6) Samuel Fleischacker, *On Adam Smith's Wealth of Nations* 179 (Princeton, NJ: Princeton Univ. Press, 2004)(ヒュームの所有に対するアプローチが,アダム・スミスの所有に対するアプローチに影響を与えていることを明らかにしている).
7) ベンサムの所有論については,Jeremy Bentham, *Traités de legislation civile et pénale*, 3 volumes, translated by Etienne Dumont (Paris: Boussange, Masson & Besson, 1802); first published in English as *Theory of Legislation*, 1 volume, translated by Richard Hildreth (London: Kegan Paul, Trench, Trübner, 1864) を参照.ベンサムとヒュームがともに一致しているのは,所有権とは神から与えられた自然法上の権利ではなく,人間のニーズを満たすために発展した純粋に人工的な制度だという点である.ただし,ヒュームが慣習の果たす役割が大きいと考えているのに対し,ベンサムは,合法的に設立された国家が所有権とみなすものはすべて基本的に所有権だと考えていた.両者はともに,近代の実証主義的な所有権概念の形成に貢献した.
8) 一般的には以下を参照.Henry E. Smith, "Community and Custom in Property," 10 *Theoretical Inquiries L.* 5 (2009); Michael A. Heller, "The Boundaries of Private Property," 108 *Yale L. J.* 1163, 1193 (1999)(「法律関係の束という近代の比喩は,複雑な関係が断片化される可能性を見事に表現しているものの,この比喩では財産権の『物的側面』がうまく伝わらない」).リアリズム法学に立脚した財産権理論は,知的財産権の文脈において批判されてきた.そうした批判の主唱者は,法学者のアダム・モゾフである.モゾフは,初期のリアリズム法学派が,自己の財産権理論を説明するために知的財産法からいくつかの例を不適切に借用しているとも主張している.Adam Mossoff, "The Use and Abuse of IP at the Birth of the Administrative State," 157 *U. Pa. L. Rev.* 2001, 2010-2011 (2009).
9) ロックからヒューム,ベンサムを経て,それ以降へと続く財産権概念の発展をたどったものとして,Nestor M. Davidson, "Standardization and Pluralism in Property Law," 61 *Vand. L. Rev.* 1597, 1645-1646 (2008) を参照.
10) 一般的には以下を参照.John Henry Schlegel, *American Legal Realism and Empirical Social Science* (Chapel Hill: Univ. of North Carolina Press, 1995); Laura Kalman, *Legal Realism at Yale, 1927-1960* (Chapel Hill: Univ. of North Carolina Press, 1986).
11) Thomas W. Merrill & Henry E. Smith, "What Happened to Property in Law and Economics?" 111 *Yale L. J.* 357 (2001).一般的には,John P. Dwyer & Peter S. Menell, *Property Law and Policy: A Comparative Institutional Perspective* (Eagan, MN: Foundation Press, 1997) を参照.指摘しておかなければならないのは,今ここで取り上げているのが米国における状況だという点である.というのも,他の国では状況がかなり異なるからである.とりわけ欧州では,(財産権を含め) 私法の理論にカントの伝統が今なお色濃く残っており,このことは,他の私法分野と同様に知的財産法の分野においても当てはまる.たとえば,James Gordley, *Foundations of Private Law: Property, Tort, Contract, Unjust Enrichment* 15 (Oxford: Oxford Univ. Press, 2006).カントの主題,とりわけ欧州では今なお一般的にみられる知的財産権の「人格理論」についての古典的な見解として,Otto Friederich von Gierke, *Deutsches Privatrecht*, ed. K. Binding, 2 vols., Systematisches Handbuch der deutschen Rechtswissenschaft (Leipzig: Duncker & Humblot, 1895-1905)(石尾賢二訳『ドイツ私法概論』(三一書房,1990年))を参照.この他,以下の文献も参照.Neil Netanel, "Copyright Alienability Restrictions and the Enhancement of Author Autonomy: A Normative Evaluation," 24 *Rutgers L. J.* 347, 378 (1993)(大陸法系の著作権法に対するカントの影響について論じて

いる); Kim Treiger-Bar-Am, "Kant on Copyright: Rights of Transformative Authorship," 25 *Cardozo L. Rev.* 1059 (2008)(著作権政策に関する非伝統的な議論としてカントを引用している).

12) Immanuel Kant, *The Critique of Practical Reason* 12 (Mary Gregor, ed.)(Cambridge: Cambridge Univ. Press, 1997)(Prussian Academy Edition page 15)(中山元訳『実践理性批判 1』(光文社古典新訳文庫, 2013 年) 46 頁).「意志とは, 心に思い描いた像や観念 [=表象] に対応する対象を作りだす能力であるか, こうした対象を作りだすように自己を規定する能力, すなわち自らを原因として規定する能力である (ただし, こうした規定を行うために, 意志に十分な自然な能力があるかどうかは問われない). この能力では [理論的な使用の場合とは異なり] 理性は少なくとも意志を十分に規定することができるのであり, 意欲が問われる限り, 理性は客観的な実在性をそなえているからである」. 注意すべきは, この引用箇所に登場する「対象」という表現でカントが語ろうとしているのは, あらゆる目的ないし目標であって, 単なる物理的な物ではないという点である. 以下を参照. Andrews Reath, "Introduction to Kant," *Critique of Practical Reason* (Mary Gregor, ed.), supra, at xvi.

13) Arthur Ripstein, *Force and Freedom: Kant's Legal and Political Philosophy* 67 (Cambridge, MA: Harvard Univ. Press, 2009):「カントにとって, 外的な物——自らの人格以外の何か——を所有する権利とは, 目標を設定し, それを達成するために, 自らがその外的な物を支配できる権利にすぎない. 目標を設定し, それを達成するためには, 対象を利用する能力が必要であるが, こうした能力には物に対する確実な権原が必要不可欠である……あなたが自ら定めた目標を達成するために, ある物を自由に利用でき, そうするために他の誰からも同意を得る必要がないならば, あなたはその物を利用する権利を有しているといえる」.

14) 哲学者のアレン・ウッドがいうように,「しかしながらカントにおける道徳とは——それに基づく義務の内容は社会に関心が向けられているのかもしれないが——, 決して個人の行為に対する社会的な規制のことではない. それは, 自らの人生の方向性を自律的に決定する啓発された個人に関係するものなのである」. Allen Wood, "The Final Form of Kant's Practical Philosophy," in *Kant's Metaphysics of Morals: Interpretive Essays* (Mark Timmons, ed.)(Oxford: Oxford Univ. Press, 2002).

15) Kant, DOR 6:245, Gregor at 401 (強調原文)(樽井=池尾訳『カント全集 11』66 頁).

16) 一般に, Paul Guyer, "The Value of Reason and the Value of Freedom," 109 *Ethics* 22 (1998)(カントの自由に関する著作によって提起された, 理性と意志に関するいくつかの複雑な問題について論じている) を参照.

17) Paul Guyer, "Kantian Foundations for Liberalism," in *Kant on Freedom, Law, and Happiness* 235, 243 (New York: Cambridge Univ. Press, 2000).

18) ときに複雑な所有と占有との関係については, Joshua C. Tate, "Ownership and Possession in the Early Common Law," 48 *Am. J. Leg. Hist.* 280 (2006) を参照. また, Richard A. Epstein, "Possession as the Root of Title," 13 *Ga. L. Rev.* 1221 (1979) も参照.

19) この点で, カントはロックと明らかに異なる. というのも, ロックの示す例は, 詳細で, 拡張解釈や類推解釈に適したものであるため, まさにたとえ話と同じ機能を果たすからである. カントのきわめて抽象的な所有概念については, Ripstein, *Force and Freedom*, supra, at 86:「目的をもった人びとにとっては, 手段を有することが目標設定に先立つために, ある対象を自己の選択に従わせる権原は抽象的なものでなければならない. なぜなら, その権原は, 彼らの具体的な選択内容に影響されてはならないからである. あなたにとって決定の自由とは, 自分自身の目的のために自己の所有物を利用できる自由にほかならない」.

20) カントは,『人倫の形而上学の基礎づけ』(*Groundwork of the Metaphysics of Morals*) におい

て全く別の方向から同じ問題を指摘している。具体的には，同書において，意志の自律とは「意志の性質であって，この性質によって意志が意志自身に対して（意欲の対象の性質が何であろうとそれに依存することなく）一個の法則なのである」と定義している。*Groundwork* at 431.（平田俊博訳「人倫の形而上学の基礎づけ」『カント全集 7　実践理性批判・人倫の形而上学の基礎づけ』（岩波書店，2000 年）82 頁）．

21) カントは，なぜ体の一部を売ることが許されないのかという議論においても，同様の考えを明らかにしている。「あらゆる義務の原理は自由の使用と人間性の本質的目的との一致である。われわれはこのことを実例によって示そうと思う。人間は，己の手足を金銭のために売る権能をもたない。たとえ彼が，一本の指で 1 万ターレル［つまり，多額］を得るとしても事情は同じである。なぜなら，もし人間が上の権能をもっていれば，人間からすべての手足を買いとることができることになるからである。自由をもたない物件は思いのままに処置されうるが，それ自身自由な随意志を有する存在者はみだりに処置されえない。ところで，もし人間がそういうことをすれば，彼は己を物件となし，自らの人格を放棄したことになるから，誰でも彼を任意に取り扱いうることになる」．Kant, *Lectures on Ethics (1755-1780)* (trans. L. Infield) (Indianapolis: Hackett Publishing, 1963), at 124（小西国夫＝永野ミツ子訳『カントの倫理学講義』（三修社，1968 年）159-160 頁）．さらに詳しくは，以下の優れた論文を参照．Steven R. Munzer, "Kant and Property Rights in Body Parts," 6 *Can. J. L. & Juris.* 319 (1993).

22) Michael A. Heller, "The Boundaries of Private Property," 108 *Yale L. J.* 1163, 1193 (1999)（「法律関係の束という近代の比喩は，複雑な関係が断片化される可能性を見事に表現しているものの，この比喩では財産権の『物的側面』がうまく伝わらない」）．知的財産権への適用については，以下を参照．Michael J. Madison, "Law as Design: Objects, Concepts, and Digital Things," 56 *Case W. Res. L. Rev.* 381 (2005); Clarisa Long, "Information Costs in Patent and Copyright," 90 *U. Va. L. Rev.* 465, 471-474 (2004).

23) Merrill & Smith, "What Happened to Property," supra; Thomas W. Merrill & Henry E. Smith, "Optimal Standardization in the Law of Property: The *Numerus Clausus* Principle," 110 *Yale L. J.* 1, 3-9 (2000)（財産権の形式を標準化することで，取引費用を削減しうることを明らかにしている）．

24) 正確にいえば，私がここで主に論じているのは，カントが意志と呼ぶものの 1 つの側面，つまり「個人的な意志」である。もう 1 つの側面，すなわち普遍的で理性的な意志は，普遍的で集合的な理性の感覚に依拠したある種の「内的な立法者」である。カント研究者のルイス・ホワイト・ベックは，個人的な意志（ドイツ語で *Willkur* ［選択意思］）と普遍的で理性的な意志（ドイツ語で *Wille* ［意志］）の違いについて次のように述べている。「われわれは，意志の行為が自由であるとは言えない，なぜなら，意志は行為しないから。意志はただ選択意志が服従すべき法則を与えるだけであり，選択意志が行為するのである。ただし，意志の命令が意志自身の本性から導かれる点で，意志は自由である。意志は，ある任意的な目的を満足させることに没頭している選択意志に，自然の法則を取り次ぐことはしない。……意志は……命令する，しかも代理人としてではなく，支配者として命令する。意志への服従を通じて，選択意志は，その消極的自由［たとえば，身体的拘束からの自由］を積極的自由で補う。そして，その積極的自由は，純粋に理性的な意志……への［自発的な］服従により生じる。カントは，理性の立法の領域と分野について語るときにしばしばそうするように，政治的比喩を用いて，意志［普遍的で理性的な意志］は自律的でありそれ自体において自由である，つまり積極的な意味で自由である，と言う。選択意志は，自然と相対する消極的自由［つまり自然の拘束「からの自由」］が，純粋実践理性の法則に付属して行使される度合に応じて，この自律に参画する。［選択意志を通じて機能する］純粋実践理性は自発的に原型的自然の理念を

創造する．そして選択意志は，それを自らの対象と解することによって，そのような叡知的世界の形式を自然の世界に与える作用因となることができるのである」．Lewis White Beck, *A Commentary on Kant's Critique of Practical Reason* 180 (Chicago: Univ. of Chicago Press, 1960)（強調原文）（藤田昇吾訳『カント「実践理性批判」の注解』（新地書房，1985 年）221-222 頁（以下，藤田訳『カント「実践理性批判」の注解』という））．内的な「立法過程」には，個人が個人に法を課すことが含まれる．こうした自己立法システムによって，カントの思想において最も重要な価値である自律と自由が守られる．Andrews Reath, "Legislating the Moral Law," 28 *Noûs* 435 (1994).

25) ベックはわかりやすく説明しようと，次のように述べる．「したがって，選択意志は法則［つまり行為原理］に加えて行為への動機（Triebfeder）をも有する．他方，意志は動機を有しない」．Beck, *Commentary on Kant's Critique of Practical Reason*, supra, at 178（藤田訳『カント「実践理性批判」の注解』219 頁）．

26) この１つの側面が，意志の第１の概念である *Wille*［意志］である．

27) ベックは，意志の２つの意味に関し，厳格すぎる二分法を戒め，カントの複雑な自由概念のうちに両者の究極的な一元化の基盤を見出そうとする．Beck, *Commentary on Kant's Critique of Practical Reason*, supra, at 180（藤田訳『カント「実践理性批判」の注解』222 頁）．

28) たとえば，William Cronon, *Changes in the Land* (New York: Hill & Wang, 1983)（佐野敏行＝藤田真理子訳『変貌する大地』（勁草書房，1995 年））（入植者とアメリカインディアンがニューイングランドの景観に及ぼした影響全体について詳述している）．

29) 本章の後半では，知的財産法におけるパブリシティ権について議論するが，その際に私は，次のような主張さえ行っている．すなわち，芸能人がまだ駆け出しの頃に，自らの生まれつきの才能や身体的特徴（容姿，声など）を活かして公共のペルソナを意識的に形成する場合，ある意味で，それは見つけだした対象に影響を与えていることになる，と．

30) これに関連して，無体物の「非競合的」な性質が財産権の必要性を低下させるという見方に対する批判として，本書第２章の「ロックの共有概念とパブリックドメイン」の節における筆者のコメントを参照．この点に関係する議論として，Richard A. Epstein, "The Disintegration of Intellectual Property? A Classical Liberal Response to a Premature Obituary," 62 *Stan. L. Rev.* 455, 458 (2010)（「所有者が自らの所有物を物理的に占有することができないからといって，人は特定の財産を使用し，処分する排他的権利をもつことができないというわけではない．それが意味するのは，法制度はさらに成熟度を高め，今以上に大きな行政上の負担に対処できるようにしなければならないということにすぎない．私の考えでは，２つの財産権の制度が明らかに異なるからといって，有形財産の一般的な伝統まで軽視されるべきではない」）．

31) 情報化時代の財産権については，第８章「デジタル時代の財産権」で詳しく論じる．

32) ある研究者によれば，『法論』でカントが論じているのは，所有権ですらなく，単なる「使用権」だという．Kenneth R. Westphal, "A Kantian Justification of Possession," in *Kant's Metaphysics of Morals* 89-109 (Mark Timmons, ed.) (Oxford: Oxford Univ. Press, 2002). この分野における──特に互恵性に関する（本文前記参照）──カントの著作について，ウェストファルがきわめて説得力のある主張を展開しているのは事実だが，カントの議論が「使用権」に限定されると主張する点に関しては，ウェストファルは間違っているように思われる．Id., at 91. その理由は３つある．まず第１に，カントは，純粋な所有権を意味するラテン語の表現を一貫して用いている．Kant, DOR, 6:261, Gregor at 413（「カントは，本節の結論部分に該当する 6:270 で，物に対する完全な権利を意味する，『所有権』（Eigentum, dominium）という言葉を用いている」）．また次の文献も参照．Barry Nicholas, *An Introduction to Roman Law* 157 (Oxford: Oxford Univ. Press 1962)（「ローマ法における所有権の絶対性」を明らかにした節で，所有者（*dominus*）について論じている）．

第2に，カントは，『法論』のさまざまな箇所で，単なる使用権ではなく，多くの「所有権に付随する条件」についても述べている．たとえば，DOR, 6:271, Gregor at 422（「自分の所有を他の人に移転させることは，譲渡である」）(強調原文)（樽井＝池尾訳『カント全集11』102頁）．そして第3に，もしもカントが，対象へのごく限られた権利を擁護しているにすぎないとすれば，市民社会が所有権を保障する必要性を説くカントの論証構造の全体が合理性を欠くものとなってしまう．市民社会は，単なる占有にとどまらない「使用権」を保障するために必要であるとの主張はかろうじて妥当なものかもしれないが，これよりもはるかに論理的なのは，対象へのありとあらゆる権利――つまり完全な意味での所有権――の保護と管理の必要性こそが，国家の形成を促す原動力であるという主張である．

33) Kant, DOR, MEJ Version, Ladd at 44, Comment (b). さらに，DOR 6:248, Gregor at 402（樽井＝池尾訳『カント全集11』70頁）も参照．

34) カントはさらに続けて，次のように言う．「時間の条件に制約された占有に，それゆえに経験的な占有に依存することなく，それでも私はそうした対象を占有している，と考えることができなければならない」Id., at 45（樽井＝池尾訳『カント全集11』70頁）．

35) カントは，別の種類の占有についても言及している．それは，法律上の正当な利益の対象としての，家族における権威関係である．カントが，占有可能なものとして権威関係を含めることにより，きわめてリベラルな占有概念を示そうとしていることは明らかである．このように，カントの占有の理解は非常に包括的なものであるため，それに知的財産のカテゴリーを含めて考えることはたやすい．こうした単純な問題を理解するうえで，家族における権威というカントの概念の詳細に（あるいはそれに関する論争に！）立ち入る必要はない．

36) Immanuel Kant, "On the Wrongfulness of the Unauthorized Publication of Books (1785)," originally published 1785, reprinted as "On the Wrongfulness of Unauthorized Publication of Books (1785)," in *Cambridge Edition of the Works of Immanuel Kant: Practical Philosophy* (Mary J. Gregor, trans. and ed.) (New York: Cambridge Univ. Press, 1996)（以下，Prussian Academy版（前掲注1を参照）およびGregor訳版の頁番号で引用）（円谷裕二訳「偽版の違法性について」『カント全集13 批判期論集』（岩波書店，2002年）（以下，円谷訳『カント全集13』という））．この小論の「編集された」コピーおよび注釈については，以下でも見ることができる．*Primary Sources on Copyright* (1450-1900), ed. L. Bently & M. Kretschmer, www.copyrighthistory.org（表題は "On the Unlawfulness of Reprinting"）（以下，"Copyrighthistory.org version" という），with commentary written by Friedemann Kawohl, "Commentary on Kant's Essay On the Injustice of Reprinting Books (1785)," in *Primary Sources on Copyright* (1450-1900), supra. 注意すべきは，この小論の本文が，『法論』の一部に酷似している点である．おそらくカントは純粋にこの小論を書き換え，『法論』の関連する箇所に挿入したのだろう．Kant, DOR, II. What is a Book?, 6:289-291, Gregor at 437-439.

37) On the Wrongfulness of Unauthorized Publication, 8:79, Gregor at 29（円谷訳『カント全集13』39頁）．

38) この分野におけるカントの著作は，欧州で長きにわたって主流をなしている知的財産権への「人格に基づくアプローチ」の発展に多大な影響を与えている．たとえば，以下を参照．Francis J. Kase, *Copyright Thought in Continental Europe: Its Development, Legal Theories and Philosophy, A Selected and Annotated Bibliography* (South Hackensack, NJ: Fred B. Rothman, 1967); Neil Netanel, "Alienability Restrictions and the Enhancement of Author Autonomy in United States and Continental Copyright Law," 12 *Cardozo Arts & Ent. L. J.* 1, 17, 19 (1994). ヘーゲルの所有理論を特に重視しつつ，米国における人格理論をさらに深く掘り下げた先駆的論文としては，

Margaret Jane Radin, "Property and Personhood," 34 *Stan. L. Rev.* 957（1982）を参照．またこれに関連して，次の文献も参照．Paul Edward Geller, "Must Copyright be Forever Caught between Marketplace and Authorship Norms?" in *Of Authors and Origins* (Brad Sherman & Alain Strowel eds., New York: Oxford Univ. Press 1994).

39) たとえば，Copyrighthistory.org 版訳を参照．この解釈は，注 37 で私が引用した冒頭部分の翻訳者の解釈と矛盾しているように思われる．Id., at 2 を参照（同じ箇所を次のように翻訳している．「というのも，自分の思想に対する著者の所有権（ownership）は（まずそのような所有権は外的な権利に従って適用されると仮定して），どのような複写が行われようとも著者に残されているからである」）．明らかに注釈者は，"ownership" と真の property right の間に違いを見出しているか，あるいは括弧書きの挿入句について著作権を付与する実定法を否定するものとして解釈しているか，それともその両方のいずれかであろう．以下の文献も参照．Maria Chiara Pievatolo, "Freedom, Ownership and Copyright: Why Does Kant Reject the Concept of Intellectual Property?" working paper（July 2, 2010）, avail. at http://ssrn.com/abstract=1540095.

40) この小論においてカントが著者に広範で無制限な知的財産権を認めているとの主張には異論がある．第 1 に，カントは，書籍という有形の印刷物に対する所有権と，こうした印刷物に具現されている表現に対する著者の権利とを区別している．カントによれば，前者の所有権のみが真に対物的な（in rem）権利を付与するのに対し，著者が自らの表現に対して継続して保有する権利は，たとえば契約に基づいて付与される権利のように，対人的な（in personam）性質を有する．On the Wrongfulness of Unauthorized Publication, 8:79, Gregor at 29（円谷訳『カント全集 13』39 頁）．第 2 に，カントは，著者以外の人物による要約や翻訳が原著者の権利を侵害することはないと述べ，今日の基準に照らせば著者の権利の幅広い例外と思われるものを認める主張を行っている．On the Wrongfulness of Unauthorized Publication, 8:86-87, Gregor at 34-35（円谷訳『カント全集 13』49-50 頁）．こうした見解については，著作権法学者であるキム・トレイガー・バーアムが詳しく論じている．Kim Treiger-Bar-Am, "Kant on Copyright: Rights of Transformative Authorship," 25 *Cardozo L. Rev.* 1059（2008）．これに対して私は，まずこの小論の文脈と目的を強調したい．カント自身の著作の中には海賊版が作成されて出版されていたものがあり，18 世紀後期には著作権法が未発達であったために，当時の法律に基づいてカントが法的救済を受けられるのかという問題については，まだ答えが出ていなかった．（「もし書籍の出版一般についてのこのような［本小論の］理念が根底に置かれて，それが，十分に理解され，しかも（私は可能なことだと思っているのだが）ローマの法律学に必要なあの優美さをもって論じられているとするならば，海賊業者に対する訴えは，そのためさしあたり新たな法律を求める必要もなくして，十分に裁判にかけることができるであろう」．On the Wrongfulness of Unauthorized Publication, 8:87, Gregor at 35（円谷訳『カント全集 13』50 頁））．カントは，この小論を，最上の哲学的原理に厳密に沿って書くと称していたものの，本小論には，アドボカシー作品としての特徴が数多く見られる．実際，この小論には，法的信念と哲学的主張とが同じ割合で含まれている．したがって，カント自身が最も関心をもっていた事例——全文を直接複製する行為，すなわち海賊版の作成行為——に関連しない論点についてカントが容認しているとしても，それはある意味当然のこととして受け止めるべきである．次に，有形の印刷物に対する所有権と，その基礎となる表現に対する所有権とを区別するという，ややぎこちないカントの試みは，思い通りの成果を挙げていない．カントは自らの分析を始めるにあたり，著者と出版者との契約に焦点を当てている．そしてその分析では，この契約が，自己の著作に対する著者の利益の中心をなしている．契約とは対人的な（in personam）権利であるために，また，カントにおいては，書籍の購入者がその書籍について私有財産としての利益を手にした後でもなお，著者の手元には所有権の一部が留保されているという考え方は想定外であるために（On the

Wrongfulness of Unauthorized Publication, 8:80 n*, Gregor at 29（円谷訳『カント全集13』40-41頁））．カントの分析は全体として，書籍の所有者の「真」の財産的利益と，書籍の著者の人格的（あるいは曖昧な表現を用いれば非財産的）利益との区別に集中している．On the Wrongfulness of Unauthorized Publication, 8:79, Gregor at 29; 8:83, Gregor at 32（円谷訳『カント全集13』44-45頁）．この結果カントは，著者の評判に対する利益，つまり海賊版が出版された場合に侵害される利益を強調することになる．しかしこの権利——実のところ，今日であれば商標法に分類されると思われる権利——は，古典的な意味での対人的な（in personam）権利とは言いがたいものである．なぜなら，著者は出版者と契約を交わすかもしれないが，出版者は通常，書籍の購入者とは契約を交わさないし，カントの時代には皆無だったからである．換言すれば，著者と出版者との契約に焦点を当てることで，許可を得た出版者以外の当事者に対する著者の訴訟原因の存否や，許可を得ていない出版者に対する許可を得た出版者の訴訟原因の存否といった難しい問題が看過されているのである．おそらくカントの世界では，著者と出版者の世界はきわめて規模が小さいため，すべての関係者が，許可を得ている出版者はどこで，得ていないのはどこかを知っており，結果として許可を得ていない出版者は著者の契約上の利益を侵害しているとみなされ，現代でいうところの取引的不法行為の理論に基づいて，訴訟を起こすことができたのであろう．これは，カントが強調していると思われる著者の権利の準契約的性質とも整合的である．しかし，たとえこのことが当時は通用していたとしても，もはや現代においては通用しない．このことが浮き彫りにするのは，法的分析としてみれば，カントの議論は一定の条件に依存した概念的に射程の狭いものだということにすぎない．純然たる事実は，カントが述べる著者の利益に完全な権限と効力を与えるには，法律上の一般的な権利，すなわち「対世効を有する」権利が必要だということである．そして，そのような権利に該当するものは真の財産権しかない．したがって私は，カントが「自分の思想に対する著者の所有権」と言う場合，彼は，著者の法的権利の性質について語るべきことをすべて網羅していたと主張したい．

41) カントの哲学において，自由は常に多くの側面を有している．ヒュームのような経験主義者とは対照的に，カントは，私たちの行為は，経験上の出来事によって命じられたり，決定されたりするものではないと主張する．つまり，私たちはこうした制約を受けないと言えるのかもしれない．しかしカントは同時に，普遍的かつ理性的な共通原理に基づく，自由の自己規制的な側面についても述べている．私たちはこれらの原理に従うかどうかを自由に選択できる．この点は重要である．なぜなら，このようにしてカントは，気まぐれで利己的な自由の概念から距離を置いているからである．まさしくこの二重の衝動——普遍的で理性的な諸原理に関する本来の知識とそれへの関心とによって特徴づけられる広範な自律——が，内的な思考や選択，そして法社会的レベルでの行為を規律するのである．

42) Kant, *Critique of Judgment*, § 43（Werner S. Pluhar, trans.）(Indianapolis: Hackett Pub., 1987), at 170（Prussian Academy ed. at 303）（以下，COJという）（牧野英二訳『カント全集 8 判断力批判・上』(岩波書店，1999 年) 193 頁（以下，牧野訳『カント全集8』という））．これに続けてカントは，自然の創造——おそらく（本能に基づく）真のインスピレーションの最も純粋な形態であろう——を，自由に基づく意志の行為による産物と区別している．「たとえ蜜蜂の産物（規則正しく作られた蜂の巣）が好んで芸術作品と呼ばれるとしても，それでもこのことは，この〔産出による〕芸術との類比によってのみ生じる．すなわち，蜜蜂は，自分の仕事を固有の理性の熟慮に基礎づけていないことに思いつけば，これは蜜蜂の自然（本能）の産物であり，これは芸術として密蜂の創造者にのみ帰せられる，と人はただちに言うのである」．Id.（牧野訳『カント全集8』193 頁）．

43) たとえば，COJ § 49（Pluhar trans.），at 183（Prussian Academy ed. at 314-315）（牧野訳『カント全集8』209 頁）．ここでカントは次のように述べている．「ところで，ある概念の根底に構想

力の表象が置かれて，この表象はこの概念の描出に必要であるが，しかしこの表象は，それだけである規定された概念のうちに決して総括されないほど多くを考えさせるきっかけを与え，したがってこの概念そのものを無際限に美感的に拡張するとすれば，この場合，構想力は創造的であり，知性的諸理念の能力（理性）を活動させる．すなわち，ある表象をきっかけとして，その表象のうちで把捉され判明されうる以上のもの（これもやはり対象の概念に属する）を考えさせるのである」．

44)　「芸術は，……行為……であり，また芸術の産物ないし帰結は，作品（opus）……である」．COJ § 43 (Pluhar trans.), at 170 (Prussian Academy ed. at 303)（牧野訳『カント全集8』193頁）．

45)　Kant, DOR, 6:258, Gregor at 411（樽井＝池尾訳『カント全集11』84-85頁）．

46)　MEJ § 10, Ladd at 56. この部分は，Gregor版ではやや異なる訳になっている．「私の選択意志のどのような外的対象も，それを私のものとしてもつことが可能である．すなわち，ある格率に従い，その格率が法則とされると，選択意志の対象それ自体が（客観的に）だれのものでもない（*res nullius* 無主物）ことにならざるをえないとすれば，そうした格率は法に反している．というのも，私の選択意志の対象とは，それを使用することが身体によるなら私の力のうちにあるものだからである．にもかかわらず，それを使用することが法によると私の力のうちには全くない，つまり普遍的法則にてらしてだれの自由とも両立することができない（不法である），と言われるのであれば，自由そのものが，自由な選択意志が，その対象を使用するのを放棄することになるだろう．そうなってしまうのは，物件の使用において，選択意志は普遍的法則にてらしてだれの外的自由とも調和する形にはなっているが，しかしその選択意志が使用できる対象をあらゆる使用可能性の外におく，つまりそれを実践的観点からすれば無きものにし，無主物（*res nullius*）にすることによる」．Kant, DOR, 6:250, Gregor at 404-405（樽井＝池尾訳『カント全集11』67-68頁）．これに対しては，次のような異論があるかもしれない．すなわち，無主物（*res nullius*）とは国家に先立って存在するカテゴリーの財産であり，この無体物のカテゴリーに属するものは，単に法令によってではなく，その性質上，所有が不可能であると．カントはこれに対してさらに反論を加えるだろう．財産とは市民社会という組織の存在を前提とするものである（実際にはこの組織を生みだすものである）から，フォーマルな財産のカテゴリーが国家に先立って存在することはありえないというわけである．したがって，カントであれば，無主物というカテゴリーは，国家のスチュワードシップの下で共同所有される物，つまり共有物（*res communis*）に関連するカテゴリーに組み入れることになるだろう．たとえば，Kant, DOR § 10 6:258, Gregor at 411（カントによれば，市民社会の起源においては，新たに成立する国家に属する市民を，共通の目的によって統一しなければならないため，すべての対象はある意味で共有されており，自然状態（つまり原始状態）では，いずれの個人も，完全に法的な意味において対象を占有しているということはできない）．また，以下も参照．Ripstein, *Force and Freedom*, at Chapter 6, p. 145 et seq., "Three Defects in the State of Nature." いずれにせよ，無主物と共有物の違いはきわめて微妙である．Carol M. Rose, "Romans, Roads and Romantic Creators: Traditions of Public Property in the Information Age," 66 *Law. & Contemp. Prob.* 89 (2003).

47)　しかも，財産の再分配の妥当性をきわめて好意的に評価するカントの見解は，絶対主義的な所有権論とは明らかに相容れない．この点については，次の第4章を参照．さらに，以下も参照のこと．Samuel Fleischacker, *A Short History of Distributive Justice* (Cambridge, MA: Harvard Univ. Press, 2004), at 70-71（中井大介訳『分配的正義の歴史』（晃洋書房，2017年）104-106頁）（カントが強固で広範な所有権の概念――現代のリバタリアンには魅力的かもしれない――を示しつつ，それと同じ程度に，国家の再分配政策を広く擁護している点を対比している）．強力な所有権を支持しつつ再分配を支持するという一見矛盾した状態を解消するには，所有権が国家の存在，つまり団結した一般意志の産物に依存していること，そして，人びとが自らの意志を育て，表現するには

最小限の公的支援が必要であること，の２点を思い出す必要がある．Ripstein, *Force and Freedom*, supra, at 25-26（「国家は自立することができない人びとを支援しなければならないという要件は，人びとがともに法律を享有するための前提条件として，団結した意志が共有できなければならないということから生じている．……他を排除する権利［すなわち強力な所有権］が一般意志の対象となりうるには，自立することができない人びとに対する公的な支援を保障する以外に方法はない」）．

48) Oliver Williamson, *Mechanisms of Governance* (Oxford: Oxford Univ. Press, 1996), at 43（石田光男＝山田健介訳『ガバナンスの機構』（ミネルヴァ書房，2017年）49頁）．

49) このウィリアムソンの文献の要約としては，Robert P. Merges, "A Transactional View of Property Rights," 20 *Berkeley Tech. L. J.* 1477 (2005) を参照．

50) たとえば，Boosey & Hawkes Music Publishers Ltd. v. Walt Disney Co., 145 F. 3d 481, 487 (2d Cir. 1998)（「映画化権」のライセンスをめぐるこの裁判例では，ある映画の著作権を有するブージー・アンド・ホークス社が，当該映画のビデオ版制作に関して新たに別会社と契約を結ぶことができるはずだと主張したが，裁判所は，同社がもともと映画化権のライセンスを供与していたディズニー社側の主張を支持した．その際，裁判所は次のように述べた．「ディズニー社のライセンスの文言は，ビデオという形態での映画の配給を除外するものではなく，それを含むものとして解釈する方がより合理的である」）．さらに，以下の裁判例も参照．Cohen v. Paramount Pictures Corp., 845 F.2d 851 (9th Cir. 1988)（「テレビ放映」権について解釈）; Paramount Publix Corp. v. Am. TriErgon Corp., 294 U.S. 464 (1935)（「録音物」に対する権利について）．これらの裁判例における裁判所のアプローチを要約したものとして，3 Melville Nimmer & David Nimmer, *Nimmer on Copyright* § 10.10[B] (Albany, NY: Matthew Bender Publishing, 2010)（ライセンサー（創作者）にとって有利な，ライセンス範囲の狭い解釈――つまりライセンスの効力は，ライセンスが供与されたことが明確な核心に含まれる媒体だけに及ぶとする解釈――と，ライセンシーにとって有利な，ライセンス範囲の広い解釈――つまりライセンスの効力は，最初のライセンス供与時に想定されている利用形態に合理的に関連するすべての利用形態に及ぶとする解釈――とを，比較している）を参照．*Nimmer on Copyright* が後者のライセンス範囲の広い解釈――ライセンシーに有利な見解――を支持している点に関しては，私は，本文で明らかにした理由からこれに賛成できない．

51) 以下を参照．Ashish Arora & Robert P. Merges, "Specialized Supply Firms, Property Rights, and Firm Boundaries," 13 *Indus. & Corp. Change* 451-475 (2004); Merges, "A Transactional View of Property Rights," supra.

52) この状況は，経済学において主に生産要素の購入者の観点から検討されており，実際，「自社製造か市場調達か（make or buy）」という問題として知られている．つまり，生産要素の製造者を雇用するか，それとも彼らの独立を容認するか，どちらを選択するかという問題である．経済学の文献では，これは厳密な意味でのトレードオフのモデルとされている．ここでは，独立の企業が製造する生産要素の質を向上させることと，従業員に対する経営上の管理を強化することとがトレードオフの関係にある．すでに私が論じたとおり，規範的な要素をこの議論に取り入れることは有益かもしれない．厳密にみれば最適な生産形態ではないとしても，小規模企業の設立を奨励することは，それ自体望ましいアイディアかもしれない．Robert P. Merges, "Autonomy and Independence: The Normative Face of Transaction Costs," 53 *Ariz. L. Rev.* 145 (2011). もちろん，この規範的な要素の考慮を，効率性の懸念に対して厳密にどの程度優先させることが許されるべきなのかは，難しい問題である．私は，自律の促進という独立した規範的価値によって，効率性が大幅に低下しても仕方がないとは考えていない．どちらかといえば，こうした規範的要素は，トレードオフの等式における「プラスの要素」ぐらいに考えている．

53) Lawrence Lessig, *Free Culture* 8 (New York: Penguin Press, 2004)（山形浩生＝守岡桜訳

『Free Culture』（翔泳社，2004年）21頁）（「フリーなものとコントロールされたものとの大雑把な仕分けは，いまや消えた」結果，自由度の低下した文化が存在するようになり，そこでは，私たちの文化のうちに「許可を取ったうえ」でなければ使えない文化が増えていると述べる）．より包括的な議論については，本書第8章「デジタル時代の財産権」を参照．

54) 許諾の負担を引き上げることは著作者の権利を強化するうえで有益である．こうした許諾負担の引き上げを正当化するさらなる議論については，第8章「デジタル時代の財産権」を参照．なお，すぐ後で説明するように，カントが放棄を広範に認めているために，実際上の負担はいくぶん軽減されることになる点に留意すべきである．

55) Gottlied Hufeland, Wikipedia, avail. at http://en.wikipedia.org/wiki/Gottlieb_Hufeland を参照．

56) カントによる本書の書評は，Prussian Academy 版のカント全集で復刻されている．8 Royal Prussian Academy of Sciences, *Kant's Gesammelte Schriften* 128-129 (Berlin: Georg Reimer, later Walter de Gruyter & Co., 1990)（円谷裕二訳「G・フーフェラント著『自然法の原則にかんする試論』についての論評」『カント全集13 批判期論集』（岩波書店，2002年）54-56頁）．

57) Wood, "The Final Form of Kant's Practical Philosophy," supra, at 1-21, 7.

58) たとえば，以下を参照．James Boyle, *The Public Domain: Enclosing the Commons of the Mind* 42-53 (New Haven, CT: Yale Univ. Press, 2008); James Boyle, "The Second Enclosure Movement and the Construction of the Public Domain," 66 *L. & Contemp. Probs.* 33 (Spring 2003). これに関連して，ジョナサン・M・バーネットは，財産権化の政治経済学とでもいうべきメカニズム——すなわち，特定の状況下での競争のダイナミズムにより，企業が最適である以上に強力な知的財産権を追求するようになるメカニズム——を明らかにしている．Jonathan M. Barnett, "Property as Process: How Innovation Markets Select Innovation Regimes," 119 *Yale L. J.* 384, 414-443 (2009)（財産権の罠というテーマについて詳細に論じている）．

59) Robert P. Merges, "Locke Remixed;-)," 40 *U. C. Davis L. Rev.* 1259, 1262 (2007)（「膨大な量の知的財産権が，その所有者によって日々自発的に放棄されている」）．放棄に言及する論者は，アマチュア創作者らが知的財産権の不行使を頼りにしたいと思っても，放棄ではそうした人びとの利益を保護するのに十分ではない，と漠然と主張する．しかしこれでは，アマチュア創作の興隆が，創作物に対する過剰な財産権化と同時に生じた理由を説明できない．たとえば，John Quiggin & Dan Hunter, "Money Ruins Everything," 30 *Hastings Comm. & Ent. L. J.* 203, 246-247 (2008)（「通常，著作権者はわざわざ訴訟したりしないと言うだけでは解決になっていない．……より望ましい解決は，たとえば，著作物の非営利的な利用（たとえば，ブログ上での利用や他のアマチュアコンテンツでの利用など）は著作権侵害に当たらない，という原理を確立することであろう」）．

60) たとえば，Remix Theory Home Page, http://remixtheory.net/（November 16, 2010 にアクセス）（「現在のリミックスの可能性を検討するプロジェクトの主催，保存，促進」を目的としたインターネット上の情報源）．

61) 一般的には，Hal Varian & Carl Shapiro, *Information Rules* (Boston: Harvard Bus. School Press, 1998)（千本倖生＝宮本喜一訳『「ネットワーク経済」の法則』（IDGコミュニケーションズ，1999年））を参照．

62) http://creativecommons.org/; http://www.plos.org/. 一般的には，Wikipedia, "Open Access (Publishing)", at http://en.wikipedia.org/wiki/Open_access_(publishing) を参照．

63) 一般的には，Michael J. Madison, Brett Frischmann, & Katherine J. Strandburg, "Constructing Commons in the Cultural Environment," 95 *Cornell L. Rev.* 657 (2010)（交換され，販売され，共有される情報の文化「コモンズ」に規範がどのように寄与しているのか，そのプロセスを分析している）．

64) 同様の見解を，ローレンス・レッシグの著書に見て取ることができる．同書は，商業的利用と共有が混在する「ハイブリッド経済」の出現について論じている．この点で，私とレッシグの立場はきわめて近い．ただし，お互いの出発点はおそらく異なっている．Lawrence Lessig, *Remix: Making Art and Commerce Thrive in the Hybrid Economy* (New York: Penguin Press, 2008)（山形浩生訳『REMIX』（翔泳社，2010 年））．

65) Robert P. Merges, "A New Dynamism in the Public Domain," 71 *U. Chi. L. Rev.* 183 (2004) を参照．

66) 特定の作品がある分野を代表する作品であるために，利用制限のより少ない代替作品が実質的に存在しない場合でも，やはり知的財産法は，批判（「イデオロギーとしてのバービー」と題する小論やそれに特化したウェブサイト）の登場や，評釈（「『リトルマーメード』の狭い世界観への反論」と題する小論）の登場を容認しており，そればかりか，パロディ（ホグワーツ魔法魔術学校や「ハリー・ポッター」シリーズをもじった戯曲）の登場まで容認している．しかし，こうした代表的な作品の商業的リミックスは，知的財産法によって禁止することができる．これは自由の制限だろうか．答えはイエスである．しかしそれには確たる理由があり（代表的な作品を支援するため），しかもその制限は限定的なものである（そうした作品からアイディアを借用し，そのアイディアを自分の作品に基本的なアイディアとして取り入れること，あるいはそうした作品を批判したりコメントを加えること，そしてパロディを作ることは，常に許される）．

67) 言うまでもないことだが，ここで私が想定しているのは，Robert Nozick, *Anarchy, State and Utopia* (New York: Basic Books, 1974)（嶋津格訳『アナーキー・国家・ユートピア』（木鐸社，1992 年））である．

68) カントの理論のこの側面について，自然法に基づき言及したものとしては，以下の論文が興味を引くだろう．Brian Tierney, "Permissive Natural Law and Property: Gratian to Kant," 62 *J. Hist. Ideas* 381 (2001), especially at 395 (quoting from MEJ, Ladd at 36).

69) Kevin E. Dodson, "Autonomy and Authority in Kant's Rechtslehre," 25 *Pol. Theory* 93, 99 (1997)（カントの DOR を引用している）．

70) Westphal, "A Kantian Justification of Possession," supra, at 103.

71) 第 4 章では，何も所有していない人びとの処遇について論じる．

72) Andrew Botterell, "Property, Corrective Justice, and the Nature of the Cause of Action in Unjust Enrichment," 20 *Can. J. L. & Juris.* 275 (July 2007)（不当利得という訴訟原因にカントの理論を適用する）．第 5 章では改めて，原状回復——伝統的な法律上，政策上の手段——という表現をゴードン教授が用いたことについて，「中層原理」の使用例，つまりより深層の規範的論点に関する合意の必要性を回避するための共通の概念的表現を使用した例として論じる．したがって私は，ゴードン教授の主張がカントの所有理論と完全に一致するものと考える．しかし，筋金入りの功利主義者であっても，あるいはカントのアプローチを否定する人びとであっても，原状回復に関するゴードン教授の議論に加わることは可能である．これは第 1 章で私が言わんとしたこと，すなわち，知的財産分野の「下層には空間」が存在すること，つまり規範的基盤に関して多元主義を受け容れる余地が存在することの例証である．

73) Kant, DOR, Intro. § C, 6:230, Gregor at 387（樽井＝池尾訳『カント全集 11』49 頁）．

74) カントにとって，「格率」とは行為の規則である．Robert Paul Wolff, "The Completion of Kant's Moral Theory in the Tenets of the Rechtslehre," in *Autonomy and Community: Readings in Contemporary Kantian Social Philosophy* 39, 41 (Jane Kneller & Sidney Axinn, eds.) (Albany, NY: SUNY Press, 1998).

75) Wolff, "The Completion of Kant's Moral Theory," supra, 39-61, at 41.

76) 定言命法との関連は，『法論』の序論を読めば明らかである．たとえば，Kant, DOR, § III, 6: 225, Gregor at 379（樽井＝池尾訳『カント全集 11』41 頁）(「何が拘束性をもつかだけをもっぱら言明する定言命法は，同時に普遍的法則として妥当しうる格率に従って行為せよ，である．――それゆえ汝は，汝の行為をまずその主観的原則に即して考察せねばならない．しかし，この原則が客観的にも妥当するかどうかは，ただ次のようにして明らかにすることができる．すなわち，汝の理性がこの原則を吟味し，これによって汝が同時に普遍的に立法すると想定してみることで，その原則にそのような普遍的立法の資格があるのかどうか，によってである」)．カントのきわめて体系的な哲学における定言命法と権利の普遍的原理との厳密な違いとしては，次のようなものがある．① 定言命法とは，内的で自己規制的な道徳過程に関わる倫理規則であって，個人の自由意志を抑制するものである．一方，②権利の普遍的原理とは，外部から法によって課せられた義務に関するものであって，このような義務は「一般意志」，つまり法に基づく，理想化された理性的意志もしくは権限の産物である．両者の関係は複雑であり，ちょっとした議論の的になる．それゆえ，悪法は「本当に」法なのかという伝統的な法哲学上の論争，すなわち法実証主義と自然法との対立をめぐる議論に，カントの理論を取り入れることには問題がある．こうした争点への対処をカントが難しくしている点については，次の一節を検討していただきたい．「法的立法による義務は，ただ外的な義務である．というのは，この立法は，内的な義務の理念がそれだけで行為者の選択意志の規定根拠となることを要求せず，だがそれは，やはり法則に適合する動機を必要とするから，ただ外的な動機だけを法則に結びつけうるからである．それに対して，倫理学的立法は，なるほど内的な行為を義務とするのではあるが，それでも外的な行為を除外することはなく，むしろ義務のすべてに関係するのである．しかし，倫理学的立法が行為の内的動機（義務の理念）をその法則に含み，そしてこうした規定が決して外的立法へと含み入れられてはならないというまさにその理由で，倫理学的立法は，外的な立法（神の意志のそれであっても）ではありえない．たとえそれが，他の立法，つまり外的立法に基づく義務を，義務として，その立法の動機に採用することがあるとしても，なのである」．DOR, 6:219, Gregor at 383-384（樽井＝池尾訳『カント全集 11』33-34 頁）．おわかりいただけただろうか．一般的には以下を参照．George P. Fletcher, "Law and Morality: A Kantian Perspective," 87 *Colum. L. Rev.* 533, 537 (1987); Jeremy Waldron, "Kant's Legal Positivism," 109 *Harv. L. Rev.* 1535 (1996). この主題に関するフレッチャー教授の業績について論じ，批判を加えたものとしては，Peter Benson, "External Freedom According to Kant," 87 *Colum. L. Rev.* 559 (1987). 定言命法が内包する複雑さ，そしてカントによる定言命法の多様な定式化を検討したものとしては，Paul Guyer, "The Possibility of the Categorical Imperative," 104 *Phil. Rev.* 353-385 (1995). 著名なカント研究者が広範な定言命法の一端について論じたものとしては，Onora O'Neill, *Constructions of Reason: Explorations of Kant's Practical Philosophy* (Cambridge: Cambridge Univ. Press 1989)（知識および行為の妥当性に対する共同体の擁護がカント哲学の中核をなすという意味で，彼の認識論ですら，定言命法に従属していると主張する）．

77) B. Sharon Byrd & Joachim Hruschka, "The Natural Law Duty to Recognize Private Law Ownership: Kant's Theory of Property in His Doctrine of Right," 56 *U. Tor. L. J.* 217, 219-221 (2006).

78) 一般的には，Robert B. Louden, "Kant's Virtue Ethics," 61 *Phil.* 473 (1986) を参照．

79) Byrd & Hruschka, "The Natural Law Duty to Recognize Private Law Ownership," supra, at 221 (「土地とその上に存する物からなる原初の共同体において，私たちは，……自らが好む外的選択対象を，自らが望むだけの期間，自らが選択する目的にかかわらず利用することができる自由に関して，法を制定する．そして，この共同体内の私たちの立法は，アプリオリかつ必然的に統一された全員の意志から生まれるものである．まさにこの意志ゆえに，各個人は，他人がすでに取得し，

自らのものであると宣言した選択対象に干渉することを禁止されるのである。つまりアプリオリかつ必然的に統一された全員の意志は，外的な対象物の利用時の衝突を避けるために，個人の財産所有を認め，これを保障するのである」）．

80) Jeremy Waldron, *God, Locke and Equality: Christian Foundations in Locke's Political Thought* (Cambridge: Cambridge Univ. Press, 2002).

81) たとえば，Yochai Benkler, *The Wealth of Networks: How Social Production Transforms Markets and Freedom* 60 (New Haven, CT: Yale Univ. Press, 2007)（「コモンズに基づくピアプロダクション」は一時的な流行にとどまるものではなく，デジタルプロダクションのエコロジーを根本から作り変える可能性を秘めたものであるとして，これを高く評価する）．包括的な議論については，第 8 章「デジタル時代の財産権」を参照．

82) COJ§49（牧野訳『カント全集 8』213-214 頁，篠田英雄訳『判断力批判（上）』（岩波文庫，1964 年）275-276 頁）．天才と「規則」の関係については，以下を参照．Orrin N. C. Wang, "Kant's Strange Light: Romanticism, Periodicity, and the Catachresis of Genius," 30 *Diacritics* 13-37 (2000), at 24（脚注省略）（「天才によって，規則や概念のようであるが規則や概念ではないものが与えられ，それによって，美の芸術的創造が実現する……したがって，カントにとって天才は 2 つの方法で芸術に規則をもたらす．第 1 に，美しい芸術がその概念的性質と非概念的性質の矛盾を解消することを可能にする原初的な非規則として，そして第 2 に，模倣を行う芸術的な人たちにとっての通常の規則となる非規則として，である」）．また，以下も参照．Paul Guyer, "Kant's Ambitions in the Third Critique," in *The Cambridge Companion to Kant and Modern Philosophy* 538, 538 (Paul Guyer, ed.) (Cambridge: Cambridge Univ. Press, 2006)（カントにとって，「美に関する私たちの判断や実践を明確な原理によって根拠づけることができないとしても，それらには理性的な根拠がある」）．

83) Milton C. Nahm, "Creativity in Art," in 1 *The Dictionary of the History of Ideas: Studies of Selected Pivotal Ideas* 577, 588 (Philip P. Wiener, ed.) (New York: Charles Scribner's Sons, 1973-1974), avail. at http://virgobeta.lib.virginia.edu/catalog/uva-lib:497916（佐藤栄利子訳「創造性（芸術における）」フィリップ・P. ウィーナー編『西洋思想大事典第 3 巻』（平凡社，1990 年）203 頁）．さらに以下も参照．Milton C. Nahm, *The Artist as Creator: An Essay of Human Freedom* 54-55 (Baltimore: Johns Hopkins Univ. Press, 1956)（カントの『判断力批判』におけるインスピレーションとイマジネーションの発露の違いについて詳細に論じている）．

84) 実際，カント研究者のポール・ガイヤーによれば，この一節は，新たな天才の解釈を提示することで，天才とは稀有な幸運が単発的に生じる例であるという伝統的な理解を乗り越えただけでなく，芸術の世界におけるある種の恒久的なアバンギャルドに道を拓いた．ガイヤーは次のように述べる．「イマヌエル・カントは，天才が，独創性の模範として芸術史にイノベーションを継続的にもたらす誘因となることを認めた最初の人物である……」．Paul Guyer, *Values of Beauty: Historical Essays on Aesthetics* (Cambridge: Cambridge Univ. Press, 2005), Chapter 10: "Exemplary Originality: Genius, Universality and Individuality," at 242. ガイヤーによれば，「芸術における果てしないイノベーションの時代」である現代には，カントの構想がふさわしい．Id. ガイヤーは，18 世紀の「天才の使徒」（驚くなかれ，ジョン・スチュアート・ミルもこれに含まれている）のなかでも，特にカントについて考察している．それによれば，カントは，他の使徒とともに，「真の芸術的イノベーションと個性」がもたらす費用と便益の双方を率先して把握し，結果として芸術における変化と継続性に関する新たな解釈に道を拓いた人物であった．

85) Paul Guyer, *Kant and the Claims of Taste* (Cambridge: Cambridge University Press, 2d ed. 1997), at 2.

86) Richard Eldridge, *The Persistence of Romanticism: Essays in Philosophy and Literature* (Cambridge: Cambridge Univ. Press, 2001), at 75.
87) ナームはこの点を次のように表現している．「生産性は気まぐれではない，とカントは主張する．天才もあらゆる規則の拘束を振り棄てることはできず，想像力自体が（因果性，関係性，必然性，等々の範疇の源たる）悟性の法則に従わなければならないのである」．Milton C. Nahm, "Creativity in Art," supra, 577, 588 (New York: Charles Scribner's Sons, 1973-1974), avail. at http://virgobeta.lib.virginia.edu/catalog/uva-lib:497916（佐藤栄利子訳「創造性（芸術における）」前掲注 83) 203 頁）．
88) Richard Eldridge, *The Persistence of Romanticism*, supra, at 75. エルドリッジによれば，カントのこうした側面が，T・S・エリオットの評論『伝統と個人の才能』の発想源となったという．Id., at 76. エルドリッジはさらに，言語を吸収する私たちの能力に似た，自由に対する「二次的」な能力についても言及している．私自身，それとなく気づいているのは，この点は，独創性や知的財産について私が語ろうとしていることを表現するうえで参考になるということである．つまり，私たちの法が重視すべき事項——そして私の考えでは，多くの点で知的財産権の深層の論理が重視すべき事項——とは，「一次的」な表現作品の保護を通じて，この二次的な能力を刺激して創造性を豊かにすることであるように思われる．
89) もちろんこれは，ロックの著作の文脈を考えれば，全く理に適っている．というのもロックは，伝統的な君主制こそが英国における唯一の正当な政治体制だという主張に対抗して，主権者たる人民が政府の基本的形態を再構築する権利をもつという主張（つまり 1688 年の名誉革命）を擁護しようとしたからである．
90) Ripstein, *Force and Freedom*, supra at 24（「立法府は，法律を制定することで，その法律が制定されなければ存在しなかったであろう義務を市民に課すことになる．所有者のいない財産の取得は，私権が，こうした公権力との関係を前提にしていることを明らかにする．つまりある人が，自らの意志に基づいて行動する場合，その財産に近づいてはならないという新たな義務を一方的に他者に課すことになる．こうした一方的な行為は，より一般的で，かつ全方位的な承認が得られる場合にのみ，他者の自由と両立しうる．そして，かかる全方位的な承認が得られるのは，正当な条件下においてのみ［つまり，確立された市民社会においてのみ］である．私人間の紛争を解決するという行為や，拘束力ある決定をエンフォースするという行為をはじめ，他のいかなる法的行為にも，これと全く同じ理由から，法的承認が必要となる］）．以下も参照．Byrd & Hruschka, *The Natural Law Duty to Recognize Private Law Ownership*, supra, at 221.
91) たとえば，John Umbeck, *A Theory of Property Rights: With Application to the California Gold Rush* (Ames: Iowa St. Univ. Press, 1981). また以下も参照．Robert C. Ellickson, *Order without Law: How Neighbors Settle Disputes* (Cambridge, MA: Harvard Univ. Press, 1994).
92) たとえば，以下を参照．Dotan Oliar & Christopher Sprigman, "There's No Free Laugh (Anymore): The Emergence of Intellectual Property Norms and the Transformation of Stand-up Comedy," 94 *Va. L. Rev.* 1787 (2008); Robert P. Merges, "Contracting into Liability Rules: Intellectual Property Rights and Collective Rights Organizations," 84 *Cal. L. Rev.* 1293 (1996)（一定の限られた状況における「私的知的財産制度」の台頭について述べる）; Robert P. Merges, "Property Rights Theory and the Commons: The Case of Scientific Research," 13 *Soc. Phil. & Pol'y* 145-167 (1996)（科学研究者間の取引では，社会規範がフォーマルな法的権利を修正している）; Robert P. Merges, "From Medieval Guilds to Open Source Software: Informal Norms, Appropriability Institutions, and Innovation," Conf. on the Legal Hist. of Intell. Prop., Working Paper (2004), avail. at http://ssrn.com/abstract=661543（ギルドは，前近代における知的財産のエンフォースメント制度

である．ただし，技術が「公知」になりすぎて，集団の秘密を実効的に維持できなくなったときにはギルドは有効でない); Robert C. Allen, "Collective Invention," 4 *J. Econ. Behavior and Org.* 1 (1983)（産業革命期における情報の相互共有について）．より包括的な議論としては，Michael J. Madison, Brett Frischmann, & Katherine J. Strandburg, "Constructing Commons in the Cultural Environment," 95 *Cornell L. Rev.* 657 (2010)（交換され，販売され，共有される情報の文化「コモンズ」に規範がどのように寄与しているのか，そのプロセスを分析している）．フォーマルな知的財産権に取って代わる特定の規範の有効性については，一部の研究者の間で議論がある．以下の2つの論文を比較されたい．Kal Raustiala & Christopher Sprigman, "The Piracy Paradox: Innovation and Intellectual Property in Fashion Design," 92 *Va. L. Rev.* 1687 (2006)（知的財産権による保護を受けないという共通規範が，実際にはファッション業界におけるさらなるイノベーションを生みだしており，これは他の業界でもイノベーションを生みだす原動力になりうると主張する); C. Scott Hemphill & Jeannie Suk, "The Law, Culture, and Economics of Fashion," 61 *Stan. L. Rev.* 1147 (2009)（人気の高いファッションデザインをすぐさま模倣する行為は，ファッションのイノベーションを阻害するため，知的財産制度は，ファッションに対して最低限の保護を与える立法を行うべきだと説得的に論じている）．

93) たとえば，Millar v. Taylor, 4 Burr. 2303, 98 Eng. Rep. 201 (K.B. 1769); Donaldson v. Beckett, 2 Brown's Parl. Cases 129, 1 Eng. Rep. 837; 4 Burr. 2408, 98 Eng. Rep. 257 (1774)．また，米国の裁判例として，Wheaton v. Peters, 33 U.S. (Pet. 8) 591 (1834).

94) 以下を参照．Benjamin Kaplan, *An Unhurried View of Copyright* (New York: Columbia Univ. Press, 1967), at 15; Mark Rose, "The Author as Proprietor: *Donaldson v. Becket* and the Genealogy of Modern Authorship," 23 *Representations* 51 (1988). 一般的には，Lyman Roy Patterson, *Copyright in Historical Perspective* 175 (Nashville, TN: Vanderbilt Univ. Press, 1968) を参照．

95) Jane Ginsburg, "A Tale of Two Copyrights: Literary Property Rights in Revolutionary France and America," 64 *Tul. L. Rev.* 991 (1990). また次の文献も参照．Adam Mossoff, "Rethinking the Development of Patents: An Intellectual History, 1550-1800," 52 *Hastings L. J.* 1255 (2001)（米国特許法の発展における自然法的な側面を強調している）．

96) 簡単にいえば，カントは，自然状態が市民社会の有効な基盤となるという考えを否定している．その理由としてカントは，①適切に設立された国家は，個人がもちえない権限を有しているため，その構成員が，各々の権限を結集するという1つの合意を結んだとしても国家を形成することはできないこと，そして②ある世代の構成員で形成される自発的なつながりは，それ以降の世代に属する自律的な個人を有効に拘束できないこと，の2点を挙げる．リプスタインが指摘するように，「[たとえば，ロックが述べるような]伝統的な慣習は，一体どのような根拠に基づいて，その当事者でない人びとを拘束するのだろうか」．Ripstein, *Force and Freedom*, supra, at 148. 同じようにカントは，所有権の根拠を，自らの身体に対する個人の権利におくことは無益であると主張している．所有権にとって鍵となるのは，それが，所有者の人格を拡張するものであると同時に，他者――第三者――を拘束し，他者の自律を制限するものである，という点である．一方的な専有行為が，一方的な選好または意志にのみ基づくのであれば，そうした行為は他人を拘束しえないとカントは主張する．つまり，他者の自由を正当に制限するには，そうした行為が正当な政治体制に基づくものでなければならない．換言すれば，適切に創設された国家の全方位的な意志の承認を得たものでなければならないというわけである．Ripstein, *Force and Freedom*, supra, at 149-150.

97) Guyer, "Kantian Foundations for Liberalism," supra, at 235. ガイヤーは，表現の自由などの権利と所有権とを比較している．ガイヤーによれば，国家による表現の自由の制限は，所有権に対する規制とは異なり，許されるべきでない．なぜなら，個人の信念は相互の合意に左右されるもので

はないからである．Id., at 237-238. 以下も参照．Andrews Reath, "Review Essay: Value and Law in Kant's Moral Theory," 114 *Ethics* 127, 129（2003）（ガイヤーの著作を取り上げ，詳しく論じている）．ほかにも，Ripstein, *Force and Freedom*, supra, at 155（適切に創設された国家は，財産の取得をすべて禁止することはできないであろうが，「さまざまな方法で——たとえば，将来の世代のために，ある区画を自然保護区として残しておくといった形で——，原始的な取得を制限する」ことはできるだろうと主張する）．知的財産権の存続期間の制限はまさしくこの例に該当する．

98) たとえば，Adam Mossoff, "Patents as Constitutional Private Property: The Historical Protection of Patents under the Takings Clause," 87 *B. U. L. Rev.* 689（2007）を参照．

99) 「しかし，自然の形而上学においては実際，自然一般の普遍的な最上の原則を経験の対象に適用するための原理が存在せばならないのと同様に，人倫の形而上学も適用の原理をもたないわけにはいかない．そして，われわれはしばしば，経験によってのみ認識される人間の特殊な本性を対象として取り上げ，それに即して普遍的な道徳原理からの帰結を導いていかなければならないであろう．けれども，そうすることによって，道徳原理の純粋性が少しでも損なわれるというわけでもなければ，またそうすることで，その原理のアプリオリな起源が疑われるわけでもないのである．——以上のことは，人倫の形而上学は人間学を基礎とするものではなく，かえって人間学に適用されうるものであるということを，述べたにすぎない」．Kant, DOR, Introduction §I, 6:216-217, Gregor at 372（強調原文）（樽井＝池尾訳『カント全集 11』30 頁）．実際，ある意味で，経験上の事実は，カントのいう法の基本原理の公式化に影響を与えている．「法の概念は，純粋ではあるが実践（経験に現れる諸事例への適用）を目指す概念であり，したがって法の形而上学的体系がその［法の概念の］区分を完全なものにするには（それは理性の体系を構築するには不可欠の要請である），その区分に際して経験における事例の多様性をも考慮しなくてはならないだろう」．DOR (MEJ version), Preface, Ladd at 1（樽井＝池尾訳『カント全集 11』15 頁）．ここでのニュアンスを詳しく論じたものとしては，Jeremy Waldron, "Kant's Legal Positivism," 109 *Harv. L. Rev.* 1535（1996）．このことが，法哲学における自然法と法実証主義との間の伝統的な論争といかに関わっているのかについては，George P. Fletcher, "Law and Morality: A Kantian Perspective," 87 *Colum. L. Rev.* 533, 537（1987）を参照．

100) Kant, DOR Introduction, §I, 6:216, Gregor at 371（樽井＝池尾訳『カント全集 11』29-30 頁）（「理性は，いかなる行為がなされるべきであるかを，たとえその実例がまだ見出されてはいなくても，命令するのである．理性はまた，その行為によってわれわれに生じうる利益を顧慮することもない．そういった利益を教えることができるのは，もちろん経験だけである．なぜなら，たとえ理性が，われわれにとって可能なあらゆる仕方でその利益を追求することを許すとしても，そのうえさらに，経験に則していえば，理性の命令を遵守することに，とりわけ思慮がそこに加わる場合，その命令に違反するよりも，概して大きな利益がおそらくは約束されていようとも，それでも命令としての理性の指図に備わる権威は，利益の顧慮にあるのではないからである」）．ほかにも，Ripstein, *Force and Freedom*, supra, at 148-149（慣習や効率性に基礎をおいた取り決めと正当なカント的国家に根ざした取り決めとの違いを指摘する）参照．

101) Robert P. Merges, Peter S. Menell, & Mark A. Lemley, *Intellectual Property in the New Technological Age*（New York: Aspen Publishers, 5th ed., 2010）, at 1020-1051 を参照．

102) こうした人的資本の占有を妨げる行為というのは，どのような行為であろうか．たとえば，プロのクラリネット奏者を目指す若者に，国の職業割当省が生花店や道路の舗装現場で働くよう命じることがこれに該当するかもしれない．俳優を目指す若者全員に，国が後援する愛国的な再現ドラマに出演するよう義務づけることもそうかもしれない．また，スポーツ選手を志す若者に，国が後援する刑務所や学校でスポーツインストラクターをするよう命じることもこれに該当するだろう．

これらはいずれも極端な例だが，将来有望な素質やペルソナといった対象をある人物が占有することを外部の力が妨げるとはどういうことなのかを明らかにしている．これはもちろん，対象や占有に関する広義の理解であるが，カントの所有に対するアプローチと完全に整合する．

103) 著作者人格権は財産権に似た特徴をもち，創造的な人びとの唯一無二の個人的な特徴を保護している．そのため，一部の研究者は，著作者人格権を，カントの思想を反映するものとして捉えてきた．Leslie Kim Treiger-Bar-Am & Michael J. Spence, "Private Control/Public Speech" (working paper, 2010), avail. at http://ssrn.com/abstract=1020882. たしかに，パブリシティ権と著作者人格権の双方に共通する法理上の根拠は自律の概念であって，これはカントの主張する観念以外の何物でもない．著作者人格権に関する最近の優れた著作として，Roberta Rosenthal Kwall, *The Soul of Creativity: Forging a Moral Rights Law for the United States* (Stanford, CA: Stanford Univ. Press, 2009).

104) 人の天賦の才能を一種の「見つけだした対象」として捉えることは，人は生まれながらにもつ自己の能力に値するのかという問題と関係する．この問題については，哲学者のジョン・ロールズが大きな関心を寄せており，第4章でロールズの研究について論じる際に取り上げることにしたい．

105) この点に関する優れた説明として，Alice Haemmerli, "Whose Who? The Case for a Kantian Right of Publicity," 49 *Duke L. J.* 383 (1999) を参照．

106) 一般的に，William Prosser, "Privacy," 48 *Cal. L. Rev.* 383 (1960) を参照．

107) Haelen Laboratories, Inc. v. Topps Chewing Gum, Inc., 202 F.2d 866 (2d Cir. 1953). より包括的には，William Prosser, "Privacy," supra を参照．

108) 202 F.2d 866 (2d Cir. 1953).

109) 202 F.2d 866, at 868.

110) 厳密にいえば，裁判所は本件をやや誇張しているように思われる．裁判所が示唆しているのは，野球選手がもつ「自らの感情を傷つけられない」権利の侵害責任を免責しても，つまり個人的で限定的なプライバシーの権利の侵害責任を免責しても価値はないということである．しかし，このことは常に正しいわけではない．この点は，総じて不法行為訴訟の和解には価値がないと裁判所が示唆した場合に，そのことが常に正しいわけではないのと同じである．とはいえ，裁判所が全体として言わんとしていること，つまり本件の状況で論理的に導き出されるのは完全な財産権であるという結論は，間違いなく正しい．

第4章

1) John Rawls, *A Theory of Justice* (Cambridge, MA: Harvard Univ. Press, 1971)（以下「TJ」と略す），§46, at 302（川本隆史＝福間聡＝神島裕子訳『正義論（改訂版）』（紀伊國屋書店，2010年）（以下，川本＝福間＝神島訳『正義論（改訂版）』という）403-404頁）．

2) 明らかにこの第一原理は，第3章で論じたカントの正義の普遍的原理に似ている．たとえば，Thomas Pogge, *John Rawls: His Life and Thought* 188-195 (Oxford: Oxford Univ. Press, 2007)（ロールズの理論は全体を通じてカントの思想との関連が認められると指摘する）．注意すべきは，第一原理が第二原理に「まるで辞書のアルファベットの順番のように優先する」という点である．これは，第一原理を満たす場合でなければ，第二原理に基づく分配上の考慮を行うことは許されないことを意味する．TJ, §46, at 302（川本＝福間＝神島訳『正義論（改訂版）』403-404頁）．

3) 「正義に適った貯蓄 (just savings)」原理とは，いわゆる「世代間の衡平性」——今日における政策選択では，現在の世代だけでなく，将来の世代についても考慮すべきであり，かつこの選択は両者に公正でなければならないという見解——をロールズ自身の言葉で表現した原理である．一般

的には, Roger Paden, "Rawls' Just Savings Principle and the Sense of Justice," 23 *Soc. Theory & Pract.* 27-51 (1997) を参照. この重要な問題については, 第9章において, 医薬品の特許と開発途上国をめぐるケーススタディをもとに詳しく論じる. この問題は, 国際知的財産制度の設計における分配への世界的な関心の高まりという, 密接に関連した主題をも内包している.

4) TJ, § 11, at 60; § 13, at 78-79（川本＝福間＝神島訳『正義論（改訂版）』84, 106-107頁）.
5) John Rawls, *Justice as Fairness: A Restatement* 43 (Cambridge, MA: Harvard University Press, 2001)（以下,「JF」と略す）（田中成明＝亀本洋＝平井亮輔訳『公正としての正義 再説』（岩波書店, 2004年）364頁注3）（以下, 田中＝亀本＝平井訳『公正としての正義』という））（さまざまな原理があるなかで, なぜ「格差原理」がこの概念を最も的確に説明するものであるのかを明らかにする）.
6) TJ, § 26, at 152-158（川本＝福間＝神島訳『正義論（改訂版）』208-213頁）.
7) TJ, § 11, at 61（同上85頁）.
8) TJ, § 11, at 61, 66（同上85, 91頁）（「（個人的）財産を保有する権利とともに列挙された個人の自由」を, 公正な社会では「（生産手段が私的に所有されていようといないとにかかわらず）自由市場システムがおおむね行き渡っている」という最初の想定と比較する）; また, JF at 138（田中＝亀本＝平井訳『公正としての正義』247頁）（「個人的な私有財産」と「生産用資産における私有財産権」の対比）も参照.
9) John Rawls, *Political Liberalism* 298 (New York: Columbia Univ. Press, 1993).
10) TJ, § 42, at 270-274（川本＝福間＝神島訳『正義論（改訂版）』364-368頁）. ここにおいてロールズは, 社会主義的生産か資本主義的生産かという選択に懐疑的である.
11) TJ, § 42, at 271（同上365頁）. ここにおいてロールズは, 自らが広範に容認する市場の利用と, 自らが懐疑的な私有財産という広範な概念とを区別している. いわく,「そうすると, 自由市場の利用と生産手段の私的所有との間には何ら本質的な結びつきがないことは明らかである」. 今日の経済学者のほとんどは, この主張に激しく異を唱えるだろう.
12) TJ, § 11, at 62（同上86頁）.
13) Samuel Fleischacker, *A Brief History of Distributive Justice* 116-119 (Cambridge, MA: Harvard Univ. Press, 2004)（中井大介訳『分配的正義の歴史』（晃洋書房, 2017年）172-176頁（以下, 中井訳『分配的正義の歴史』という））.
14) Martha Craven Nussbaum & Amartya Kumar Sen, *The Quality of Life* (Oxford: Oxford Univ. Press, 1993)（水谷めぐみ＝竹友安彦訳『クオリティ・オブ・ライフ』（里文出版, 2006年））と, Martha C. Nussbaum, *Women and Human Development* (Cambridge: Cambridge Univ. Press, 2001)（池本幸生＝田口さつき＝坪井ひろみ訳『女性と人間開発』（岩波書店, 2005年））.
15) こうしたテーマが, Samuel Fleischacker, *A Third Concept of Liberty: Judgment and Freedom in Kant and Adam Smith* (Princeton, NJ: Princeton Univ. Press, 1999) の中核をなしている. たとえば, id., at 181-183を参照.
16) TJ, § 48, at 311（川本＝福間＝神島訳『正義論（改訂版）』414頁）.
17) 特別なインセンティブは平等主義国家においても適当なものでありうるとするロールズの認識と, 最終的にはインセンティブの観念を基礎とする知的財産法の基本構造との間には, ある程度の類似性が存在する. ロールズの考えに基づけば, 知的財産権が, 最も恵まれない人びとに利益をもたらすべく天性の才能を開花させることだけを目的としたインセンティブかどうかということが問題となる. 実を言えば私は, ロールズの正義の第二原理の厳格な基準を知的財産が満たせるとは思っていない. せいぜい言えることは, 革新的技術や広く利用可能な文化などに支えられた比較的廉価な商品という形で, 最も恵まれない人びとに知的財産権からの利益がときどきもたらされるだろ

うということである．以下で論じるように，ロールズによる知的財産権の擁護は，その第二原理を完全に満たすことではなく，むしろ２つの異なる主張に着目している．その主張とは，①ロールズを批判する論者の多くが指摘するとおり，知的財産権は拡張された財産権に適した財産の一種であること，また，②ほぼ間違いなく知的財産権がロールズのいう公正な国家の初期段階において確立されるであろう権原の一種であること，である．

18) Fleischacker, *Distributive Justice*, supra, at 111-112（中井訳『分配的正義の歴史』164-165 頁）．
19) Id. at 132-133（同上 195 頁）．他にも以下を参照．David Schmidtz, "How to Deserve," 30 *Pol. Theory* 774, 775 (2002)（この点についてロールズの主張に賛同する文献をまとめている）．
20) たとえば，Joel Feinberg, *Doing and Deserving* (Princeton, NJ: Princeton Univ. Press, 1970) と George Sher, *Desert* (Princeton, NJ: Princeton Univ. Press, 1987) を参照．
21) Feinberg, *Doing and Deserving*, at 64-65.
22) Id. at 83.
23) Wojciech Sadurski, *Giving Desert Its Due: Social Justice and Legal Theory* 116 (Dordrecht, Holland: D. Reidel, 1985).
24) Julian Lamont, "The Concept of Desert in Distributive Justice," 44 *Phil. Q.* 45, 47 (1994). 特にラモントは，次の２点を強調する．つまり，①ある人が何か──ラモントの言葉では「功績の根拠 (the desert-basis)」──にふさわしいと言われる理由を慎重に特定すること，および②(a) ある状況において私たちの行為が功績の主張の根拠となるためには，私たちはそうした状況のあらゆる側面をしっかりとコントロールしなければならないと考える人びとと，(b) ある状況において私たちの行為が功績の主張の根拠となるために，それほどのコントロールは必要ないと考える人びとを分類すること，である．明らかにロールズは①の立場を厳格に採用しており，あらゆる状況（家族，しつけ，人生におけるチャンス，教育上のメリットとデメリットなど）を十分にコントロールしている者など実際には１人もいない〔のだから，私たちは誰も功績の根拠を有しない〕と主張している．ヘザー・ミルンは，前向きな感情の平等な分配を指向する功績の解釈──一種の平等主義的功績論──を支持している．Heather Milne, "Desert, Effort and Equality," 3 *J. Appl. Phil.* 235 (1986).
25) たとえば，"Concept of Desert in Distributive Justice," supra, at 52 を参照．
26) たとえば，"Desert, Effort and Equality," supra, at 240 を参照．
27) 「原初状態」とは，ある社会の構成員になる可能性のある人たちが集まって，その社会の基本制度をどのように形成するかについての合意を結ぶ，仮想的な状況のことである．原初状態における熟議は，「無知のベール」の下で──つまり誰一人として，その社会で自らが有することになる職業，技術，社会的地位，その他の属性を知らない状態で──行われる．原初状態とは，ロックやホッブスなどにおける「自然状態」にいくぶん似ていると言えるだろう．つまり，それは，組織化された政府，あるいは「市民社会」が実際に誕生する前の，仮想的な瞬間である．
28) 必読の書であるウォルドロンの『私有財産権（*The Right to Private Property*)』は，私が本書で取り上げた数多くの財産取得理論を理解するうえで優れた手引書となる．私は，かつてバークレー校の同僚だったウォルドロンの業績を広範囲にわたって参考にしているため，彼のこの著書についてよく知る人が本書を読めば，すぐさまその影響の大きさに気づくだろう．ただし本節では，ウォルドロンの見解の誤りを指摘（いや，少なくとも彼の考えを拡大）することになるのであって，彼を褒め立てることはない．
29) ウォルドロンの著書における主題は，財産の取得と分配である．彼は，財産の取得は財産の分配にも関連しているという理由から，まずは財産の取得に関心を寄せる．同書では，その執筆時期 (1980-1988) を反映して，マルクス主義の考え方についてかなりの紙面を割いて詳しく論じている．

同書は，その大部分で，マルクス主義の向かう先をことごとく否定している（この点が，同書がいつまでも色あせない１つの理由でもある）が，同書には，当時のマルクス主義の考え方にそって説明を行わざるをえなかったと推測される記述もみられる．このことが，同書においてウォルドロンが原初状態にある人びとは伝統的な財産制度に賛同しないだろうと明言している１つの理由かもしれない（念のために言っておくと，分配をめぐる問題に関しては，ウォルドロンののちの著作である『神，ロック，平等（God, Locke And Equality）』の方がはるかにバランスの取れた記述をしており，はるかに説得力があるように思う．特に，本書第２章で取り上げたロックの「慈愛」の但し書きに関するウォルドロンのきわめて洞察力に富む主張を参照のこと）．

30) Jeremy Waldron, *The Right to Private Property* 274-278 (Oxford: Oxford Univ. Press, 1988).

31) TJ, § 24. "The Veil of Ignorance," at 136-137（川本＝福間＝神島訳『正義論（改訂版）』184-186頁）（「原初状態という着想は，合意されるどのような原理も正義に適うよう公正な手続を設定することを狙っている．……人びとを反目させ，自分だけの利益になるように社会的・自然的情況を食い物にしようという気を人びとに起こさせる，特定の偶発事の影響力を，何とかして無効にしなければならない．……[原初状態においては]当事者たちはある種の特定の事実を知らないと想定されている．第１に，自分の社会的地位，階級もしくは社会的身分を誰も知らない．また，生来の資産や才能の分配・分布における自分の運，すなわち自らの知力および体力などについても知る者はいない．……したがってできるだけ，当事者たちが知っている特定の事実は，彼らの社会が正義の情況の支配下にあるということおよびそれが含意することがらすべてに限られる」）．

32) すでに述べたとおり，ロールズの正義の第一原理ではなく第二原理に基づいて知的財産権を擁護することは可能である．知的財産の保護に伴う反平等主義的な分配は，最も貧しい人びとにもたらされる利益によって正当化されうるだろう．たとえある人が，知的財産の創造が求められる職業に就く運命にないとしても，知的財産権は，消費者に対し，質の高いクリエイティブな商品（新しい発明や娯楽製品など）を提供するだろう．最も貧しい人びとでも，これらの商品の少なくとも一部を購入できるとすれば，結果として知的財産の保護は，職業的創作者としてのキャリアを心に描くことが合理的か否かにかかわらず，個人の人生にきわめて有益な貢献をすることになろう．したがって，理性的な人であれば，社会は知的財産権を付与すべきだという主張に賛成するだろう．

33) 他の種類の財産権も，明らかに，独立と自律に貢献する性質を備えている．たとえば，職人とその道具，あるいは農業従事者とその所有する農地について考えてみてほしい．私は，自律への配慮がこうした種類の資源の所有には当てはまらないと言っているのではない．しかし，現代経済においてキャリアや所得能力を培い，人生の見通しを形成するうえで知的財産権が果たす重要性に照らして，また，知的財産権で保護された資源の状況につき私が期せずしてこれまで以上に多くを知るようになったことに照らして，この知的財産権という特別ではあるが重要な事例に限って分析を行うことにしたい．

34) こうした職業には，映画，出版，舞台芸術，科学・技術研究，商品のデザインおよび開発などがある．つまり，職業的創作者には，映画監督，作家，受賞歴のある商品デザイナーといった，世間の注目を浴びる（そして一握りの）職種だけでなく，こうした業界の創造的な側面を支える，補助的ではあるがクリエイティブな専門職──映画の照明，音響のプロ，書籍の編集者，セッションミュージシャン，スタジオ録音技師，商品テストおよび開発のエンジニアなど──もすべて含まれる．重要なことは，このようにして職業的創作者に該当するカテゴリーを増やすことで，知的財産集約型産業が創出する多くの雇用を正確に反映すること，それにより，そうした職業で実際に雇用される可能性について，原初状態の人びとの視野を不当に制限しないようにすることである．実はこれは，「万全を期すため」の１つの方法である．というのも，他のテーマに関するロールズのさまざまな発言に基づいて，次のような見解がみられるからである．すなわち，個人の人生の展望を

経験に基づいて予測すること——言い換えれば, ある人が結局 Y ではなく X を行う, あるいは X を信じるだろうという蓋然性——は, 原初状態ではありえないというものである. その例証として挙げられるのが, 宗教の自由の原理に関するロールズの次のような議論である.「[原初状態の] 当事者たちがおのれの宗教および道徳上の自由の不可侵性・統一性を確実なものとする原理を選択するに違いない……当事者たちはもちろん, どのような宗教あるいは道徳上の確信を自分たちが抱懐しているのかを知らないし, 道徳や宗教上の責務の内容が自分の解釈では具体的にどうなっているかについても知らない. ……すなわち, 当事者たちは自分の宗教あるいは道徳上の見解が社会においてどのような扱いを受けているのかを, たとえば多数派の見解であるのか少数派の見解であるのかを知らない」. TJ, § 33, at 206 (川本=福間=神島訳『正義論 (改訂版)』280 頁). したがって, 経験則に照らせば,「職業的創作者」という役割を担う可能性のある将来のキャリアのすべての道筋について, 人は慎重に検討しなければならないという本文の議論は, ロールズの原初状態の考え方に厳密に従う限り, 不要となるだろう.

35) TJ, § 13, at 78-79 (川本=福間=神島訳『正義論 (改訂版)』106 頁)(「たとえば財産所有のデモクラシーにあって, 未熟練労働者階級から人生を開始する人びとよりも, 企業家階級の成員として出発する人びととの方が, より良好な見通しを抱ける. ……そうだとすると, 人生の出発点での見通しにおけるこの種の不平等は, 何によって正当化されうるのだろうか. 格差原理によれば, 予期 (見通し) における格差が暮らし向きのより劣悪な集団を代表する人物 (この場合だと, 未熟練労働者を代表する者) の利益に資する場合に限って, 人生の出発点における見通しの不平等は正当化されうる. ……企業家に許された比較的高い予期は, 労働者階級の見通しを高めることに携わるよう彼らを奨励する. 企業家の見通しが比較的良好であることがインセンティブ (刺激・誘因) として作用した結果, 経済過程の効率性の増大やイノベーション (技術や経営の革新) の進行速度の上昇などが招来される. 最終的に, 結果として生じる物質的便益は制度を通じて最も不遇な人びとまで広がる. ……種々の不平等が格差原理の要求事項を満たすべきだとすると, ここまで述べてきた類いのことがらを論じる必要がある」).

36) Michael G. Titelbaum, "What Would a Rawlsian Ethos of Justice Look Like?" 36 *Phil. & Pub. Aff.* 289-322 (2008), at 289.

37) G. A. Cohen, *Rescuing Justice and Equality* 70, 374-375 (Cambridge, MA: Harvard Univ. Press, 2008)(例として, 提示された報酬をすべて受け取ることがロールズのいう正義の命令に反するとの理由から, その報酬の半分の受け取りを断念せざるをえなかった医師を挙げている).

38) Titelbaum, "Rawlsian Ethos," supra, at 295.

39) タイトルバウムが指摘するとおり, 厳密には, ロールズのいう完全なエートスには, 正義の第一原理と第二原理の (b) の部分 (公正な機会均等の原理) との関係のみならず, 第二原理の (a) の部分, つまり格差原理との関係も含まれるであろう. Titelbaum, "Rawlsian Ethos," supra, at 304-305 (「職業の自由も保護されている. そのため, 医者になれば社会に最も大きな利益をもたらすことのできる才能に恵まれた人が, 医者よりもやりがいがあると考えて, 芸術分野の職業を選ぶかもしれない. [このことは]……正義の完全なエートスに一致するであろう」).

40) Id., at 290.

41) Id., at 314-315.

42) タイトルバウムは, このソーシャルワーカーは, 大都市で働く方がより少ない費用でより多くの人の役に立てると仮定している.

43) Titelbaum, "Rawlsian Ethos," supra, at 321-322.

44) もちろん, 恵まれた生活を送り, 自分自身の人生を切り開いている創作者の方が, 報酬が少なく, 自らの人生を切り開くこともできない人物よりも質の高い物を作りだすことは十分に考えられ

るし，その可能性は高くさえあるかもしれない．しかしここでは，明言はしてこなかったが，創作される物に質の違いは存在しないと仮定している．なぜなら，〔仮に質の違いを前提として〕質の高い創作物の方がすべての消費者に多くの利益をもたらすと想定したとしても，そのような想定は，結局，知的財産権はロールズの正義の第二原理に基づいて擁護可能であるという主張の説得力を高めるものだからである．私が本文において擁護しているのは，たとえ知的財産権によって最も恵まれない人に恩恵をもたらさない不平等が生まれたとしても，知的財産権は，人間の基本的自由に関するロールズの正義の第一原理に基づいて保護される職業の自由と個人の自律に必要な要素として，擁護可能だという見解である．

45) Margaret Holmgren, "Justifying Desert Claims: Desert and Opportunity," 20 *J. Value Inquiry* 265 (1986).

46) たとえば，Fleischacker, *Distributive Justice*, supra, at 116, 132（中井訳『分配的正義の歴史』171, 194-195 頁）．また，George Sher, *Desert* (Princeton, NJ: Princeton Univ. Press, 1987) も参照．シェールは，私たちは，自らの行動の根拠の一部を主張するにふさわしい存在ではないのだから，自らの行動（たとえば，生まれつきの才能を伸ばすこと）の結果を受け取るにふさわしい存在でもないというロールズの主張は論理的ではないと指摘する．つまり，「自らの行動から生まれた利益を受けるに値する存在だと言うために，私たちが，自らの行動を可能にするすべてに値する存在でなければならないとすれば，そうした功績は，生命を維持できる環境に生まれ，あるいはそうした環境で生きることに値する存在であるためにあらゆる手を尽くしている者など誰もいないという事実によって，たちまち取り消されてしまうだろう」．Sher, Desert, at 25. 他にも，Alan Zaitchik, "On Deserving to Deserve," 6 *Phil. & Pub. Aff.* 373 (1977) を参照．シェールはさらに，勤勉で真面目に働く人は報酬を得て当然である——こうした人びとは功績を認められて当然である——という，一般に広く浸透している直観にも言及している．George Sher, *Desert*, Chapter 4, "Desert and Diligence," at 53-66.

47) Holmgren, "Justifying Desert Claims," supra, at 274（社会が厳格な平等主義的取り決めに基づいて分配する資源以上のものを個人が必要とする場合があり，かつ個人がそれに値する可能性があることの論拠の1つとして，「新製品の発明」を挙げている）．

48) Id.

49) Id.

50) Id. ホルムグレンは自らの功績の概念の限界を明らかにし，次のように指摘する．すなわち，自らの才能を余すところなく開花させる能力が，貧しい人びとの最も基本的な必要性を犠牲にして成り立つものであってはならない．この指摘には，個人の自律という，カントの利他的な概念に通じるものがある．

51) たとえば，Royston M. Roberts, *Serendipity: Accidental Discoveries in Science* (New York: Wiley, 1989)（安藤喬志訳『セレンディピティ』（化学同人，1993 年））を参照．

52) これが，「チャンスは備えあるところに訪れる」というルイ・パスツールの名言の核心部分である．Id., at x. 表現こそ違えども，サミュエル・ゴールドウィンも同様のことを述べている．「一生懸命働けば働くほど幸運に恵まれる」http://www.brainyquote.com/ quotes/quotes/s/samuelgold122307.html. 分析を高次の概念レベルに引き上げるというここでの戦略は，カントやヘーゲル流の知的財産権の構想に対して時折向けられる反論への再反論としても役立つ．すでに第3章で見たように，カントは，財産権の目的とは，自律的な個人を促して，外的な対象に自らの人格を刻印することにあるという主張を支持している．知的財産権の「人格理論」に対する批判は，知的財産権で保護される多くの作品は，実は平凡そのものであって，個人の人格の痕跡などほとんど見つからないと指摘する．たとえば，Kim Treiger-Bar-Am, "Kant on Copyright: Rights of Transformative

Authorship," 25 *Cardozo L. Rev.* 1059, 1066 (2008)（カントを知的財産権の「人格理論」と関連づけるのは誤りであって、いずれにせよこの理論は、英米の法原則や法律上の要件に反映されていないと主張する）。しかし、「人格理論」を著者の「心の最も奥深くにある自己」（id., at 1066）と関連づけること、より正確にいえば、人の心の最も奥深くにある自己を具体化しうる表現の範囲を過小評価することは誤りである。個人の人格とは、さまざまな資質の寄せ集めである。そして個人の資質には、問題解決へのきわめて効率的なアプローチや、非常に簡潔な表現方法などがあるだろう。そのような人物が生みだす創作物には、これらの資質の刻印が当然残されているだろう。創作物に表現されているのがこうした資質だという事実は、それら創作物に人格の刻印が欠けているということを意味しない。同様に、創作物から人格の履歴の痕跡を完全に消し去るという決断は、それ自体がきわめて個人的な芸術的選択の表現であり、したがって、個人の人格がもつ1つの特徴の具体例である。明らかにかつ意図的に自然で思いがけない作品の創作を選択する人についても同じことが言える（たとえば、ジャクソン・ポラックや、思考が途切れることなく流れ出るようなジャック・ケルアックの小説）。こうした作品は、きわめて個人的な選択の産物、つまり個人的な選択の表現であり、したがって個人の人格の表現なのである。

53) Julian Lamont, "Problems for Effort-Based Distribution Systems," 12 *J. Appl. Phil.* 215 (1995)（努力の測定にはさまざまな問題があるため、多くの場合、功績の判断方法としては、生産性という指標の方が優れていると主張する）。注意しなければならないのは、生産性は多くの場合、真の功績に代わる妥当な次善指標と考えられるものの、必ずしも常にそうだというわけではないことである。サドルスキが指摘するように、生産性のような「アウトプット」の指標は、個人の努力のみならず、さまざまな社会的なインプット――「私たちが支配できない、したがって私たちが自らの功績を主張できない要素」――の産物でありうるからである。Sadurski, *Giving Desert Its Due*, supra, at 134. アウトプットの指標に対するサドルスキの疑念は、知的財産法制度への興味深いアプローチを示唆している。知的財産制度では、（A は著作者なのか、B は最初の発明者なのかといった）個人の貢献についてのきわめて複雑な判断をなすために、多大な社会資源の投下が必要となる。従来、この点はしばしば批判されてきた。しかし、社会自身、特定のクリエイティブな作品に関して、個人の貢献をその社会的背景から解放することの方が重要な場合があると考えており、知的財産制度はそうした社会の判断を表したものとみることもできる。こうした観点からは、知的財産法によって課せられる「測定にかかる費用」は費やすに値するものとなる。なぜなら、社会はこの分野における個人の貢献を非常に高く評価しているからである。換言すれば、アウトプットの成功をもたらしたさまざまな背景要素から個人の貢献を取り出すために社会は資源を費やすべきであるというのが、サドルスキの疑念への回答となるのである。ここで注意しなければならないのは、こうした観点からみた場合に、生産性の向上を努力の代わりに用いることと、帰結主義ないし功利主義に基づいてプログラムを推進することとは同じではない点である。人びとが報酬を与えられるのは、多数の者に最大限の幸福をもたらしたからではない。やはりそれは、人びとが、自ら責任をもって生産性を向上させ、何らかの価値ある貢献を行ったことで、彼らが個人としてその報酬を受けるに値する存在になったからなのである。

54) この点については、Sadurski, *Giving Desert Its Due*, at 121（「功績に基づいて正義を法的に実現するには社会的費用が嵩みすぎるというのはよくあることだが、その場合には、功績とは何かに関する基準を変更するのではなく、正義の実現を断念すべきである」）。第5章の表現を用いるなら、これは、効率性という中層の原理が比例性原理を修正する、あるいは、比例性原理と相互作用する場合の例である。ここでいう比例性原理とは、理念的には、財産権に化体した貢献／努力／功績にしたがってその権利を修正しようとする原理のことである。功利主義哲学にどっぷりと浸った人であればすぐに、こうした効率性原理と比例性原理の関係は、ルール功利主義（ある法実践が、一般

にまたは原則として正味の効用を増加させるのであれば，その法実践は擁護しうるという考え）と行為功利主義（正当化されるためには個々の行為が正味の効用を増加させなければならないというより厳格な要件）との関係に似ていることに気づくだろう。一般的には，Lawrence B. Solum, Legal Theory Lexicon: Utilitarianism, avail. at http://lsolum.typepad.com/legal_theory_lexicon/2003/11/legal_theory_le_4.html. こうしたアナロジーに基づけば，私は，「行為功績」ではなく「ルール功績」の一形態を擁護しているといえるかもしれない．

55) 著名な科学社会学者であるロバート・K・マートンとエリノア・バーバーによってなされた，「思いがけない幸運」（serendipity）という言葉の語源とその普及に関する興味深い説明として，Robert K. Merton & Elinor Barber, *The Travels and Adventures of Serendipity* (Princeton, NJ: Princeton Univ. Press, 2004) を参照．

56) たとえば，Roberts, *Serendipity*, supra に掲載された多くの物語を参照．

57) *The Quote Verifier* 22 (London: Macmillan, 2006)（パスツールはこの言葉を 1854 年の講義で述べている）．

58) あるいは，「幸運とは計画の残滓である」．

59) 最も信頼のおける説明として，Gwynn Macfarlane, *Alexander Fleming: The Man and the Myth* (Oxford: Oxford Univ. Press, 1984) を参照．

60) これが，ペニシリンの研究でフレミングがフローリーやチェーンと共同でノーベル賞を受賞した理由である．Id.

61) Richard L. Gausewitz, *Patent Pending: Todays' Inventors and Their Inventions*, 54-66 (Old Greenwich, CT: Devin-Adair, 1983).

62) United States v. Adams, 383 U.S. 39 (1966)（電池の無断利用を理由にアダムスが米国政府を訴えたケースにおいて，連邦最高裁は，アダムスの電池特許の有効性を認めた）．

63) ジャスティン・ヒューズは，これ以外にも，知的財産権による分配上の影響を指摘している．つまり，生まれたときの社会的階級から最も高い階級にまで登りつめた人の多くが，知的財産権や，それが大きな影響力をもつ産業から直接の恩恵を受けている点である．ここで私が取り上げるのは，エンターテイメント，スポーツ，スポンサー産業である．よく知られている歴史的な理由から，アフリカ系アメリカ人の平均所得は，他の主要な人種グループの後塵を拝している．ところが，アフリカ系アメリカ人の高額所得者リストを少し眺めてみると，そのリストに載っている人びとが皆，エンターテイメント，スポーツ，スポンサー，出版業界に身を置いていることがわかる．その高額所得者第1位の（しかも，数少ないアフリカ系アメリカ人億万長者の1人でもある）オプラ・ウィンフリーは，これらの業界を股に掛けて活躍している人物である．

64) Pew Research Center, Social and Demographic Trends のウェブサイト (http://pewsocialtrends.org) において，Reports のリンクをクリックし，さらに 2006 をクリックすると，"Things we can't live without: The list has grown in the past decade,"（調査期間は 2006 年 10 月 18 日から 11 月 9 日）を閲覧できる (http://pewsocialtrends.org/2006/12/14/luxury-or-necessity/)．次に，Income の見出しのリンクをクリックし，冒頭の "the pattern tends to play out in one direction only" の箇所をクリックすると，図表を閲覧できる (http://pewsocialtrends.org/files/legacy/214.gif)．また，以下も参照のこと．Alan Peacock, "Making Sense of Broadcasting Finance" (1986), Robbins Lecture, Univ. of Stirling, reprinted in *Cultural Economics: the Arts, the Heritage and the Media Industries* (Ruth Towse, ed.) (Aldershot: Edward Elgar Towse, 1997), vol. 1, at 435-448.（テレビは国内の遠隔地でもあまねく視聴可能であるべきであり，かつ貧しい人たちに良質の情報とエンターテイメントを提供すべきであるというエクイティ上の根拠に基づいて，公共放送への補助金の拠出を正当化している）．

65) Karen E. Riggs, *Mature Audiences: Television in the Lives of Elders* 87 (Piscataway, NJ: Rutgers Univ. Press, 1998).
66) Paul Taylor & Wendy Wang, "The Fading Glory of the Television and Telephone," Pew Research Center Report (August 19, 2010), at 6, avail. at http://pewsocialtrends.org ("Reports" をクリックし，その後 "2010" をクリックする).
67) たとえば，Bella Thomas, "What the World's Poor Watch on TV," Prospect, January 20, 2003, avail. at http://www.prospectmagazine.co.uk/2003/01/whattheworldspoorwatchontv/ を参照.
68) R. Moynihan, et al., "Coverage by the News Media of the Benefits and Risks of Medications," 342 *New Eng. J. Med.* 1645-1650 (1999); Centers for Disease Control and Prevention, "Folic Acid Campaign and Evaluation-Southwestern Virginia, 1997-1999," 48 *Morbidity and Mortality Weekly Rep.* 914-917 (1999); A. G. Ramirez, et al., "Prevention and Control in Diverse Hispanic Populations: A National Leading Initiative for Research and Action," 83 *Cancer* 1825-1829 (1998) (テレビ，新聞，ラジオでの子宮頸がん啓発キャンペーンを取り上げる); E. M. Rogers, et al., "Effects of an Entertainment-Education Radio Soap Opera on Family Planning Behavior in Tanzania," 30 *Stud. in Family Plan.* 193-211 (1999).
69) www.mpaa.org/movieattendancestudy.pdf を参照. 他にも，www.mpaa.org/researchstatistics.asp を参照.
70) http://en.wikipedia.org/wiki/Household_income_in_the_United_States（米国の国勢調査のデータを引用している）．
71) Larry May, *Screening Out the Past: The Birth of Mass Culture and the Motion Picture Industry* (New York: Oxford Univ. Press, 1980).
72) Jane Addams, *The Spirit of Youth and the City Streets* (New York: Macmillan, 1930), Chapter 4, "House of Dreams," at 75-79; 一般的には，Jim Cullen, ed., *Popular Culture in American History* (Malden, MA: Blackwell, 2001). 初期の映画産業で活躍した「大物」（ハリー・コーン，サミュエル・ゴールドウィン，ルイス・メイヤー，ワーナー兄弟）の多くが，移民（特にユダヤ系）の貧しい家庭に生まれたことも指摘しておくべきだろう．A. Scott Berg, *Goldwyn: A Biography* (New York: Alfred A. Knopf, 1989).
73) ここ最近の作品としては，*Frozen River* (Cohen Media Group, 2008); *Ballast* (Alluvial Film Co., 2008); *Wendy and Lucy* (Field Guide Films, 2008); *Chop Shop* (Muskrat Filmed Properties, 2007) などがある.
74) Riggs, *Mature Audiences*, supra, at 130（高齢者にとって，電話でのコミュニケーションが重要であることを論じている．「貧しい高齢者の間でも，電話による会話が愛する人との距離を縮める役割を果たしている．……［こうした高齢者の］なかには，白内障を患ったり，あるいはエアコンなしで暮らしていても，アトランタに住む息子に毎月数分間電話をかけるためにお金をやりくりしている人がいるのである」）．
75) たとえば，Lester R. Brown, *Seeds of Change: The Green Revolution and Development in the 1970's* (New York: Praeger, 1970)（逸見謙三監訳『緑の革命』（農政調査委員会，1971年））を参照.
76) Raymond Arsenault, "The End of the Long Hot Summer: The Air Conditioner and Southern Culture," 50 *J. So. Hist.* 597-628 (1984)（エアコンの普及によって，米国南部における死亡率および経済成長などに改善が見られた）．
77) たとえば，Frank Jordans, "World's Poor Drive Growth in Global Cell Phone Use," *San Francisco Chronicle*, March 9, 2009（AP通信の記事）を参照.

78) たとえば，Frank R. Lichtenberg, "The Impact of New Drug Launches on Longevity: Evidence from Longitudinal, Disease-Level Data from 52 Countries, 1982. 2001," 5 *Int'l J. Health Care Fin. & Econ.* 47-73（2005）（新薬の発売と，世界各地における死亡率の低下との間に関連があることを明らかにしている）を参照．
79) 財産権の個人的側面と集団的側面については多くの文献がある．たとえば，以下を参照．Carol M. Rose, "Canons of Property Talk, or, Blackstone's Anxiety," 108 *Yale L. J.* 601, 603-606（ウィリアム・ブラックストーン卿は，その財産権に関する「絶対主義的な」見解がしばしば引用されるものの，当時の法律の姿が実際にはきわめて複雑なものであることを十分に理解していた）; Amnon Lehavi, "The Property Puzzle," 96 *Geo. L. J.* 1987, 2000-2012（2008）（財産法における公的利益と私的利益の複雑な関係について）; Gregory S. Alexander, "The Social-Obligation Norm in American Property Law," 94 *Cornell L. Rev.* 745（2009）（財産所有者の権利だけでなく義務をも反映した法的ルールについて説明している）．
80) いくつかの分配政策は，権利が最初に付与される段階で織り込まれている（たとえば，保護期間が限定されていたり，著作権の保護対象から事実作品が除外されていたり，特許の保護対象から自然法則が除外されているなど）．他の分配政策は，知的財産権で保護された作品が利用される段階で適用される（たとえば，著作権法における「フェアユース」や特許法における差止命令の制限）．周辺部の最後の部分は，知的財産権が適用される作品への課税を意味している――この課税は，社会が一般的な再分配政策を知的財産権という特定の分野に適用したものである．このように知的財産権とは，要するに個人と社会の混合物なのであって，このことは，知的財産権に具体的に適用されるすべての作品に当てはまるのである．
81) ここでは一般論について述べている．つまり私が関心をもっているのは，中間値となる創作物，すなわち標準的な創作物である．中間値を挟んでいずれの側にも，間違いなく標準から大きく外れた創作物が存在するだろう．
82) 知的財産法に関する伝統的な考え方というのは，おおむね，知的財産法とは，効率性や厚生を法の最も重要な規範目標とする，より一般的なアプローチの具体例であるというものである．この考え方をわかりやすい格言で表現すれば，「分配上の目標を達成するために，法的ルールを利用するなかれ」となる．この考え方は，米国における法と経済学の主流派にとって，いわば必需品のようなものである．これを最もわかりやすく説明しているのが，ルイス・キャプロとスティーブン・シャベルが共同で執筆したいくつかの著作である．たとえば，Louis Kaplow & Steven Shavell, *Fairness Versus Welfare*（Cambridge, MA: Harvard Univ. Press, 2002）を参照．主にこの学派に基づく知的財産法の説明については，William Landes & Richard Posner, *The Economic Structure of Intellectual Property Law*（Cambridge, MA: Harvard Univ. Press, 2003）（たとえば，ランデスとポズナーは，知的財産を物的財産になぞらえ，英国で16世紀に始まった「囲い込み」運動を例に挙げる．一般にこの運動は，地方における貧困の悪化という分配上の深刻な混乱を招いたものの，経済全体の生産性を飛躍的に向上させたと考えられている．Landes & Posner, at 12 を参照）．効率性や厚生の最大化にもっぱら焦点をあてることで，分配的正義や公正性の果たす役割が排除されることは明らかである．私を含め，多くの研究者がこのアプローチに反対している．本書では，功利主義や厚生の最大化にとどまらない，知的財産法の規範的な説明に重点を置いている．ただし第5章では，効率性を，知的財産法の基礎となる中層的原理の1つとして位置づけ，それが立法府や裁判所によって定式化されて適用されることを説明している．私と同様のアプローチを採るものとしては，Jules Coleman, "The Grounds of Welfare," 112 *Yale L. J.* 1511, 1538-1539（2003）（Kaplow & Shavell, *Fairness Versus Welfare*, supra の書評）がある．いわく，「義務論者は，法は厚生への影響によって評価されるべきではないと主張する必要はないし，おそらくそのような主張

はしないだろう。義務論者は、法は厚生への影響によって評価されるだけでなく、正義の要求にどの程度一致しているかによっても評価されるべきだと主張しているにすぎない」。コールマンは、義務論者の学派と、厚生を絶対視するアプローチの違いをうまく説明している。そして私と同じように、コールマンはその著作において、「厚生主義者」からなる（功利主義的）学派の分析手段を幅広く利用しているのである。

83) 実際、個人の行為主体性と長期にわたるアイデンティティの一貫性の複雑な理解に依拠するジョージ・シェールの功績擁護論は、功績は常に過去の行為に関連しなければならないという仮定に基づいている。George Sher, *Desert*, Chapter 10, "Why the Past Matters," 175-193.

84) たとえば、Sadurski, *Giving Desert Its Due*, supra, at 118（「功績の検討は常に過去を向いて行われる」）。

85) Schmidtz, "How to Deserve," supra, at 776（強調原文、脚注省略）。

86) シュミッツは、ロールズの主張を次のように要約する。「何かに値する人物など1人もいない。そして、もしも私たちが、懸命に働くよう『運命づけられている』がために賞賛に値する場合に限り、勤勉が賞賛に値するのだと仮定するのであれば、やはり、何かに値する人物など1人もいないということになろう」。そして、この主張をシュミッツは否定している。Id., at 777. 自ら功績を勝ち取るというシュミッツの観念と、偶然受け継いだもの（地球上の物）に自己の支配下の労働を適用することに財産権の根拠を置くロックの観念には、明らかに多くの共通点がある。同様に、占有と所有権の説明の基盤となっている支配に対する選択意思の適用というカントの観念も、シュミッツの主張と共通するところが多い。

87) シュミッツが言うように、「私たちは、Xを受け取る前の行為ではなく、Xを受け取った後の行為を根拠として、Xに値する場合がある」。Schmidtz, "How to Deserve," supra, at 778. この主張の論調や意図は、徳に基づく、すなわち「徳論的な」倫理学の見解を彷彿とさせる。この見解は、古代ギリシア的な徳（正義、慈愛など）を強調する。この考え方に立てば、社会制度は、こうした徳の実現を促すために創設されなければならない。本節で功績について私が述べる主張の多くは、知的財産権の徳に基づく説明にうまく適合する。たとえば、Colin Farrelly & Lawrence Solum, "An Introduction to Aretaic Theories of Law," in *Virtue Jurisprudence* 1-23 (Colin Farrelly & Lawrence Solum, eds.) (New York: Palgrave Macmillan, 2008) を参照。たしかに、功績に対する寛大な理解や、基本的権利および権原の制度における功績の位置づけが示唆しているのは、「徳論」に関する表現が顕著なことと、功績には、概念のレベルではリベラル志向の義務論に基づく倫理学と重なる部分が多いということである。

88) 一部これに類似する見解として、Zaitchik, "Deserving to Deserve," supra, at 378 がある。いわく、「課せられた任務や職務で行う努力よりも基本的な何かが存在するのであって、その何かとは、自らに課せられた任務や職務で努力することに備えて行う努力である」。ザイチックの主張にある「備えとして」行われる努力とは、多くの場合、長期的で広範な支配を必要とするのであり、それゆえ、彼の主張は、占有と所有権に関するカントの理論について私が第3章で述べたこととほぼ一致する点に留意すべきである。

89) シュミッツはこれを功績の「約束モデル（promissory model）」と呼ぶ。つまり私たちは、まず先に報酬を受け取り、その後それに見合った行為をなすというわけである。Schmidtz, "How to Deserve," supra, at 785. 私は知的財産法を理解する際に、功績と自律の概念をロールズの正義の第一原理に結びつけることで、この2つの概念を関連づけて捉えている。すなわち、知的財産権は、創造力豊かな人びとに、彼らが最も得意とすることで生計を立て、生まれつきの才能を開花させる（あるいは功績に値する存在になる）機会を提供すると考えている。

90) 文字どおり何百万とある例の中から1つだけ紹介しよう。戦後の日本では、多くの若い芸術家

が，漫画やその他の大衆向け商業芸術の製作現場で雇用された．ところが，宮崎駿の『千と千尋の神隠し』や『ハウルの動く城』のような，スケールの大きい独特の想像の世界を創りだした者は，ほんの一握りにすぎなかった．Helen McCarthy, *Hayao Miyazaki: Master of Japanese Animation* 30 (Berkeley, CA: Stone Bridge Press, 1999)（アニメーターとしての宮崎駿の初仕事が，先輩アニメーターが下書きした後のコマを完成させる仕事だったことを指摘している）．

91) 厳密に言えば，ロールズの理論に基づいた場合，この主張は2通りの解釈が可能である．1つは，知的財産権とは，ロールズが自らの正義の第一原理に基づく基本的自由と考える「個人的な財産」の一種だという解釈である．もう1つは，ロールズがすべての非個人的な（つまり「生産的な」）財産を，正義の第一原理で保障されている基本的自由から除外したのは誤りである——知的財産権は，功績に値する生産的な財産であって，こうした財産は公正な社会の基本構造に含まれ，そこにおいて保護されるべきものである——という解釈である．知的財産権は，それが個人の自律を高めることから，個人的な財産であり生産的な財産でもあるロールズ流のハイブリッドな財産の一種として捉えることが可能かもしれない．

92) サドルスキは，ロックの労働専有理論の拡大解釈を批判する際に，次のように指摘している．「私には，なぜ（私たちの仕事の成果物に対する）権利が，（私たちの身体に対する）別の権利に由来することになるのかわからない．私たちの労働は，そうした成果物だけでなく，私たちが同じような権利を主張できない他の資源——原料，ノウハウ，技術など——にも投じられるのである．したがって，成果物に対する私たちの権利について判断するには，まずは，そうした成果物の生産に利用されたこれらすべての資源や要素に対する私たちの権利について判断する必要がある．この判断では，非常に複雑な社会的関係について考慮する必要があるだろう．たとえば，誰かが収めてくれた税金のおかげで，私が教育を受けることができる場合，その納税者は……私の仕事の成果物に……貢献したことになる．多くの生産要素は社会における協力の賜物であって，自分の身体に対して権利を主張するように，それらに対して自らの『権利』を主張できないのは言うまでもない」．Wojciech Sadurski, *Giving Desert Its Due*, supra, at 135. この主張には言及すべき点が多々あるが，以下のことを思い出していただきたい．1つは，私見では，ロックの理論を正しく理解するには，労働と他の生産要素との混合という観念に細心の注意を払わなければならないということであり，もう1つは，ロックの理論のさまざまな側面で，相応の報酬（努力に比例した財産権の請求）という観念を見つけることができるということである．また，社会は，特定のクリエイティブな作品の生産に伴うさまざまな社会的要素のうちから個人的要素を取り出すために資源を費やすことを選択した（私に言わせれば，賢明に選択した）という点も指摘しておきたい．知的財産の場合，サドルスキが明らかにした複雑性そのものが，社会がこうした種類の作品をいかに高く評価しているかを物語っている．個人の努力にふさわしい報酬という観念について詳しくは，第6章「比例性原理」を参照されたい．

93) Eldred v. Ashcroft, 537 U.S. 186 (2003)（著作権法では，アイディア・表現二分論やフェアユースの抗弁など，同法上のさまざまな原則がすでに「内在的」な制限を課しているため，修正第1条に基づいて別途制限を加える必要性はほとんど認められないとして，請求を棄却した）．

94) 注目すべきは，知的財産権と分配上の公正性に関するほとんどの文献が，クリエイティブな産業に何らかの形で関与している人びとを対象として，知的財産法の原則がそれらの者にもたらす分配上の影響について論じている点である．そこで議論の対象とされるのは，通常，創作者・所有者および消費者・利用者という2つのグループである．これに関連する研究は，知的財産法の各種原則が，この両者の間における資源の分配にどのような影響を与えているのかを論じている．こうした文献では，分配的正義に関するより一般的な哲学的議論とは異なり，知的財産権によって保護される物の生産や利用に関わらない人びとを含めた，最も広範なレベルでの分配については議論の対

象とされていない。むしろそこでの議論に登場する関係当事者はすべて，知的財産の創作のエコシステムとでも呼びうるシステムへの参加者である。したがって，研究者が知的財産法の分配上の効果について論じる場合，実際に彼らが議論しているのは，知的財産法の原則がこのエコシステムへの多様な参加者に及ぼす影響についてであって，社会のすべての構成員間の公正な分配についてではない。もっとも，知的財産権で保護された商品の利用者および消費者のグループは，その規模がきわめて大きい。それゆえ，知的財産制度における公正性と，考えられる最も一般性の高いレベルにおける公正性との間には，実際はそれほど大きな違いはないのかもしれない。このような趣旨でこの分野の研究に大きく寄与した論文として，Molly Shaffer Van Houweling, "Distributive Values in Copyright," 83 *Tex. L. Rev.* 1535 (2005).

95) このパラグラフおよび次のパラグラフで紹介する事例の詳細と引用部分については，本書第6章の「比例性とは何か」という節 (210頁以下) を参照。

96) Robert Nozick, *Anarchy, State and Utopia* (New York: Basic Books, 1974) (嶋津格訳『アナーキー・国家・ユートピア』(木鐸社，1992年))を参照。

97) 有名なものとしては，バーバラ・フリードによる批判がある。フリードは，ノージックが『アナーキー・国家・ユートピア』において示した例を批判している。Barbara Fried, "Wilt Chamberlain Revisited: Nozick's 'Justice in Transfer' and the Problem of Market-Based Distribution," 24 *Phil. & Pub. Affairs* 226-245 (1995). ノージックが示した例には，バスケットボール選手のウィルト・チェンバレンが登場する。ノージックによれば，国家による再分配の主張に対して，人は，自らの天性の才能で得られた収益を保持する権利を有する。チェンバレンの身長の高さや敏捷性が，彼の努力によって得られたものではないとしても，彼は，自らのプレイに対して支払われる入場料収入の一部を，それがどの程度であっても，すべて保有することができる。フリードは，ノージックのこの例には，議論する余地もない観念に読者の関心を向ける，巧妙なごまかしがあると指摘する。ちなみにその観念とは，チェンバレンのプレイ見たさにお金を払うバスケットボールファンのような人びとは，自らの所有するもの――この場合であれば，ゲームを見るために払う入場料金――を適切に移転するだろうということである。フリードによれば，この際，ノージックの議論は論争の絶えない古典的な論点を隠している。それは，取引で価値のある何かを受け取る人は，道徳的に見て，交換価格の全額を受け取るに値するのかということである。言い換えれば，バスケットボールファンは，自らの所持金を移転する権利を有しているかもしれないが，だからといって，チェンバレンに，支払われた金額をすべて自分のものにできる権利があるということにはならない。自らの所持金に対するファンの公正な権原が，何らかの形でチェンバレンに移転し，国家によるあらゆる再分配の要求から彼を守るわけではないのである。

98) これは，あらゆる財産権について当てはまる。たとえば，以下を参照。Yoram Barzel, *A Theory of the State: Economic Rights, Legal Rights, and the Scope of the State* 13-58 (Cambridge: Cambridge Univ. Press, 2002) (財産権制度の安定的な機能に不可欠なものとして，国家によるエンフォースメントを分析する); Benito Arruñada, "Property Enforcement as Organized Consent," 19 *J. L. Econ. & Org.* 401 (2003) (土地の記録および登記を政府が独占的に行うことは，私的契約を促進し第三者を保護するとして，これを正当化する). 本文で論じているように，このことは，知的財産権についてより一層当てはまる。

99) ノージックに対するフリードの批判に関連して，私は自らの主張を次のように表現することができよう。プレイすることでウィルト・チェンバレンが受け取るお金の一部について，彼に税金の支払いを義務づけることは公正である。なぜなら彼は，ファンが利用する試合会場までの道路，ファンが安全に観戦できるための警察の警備，あるいはそれ以外の直接的な方法から利益を得ているからである。また，一般市民が娯楽に興じ，バスケットボールの試合のような贅沢に支出すること

ができる収入を手にするには，平和と秩序がその必要な前提条件になるからである．さらに次のことも付け加えたい．すなわち，私は，この立場を維持しつつ，チェンバレンが自らの努力で才能を伸ばしたことから，彼は報酬を得るに値すると主張できるのである．もっとも，長年のボストン・セルティックス・ファンとしては，もう一言，ビル・ラッセルも報酬を受けるに値する選手だったと付け加えなければならない——その受けるに値する報酬の額は，チェンバレンを若干上回るにちがいない！

100) たとえば，以下を参照．Nordlinger v. Hahn, 505 U.S. 1 (1992)（事実上同一の財産に対して，それが保有されているか売却されているかによって課税負担を大きく違えるカリフォルニア州の住民提案13号（California Proposition 13）を合憲と判断した); Stephen W. Mazza & Tracy A. Kaye, "Restricting the Legislative Power to Tax in the United States," 54 *Am. J. Comp. L.* 641 (2006)（連邦および州の課税立法に対する司法の広範な敬譲（deference）について概観している). かねてから，立法府の課税権限に対する広範な敬譲は，収用判例などにみられるような，所有権に対して公的に付帯条件を押しつける立法を違憲としようとする裁判所の強い意思に匹敵すると言われている．Amnon Lehavi, "The Taking / Taxing Taxonomy," 88 *Tex. L. Rev.* 1235 (2010). レハヴィの興味深い主張とは，米国の財産法が，正式な所有権を熱心に保護する一方で，国家による継続的な経済的価値の保証については同じくらい熱心に近づかないようにしているという，奇妙なバランスの取り方である．Id., at 1235. レハヴィは，この論理が知的財産の分野にも妥当すると考えている．「ある創作者がイノベーションの正式な所有者と認められた場合に，この創作者が享受しうる自律に基づく本質的な利益がいかなるものであれ，そうした保護対象の情報がもたらす実際の経済的価値は，そこに内包されている法的権利の保護とは対照的に，国家により決して尊重されることもなければ，保証されることもないのである」. Id., at 1253.

101) 一般的には，以下を参照．Richard A. Epstein, *Takings: Private Property and the Power of Eminent Domain* 283-305 (Cambridge, MA: Harvard Univ. Press, 1985)（松浦好治監訳『公用収用の理論』（木鐸社，2000 年) 333-358 頁）（一般的なリバタリアンの理論の文脈で，税金および特別負担金は，それを課される人びとに，費用や負担に比例した恩恵がもたらされるように取り決めなければならないと主張する). 税の研究者の多くが指摘するように，累進課税（富に比例して高い税率を課すこと）を維持するための最善策とは，収入ではなく消費に対して課税することである．たとえば，Edward J. McCaffery & James R. Hines Jr., "The Last Best Hope for Progressivity in Tax" (April 2009), University of Southern California Law and Economics Working Paper Series, Working Paper 92, avail. at http://law.bepress.com/usclwps/lewps/art92/（所得税は所得を増やそうという意欲を阻害するため，累進課税の原理を履行する方法としては好ましくないと主張する．したがって，所得ではなく，物品の購入に対して課税する消費税の方が望ましいとする).

102) これで思い出すのは，ダニエル・ウェブスターによる口頭弁論を言い換えた，ジョン・マーシャルの有名な発言である．すなわち，「合衆国銀行に対する州政府の課税権限［連邦上の特権の1つ］が，同銀行を破壊する目的で行使される可能性があることは，きわめて明らかであって，そのことを否定することはできない」. McCulloch v. Mary land, 17 U.S. 316, 427 (1819)（マーシャル判事). ここから生まれた「課税権限とは破壊する権限である」という格言は，知的財産分野の指針としても用いることができるかもしれない．税率が高騰し，知的財産権の中核部分を事実上骨抜きにする場合，その税率は各創作者が正当に享受すべき個人の強力な権利を破壊する効果をもつ．連邦知的財産法の観点からみた収用の問題については，Adam Mossoff, "Patents as Constitutional Private Property: The Historical Protection of Patents under the Takings Clause," 87 *B. U. L. Rev.* 689 (2007). 最適課税に関する厳密な経済学の文献については，次の論評が有益である．Alan J. Auerbach & James R. Hines, Jr., "Taxation and Economic Efficiency," in 3 *Handbook of Public*

Economics 1347-1422 (Alan Auerbach & Martin Feldstein, eds., Amsterdam: North-Holland, 2002). しばしば経済モデルは，比較的低い税率の利点を強調するが，税率，経済成長，社会全体の厚生に関する歴史的，経験的事実が示すのは，はるかに複雑な物語である．歴史的証拠からわかることは，税率と経済成長の間に明確な相関関係は全く存在しないということである．たとえば，3人の著名な税務政策専門家は次のように述べる．「税率が低いときも高いときも，米国は急速な成長を遂げてきた．米国史上最も力強い経済成長が続いた最近の例は，1940年代後半から1960年代後半にかけての20年間であり，その間の所得税の最高限界税率は70％以上であった．1993年に最高限界税率が31％から39.6％に上昇したとき，経済成長も加速した．各国を比較すると，急速な成長は，税率の低い国の特徴であるだけでなく，税率の高い国の特徴でもあることがわかる．こうした検討が示唆するのは，増税策であっても，それが適切に設計されるならば，必ずしも深刻な損害をもたらすわけではなく，経済動向の強化すらありうるということである」．Henry J. Aaron, William G. Gale, & Peter R. Orszag, "Meeting the Revenue Challenge," in *Restoring Fiscal Sanity: How to Balance the Budget* 111, 112 (Alice M. Rivlin & Isabel Sawhill eds., Washington, DC: Brookings Institution, 2004). 1つの指針として，(限界税率ではなく) 全体平均税率が50％に近づくと，知的財産権で保護された作品の収入に対する公正な課税率の限界に達しつつあるように思われる．

103) ローリングの言葉を借りれば，ハリー・ポッターのアイディアは，「文字どおり，私の頭の中に降ってきた」．www.jkrowling.en/biography.

第5章

1) 以下を参照．Jules Coleman, *The Practice of Principle* 54-55 (Oxford: Oxford Univ. Press, 2001).
2) Id., at 5-6.
3) このような分析方法は，「実用主義的な概念分析」と言うこともできる．Stephen R. Perry, "Review: Method and Principle in Legal Theory," 111 *Yale L. J.* 1757, 1759 (2002) (book review of Coleman, *The Practice of Principle*).
4) Coleman, *The Practice of Principle*, supra, at 54.
5) コールマンが高次の原理を上部に位置づけているのに対し，私の図式では倫理的信念が底部に位置づけられているのは混乱を招くように思われるかもしれない．私はつねづねロックやカントらを知的財産分野の基盤と考えているので，本書においては底部こそが彼らの思想を位置づけるにふさわしい場所である．この種のことは決めの問題と言われればそのとおりである．とはいえ，私が自分の学術キャリアのほとんどを，高度に哲学的な理論よりも知的財産の世界における詳細な原則や特定の制度に費やしてきたことに注目してもよさそうだ．そういうわけで，階層構造の最上位，つまり，特権的な位置に詳細な原則等を据え，深遠な倫理的原理を底部に割り当てていることには特別な意味があるのかもしれない．経歴が理論の最善の根拠であってはならないが，経歴は理論の発見に関係してしまうものだ．
6) 以下を参照．John Rawls, *Political Liberalism* (New York: Columbia Univ. Press, 1993).
7) 以下も参照．Cass Sunstein, "Incompletely Theorized Agreements," 108 *Harv. L. Rev.* 1733 (1995) (重なり合うコンセンサスとよく似た考えが述べられている)．重なり合うコンセンサスと不完全に理論化された合意の考え方についての興味深く簡潔な紹介は以下を参照．Larry Solum's Legal Theory Blog, "Legal Theory Lexicon: Overlapping Consensus and Incompletely Theorized Agreements," avail. at http://lsolum.typepad.com/legaltheory/2009/11/legal-theory-lexicon-over

lapping-consensus-incompletely-theorized-agreements.html.
8) 私は，パブリックドメインというよく使用される表現だけではなく「非専有性」という表現も用いた方がよいと思っている．なぜならこの表現は，世の中には道理的観点から所有対象には絶対になりえない素材が存在し，専有しようとする者はそのような素材には絶対にアクセスできないというロック的な考えを想起させるからである．「非専有性」よりも「パブリックドメイン」についての議論の方がはるかに多いことは事実であるが，知的財産分野においてこれらの用語を使って話すのは私ただ１人というわけではない．たとえば発明の場合，自明であるがゆえにすぐに創作されてしまう発明の持ち去りを，特許付与を通じて阻止することがあるべき賢明な政策であると主張されることが多い．既知のものの自明な変形例は完全に入手可能になっているわけではないが，それが持ち去られると公衆にとっての損失となる．たとえば以下を参照．Richard H. Stern, "Structural Obviousness of Compounds And Compositions: The CAFC's En Banc *Dillon* Decision," 13 *Euro. Int. Prop. L. Rev.* 59, 61（1991）（「ディロンの組成物について彼女に特許を付与することの効果は，既知の脱水性組成物……の自明な変形をパブリックドメインから持ち去ることであると［特許庁］は主張した」）．
9) Jane C. Ginsburg, "Sabotaging and Reconstructing History: A Comment on the Scope of Copyright Protection in Works of History after *Hoehling v. Universal Studios*," 29 *J. Copyright Soc'y* 647（1982）．
10) 営業秘密や商標は適切な条件の下では無期限に保護されうるので，厳密に言えば私がここで述べていることは特許と著作権にのみ当てはまる．しかしながら商標や営業秘密であっても，権利の行使可能性を継続するには法的要件を満たす必要があるため，実際にはこれらの多くが最終的に公共のものになり，その時点で，それらもまた基本的に公共が利用できる状態から持ち去ることができなくなるだろう．一般的には以下を参照．Robert Merges, Peter Menell, & Mark Lemley, *Intellectual Property in the New Technological Age*（5th ed. 2010）．
11) しかしながら，著作権の場合には，独立した創作が許容されている．したがって，仮に（起こりそうにはないが）誰かが新たにある作品を創作し，それがたまたま「ドン・キホーテ」と全く同じであったとするなら，その新作は著作権を得られるだろうが，もちろん原作がすでにパブリックドメインにあるので複製可能であろう．以下を参照．Id. at 421. 以下も参照．Jorge Luis Borges, "Pierre Menard, Author of the 'Quixote'," in *Labyrinths: Selected Short Stories and Other Writings by Jorge Luis Borges*（Donald A. Yates & James E. Irby, eds.）（New York: W. W. Norton, 2007）（これは，ドン・キホーテと一字一句同じ小説を書くことに対する架空の論評である．ボルヘスだからこそできたことだが，この論評は原作と新作との微妙な違いを見事に表現している）．以下も参照．Feist Publ'ns, Inc. v. Rural Tel. Serv. Co., Inc., 499 U.S. 340, 345（1991）（「オリジナルとは，この用語が著作権において用いられているように，（他の作品からの複製ではなく）その作者によって独立にその作品が創作されたことを意味するにすぎず，その作品が少なくとも何らかの最低限の創作性を有していることを意味する」）．
12) これらは「特定の話題を扱ううえで不可欠または少なくとも標準的とされる実際的な出来事，登場人物，設定」と定義されてきた．Atari, Inc. v. North American Phillips Consumer Electronics, 672 F.2d 607, 616（7th Cir. 1982）．
13) 「パブリックドメイン」というフレーズはフランス法から米国知的財産法に輸入されたものであるが，その詳細な歴史については，以下を参照．Tyler T. Ochoa, "Origins and Meanings of the Public Domain," 28 U. Dayton L. Rev. 215（2003）．オチョアは，「公共財産（public property）」が非専有性を表すために19世紀に最も頻繁に使われた用語であると述べている．また，最高裁判所が初めて「パブリックドメイン」を用いたのは1911年のことである．以下を参照．Baglin v.

Cusenier Co., 221 U.S. 580, 598 (1911). オチョアは,「パブリックドメイン」(および, それ以前に一時的に使用されていたパブリック「ディメイン (demesne)」)が 1915 年から 1924 年の間の判決の意見に広まったのは, 偉大な米国判事ラーンド・ハンドの功績であると考えている. 以下を参照. Ochoa, "Public Domain," supra, at 243.

14) In re Hall, 781 F.2d 897 (Fed. Cir. 1986).

15) 以下を参照. Titanium Metals Corp. v. Banner, 778 F.2d 775 (Fed. Cir. 1985) (ロシアの冶金学ジャーナルの1つのグラフにおける1点のデータが特許請求の範囲の主題事項と重なっていることを理由に特許を無効としている).

16) たとえば以下を参照. Robert P. Merges, "Economic Perspectives on Innovation: Commercial Success and Patent Standards," 76 *Cal. L. Rev.* 803-876 (1988); Robert P. Merges, "Uncertainty and the Standard of Patentability," 7 (Berkeley) *High Tech. L. J.* 1 (1993).

17) たとえば以下を参照. David McGowan, "Copyright Nonconsequentialism," 69 *Mo. L Rev.* 1, 15-16 (2004) (功利主義理論に訴える著作権学者は, たいていの場合, 実際には倫理的または規範的な出発点から議論しているが, 著作権法におけるオリジナリティは功利主義または帰結主義の考え方に沿って説明できる原則の一例であると主張している).

18) カナダ最高裁判所は, 2004 年の判決中の著作権に関する意見においてこのテーマに触れている. 以下を参照. CCH Can. Ltd. v. Law Soc'y of Upper Can., [2004] S.C.R. 339, §15 (引用省略) (「著作権法における「オリジナル」の意味については相反する見解がある. いくつかの裁判所は, 著者に由来し, 単なる複製を超えた作品であれば, 著作権の根拠として十分であると考えてきた. このアプローチは, オリジナリティに関して, 自然権または「正当なデザート (dessert)(原文のまま)〔正しくは, 功績 (desert)〕」というロックの理論, つまり, 著者は作品を生みだす際の自らの労力について報酬を受けるに値するという理論を前提とした『額の汗』または『勤勉さ』の基準に整合する. 別のいくつかの裁判所は, 作品が「オリジナル」であり, それによって著作権により保護されるためには, 創造的でなければならないとしてきた. このアプローチも, 財産法の自然権理論に整合的である. もっとも, 創造性の産物である作品のみが著作権保護を受けられるという点で, 前者ほどは徹底していない」). 一般的には以下を参照. Lior Zemer, "The Making of a New Copyright Lockean," 29 *Harv. J. L. & Pub. Pol'y* 891 (2006) (概して, ロックの著作権への適用について, はるかに共同体主義的な解釈を述べ, ロックの但し書きなどを強調している).

19) 以下を参照. McGowan, "Nonconsequentialism," supra (このため, 道具主義または功利主義の価値基準の用語を使って行われている著作権の議論であっても, 実際には, その背後に倫理的信念が隠されていることが多いと主張している).

20) これと同様の考え方が, 不法行為法学者ピーター・ゲルハルトの次の著書に見られる. Peter Gerhart, *Tort Law and Social Morality* (Cambridge: Cambridge Univ. Press, 2010). ゲルハルトは, 不法行為法は功利主義的要素と義務論的要素の両者を組み込み統合した単一の枠組みで説明可能であると主張している. コールマンの中層原理が究極の規範的信念に基礎づけられる法的ルールから導き出されること等を理由に, ゲルハルトは彼の中層原理の概念を明確に拒絶している. 原則自体がより深い理論に根ざしているとき, それが明瞭な理論でなくとも, そのようなうわべだけの原則から上方に向かって原理を帰納することはできないとゲルハルトは信じている.

21) このテーマに関する多くの文献を概観した優れた論文については, 以下を参照. そこには, 数多くの異なる「パブリックドメイン」を特定するための分類学的示唆がある. James Boyle, "The Second Enclosure Movement and the Construction of the Public Domain," 66 *Law & Contemp. Probs.* 33, 68 (Winter/Spring 2003); Pamela Samuelson, "Enriching Discourses on Public Domains," 55 *Duke L. J.* 783 (2006).

22) David Lange, "Reimagining the Public Domain," 66 *Law & Contemp. Probs.* 463 (Winter/Spring 2003).
23) Id., at 474（パブリックドメインは「共同体的性質をもつときもあれば，個人的性質をもつときもあるが，同時にアクセスでき，さまざまに利用でき，自分だけで使用できるものであって，法において単独で積極的に認識される」べきものであると主張している）．
24) 私の論文を参照．"Locke for the Masses," 36 *Hofstra L. Rev.* 1179（2008）．この論文において私は，ロックの原理に基づき，ある種の知的財産権を割り当てることで，集団的労力への報酬という概念を探求している．
25) たとえば以下を参照．Lange, "Reimagining the Public Domain," supra, at 479-480, quoting from David Lange & Jennifer Lange Anderson, "Copyright, Fair Use and Transformative Critical Appropriation"（2001）, later version available at http://www.law.duke.edu/pd/papers/langeand.pdf（last visited Dec. 21, 2010）（「先行作品の経済的価値に悪影響を与える利用にも，その著者や所有者の名誉や感情にも……基本的に配慮することなく，創造を伴う専有はあらゆる場合において特別扱いされると推定される」）．この意見に私は同意しない．第2章と第3章でロックとカントに基づいて議論したように，私にとって，作品の「経済的価値」や著者の「名誉や感情」は知的財産権の中核である．ランゲが議論している特定の問題――特にデジタルやオンラインの世界における，既存の作品の変容的利用――については，第8章で取り上げる．
26) この点については第8章で詳細に取り上げる．
27) ここで表されている創作物には，実際には2つの種類がある．1つは，存続している有効な知的財産権が実際に及ぶが，その権利行使費用が高すぎて行使する価値のない創作物である．もう1つは，創作者が権利行使の状況を知っていて，その状況を考慮しつつ，それでも権利を申請するかどうか悩み，知的財産権で保護することもできたが，実際にはそうしなかった創作物である．今の私たちには，これらの2つのサブグループの違いは重要ではないが，それが重要となる状況もありうる．
28) Justin Hughes, "The Philosophy of Intellectual Property," 77 *Geo. L. J.* 287, 309-310（1988）（特許法における「比例的貢献」の概念は，知的財産法の「付加価値による正当化」の一例である）．
29) たとえば以下を参照．Allen E. Buchanan, *Ethics, Efficiency and the Market*（Oxford: Oxford Univ. Press, 1985）at 11（「パレート原理について言えることはせいぜい次のことである．①パレート原理は，特定の目的のために最も安く効果的な手段を採用するといった常識的な効率性の概念からかけ離れている．②パレート最適状態を達成するための試みとパレート劣位状態よりもパレート優位状態を達成するための選択はいずれも，他者を害することなく行えるなら，その人の利益は得られるべきであるという意味で，パレート原理は，社会的な調整は互恵的であるべきだという原理に近い」）．
30) たとえば以下を参照．Buchanan, id. と Serena Olsaretti, *Liberty, Desert and the Market* 9（Cambridge: Cambridge Univ. Press, 2004）（市場経済が価値と責任のある選択に報い，この理想から逸脱した場合に規制する限りにおいて，市場経済の基本的公正性を擁護している）．
31) たとえば以下を参照．Lewis A. Kornhauser, "Wealth Maximization," in *The New Palgrave Dictionary of Economics and the Law* 679-683（Peter Newman, ed.）（New York: Stockton Press, vol. 3, 1998）．
32) 以下を参照．Richard A. Posner, "Wealth Maximization and Tort Law: A Philosophical Inquiry," in *Philosophical Foundations of Tort Law* 99-111（David G. Owen, ed.）（Oxford: Oxford University Press, 1995）．
33) Deirdre McCloskey, *The Bourgeois Virtues: Ethics in an Age of Commerce* 480（Chicago:

Univ. of Chicago Press, 2006). マクロスキーは市場交換に基づいた社会経済制度による「啓蒙」のメリットを強く信じており，ひところは，「資本主義市場とブルジョアの美徳への関わりによって世界は啓蒙化した」と述べていた. Id., at 26. しかし，彼女の資本主義の概念は，彼女がアダム・スミスやそれ以前にまで遡って明らかにした「ブルジョアの美徳」という大きなシステムのなかに市場交換を位置づけるものである．マクロスキーにとって，効率性は「思慮分別」の美徳の表れであり，それは経済発展と個人の繁栄を促進するために必要不可欠な美徳の1つ——しかしそれ以外にない——である．そのほかの美徳には，正義，勇気，節度があり，それ以外に，より精神的な特色をもつもの（信義，希望，愛）もある．

34) Amartya Sen, *Development as Freedom* 6, 112 (New York: Knopf, 2000)（石塚雅彦訳『自由と経済開発』（日本経済新聞社，2000 年）5, 126 頁）.

35) 以下を参照. F. Scott Kieff and Troy A. Paredes, "Engineering a Deal: Toward a Private Ordering Solution to the Anticommons Problem," 48 *B. C. L. Rev.* 111. 140 (2007).（「のろし（ビーコン）効果」について説明している．この効果のおかげで人びとは，ある特定の資産を利用しようとするなら権利者の所在を突き止めて取引しなければならないという財産権からの信号を受け取る）.

36) たとえば以下を参照. Thomas W. Merrill & Henry E. Smith, "Optimal Standardization in the Law of Property: The Numerus Clausus Principle," 110 *Yale L. J.* 1 (2000).

37) Henry E. Smith, "Intellectual Property as Property: Delineating Entitlements in Information," 116 *Yale L. J.* 1742 (2007).

38) Ashish Arora & Robert P. Merges, "Specialized Supply Firms, Property Rights, and Firm Boundaries," 13 *Indus. & Corp. Change* 451 (2004).

39) Robert P. Merges, "A Transactional View of Property Rights," 20 *Berkeley Tech. L. J.* 1477 (2005).

40) 効率性原理は，積極的な原理として表現することができる．たとえば，特許によって創造が促される可能性が高く，特許がなければ創造されなくなってしまう発明に対してのみ，特許を付与すべき，というように．たとえば以下を参照．Robert P. Merges, "Economic Perspectives on Innovation: Commercial Success and Patent Standards," 76 *Cal. L. Rev.* 803 (1988); Robert P. Merges, "Uncertainty and the Standard of Patentability," 7 (Berkeley) *High Tech. L. J.* 1 (1993).

41) Wendy Gordon, "Fair Use as Market Failure: A Structural and Economic Analysis of the Betamax Case and its Predecessors," 82 *Colum. L. Rev.* 1600 (1982).

42) Id.

43) 他の学術研究において，ゴードンは深遠かつ学殖豊かなスタイルでこの問題に取り組んできた．たとえば以下を参照. Wendy J. Gordon, "A Property Right in Self-Expression: Equality and Individualism in the Natural Law of Intellectual Property," 102 *Yale L. J.* 1533 (1993)（知的財産権に関するロックの理論を詳述している）．中層的原理のレベルでなされた影響力のあるゴードンのもう1つの研究例については，以下を参照. Wendy J. Gordon, "On Owning Information: Intellectual Property and the Restitutionary Impulse," 78 *Va. L. Rev.* 149 (1992)（原状回復を知的財産理論の中心に据えている彼女にとって，原状回復とは，究極の規範原理を基礎とするが，それと直に結合しているわけではない）.

44) 以下を参照. Roberta Rosenthal Kwall, *The Soul of Creativity* 39-41 (Stanford, CA: Stanford Univ. Press, 2009)（ヨーロッパの人格権法におけるカント哲学とヘーゲル哲学の影響の分析）．以下も参照．Treiger-Bar-Am, "Kant on Copyright," supra（カントの理論において保護に値するのは，ある創作物の主要部に見られる特徴的な人格の痕跡というより，唯一無二の著作者個人の存在であ

ると述べている).

45) Jane C. Ginsburg, "A Tale of Two Copyrights: Literary Property in Revolutionary France and America," 64 *Tul. L. Rev.* 991 (1990) reprinted in *Foundations of Intellectual Property* 285-291 (Robert P. Merges & Jane C. Ginsburg, eds.) (Mineola, NY: Foundation Press, 2004).

46) たとえば以下を参照. Adam Mossoff, "Rethinking the Development of Patents: An Intellectual History, 1550-1800," 52 *Hastings L. J.* 1255 (2001) (特許法の発展における自然権の影響を説明している). Adam Mossoff, "Who Cares What Thomas Jefferson Thought about Patents? Reevaluating the Patent 'Privilege' in Historical Context," 92 *Cornell L. Rev.* 953, 971-972 (2007) (初期の特許である「特権 (privilege)」は純粋に国家の裁量の産物であって，それゆえ，それとは対照的に国家成立以前から存在する自然権を起源とする真の財産とは異なると主張する歴史学者に反論している).

47) 著作者人格権の背景については，以下を参照. Kwall, *Soul of Creativity*, supra; Martin A. Roeder, "The Doctrine of Moral Right: A Study in the Law of Artists, Authors and Creators," 53 *Harv. L. Rev.* 554 (1940); Henry Hansmann & Maria Santilli, "Authors' and Artists' Moral Rights: A Compartative Legal and Economic Analysis," 26 *J. Legal Stud.* 95, 105 (1997).

48) Jane C. Ginsburg, "The Right to Claim Authorship in U.S. Copyright and Trademark Laws," 41 *Hous. L. Rev.* 263 (2004).

49) たとえば以下を参照. Seshadri v. Kasraian, 130 F.3d 798, 803-804 (7th Cir. 1997) (Posner, J.) (「現代の米国著作権法のなかに，著作者人格権の原則のかすかな光がある」) および Ty, Inc. v. GMA Accessories, 132 F.3d 1167, 1173 (7th Cir. 1997) (Posner, J.) (仮差止命令は「米国著作権法に静かに入り込みつつある原則……「著作者人格権」の原則からも支持されている」と述べている).

50) この点について，以下の啓発的な論稿を参照. Neil Netanel, "Copyright Inalienability Restrictions and the Enhancement of Author Autonomy: A NormativeEvaluation," 24 *Rutgers L. J.* 347 (1993). ネタネルは「著者の利益を促進するためだけでなく，文化的な多様性を育成するためにも，自律の不可譲性は一般的に望ましい」と主張している. Id., at 354. この論稿は，自律（ここでは，古いライセンス契約を無効にし，新しいライセンス契約で収入を増やす権能によって育まれる）と尊厳の間の結びつきを強調している. そして，この解約権によって保護される名誉や人格の利益はさらなる報酬の機会にもつながり，そのような機会は，多くの場合，創作者の自律に貢献する.

51) Gilliam v. Am. Broadcasting Co., Inc. 538 F.2d 14 (2d Cir. 1976). Gilliam 事件の背景については，以下を参照. Justin Hughes, "American Moral Rights and Fixing the Dastar 'Gap,'" 2007 *Utah L. Rev.* 659.

52) Fantasy, Inc. v. Fogarty, 94 F.3d 553 (9th Cir. 1996).

53) Czarnik v. Illumina, Inc., 437 F. Supp. 2d 252, 256 (D. Del. 2006) (「原告は自然科学コミュニティにおける名誉と地位を害されたので」，発明者名の修正について原告には訴えの利益がある). 以下も参照. Chou v. Univ. of Chicago, 254 F.3d 1347, 1359 (Fed. Cir. 2001) (「重要な主題の発明者として尊重されることは，その分野における成功の一里塚となる. ……発明者として明示されることは金銭的な結果につながるだろう」). 一般的には以下を参照. Paris Convention for the Protection of Industrial Property art. 4ter, Mar. 20, 1883, as revised at Stockholm July 14, 1967, 24 U.S.T. 2140, 828 U.N.T.S. 305 (「発明者は，特許証に発明者として記載される権利を有する」〔http://www.jpo.go.jp/shiryou/s_sonota/fips/paris/pc/chap1.htm#law4-3 の訳を引用〕).

54) たとえば以下を参照. Robert P. Merges, "The Law and Economics of Employee Inventions," 13 *Harv. J. L. & Tech.* 1 (1999).

第6章

1) Jules Coleman, *The Practice of Principle* 54 (Oxford: Oxford Univ. Press, 2001)（「社会慣行は抽象的な理想を規制の原理に変え、美徳を義務に変える……言い換えると、私たちの慣行は、私たちが忠実に守る原理の内容が単に顕在化したものではない。個々の慣行の一部は原理の内容そのものである」）。これは、ハンス・ゲオルグ・ガダマーが法解釈について述べていることにとても似ている。ガダマーにとって、法的命題に対する意味は、それが適用される前の抽象的な段階では与えられない。彼にとっては、具体的な事実類型への命題の適用によってその意味は構築されるのであって、この適用こそがその命題の意味である。Hans-Georg Gadamer, *Truth and Method* 310, 325 (New York: Crossroad Publishing, 2d rev. ed., 1989)（轡田収他訳『真理と方法 I・II・III』（法政大学出版局、1986年、2008年、2012年））。

2) 以下を参照。Rebecca Eisenberg & Robert P. Merges, "Opinion Letter as to the Patentability of Certain Inventions Associated with the Identification of Partial cDNA Sequences," 23 *Am. Intell. Prop. L. Ass'n Q.J.* 1 (1995).

3) 以下を参照。In re Fisher, 421 F.3d 1365 (Fed. Cir. 2005). この事件の背景は以下に詳述されている。Robert P. Merges & John F. Duffy, *Patent Law and Policy: Cases and Materials* 250-256 (Charlottesville, VA: LexisNexis Publishing, 4th ed., 2007).

4) Robert P. Merges, "The Trouble with Trolls: Innovation, Rent-Seeking and Patent Law Reform," 24 *Berkeley Tech. L. J.* 1583 (2010).

5) たとえば以下を参照。Robert P. Merges, "Uncertainty and the Standard of Patentability," 7 (Berkeley) *High Tech. L. J.* 1 (1993).

6) たとえば以下を参照。In re Fisher, 427 F.2d 833, 835 (C.C.P.A. 1970)（実施可能要件にしたがって、特許権者は「特許請求の範囲と少なくとも釣り合う程度に」情報を開示しなければならない）。この要件については、以下で議論されている。Robert P. Merges & John F. Duffy, *Patent Law and Policy*, supra, 271-272.

7) たとえば以下を参照。Sega Enterprises, Ltd. v. Accolade, Inc., 977 F.2d 1510 (9th Cir. 1992); Sony Computer Entertainment, Inc. v. Connectix Corp., 203 F.3d 596 (9th Cir. 2000); Atari Games Corp. v. Nintendo of America, 975 F.2d 832, 843-844 (Fed. Cir. 1992).

8) デジタルミレニアム著作権法における迂回禁止条項の適用を阻止しようとした事件へのフェアユースの抗弁の適用については、以下を参照。Chamberlain Group, Inc. v. Skylink Tech., Inc., 381 F.3d 1178 (Fed. Cir. 2004)（互換機のある車庫開閉装置の市場において、原告が自らの市場を守るために短いセキュリティコードを効果的に用いようとしていた場合、原告の車庫開閉装置の短いセキュリティコードを複製した被告の行為はフェアユースであると判断した）。

9) eBay, Inc. v. MercExchange, L. L. C., 126 S. Ct. 1837 (2006).

10) 547 U.S. 388, 396-397 (Kennedy, J., concurring) (joined by Justices Stevens, Souter, and Breyer).

11) MercExchange, L. L. C. v. eBay, Inc., 401 F.3d 1323, 1339 (Fed. Cir. 2005).

12) ここでそれとなく示されていることは、アルの財産請求権が及ぶ物理的な土地面積と裁判所が妥当だろうと考える影響力の大きさとの間に厳密な関係がないということである。いかに狭い区画の土地であったとしても、その土地が戦略的に重要な位置を占めていることを皆が事前に知っているのであれば、非常な高値になることは当然である。つまりこのような事例では、その区画が狭いからといって、多大な経済的影響力を獲得できないということにはならないだろう。橋のたとえ話においては、物理的な広さに対する経済的価値を尺度にしたが、実際に鍵となるのは、正当（本質

的）な影響力と実際の経済的影響力との関係である．

13) ここでの直感は，契約締結時の錯誤に関する原則を扱った有名な論文とかなり一致している．以下を参照．Anthony Kronman, "Mistake, Information, Disclosure and the Law of Contracts," 7 *J. Leg. Stud.* 1 (1978). クロンマンは，価値ある情報を得るために契約当事者が事前に相当な資源を投じることを期待してもよい場合，その当事者は契約を有利にするためにその情報を用いてもよいはずだと主張した．言い換えれば，契約のもう一方の当事者は，たとえその情報を入手しなかったとしても，契約の履行の免除を請求することはできない．これとは対照的に，いかなる労力も費やすことなく幸運にも偶然に情報を得たことがほぼ間違いない場合は，その情報に基づいて締結された有利な契約の履行を強制することは公正ではないとクロンマンは述べた．そこには，功利主義的なインセンティブと道徳的な功績の両者を単にまとめて重視したという印象にとどまらない十分な論拠がある——そしてこれこそ，知的財産法の比例性原理と彼の論拠がかなり類似していると考える理由である．クロンマンの論文に関する優れた考察と拡張については，以下を参照．Kim Lane Scheppele, *Legal Secrets: Equality and Efficiency in the Common Law* 32-36 (Chicago: Univ. Of Chicago Press, 1988).

14) *Oxford English Dictionary* (Oxford: Oxford Univ. Press, 1989, & Supp. 1997) の「Speculation」という見出し語を参照．

15) Deirdre McCloskey, *The Rhetoric of Economics* (Madison: Univ. of Wisconsin Press, 2d ed., 1998).

16) 以下を参照．Richard A. Posner, "The Social Costs of Monopoly and Regulation," 83 *J. Pol. Econ.* 807, 808 (1975)（鷲見英司訳「独占と規制の社会的費用」ロバート・トリソン＝ロジャー・コングレトン編（加藤寛監訳）『レントシーキングの経済理論』（勁草書房，2002 年）35 頁）（他者を排除しようとする（通常は一時的な）市場支配力や政府支援による支配力を背景とした「独占的レント」について議論している）．有害なレントと競争によって生まれる（それゆえ，一般的には比較的害の少ない性質の）レントを識別するための有益な試みは，以下の文献でなされている．Gordon Tullock, "Rent Seeking: The Problem of Definition," Chapter 5 in *The Economics of Special Privilege and Rent Seeking* 49-58 (Norwell, MA: Kluwer Academic Publishers, 1989).

17) この点に関する古典的な参考文献に以下のものがある．James M. Buchanan, Robert D. Tollison, & Gordon Tullock, *Toward a Theory of the Rent-Seeking Society* (College Station: Texas A&M University Press, 1980) at ix（「［レントシーキング］は，国家の支援を通じて富の移転を求める人びとの資源浪費活動を説明するための用語である」）．非効率性（このことは倫理的に疑わしいとは言わないまでも）と国家の活動との関連性が，レントシーキング理論と保守やリバタリアンの政策との相性の良さを物語っていることはおそらく指摘するまでもないだろう．このようなレントシーキングの概念を批評したものについては，以下を参照．Steven G. Medema, "Another Look at the Problem of Rent Seeking," 25 *J. Econ. Issues* 1049, 1053 (1991)（レントシーキングのロビー活動のせいで政府の「干渉」や「人工的な変更」の対象となってしまう「自然な」権利配分がそもそも存在するという，歴史的視点を欠いた前提を批判している）．

18) William J. Baumol, "Entrepreneurship: Productive, Unproductive and Destructive," 98 *J. Pol. Econ.* 93, 93 (1990)（「基本となる仮説は次のとおりである．起業家の総供給量は社会によって異なるが，社会の起業活動による生産的貢献度の違いは，起業活動をイノベーションなどの生産的な活動とレントシーキングや組織犯罪などの主として非生産的な活動にどのように配分するかによって，さらに顕著になる」）．

19) 以下を参照．Id., at 93（起業家が生産的な活動に向かうようにゲームのルールを体系化することは社会制度の責務であると主張する）．以下も参照．William J. Baumol, Robert E. Litan, & Carl

J. Schramm, *Good Capitalism, Bad Capitalism, and the Economics of Growth and Prosperity* 7-8 (New Haven, CT: Yale Univ. Press, 2007)（原洋之介監訳＝田中健彦訳『良い資本主義 悪い資本主義：成長と繁栄の経済学』（書籍工房早山，2014年）23頁）（生産的なイノベーションに向けられた起業家活動と，「犯罪的な行為（たとえば違法の薬の販売）や合法のレントシーキング的な行為（すなわち，富を誰かのポケットから他のポケットに移すことを狙った政治的ロビー活動や，根拠のない訴訟など）など」の非生産的な活動を対比している）．

20) たとえば以下を参照．John Frederick Martin, *Profits in the Wilderness: Entrepreneurship and the Founding of New England Towns in the Seventeenth Century* 37-38 (Chapel Hill: Univ. of North Carolina Press, 1991)（1630年代のマサチューセッツ州議会［つまり，植民地議会］が，所有地を改良した活動的な土地投機者と，ほとんどまたは全く改良を行わなかった受動的な不在所有者とを区別したことについて説明している．開発と改良を目標としていたので，後者の所有地は植民地議会の取り戻しの対象となった）．必要以上に強欲な側面は制限され非難されるべきであるが，概して言えば，土地投機は広大なアメリカ大陸へのヨーロッパ移民の入植を促すために必要であるというのが社会の支配的な考え方であった．たとえば以下を参照．James D. German, "The Social Utility of Wicked Self-Love: Calvinism, Capitalism and Public Policy in Colonial New England," 82 *J. Am. Hist.* 965, 983-984 (1995)（ニューイングランドの牧師が，精神的な清らかさを要求しながら，市場取引における私欲の側面を許容する新清教徒神学をいかに生みだしたかについて説明している）．

21) たとえば以下を参照．Alan Taylor, *William Cooper's Town: Power and Persuasion on the Frontier of the Early American Republic* 55 (New York: Vintage Books, 1995)（土地開発計画の共同事業者が自分たちの法的権利を守るためにアレクサンダー・ハミルトンを雇い，ハミルトンが権利保有者とのいかがわしい交渉において経済的脅迫を経験しながらも彼の任務を果たした様子を説明している）．

22) 歴史家のスチュアート・バナーはある投機家について説明している．その投機家は「［英国が制定した入植禁止］の境界線より西にあるインディアンの土地を可能な限り買い占めるよう，そしてその違法性を理由に「すべてのことを完全に秘密にしつづける」よう同僚に指示した．その投機家はジョージ・ワシントンであった」．Stuart Banner, *How the Indians Lost Their Land: Law and Power on the Frontier* 100 (Cambridge, MA: Harvard Univ. Press, 2005)．

23) ワシントンは購入した広大な土地（すべてを合わせると5万2000エーカーあり，6つの州にわたっていた）を測量して地図を作成し，彼の権利が最終的に無価値になってしまうという「政治的なリスク」を取ることで，その土地の価値を高めた．以下を参照．Andro Linklater, *Measuring America: How the United States Was Shaped by the Greatest Land Sale in History* 44-45 (New York: Plume Penguin Publishing, 2002)．

24) Taylor, *William Cooper's Town*, supra, 101（18世紀後半に，宅地開発業者のウィリアム・クーパーがニューヨークのクーパーズタウンの区画に呼び寄せた入植者たちに対して行った精力的な監督，激励，投資について説明されている）．

25) Linklater, *Measuring America*, supra, 70-71（「投機者が測量士や土地登記所の役人への賄賂によって最良の土地を得ることがないようにするために，連邦政府委員会は不規則な区画や複雑な登記手続を伴うバージニアの土地境界測量方法を禁止した．それに代えて，未所有のまま土地が残されないように……土地は占有前に測量され，単純な四角形に分割されることとなった」）．

26) J. Willard Hurst, *Law and Economic Growth: The Legal History of the Lumber Industry in Wisconsin, 1836-1915* (Madison: Univ. of Wisconsin Press, 1964), at 109. ハーストはさらに次のように続けている．「すべての記録を――言葉だけでなく行動も――考慮に入れると，このコミュニ

ティが最も評価し，最もこだわったことは，実際には，物的生産性の上昇曲線だったように思われる．そして，当時の警告と抗議は次の警句に何度も立ち返るのである．その警句とは，大規模な投機的所有が公共の利益に反するとほぼ間違いなく宣告される典型的な場合とは，そのような所有によって土地がいつまでも活発な生産から遠ざけられるおそれがある場合であるというものだ」．Id., at 32-33. 私たちはこの宣告のなかに浪費的取得に対するロックの大いなる嫌悪を感じとり，ひいては 19 世紀の経済的規制とロックの腐敗の但し書きの間に類似点を見出すことができる．繰り返しになるが，より重要な点は，経済的専有や市場取引という進行中のプロセスを上書き評価する公的制度の必要性を何度も繰り返し見出せるということである．

27) 以下を参照．John Umbeck, *A Theory of Property Rights: With Application to the California Gold Rush*（The Hague, Netherlands: Martinus Nijhoff Publishers, 1984）．

28) Id., at 91-98.

29) 以下を参照．30 U.S.C. § 23；"Comment, The General Mining Law and the Doctrine of Pedis Possessio: The Case for Congressional Action," 49 *U. Chi. L. Rev.* 1026, 1033-1034（1982）（連邦鉱業権を申請する前の占有の要件について説明している）．

30) Douglass North, *Institutions, Institutional Change and Economic Performance* 110（New York: Cambridge Univ. Press, 1990）（竹下公視訳『制度・制度変化・経済成果』（晃洋書房，1994 年）145 頁）（「政治が経済的なルールを制定・実施するので，財産権がほとんどの場合に効率的でないことは驚くことではない」）．

31) 以下を参照．Terry L. Anderson & Peter J. Hill, *The Not So Wild, Wild West* 13（Stanford, CA: Stanford Univ. Press, 2004）（「［ホームステッド法にしたがって］自営農地を求める競争に駆り立てられた人びとは，そこの土地が正のレントに値する前に，［経済的］フロンティアを越えて移動し，定住した．待つことは，そこに最初にたどり着いた他者に土地を取られるリスクを意味した．……漁獲，石油や地下水のくみ上げ，衛星軌道の占有のために，他者に先行しようとする競争は，レントが消失しうる様子を示す他の例である」）．アンダーソンとヒルは，これらの非効率性のいくつかに対して，前述した鉱業権の規範とよく似た民間による解決策を 1 つ説明している．入植者からなるグループは，権利維持のために適度なお金と労働の投入を義務づける「努力して権利を主張しようの会（claiming club）」を中西部に設立した．フロンティアへの効率的な入植に関する一般的なテーマについては，以下を参照．Dean Lueck, "First Possession as the Basis of Property," in *Property Rights: Cooperation, Conflict and Law* 200（Terry L. Anderson & Fred S. McChesney, eds.）（Princeton, NJ: Princeton Univ. Press, 2003）（レントの消失と資源の浪費を最小限にすることを目的とした先占の法的ルールの経済学的な見方について説明している）．

32) 私は，レントシーキングが最悪の形で出現した際に，裁判所や他の機関がこれを規制することは避けられないと考える一方で，これは稀な例外であり，その必要性はたいていの場合かなり明らかであると考えていることを明確にしておきたい．ここで私が必要と考えているこの種の制度的調整のために裁判所がしなければならないことは，手に負えなくなったレントシーキングを是正するための権利構造のわずかな調整にすぎない．この種の規制は小規模で，必要性に応じたものであり，適度な範囲で，多くの場合は正式な記録のなかにほとんど埋もれている．つまり，この不可欠な業務を行う裁判所は，レントシーキングの問題について，ついでに述べるだけであったり，さりげなく触れるだけであったり，場合によっては全く触れなかったりするだろう．したがって，バランスを再調整するこの種の行為は，政府が民間取引の細部に大規模かつ広範に関与することとはほど遠い．この種の行為は，正義や公正と同じ感覚に由来するが，高利規制法や私人間の取引の見直しや無効を伴う一般的な方策のような積極的で広範な規制よりはるかに控えめである．以下を参照．Brian M. McCall, "Unprofitable Lending: Modern Credit Regulation and the Lost Theory of Usu-

ry," 30 *Cardozo L. Rev.* 549（2008）（高利規制の起源を求めて，聖書，古代ギリシャ・ローマ時代，古代末期（たとえばアクィナス）まで遡っている）; James Gordley, "Equality in Exchange," 69 *Cal. L. Rev.* 1587（1981）（公正性のために交換取引を監視しようとする欲求の歴史的起源について）。高利貸しの典型的な擁護論については，以下を参照。Adam Smith, 1 *An Inquiry into the Nature and Causes of the Wealth of Nations*, Book 2, Chap. 4，par. 15（Standard Edition）（London, 1776), at 44; reprinted（Oxford: Oxford Univ. Press, 1976), at 357（水田洋監訳＝杉山忠平訳『国富論 2』（岩波書店，2000 年）367 頁）（「法定金利が市場の最低金利をわずかに上回る水準に設定されていれば，浪費家や起業家よりも堅実な人の方が，どの貸し手にとっても借り手として好ましくなる。堅実な人に貸しても，浪費家や起業家に貸した場合と金利はほとんど変わらないし，堅実な人に貸す方が，浪費家や起業家に貸すよりはるかに安全である。この結果，国の資本のうち大部分が，資本を有利に使う可能性が高い人に貸し出されることになる」）。私は高利規制法を擁護しているわけではない。私は単に，完全性と正当性の感覚を保つために政府が経済交易の基礎的条件を規制しなければならないということが，歴史を通じて繰り返し認識されてきたことを再度指摘しているにすぎない。

33) 背景については，以下を参照。Paul Goldstein, *Intellectual Property: The Tough New Realities that Could Make or Break Your Business* 56-58（New York: Penguin Group, 2007）（レメルソンの戦術を「濫用」であり「ごまかし」であると述べている）。

34) 以下を参照。Symbol Techs., Inc. v. Lemelson Med., Educ. & Research Found., 422 F.3d 1378, 1385（Fed. Cir. 2005）（商業上の理由で故意に特許発行を遅らせる行為は特許制度の濫用であるとの意見が示された）。

35) 以下を参照。35 U.S.C. § 101（2006）。

36) David D. Haddock, "First Possession Versus Optimal Timing: Limiting the Dissipation of Economic Value," 64 *Wash U. L.Q.* 775（1986）。

37) たとえば以下を参照。Carl Shapiro and Hal R. Varian, *Information Rules: A Strategic Guide to the Network Economy* 187（Boston, MA: Harvard Business School Press, 1999）（千本倖生監訳＝宮本喜一訳『「ネットワーク経済」の法則』（IDG コミュニケーションズ，1999 年）333 頁）（「市場におけるティッピング」（つまり，相互採用と強いネットワーク効果の始まりによって，ある標準が「勝者」になる時点）の文脈における「勝者総取り市場」について議論している）。

38) 以下を参照。W. Brian Arthur, "Competing Standards, Increasing Returns, and Lock-In by Historical Events," 99 *Econ. J.* 116（1989）（基準の採用における偶発的な出来事や「経路依存性」について議論している）。

39) Lotus Dev. v. Borland Int'l, 49 F.3d 807（1st Cir. 1995）。

40) 49 F.3d 807, 819, 821。ブーディン判事は次のように付け加えた。「ロータスのメニューそれ自体——ロータスのコマンドの習得やコマンドを用いたマクロの作成に費やした時間や労力とは無関係——を高く評価するユーザは，ロータスのメニューに確実にアクセスできるようにするためにボーランドのプログラムを選択するとは考えにくい。……もし［メニューのコマンドの］このような様式について，ロータスに独占が認められるならば，ロータス 1-2-3 のコマンド構造を習得したユーザや自分用のマクロを考案したユーザはロータスにロックインされる。……ロータスがより優れた表計算ソフト——質や価格の面で——である限り，ロータスのこのような優位性は何ら悪いものではないかもしれない。しかし，よりよい表計算ソフトが登場した場合，ロータスのメニューを習得し，ロータス用マクロを考案したユーザがロータスに縛られたままでなければならない理由を見出すのは難しい。なぜなら，習得に時間や労力を費やしたのは，ロータスではなく，ユーザだからである」。49 F.3d 807, 820, 821。

41) 以下の論文でこの考えの概要を簡単に述べている．Robert P. Merges, "Locke for the Masses," 36 *Hofstra L. Rev.* 1179（2008）．
42) 集団と集団の権利の一般的な問題に関する相当数の基礎研究がすでに存在しており，集団の財産権の体系化と規定のあり方を私たちに教えてくれる価値ある情報がそれらの研究のなかに含まれているかもしれない．たとえば以下を参照．Aviam Soifer, *Law and the Company We Keep*（Cambridge, MA: Harvard Univ. Press, 1995）（集団の権利をうまく扱えるように法制度をより一層精緻にしなければならない．すなわち，個人と国家の関係のみに焦点をあてることから脱却しなければならない）；Marianne Constable, "Book Review," 26 *Contemp. Sociology* 362, 362（1997）（「集団は個人のアイデンティティにとって重要であり，法的に評価されるに値する」）；Eric R. Claeys, "The Private Society and the Liberal Public Good in John Locke's Thought," 25 *Soc. Phil. & Pol'y* 201（2008）（自発的な民間団体に関するロックの見方について説明している）；Kevin A. Kordana & David H. Blankfein Tabachnick, "The Rawlsian View of Private Ordering," 25 *Soc. Phil. & Pol'y* 288（2008）（ロールズの2つの正義の原理について議論するとともに，それらがどのように民間団体に適用されるかについても論じている）．
43) Frank Easterbrook, "The Supreme Court 1983 Term—Foreword: The Court and the Economic System," 98 *Harv. L. Rev.* 4（1984）．
44) Richard Epstein, *Takings: Private Property and the Power of Eminent Domain*（Cambridge, MA: Harvard Univ. Press, 1985）．以下も参照．William A. Fischel, *Regulatory Takings: Law, Economics and Politics*（Cambridge, MA: Harvard Univ. Press, 1998）（広範な文献の概要が見事にまとめられている）．
45) 経済学の専門用語で言えば，余剰価値と同種のものが生産者と消費者の両方に生じる．買主が支払いたいと思う金額よりも少ない額しか支払われない場合，より大きな市場の力が働くことで購入物の価格が買主個人の評価より低くなっていることになるから，この買主は一種のボーナスを得ていることになる．全消費者にわたってこれらのボーナスを合計したものが，すなわち，消費者余剰である．生産者がある物の対価として受け取るつもりであった最低価格を超える支払いを受けたとき，その生産者は余剰を得る（どちらの場合においても，価値は限界単位，すなわち売買される最後の単位に対するものである）．市場価格は供給要因と需要要因の交点で決まり，典型的にはグラフ上の曲線により表現される．要するに，市場価格は全体の力によって決まるが，いかなる個々の取引においても，市場価格はある意味で消費者や生産者に棚ぼたの利益（限界的棚ぼた利益の方がより適当な表現かもしれない）をもたらす可能性がある．これは経済的余剰と呼ばれる．たとえば以下を参照．N. Gregory Mankiw, *Principles of Economics* 145（Mason, OH: South-Western Publishing, 5th ed., 2007）（足立英之他訳『マンキュー経済学Ⅰ　ミクロ編（第3版）』（東洋経済新報社，2013年））．
46) この論争は，他の多くの分野だけではなく，法学の世界でも頭をもたげてきた．具体例の1つが，法学の文献において古くから比喩的に提示されてきた「司法による価格査定の問題」である．1920—1930年代にコロンビア大学ビジネススクールの教授であったジェームス・C・ボンブライトは，1927年にこの問題に関するローレビュー論文を書き，のちに本も執筆している．これらは今でも引用されている．以下を参照．James C. Bonbright, "The Problem of Judicial Valuation," 27 *Colum. L. Rev.* 522（1927）．より最近の資料については，たとえば以下を参照．Keith Sharfman, "Judicial Valuation Behavior: Some Evidence from Bankruptcy," 32 *Fla. St. U. L. Rev.* 387, 388 n.2（2005）．この論争は法制度全体にわたって広く大きく横たわる問題である．この問題の考察対象として，憲法における公用収用，破産時の会社更生，契約法における損害賠償額，不動産法における財産的利益の「強制売却」が挙げられるが，その対象はこれらだけにとどまらない．これらの

すべての場面において、法的な行為者——通常は裁判所——は、市場取引において何らかの理由で適正に移転されなかったと申し立てられた資産について、金銭的に評価するよう要求される。それぞれの領域にはそれぞれの困難があり、もちろん個々の判断は、多くの場合、批判を免れない。しかし、司法による価格査定は法制度にあまねくみられる実務である。実際、ある観点からみれば、裁判所が存在している理由は、特定の資産や利益の移転が必要であるものの何らかの理由でその移転に問題があるときに、市場の代わりとなるためである。

47) Barbara Fried, "Wilt Chamberlain Revisited: Nozick's 'Justice in Transfer' and the Problem of Market-Based Distribution," 24 *Phil. & Pub. Affairs* 226-245 (1995).

第7章

1) たとえば以下を参照。Robert Andrew Macfie, *Copyright and Patents for Inventions* 79 (Edinburgh: T. T. Clark Publishers, 1879)（著作権重視派と軽視派との間のソクラテス問答のなかで、著作権重視派の立場が次のように引用されている。「私は、そのような者［著作者］は、執筆で生計を立てており、財産と生活費を奪う者からの保護を国家に期待する権利を有すると考えている」）。
2) きっと次のような疑問もあるだろう。私が労働の財産化にそんなに熱心ならば、なぜこの考え方を、伝統的には知的財産権で保護されない成果物まで拡張しないのか。この考え方の応用例のなかには検討に値するものがあるのかもしれないが、本書においては、知的財産保護の伝統的な主題のみ取り上げることとする。伝統的に保護されてきた創作物および実演は、財産権の付与にふさわしいと長い間判断されてきた一方で、その他の種類の創作物はこれまで、少なくとも暗に、財産権の特権に値しないと考えられてきた。
3) このことは、特許発明を生みだす仕事に従事する技術系従業員に最もよく当てはまる。最初にアイディアを思いついた時点を正確に立証することは困難なので、よいアイディアをもっている従業員が大企業を辞めた後、新会社を設立し、そのアイディアについて特許出願できるかもしれない。このような「退職オプション」は、従業員発明の企業所有に関するルールにかかわらず可能である。1つの示唆は、従業員がこのオプションをなるべく行使しないようにするために、雇用者は発明の才ある従業員を厚遇しなければならない、ということである。以下を参照。Robert P. Merges, "The Law and Economics of Employee Inventions," 13 *Harv. J. L. & Tech.* 1 (1999).
4) Paul Goldstein, *Copyright's Highway: From Gutenberg to the Celestial Jukebox* (Stanford, CA: Stanford Univ. Press, rev. ed. 2003).
5) たとえば以下を参照。Paul J. Korshin, "Types of Eighteenth-Century Literary Patronage," 7 *Eighteenth-Century Stud.* 453 (1974).
6) Joseph Lowenstein, "The Script in the Marketplace," 12 *Representations* 101, 102 (1985).
7) Germaine de Rothschild, *Luigi Boccherini: His Life and Work*, 66-67 (Andreas Mayor, trans.) (Oxford: Oxford Univ. Press, 1965).
8) Thomas Carlyle, "Boswell's Life of Johnson (Book Review)," 5 *Fraser's Magazine* 396-398 (1832). ジョンソンからチェスターフィールド卿に宛てられた有名な手紙は、パトロネージ関係を侮辱するおそらく最も説得的な批評である。そのテキストについては以下を参照。James Boswell, 1 *The Life of Samuel Johnson, LL. D.* (Alexander Napier, ed.) (London: George Bell & Sons, 1884), at 210-211.
9) Bach v. Longman et al., 2 Cowper 623 (1777).
10) F. M. Scherer, *Quarter Notes and Bank Notes: The Economics of Music Composition in Eighteenth and Nineteenth Centuries* (Prince ton, NJ: Princeton Univ. Press, 2004).

11) 以下を参照．Id., at 179-180．「1840 年代の後半に，ヴェルディとリコルディは，演奏ごとに料金を取り始めた．最初は一律 400 フラン（16 ポンド，すなわちイングランド南部における大工の収入 3 カ月分）とされ，著作権法のない領地では 50% 割引が適用された．このことがきっかけになり，比較的小さな町の一部においては，劇場興行主がヴェルディの著作権を無視して，密かに彼らの楽譜を取得し，サルジニアの著作権法の廃止を求めてロビー活動をするにいたった．1850 年の手紙のやりとりにおいて，リコルディは，今日の経済学者が第二種価格差別と呼ぶ原理についてヴェルディに説明した．「1000 リラで 10 ないし 12 の劇場から得るよりも，250 ないし 300 リラで多くの小劇場から得る方がはるかに多額のお金を手にできるので，それぞれの懐事情に合わせて料金を設定し，すべての劇場が楽譜を入手できるようにする方が利益になる」と彼は書いている．リコルディは，地方の劇場に課す演奏ごとの料金を支払能力に応じて別々に交渉すべきであるとヴェルディに提案した．そして，彼の提案にしたがえば，ヴェルディは楽譜貸与による収入の 30% とオペラ上演期間の最初の 10 年間の楽譜販売による収入の 40% を受け取ることになっていた．ヴェルディはこの取り決めを受け容れ，その後のヴェルディの取り分は 50% まで増加した．この権利を行使するために，リコルディは，地方の劇場における楽譜の使用を監視し，盗用を防止するために，出先代理人のチームを配置した．また彼は，比較的大きなイタリアの都市で実演契約争議を扱う弁護士を雇っておいた．地方の劇場からのライセンス収入のうち彼が半分以上の持分を保持することは，これらの取引費用によって正当化されるとリコルディは主張した．楽譜の販売と演奏料から相当な収入を得て，ヴェルディは，もはや「ガレー船の奴隷」である必要はなく，慌ただしく作曲する必要はないと考えた．1840 年から 1849 年にかけて（1849 年時点で彼は 36 歳であった），ヴェルディは，14 曲のオペラを作曲した．その後の彼の作曲数は，1850 年代に 7 曲，1860 年代に 2 曲，それ以降の 30 年は 10 年ごとに 1 曲であった」．

12) Amusements, *N. Y. Times*, Sept. 25, 1885, at 5, quoted in Zvi S. Rosen, "The Twilight of the Opera Pirates: The Prehistory of the Exclusive Right of Public Performance for Musical Compositions," 24 *Cardozo Arts & Ent. L. J.* 1157, 1178（2007）．

13) 以下を参照．Zorina Khan, *The Demo cratization of Invention: Patents and Copyright in American Economic Development*, 1790-1920（New York: Cambridge Univ. Press, 2005）．

14) 革命後のソビエト連邦の最初の活気あふれる時期に行われた，国家による芸術支援という実験が，おそらく最もよい例であろう．以下を参照．Austin Harrington, *Art and Social Theory: Sociological Arguments in Aesthetics* 78-79（Malden, MA: Polity Press, 2004）．おそらく予想どおりであるが，国家による支援を受けた芸術の繁栄は短期間で終わり，その後，あらゆる形の個人的・主観的な創作は冷酷に弾圧された．レーニンの死後，ソビエト政府によって，芸術は連帯や進行中の革命への献身などの国家目標を推進しなければならないとされた．そして，この政策は予算権限を通してだけでなく国外追放のような弾圧策によっても推し進められた．Id. 一般的には以下を参照．David R. Shearer, "Stalinism," in 3 *The Cambridge History of Russia: The Twentieth Century* 192, 208（Ronald Grigor Suny, ed., Cambridge: Cambridge Univ. Press, 2006）（「スターリン主義政権は，すべての文化創作に関わる組織にまで独占的支配を拡大することによって美的規範を押しつけた」）．社会主義の原理に忠実な芸術にいたるこのような動きは，ボリス・パステルナークの小説『ドクトル・ジバゴ』とデイヴィッド・リーンによる同タイトルの映画によって完璧に描かれている．そのなかで，革命将軍のストレニコフは，詩人であり医師であるユーリ・ジバゴに向かって「ロシアには個人の生活はない．……それは歴史によって葬り去られた」と宣告した．この言葉や全体の話の筋から，芸術への支援を国家が独占すると，自律とは正反対に行き着いてしまうことは明らかである．

15) たとえば以下を参照．Judith Huggins Balfe, ed., *Paying the Piper: Causes and Consequences of*

Art Patronage 251 (Champagne: Univ. of Illinois Press, 1993)(国家による間接的な芸術の支援を議論するなかで,「直接的な国家パトロネージについては難しいという認識がある」という記述を引用している).

16) パトロネージの取り決めの下で芸術家や工芸家がどのくらいの自律を保持したかという論点の整理だけでも,歴史家は困難な諸問題に直面する.それらの諸問題を概観した文献として以下を参照されたい. Jill Caskey, "Whodunit? Patronage, the Canon, and the Problematics of Agency in Romanesque Gothic Art," in *A Companion to Medieval Art: Romanesque and Gothic in Northern Europe* 193-200 (Conrad Rudolph, ed.) (Malden, MA: Blackwell, 2006).

17) 以下を参照. http://www.bls.gov/oco/cg/cgs031.htm#emply.

18) U.S. Dept. of Commerce, Bureau of Labor Statistics, avail. at http://www.bls.gov/oco/cg/content/charts/cht_cgs_031_1.gif.

19) Occupational Outlook Handbook, 2010-2011 Edition: Artists and Related Workers, http://www.bls.gov/oco/ocos092.htm (visited Dec. 30, 2010).

20) Id., at Table 3, "Employment of wage and salary workers in arts, entertainment and recreation by occupation, 2008 and projected change, 2008-2018".

21) 出典は以下のとおり. U.S. Bureau of labor Statistics, Occupational Employment Statistics May 2009, NAICS 511000 - Publishing Industries (except Internet), http://www.bls.gov/oes/current/naics3_511000.htm. 類似のデータについては以下を参照. Robert G. Picard, The Economics of the Daily Newspaper Industry, in Alison Alexander Picard et al., *Media Economics: Theory and Practice* 109, 110, 116 (Mahwah, N.J.: Lawrence Erlbaum Assocs., Publishers, 3rd ed. 2004)(新聞社は 2001 年の時点で 44 万 5,000 人を雇用しており,編集に予算の 7～10% が割り当てられていたが,その数字は急速に減っているように思われる).

22) 以下の情報に基づき作成. U.S. Dept. of Commerce, Bureau of Labor Statistics, Occupational Outlook Handbook 2010-2011 edition (current data), Projections Data, http://www.bls.gov/oco/ocos095.htm.

23) たとえば以下を参照. Marco Iansati & Roy Levien, *The Keystone Advantage: What the New Dynamics of Business Ecosystems Mean for Strategy, Innovation, and Sustainability* 82-83 (Boston: Harvard Business School Press, 2004)(ソフトウェア業界におけるマイクロソフトの働きを例に挙げながら,「かなめとなる企業」が事業エコシステムにおける大企業と小企業を広範なネットワークにまとめていく様子を説明している).

24) 以下を参照. Richard N. Langlois, "The Vanishing Hand: The Changing Dynamics of Industrial Capitalism," 12 *Indus. & Corp. Change* 351 (2003); Naomi R. Lamoreaux, Daniel M. G. Raff & Peter Temin, "Beyond Markets and Hierarchies: Toward a New Synthesis of American Business History," 108 *Am. Hist. Rev.* 404 (2003).

25) この点については,経営史家アルフレッド・D・チャンドラーが見事に説明している.以下を参照. Alfred D. Chandler, *The Visible Hand: The Managerial Revolution in American Business* (Cambridge, MA: Harvard Univ. Press, 1980)(鳥羽欽一郎＝小林袈裟治訳『経営者の時代』(東洋経済新報社, 1979 年)), and *Scale and Scope: The Dynamics of Industrial Capitalism* (Cambridge, MA: Harvard Univ. Press, 1994)(安部悦生他訳『スケール・アンド・スコープ』(有斐閣, 1993 年)). より最近の情勢の文脈に置き換えてチャンドラーの研究を考察したものとして,以下を参照. Richard N. Langlois, "Chandler in a Larger Frame: Markets, Transaction Costs, and Organizational Form in History," 5 *Enterprise & Soc'y* 355 (2004). 時に動きがゆっくりだったとしても,私たちの歴史の大部分は,ロックの個人主義の理想の実現に向けて動いているという歴史の

見方については以下を参照．Peter Karsten, "Review: Labor's Sorrow? Workers, Bosses, and the Courts in Antebellum America," 21 *Rev. Am. Hist.* 447-453 (No. 3, September, 1993).

26) 以下を参照．Naomi Lamoreaux & Kenneth Sokoloff, "The Decline of the Independent Inventor: A Schumpterian Story?" Nat'l Bureau Econ. Res. Working Paper 11654, September, 2005, at 9, avail. at http://www.nber.org/papers/w11654.

27) Bronwyn H. Hall, Adam B. Jaffe, & Manuel Trajtenberg, "The NBER Patent Citations Data File: Lessons, Insights and Methodological Tools," Nat'l Bureau Econ. Res. Working Paper 8498, October 2001, at 12, avail. at http://www.nber.org/papers/w8498. これらの間の期間について少し概観したい人は以下を参照．Lowell Juilliard Carr, "The Patenting Performance of 1,000 Inventors During Ten Years," 37 *Am. J. Soc.* 569 (1932) （ここでのサンプルでは，多くの発明者が自営業者か小企業出身者であった）；Barkev S. Sanders, Joseph Rossman, & L. James Harris, "Patent Acquisition by Corporations," 3 *Pat. Trademark & Copy. J. Res. & Ed.* 217, 217 (1959) （1936年から1955年において，特許の59%は企業に，41%が個人に与えられた）．1963年から1995年までの間，米国人が所有する特許の24.2%は個人に与えられた．米国外の個人発明家はさらに少ないように思われる．2008年には，外国人に発行された7万4,465件の特許のうち3,615件だけが個人に発行された．以下を参照．USPTO, Patent Counts by Class by Year—Independent Inventors, 12/31/08, avail. at http://www.uspto.gov/web/offices/ac/ido/oeip/taf/cbcby_in.pdf. 一般的な背景については，以下を参照．John R. Allison & Mark A. Lemley, "The Growing Complexity of the United States Patent System," 82 *B.U. L. Rev.* 77 (2002).

28) たとえば以下を参照．David C. Mowery & Nathan Rosenberg, *Technology and the Pursuit of Economic Growth* 71 (Cambridge: Cambridge Univ. Press, 1989) （「自社研究の方が，商業的に成功するイノベーションに必要な異質な投入要素を組み合わせること，マーケティング部門と生産部門の担当者から集められ蓄積された会社独自の知識を利用し増加させること，ある種の形式の技術知識の獲得を製品の製造に密接につなげて利用することが，うまくできた」）；Christopher Freeman, *The Economics of Industrial Innovation* 103 (London: Routledge Publishing, 1st ed.,1974) （「技術の飛躍のうち代表的で革命的なものは，ほとんど，企業の研究開発によって占められるようになった．……」）．

29) Richard N. Langlois, "Modularity in Technology and Organization," 49 *J. Econ. Beh. & Org.* 19-37 (2002); Richard N. Langlois, "The Vanishing Hand: The Changing Dynamics of Industrial Capitalism," 12 *Indus. & Corp. Change* 351-385 (2003).

30) Henry Chesbrough, *Open Innovation: The New Imperative for Creating and Profiting from Technology* (Boston: Harvard Business School Press, 2003) （大前恵一朗訳『OPEN INNOVATION』（産能大学出版部，2004年））．

31) 以下を参照．Stuart J. H. Graham et al., "High Technology Entrepreneurs and the Patent System: Results of the 2008 Berkeley Patent Survey," 24 *Berkeley Tech. L. J.* 1255 (2009). まさにこの最近の調査により，技術系のスタートアップ企業が特許を保有することが，以前信じられていたよりもずっと広がっていることが示された．

32) 以下を参照．Jonathan M. Barnett, "Private Protection of Patentable Goods," 25 *Cardozo L. Rev.* 1251, 1252 (2004) （既存の会社，つまり既参入者には，革新的な製品と自分たちが販売する製品とを結びつけるといった，研究開発コストを回収する方法がたくさんある．一方，新規参入者は法的保護に過度に依存しなければならない）．私や他の何人かが，次のような似た議論をしている．すなわち，法的な知的財産権のおかげで，技術集約的な特化部品の製造者は，大企業における1つの部門や特別グループではなく，自らを独立企業として設立することができる．以下を参照．

Robert P. Merges, "A Transactional View of Property Rights," 20 *Berkeley Tech. L. J.* 1477 (2005); Ashish Arora & Robert P. Merges, "Specialized Supply Firms, Property Rights, and Firm Boundaries," 13 *Indus. & Corp. Change* 451-475 (2004). いくつかの類似の発想が以下の論文で提示されている。Dan L. Burk, "Intellectual Property and the Theory of the Firm," 71 *U. Chi. L. Rev.* 3 (2004) and Paul J. Heald, "A Transaction Costs Theory of Patent Law," 66 *Ohio St. L. J.* 473 (2005).

33) この議論についてより正確には，以下を参照。Merges & Arora, "Specialized Supply Firms," supra.

34) 以下を参照。Graham et al., "High Technology Entrepreneurs," supra, at 34-35. 逸話的な証拠に頼らないこの調査により，スタートアップ企業は主に他者による自社製品やサービスの模倣を防止するために特許出願を行っていることが明らかになった。

35) 起業家が自律を非常に重要視していることの証拠については，以下を参照。Tobias J. Moskowitz & Annette Vissing Jorgensen, "The Returns to Entrepreneurial Investment: A Private Equity Premium Puzzle?" 92 *Am. Econ. Rev.* 745-778 (2002)（起業家は自律を増進したいという願いに動機づけられることが多く，それゆえ，起業家は平均的な人とは異なるリスクを選好する）。

36) Henry Sauermann & Wesley M. Cohen, "What Makes Them Tick? Employee Motives and Industrial Innovation," Nat'l Bureau Econ. Res. Working Paper 14443, September, 2008, at 4, avail. at http://www.nber.org/papers/w14443.pdf（「企業の研究開発担当者はかなり自律的に働いている――他の職種の従業員よりもそうであることはほぼ間違いない」）。以下を参照。Phillipe Aghion, Mathias Dewatripont, & Jeremy C. Stein, "Academic Freedom, Private-Sector Focus, and the Process of Innovation," 39 *Rand J. Econ.* 617 (2008)（経営者側が研究開発担当者の活動を完全ではないにしろ管理できる産業用研究よりも，研究者の創造の自由を最大限許容する学術研究の方が優位であることを示すモデルを提示している）。

37) Zoltan J. Acs & David B. Audretsch, *Innovation and Small Firms* 40 (Boston: MIT Press, 1990)（「比較的小さな企業がイノベーションに堂々たる貢献をするのは，大企業と比較して優位な点がいくつかあるためである。重要な強みの1つはそれほど官僚的でないことである」）。

38) たとえば以下を参照。Langlois, "Modularity in Technology," supra. 少なくともある程度の実証データが，小さな企業が以前よりも重要になってきているという考えを裏づけている。以下を参照。CHI Research, Inc., "Small Firms and Technology: Acquisitions, Inventor Movement, and Technology Transfer," Report to the Small Business Administration, January 2004, at ii, avail. at http://www.sba.gov/advo/research/rs233tot.pdf（「小企業の技術的影響力は増している。小企業に区分される非常に革新的な米国企業（過去5年間で15件以上の米国特許を取得した企業）の割合は，2000年の［調査の対象である15件以上の特許を有する1,070社の］33％から，2002年の［同基準を満たす1,270社の］40％に増加した」）。以下も参照。Id., at iii（「1990年代の半ばから2000年代の初めまでの間に，非常に多くの発明を生みだす大企業発明者（ここでは，少なくとも10件の特許を有する者）の割合は72％から69％に低下し，小企業における同割合は12％から16％に上昇した」）。

39) たとえば，自分のための商標を作りだすインセンティブを法が与えなければならないと考える人はほとんどいない。商品化の可能性がある製品の名前を考案することはかなり簡単である。何かを発明したり，小説や曲を書いたりすることに比べれば，その費用はかなり少ない。ブランドやマークやデザインの宣伝に対する投資の方が，商標に関連するインセンティブと関係がある。そのため，消費者は特定の会社の特定の販売製品を商標に関連づけるにいたる。一般的には以下を参照。Robert P. Merges et al., *Intellectual Property in the New Technological Age* 735 (New York: As-

pen Publishers, 5th ed. 2010). 理解を深めることにつながる別の見方については，以下を参照．Mark P. McKenna, "The Normative Foundations of Trademark Law," 82 *Notre Dame. L. Rev.* 1839 (2007).

40) 以下を参照．McKenna, "The Normative Foundations of Trademark Law," supra, at 1843（「近代法は……商標を価値の宝庫として扱っており，実際に広い範囲の製品やサービスに商標を活用することができる．換言すれば，21 世紀の商標法は，ブランドの価値の増加を目的とした産業政策とほとんど変わらないと言ってよい」（脚注省略））．

41) たとえば以下を参照．Harvey Luskin Molotch, "Inside Stuff: How Professionals Do It," in *Where Stuff Comes From* 23, 26 (New York: Routledge, 2003)（特にエンジニアリングやマーケティングの専門家に比べて「デザイナーの賃金は低くて，力もない」と指摘している）．

42) Molotch, *Where Stuff Comes From*, supra, at 23-24.

43) Jack W. Plunkett, *Plunkett's Advertising and Branding Industry Almanac* 2008 (Houston, TX: Plunkett Research, Inc., 2008), at 29.

44) 私が言っているのは，ここでのおもちゃメーカーがしたいことが，（法的権利自体ではなく）知的財産権の対象となっている物を使うことのみなのであれば，知的財産権者と交渉する必要はないかもしれないということである．ミッキーマウスの絵はとてもよく知られているので，ディズニー社からその原画を得る必要はない．記憶だけを頼りにミッキーマウスを描くことができ，ボールやボードゲームのようなおもちゃに使うことができる．もちろんそのようにすると，ディズニー社から訴えられるだろう．しかし，私が言いたいのは以下の点だけである．すなわち，おもちゃメーカーがディズニー社からライセンスを得る理由は，ミッキーマウスのイメージを使用する法的権利を取得するためである．その情報の中身，すなわちミッキーの描き方については，すでによく知られている．したがって，ミッキーマウスのイメージを使用するためのライセンスは，「純粋な」知的財産権のライセンスの例である．すなわち，取得するものは法的権利だけであり，それとは別のコンテンツ情報はライセンスに付随していない．この例は，知的財産権が創出する追加的取引負担の最も極端な例である．知的財産以外に，ディズニーのライセンスを必要とする理由は全くない．そして，知的財産権の正当化にあたっては，この追加的取引がどのようにディズニーの創作チームに利益を与えるのかということを説明しなければならず，それと同時に，実効的な知的財産政策はそのような追加的取引費用を最小限にしようとしなければならない．

45) 以下を参照．Oliver Williamson, *The Mechanisms of Governance* (Oxford: Oxford Univ. Press, 1996); Oliver Williamson, *The Economic Institutions of Capitalism* (New York: Free Press, 1985)（石田光男＝山田健介訳『ガバナンスの機構：経済組織の学際的研究』（ミネルヴァ書房，2017 年））．

46) 以下を参照．Sanford J. Grossman & Oliver D. Hart, "The Costs and Benefits of Ownership: A Theory of Vertical and Lateral Integration," 94 *J. Pol. Econ.* 691 (1986)（鳥居昭夫訳『企業契約金融構造』（慶應義塾大学出版会，2010 年））; Oliver Hart & John Moore, "Property Rights and the Nature of the Firm," 98 *J. Pol. Econ.* 1119 (1990)．新しい財産権（NPR）の理論の概説については，以下の文献にあたるとよい．Oliver Hart, *Firms, Contracts and Financial Structure* (Oxford: Oxford Univ. Press, 1995)．この理論全体──「新しい財産権」アプローチと呼ばれることが多い──を知的財産権に綿密に当てはめた研究については，以下を参照されたい．Robert P. Merges, Intellectual Property Rights, Input Markets, and the Value of Intangible Assets (1999), http://www.law.berkeley.edu/7937.htm (filed under "older articles").

47) U.S. International Trade Commission, "The Migration of U.S. Film and Tele vision Production" 15 (2001) avail. at http://www.ita.doc.gov/media/filmreport.html.

48) 第8章において，デジタルコンテンツの職業的創作者に対するインセンティブを維持する必要性についてさらに深く掘り下げる．

49) 以下を参照．Thomas Hellmann, "When Do Employees Become Entrepreneurs?" Working Paper, University of British Columbia (August 2006), avail. at http://strategy.sauder.ubc.ca/hellmann/pdfs/MSRevision_August_2006-All.pdf（すべての起業家の70%は，既存の企業の出身者であり，そこで新しいアイディアのための訓練やインスピレーションを受けていることを示す資料を引用している）．

50) 以下を参照．John Hannigan, *Fantasy City: Pleasure and Profit in the Postmodern Metropolis* 120 (London: Routledge, 1998)．

51) 以下を参照．"Now Even Disney Goes Digital to Put Drawing Out of the Picture," *Timesonline*, July 21, 2006, avail. at http://entertainment.timesonline.co.uk/tol/arts_and_entertainment/article690659.ece; http://eddiepittman.com (website of freelance animator Eddie Pittman, former Walt Disney employee)．別の産業におけるスピンオフ企業の成長の歴史に関する詳細な研究については，以下を参照されたい．Steven Klepper & Sally Sleeper, "Entry by Spinoffs," 51 *Mgt. Sci.* 1291 (2005)（精密レーザー産業における数多くのスピンオフ企業に関する詳細な研究）．

52) M. William Krasilovsky & Sidney Shemel, with contribution by John M. Gross, *This Business of Music* 31-32 (9th ed., New York: Billboard Books, 2003)（原著第6版の訳書として，内藤篤監修＝浅尾敦則共訳『ミュージック・ビジネス』（リットーミュージック，1997年））（「とても魅力的なアーティストと契約している独立系プロデューサーは，主要なレコード会社とレーベル取引の関係を築くだけの力をもつ場合がある．レーベル取引では，そのプロデューサーの商号とラベルを付してレコードをリリースすると規定される場合もある．プロデューサーたちは，アーティストを自分たちの側に引き付けておくためにレーベル取引は有用であると主張している」）．

53) ここでは，創作的なコンテンツがより多様化することにより，大手メディア企業への報酬が実際に増えるという考え方があることに留意すべきである．要するに，生産と流通のコストが低い環境下で競合者がひしめき合う市場（すなわち，今日のデジタル制作とインターネット配信）では，大手メディア企業が制作・販売する「プレミアムコンテンツ」からの利益は実際には増加するということである．以下を参照．Paul Seabright & Helen Weeds, "Competition and Market Power in Broadcasting: Where Are the Rents?" at 12, avail. at http://privatewww.essex.ac.uk/~hfweeds/SeabrightWeeds_paper.pdf.; published in *The Economic Regulation of Broadcasting Markets* (Paul Seabright & Jurgen von Hagen, eds.) (Cambridge: Cambridge Univ. Press, 2007)．

54) もちろん，生活費を与えることは，自律というより理想的な目標の重要かつ実際的な側面であり，その点は，第2章から第4章で説明し，擁護してきたところである．

55) 第4章で説明したように，私は，「特権を与える」を，援助や支援の意味で用いている．財産権は有用かつ利益を生みだすものでありつづけるからこそ，高品質のコンテンツを制作・販売し，自らの権利を行使する手段をもつ者を支援することができる．私は，価格の低いコンテンツは財産権を得るに値しない，あるいは得るべきではない（多くの場合それに値する）と言っているわけでもないし，知的財産政策は低品質のコンテンツの制作者に対する不均衡な障害を無理にでも作りだすべきであると主張しているわけでもない．知的財産で保護されたコンテンツを公衆に開放し，共有を促進するためのより簡単な方法についての私案――本章後半の「排除しない権利」の標題の節において，まとめて扱っている――は，正反対の方向，すなわち，アマチュアのコンテンツと共用型の制作モデルを公平に扱うことを目指すものである．私が言いたいことは，「法の現実の作動」に目を向けると，しっかりとした知的財産権の恩恵を受けるのは品質の劣るコンテンツ所有者よりも高品質コンテンツの所有者の方であることは事実であり，創造的な自律性と公平性という（知的財

56) たとえば以下の私の評論を参照．"A New Dynamism in the Public Domain," 71 *U. Chi. L. Rev.* 183（2004）（創作者が作品をパブリックドメインに開放するための簡単な方法の必要性について）と "Locke for the Masses," 36 *Hofstra L. Rev.* 1179（2008）（不特定多数による成果を生みだす累積的労働を説明する財産権理論の必要性について）．

57) 私は，「正規の」作品だけが知的財産権によって保護されるべきであると言いたいのではない．第8章では，「リミックス」現象やそのイデオロギーについてより深く掘り下げ，多くのオリジナルの創作者や営利企業は，知的財産権を放棄し，リミキサーにコンテンツを無償で開放するインセンティブをもっていると説明している．正規の作品は知的財産権によって保護されるべき唯一の作品ではないが，多くの場合，保護費用と手間に値する可能性が最も高い作品である．別の言い方をすると，権利行使費用が高いことの実際の影響は，知的財産権の世界では，知的財産権者に権利を放棄する強いインセンティブが生じることである．知的財産は自律を保護するが，それは創作者が（費用に見合うことなどを理由に）自らの権利の行使を選択した場合に限られる．

58) このように考えるのは，私だけではないようである．たとえば以下を参照．Jaron Lanier, *You Are Not a Gadget: A Manifesto* 83（New York: Alfred A Knopf, 2010）（井口耕二訳『人間はガジェットではない』（早川書房，2010年））（「ばかげた行為を撮影したある無料ビデオが，ある1日に，プロの映画会社の作品と同じだけの人目を集められるとしたら，どうして映画会社にお金を払う必要があるだろうか」）; Andrew Keen, *The Cult of the Amateur: How Blogs, MySpace, You-Tube, and the Rest of Today's User-generated Media Are Destroying Our Economy, Our Culture, and Our Values*（New York: Doubleday, 2008）（田中じゅん訳『グーグルとウィキペディアとYouTubeに未来はあるのか？』（サンガ，2008年））．

59) この事件の背景については，以下を参照．Pamela Samuelson, "Google Book Search and the Future of Books in Cyberspace,"（February, 2010）, avail. at http://people.ischool.berkeley.edu/~pam/GBSandBooksInCyberspace.pdf; Pamela Samuelson, "Academic Author Objections to the Google Book Search Settlement," avail. at http://people.ischool.berkeley.edu/~pam/JTHTL.pdf.

60) たとえば以下を参照．Business Review Letter, U.S. Dept. of Justice, Joel I. Klein, Acting Assistant Attorney General, June 26, 1997, avail. at http://www.justice.gov/atr/public/busreview/215742.pdf（データ圧縮技術にかかる必須特許のライセンスのための団体を形成する9つの特許権者からなるコンソーシアムに司法省の許可を与えている）; Antitrust Guidelines for the Licensing of Intellectual Property, April 6, 1995, at § 2.3, "Procompetitive Benefits of Licensing," avail. at http://www.justice.gov/atr/public/guidelines/0558.htm#t23. 歴史的概要については，以下を参照．Richard J. Gilbert, "Antitrust for Patent Pools: A Century of Policy Evolution" 2004 *Stan. Tech. L. Rev.* 3（2004）．

61) パテントプール，ASCAP，および関係機関の歴史的背景と理論的な議論については，以下を参照．Robert P. Merges, "Contracting into Liability Rules: Intellectual Property Transactions and Collective Rights Organizations," 84 *Cal. L. Rev.* 1293（1997）; Robert P. Merges, "Institutions for Intellectual Property Exchange: The Case of Patent Pools," in *Intellectual Products: Novel Claims to Protection and Their Boundaries*（Rochelle Dreyfuss, ed.）（Oxford: Oxford Univ. Press, 2001）．

62) United States v. American Society of Composers, Authors and Publishers, 208 F. Supp. 896（S.D. N.Y. 1962）, aff'd, 331 F.2d 117（2d Cir. 1963）（1941年のASCAPの最初の同意判決を見直し，修正している）; Philips Corp. v. International Trade Commission, 424 F.3d 1179（Fed. Cir. 2005）（さまざまな反トラスト法理論に基づいてコンパクトディスクのパテントプールを相手に争っている）．

63) レコード会社とデジタル音楽プラットフォームの取引のいくつかの特徴を説明する，コンテンツバンドリングの経済学の概要については，以下を参照．Yannis Bakos & Erik Brynjolfsson, "Bundling Information Goods: Pricing, Profits, and Efficiency," 45 *Mgmt. Sci.* 1613 (1999).

64) たとえば以下を参照．"Norway: Apple's Fair Play DRM is illegal," MacNN, January 24, 2007, avail. at http://www.macnn.com/articles/07/01/24/norway.rules.against.drm/（「本日ノルウェー政府は，iPod と iTunes ストアにおけるアップルのデジタル著作権管理技術が違法であると決定した．これは，フランスおよびドイツ両政府がアップルの iPod/iTunes という閉鎖的エコシステムの調査を開始すると決定した，今週始めのレポートに続くものである．……ノルウェーの消費者オンブズマンはアップルの閉鎖的なシステムは違法であると判断していたが，これは，アップルの FairPlay というデジタル著作権管理技術により暗号化された曲は，iPod 以外の音楽機器では再生することができない点が，ノルウェーの法律に違反しているためである．「きわめて明らかなことだが，FairPlay は違法なロックイン技術であり，その主な目的は，相互運用性を妨げることで，消費者をアップルの提供する全体パッケージにロックインさせることにある」と，消費者審議会の上級顧問トルゲイル・ウォータハウスは報道機関に対して述べた」）．

65) Douglas Lichtman, "Property Rights in Emerging Platform Technologies," 29 *J. Leg. Stud.* 615 (2000)（二重限界化（double marginalization）および利己的な価格決定により，プラットフォームに互換性のあるコンテンツの生産は最適な状態を下回るので，政策により，コンテンツ制作とプラットフォームの統合を奨励するべきであると主張している）．

66) Urs Gasser & John Palfrey, "Breaking Down Barriers: When and How ICT Interoperability Drives Innovation," Berkman Center for Law and Society, Publication Series (November 2007), at 6, avail. at http://cyber.law.harvard.edu/interop．音楽コンテンツとデジタル著作権管理技術（FairPlay）の結合を独占するアップルの戦略とこれを妨げるために当局および私人が起こした反トラスト法に基づく訴えに関する詳細な議論については，以下を参照．Nicola F. Sharpe & Olufunmilayo B. Arewa, "Is Apple Playing Fair? Navigating the iPod Fair Play DRM Controversy," Northwestern Univ. School of Law, Public Law and Legal Theory Series, No. 07-18, 5 *Nw. J. Tech. & IP* 331 (2007).

67) Walt Mossberg, "The Way We Read: Amazon.com's Jeffrey Bezos on Why Books Are Like Horses," *Wall St. Journal,* June 9, 2009, at R3, R10.

68) 以下を参照．Robert Hahn & Peter Passell, "Microsoft: Predator or Prey?" Economist's Voice (Berkeley Electronic Press), April 2008, at 1-2, avail. at http://www.bepress.com/cgi/viewcontent.cgi?article=1335&context=ev（「実のところ，技術とマーケティングにおいて明らかに先行していた企業が優位性を維持できると思われる期間は，短くなってきている．結果として，市場支配力という伝統的な基準を中心に反トラスト政策を構築することは，せいぜい弁護士にとってよい金儲けの手段となるにすぎず，むしろ，生産的な変化に対する重大な障害となっている．［ヨーロッパの］規制当局とマイクロソフトとの間には多数かつ多様な係争が進行中だが，これらの係争は，基本的に，競合者を弱めることでなしえたマイクロソフトの過去の成功に起因するものである．……マイクロソフトの市場支配力がどのようなものであれ，どのソフトウェア・アプリケーションをオペレーティングシステムと組み合わせることができるか，および，どのような種類の保有情報を競合者と共有しなければならないのかをめぐる規制当局との戦いに巻き込まれたときにはすでに，マイクロソフトの市場支配力は小さくなりつつあったのである」）．

69) もう1つの例も出版業界からである．電子書籍リーダーに多くの製造業者が参入したことで，保有コンテンツの値づけにおける出版社の交渉力が強くなった．この影響は，書籍の電子版へのオンラインアクセス権を販売する，グーグルなどの他のプラットフォーム所有者との価格交渉にも及

んでいる．以下を参照．Mokoto Rich, "Publishers Win a Bout in eBook Price Fight," *New York Times*, February 8, 2010, at B1（電子書籍販売者の参入により，出版社は，グーグルとの交渉において，より高いロイヤリティとより著作者重視の使用条件を求めることができた）．

70) iPod とノートパソコンにおけるイノベーションの分析において，ジェイソン・デドリック，ケネス・L・クレーマー，グレッグ・リンデンは，アップルのハイエンドの iPod 製品の粗利益は，ノートパソコンメーカーが得ているものよりも一般的に高いことを示している．さらに，iPod は「ハードウェアのイノベーションであるのみならず，iPod 製品群からなる統合システムであり，それがさらに iTunes のソフトウェアおよび iTunes ストアと密接に統合されている」のであり，アップルが享受したこのような高い粗利益は，1 つには iPod に象徴されるこのようなイノベーションによるものであると彼らは主張している．以下を参照．Jason Dedrick, Kenneth L. Kraemer, & Greg Linden, "Who Profits from Innovation in Global Value Chains? A Study of the iPod and Notebook PCs," 19 *Indus. & Corp. Change* 81（2009）．

71) この趣旨に沿ったいくつかの考えについては，以下を参照．Robert P. Merges, "Who Owns the Charles River Bridge? Intellectual Property Rights and the Software Industry," working paper, April, 1999, avail. at http://papers.ssrn.com/sol3/papers.cfm?abstract_id=208089 および Peter S. Menell, "Tailoring Legal Protection for Computer Software," 39 *Stan. L. Rev.* 1329（1987）（広く使用される標準となったソフトウェアについて，著作権における「普通名称化（genericide）」という新しい考えを提案している）．

第8章

1) 本章の内容の一部は，Robert P. Merges, "The Concept of Property in the Digital Era," 45 *Hous. L. Rev.* 1239（2008）から取ったものである．この部分は脚本家ジーン・ファウラーの次の有名な台詞を参考にしている．「書くことは簡単だ．額に血のしずくが滲み出すまで白い紙面をじっと見つめていればいい」．http://en.wikipedia.org/wiki/Gene_Fowler. を参照（この訳は，ジェラルド・M・ワインバーグ著，伊豆原弓訳『ワインバーグの文章読本』（翔泳社，2007 年）8 頁から引用した）．似たような引用句は昔から存在するが，それらはみな，どんなものであれ，価値あるものを創作することは難しいことを示している．たとえば，Ben Jonson, "To the Memory of My Beloved, The Author William Shakespeare," Introduction to the 1623 Folio edition of Shakespeare's works, lines 58-59, quoted in Jonathan F. S. Post, *English Lyric Poetry: The Early Seventeenth Century* 45（London: Routledge, 2002）（「生き生きした台詞を書こうとする者は汗をかかなければならない」）参照．

2) Lawrence Lessig, *Remix: Making Art and Commerce Thrive in the Hybrid Economy* xviii（New York: Penguin, 2008）（山形浩生訳『REMIX』）．Don Tapscott & Anthony D. Williams, *Wikinomics: How Mass Collaboration Changes Everything* 52-53（New York: Portfolio, 2006）（井口耕二訳『ウィキノミクス』（日経BP社，2007 年）85 頁）（「メディアのリミックスや製品のハッキング，あるいはほかのやり方で消費文化が改ざんできるのは生まれながらの権利であり，時代遅れの知的財産権法に邪魔などさせない」と若いインターネット利用者は考えている）も参照．

3) これについて網羅的に知りたいときは，*Does Technology Drive History? The Dilemma of Technological Determinism*（Merritt Roe Smith & Leo Marx eds., Cambridge MA: The MIT Press, 1994）を参照．この考えの歴史的な側面についてもっと知りたければ，John M. Staudenmeier, S.J. *Technology's Storytellers: Reweaving the Human Fabric*（Cambridge, MA: The MIT Press, 1985）を参照．

4) Carroll Pursell, *The Machine in America* 230 (1995) 参照. パーセルは, 大恐慌に対する1つの反応として, 20世紀最初の30年間の機械化と工業化がもたらした大きな経済変化をうまく取り入れた新しい政治構造を求める声があったことを述べている. Id., at 268-269 参照.

5) 技術熱狂支持論と技術決定論の間には長期にわたる関係がある. Staudenmeier, *Technology's Storytellers*, supra, at xv (「進歩の神話は……西洋の植民地主義をイデオロギー的に正当化する根拠となった. ……人類の進歩の最前線にいることが西洋の宿命であった」) 参照. 新しい技術を一種の世俗的な宗教経験として扱う米国人の特異な傾向については, David Nye, *American Technological Sublime* (Cambridge, MA: The MIT Press, 1994) 参照. インターネットが新しかった1990年代には, 「インターネットはすべてを変える」と興奮しながら主張されることがよくあったが, これはこの種の熱狂的支持論の最近のよい例である. 冷静な論者は, 新技術が生まれた時代を生きた人びととはその重要性を強調しがちであることに随分前から気づいていた. たとえば, George Orwell, "As I Please," *Tribune*, May 12, 1944, reprinted in 3 *Collected Essays, Journalism and Letters of George Orwell: As I Please* (Boston: Godine, 2000) (小野協一監訳＝オーウェル会訳『気の向くままに：同時代批評 1943-1947』 (彩流社, 1997年) 187頁) (「私は最近, かなり浅薄で楽観的な「進歩的な」本を一通り読んでみて, 人びとが1914年以前に流行していた言い回しを繰り返すことが無意識に行われていることに驚いた. きわめてよく使われる2つの文句は, 「距離の消滅」と「国境の消失」である. 「飛行機とラジオが距離を消滅させた」とか「世界のあらゆる地域はいまや相互依存している」という主張に, 何度お目にかかったことだろうか」) 参照.

6) たとえば, Wiebe Bijker, *Of Bicycles, Bakelite, and Bulbs: Toward a Theory of Sociotechnical Change*, 281 (Cambridge, MA: The MIT Press, 1995) (「決定論は, 技術の民主的コントロールの発展を阻害する. というのは, 決定論はいかなる介入も無益であることを示唆しているからである. ……私たちが社会技術の発展について建設的な視点を育てないで, 技術の変化と選択の可能性および制約を強調するならば, 公衆の大部分は参加型の意思決定の機会を放棄することになり, 結果として技術を本当にコントロールできなくなってしまうだろう」) 参照.

7) デジタル知的財産に関する学術論文の中には, 技術には社会的に決定されるという性質があることをきちんと認識したうえで, 大規模なメディア企業のような既得権者は, 現在, 自らの利益に資する方向にインターネットや他のデジタル技術を導こうとしていると主張するものがある. たとえば, Lawrence Lessig, *Code Version 2.0* (New York: Basic Books, 2006) (山形浩生訳『CODE VERSION 2.0』 (翔泳社, 2007年)) や Tarleton Gillespie, *Wired Shut: Copyright and the Shape of Digital Culture* (Cambridge, MA: The MIT Press, 2007) 参照. これらの研究は, 技術の発展は必然的な道筋をたどるというものではなく, 本来は自由をもたらす技術の力が利己的な経済主体によって支配されているという考えを中心にストーリーを展開している. これらの著述には政治経済的な側面, 換言すれば, 厳密な技術決定論と整合しない側面がある. この問題について言えることはたくさんあるが, ここでは1つの見方を述べるにとどめたい. グーグルやYouTubeのようなコンテンツ「集積者」の成長は, 自然発生的に, 既存のメディア権益への対抗勢力を急速に生みだしており, この対抗勢力が知的財産政策の政治経済を変化させていることは明らかである. デジタル決定論の考えを取り上げる主な狙いは, デジタル技術自体に知的財産政策を通じて社会が従うべき論理が内在していると多くの知的財産学者が信じていると論じることにある. 本章において私が狙いを定めているのは, この「比較的柔軟な」決定論である. 私は, 自分たちを常にデジタル技術に適応させようと骨を折るのではなくて, デジタル技術を私たちの目的や目標に適応させるべきであると考えている. さらに私は, 私たちの目的や目標には, 個人の自律を促すことと職業的創作者を支援することが含まれるべきであると考えている――両者はともに財産権制度により促進される.

8) たとえば, Yochai Benkler, *The Wealth of Networks: How Social Production Transforms Mar-

kets and Freedom（New Haven, CT: Yale Univ. Press, 2006）や Tapscott & Williams, *Wikinomics*, supra 参照．『ウィキノミクス』において著者は，この新しい大規模なコラボレーションの利益が意味することは，「最終的には，経済的な富を形成する最大のエンジンが従来の組織構造から，この新しい組織化手法に移る」ということであるとさかんに主張している．*Wikinomics*, at 1-2（井口耕二訳『ウィキノミクス』6頁）．彼らは，「価値の協創者として」インターネットの顧客を巻き込むことができれば，「ビジネスの世界にわくわくするほどの変化と革新を長期にわたってもたらす前代未聞のエンジンを手に入れられる」とも主張している．*Wikinomics*, at 53（井口耕二訳『ウィキノミクス』87頁）．

9) Jeremy Waldron, *The Right to Private Property* 38-40（Oxford: Oxford Univ. Press, 1988）．

10) Gordon Hull, "Digital Copyright and the Possibility of Pure Law," 14 *Qui Parle* 21, 25（2003）avail. at http://ssrn.com/abstract=1019702（「視覚的なはっきりとした判断基準はなく，どの対象が正当にその形相を具現したもので，どの対象がそうでないのかを判別する基準は存在しない．デジタル複製を取り巻く争いの多くでは，見えないところで，このような基準の欠如が影響している」）．

11) たとえば，N. D. Batra, *Digital Freedom: How Much Can You Handle?* 4（Lanham, MD: Rowman & Littlefield, 2007）（インターネットおよびその関連技術ならびにそれらの「デジタル流動性」が伝統的文化に与える影響について述べている）参照．ここで指摘しておくべき点は，個人を著作者とすることはデジタル技術のずっと前から問題のある概念であったと考える人もいること——実際には，すべての作品は本質的に社会的または集合的な素材から組み上げられたものであること——である．たとえば，Lior Zemer, *The Idea of Authorship in Copyright* 2（Hampshire, England: Ashgate Publishing, 2007）（すべての著作物において「公衆」を正式な共同著作者として認めるべきであると主張している）参照．

12) たとえば，Gillespie, *Wired Shut*, supra や David Trend, ed., *Reading Digital Culture*（Malden, MA: Blackwell, 2001）．以下も参照．Rosemary J. Coombe, *The Cultural Life of Intellectual Properties: Authorship, Appropriation and The Law* 82-83（Durham, NC: Duke Univ. Press, 1998）（現在私たちが生きている「対話文化」について記載している）．レッシグが説明しているように，完全な複製と匿名による広範な配信を可能にするデジタル技術と，著作権保護されたコンテンツを合法的に所有していればそれを用いてやりたいことは何でもできる（たとえば，自分が所有する本を友人に貸すこと）という既存の規範が組み合わさることで，今では著作権保護された素材をインターネット全体で大規模に共有することは，合理的な法的行為であると思われるようになった．Lessig, supra, 173（山形浩生訳『CODE VERSION 2.0』239-240頁）．

13) 『ウィキノミクス』の著者が述べているように，私たちは間違いなく「コラボレーションや参加が象徴する新時代」に突入した．*Wikinomics*, supra, 18（井口耕二訳『ウィキノミクス』30頁）．

14) Simon Winchester, *The Meaning of Everything: The Story of the Oxford English Dictionary*（New York: Oxford Univ. Press, 2003）（苅部恒徳訳『オックスフォード英語大辞典物語』（研究社，2004年））参照．

15) ここで私は，①オリジナルの創作物が真に格別な文化的役割を果たしている場合において，その創作物の利用資格を他者に認めている場合（このようなことはとても稀だろうと私は考えている），②リミキサーがオリジナルの作品を笑いものにしている場合，③リミキサーが政治的または社会的な発言をするためにはオリジナルの創作物が必要不可欠である場合，の3つを一括りにしている．換言すれば，米国憲法修正第1条に関する論点を考慮していない．米国憲法修正第1条に関する論点が妥当する範囲について，私は，少なくともデジタル領域における知的財産法のかなりの部分を米国憲法修正第1条の問題として片づけてしまうような最近の一部の論者ほどには，広く捉

16) たとえば，James Boyle, *Shamans, Software, and Spleens: Law and the Construction of the Information Society* (Cambridge, MA: Harvard Univ. Press, 1996) 参照．
17) たとえば，http://remixtheory.net/ 参照．
18) Doris Estelle Long, "Dissonant Harmonization: Limitations on 'Cash 'n Carry' Creativity," 70 *Alb. L. Rev.* 1163, 1168 n.20 (2007).
19) 重要な注意書き：リミックスは面白い．人びとはリミックスすることが非常に好きである．したがって，人びとが自分のオリジナルの創作物を互いに共有し合うことには十分な理由があり，何かをリミックスしたいと思う人びとのために無料の素材を提供する素晴らしいビジネスも存在する．のちほど私が主張するように，これは財産権の大きな利点の1つである．すなわち，望むのであれば財産権を簡単に放棄することができるのであり，リミックスのコミュニティにいる多くの人びとはそうしたいと思うだろう．一般的には，Robert P. Merges, "Locke Remixed ;-)," 40 *U.C. Davis L. Rev.* 1259 (2007) 参照．このことは，財産権はそれを必要とする人びとにとってのみ意義があることを意味する．『ウィキノミクス』の著者であるタプスコットとウィリアムズは，リミックスは元となる音楽を実際に宣伝することになるので，そのオリジナルのアーティストとレコード会社は，このような展開に伴う追加的な露出から利益を得るはずであると主張している．*Wikinomics*, supra, 139-140（井口耕二訳『ウィキノミクス』224頁）．しかしながら，このようなレコード会社は自己の利益のために自分の財産のリミックスを許可することについて考えるべきであると言うことと，そのようなレコード会社が法的にそのようにする義務を負うべきであると言うこととは異なる．繰り返すと，ここでは放棄が望ましいかもしれないが，個々のアーティストは，得られる可能性のある利益に関係なく，自分の曲がリミックスに使用されることを美的な理由などにより拒否する権利をもちつづけるべきである．
20) このような区別は，経済学者のブルーノ・フレイが述べた「制度的動機づけ」対「個人的動機づけ」が元になっている．Bruno Frey, *Arts and Economics* (Berlin: Springer, 2000) 参照．インターネットは，アーティストの産業構造を変化させているかもしれない．（寡占的）産業構造によってアーティストに対する知的財産のインセンティブ効果が希釈されてきたことは長年の問題であったが，インターネットは，上述の産業構造の変化を通じて，この問題を改善しているかもしれない．これに関しては，Ruth Towse, "Partly for the Money: Rewards and Incentives to Artists," 54 *Kyklos* 473 (2001); Joelle Farchy & Heritiana Ranaivoson, "DRM and Competition: The Consequences on Cultural Diversity for the Case of the Online Music Market," Society for Economic Research on Copyright Issues, 2005 Annual Conference, Montreal, Canada, avail. at http://www.serci.org/documents.html (visited Dec. 31, 2010); Ronald Bettig, *Copyrighting Culture* (Boulder, CO: Westview Press, 1996); Richard Caves, *Creative Industries* (Cambridge, MA: Harvard Univ. Press, 2000) 参照．デイヴィッド・スロスビーは，アーティストの内的動機は強く，彼らには芸術作品を好む傾向が強いが，彼らもある程度はお金のために仕事をし，彼らの労働量と金銭の報酬の間には正の相関関係があるという証拠をある程度提示している．David Throsby, *Economics and Culture* (Cambridge: Cambridge Univ. Press, 2001). Ruth Towse, "Copyright and Artists: A View from Cultural Economics," 20 *J. Econ. Surv.* 567, 578 (2006)（芸術労働の市場における，よく知られた「勝者総取り」の側面について）．
21) Henry H. Perritt Jr., "Flanking the DRM Maginot Line Against New Music Markets," 16 *Mich. St. J. Int'l L.* 113, 145-146 (2007)（著者が知っている2人の創作者の内的動機を説明している）．
22) たとえば，F. M. Scherer, *Quarter Notes and Bank Notes: The Economics of Music Composi-*

tion in the Eighteenth and Nineteenth Centuries（Princeton, NJ: Princeton Univ. Press, 2003）参照．
23) James Heilbrun & Charles M. Gray, *The Economics of Art and Culture: An American Perspective* 300（Cambridge: Cambridge Univ. Press, 1993）（「［アーティストにとっての］副業は諸刃の剣である．すなわち，副業によりアーティストはより高い生活水準を得ることができるが，練習時間，授業時間，リハーサル時間が削られることで人的資本への投資が妨げられる」）参照．
24) たとえば，Eric von Hippel, *Democratizing Innovation*（Cambridge, MA: The MIT Press, 2005）（サイコム・インターナショナル監訳『民主化するイノベーションの時代』（ファーストプレス，2006年））参照．
25) この問いはヨハイ・ベンクラーによる．彼は，デジタルネットワークの自由な運営や規範の共有などの邪魔をする法律を成立させ，技術を規制すること——どちらの行為も，彼の用語で言えば「制度的エコロジー」の一部である——から生じるコストを，社会は大いに認識すべきであると言っている．Benkler, *The Wealth of Networks*, supra, at 428-429 参照．
26) ところで，これは，知的財産権のあらゆる拡張を支持し，あらゆるパブリックドメイン強化政策に反対しなければならないことを意味するわけではない．私は，将来有望な職業的創作者たちの育成・支援に資する経済状況を維持しようとする姿勢を擁護しているにすぎない．知的財産権のあらゆる拡張がそのような効果を発揮するわけではない．経済学者のルース・トーズは，ここで必要な分析の土台を提示している．Ruth Towse, "Copyright and Economic Incentives: An Application to Performers' Rights in the Music Industry," 52 *Kyklos* 369（1999）参照．トーズは，英国で実演家の権利が導入されたことで音楽家に追加的な所得がもたらされたことをデータで示している．彼女の主張によれば，その所得の中央値は，この新しい権利によって必然的に発生する取引費用に見合っていない．これはここでの問題に対するアプローチとして全く間違っていない．ただし，この問題についてもう1つだけ検討されなければならない点は，将来，取引費用を低減するシステムが発展し，この権利が十分に見合うものになる可能性があるか否かである．
27) たとえば，Steven Heller, *The Education of a Design Entrepreneur*（New York: Allworth Press, 2002）について考えてみよう．ヘラーは，ウェブページのデザインを生徒に教えた経験について述べている．ヘラーは，よいデザイナーになりたければ，オリジナルのコンテンツを作る方法を学ぶ必要があり，既存の構成要素をまとめるだけではいけないと生徒に教えるようにしていると語っている．Id., at xiv. ヘラーは，既存のコンテンツを利用してウェブサイトを構築することを望んだ生徒が，そのコンテンツの一部の所有者との許諾問題に直面したことについて話している．その生徒は，それを受けて方針を変更した．「彼は……素材の対象を拡張して，自分が作成するオリジナルのものを含めることとした——これは道徳的に立派な目標である……」．Id., at xiii. これは逸話にすぎないが，そのポイントはわかりやすい．このデザイナーのような人がたくさんいるということだ．
28) たとえば，Lawrence Lessig, *Remix: Making Art and Commerce Thrive in the Hybrid Economy*（New York: Penguin Press, 2008）（山形浩生訳『REMIX』）参照．
29) ローレンス・レッシグは折に触れて，リミックスはフェアユースに類似していると示唆しており，エッセーや他の著作における著者の短い表現を引用することが合法的かつ通常のことだと考えられるのであれば，映画や歌やビデオの一部を「引用」——つまり，リミックス——することが合法的または通常のことにならないのはおかしいと述べている．Lessig, *Remix*, supra, at 53-54（山形浩生訳『REMIX』47-48頁）．またレッシグは，リミックスの意義はリミックスの基礎をなす「文化的参照素材」に由来するものであると，すなわち，リミックスは，新しいものを構築するために，その参照素材が生みだした意義を大きく発展させることであると主張している．Lessig, *Remix*, supra, at 74-75（山形浩生訳『REMIX』67-68頁）．

30) たとえば次のエッセーを参照. Bill Thompson, "The Public Domain and the Creative Author," in *Intellectual Property: The Many Faces of the Public Domain* 138 (Charlotte Waelde & Hector MacQueen, eds.) (Northampton, MA: Edward Elgar, 2007)(「これら新しい形の創作［リミックスやマッシュアップなど］に対する関心が高まり，それらを世に広める情熱が高まっていることからすると，何がフェアユースを構成するかに関する現在の考え方は狭すぎ，抑圧すべきでないときに創作を抑圧しているようにも思われる．そうだとすると私たちは，次に，パブリックドメインを拡張する必要性について熟考すべきことになる」).
31) 17 U.S.C. § 107.
32) Wendy Gordon, "Fair Use as Market Failure: A Structural and Economic Analysis of the Betamax Case and Its Predecessors," 82 *Colum. L. Rev.* 1600 (1982).
33) Rebecca S. Eisenberg, "Bargaining over the Transfer of Proprietary Research Tools: Is This Market Failing or Emerging?" in *Expanding the Boundaries of Intellectual Property: Innovation Policy for the Knowledge Society* 223 (Rochelle Dreyfuss et al., eds.) (Oxford: Oxford Univ. Press, 2001) 参照.
34) Am. Geophysical Union v. Texaco, Inc., 60 F.3d 913 (2nd Cir. 1994).
35) たとえば，MGM Studios, Inc. v. Grokster, Inc., 45 U.S. 913 (2005) 参照.
36) たとえば，Bridgeport Music, Inc., et al. v. Dimension Films, et al., 410 F.3d 792 (6th Cir. 2005) 参照.
37) Pierre N. Leval, "Toward a Fair Use Standard," 103 *Harv. L. Rev.* 1105-1136 (1990) 参照.
38) この考えを熱狂的に支持する者の一部の見方によると，コンテンツの自由な共有と改変に向けた努力を財産権が台無しにしてしまわないようにする1つの方法は，著作権保護された素材の「変容的利用」（たとえばリミックス）を権利者の許諾なしで認め，それとともに商業的な（少なくとも非商業的ではない）著作物の変容に対する強制ライセンスの仕組みを設けることである．たとえば，Michael A. Einhorn, *Media, Technology and Copyright: Integrating Law and Economics* 13 (Northampton, MA: Edward Elgar, 2004)（法と経済学の観点から，リミックスは変容的なものであり，オリジナルの創作者にリミックス行為のコントロールを認めることは効率的ではないと主張している）参照.
39) たとえば Id. 参照．以下で述べるように，アインホルンは，（少なくともアマチュアの間で行われる）リミックスはフェアユースと考えるべきであると主張している．「……新しい意味を備えた変容的な作品は，多くの場合新しい聴衆に届けられることとなり，最初の商品の売上を奪ったり，その後の二次的著作物のライセンス事業を妨げるわけでもないと予想される．したがって，最初の作品を制作する創作者のインセンティブは，わずかな変容的利用が公表されるか否かにかかっているとは考えにくい」．さらに彼は，古典的なライセンス要件をリミックスやファンフィクションに課せば，法外な取引費用が生じるかもしれないし，多くの非商業的利用者が興味深い作品の制作をためらってしまうかもしれないと主張している．
40) 私は，特許法における類似の状況について述べたことがある．特許出願し，出願係属中に補正して，競合者が最初に開拓したアイデアを含めようとする者に，この補正によって含まれることとなる部分に対する権利を与えるべきではない——この状況を私は「補正による不正取得」と表現している．以下を参照．Robert P. Merges, "Software and Patent Scope: A Report from the Middle Innings," 85 *Tex. L. Rev.* 1627, 1653 (2007).
41) リミックス「コンテスト」は一般的であり，美術館や美術関連団体により行われるコンテストもある．たとえばブルックリン美術館は，"Who Shot Rock & Roll: Remix!" というコンテストに参加するリミキサーに，美術館のサウンドクラウドのページから楽曲をダウンロードし，それらをリ

ミックスするという課題を出した．http://www.brooklynmuseum.org/exhibitions/rock_and_roll/remix.php 参照．

42) *Locke, Two Treatises of Government, Second Treatise*, §33-34（加藤訳『完訳統治二論』332-333頁）（「自分自身の改良のために，すでに人のものとなったのと同じくらいの土地がたっぷりと残されている人間は何ら不平を言う必要はなく，また，他人の労働によってすでに改良されている土地には決して干渉すべきではない」）参照．Jeremy Waldron, *God, Locke and Equality: Christian Foundations in Locke's Political Thought* 172（Cambridge: Cambridge Univ. Press, 2002）（「他人の利益を害することは，取得に対する異議が妥当とされる代表例である」）参照．この原理は伝統的な不当利得法にも見られる．この原理により，ローマ時代以来，労働を後から付加しても，すでに他者が所有している資産に対する権利の主張を正当化することはできないとされてきた．たとえば，James Tully, *A Discourse on Property: John Locke and His Adversaries* 118（Cambridge: Cambridge Univ. Press, 1980）（ローマ時代の法学者パウルスの著書とされるユスティニアヌス帝学説彙纂からの抜粋を引用している）参照．

43) John Locke, *Second Treatise*, supra, §28（加藤節訳『完訳統治二論』328頁）（雇用者が所有する「私の家僕が刈った草」に対する権利について議論している）参照．

44) これらのアーティストは，雑誌『Wired』後援のCD作成に参加した．そのCDは雑誌とともに配布され，クリエイティブ・コモンズによってオンライン上で入手可能となっている．http://ccmixter.org/view/media/samples 参照．

45) "Open Source Record Label," Wikipedia, avail. at http://en.wikipedia.org/wiki/Open_source_record_label 参照．

46) リミックスの長所について議論する際に，『ウィキノミクス』の著者は，レコード会社にとっては，現行の著作権法では違法であるという理由でリミックスと戦うよりも，「方針を180度転換」して，リミックスを奨励する方に分があると主張する．*Wikinomics*, supra, at 139（井口耕二訳『ウィキノミクス』223頁）．

47) www.creativecommons.org/（「共有，リミックス，再利用可能な許諾済みの作品を見つけよう…」）および，http://ccmixter.org/（「リミキサーへ：もしサンプリング，リミックス，マッシュアップに夢中になっているのなら，ダウンロード用のサンプルパックとアカペラを入手してください．他の人が楽しみ，リサンプリングできるように，あなたのバージョンをccMixterにアップロードすることができます．これらはすべて合法です」）参照．

48) 「寛容的利用（tolerated use）」という考えはコロンビア大学の知的財産学者ティム・ウーによって生みだされた．Tim Wu, "Does YouTube Really Have Legal Problems?" *Slate*, October 26, 2006, avail. at http://www.slate.com/id/2152264/ 参照．Tim Wu, "Tolerated Use," Columbia Law and Econ. Working Paper No. 333（May 2008）, avail. at http://papers.ssrn.com/sol3/papers.cfm?abstract_id=1132247 も参照．オンライン上の黙示許諾の拡張については，Orit Fischman Afori, "Implied License: An Emerging New Standard in Copyright Law," 25 *Santa Clara Computer & High Tech. L. J.* 275（2009）参照．

49) たとえばPamela Samuelson, "The Copyright Grab," *Wired* 4.01（January, 1996）と，Jessica Litman, *Digital Copyright*（Amherst, MA: Prometheus Books, 2001）（刑事罰規定の拡張を含むDMCAについて述べている）参照．

50) Metro-Goldwyn-Mayer Studios, Inc., et al. v. Grokster, Ltd., et al., 545 U.S. 913（2005）．実質的な非侵害使用の基準は，Sony Corp. v. Universal City Studios, 464 U.S. 417（1984）に由来する．

51) Peter S. Menell & David Nimmer, "Unwinding Sony," 94 *Cal. L. Rev.* 941（2007）（不法行為法由来の新しい合理的設計基準を提唱している）と，Peter S. Menell & David Nimmer, "Legal Real-

ism in Action: Indirect Copyright Liability's Continuing Tort Framework and Sony's De Facto Demise," 55 *UCLA L. Rev.* 1 (2007) 参照.

52) Peter Menell, "Chilled Innovation v. Balanced Evolution: Reflecting on Indirect Copyright Liability in the Digital Age," avail. at http://www.mediainstitute.org/new_site/IPI/072409_ChilledInnovations.php（Grokster 判決後も新しいデジタル配信技術が健全に発展したことを証明している）参照.

53) Thomas Merrill & Henry Smith, "Optimal Standardization in the Law of Property: The Numerus Clausus Principle," 110 *Yale Law J.* 1 (2000).

54) Lawrence Lessig, *The Future of Ideas* 201 (New York: Vintage, 2002)（山形浩生訳『コモンズ』（翔泳社, 2002 年)）（「支配力なしの報酬」（脚注省略)), William W. Fisher, *Promises to Keep: Technology, Law and the Future of Entertainment* (Stanford, CA: Stanford Law and Politics, 2004), at Chapter 6（「もう一つの報酬システム」）参照.

55) 強制ライセンスが近年利用されていたならば，「……こうした［デジタルリミックス］技術を核として爆発的な技術革新があったはずだ．……何かアイディアのある人みんな，強制ライセンスの条件と一貫性のある形でそれを採用できたはずだ」とレッシグは述べている．Lessig, *Remix*, supra, at 111（山形浩生訳『REMIX』103 頁).

56) Robert P. Merges, "Contracting into Liability Rules: Intellectual Property Rights and Collective Rights Organizations," 84 *Cal. L. Rev.* 1293 (1996); Robert P. Merges, "The Continuing Vitality of Performance Rights Organizations" (Working Paper 2008) 参照.

57) Lawrence Lessig, *Free Culture* 8 (New York: Penguin, 2005).（山形浩生＝守岡桜訳『Free Culture』21-22 頁).

58) Jeremy Waldron, "From Authors to Copiers: Individual Rights and Social Values in Intellectual Property," 68 *Chi.-Kent L. Rev.* 841 (1993).

59) Merges, "Locke Remixed," supra.

60) この視点については，Lessig, *Code 2.0*, supra, at 183（物的財産と知的財産を区別し，社会は物的財産を生みだし保護するインセンティブを必要としているが，知的財産についてはそれを生みだすインセンティブだけを必要としている——知的財産を保護あるいはコントロールすることを必要としていない——と主張している）参照.

61) 米国知的財産法におけるこの重要性については，Roberta Rosenthal Kwall, *The Soul of Creativity: Forging a Moral Rights Law for the United States* (Stanford, CA: Stanford Law Books, 2010) という優れた本を参照されたい.

62) この節は Robert P. Merges, "Locke for the Masses," 36 *Hofstra L. Rev.* 1179 (2008) から借用した.

63) Robert P. Merges & Jeffrey Kuhn, "An Estoppel Doctrine for Patented Standards," 97 *Cal. L. Rev.* 1-50 (2009).

64) この現象の背景については，Steven A. Hetcher, "Using Social Norms to Regulate Fan Fiction and Remix Culture," 157 *Penn. L. Rev.* 1869 (2009) 参照.

65) この懸念は，Debora Halbert, "Mass Culture and the Culture of the Masses: A Manifesto for User-Generated Rights," 11 *Vand. J. Ent. & Tech. L.* 921, 947 (2009) において強調されている.

第 9 章

1) 以下を参照．World Health Organization, "Global Health Risks" (2009), at 3, avail. at http://

www.who.int/healthinfo/global_burden_disease/GlobalHealthRisks_re port_part1.pdf.

2) マラリアの死亡率については，以下を参照．Mark S. Klepner, Thomas N. Unnash, & Linden Hu, "Taking a Bite Out of Vector-Transmitted Infectious Diseases," 356 *New Eng. J. Med.* 2567, 2567（2009）（「マラリアは……年間100万人から200万人の命を奪い，その多くは5歳以下の子供である」）．

3) World Health Organization, "Global Burden of Disease: 2004 Update"（2008）, at 28（結核：140万人（アフリカ），280万人（東南アジア），40万人（南北アメリカ），HIV：190万人（アフリカ），20万人（南北アメリカ），下痢性疾患：9億1200万人（アフリカ），12億7650万人（東南アジア），5億4300万人（南北アメリカ））．

4) "Pharmaceuticals: Quagmire to Goldmine?" *The Economist*, May 17, 2008, at 102（「グラクソ・スミスクラインがHIV薬をめぐって南アフリカ国民からの反発に直面したときに同社に勤務していたビル&メリンダ・ゲイツ財団の山田忠孝は「貧しい人びとに対する責任を認識しなければ，製薬会社は生き残ることができないだろう」と述べている）．

5) John Locke, *Two Treatises of Government, First Treatise*, Chap. IV, §42,（Cambridge: Cambridge University Press, 3rd ed., 1988）（Peter Laslett, ed.）（hereafter "Laslett"）at 170.（加藤節訳『完訳統治二論』90-91頁）

6) Samuel Fleischacker, *A Short History of Distributive Justice* 49（Cambridge, MA: Harvard Univ. Press, 2004）（中井大介訳『分配的正義の歴史』（晃洋書房，2017年）72-73頁）．

7) たとえば以下を参照．Michel Mollat, *The Poor in the Middle Ages: An Essay in Social History* 44（Arthur Goldhammer, trans.）（New Haven, CT: Yale Univ. Press, 1986）; Peter Lamont Brown, *The Rise of Western Christiandom* 69（Oxford: Wiley-Blackwell, 2nd ed., 2003）．中世の教会にも高く評価された質素と「世俗的な事物への非執着」という美徳と同等の地位にある清貧を体現した貧者が，キリストのような存在として認識されたこともあるのは確かだ．たとえば以下を参照．Mollat, *The Poor in the Middle Ages*, supra.

8) B. Sharon Byrd & Joachim Hruschka, "The Natural Law Duty to Recognize Private Law Ownership: Kant's Theory of Property in His Doctrine of Right," 56 *U. Tor. L. J.* 217, 219-221（2006）．

9) 以下を参照．Id. at 221.

10) 緊急避難の抗弁に関する背景については，以下を参照．Fleischacker, *A Short History of Distributive Justice*, supra, at 28-32（中井大介訳『分配的正義の歴史』）（トマス・アクィナスの見解を述べている）; James Gordley, *Foundations of Private Law*（Oxford: Oxford Univ. Press, 2006）, at Chapter 7, "Loss of Resources Without the Owner's Consent: Necessity and Adverse Possession," 130-154（アリストテレスからアクィナス，さらには中世の主要な法学者まで時系列に沿って説明している）．

11) I. Kant, *The Metaphysics of Morals*, 236（trans. and ed. Mary J. Gregor）（Cambridge: Cambridge University Press, 1996）．以下も参照．Arthur Ripstein, "In Extremis," 2 *Ohio St. J. Crim. L.* 415（2006）．リプスタインは，財産権を害することの刑事責任に関するカントの考えが，個人の自律を促進する（私的な）権利としての財産権の基本構想からどのように生まれてくるかについて，次のようにうまく要約している．「刑法はその主たる対象である個人と財産に対する不正行為の基本的な分類を定めるので，刑法の構造は個人の不正行為の構造にしたがう．個人の不正行為に関するカントの説明は，損害を基礎とするものではなく，権利を基礎とするものである．つまり，個人の不正行為は他者の自由への干渉である．干渉には阻害侵害（injury）と侵入侵害（trespass）の2種類の基本類型が存在する．阻害侵害は――毀損したり文字どおり剥奪したりすることにより――権利の対象たる何らかの権限を人から奪うことに関係している．個人，財産，評判に対する阻

害侵害は，被侵害者がもっていた権限——その人の身体，所有物，評判を活用する能力——を奪うことである．阻害侵害は自由を制限し，その人の目的設定と目標追求のための手段をその人から奪う．侵入侵害は，他者が選択しない目的のために他者や他者の所有物を使うことに関係している．個人，財産，評判に対する侵入侵害とは，ある人に正当に属するものを別の人の目的に使用することである．すなわち，ある人が別の人の権限を使用し，そうすることによって，最初の人の権限をもう1人の選択下に置くことである」．Ripstein, supra, at 416.

12) たとえば以下を参照．Ripstein, "In Extremis," supra; Khalid Ghanayim, "Excused Necessity in Western Legal Philosophy," 19 *Can. J. L. & Juris.* 31 (2006). ガーナイムは，カントについて，有名な「自分の命を救うために誰かを殺害する」という仮説を中心に議論しているが，この議論の射程が，瀕死の状態から命を救うために特許医薬品を服用する場合の緊急避難の抗弁のようなものにまで及ぶことは明らかである．以下を参照．Ghanayim, at 56（「カントは，命のための命の事例ばかり扱っているものの，法的な保護利益を侵害した場合に行為者に差し迫る害が，このような法的な保護利益を侵害しなかった場合に行為者を待ち受ける害ほどは大きくないとき——たとえば，命と命以外の保護された価値（身体的健全さ，健康，自由，財産など）が対立するといった状況であればそうなるだろう——は，カントの理論やその精神に基づいて，刑事罰を否定する抗弁としての緊急避難は適当であると私たちは論じることができる」）．

13) Bill & Melinda Gates Foundation, "Neglected Diseases Overview," avail. at http://www.gatesfoundation.org/topics/Pages/neglected-diseases.aspx.

14) たとえば以下を参照．Frank H. Easterbrook, "Foreword: The Court and the Economic System," 98 *Harv. L. Rev.* 4 (1984).

15) 現在の患者のなかにも影響を受ける人がいるかもしれないが，仮に特許権が広範囲で無視された結果，製薬会社の事業が縮小されるとすれば，製薬会社はおそらく流通や広告などを縮小することになるだろうから，ほとんどの場合，既存医薬品は潜在的利用者に届くだろうと私は考えている．

16) Richard C. Levin et al., "Appropriating the Returns from Industrial Research and Development," 18 *Brookings Papers on Econ. Activity* (Special Issue) 783 (1987); Wesley M. Cohen, Richard R. Nelson, & John P. Walsh, "Protecting Their Intellectual Assets: Appropriability Conditions and Why U.S. Manufacturing Firms Patent (or Not)," Working Paper 7552, National Bureau of Economic Research, Cambridge, MA, (February, 2000, revised 2004); Stuart J. H. Graham, Robert P. Merges, Pam Samuelson, & Ted Sichelman, "High Technology Entrepreneurs and the Patent System: Results of the 2008 Berkeley Patent Survey," 24 *Berkeley Tech. L. J.* 1256 (2010)（1998年以降に設立された小規模新興企業1,332社を対象とした調査について述べられている．コンピュータのハードウェアおよびソフトウェア産業よりもバイオテクノロジー産業の方が，特許権の重要性がはるかに高いことを見出した）．

17) Joseph A. DiMasi, Ronald W. Hansen, & Henry G. Grabowski, "The Price of Innovation: New Estimates of Drug Development Costs," 22 *J. Health Econ.* 151-185, 151 (2003). 以下も参照．Michael Dickson & Jean Paul Gagnon, "Key Factors in the Rising Cost of New Drug Discovery and Development," 3 *Nature Reviews* 417-429 (2004). ディマシらの論文における概算には次のような批判がある．①製薬分野では多くの医薬品が公的資金による研究を基礎としているにもかかわらず，この研究では政府支援を受けている医薬品が母集団に全く含まれていないため，この母集団の医薬品はあまり一般的なものとは言えない．②将来支出を現在の総価値まで低下させるために用いられる「割引率」が高すぎる．以下を参照．http://www.citizen.org/pressroom/release.cfm?ID=954. このような批判はあるが，多くの薬は完全に民間製薬企業だけで開発されているし，リスクを加味した割引率は投資分析や融資の際の標準的な方法である．議論の余地がある論点は，妥当な割引率

の大きさである。1つの側面としては、医薬品の研究開発は真にリスクを伴うし、後期の臨床試験において解決不可能な問題が明らかになり、何億ドルもの開発プロジェクトを中止せざるをえなくなった例もたくさん存在している。別の側面としては、膨大な投資の必要性と広範な政府規制を含む参入障壁などがあるため、製薬業界の財務利益は長年安定的に高く、このことは大企業が医薬品開発プロジェクトのポートフォリオを多様化することにより個々のプロジェクトから生じるリスクを緩和することに長けていることを示唆していると指摘する証券アナリストも常に存在している。ディックソンとギャニオンが再検討した研究では、医薬品の研究開発は実際にはリスクが非常に高く、一部の主力薬以外の全体的な経済的利益は標準的な投資に対する平均的な利益水準と何ら変わらないことを確認している。Dickson & Gagnon, at 420.

18) Dickson & Gagnon, "Key Factors," supra, at 418.

19) 以下を参照。Pharmaceutical Research and Manufacturing Association (PhRMA), Pharmaceutical Industry Profile 2009, at 2, avail. at http://www.phrma.org/files/attachments/PhRMA%202009%20Profile%20FINAL.pdf. 保健衛生関連の科学的研究に対する主たる資金提供者である米国国立衛生研究所の支出額の合計は、過去数年間、約300億ドルで安定している。以下を参照。http://www.nih.gov/about/budget.htm(米国国立衛生研究所は保健衛生関連の研究に年間305億ドルを投資している)。

20) David Schwartzman, *Innovation in the Pharmaceutical Industry* 63 (Baltimore, MD: Johns Hopkins, 1976)(大規模で垂直統合された製薬企業の強みについて述べている)。

21) たとえば以下を参照。Alfred D. Chandler, *Scale and Scope* 456, Chap. 12 (Cambridge, MA: Harvard Univ. Press, 1994)(19世紀後半と20世紀初頭におけるドイツの化学系および製薬系大企業とそれらと競合する米国企業の台頭について述べている)。

22) Rebecca Henderson, Luigo Orsenigo, & Gary P. Pisano, "The Pharmaceutical Industry and the Revolution in Molecular Biology: Interactions Among Scientific, Institutional, and Organizational Change," in *Sources of Industrial Leadership: Studies in Seven Industries* 267-311 (David C. Mowery and Richard R. Nelson, eds.) (Cambridge: Cambridge Univ. Press, 1999).

23) 以下を参照。Id., at 294.

24) もちろん特許権は、大規模製薬企業にとってもきわめて重要であり、実際にはすべての規模の医薬品製造業者にとってきわめて重要である。以下を参照。Barry Werth, *The Billion Dollar Molecule* (New York: Touchstone Simon & Schuster, 1994)(「合理的医薬品設計(rational drug design)」として知られる先端化学の考え方に基づいて起業された新興製薬会社であるヴァーテックス社の歴史を詳しく説明している)。

25) 一般的には以下を参照。Kevin Outterson, "Pharmaceutical Arbitrage: Balancing Access and Innovation in International Prescription Drug Markets," 5 *Yale J. Health Pol'y, L. & Ethics* 193, 262-264 (2005)(医薬品の流通経路が西アフリカからヨーロッパに「迂回された」報告事例を考察している。アフリカでの慈善寄付プログラムから流れてきた医薬品はきわめてわずかである点などからみて、この事例の事実は誇張されすぎているが、この論文の著者は裁定取引がグローバルな製薬企業にとって真に脅威であるという認識を示している)。

26) "Pharmaceuticals: Quagmire to Goldmine?" supra, at 102. この記事には、次のような、開発途上国に焦点を当てた研究の証拠が記載されている。「ノバルティスは上海に研究センターを開設したうえに、熱帯病に焦点を当てた別の研究支部をシンガポールにもっている。メルクは、初期段階の研究を行うために新興市場の企業といくつかの契約を交わした。これらの巨大製薬企業は、このような新しいアプローチが、イノベーションのグローバル・ネットワークの活用を可能にするとともにローカル市場を理解する手がかりとなると主張している」。これらのプログラムは、広報や人

道的評判の観点から製薬企業に有益であった．たとえば以下を参照．Julian Chauveau, Constance Marie Meiners, Stephane Luchini, & Jean Paul Moatti, "Evolution of Prices and Quantities of ARV Drugs in African Countries: From Emerging to Strategic Markets," in *The Political Economy of HIV/AIDS in Developing Countries* 94 (Benjamin Coriat, ed.) (Northampton, MA: Edward Elgar, 2008)（選択的な特許権不行使について記述している．ブランド企業は，「企業イメージを磨く」可能性を求めて，一種の「戦略的慈善」である「アフリカでは医薬品特許を行使しないという方針」にしたがって行動している）．

27) Doha Development Agenda, "Decision Removes Final Patent Obstacle to Cheap Drug Imports," (August 30, 2003), avail. at http://www.wto.org/english/news_e/pres03_e/pr350_e.htm（「人びとを蝕む疾病に対処するために，世界貿易機関の知的財産ルールにおける柔軟性の最大限の活用を貧しい国々に認める」運用上の決定であると賞賛している）．

28) 2008年には，米国国立衛生研究所とビル＆メリンダ・ゲイツ財団の主導により，25億ドルが顧みられない疾病に提供されている．民間製薬企業は3番目に大きな資金提供者であった．Center for the Study of Drug Development, Tufts University, "Neglected Diseases in the Developing World: Progress, Current Challenges, and Promising Approaches," Summary Proceedings (October 16, 2009), at 1, avail. at http://csdd.tufts.edu/files/uploads/ndfinproceed.pdf.

第10章

1) 『オックスフォード英語大辞典』は，「排除する（exclude）」の意味の1つを，「独占あるいは付与」に関連するものとしては，次のように定義している．「すべての他者を，与えられた権利から排除すること．したがって，権利，特権，占有，資格などに関する．他者は，それに対する持分をもっていない……」．*Oxford English Dictionary* (electronic version) (Oxford: Oxford Univ. Press, 1989), at "Exclusive."

2) Jeremy Waldron, *The Right to Private Property* 258 (New York: Oxford Univ. Press, 1988).

解　説

神戸大学大学院教授

島並　良

はじめに

　本書は，ロバート・P・マージェス教授（カリフォルニア大学（UC）バークレー校ロースクール）の著書 JUSTIFYING INTELLECTUAL PROPERTY, HARVARD UP (2011) の，脚注等も含む全訳である．著者によると，"justify" の語には「正当化」と「整序」の両義が込められているという．本書では，知的財産法（以下，知財法という）に含まれる諸法のうち，とくに特許法や著作権法など，人の知的な創作物を保護する創作法と呼ばれる制度を対象に，それがなぜ存在するのかという「正当化」根拠と，そうした存在理由に照らして同制度が今後いかに「整序」されていくべきかについて，思索が展開されている．

　現代に生きる私たちの生活は，無数の発明——ITからバイオ医薬まで——や著作物——アニメからデータベースまで——に取り囲まれている．日常を豊かに彩るこれらの知的創作物について，創作者に法的権利（独占的な利用権）を付与するのが知財法である．その制度設計においては，創作者にどれだけ強い権利を付与するのか，裏返しに言えば権利者以外の者による利用の自由をどこまで制限するのかが常に問題となる．はたして，その判断はどのような方法と基準に基づいてなされるべきか．単に権利が強すぎる，弱すぎるといった水掛け論を越えて，そこに理論的なアプローチは可能なのだろうか．こうした課題に対して，知財法の存在理由にまで遡って取り組む研究として，本書は最新かつ最重要の作品であり，今後の知財法学は賛否を問わず本書への言及を避けて通ることはできないだろう．

　知財法（とりわけ創作法）の正当化根拠論については，経済学を取り入れた**功利主義**的な立場と，道徳哲学に依拠した**義務論的リベラリズム**の立場が長らく対立してきた．両者いずれもその内容は多面的であるが，ごく簡単にまとめると，前者は創作誘引による社会的効用（発明や著作物の量的拡大・質的向上）

の最大化という目的（政策目標）を実現するための「手段」として知財法制度を捉えるのに対して（帰結からの正当化），後者は知財権を創作者が本来的にもつべき当然の「権利」として把握する（淵源からの正当化）．マージェス教授は，原著刊行の前からすでに国際的に著名な知財法の泰斗であったが，なかでも前者の立場からの特許制度等の経済分析（いわゆる「法と経済学」と呼ばれる研究手法）に関する優れた業績で知られていた．ほかでもないそのマージェス教授が，つまり亜流の学者ではなく当代一流の研究者が，これまでの功利主義的研究を総括し，義務論的リベラリズムへの転向を宣言したために，原著は米国知財法学界の耳目をさらうこととなったのである．

　こうして大きな反響を呼んだ原著は，このたび現在の日本で考えうる最良の訳者の手を経て日本の読者の元に届けられることとなった．マージェス教授は，優れた研究者としてのみならず，米国のロースクールで最も広く使用されている判例教材（ケースブック）の共編者としても，またその気さくな人柄でも知られている（長らく少年野球の指導者も務められているとか）．そのため，米国で知財法を学ぼうとする日本人研究者や実務家には，彼の指導を求めて UC バークレーに留学する者が少なくない．訳者の一人である山根崇邦氏（同志社大学法学部）もまた，マージェス教授の下で研鑽を積まれ，知財法の正当化根拠論について精力的に研究を進められている．また，共訳者である前田健氏（神戸大学大学院法学研究科）は，マージェス教授と双璧をなす米国知財法研究者であるマーク・レムリー教授（スタンフォード大学ロースクール）に付いて学ばれた，米国法に精通する研究者である．さらに，もうお一人の共訳者，泉卓也氏（特許庁，NEDO シリコンバレー事務所）は，庁内きっての理論派官僚として実務のみならず学界にも知られる．本書は，これら 3 名の論客がそれぞれの得意とされる分野について翻訳を分担したものであり，正確性の担保はもちろん訳語等の統一についても十分な相互チェックを経て完成された．

　以下では，本書の概要と特徴，およびその背景と今後の展望を紹介することで，必ずしも知財法に親しんでおられない読者への誘いとしたい．

概要と特徴

　目次をご覧いただければおわかりのとおり，本書は，その主題——混乱の時代にある知財法制度の正当化と整序——を提示する第 1 章「序論」と，それに

続く3つの部からなる本論で構成されている．本論のうち，第I部「基盤」では，知財法制度がなぜ存在するのかという正当化根拠が，また第II部「原理」では，知財法制度を運用する際の指導原理が検討されている．さらに，第III部「諸問題」は，それまでの基盤と原理に関する考察を受けて，現在の知財法制度が抱えるさまざまな課題がいかに解決されるべきかが示されている．第I部と第II部が一般的・抽象的な理論編，第III部はそうした基礎理論を踏まえて具体的な知財法制度を「整序」する実践編ということになる．では，第I部「基盤」と第II部「原理」は，互いにどのような関係にあるのだろうか．

実は，この「基盤」と「原理」を区別している点にこそ，本書最大の特徴がある．従来は，(i) 知財法制度の正当化根拠に関する功利主義（創作誘引）と義務論的リベラリズム（権利保護）の対立については議論を棚上げしたうえで，そこから離れて知財法制度の具体的なあり方を論じる立場と，(ii) 正当化根拠について功利主義と義務論的リベラリズムの一方を選択したうえで，そこからできるだけ演繹的に具体的な解釈論・立法論を展開する立場とが見られた．

ところが，マージェス教授はこれらいずれの立場にも与しない．彼は，正当化根拠に関する基底的「基盤」と，解釈・立法の指針となる中層的「原理」とを峻別し，まず前者について，自らは義務論的リベラリズムに立つことを表明する．すなわち，社会を裨益する発明や著作を行った創作者に対して，その所有（プロパティ）という形で労力に報いることが公正な社会にとって不可欠であり，またそのことが創作者に選択と行動の自由，そして確かな生計の途を担保するからこそ，知財法制度の存立は正当化されうるというわけである．こうした**報酬**と**自律**という観点からの正当化は，ロックの労働所有論（第2章），カントの理性主義（第3章），ロールズの分配的正義論（第4章）などのリベラルな規範的所有理論を参照しながら導かれている．功利主義者の多くは，発明や著作物といった無体物を対象とする知財法制度と，動産や不動産という有体物を対象とする所有権制度の違いを強調する．しかし，知財法制度は，所有権制度を便宜的・比喩的に借用したものではなく，あくまでその射程内にあること，そして私たちがすでにもつ所有の観念や社会の基本構造と知財権とを整合的に理解する必要があること，したがって所有権と同じく知財権にも一定の制約があることを，本書は主張するのである．

もっとも，マージェス教授は，そのような基底的「基盤」を知財制度の具体的なあり方に短絡させることはしない．彼は，①情報には公共の領域（パブリ

ックドメイン）が確保されること（**非専有性**），②知財法制度ができるだけ少ない費用で円滑に機能すること（**効率性**），③創作物の価値とそれに対する知財権の強さとが釣り合っていること（**比例性**），④創作者が他者から尊敬されその功績を認められるべきであること（**尊厳性**）という4つの中層的「原理」を媒介させ，それらを知財法制度設営（立法や解釈）の指針として位置づけるのである（第5章・第6章）．ここではとくに，4つの中層的「原理」の1つとして，効率性が挙げられていることに注目したい．マージェス教授は，義務論的リベラリズムを採りつつも，功利主義から完全に訣別するのではなく，他の3つの原理と協働し互いに調整されるべき価値として効率性に配慮する．

　さらに，マージェス教授は，「基盤」と「原理」に関する検討のあり方を次のように説明する．すなわち，知財法制度がよって立つ「基盤」について仮に合意に至らなくても，同制度の設営に際して参照されるべき「原理」について議論し，意見を一致させることは可能である．本書が挙げる卓抜な比喩によれば，それはあたかも，合奏という音楽の共同作業に加わる動機を異にしても，楽譜という共通の指針さえあれば一緒に楽器を演奏できるようなものだ，というわけである．このように，知財法制度がなぜあるのかという「基盤」を開かれた空間として**価値の多元性**を認めたうえで（本書第Ⅰ部），それとは独立に4つの指導「原理」を構想し（第Ⅱ部），後者に基づいて具体的な制度論を展開する（第Ⅲ部）というのが，本書で明らかにされたマージェス知財法学の骨子である．

背景と展望

　では，知財法制度の設営に際して指針となるのが，非専有性，効率性，比例性，尊厳性という4つの中層的「原理」であるとするならば，そもそも，それに加えて基底的「基盤」を意識する意味はどこにあるのだろうか．仮に知財法制度の正当化根拠にかかわらず，その運用指針を措定して実際の制度を設営することが可能であるなら，さらにその正当化根拠を観念的に論じる実益はない（一部論者のようにこの点の議論を棚上げしてもよい）ようにも見える．この疑問への回答を探るには，マージェス教授が思想的に転向するに至った背景を理解する必要がある．

　先述のとおり，マージェス教授は，かつては功利主義に立ち，創作誘引によ

る社会的効用の最大化を達成するために望ましい知財法制度のあり方について研究を続けてきた．イェール大学ロースクールを卒業後，弁護士としての実務を経て研究者の道を志してからは，コロンビア大学で経済学者リチャード・ネルソン教授のリサーチ・アシスタントも務めている（特許権の保護範囲に関する2人の共著論文 On the Complex Economics of Patent Scope, 90 Colum. L. Rev. 839 (1990) は，マージェス教授にとっての出世作となった）．その後も経済分析を踏まえた数多くの業績を積み重ね，知財法分野における最も重要な〈法と経済学〉者の一人と目されていた彼が，本書で突然，功利主義を放棄し義務論的リベラリズムの立場へと転向した理由は，要するに，検証可能なデータに基づいて知財法制度の費用（独占）と便益（創作誘引）を比較し，社会的効用の最大化という観点から知財法制度の正当化を図ることは，そのプロセスがあまりにも複雑なために不可能だという点にある．

合衆国憲法の第8条は，連邦議会が（各州との関係で）立法権限を有する事項を列挙するが，その8項は「著作者および発明者に対し，一定期間その著作および発明に関する独占的権利を保障することにより，学術および有益な技芸の進歩を促進すること」と定める．このいわゆる特許著作権条項は，創作誘引という政策目標を実現する手段として，連邦政府が創作者に著作権と特許権を付与することを認めている．しかし，建国の父祖たちが立脚したこうした功利主義的思想にもかかわらず，米国でとくに2000年代に入って相次いだ特許破綻（Patent Failure）論や著作権改革（Copyright Reform）論に対して，データをもって知財法制度の有用性を提示しえないことに研究者たちは苦悩してきた．

これまではデータを都合よく選択し過大・過小評価してきたが，それでも知財法制度の存在を正当化する決定的な論拠は得られなかったとまで吐露するマージェス教授の告白は，彼の真摯な学問態度とともに本書の執筆動機を端的に示している．義務論的リベラリズムは，脅かされた知財法の存立基盤を再度固め，確信をもって自らの専門分野を研究することを求めたマージェス教授が，苦悩の末にたどり着いた希望の地なのである．

それがはたして楽園であったかどうか，その検証は本書が今後の知財法学に投げかける課題である．たとえば，功利主義を否定した第I部と，効率性原理を擁護する第II部は，本当に両立可能なのだろうか（原著への書評の多くがこの点を指摘する）．また，理論と実証が乖離するからといって，実証を要しない立場へと待避することは適切か（先に触れたレムリー教授は，こうしたマージェ

ス教授の態度を「信念に基づく知財（faith-based IP）」と呼び，宗教的信条にすぎないと非難する）．さらに，創作者へ適切な報酬が付与され，創作者が自律的な生活を営むことは，それ自体もまた社会的効用を高める帰結であって，（実証の困難性をさしあたり脇に置けば）少なくとも規範理論として功利主義と矛盾するものではないのではないか．

　基礎理論に関するこれらの疑問だけでなく，理論を具体的な諸問題にあてはめた第Ⅲ部での主張についても，さらなる検討が必要であろう．たとえば，職業的創作者（およびその使用者たる企業）を犠牲にして（リミックス等を行う）アマチュア創作者を著しく優遇すべきでない（第7章），インターネットを中心に取引されるデジタル資源についても，なお所有の観念とある程度強い知財権は有効である（第8章），他方で開発途上国の困窮者に対しては特許医薬品を開放すべきである（第9章）といった見解は，どれ1つをとっても今後の論争を誘発する刺激的なものである．

おわりに

　以上の簡単な紹介からも容易に見て取れるように，本書は，ともすると棚上げされがちであった知財法の基礎理論に深く切り込むと同時に，特許制度や著作権制度が抱える現代的課題を広く拾い上げるものである．その挑発的な姿勢もあって，原著は，米日の知財法研究者のなかで多くの論議を呼び，すでに批判的な検討もなされている（邦語文献として，本書訳者による山根崇邦「Robert P. Merges の知的財産法概念論の構造とその意義」同志社大学知的財産法研究会編『知的財産法の挑戦』（弘文堂，2013）3頁以下，および中山一郎「特許制度の正当化根拠をめぐる議論と実証研究の意義」特許研究60号5頁以下（2015）がある）．

　しかしこれらの反応は，本書の失敗を意味しない．知財法学のダイナミズムを示し，その魅力を伝える書として，実務家や学生だけでなく，知財法制度に関心をもたれる一般の方々にもぜひ本書を手にとっていただきたい．なにしろ，iPhone をめぐるアップルとサムスンの特許訴訟，楽器演奏に関する JASRAC と音楽教室の紛争など，日々報道される多くの例を挙げるまでもなく，特許制度や著作権制度のありようは世界の産業と文化，そして私たちの生活に強い影響を及ぼしているのだから．

索 引

アルファベット

ASCAP →米国作曲家作詞家出版者協会
Authors Guild, Inc. v. Google, Inc.（グーグル・ブック・サーチ事件）　287
BMI →放送音楽協会
Boosey & Hawkes Music Publishers Ltd. v. Walt Disney Co.　418
Cohen v. Paramount Pictures Corp.　418
DRM →デジタル著作権管理
eBay, Inc. v. MercExchange, L. L. C.（eBay事件）　214, 233-235, 237, 238-240
Eldred v. Ashcroft　404, 437
FairPlay デジタル著作権管理システム　290
In re Fisher（Fisher事件）　237
Haelen Laboratories, Inc. v. Topps Chewing Gum, Inc.　128-132, 426
Lotus Dev. v. Borland Int'l（ロータス事件）　230, 231, 234
McCulloch v. Mary land　439
Paramount Publix Corp. v. Am. TriErgon Corp.　418
Rite-Hite v. Kelley　406
Statute of the 8th of Queen Anne　255
United States v. Adams　433

ア 行

アイゼンバーグ，レベッカ（Rebecca Eisenberg）　314
アクィナス，トマス（Thomas Aquinas）　132
アダムス，バート（Bert Adams）　154
『アナーキー・国家・ユートピア』　240
アマチュア創作　113, 249, 282, 310
アリストテレス（Aristotle）　132
アルストン，リー（Lee Alston）　39
アロラ，アシシュ（Ashish Arora）　201
依存　66-72
ウィリアムソン，オリバー（Oliver Williamson）　106
ウー，ティム（Tim Wu）　15
ウェストファル，ケネス（Kenneth Westphal）　115
ウォルドロン，ジェレミー（Jeremy Waldron）　x, 4, 17, 20, 53-58, 60, 64-66, 118, 143, 144
迂回禁止条項　210
ウルフ，ロバート・ポール（Robert Paul Wolff）　117
影響力（leverage）
　過度な――　214
　不相応な――　238, 243, 244
　不釣り合いな――　195, 196, 208-210, 233
　不当な――　238-240, 242, 245
エイズ（HIVを含む）　82, 221, 339, 340
エートス　145, 146
エリート主義　280
エリート創作者　309
エルドリッジ，リチャード（Richard Eldridge）　120, 121
エンターテイメント産業　258-265
エンフォースメント　95, 122, 132
オプトアウト　378
思いがけない幸運　149-154
オリジナリティ　186, 188, 307

カ 行

海賊版　101, 102
開発途上国　85, 86, 338-358
ガイヤー，ポール（Paul Guyer）　94, 124
格差原理　137, 145, 146
重なり合うコンセンサス　12, 13, 184, 185
課税　26, 171, 174, 175, 178, 242
過大な権利主張　75-77
神　41, 42, 44, 62, 63
　――の意志　48
紙の上の法　32, 111, 281
カント，イマヌエル（Immanuel Kant）　x, xii, 4, 14, 17, 18, 20-26, 33, 34, 45, 87, 89-135, 141, 171, 183, 184, 188, 189, 191, 195, 197, 203, 208, 238, 245, 344-346, 350, 351, 356, 379
　――の自由の理念　103
　――の占有概念　95-97

寛容的利用　321
キエフ，スコット（Scott Kieff）　201
機会主義　275
機会の平等　137
帰結主義　42, 188
技術至上主義　31, 32
技術標準　228, 229, 334, 378, 379
機能主義　90
基本財　138, 139
基本的権利　125
　——としての知的財産権　143, 147, 179
基本的自由　137, 147, 154
基本的な公式　185
義務論　11-13, 21, 356
共産主義　139
共同創作論　301
共有資源　40
共有地　40
共有物　42, 43, 63, 67
強力なインセンティブ（high-powered incentive）　107, 274, 275
許諾を必要とする文化　286, 332
ギンズバーグ，ジェーン（Jane Ginsburg）　123
グーグル・ブック・サーチ事件　287
クリアリングハウス　292, 293, 331
クリエイティブ・コモンズ　112, 287
クリエイティブ産業　273
契約の遍在　328
原始的共有　38, 41, 42
原状回復　116
原初状態　124
　——における知的財産権　143-154
権利
　——行使費用　111, 192-195, 324, 368
　——の緩衝空間　322
　——の普遍的原理　104, 116-118, 132, 134, 238, 344-346, 350, 351, 356
　——付与後の環境における公正性　173, 174
　——放棄，不行使　35, 109-113, 193, 194, 285-288, 321-325, 367
『原理の実践』　9
合意　50, 90, 124, 125
公共空間　184
公共的価値　184

公共的理性　13, 184
鉱業権　224
公正性と最初の権利付与　171-173
公正な（正義に適った）貯蓄原理　34, 136, 338, 346, 356, 426-427
公正への配慮　135
功績　140-143, 148-154, 159
　——の根拠　142
功利主義　2-4, 7, 8, 12, 13, 21, 22, 90, 106, 108, 183, 184, 188, 189, 191, 197, 203-205, 356
　——的な知的財産法　122-125
効率性（原理）　7, 8, 197-203, 207, 347, 348
ゴードン，ウェンディ（Wendy Gordon）　66, 68-71, 86, 116, 202, 203, 313
ゴールドスタイン，ポール（Paul Goldstein）　252
コールマン，ジュールズ（Jules Coleman）　xi, 9, 10, 182, 183, 187, 208
個人
　——的な財産　137
　——の意志　97-109
　——の貢献　161
　——の尊厳　110, 114
国家　122-125
コミュニティの良心　118
コモンズ　40, 112, 113
困窮者　81, 84, 343, 344
「混合」という比喩　53-56

サ　行
財産（としての知的財産）　4-7, 15, 16
『財産の理論』　17
財産権
　——的話法　362
　——の自然な境界　56-59
　——の物的側面　97
　——理論　24
裁定取引　85, 355
才能　141, 145, 164-166
再分配　134, 160, 169, 171, 179
差し迫った欠乏　342
サドルスキ，ヴォイチェフ（Wojciech Sadurski）　142
サミュエルソン，パメラ（Pamela Samuelson）　189
サリヴァン，アーサー（Arthur Sullivan）

256
サンクコスト　174, 209, 218
慈愛の但し書き　33, 39, 79-86, 237, 338, 339, 341-344, 351, 356
シェーラー，F. M.（F. M. Scherer）　255
ジェファーソン，トーマス（Thomas Jefferson）　224
資格を得るための条件　142
資源の公正な分配　135
事実情報　185
市場の失敗　202, 203, 313
自然権　204
自然状態　38, 39, 41, 46, 48, 50, 52, 73
自然法　123, 203
実験的使用　170
実用主義　195
自動的差止ルール　209, 214, 234
市民社会　50, 91, 95, 117, 121, 125
氏名表示権　204
社会契約　90
社会主義　139
社会の貢献　150, 161
『私有財産権』　17
自由意志　93, 97
集団的（集合的）
　——権利　233, 354
　——財産権　232, 233
十分性　237, 341
　——の但し書き　39, 62, 64, 66-72
シュミッツ，デイヴィッド（David Schmidtz）　163, 164
商標法　170, 172, 185, 268
職業的創作者　23, 29, 30, 34, 144, 145, 249, 305, 364
所有者のコミュニティ　116
ジョンソン，サミュエル（Samuel Johnson）　253
自律　xii, 20-23, 93-110, 146, 147, 155, 266, 295
　——的人生への切符　139
新規性　186, 187
人工的な稀少性　46, 100
人類の繁栄　48, 51, 52, 59, 83, 87
スピルオーバー　272
スミス，ヘンリー・M.（Henry M. Smith）　97, 201

正義
　——の二原理　136-138
　——の第二原理　146
　——の優先順位　140
　——の普遍的原理　24, 208
生産的な財産　137
『政治的リベラリズム』　12
生存　51, 59, 81, 83, 87, 342, 344
セーフハーバー　325
世代間の衡平　338, 339, 346
積極的な権利（affirmative right）　190, 193
セン，アマルティア（Amartya Sen）　83, 138, 139, 200, 202
先行
　——技術　186
　——創作物　40
潜在能力　138
選択意志　102, 103, 117
占有　93-97
専有　39, 49, 60, 61, 64, 86, 87, 115
相互接続性　301
創作者のコミュニティ　114-125
尊厳性　11, 203-205, 207, 334
存続期間　25, 46, 124, 170

タ　行
第三者の自由　115, 125
対世効　122, 130, 162, 233, 362, 373, 374
タイトルバウム，マイケル（Michael Titelbaum）　145, 146
多元主義　11-13, 184
小さな創作チーム　265
チェーン，アーネスト（Ernst Chain）　154
知的財産権
　——と格差原理　158, 159
　——と時間をかけて与えられるものとしての功績　163-165
　——と最も恵まれない人びと　154-159
　——の囲いとしての有用性　77-79
知的財産分野における意志と対象　99-102
知的財産法に組み込まれた分配のメカニズム　170-175
中核と周辺部　159-170
超過利潤　219
著作権　151-153, 170, 172, 173
　——実質的類似性　210

——のミスユース 208, 210
著作者人格権 11, 204
定言命法 117
低所得者層 156, 157
デジタル革命 285
デジタル決定論 299-302
デジタル著作権管理（DRM） 286
天才 119-121
——的創造性 119-121
『統治二論』 18, 43, 44, 52, 61, 79-81, 341
どこでも強制ライセンス 287
特許 74, 77, 78, 82, 83, 108, 151, 153, 157, 170, 172, 174, 265
　遺伝子断片—— 196, 208, 209, 235, 237
　医薬品—— 33, 34, 83, 157, 338-358
　——実施可能性 210
　——自動的差止ルール 209, 214, 234
　——非自明性 186, 187, 209
　——有用性 226, 227, 235
ドッドソン，ケビン・E.（Kevin E. Dodson） 115
取り去る行為 49
取引費用 6, 7, 106, 107, 111, 284
　——理論 275

ナ 行

ナーム，ミルトン・C.（Milton C. Nahm） 120
ヌスバウム，マーサ（Martha Nussbaum） 138, 139
ネットワーク効果 228-230
ノージック，ロバート（Robert Nozick） x, 16, 19, 53-58, 174, 240-242
ノース，ダグラス（Douglass North） 225

ハ 行

ハースト，J. ウイラード（J. Willard Hurst） 224
排除しない権利 35, 285, 360
排他権 366
　——としての譲渡 130
パテントプール 288
ハドック，デイヴィッド（David Haddock） 226
パトロネージ 252
パブリシティ権 126-132, 172

パブリックドメイン 8, 9, 40, 44-50, 66, 112, 165, 172, 185-192, 207, 233
バブルガムポップ 276
ハル，ゴードン（Gordon Hull） 72, 73, 303
パレート 198
　——原理 197
　——最適 197
　——優位 197
反トラスト法 289
非競合性 45-49
非商標的使用 170
非専有性（原理） 8, 9, 185-192, 207, 375
ヒューズ，ジャスティン（Justin Hughes） 10
ヒューム，デイヴィッド（David Hume） 89-93
平等主義 139, 141, 145, 146, 155
比例性（原理） 9-11, 60, 172, 173, 195-197, 207-246, 347, 348
ファインバーグ，ジョエル（Joel Feinberg） 142, 150
フィッシャー，ウィリアム（William Fisher） 286
フィッシャー，テリー（Terry Fisher） 330
フーフェラント，ゴットリープ（Gottlieb Hufeland） 109
フェアユース 170, 174, 202, 203, 208, 210, 235, 237, 293, 312-318, 320, 321
物的財産 40
不釣り合いな報酬 210, 348
不当な専有 75-77
腐敗の但し書き 39, 72-79, 237, 341
フライシャッカー，サミュエル（Samuel Fleischacker） 141
プライバシー 128-130
プラットフォーム 289
フリード，バーバラ（Barbara Fried） 241, 242
フレミング，アレクサンダー（Alexander Fleming） 153
フローリー，ハワード（Howard Florey） 154
分配的正義 134-136, 140, 162, 176, 179, 183, 198, 238, 239, 338, 346
分配の公正 159
米国作曲家作詞家出版者協会（ASCAP）

289
平凡な著者　359
ヘーゲル，G. W. フリードリヒ（G. W. F. Hegel）　xii, 55, 203
ベースライン　67, 68
ベック，ルイス・ホワイト（Lewis White Beck）　98
ベンサム，ジェレミー（Jeremy Bentham）　90
変容的利用（transformative use）　317
放送音楽協会（BMI）　289
法と経済学　207, 236, 351
法の現実の作動　111, 458
ボーモル，ウィリアム（William Baumol）　221
ホールドアップ　198
保護期間　185
ボズウェル，ジェイムズ（James Boswell）　253
ポズナー，リチャード（Richard Posner）　198, 220
ボッケリーニ，ルイジ（Luigi Boccherini）　253
ホッブス，トマス（Thomas Hobbes）　92, 191
ボトムアップ文化　249
ホルムグレン，マーガレット（Margaret Holmgren）　148

マ　行

マクロスキー，ディアドラ（Deirdre McCloskey）　200, 202, 220
マッゴーワン，デイヴィッド（David McGowan）　189
マッシュアップ　113, 281
マンザー，スティーブン（Stephen Munzer）　17
ミル，ジョン・スチュアート（J. S. Mill）　68
報いられるべき中核　159
無知のヴェール　124
名目的使用　170
メネル，ピーター（Peter S. Menell）　15
メリル，トーマス・W.（Thomas W. Merrill）　97
目的を伴った努力　150

最も恵まれない人びと　137, 140, 179

ヤ　行

有名人　126, 128, 129
余剰価値　239-241

ラ　行

ラモント，ジュリアン（Julian Lamont）　143, 151
ランゲ，デイヴィッド（David Lange）　189-191
リアリズム法学　90, 97
リーベキャップ，ゲイリー（Gary Libecap）　39
リチャード・エプステイン（Richard Epstein）　16
リットマン，ジェシカ（Jessica Litman）　32
リバタリアニズム　114, 144, 175
リバタリアン　16, 17, 23, 24, 236, 240
リプスタイン，アーサー（Arthur Ripstein）　345
リベラルな
　──財産権　17, 81, 114, 359
　──知的財産　17
リミキサー　306, 312
リミックス　113, 281, 318, 370
ルソー，ジャン・ジャック（Jean-Jacques Rousseau）　132
歴史的権原　241
レッシグ，ローレンス（Lawrence Lessig）　15, 16, 32, 112, 286, 299, 330
レムリー，マーク（Mark Lemley）　15, 16
レメルソン，ジェローム（Jerome Lemelson）　225, 226
レント　219, 220, 221, 226, 244
レントシーキング　217, 219-227
労働　40, 41, 43, 48, 50, 52, 54-61, 63, 75, 167
　──の財産化　250
　──の目的　59
　──理論　52, 55
ローウェンスタイン，ジョセフ（Joseph Lowenstein）　253
ロータス事件　230, 231, 234
ローリング，J. K.（J. K. Rowling）　69, 176-178

ロールズ，ジョン（John Rawls）　x, xi, 4, 12, 13, 17, 18, 25, 26, 34, 124, 133-180, 184, 239-241, 338, 346, 356, 379
ロックアウトコード　210, 293
ロックイン　290
ロック，ジョン（John Locke）　x, 10, 14, 17-20, 24, 25, 33, 34, 38-89, 100, 127, 134, 135, 141, 142, 171, 183, 188, 195, 197, 203, 207, 230, 231, 233, 237, 238, 245, 338, 341-344, 350, 351, 356, 379
　――と知的財産権の「相性のよさ」　39-41
　――の共有概念　44-49
　――の専有理論　41-61
　――の但し書き　24, 39, 61-86, 118, 134, 207, 208, 230, 233, 237
　――の労働理論　19, 20
ロング，ドリス・エステル（Doris Estelle Long）　307

著者略歴
ロバート・P・マージェス（Robert P. Merges）
1959年生まれ．1981年カーネギー・メロン大学卒（歴史学専攻）．1985年イェール大学ロースクールにてJ.D.を取得．1988年コロンビア大学ロースクールにてLL.M.およびJ.S.D.を取得．同年ボストン大学ロースクール准教授．1992年同教授．1995年，カリフォルニア大学バークレー校ロースクール教授．現在，同校のウィルソン・ソンシーニ・グッドリッチ＆ロサーティ記念講座教授および法と技術に関するバークレー研究センター（BCLT）共同センター長．
主な著作：本書のほか，*Patent Law and Policy: Cases and Materials* (with John F. Duffy)(7th ed., Carolina Academic Press, 2017); *Intellectual Property in the New Technological Age*: 2017, Vol. I, II (with Mark A. Lemley & Peter S. Menell)(Clause 8 Publishing, 2017); *The Economics of Intellectual Property Law*, Vol. I, II (Editor)(Edward Elgar Publishing, 2008); *Foundations of Intellectual Property* (with Jane C. Ginsburg)(Foundation Press, 2004)等多数．

訳者略歴
山根崇邦（やまね・たかくに）　担当：日本語版序文・第2・3・4章・訳者はしがき
2009年北海道大学大学院法学研究科博士後期課程修了（博士（法学））．2016～2018年カリフォルニア大学バークレー校客員研究員．現在，同志社大学法学部准教授．
主な著作：「Robert P. Mergesの知的財産法概念論の構造とその意義」同志社大学知的財産法研究会編『知的財産法の挑戦』（弘文堂，2013）所収，『知的財産法I特許法』（共著，有斐閣，2014），『知的財産法II著作権法』（共著，有斐閣，2016）．

前田　健（まえだ・たけし）　担当：第7・8・10章
2007年東京大学大学院法学政治学研究科法曹養成専攻専門職学位課程修了（法務博士）．2012～2014年スタンフォード大学客員研究員．現在，神戸大学大学院法学研究科准教授．
主な著作：『特許法における明細書による開示の役割』（商事法務，2012），「類似性と二次創作」神戸法学雑誌66巻2号（2016），「著作権法の設計―円滑な取引秩序形成の視点から」中山信弘編・金子敏哉編『しなやかな著作権制度に向けて―コンテンツと著作権法の役割』（信山社，2017）所収．

泉　卓也（いずみ・たくや）　担当：はじめに・第1・5・6・9章
1999年東京大学大学院理学系研究科修士課程修了（修士（地球惑星物理学））．2007～2009年ジョージワシントン大学ロースクール留学（2008年LL.M.取得（知的財産））．1999年特許庁入庁．審査官・審判官として，複写機，X線診断機器，遊技機等の審査・審判に従事．2009～2012年経済産業省通商機構部でTRIPS協定やEPA知財章を担当．現在，NEDOシリコンバレー事務所次長．
主な著作：「米国特許侵害訴訟における明確性の基準」知財研フォーラムVol. 102 (2015)，「技術取引の自由化」日本国際経済法学会年報第21号（2012），「CAFCを巡る論戦は甦る―専属管轄の考察を中心に」特技懇No. 252 (2009)．

知財の正義

2017年12月15日　第1版第1刷発行

著　者　ロバート・P・マージェス

訳　者　山　根　崇　邦
　　　　前　田　　　健
　　　　泉　　　卓　也

発行者　井　村　寿　人

発行所　株式会社　勁草書房

112-0005 東京都文京区水道2-1-1　振替 00150-2-175253
（編集）電話 03-3815-5277／FAX 03-3814-6968
（営業）電話 03-3814-6861／FAX 03-3814-6854
三秀舎・牧製本

Ⓒ YAMANE Takakuni, MAEDA Takeshi,
　IZUMI Takuya　2017

ISBN978-4-326-40347-9　　Printed in Japan

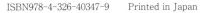 ＜(社)出版者著作権管理機構　委託出版物＞
本書の無断複写は著作権法上での例外を除き禁じられています。
複写される場合は、そのつど事前に、(社)出版者著作権管理機構
（電話 03-3513-6969、FAX 03-3513-6979、e-mail: info@jcopy.or.jp）
の許諾を得てください。

＊落丁本・乱丁本はお取替いたします。
　　　　　http://www.keisoshobo.co.jp

半田正夫・松田政行編
著作権法コンメンタール1〜3
［第2版］
A5判　各巻 11,000 円

公益社団法人日本芸能実演家団体協議会
実演家著作隣接権センター（CPRA）編
実 演 家 概 論
権利の発展と未来への道
A5判　4,000 円
40287-8

岡　邦俊
著作物を楽しむ自由のために
最高裁著作権判例を超えて
四六判　4,000 円
45107-4

生貝直人
情 報 社 会 と 共 同 規 制
インターネット政策の国際比較制度研究
A5判　3,600 円
40270-0

成原　慧
表現の自由とアーキテクチャ
情報社会における自由と規制の再構成
A5判　5,200 円
40320-2

林　紘一郎
情報法のリーガル・マインド
A5判　3,600 円
40334-9

S. ジャサノフ／渡辺千原・吉良貴之監訳
法 廷 に 立 つ 科 学
「法と科学」入門
A5判　3,500 円
40304-2

――――――――――――――――――――――――勁草書房

＊表示価格は、2017年12月現在。消費税は含まれておりません。